Niemann
Jahresabschlusserstellung

Jahresabschlusserstellung

Arbeitshilfen
Erstellungstechnik · Erläuterungen

von

Dr. Walter Niemann

Rechtsanwalt, Wirtschaftsprüfer und Steuerberater in Köln

Verlag C.H. Beck München 2003

Zitiervorschlag: Niemann, JA-Erstellung, S. ...

ISBN 3 406 50643 7

© 2003 Verlag C.H.Beck oHG,
Wilhelmstraße 9, 80801 München
Druck: fgb · freiburger graphische betriebe
Bebelstraße 11, 79108 Freiburg

CD-ROM: HFR Aktiengesellschaft
Gerresheimer Straße 22–24, 40211 Düsseldorf

Gedruckt auf säurefreiem, alterungsbeständigem Papier
hergestellt aus chlorfrei gebleichtem Zellstoff

Vorwort

Die Qualität der Jahresabschlusserstellung durch Steuerberater und/oder Wirtschaftsprüfer ist seit den Durchführungsbestimmungen zu § 18 KWG zunehmend in die Diskussion geraten. Sofern Jahresabschlüsse nicht vorgegebenen Standards entsprechen, sind Banken nach § 18 KWG gehalten, zusätzliche Unterlagen anzufordern. Darüber hinaus besteht in diesen Fällen die Gefahr des Mandatsverlusts.

Das Institut der Wirtschaftsprüfer hatte bereits mit seiner Stellungnahme HFA 4/1996 Standards für die Erstellung von Jahresabschlüssen veröffentlicht, die inzwischen auch durch die Bundessteuerberaterkammer weitgehend identisch bestätigt wurden. Zur Einhaltung dieser Standards fehlen allerdings Hilfsmittel, die es gestatten, die Erstellungstechniken gegenüber den Mitarbeitern zu vermitteln.

Das vorliegende Werk will Steuerberatern und/oder Wirtschaftsprüfern mit standardisierten Prüfungsmitteln eine Hilfestellung bei der Erstellung von Jahresabschlüssen bieten und dazu beitragen, die Erstellungsqualität zu steigern sowie die Delegation zu ermöglichen. Es werden gleichermaßen Arbeitshilfen zur Erstellung von Jahresabschlüssen ohne Prüfungshandlungen, zur Erstellung von Jahresabschlüssen mit Plausibilitätsbeurteilungen und zur Erstellung von Jahresabschlüssen mit umfassenden Prüfungshandlungen angeboten. Dabei wird Wert darauf gelegt, dass die Anzahl der Fragen in den Checklisten überschaubar bleibt, so dass die Erstellung rationell und praktikabel erfolgen kann.

Der Anwender dieses Werks sollte sich bewusst sein, dass nach Art und Umfang der Geschäftstätigkeit des Mandanten, dessen Jahresabschluss erstellt wird, einige Teile der Checklisten nicht benötigt werden und dass jede Arbeitshilfe über die genannten Standardsituationen hinaus ergänzt werden kann oder muss. Die mit der beigefügten CD-ROM angebotene Technik ermöglicht es, diesem Erfordernis gerecht zu werden. Mit ihr kann man das jeweilige Erstellungsprogramm von der Planung bis zur Bescheinigung individuell und praktikabel gestalten und ergänzen. Die angebotene Technik gestattet sowohl die Bearbeitung der Erstellungsschritte direkt am *Bildschirm* als auch die Bearbeitung anhand eines für den individuellen Fall erstellten *Ausdrucks*.

Dank schulde ich Herrn *Hans Josef Hunold* aus dem Verlag C.H.Beck, der das Werk lektoratsmäßig betreut und im Bereich der Programmierung mit Engagement und Ideen begleitet hat.

Das Werk wurde für die Praxis geschrieben und lebt von der Korrespondenz mit seinen Benutzern. Ich bitte deshalb alle Leser sehr herzlich um Anregung und Kritik.

Köln, im April 2003 *Dr. Walter Niemann*

Inhaltsverzeichnis

	Seite
Vorwort	V

A. Anwendungshilfen

I. Einführung in die Systematik des Erstellungsprogramms	3
II. Benutzungshinweise zur Anwendung der Arbeitshilfen	7
1. Arbeitshilfen zur Vorbereitung der Jahresabschlusserstellung	7
2. Arbeitshilfen zur Vorbereitung der Prüfungsmaßnahmen	9
3. Arbeitshilfen zur Abschlusserstellung	18
III. Einführung in die Technik des Prüfungsprogramms	21
1. Hardware – Ausstattung	21
2. Software – Ausstattung	21
3. Programmaufruf	21
4. Mandant und Auftrag anlegen	27
5. Auswahl der Arbeitshilfen	21
6. Bearbeiten der Arbeitshilfen	28
6.1. Selektion innerhalb der einzelnen Arbeitshilfen	28
6.2. Auftragsbezogene Speicherung der Arbeitshilfen	31
6.3. Ausfüllen der Arbeitshilfen	32
6.4. Drucken	32
7. Beenden des Programms	32

B. Arbeitshilfen

Arbeitshilfen zur Vorbereitung der Abschlusserstellung

Arbeitspapierindex	35
Mandanten Stammdaten	41
Auftragsannahme und -durchführung	42
Auftrag und Auftragsbestätigung, Auftragsbedingungen	44
Berichtsbegleitbogen	48
Planung Einzelauftrag	
• Planung nach Mitarbeitern	49
• Planung nach Positionen des Jahresabschlusses	51
Auftrags-Gesamtplanung	53
Positionsdeckblatt	54
Checkliste zum Abschluss der Buchführung	55
Vollständigkeitsnachweis Dauerakte	58
Überschuldungsprüfung	60
Nachweisbogen zur Berichtskritik	66
Vollständigkeitserklärung	70

Inhaltsverzeichnis

Arbeitshilfen zur Vorbereitung von begleitenden Prüfungsmaßnahmen

Checkliste zur Vorbereitung von Plausibilitätsbeurteilungen 71
Checklisten Risikoanalyse
- Checklisten Risikoanalyse vor Prüfungsbeginn 73
- Checklisten Risikoanalyse nach Prüfungsbeginn 74

Fehlerindikatoren und -hypothesen – generell 75
Fehlerindikatoren und -hypothesen – Vorräte 77
Fehlerindikatoren und -hypothesen – Forderungen 79
Fehlerindikatoren und -hypothesen – Personalaufwendungen 81
Verwahrungsbestätigung 83
Bestätigungsschreiben Debitoren 84
Bestätigungsschreiben Kreditoren 85
Gesamtauswertung Saldenbestätigung 86
Bankbestätigung 87
Bestätigung Rechtsanwälte 88
(umfassende) Prüfung der rechtlichen Verhältnisse 89
(umfassende Prüfung) Ereignisse nach dem Bilanzstichtag 92

Arbeitshilfen zur Abschlusserstellung

Aktiva

A (–) Ausstehende Einlagen auf das gezeichnete Kapital
Zusätzliche Arbeitshilfen bei Erstellung mit umfassenden Prüfungshandlungen 277

B (–) Aufwendungen für die Ingangsetzung und Erweiterung des Geschäftsbetriebes
Arbeitshilfen zur Abschlusserstellung ohne Prüfungshandlungen /
mit Plausibilitätsbeurteilungen / mit umfassenden Prüfungshandlungen 93

C (–) Aufwendungen für die Währungsumstellung auf den Euro
Arbeitshilfen zur Abschlusserstellung ohne Prüfungshandlungen /
mit Plausibilitätsbeurteilungen / mit umfassenden Prüfungshandlungen 98

D (A) Anlagevermögen
    I. **Immaterielle Vermögensgegenstände**
        (1) Arbeitshilfen zur Abschlusserstellung ohne Prüfungshandlungen /
            mit Plausibilitätsbeurteilungen / mit umfassenden Prüfungshandlungen 103
        (2) Zusätzliche Arbeitshilfen bei Erstellung mit umfassenden Prüfungshandlungen
            1. Konzessionen, gewerbliche Schutzrechte und ähnliche Rechte und Werte sowie
                Lizenzen an solchen Rechten und Werten 106
            2. Geschäfts- oder Firmenwert 112
            3. Geleistete Anzahlungen 117

Inhaltsverzeichnis

II. Sachanlagen
(1) Arbeitshilfen zur Abschlusserstellung ohne Prüfungshandlungen /
mit Plausibilitätsbeurteilungen / mit umfassenden Prüfungshandlungen 122
(2) Zusätzliche Arbeitshilfen bei Erstellung mit umfassenden Prüfungshandlungen
1. Grundstücke, grundstücksgleiche Rechte und Bauten, einschließlich der Bauten auf fremden Grundstücken 126
2. Technische Anlagen und Maschinen 133
3. Andere Anlagen, Betriebs- und Geschäftsausstattung 133
4. Geleistete Anzahlungen und Anlagen im Bau 142

III. Finanzanlagen
(1) Arbeitshilfen zur Abschlusserstellung ohne Prüfungshandlungen /
mit Plausibilitätsbeurteilungen / mit umfassenden Prüfungshandlungen 148
(2) Zusätzliche Arbeitshilfen bei Erstellung mit umfassenden Prüfungshandlungen
1. Anteile an verbundenen Unternehmen 151
2. Ausleihungen an verbundene Unternehmen 159
3. Beteiligungen 151
4. Ausleihungen an Unternehmen, mit denen ein Beteiligungsverhältnis besteht 159
5. Wertpapiere des Anlagevermögens 151
6. Ausleihungen an Gesellschafter 159
7. Sonstige Ausleihungen 159

E (B) Umlaufvermögen
I. Vorräte
(1) Arbeitshilfen zur Abschlusserstellung ohne Prüfungshandlungen /
mit Plausibilitätsbeurteilungen / mit umfassenden Prüfungshandlungen 164
(2) Zusätzliche Arbeitshilfen bei Erstellung mit umfassenden Prüfungshandlungen
Inventurprüfung 168
1. Roh-, Hilfs- und Betriebsstoffe 173
2. Unfertige Erzeugnisse, unfertige Leistungen 182
3. Fertige Erzeugnisse, Waren 192
4. Geleistete Anzahlungen 204

II. Forderungen und sonstige Vermögensgegenstände, Verbindlichkeiten
(1) Arbeitshilfen zur Abschlusserstellung ohne Prüfungshandlungen /
mit Plausibilitätsbeurteilungen / mit umfassenden Prüfungshandlungen 207
(2) Zusätzliche Arbeitshilfen bei Erstellung mit umfassenden Prüfungshandlungen
Einholung von Saldenbestätigungen 212
1. Forderungen aus Lieferungen und Leistungen 215
2. Forderungen gegen verbundene Unternehmen 223
3. Forderungen gegen Unternehmen, mit denen ein Beteiligungsverhältnis besteht 223
4. (–) Forderungen gegen Gesellschafter 223
5. (–) Eingeforderte Nachschüsse 277
6. (–) Eingeforderte, aber noch ausstehende Einlagen auf das gezeichnete Kapital / Einzahlungsverpflichtungen persönlich haftender Gesellschafter 277
7. (4) Sonstige Vermögensgegenstände 234

Inhaltsverzeichnis

III. Wertpapiere des Umlaufvermögens
(1) Arbeitshilfen zur Abschlusserstellung ohne Prüfungshandlungen /
mit Plausibilitätsbeurteilungen / mit umfassenden Prüfungshandlungen 241
(2) Zusätzliche Arbeitshilfen bei Erstellung mit umfassenden Prüfungshandlungen
    1. Anteile an verbundenen Unternehmen 244
    2. Eigene Anteile 280
    3. Sonstige Wertpapiere 244

IV. Kassenbestand, Bundesbankguthaben, Guthaben bei Kreditinstituten und Schecks
(1) Arbeitshilfen zur Abschlusserstellung ohne Prüfungshandlungen /
mit Plausibilitätsbeurteilungen / mit umfassenden Prüfungshandlungen 250
(2) Zusätzliche Arbeitshilfen bei Erstellung mit umfassenden Prüfungshandlungen
    1. (–) Kassenbestand 252
    2. (–) Bundesbankguthaben, Guthaben bei Kreditinstituten 256
    3. (–) Schecks 262

F (C) Rechnungsabgrenzungsposten
(1) Arbeitshilfen zur Abschlusserstellung ohne Prüfungshandlungen /
mit Plausibilitätsbeurteilungen / mit umfassenden Prüfungshandlungen 266
(2) Zusätzliche Arbeitshilfen bei Erstellung mit umfassenden Prüfungshandlungen
    1. Disagio (Damnum) 266
    2. (–) Sonstige Rechnungsabgrenzungsposten 266

G (–) (aktive) latente Steuern, Rückstellungen für latente Steuern
Arbeitshilfen zur Abschlusserstellung ohne Prüfungshandlungen /
mit Plausibilitätsbeurteilungen / mit umfassenden Prüfungshandlungen 271

H (–) Nicht durch Eigenkapital gedeckter Fehlbetrag / Nicht durch Vermögenseinlagen gedeckter Verlustanteil persönlich haftender Gesellschafter 297

Passiva

A Eigenkapital
(1) Arbeitshilfen zur Abschlusserstellung ohne Prüfungshandlungen /
mit Plausibilitätsbeurteilungen / mit umfassenden Prüfungshandlungen 275
(2) Zusätzliche Arbeitshilfen bei Erstellung mit umfassenden Prüfungshandlungen
    I. Gezeichnetes Kapital/Kapitalanteile 285
    II. (Kapitalgesellschaften:) Kapitalrücklage (KapCo-Gesellschaften:) Rücklagen ... 291
    III. (Kapitalgesellschaften:) Gewinnrücklagen 294
    IV. (III.) Gewinnvortrag / Verlustvortrag 297
    V. (IV.) Jahresüberschuss / Jahresfehlbetrag 297
    VI. (–) Bilanzgewinn / Bilanzverlust 297

B (–) Sonderposten mit Rücklageanteil
Arbeitshilfen zur Abschlusserstellung ohne Prüfungshandlungen /
mit Plausibilitätsbeurteilungen / mit umfassenden Prüfungshandlungen 299

Inhaltsverzeichnis

C (B) Rückstellungen
(1) Arbeitshilfen zur Abschlusserstellung ohne Prüfungshandlungen /
mit Plausibilitätsbeurteilungen / mit umfassenden Prüfungshandlungen 305
(2) Zusätzliche Arbeitshilfen bei Erstellung mit umfassenden Prüfungshandlungen
  1. Rückstellung für Pensionen u. ä. Verpflichtungen 310
  2. Steuerrückstellungen 315
  3. Rückstellungen für latente Steuern 271
  4. Sonstige Rückstellungen 320

D (C) Verbindlichkeiten
(1) Arbeitshilfen zur Abschlusserstellung ohne Prüfungshandlungen /
mit Plausibilitätsbeurteilungen / mit umfassenden Prüfungshandlungen 327
(2) Zusätzliche Arbeitshilfen bei Erstellung mit umfassenden Prüfungshandlungen
Einholung von Saldenbestätigungen 212
  1. Anleihen 331
  2. Verbindlichkeiten gegenüber Kreditinstituten 335
  3. Erhaltene Anzahlungen auf Bestellungen 342
  4. Verbindlichkeiten aus Lieferungen und Leistungen 346
  5. Verbindlichkeiten aus der Annahme gezogener Wechsel und der Ausstellung eigener Wechsel 353
  6. Verbindlichkeiten gegenüber verbundenen Unternehmen 358
  7. Verbindlichkeiten gegenüber Unternehmen, mit denen ein Beteiligungsverhältnis besteht 358
  8. (–) Verbindlichkeiten gegenüber Gesellschaftern 358
  9. (8.) Sonstige Verbindlichkeiten 367

E (D) Rechnungsabgrenzungsposten
Arbeitshilfen zur Abschlusserstellung ohne Prüfungshandlungen /
mit Plausibilitätsbeurteilungen / mit umfassenden Prüfungshandlungen 266

F (–) Eventualverbindlichkeiten
Arbeitshilfen zur Abschlusserstellung ohne Prüfungshandlungen /
mit Plausibilitätsbeurteilungen / mit umfassenden Prüfungshandlungen 372

Gewinn- und Verlustrechnung
Gesamtkostenverfahren
(1) Arbeitshilfen zur Abschlusserstellung ohne Prüfungshandlungen /
mit Plausibilitätsbeurteilungen / mit umfassenden Prüfungshandlungen 379
(2) Zusätzliche Arbeitshilfen bei Erstellung mit umfassenden Prüfungshandlungen
  1. Umsatzerlöse 384
  2. Erhöhung oder Verminderung des Bestands an fertigen und unfertigen Erzeugnissen 386
  3. Andere aktivierte Eigenleistungen 387
  4. Sonstige betriebliche Erträge 388
  5. Materialaufwand 390
  6. Personalaufwand 391
  7. Abschreibungen 396
  8. Sonstige betriebliche Aufwendungen 397

Inhaltsverzeichnis

    9. Erträge aus Beteiligungen 399
   10. (–) Aufgrund einer Gewinngemeinschaft, eines Gewinnabführungs- oder eines Teilgewinnabführungsvertrages erhaltene Gewinne 399
   11. (10.) Erträge aus anderen Wertpapieren und Ausleihungen des Finanzanlagevermögens 399
   12. (11.) Sonstige Zinsen und ähnliche Erträge 402
   13. (12.) Abschreibungen auf Finanzanlagen und auf Wertpapiere des Umlaufvermögens 396
   14. (–) Aufwendungen aus Verlustübernahme 399
   15. (13.) Zinsen und ähnliche Aufwendungen 402
   17. (15.) Außerordentliche Erträge 404
   18. (16.) Außerordentliche Aufwendungen 404
   20. (18.) Steuern vom Einkommen und vom Ertrag 405
   21. (19.) Sonstige Steuern 405
   22. (–) Erträge aus Verlustübernahme 399
   23. (–) Aufgrund einer Gewinngemeinschaft, eines Gewinnabführungs- oder eines Teilgewinnabführungsvertrages abgeführte Gewinne 399

Umsatzkostenverfahren

(1) Arbeitshilfen zur Abschlusserstellung ohne Prüfungshandlungen / mit Plausibilitätsbeurteilungen / mit umfassenden Prüfungshandlungen 379
(2) Zusätzliche Arbeitshilfen bei Erstellung mit umfassenden Prüfungshandlungen
   1. Herstellungskosten der zur Erzielung der Umsatzerlöse erbrachten Leistungen 406
   2. Vertriebskosten 409
   3. Allgemeine Verwaltungskosten 411
   4. Sonstige betriebliche Erträge 388
   5. Sonstige betriebliche Aufwendungen 413

Anhang mit Musterformulierungen
Alle Gesellschaften
– Allgemeine Angaben 415
– Erläuterungen zur Bilanz 420
– Erläuterungen zur Gewinn- und Verlustrechnung 425
– Sonstige Angaben 427
Ergänzungen für mittelgroße und große Kapital- und KapCo-Gesellschaften
– Zusätzliche Angaben – Erläuterungen zur Bilanz 429
– Zusätzliche Angaben – Erläuterungen zur Gewinn- und Verlustrechnung 433
– Zusätzliche Angaben – Sonstige Angaben 435
Ergänzungen nur für Aktiengesellschaften
– Zusätzliche Angaben – Erläuterungen zur Bilanz 436
– Zusätzliche Angaben – Erläuterungen zur Gewinn- und Verlustrechnung 438
– Zusätzliche Angaben – Sonstige Angaben 439

Lagebericht 441

Formulierungsvorschlag Erstellungsbericht 445

Formulierungsvorschläge für Bescheinigungsberichte (Kurzbericht) 463

Formulierungsvorschläge für Bescheinigungen 466

Inhaltsverzeichnis

Erläuterungen zum Jahresabschluss
- Bilanz 469
- Gewinn- und Verlustrechnung 482
- Forderungen aus Lieferungen und Leistungen 487
- Verbindlichkeiten aus Lieferungen und Leistungen 488
- Körperschaftsteuerberechnung 489
- Gewerbesteuerberechnung 490
- Umsatzsteuerberechnung 491
- Rechtliche und steuerliche Verhältnisse 492

Formulierungsvorschlag für Protokoll der Gesellschafterversammlung 493

Formulierungsvorschlag für Hinterlegungsbekanntmachung 494

Formulierungsvorschlag für Hinterlegung 495

A. Anwendungshilfen

I. Einführung in die Systematik des Erstellungsprogramms

Die Berufsangehörigen der steuerberatenden und wirtschaftsprüfenden Berufe bemerken immer deutlicher die Auswirkungen des § 18 KWG auf die Jahresabschlusserstellung. Nach § 18 KWG sind Banken verpflichtet, sich bei Kreditvergaben und während der gesamten Laufzeit des Kredites die wirtschaftlichen Verhältnisse des Unternehmens offen legen zu lassen, sofern ein Kreditengagement mehr als 250.000,– Euro beträgt. Einzelfragen zu dieser Regelung, die aufgrund der aufsichtsrechtlichen Konsequenzen für die Banken strikt einzuhalten ist, werden durch ein Rundschreiben geregelt. Danach wird eine Bank auf die Heranziehung weiterer Unterlagen selbst bei Mitwirkung eines Angehörigen der steuerberatenden oder wirtschaftsprüfenden Berufe, insbesondere dann nicht verzichten können, wenn ein Jahresabschluss ungeprüft aus den zur Verfügung gestellten Unterlagen erstellt worden ist oder wenn Anlass besteht, die Verlässlichkeit des Jahresabschlusses, insbesondere im Hinblick auf die Person des Mitwirkenden oder die im Jahresabschluss enthaltenen Angaben in Zweifel zu ziehen. Im Rahmen von § 18 KWG ist eine Bank daher immer gehalten, die Verlässlichkeit des Jahresabschlusses im Hinblick auf die Person des mitwirkenden Steuerberaters oder Wirtschaftsprüfers sowie die im Jahresabschluss enthaltenen Angaben zu beurteilen. Falls der Jahresabschluss auftragsgemäß ohne Prüfungshandlungen erstellt wurde, müssen Banken dabei weitere Unterlagen einholen.

Das Institut der Wirtschaftsprüfer hatte bereits vor diesem Rundschreiben in HFA 4/1996[1] Grundsätze für die Erstellung von Jahresabschlüssen durch Wirtschaftsprüfer aufgestellt, die genaue Regeln in Abhängigkeit von dem jeweils erteilten Auftrag enthalten. Dabei wird zwischen der Erstellung ohne Prüfungshandlungen, der Erstellung mit Plausibilitätsbeurteilungen und der Erstellung mit umfassenden Prüfungshandlungen unterschieden. In Kenntnis des zuvor erwähnten Schreibens des Bundesaufsichtsamts für das Kreditwesen sowie der daraus resultierenden Auswirkungen hat sodann auch die Bundeskammerversammlung der Bundessteuerberaterkammer unter dem 22./23. 10. 2002 eine Verlautbarung zu den Grundsätzen für die Erstellung von Jahresabschlüssen durch Steuerberater veröffentlicht[2], mit der die vom IdW für die Wirtschaftsprüfer aufgestellten Erstellungsgrundsätze (IdW HFA 4/1996) für die steuerberatenden Berufe wiederholt wurden.

Die Berufsangehörigen der steuerberatenden und wirtschaftsprüfenden Berufe sind somit im Interesse ihrer Mandanten im Hinblick auf die Auswirkungen von § 18 KWG ausnahmslos gehalten, Jahresabschlüsse unter Beachtung dieser Regelungen zu erstellen und dies in dem jeweiligen Erstellungsbericht zu dokumentieren. Bei Nichtbeachtung ist damit zu rechnen, dass die Banken im Rahmen ihrer Pflicht zur eigenständigen Beurteilung des Jahresabschlusses weitere Unterlagen anfordern werden. Darüber hinaus zeigt sich bereits in der Praxis, dass in solchen Fällen die Banken auf einen Wechsel des Beraters drängen werden, um sicherzustellen, dass die Jahresabschlüsse künftig unter Beachtung der Regeln der jeweiligen Berufsstände erstellt werden. Außerdem wird bei Nichtbeachtung der Regeln damit zu rechnen sein, dass die Kreditvergabe durch Banken noch zögerlicher als sonst erfolgt.

---

1) In *IdW*, Fachgutachten, Stellungnahme, Düsseldorf, Okt. 2000.
2) Berufsrechtliches Handbuch, 2001.

Anwendungshilfen

Bei der Erstellung der Jahresabschlüsse sind durch die Berufsangehörigen aber nicht nur die von den jeweiligen Berufsständen erstellten Grundsätze für die Erstellung von Jahresabschlüssen zu beachten. Darüber hinaus müssen die für den jeweiligen Berufsstand geltenden Regeln zur Qualitätssicherung eingehalten werden. Danach sind die Berufsangehörigen gehalten, unabhängig von der Größe ihrer Praxis die erforderliche Qualität zu gewährleisten. Art und Umfang der Maßnahmen, die im einzelnen von den Berufsangehörigen zu ergreifen sind, hängen von der Größe und der organisatorischen Struktur, insbesondere dem Grad der Arbeitsteilung der jeweiligen Praxis ab. Die Mitarbeiter sind über die Grundsätze und Maßnahmen zur Qualitätssicherung bei der Organisation der beruflichen Tätigkeiten und bei der Abwicklung der einzelnen Aufträge zu informieren. Die Einhaltung dieser Grundsätze und Maßnahmen durch die Mitarbeiter ist sicherzustellen, zu überwachen und zu dokumentieren. Vor diesem Hintergrund dient es der Qualitätssicherung, wenn geeignete Hilfsmittel zur Abwicklung von Erstellungsaufträgen zur Verfügung gestellt werden.

Ziel der vorliegenden Arbeit ist es, einen EDV-unterstützten Rahmen zur Erstellung eines mandanten- und auftragsspezifischen Erstellungsprogramms für kleine und mittelständische Unternehmen und damit zugleich auch die notwendigen Arbeitshilfen zur Organisation eines Berufsangehörigen zu bieten, damit die vorgenannten Regeln eingehalten werden.

Die mit diesem Werk vorgeschlagenen Arbeitshilfen und Fragebögen berücksichtigen die bei kleinen und mittelständischen Unternehmen regelmäßig auftretenden Fragestellungen bei der Erstellung des Jahresabschlusses. Sie entsprechen standardisierten Hilfsmitteln, wie sie vom Deutschen wissenschaftlichen Steuerinstitut der Steuerberater e.V.[3] oder vom Institut der Wirtschaftsprüfer zur Standardisierung sowie zur Sicherung der Wirtschaftlichkeit und Qualität der den Berufsangehörigen obliegenden Arbeiten entwickelt[4] oder – soweit Prüfungsmaßnahmen erforderlich werden – wie sie durch Prüfungsstandards zur ordnungsmäßigen Durchführung von Abschlussprüfungen vorgegeben[5] bzw. in der täglichen Berufspraxis erarbeitet wurden, um den Notwendigkeiten einer ordnungsgemäßen Abschlusserstellung zu entsprechen.

Ausgespart wurden lediglich Arbeitshilfen, die zur Prüfung einer EDV-Buchführung[6], sei es beim Softwareanwender oder beim Softwarehersteller benötigt werden, z.B. im Hinblick auf
– die Systemumgebung einschließlich der entsprechenden internen Kontrollen,
– die richtige Bedienung des Programms,
– die zutreffende Einstellung der Softwaresteuerungsparameter,
– die Aufbauorganisation des EDV-Bereichs (z.B. die Eingliederung der EDV-Abteilungen in die Unternehmensorganisationen; Funktionentrennung innerhalb der EDV-Abteilung),
– die Arbeitsabwicklung in der EDV-Abteilung,
– die Sicherung der Funktionsfähigkeit der EDV, insbesondere im Hinblick auf die räumliche und technische Sicherheit der Hardware sowie die Datensicherung und die Wiederanlaufverfahren.

Die vorgelegten Arbeitshilfen und Fragebögen sowie die vorgeschlagene Technik – EDV-unterstützte und mandantenspezifisch gestaltbare Hilfsmittel – sind durch die Hauptprobleme,

---

3) Vordrucke für die Beratungspraxis, CD-ROM Version 4.0, Berlin 2002.
4) FN 1999, S. 214a ff., 478a ff., 508a ff.; FN 2000, S. 610 a ff., FN 2001, 31 ff.; FN 2002, B 1 ff; 2002, 754a ff.
5) In *IdW*, IdW Prüfungsstandards (IdW PS), IdW Stellungnahmen zur Rechnungslegung (IdW RS), Düsseldorf 2002.
6) *IdW* FAMA 1/1987 i.d.F. 1993 in: *IdW*, Fachgutachten, Stellungnahmen, Düsseldorf 1999, *IdW* ERS FAiT 1 in *IdW* PS.

Anwendungshilfen

bestimmt, die bei der Erstellung von Jahresabschlüssen auftreten: Die verschiedenen in Betracht kommenden Auftragsarten, die Vielzahl der zu verarbeitenden Daten und die Vielfalt der in Betracht kommenden Fragestellungen.

Die Verschiedenartigkeit der Aufträge macht es erforderlich, dass die erforderlichen Arbeitsschritte nach den verschiedenen Auftragsarten geordnet werden. So können mit dem vorliegenden Werk sowie der integrierten CD-ROM-Technik in einem ersten Schritt sämtliche Erstellungsmaßnahmen zusammengefasst werden, unabhängig davon, ob keine Prüfungsmaßnahmen vorliegen, ob Plausibilitätsbeurteilungen oder ob umfassende Prüfungshandlungen vorzunehmen sind. Darüber hinaus können dann jeweils die Maßnahmen, die bei Plausibilitätsbeurteilungen oder bei umfassenden Prüfungshandlungen zusätzlich erforderlich werden, gesondert erfasst werden. Insoweit wurde für jede Position der Bilanz und der Gewinn- und Verlustrechnung ein Fragebogen entwickelt, der zunächst ein Standardprogramm von Fragen enthält, das in Abhängigkeit von der Art und dem Umfang der Geschäftstätigkeit des Unternehmens gekürzt oder erforderlichenfalls eigenverantwortlich erweitert werden kann, um mandantenspezifisch die richtige Zusammensetzung von Maßnahmen zu erreichen.

Soweit umfassende Prüfungen geschuldet werden, hat sich aufgrund der Vielzahl der prüfungsrelevanten Daten schon seit langem im Berufsstand der Wirtschaftsprüfer die Erkenntnis verfestigt, dass nur eine risikoorientierte Prüfung bei der begrenzten zur Verfügung stehenden Zeit ein sicheres Prüfungsergebnis liefern kann. Um die insoweit ausufernde Literatur[7] in praktische Prüfungshilfen umzusetzen, wurden Arbeitshilfen zur Identifikation von Risiken im Rahmen einer Risikoinventur entwickelt, in denen die wesentlichen Unternehmensrisiken erfasst und deren Auswirkungen auf die Prüfungssicherheit in den einzelnen Prüfungsfällen bewertet werden. Dabei wurde auf den Einsatz mathematisch-statistischer Methoden verzichtet und statt dessen auf eine bewusste Analyse der Risiken zurückgegriffen, die – insbesondere bei der Prüfung von mittelständischen Unternehmen – praxisnäher ist und ebenfalls zu vertretbaren Ergebnissen führt. Die Arbeitshilfen zur Risikoanalyse sind dabei so angelegt, dass die Risikoanalyse sowohl in der Planung der Jahresabschlusserstellung als auch während der laufenden Erstellungs- und Prüfungstätigkeit sich wiederholend fortgeschrieben werden kann.

Die angebotene Technik, EDV-unterstützt mit Hilfe einer CD-ROM nicht benötigte Arbeitshilfen und Standardfragen auszublenden oder – insbesondere bei gemischten Auftragsarten – einzelne Maßnahmen aus anderen Auftragsarten in das eigene Programm einzuarbeiten, wird dazu beitragen, lediglich die relevanten Erstellungsmaßnahmen als Arbeitshilfe zusammenzufassen. Auf diese Weise wird einerseits die Wirtschaftlichkeit und die Qualität der Jahresabschlusserstellung verbessert und gesichert und andererseits die Möglichkeit zur Delegation einzelner Maßnahmen auf Mitarbeiter und deren Kontrolle erleichtert, da diese nicht mit irrelevanten Fragestellungen konfrontiert werden.

In Ergänzung zu den Hilfsmitteln, die sich ausschließlich auf die Erstellung – mit oder ohne Plausibilitätsbeurteilungen oder umfassenden Prüfungen – erstrecken, werden weitere Hilfsmittel im Zusammenhang mit der Auftragserteilung und der Planung der Jahresabschlusserstellung angeboten. Solche Hilfsmittel sind im Rahmen der Jahresabschlussprüfung seit langem zur

---

7) *IdW* PS 260 in *IdW* PS; *WP-Handbuch* 2000 Bd. 1, Rz. 51 ff. m.w.N.; *Förschle/Peter* in Beck'scher Bilanzkommentar § 317 HGB Rz. 100 ff.; *Wiedemann*, WPg 1993, 13 ff. m.w.N.; *Quick*, Die Risiken der Jahresabschlußprüfung, Düsseldorf 1996; *Nagel*, Risikoorientierte Jahresabschlußprüfung, Berlin 1997; *Orth*, WPg 1999, 573 ff.

Anwendungshilfen

Qualitätssicherung erforderlich und sollten auch bei der Jahresabschlusserstellung – insbesondere wenn Plausibilitätsbeurteilungen und umfassende Prüfungen geschuldet werden – benutzt werden.

Bei jeder Planung einer Jahresabschlusserstellung muss sich der verantwortliche Berufsangehörige bewusst sein, dass eine schematische Anwendung der angebotenen Standardprogramme allein noch keine ordnungsmäßige Jahresabschlusserstellung garantiert, sondern nur den Ansatz für eine individuelle und mandantenspezifische Lösung bietet. Bei der Gestaltung der Erstellungsprogramme wurde daher darauf geachtet, dass das Gesamtvolumen der angebotenen Fragestellungen überschaubar bleibt, damit der für die Planung Verantwortliche in der Lage ist, sich im Interesse einer Vollständigkeitskontrolle mit einem vorgegebenen Rahmen an Standardmaßnahmen auseinander zu setzen.

Auf diese Weise erhält man ein mandantenspezifisches Programm zur Abschlusserstellung, das in Abhängigkeit von dem erteilten Auftrag, von Art und Umfang der Geschäftstätigkeit des betreffenden Unternehmens sowie bei umfassenden Prüfungsmaßnahmen in Abhängigkeit von der durchgeführten Risikoanalyse und des jeweiligen internen Kontrollsystems gestaltet und das damit der konkreten Situation angepasst ist. Ein solches Programm weist in der Regel einen erheblich geringeren Umfang als das mit diesem Werk angebotene Standardprogramm aus. Es konzentriert sich auf die wesentlichen Erstellungsprobleme und bietet dadurch die Möglichkeit, die notwendigen Schwerpunkte bei der Erstellung des Jahresabschlusses zu setzen.

Anwendungshilfen

II. Benutzungshinweise zur Anwendung der Arbeitshilfen

Die hier angebotenen Arbeitshilfen sind derart gestaltet, dass mit ihnen sowie mit der jeweils erforderlichen Kenntnis über den erteilten Auftrag und den individuellen Mandanten ein mandantenspezifisches Erstellungsprogramm zusammengestellt werden kann, das den Anforderungen für den jeweiligen Mandanten gerecht wird und das eine Vielzahl von nicht relevanten Arbeitsschritten ausscheidet. Auf diese Weise kann die Qualität der Arbeit gesichert werden.

Wesentliches Hilfsmittel ist die angebotene Technik, mit der nicht benötigte Fragen und Hilfsmittel ausgeblendet sowie evtl. erforderliche zusätzliche Fragen in die Programme eingebaut werden können (s. S. 21 f.).

Die Arbeitshilfen sind entsprechend den Arbeitsschritten aufgebaut, die im Rahmen der gebotenen Planung erforderlich sind. Sie bieten die Möglichkeit, automatisch den Namen des individuellen Mandanten sowie den individuellen Auftrag einzugeben und auf Papier mit dem eigenen Logo des Berufsangehörigen ausgedruckt zu werden.

Bei der Anlage eines mandantenspezifischen Erstellungsprogramms sollte im Rahmen der Planung darauf geachtet werden, dass einerseits das Volumen an Hilfsmitteln und Arbeitsschritten ausreichend ist, um den Jahresabschluss zutreffend erstellen zu können, andererseits aber auch nicht zu voluminös. Sonst könnte der Jahresabschluss nicht innerhalb der zur Verfügung stehenden Zeit erstellt werden.

1. Arbeitshilfen zur Vorbereitung der Jahresabschlusserstellung

Der **Arbeitspapierindex** bietet zunächst den Rahmen für das mandantenspezifische Bearbeitungsprogramm. Er kann zu Beginn der Erstellungsplanung durch Ausblendung der bereits zu dieser Zeit erkennbar nicht benötigten Arbeitshilfen angelegt werden und nach Beendigung der Planung in seine vorerst endgültige Form gebracht werden, so dass dann sämtliche Arbeitspapiere in dem Index erscheinen. Ggf. kann später eine Anpassung erforderlich werden, sofern zusätzliche Rubriken für Arbeitspapiere während der Erstellung benötigt werden oder ursprünglich vorgesehene Rubriken nicht mehr für erforderlich gehalten werden. Der jeweils angegebene Index ist somit nur ein Vorschlag, der individuell gestaltbar ist.

Die Bezifferung der Arbeitshilfen und -papiere für die einzelnen Positionen des Jahresabschlusses richtet sich an dem gesetzlichen Gliederungsschema der §§ 266, 275 HGB aus. Soweit die Bezifferung abweicht, gibt die in Klammern gesetzte Bezifferung die Ziffer im gesetzlichen Gliederungsschema wieder, während die konkret gewählte Bezifferung darauf Rücksicht nimmt, dass die jeweilige Position des Jahresabschlusses keinen Platz im gesetzlichen Gliederungsschema hat, gleichwohl aber in dieses eingeordnet werden muss.

Das **Mandantenstammblatt** sollte zu Beginn jedes Auftrages aktualisiert werden. Es ist zur Ablage nicht nur in den jährlichen Arbeitspapieren sondern auch in der Dauerakte vorgesehen.

Die Arbeitshilfe zur **Auftragsannahme und -durchführung** beinhaltet die zur Durchführung des Auftrages erforderlichen Hilfsmittel.

Anwendungshilfen

Falls sich bei der Kontrolle der für die Auftragsannahme und -durchführung erforderlichen Tatsachen herausstellen sollte, dass ein schriftlicher Auftrag noch nicht vorliegt, enthalten die Arbeitshilfen Musterformulierungen für **Auftragsbestätigungen** in der Form von kaufmännischen Bestätigungsschreiben für die in Betracht kommenden Auftragspartner mit den dabei zu beachtenden Varianten hinsichtlich des Auftragsumfangs. Die Auftragsbestätigungen sehen vor, dass ihnen die allgemeinen Auftragsbedingungen für Wirtschaftsprüfer und Wirtschaftsprüfungsgesellschaften in der Fassung vom 1.1. 2002 beigefügt werden. Statt dessen können – bei entsprechender Anpassung des Wortlauts – auch individuelle Auftragsbedingungen beigefügt werden.

Der **Berichtsbegleitbogen** ermöglicht jederzeit nachzuvollziehen, welchen Stand der Bericht als das Ergebnis der Tätigkeit des Mitarbeiters hat.

Soweit bei der Erstellung eines Jahresabschlusses – insbesondere im Zusammenhang mit umfassenden Prüfungshandlungen – mehrere Mitarbeiter eingesetzt werden, bieten die Arbeitshilfen zur **personellen Planung** zunächst die Erfassung sämtlicher Mitarbeiter, die für einen Auftrag benötigt werden einschließlich der für die Mitarbeiter eingeplanten Zeit. Diese **Planung des Einzelauftrages nach Mitarbeitern** dient dazu, die Planung des Einzelauftrages nach einzelnen Arbeitsgebieten vorzubereiten sowie die Auftragsgesamtplanung der Kanzlei zu erstellen und fortzuschreiben. Zur **Planung des Einzelauftrages nach Positionen des Jahresabschlusses** wird eine gesonderte Matrix angeboten. In ihr kann der Solleinsatz der zuvor erfassten Mitarbeiter für die einzelnen Bilanzpositionen nach Tagewerken vorgegeben werden. Die Matrix wird dann bei der Jahresabschlusserstellung in der Weise fortgeschrieben, dass der tatsächliche Einsatz der Mitarbeiter erfasst wird. Auf diese Weise werden Informationen zur Kontrolle der eingesetzten Mitarbeiter, zur Rechtfertigung des berechneten Honorars sowie zur Planung von Folgeaufträgen gewonnen.

Zur weiteren Planung wurde ein **Positionsdeckblatt** entwickelt, in dem Hinweise auf die Vereinzelung der jeweiligen Bilanzpositionen sowie die Einzelfeststellungen zusammengefasst sind. Darüber hinaus enthalten die Unterlagen zur Vorbereitung der Abschlusserstellung eine **Checkliste zum Abschluss der Buchführung**, mit der vor allem sichergestellt werden kann, dass die erforderliche Kontenpflege vorgenommen und die Abschlussbuchungen veranlasst wurden.

Um die zur Qualitätssicherung erforderlichen Informationen zu vervollständigen, wird zusätzlich eine Arbeitshilfe angeboten, die einen **Vollständigkeitsnachweis der Dauerakte** gewährleistet.

Für den Fall, dass sich die Gefahr einer Überschuldung des Unternehmens herausstellt, dessen Jahresabschluss erstellt wird, wurde auf der Grundlage der Stellungnahme des IdW FAR 1/1996[8] ein Programm zur **Überschuldungsprüfung** entwickelt, das in seiner Vorgehensweise ebenso gestaltet ist wie die übrigen Arbeitshilfen und bei dem gleichermaßen die Möglichkeit gegeben ist, durch Ausblenden nicht relevanter Fragestellungen sowie durch Einfügung zusätzlicher Fragen ein mandantenspezifisches Programm zu erhalten.

Zu den Arbeitshilfen zur Vorbereitung jeder Abschlusserstellung, unabhängig von der Art des Auftrages, gehören auch ein **Nachweisbogen zur Berichtskritik**, die nach der Erstellung des Jahresabschlusses durchgeführt werden muss sowie eine **Vollständigkeitserklärung**, die vom Auftraggeber zur Absicherung des Berufsangehörigen eingeholt werden sollte.

---

8) In *IdW*, Fachgutachten, Stellungnahme, Düsseldorf, Okt. 2000.

Anwendungshilfen

2. Arbeitshilfen zur Vorbereitung von begleitenden Prüfungsmaßnahmen

Soweit eine Jahresabschlusserstellung von **Plausibilitätsbeurteilung**en begleitet wird, müssen zunächst allgemeine Fragestellungen, z.B. über die Geschäftstätigkeit des Unternehmens, über die Abläufe im Unternehmen, über das Buchführungssystem, die Bilanzierungs- und Bewertungsmethoden, etc. beantwortet werden. Hierzu wird eine Checkliste zur **Vorbereitung von begleitenden Plausibilitätsbeurteilungen** angeboten.

Erfolgt die Jahresabschlusserstellung mit **umfassenden Prüfungshandlungen**, so bildet die **Risikoanalyse** einen Schwerpunkt der Prüfung[7], da das hier gewonnene Ergebnis die Intensität und den Umfang der weiteren Prüfung bestimmt. Die hierzu entwickelten Arbeitshilfen ermöglichen, ohne statistische Erhebungen aufgrund eigenen Ermessens die Risikostruktur eines Unternehmens zu bestimmen.

Die Risikoanalyse setzt zunächst voraus, dass sämtliche bestehenden und potentiellen Risiken identifiziert werden. Hierzu muss im Rahmen einer **vorläufigen Risikoinventur** festgestellt werden, welche betrieblichen Vorgänge mit Risiken behaftet sind. Die angebotene Checkliste zur Risikoanalyse ermöglicht zunächst eine vorläufige Inventarisierung und Dokumentation der Risikofaktoren von Geschäftsumwelt und Geschäftsprozessen, die die wirtschaftliche Lage des Unternehmens bestimmen sowie von prüfungsrelevanten Sachverhalten und Ereignissen, die grundlegende Auswirkungen auf die Prüfungsdurchführung haben können. Zu diesem Zweck werden zunächst sämtliche in Betracht kommenden sachlich bedingten Risiken, aufgeteilt nach wirtschaftlichen Risiken, technischen Risiken und rechtlichen Risiken und sämtliche Kontrollrisiken erfasst und in der ersten Spalte verbal beschrieben. Sofern eine umfangreichere Beschreibung erforderlich ist, kann dies auf einem gesonderten Arbeitspapier erfolgen, auf das in der ersten Spalte verwiesen wird. Siehe **Beispiel 1**.

Bei der Inventarisierung der Risiken muss immer berücksichtigt werden, dass die auf der Arbeitshilfe beispielhaft angegebenen Risiken niemals sämtliche Risikobereiche abdecken können. Vielmehr muss der verantwortliche Prüfer die Risikosituation des Unternehmens aufgrund seiner vorhandenen Kenntnisse darauf untersuchen, ob alle relevanten Risikobereiche erfasst wurden, z.B. auch aus der Unternehmensstrategie, der Forschung und Entwicklung. Allerdings ist dabei zu konstatieren, dass – auch bei einer umfassenden Kenntnis über das Unternehmen und sein Umfeld sowie dessen Branche – die Risiken aufgrund der nur unvollkommenen Voraussicht ex ante niemals vollständig erfasst werden können.

Die für jedes Prüffeld angelegte Checkliste zur Risikoanalyse wird ergänzt durch die Arbeitshilfe **„Fehlerindikatoren / Fehlerhypothesen"**, mit der anhand von analytischen Prüfungshandlungen geprüft wird, ob für das jeweilige Prüffeld Fehlerindikatoren existieren, die für die Risikobeurteilung von Bedeutung sind. Siehe **Beispiel 2**.

In der Arbeitshilfe „Fehlerindikatoren / Fehlerhypothesen" werden aufgrund des Erfahrungswissens des verantwortlichen Prüfers zusätzlich Fehlerhypothesen gebildet, die für die Risikobeurteilung innerhalb eines Prüffeldes von Bedeutung sein können. Die Arbeitshilfe „Fehlerindikatoren / Fehlerhypothesen" wurde dabei für die Prüffelder „Vorräte", „Forderungen und sonstige Vermögensgegenstände" und „Personalaufwendungen" aufgrund der dort vorzufindenden besonderen Interessenlage individuell gestaltet.

---

[7] *IdW* PS 260 in *IdW* PS; *WP-Handbuch* 2000 Bd. 1, Rz. 51 ff. m.w.N.; *Förschle/Peter* in Beck'scher Bilanzkommentar § 317 HGB Rz. 100 ff.; *Wiedemann*, WPg 1993, 13 ff. m.w.N.; *Quick*, Die Risiken der Jahresabschlußprüfung, Düsseldorf 1996; *Nagel*, Risikoorientierte Jahresabschlußprüfung, Berlin 1997; *Orth*, WPg 1999, 573 ff.

Anwendungshilfen

Beispiel 1:
Vorläufige Inventarisierung und Dokumentation der Risikofaktoren

Mandant: ABC-GmbH

Auftrag: 31.12.2002

Name/Unterschrift
Mitarbeiter: **Meier**
Datum: **5.3.03**

Name/Unterschrift
verantwortlicher Berufsangehöriger: **Schulze**
Datum: **5.3.03**

Checkliste zur Risikoanalyse — Z 40 — -1-
Position JA: Anlagevermögen

Beschreibung	generelle Beurteilung vorhanden (+) nicht vorhanden (−)	Auswirkung auf Bilanzposition ja (+) nein (−)	Fehlerindikator/ Fehlerhypothesen vor Prüfungsbeginn gemäß Z 42	Beurteilung für die Bilanzposition vorhanden (+), nicht vorhanden (−)			Bemerkungen/ Verweise
				A. Nachweis Vorhandensein Vollständigkeit Genauigkeit der Erfassung und Abgrenzung Zurechnung	B. Bewertung	C. Ausweis	

1. Sachlich bedingte Risiken:

- wirtschaftliche Risiken:
  - Branchenaussichten — Abhängigkeit von Baukonjunktur — + — Z 40.1
  - Finanzsituation — − —
  - Investitionstätigkeit — − —
  - Kostenstruktur — − —
  - Bilanzierungsverhalten — − —
  - sonstige — − —
- technische Risiken:
  - Produktionsverfahren — Nur ein Lieferant — + — Z 40.1
  - Rohstoffversorgung — − —
  - Umweltrisiken — − —
  - Innovation — − —
  - Absatzmarkt — − —
  - Standort — − —
- Qualifikation der Mitarbeiter — Kompetenz der MA der Buchhaltung — + — Z 42.1
- sonstige — − —
- rechtliche Risiken
  - Risiken aus Besteuerungsverfahren — BP noch nicht abgeschlossen — + —
  - rechtsformspezifische Risiken, Haftung — − —
→ daraus resultierende inhärente Sicherheit

2. Kontrollrisiken:

- Mängel im internen Kontrollsystem — größenabhängig — + — Z 42.1
- Risiken in der Organisationsstruktur — − —
- Führungsqualität — − —
- EDV-Risiken — − —
→ daraus resultierende Kontrollsicherheit

3. Erforderliche Prüfungssicherheit:
(entsteht aus den Ziffern 1 und 2)

Anwendungshilfen

Beispiel 2:
Ergänzung der Checkliste zur Risikoanalyse durch die Arbeitshilfe „Fehlerindikatoren / Fehlerhypothesen"

Mandant: **ABC-GmbH**	Risikoanalyse: Fehlerindikatoren / Fehlerhypothesen vor* / ~~nach~~* Prüfungsbeginn * nicht zutreffendes bitte streichen Position: Anlagevermögen	**Z 42** – 1 –
Auftrag: **31.12.2002**		

	Mitarbeiter	Berichtkritik	verantwortlicher Berufsangehöriger
Name / Unterschrift Datum	Meier 05.03.03	Schulze 05.03.03	

	ja	nein	n.e.	Besonderheiten/Verweise
I Fehlerindikatoren auf Kontensaldenebene: Sind nachstehende Fehlerindikatoren für die zu beurteilende(n) Bilanzposition(en) ausgeschlossen? (Soweit Fehlerindikatoren nicht ausgeschlossen werden können oder festgestellt wurden: Erläutern Sie bitte den Fehlerindikator unter der Rubrik „Besonderheiten" oder – mit einem entsprechenden Verweis – auf einem gesonderten Arbeitspapier.)				
1. Größe eines Kontensaldos	X			
2. Anfälligkeit für Diebstahl und Unterschlagung	X			
3. Komplexität der anzustellenden Beurteilungen bei der Bewertung	X			
4. Umfang, in dem das Management in Bewertungsfragen involviert ist	X			
5. Grad, in dem externe Effekte den Wert des Kontensaldos beeinflussen	X			
6. Auftreten von Fehlern in der Vergangenheit	X			
7. Qualität des Buchführungspersonals		X		Schwächen beim Buchhaltungspersonal
8. Anzahl der Transaktionen im betreffenden Konto	X			
9. Sonstiges				entfällt
Fehlerindikatoren auf Jahresabschlussebene:				
10. Das Management arbeitet sehr erfolgsorientiert	X			
11. Hohe Fluktuation im Management	X			
12. Schlechte Reputation des Managements	X			
13. Größe des Unternehmens	X			
14. Schlechte Profitabilität des Unternehmens im Vergleich zur Branche				
15. Die Branche unterliegt einem extrem schnellen Wandel	X			
16. Dezentralisierte Organisation mit schlechter Überwachung	X			
17. Schlechte Ertragslage	X			
18. Qualität des internen Überwachungssystems	X			
19. Sonstiges	X			

Anwendungshilfen

Für die übrigen Prüffelder kann die allgemein angelegte Arbeitshilfe verwandt und bezogen auf diese Position individuell gestaltet werden.

Nachdem die Risiken auf diese Weise in der Arbeitshilfe erfasst und bereits nach sachlich bedingten Kontrollrisiken gegliedert wurden, muss man sich bewusst sein, welches Ziel man mit der Risikoanalyse bezweckt. Da mit der Risikoanalyse der Prüfungsansatz für jedes Prüfungsfeld festgelegt werden soll, müssen die Auswirkungen der Risiken auf die jeweiligen Prüfungsfelder ermittelt werden.

Zu diesem Zweck wird die Arbeitshilfe mit ihrem bisherigen Inhalt, d.h. mit den inventarisierten, aber noch nicht bewerteten Risiken so oft dupliziert, wie Prüffelder mit vergleichbaren Problemstrukturen gebildet werden sollen. Meist reicht es aus, wenn für diejenigen Bilanzpositionen, für die in § 266 HGB Großbuchstaben zur Untergliederung vorgesehen sind sowie für die Personalaufwendungen, den Anhang und den Lagebericht separate Prüffelder im Hinblick auf die Risikobeurteilung gebildet werden, wobei es sinnvoll sein kann, im Bereich des Anlagevermögens zwischen immateriellen Anlagen und Sachanlagen sowie Finanzanlagen und im Bereich des Umlaufvermögens zwischen den Positionen mit den römischen Untergliederungsziffern des § 266 HGB zusätzlich zu unterscheiden.

Soweit im Rahmen der vorläufigen Risikoinventur die Qualität des internen Kontrollsystems beurteilt werden muss, kann auf das insoweit evtl. vorhandene Prüfungsergebnis des Vorjahres zurückgegriffen werden. Ansonsten sollte vorab eine interne Kontrollprüfung erfolgen.

Sodann ist wertend festzustellen, inwieweit die inventarisierten Risiken sowie die erfassten Fehlerindikatoren und Fehlerhypothesen Auswirkungen auf das jeweilige Prüffeld haben. Nur wenn und soweit Auswirkungen bejaht werden, werden diese im folgenden auf die Einzelbereiche, die in dem jeweiligen Prüffeld zu prüfen sind, d.h. im Hinblick auf

– den Nachweis der zu dem Prüffeld gehörenden Bilanzpositionen (einschließlich Vorhandensein, Vollständigkeit, Genauigkeit der Erfassung und Abgrenzung sowie der Zurechnung der jeweiligen Vermögensgegenstände),
– die Bewertung der zu dem Prüffeld gehörenden Bilanzpositionen sowie
– den Ausweis der zu dem Prüffeld gehörenden Bilanzpositionen

beurteilt. Im Rahmen des insoweit gegebenen Beurteilungsspielraums reicht es aus, wenn die Auswirkung des Risikos, der Fehlerindikatoren und der Fehlerhypothesen mit

– hoch,
– mittel,
– gering

angegeben wird. Siehe **Beispiel 3**.

Ziel dieser Bewertung ist es, für den „Nachweis", die „Bewertung" und den „Ausweis" der Bilanzpositionen festzustellen, welche inhärente Sicherheit sich aus den sachlich bedingten Risiken und welche Kontrollsicherheit sich aus den Kontrollrisiken ergibt. Auch insoweit besteht wiederum ein Beurteilungsspielraum, der das Zusammenwirken sämtlicher Risiken, Fehlerindikatoren und Fehlerhypothesen berücksichtigt. Wenn dabei in der Mehrheit geringe Auswirkungen der Risiken festgestellt wurden, kann daraus eine hohe Sicherheit gefolgert werden. Es kann aber auch – bei entsprechender Wertung – ein Urteil gefunden werden, das nicht dem Durchschnitt der zuvor festgestellten Wertungen entspricht.

Anwendungshilfen

Beispiel 3:
Bewertungen der Auswirkungen der Risiken und Fehlerindikatoren bzw. -hypothesen für das jeweilige Prüffeld

Checkliste zur Risikoanalyse — Z 40 - 1 -
Position JA: Anlagevermögen

Mandant:	**ABC-GmbH**
Auftrag:	**31.12.2002**

Name/Unterschrift Mitarbeiter: **Meier** — Datum: 5.3.03
Name/Unterschrift verantwortlicher Berufsangehöriger: **Schulze** — Datum: 5.3.03

Beschreibung	generelle Beurteilung vorhanden (+) nicht vorhanden (−)	Auswirkung auf Bilanzposition ja (+) nein (−)	Fehlerindikator/ Fehlerhypothesen vor Prüfungsbeginn gemäß Z 42	Beurteilung für die Bilanzposition vorhanden (+), nicht vorhanden (−) A. Nachweis Vorhandensein Vollständigkeit Genauigkeit der Erfassung und Abgrenzung Zurechnung	B. Bewertung	C. Ausweis	Bemerkungen/ Verweise
1. Sachlich bedingte Risiken:							
– wirtschaftliche Risiken:							
• Branchenaussichten	Abhängigkeit von Baukonjunktur	+	−	Z 40.1			
• Finanzsituation		−					
• Investitionstätigkeit		−					
• Kostenstruktur		−					
• Bilanzierungsverhalten		−					
• sonstige		−					
– technische Risiken:							
• Produktionsverfahren		−					
• Rohstoffversorgung	Nur ein Lieferant	+	−	Z 40.1			
• Umweltrisiken		−					
• Innovation		−					
• Absatzmarkt		−					
• Standort		−					
• Qualifikation der Mitarbeiter	Kompetenz der MA der Buchhaltung	+	+	Z 40.1	Mittel	Hoch	Mittel
• sonstige		−					
– rechtliche Risiken:							
• Risiken aus Besteuerungsverfahren	BP noch nicht abgeschlossen	+	+		Gering	Gering	Gering
• rechtsformspezifische Risiken, Haftung		−					
→ daraus resultierende inhärente Sicherheit				Mittel	Mittel	Mittel	
2. Kontrollrisiken:							
– Mangel im internen Kontrollsystem	größenabhängig	+	+	Z 40.1	Gering	Gering	Gering
– Risiken in der Organisationsstruktur		−					
– Führungsqualität		−					
– EDV-Risiken		−					
→ daraus resultierende Kontrollsicherheit				Hoch	Hoch	Hoch	
3. Erforderliche Prüfungssicherheit:							
(entsteht aus den Ziffern 1 und 2)				Mittel	Mittel	Mittel	

Anwendungshilfen

Nachdem auf diese Weise der Grad der inhärenten Sicherheit, die aus den sachlich bedingten Risiken resultiert und der Grad der Kontrollsicherheit, die aus den Kontrollrisiken resultiert, vorläufig ermittelt wurde, wird – wiederum für den „Nachweis", die „Bewertung" und den „Ausweis" der zu prüfenden Bilanzpositionen – beurteilt, von welcher Prüfungssicherheit aufgrund der vorhergehenden Risikoanalyse auszugehen ist. Wurde z.B. eine hohe inhärente Sicherheit und eine hohe Kontrollsicherheit festgestellt, so kann auch von einer hohen Prüfungssicherheit ausgegangen werden, die wiederum im folgenden Einfluss auf die Auswahl der Prüfungshandlungen haben wird. Entsprechendes gilt bei anderen Beurteilungsgraden. In jedem Fall sollte ein abschließendes Werturteil gefunden werden, da dieses in die sodann anzulegenden Prüfungsprogramme übernommen wird. Siehe **Beispiel 4**.

Bei der vorläufigen Risikoanalyse anhand dieser Arbeitshilfen ist zu berücksichtigen, dass sie in einem frühen Stadium der Prüfungsplanung erfolgt, um hierdurch Inhalt und Umfang der Prüfungshandlungen mandanten- und prüffeldspezifisch zu strukturieren. Es ist nicht auszuschließen, dass sich während der Prüfung die ursprüngliche Beurteilung ändern kann. Für diesen Fall sind entsprechende Arbeitshilfen vorgesehen, mit denen die Möglichkeit gegeben wird, die sich aus einer Änderung der Fehlerindikatoren und Fehlerhypothesen ergebenden Auswirkungen auf die Risikostrukturen iterativ festzustellen und auf diese Weise nach und nach zu einer endgültigen Risikoinventur zu kommen. Dabei wird in entsprechender Weise vorgegangen wie in der Planungsphase. Siehe **Beispiel 5**.

Auch hier wird das für die Prüfungssicherheit gewonnene Urteil in die Prüfungsprogramme für die einzelnen Bilanzpositionen übernommen.

Bei dem vorgeschlagenen Verfahren werden die Beurteilungen des verantwortlichen Prüfers nur sehr komprimiert dokumentiert. Es empfiehlt sich daher, zur Vervollständigung der Dokumentation gesonderte Arbeitspapiere anzulegen, auf die in den Arbeitshilfen zur Risikoanalyse jeweils verwiesen wird. Siehe **Beispiel 6**.

Soweit die Jahresabschlusserstellung von umfassenden Prüfungsmaßnahmen begleitet wird, enthalten die Arbeitshilfen zur Vorbereitung und Planung der Prüfung Musterformulierungen für eine **Verwahrungsbestätigung**, für **Saldenbestätigungen**, bei Debitoren und Kreditoren für die **Einholung einer Bankbestätigung** sowie für eine **Anwaltsbestätigung**.

Mit dem Prüfprogramm zur **Prüfung der rechtlichen Verhältnisse** sollen die Rechtsgrundlagen der Gesellschaft, insbesondere die gesetzlichen Vorschriften und die sie ergänzenden Bestimmungen des Gesellschaftsvertrages oder der Satzung geprüft werden. Die Prüfung soll sich auch darauf erstrecken, ob die übrigen rechtlichen Verhältnisse den gebotenen Niederschlag in der Buchhaltung und im Jahresabschluss, ggf. im Lagebericht gefunden haben.

Der Prüfung unterliegen letztlich auch die **Ereignisse nach dem Abschlussstichtag**. Hierzu werden zusätzlich Arbeitshilfen angeboten, die individuell und mandantenspezifisch gestaltet werden können.

Anwendungshilfen

Beispiel 4:
Sich wiederholende Risikobewertung

Mandat: **ABC-GmbH**	**Sachanlagen** – Erstellung ohne Prüfungshandlungen – mit Plausibilitätsbeurteilungen – mit umfassenden Prüfungshandlungen	**C** – 4 –
Auftrag: **31.12.2002**		

	ja	nein	n.e.	Besonderheiten/Verweise
29. Wurde der Betrag evtl. aktivierter Eigenleistungen mit dem in der GuV verbuchten Betrag abgestimmt?	X			
30. Wurden die Erträge und Verluste aus Anlagenabgängen sowie die Abschreibungen und die Erträge aus Zuschreibungen korrespondierend in der GuV-Rechnung ausgewiesen?	X			
31. Sind Sie zu dem Ergebnis gekommen, dass der Ausweis der Sachanlagen aus den vorliegenden Unterlagen und Informationen normgerecht abgeleitet wurde?	X			

III Vorbereitende Maßnahmen bei Plausibilitätsbeurteilungen und umfassenden Prüfungsmaßnahmen

	ja	nein	n.e.	Besonderheiten/Verweise
32. (Bei Plausibilitätsbeurteilungen:) Wurden nach Maßgabe des Arbeitspapiers Z 30 die vorbereitenden Maßnahmen für Plausibilitätsbeurteilungen veranlasst?	X			
33. (Bei umfassenden Prüfungshandlungen:) Wurde in dem Arbeitspapier Z 40 ff. die erforderliche Prüfungssicherheit sowie unter Berücksichtigung der Wahrscheinlichkeit von Fehlerrisiken und -hypothesen der Prüfungsumfang und die Prüfungsintensität abschließend bestimmt? Beurteilung der erforderlichen Prüfungssicherheit **gut / mittel / schlecht*** * (nicht zutreffendes bitte streichen)	X			

IV Maßnahmen zur Beurteilung der Plausibilität

	ja	nein	n.e.	Besonderheiten/Verweise
34. Haben Sie sich durch Befragung oder in sonstiger Weise davon überzeugt, dass Vorkehrungen zur vollständigen Erfassung der Zu- und Abgänge im Anlagevermögen einschließlich der aufgrund von Verkäufen und Verschrottung beim Anlagevermögen realisierten Gewinne oder Verluste getroffen wurden?	X			
35. Haben Sie durch Befragung oder in sonstiger Weise Kenntnis davon, für welche Anlagengüter rechtliches Eigentum nicht besteht?	X			
36. Haben Sie sich durch Befragung oder in sonstiger Weise davon überzeugt, ob die Voraussetzung für die Aktivierung vorliegt?	X			
37. Werden im wesentlichen Umfang Vermögensgegenstände geleast?	X			
38. Haben Sie sich durch Befragung oder in sonstiger Weise davon überzeugt, dass die Abgrenzung von Anschaffungs- oder Herstellungskosten einerseits und Instandhaltungsaufwendungen andererseits zutreffend erfolgt ist?	X			
39. Sonstige Maßnahmen?	X			
40. Bestehen nach Ihren Plausibilitätsbeurteilungen an der Ordnungsmäßigkeit der zugrunde liegenden Bücher und Nachweise keine Zweifel?	X			

Anwendungshilfen

Beispiel 5:
Sich wiederholende Risikobewertung

Mandant: **ABC-GmbH**	Checkliste zur Risikoanalyse	Z 43
Auftrag: **31.12.2002**	Position JA: Anlagevermögen	– 1 –

Name/Unterschrift
Mitarbeiter: **Meier**
Datum: **19.3.03**
Name/Unterschrift
verantwortlicher Berufsangehöriger: **Schulze**
Datum: **19.3.03**

Beschreibung	Fehlindikator/ Fehlerhypothesen nach Prüfungsbeginn gemäß Z 42	Auswirkungen auf Bilanzposition vorhanden (+), nicht vorhanden (–)			Bemerkungen / Verweise
		A. Nachweis Vorhandensein Vollständigkeit Genauigkeit der Erfassung und Abgrenzung Zurechnung	B. Bewertung	C. Ausweis	
1. Sachlich bedingte Risiken:					
– wirtschaftliche Risiken:					
• Branchenaussichten	Anhängigkeit von Baukonjunktur				
• Finanzsituation					
• Investitionstätigkeit					
• Kostenstruktur					
• Bilanzierungsverhalten					
• sonstige					
– technische Risiken:					
• Produktionsverfahren					
• Rohstoffversorgung	nur ein Lieferant				
• Umweltrisiken					
• Innovation					
• Absatzmarkt					
• Standort					
• Qualifikation der Mitarbeiter	Kompetenz der MA in der Buchhaltung	Z 44.1	Hoch	Mittel	Hoch
• sonstige					
– rechtliche Risiken					
• Risiken aus Besteuerungsverfahren	BP noch nicht abgeschlossen		Mittel	Mittel	Gering
• rechtsformspezifische Risiken, Haftung		Z 44.1	Gering	Gering	Mittel
→ daraus resultierende inhärente Sicherheit					
2. Kontrollrisiken:					
– Mängel im internen Kontrollsystem	größenabhängig		Mittel	Mittel	Mittel
– Risiken in der Organisationsstruktur					
– Führungsqualität					
– EDV-Risiken					
→ daraus resultierende Kontrollsicherheit			Mittel	Mittel	Mittel
3. Erforderliche Prüfungssicherheit			Hoch	Hoch	Hoch
(entsteht aus den Ziffern 1. und 2)					

Anwendungshilfen

Beispiel 6:
Ergänzende Arbeitshilfen zur Risikoanalyse

Mandant:	**ABC-GmbH**	Sachlich bedingte Risiken	**Z 40.1**
Auftrag:	31.12.2002		

	Mitarbeiter	Berichtskritik	verantwortlicher Berufsangehöriger
Name / Unterschrift	Meier	Schulze	
Datum	5.3.03	5.3.03	

Bei der Gesellschaft wurden folgende sachlich bedingte Risiken festgestellt:

Abhängigkeit von der Baukonjunktur:

Als Hersteller von Garagentoren ist die ABC-GmbH stark von der z. Zt. rückläufigen Baukonjunktur, insbesondere in den neuen Bundesländern abhängig.

Aufgrund der Informationen der kurzfristigen Erfolgsrechnung ist insbesondere an den Standorten in Weimar und Dresden mit negativen Ergebnisbeiträgen zu rechnen.

Anhängigkeit von Lieferanten:

Die Firma XY-AG stellt bundesweit als einziger Hersteller die von unserer Mandantin vertriebenen Spezial-Garagentore her. Aufgrund seiner Marktmacht haben sich deshalb die Einkaufskonditionen in der Vergangenheit nachhaltig verschlechtert. Die daraus resultierenden Margenverschlechterungen belasten das Jahresergebnis 2002.

Anwendungshilfen

3. Arbeitshilfen zur Abschlusserstellung

Die Arbeitshilfen zur Abschlusserstellung wurden mehrstufig entwickelt, um sowohl in Abhängigkeit von der Größe eines Unternehmens als auch in Abhängigkeit von der Art des Erstellungsauftrages differenzieren zu können. Auf der ersten Stufe wird ein **Erstellungsprogramm für alle Bilanzpositionen, die in dem gesetzlichen Gliederungsschema des § 266 HGB mit Buchstaben und römischen Ziffern** beziffert sind, angeboten. Diese müssen – je nach Art des Auftrages – in unterschiedlichem Umfang bearbeitet werden. Soweit lediglich eine **Abschlusserstellung ohne Prüfungshandlungen** geschuldet wird, enthalten diese Arbeitshilfen die üblicherweise zur Jahresabschlusserstellung erforderlichen Arbeitsschritte. Entsprechendes gilt für die Gewinn- und Verlustrechnung. Die Arbeitshilfen auf dieser ersten Stufe beinhalten darüber hinaus Kontrollfragen, ob bei Erstellung mit **Plausibilitätsbeurteilungen** die Checkliste zur Vorbereitung von begleitenden Plausibilitätsbeurteilungen bearbeitet bzw. ob bei **Erstellung mit umfassenden Prüfungshandlungen** eine Risikoanalyse erstellt wurde. Diese zusätzlichen Fragestellungen können bei Erstellung ohne Prüfungshandlungen ebenso ausgeblendet werden wie solche Arbeitsschritte, die bei der Erstellung im Einzelfall nicht erforderlich sind. Darüber hinaus enthalten die Arbeitshilfen auf dieser ersten Stufe auch sämtliche Kontrollfragen, die bei einer Erstellung mit Plausibilitätsbeurteilungen vorgeschlagen werden. Insoweit können die Kontrollfragen ausgeblendet werden, sofern eine Erstellung ohne Prüfungshandlungen vereinbart ist.

Soweit die Erstellung des Jahresabschlusses mit umfassenden Prüfungshandlungen geschuldet wird, wurde auf einer zweiten Stufe ein **Standardprüfungsprogramm für jede einzelne Bilanzposition** entwickelt, **die im gesetzlichen Gliederungsschema nach §§ 266, 275 HGB mit arabischen Ziffern beziffert wird**.

Der Nachteil eines größeren, aber immer noch überschaubaren Volumens an Standardprüfungsfragen wurde dabei in Kauf genommen, damit die Auswahl der in Betracht kommenden Prüfungsfragen entsprechend der Zusammensetzung des zu prüfenden Jahresabschlusses erleichtert wird.

Aufgrund der individuell gestaltbaren Technik sind jedoch Zusammenfassungen von verschiedenen Bilanzpositionen zu einem Prüffeld möglich.

Bei den Fragestellungen wurde unterstellt, dass das Gesamtkostenverfahren Anwendung findet. Für den Fall des Umsatzkostenverfahrens wurden hiervon abweichend für die einzelnen in Betracht kommenden GuV-Positionen gesonderte Arbeitshilfen angeboten.

Die Standardprüfungsprogramme bei umfassenden Prüfungshandlungen sind derart aufgebaut, dass zunächst Fragen zur Prüfung des Aufbaus und der Funktion des internen Kontrollsystems vorangestellt werden, die mit einer konkreten Beurteilung des internen Kontrollsystems enden. Sofern sich im Rahmen der Prüfung des internen Kontrollsystems im Laufe eines Berichtsjahres Änderungen zu dem ursprünglich zugrunde gelegten Urteil ergeben und sofern diese Änderungen Auswirkungen auf die zunächst durchgeführte Risikoanalyse haben, geben die Arbeitshilfen die Möglichkeit, die eingetretenen Änderungen innerhalb der Risikoanalyse sowie bei Prüfungsumfang und -intensität zu berücksichtigen. Im übrigen kann die Beurteilung des internen Kontrollsystems im Folgejahr im Rahmen der Risikoanalyse als Ausgangswert zugrunde gelegt werden.

Die Prüfung des internen Kontrollsystems kann zeitlich im Rahmen einer Vorprüfung vorgezogen werden, so dass bei der Risikoanalyse bereits die aktuellen Werte zugrunde gelegt werden können.

Anwendungshilfen

Die weiteren Prüfungshandlungen wurden nach der Prüfung
- des Nachweises,
- der Bewertung,
- des Ausweises

unterteilt, wobei unter der Prüfung des Nachweises auch die des Vorhandenseins der Vermögensgegenstände, der Vollständigkeit der Vermögensgegenstände, der Genauigkeit der Erfassung und Abgrenzung sowie der Zurechnung der Vermögensgegenstände erfasst wird.

Da die angebotenen Arbeitshilfen Standardprogramme sind, die mit dem Ziel verändert werden sollen, ein mandantenspezifisches Programm zu erarbeiten, wird in jeder einzelnen Arbeitshilfe nicht nur die Möglichkeit geboten, einzelne Fragen auszublenden, sondern darüber hinaus auch individuell erforderliche zusätzliche Maßnahmen einzufügen. Das auf diese Weise während der Planung gewonnene mandantenspezifische Programm ist dazu bestimmt, von den jeweils für die Erstellung Verantwortlichen nach Durchführung der jeweiligen Maßnahmen beantwortet und mit Datumsangabe abgezeichnet zu werden. Die Antworten in dem jeweiligen Programm sollten – soweit möglich – nicht ohne ausreichende Substantiierung in weiteren Arbeitsnachweisen gegeben werden, mit denen die in den Antworten dokumentierten Handlungen und Feststellungen verifizierbar werden. Falls in den Fragebögen nicht genügend Raum für die notwendigen Antworten, Beschreibungen und Kommentare ist, wird empfohlen, separate Arbeitspapiere zu erstellen und auf diese zu verweisen. Außerdem sollte darauf geachtet werden, dass hinreichend Angaben zur Auswahl von Stichproben gegeben werden und zwar sowohl in ihrer absoluten Anzahl als auch in ihrer Relation zu dem jeweiligen Gesamtvolumen. Nur auf diese Weise wird gewährleistet, dass der Nachweis einer ordnungsgemäßen Jahresabschlusserstellung geführt werden kann.

Die Arbeitshilfen zum **Anhang** und zum **Lagebericht** wurden in Form von Checklisten gestaltet, die eine Vollständigkeitskontrolle im Hinblick auf die gesetzlichen Bestandteile von Anhang und Lagebericht gewährleisten.

Die Checkliste für den **Anhang** wurde mit **Musterformulierungen** verbunden, da die Erstellung des Anhangs mit zur Erstellung des Jahresabschlusses zählt. Für den Lagebericht wurde auf Musterformulierungen verzichtet, da die Erstellung des Lageberichts generell dem Mandanten obliegt.

Abschließend werden beispielhafte Formulierungen für einen **Erstellungsbericht** angeboten, die wahlweise für die verschiedenen Auftragsarten verwandt werden können. Statt dessen kann die Berichterstattung auch in Form eines Kurzberichts – **Bescheinigungsbericht** – erfolgen, sofern derartige Berichterstattungen seitens des Mandanten gewünscht werden. Auch insoweit enthalten die Arbeitshilfen einen entsprechend modifizierbaren Formulierungsvorschlag. Darüber hinaus finden sich unter den Arbeitshilfen für die wesentlichen in Betracht kommenden Konstellationen Formulierungsvorschläge für **Bescheinigungen**. Ergänzend zu einem Erstellungsbericht oder einem Bescheinigungsbericht werden üblicherweise **Erläuterungen zur Bilanz und zur Gewinn- und Verlustrechnung** mit der Berichterstattung verbunden. Insoweit wird unter den Arbeitshilfen ein Formulierungsvorschlag angeboten, der individuell ergänzt werden kann. Darüber hinaus wird vereinzelt zur Vervollständigung der Berichterstattung eine Übersicht über die Forderungen und Verbindlichkeiten aus Lieferungen und Leistungen, eine **Körperschaftsteuerberechnung**, eine **Gewerbesteuerberechnung** und eine **Umsatz-**

Anwendungshilfen

steuerberechnung dem Erstellungsbericht bzw. dem Bescheinigungsbericht beigefügt. Die Arbeitshilfen enthalten hierzu ebenso Gestaltungsvorschläge wie zur Berichterstattung über die **rechtlichen und steuerlichen Verhältnisse** sowie zu einem **Protokoll der Gesellschafterversammlung**.

Mit Hilfe der angebotenen Arbeitsmittel ist es in der Praxis regelmäßig gelungen, hinreichend dokumentierte mandantenspezifische Erstellungsprogramme zu entwickeln, mit denen in praktikabler Form die Einhaltung der im Berufsstand entwickelten Grundsätze dokumentiert werden. Zu weiteren Anregungen werden die Benutzer der hier angebotenen Hilfsmittel ausdrücklich aufgefordert.

Anwendungshilfen

III. Einführung in die Technik des Erstellungsprogramms

1. Hardware – Ausstattung

Sie benötigen einen mit CD-ROM-Laufwerk ausgestatteten PC (ab Pentium aufwärts) mit den Betriebssystemen Windows 95 aufwärts, einem Arbeitsspeicher mit mindestens 64 MB und 20 MB freien Festplattenspeicher sowie einen Bildschirm mit einer Auflösung von 800 x 600 Pixel.

2. Software – Ausstattung

Die Bearbeitung der hinterlegten Arbeitshilfen erfolgt mit Hilfe der Standardsoftware MS-Word **ab Version 97** aufwärts. Ältere Versionen von MS-Word werden nicht unterstützt.

3. Programmaufruf

Das Programm zur Jahresabschlusserstellung enthält keine eigene Installation und wird grundsätzlich von der CD gestartet, die einen autorun beinhaltet.

Legen Sie einfach die CD in das entsprechende Laufwerk ein – die CD startet dann automatisch über den autorun. Liegt die CD-ROM bereits in Ihrem CD-ROM-Laufwerk starten Sie das Programm, indem Sie über „Start" – „Ausführen" – „Durchsuchen" Ihr CD-ROM-Laufwerk" wählen und auf die Datei JA-CD doppelklicken.

Tipp: Erstellen Sie eine Verknüpfung auf dem Desktop:

1. Klicken Sie auf die JA-CD.Exe im Windows Explorer.
2. Klicken Sie im Menü Datei auf „Verknüpfung erstellen".
3. Ziehen Sie das Verknüpfungssymbol auf den Desktop.

und es erscheint der folgende Startbildschirm:

Anwendungshilfen

Im Anschluss daran erscheint der folgende Grundbildschirm:

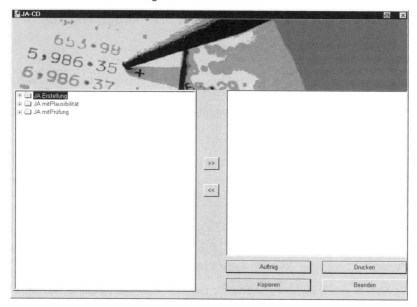

Im linken Fenster finden Sie die drei Hauptordner: **JA Erstellung**, **JA mit Plausibilität** (= Erstellung mit Plausibilitätsbeurteilungen) sowie **JA mit Prüfung** (= Erstellung mit umfassenden Prüfungshandlungen). Diese Hauptordner enthalten jeweils in den sich öffnenden Unterordnern alle für den entsprechenden Erstellungsauftrag notwendigen Arbeitspapiere.

Hauptordner JA Erstellung mit Unterordnern:

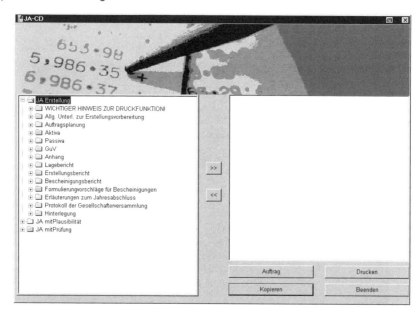

Anwendungshilfen

Hauptordner JA mit Plausibilität:

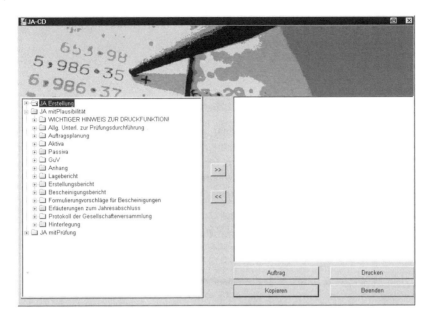

JA mit Prüfung:

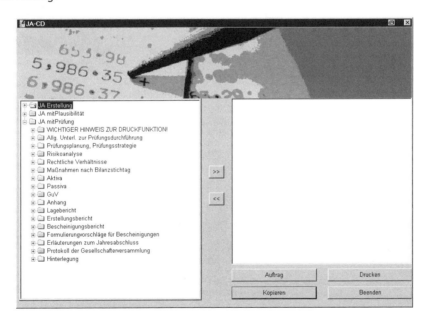

Je nach Erstellungsauftrag können Sie nunmehr die einzelnen Arbeitspapiere auswählen. Es sind auch jederzeit mandantenbezogene Kombinationen aus den drei Hauptordnern möglich. Haben Sie beispielsweise den Auftrag, einen „normalen" Jahresabschluss zu erstellen und nur

Anwendungshilfen

die Position „Vorräte" einer umfassenden Prüfungshandlung zu unterziehen, wählen Sie unter „JA mit Prüfung" den Unterordner „Vorräte" aus und kopieren die dort hinterlegten Arbeitspapiere auf den zuvor angelegten Mandanten. Sämtliche anderen Arbeitspapiere entnehmen Sie dem Hauptordner „JA Erstellung".

Achtung:
Abweichende Darstellung der drei Hauptordner in der Printversion:

Aus Umfangsgründen sind die drei Hauptordner in der gedruckten Version dieses Buches in **einem** Formular zusammengefasst. Die nach Art des Erstellungsauftrages zusätzlich relevanten Teile der einzelnen Arbeitshilfen sind durch unterschiedliche Randleisten kenntlich gemacht (siehe Beispiele Seite 25 und 26). Hierbei bedeutet die Abkürzung **uP** = Erstellung mit umfassenden Prüfungshandlungen, **Pb** = Erstellung mit Plausibilitätsbeurteilungen.

In der CD-Version sind die **vollständigen** Arbeitspapiere jeweils in den drei Hauptordnern **JA Erstellung, JA mit Plausibilität** und **JA mit Prüfung** abgespeichert.

Analog dem MS-Explorer öffnen sich die einzelnen Ordner, Unterordner und die darunter hinterlegten Arbeitshilfen mit entsprechendem Mausklick:

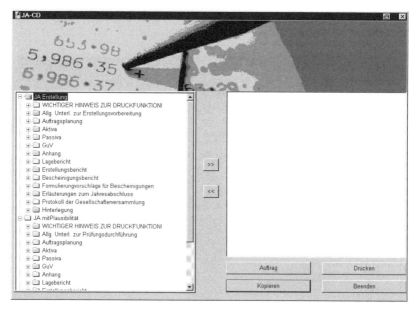

Anwendungshilfen

Beispiel für die Darstellung der drei Hauptordner in der Printversion

Mandant:	**Sachanlagen** – Erstellung ohne Prüfungshandlungen – mit Plausibilitätsbeurteilungen – mit umfassenden Prüfungshandlungen	**C** – 4 –
Auftrag:		

	ja	nein	n.e.	Besonderheiten/Verweise
29. Wurde der Betrag evtl. aktivierter Eigenleistungen mit dem in der GuV verbuchten Betrag abgestimmt?	☐	☐	☐	
30. Wurden die Erträge und Verluste aus Anlagenabgängen sowie die Abschreibungen und die Erträge aus Zuschreibungen korrespondierend in der GuV-Rechnung ausgewiesen?	☐	☐	☐	
31. *Sind Sie zu dem Ergebnis gekommen, dass der Ausweis der Sachanlagen aus den vorliegenden Unterlagen und Informationen normgerecht abgeleitet wurde?*	☐	☐	☐	

III Vorbereitende Maßnahmen bei Plausibilitätsbeurteilungen und umfassenden Prüfungsmaßnahmen

32. (Bei Plausibilitätsbeurteilungen:) Wurden nach Maßgabe des Arbeitspapiers Z 30 die vorbereitenden Maßnahmen für Plausibilitätsbeurteilungen veranlasst?
33. (Bei umfassenden Prüfungshandlungen:) Wurde in dem Arbeitspapier Z 40 ff. die erforderliche Prüfungssicherheit sowie unter Berücksichtigung der Wahrscheinlichkeit von Fehlerrisiken und -hypothesen der Prüfungsumfang und die Prüfungsintensität abschließend bestimmt? Beurteilung der erforderlichen Prüfungssicherheit **gut / mittel / schlecht***
    * (nicht zutreffendes bitte streichen)

IV Maßnahmen zur Beurteilung der Plausibilität

34. Haben Sie sich durch Befragung oder in sonstiger Weise davon überzeugt, dass Vorkehrungen zur vollständigen Erfassung der Zu- und Abgänge im Anlagevermögen einschließlich der aufgrund von Verkäufen und Verschrottung beim Anlagevermögen realisierten Gewinne oder Verluste getroffen wurden?
35. Haben Sie durch Befragung oder in sonstiger Weise Kenntnis davon, für welche Anlagengüter rechtliches Eigentum nicht besteht?
36. Haben Sie sich durch Befragung oder in sonstiger Weise davon überzeugt, ob die Voraussetzung für die Aktivierung vorliegt?
37. Werden im wesentlichen Umfang Vermögensgegenstände geleast?
38. Haben Sie sich durch Befragung oder in sonstiger Weise davon überzeugt, dass die Abgrenzung von Anschaffungs- oder Herstellungskosten einerseits und Instandhaltungsaufwendungen andererseits zutreffend erfolgt?
39. Sonstige Maßnahmen?
40. *Bestehen nach Ihren Plausibilitätsbeurteilungen an der Ordnungsmäßigkeit der zugrunde liegenden Bücher und Nachweise keine Zweifel?*

Anwendungshilfen

Mandant:	**Eventualverbindlichkeiten** – Erstellung ohne Prüfungshandlungen – mit Plausibilitätsbeurteilungen – mit umfassenden Prüfungshandlungen	**EE** – 2 –
Auftrag:		

	ja	nein	n.e.	Besonderheiten/Verweise

5. (Bei umfassenden Prüfungshandlungen:) Wurde in dem Arbeitspapier Z 40 ff. für die Verbindlichkeiten die erforderliche Prüfungssicherheit sowie unter Berücksichtigung der Wahrscheinlichkeit von Fehlerrisiken und -hypothesen der Prüfungsumfang und die Prüfungsintensität abschließend bestimmt?
Beurteilung der erforderlichen Prüfungssicherheit
gut / mittel / schlecht*
* (nicht zutreffendes bitte streichen)

IV Maßnahmen zur Beurteilung der Plausibilität

6. Haben Sie sich durch Befragung davon überzeugt, ob wesentliche angabepflichtigen Haftungsverhältnisse aus Bürgschaften, Kreditaufträgen, Wechselindossierungen, Gewährleistungen und Sicherheitsbestellungen für fremde Verbindlichkeiten bestehen?
7. Sonstige Maßnahmen?
8. *Bestehen nach Ihren Plausibilitätsbeurteilungen an der Ordnungsmäßigkeit der zugrunde liegenden Bücher und Nachweise keine Zweifel?*

V Zusätzliche Arbeitshilfe bei Erstellung mit umfassenden Prüfungshandlungen

V.1 Beurteilung des internen Kontrollsystems

9. Wird eine Vertragskartei geführt, die sämtliche wichtigen Daten der Verträge, insbesondere auch die daraus resultierenden Eventualverbindlichkeiten vollständig dokumentiert?
10. Erfolgt eine Verbuchung der Eventualverbindlichkeiten auf Nebenkonten oder Nebenbüchern?
11. Sind die vorstehenden Kontrollen ausreichend?
12. Besteht geschäftszweigtypisch eine erhöhte Wahrscheinlichkeit für Eventualverbindlichkeiten, z. B.
    - bei Unternehmensverbindungen,
    - bei Unternehmen, die Beteiligungsgesellschaften haben (hier sind häufig Bürgschaften, Schuldmitübernahmen, Garantien und Patronatserklärungen anzutreffen),
    - im Großanlagenbau (hier sind häufig Garantiezusagen und selbständige Garantieverträge anzutreffen),
    - in Unternehmen mit engen wirtschaftlichen Bindungen zwischen Lieferanten und Abnehmern wie bei Brauereien, Gastwirtschaften, Automobilzulieferern und -vertragshändlern, Baubetreuern und Bauherren (hier sind häufig Garantiezusagen, Garantieverträge und Bürgschaften anzutreffen)?

Anwendungshilfen

4. Mandant und Auftrag anlegen

Vor der Zusammenstellung der einzelnen Arbeitshilfen für ein Erstellungsmandat muss zwingend vorher der entsprechende Mandant mit Auftrag angelegt werden. Diese Angaben werden in den Kopfzeilen der entsprechenden Arbeitshilfen automatisch zur Identifizierung des entsprechenden Mandanten übertragen und sind nicht abänderbar. Bei Anklicken des Buttons „Auftrag" im rechten Bildschirmfenster erscheint das folgende Bild:

Beachten Sie bitte, dass Ihnen für die Eingabe der Daten jeweils nur 15 Zeichen zur Verfügung stehen, die jeweils in den Kopfzeilen der Arbeitshilfen mit eingefügt werden. Die Mandanten- und Auftragsdaten bleiben bis zum Neustart des Programms erhalten, sofern Sie nicht überschrieben werden.

5. Auswahl der Arbeitshilfen

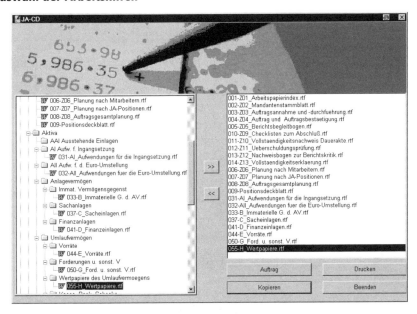

Nach Anlegen der Mandanten- und Auftragdaten können Sie nun die für ihr Erstellungsmandat erforderlichen Arbeitshilfen anlegen. Die Auswahl erfolgt entweder mit „Doppelklick" auf das

Anwendungshilfen

entsprechende Dokument auf der linken Auswahlseite oder mit „Einfachklick", auf das auszuwählende Dokument mit anschließender Betätigung der in der Mitte befindlichen Pfeiltaste. Bei Betätigen der Rückpfeiltaste werden die Dokumente wieder entsprechend entfernt. Die so ausgewählten mandanten- und auftragsbezogenen Arbeitshilfen werden hintereinander im rechten Fenster angezeigt und können nun über MS-Word bearbeitet werden..

6. Bearbeiten der Arbeitshilfen

Die für den Erstellungsauftrag ausgewählten Arbeitshilfen können nun einzeln bearbeitet werden. Hierzu gehen Sie mit Doppelklick auf die entsprechende Arbeitshilfe – es öffnet sich automatisch MS-Word. Die weitere Bearbeitung erfolgt mit den Standardfunktionen, die MS-Word bietet.

6.1. Selektion innerhalb der einzelnen Arbeitshilfen

Sie haben die Möglichkeit, die von Ihnen zusammengestellten Arbeitshilfen auf diejenigen Inhalte zu reduzieren, die Sie nach Ihrer Beurteilung für die entsprechende Position benötigen.

Hierbei gehen Sie wie folgt vor:
- Öffnen des Dokuments mit „Doppelklick"
- Einblenden der Absatzmarken damit Sie punktgenau markieren können

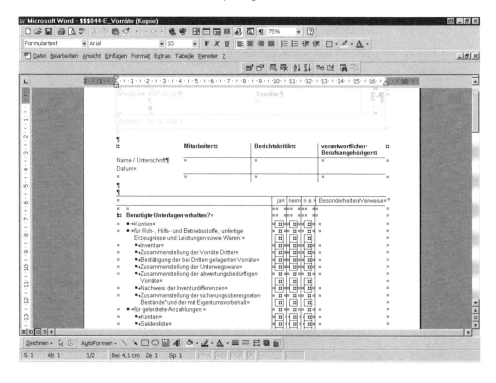

Anwendungshilfen

- Markieren der zu entfernenden Zeilen mit der Maus (Einfachster Weg: Vor die Absatzmarke hinter der zu verbergenden Zeile springen und nach links ziehen),

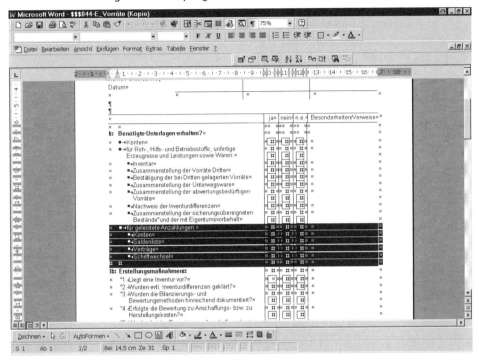

- Entfernen der markierten Bereiche mit dem Befehl „Format" „Zeichen" „Verborgen" „OK",

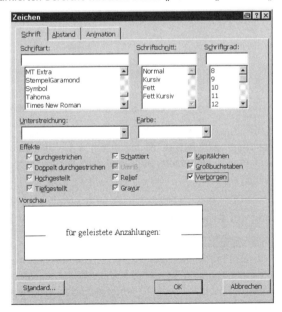

Anwendungshilfen

– oder benutzen Sie die Tastatur: Zur Markierung springen Sie hinter die zu markierende Zeile. Halten Sie die Shift-Taste gedrückt und markieren Sie nun mit den Pfeiltasten die gewünschten Zeilen. Sollten Sie größere zusammenhängende Teile eines Dokumentes nicht benötigen, benutzen Sie bitte die „Bild aufwärts" bzw. „Bild abwärts"-Tasten. Nach erfolgter Markierung wählen Sie bitte die Short Cuts:

„Alt T", Enter, „Alt B" und bestätigen Sie bitte mit der Enter-Taste.

Die so reduzierten Arbeitshilfen werden automatisch über MS-Word formatiert so dass eine neue mandanten- bzw. auftragsspezifische Arbeitshilfe entsteht.

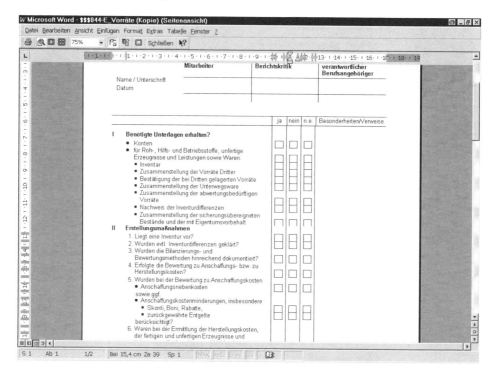

Die Arbeitshilfen können sowohl ausgedruckt als auch auftragsbezogen abgespeichert werden.

Beachten Sie bitte dabei, dass nicht die MS-Word eigene Funktion „Extras" „Optionen" „Ansicht" „Verborgener Text" aktiviert ist, da ansonsten weiter der entsprechende markierte Text trotz des oben genannten Befehls weiter angezeigt wird. Der verborgene Text wird am Bildschirm unterpunktiert angezeigt.

Tipps zur Bearbeitung der Arbeitshilfen:

Die gesamten Arbeitshilfen sind als Tabelle aufgebaut. Sollten durch das „Verbergen" der nicht benötigten Zellen die Absätze am Seitenende getrennt werden bzw. nicht mehr vollständig am Bildschirm dargestellt werden, können Sie durch Markieren der entsprechenden Absätze und über den Befehl „Format" „Absatz" „Textfluß" unter anklicken der Funktion „Absätze nicht trennen" eine Trennung der Absätze verhindern.

Anwendungshilfen

Wird durch das „Verbergen" von Absätzen das Kontrollkästchen nicht mehr vollständig umrahmt, können Sie über die Menüleiste Tabelle durch den Befehl „Tabelle teilen" und anschließendes neues Formatieren des Kontrollkästchens mittels Rahmenlinie das gewohnte Bild wieder herstellen. Entfernen Sie anschließend die Absatzmarke an der Stelle, an der die Tabelle geteilt wurde, und Ihr Formular hat wieder das ursprüngliche Erscheinungsbild mit allen bisherigen Funktionen. Sollten Linienteile von verborgenen Zeilen trotzdem noch am Bildschirm bzw. im Ausdruck erscheinen, entfernen Sie diese Linien über die Menüleiste „Rahmenlinie" wie in Word üblich.

6.2. Auftragsbezogene Speicherung der Arbeitshilfen

Die so bearbeiteten Arbeitshilfen können direkt über eine Schnittstelle des Programms in einem eigenen Ordner auf Ihrer Festplatte abgespeichert werden. Bitte beachten Sie, dass Sie für jeden Mandanten einem eigenen Ordner anlegen, da bei Speicherungen eines neuen Mandanten im gleichen Pfad die Dateien gleichen Namens überschrieben werden. Hierzu benutzen Sie bitte die im Programm enthaltene Kopierfunktion.

In den von Ihnen angegebenen Ordner werden nun alle selektierten Arbeitshilfen kopiert. Sie können jederzeit sowohl wieder Änderungen vornehmen als auch Erweiterungen an ihrem Arbeitshilfenbestand anbringen bzw. neue Arbeitshilfen bei Bedarf hinzufügen. Beachten Sie bitte, dass Sie zuvor natürlich einen entsprechenden Ordner anlegen müssen, in den Sie die ausgewählten Arbeitshilfen kopieren wollen.

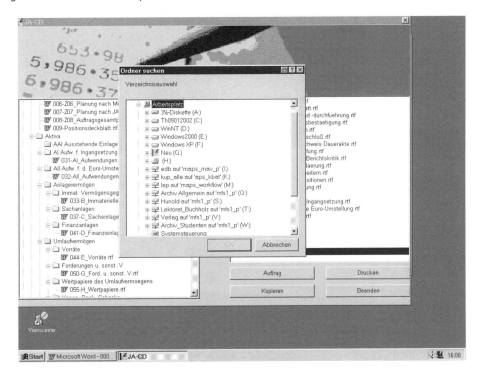

Anwendungshilfen

Ratsam ist es, einen Ordner mit diversen Unterordnern zu erstellen. Letztere können wie auch auf der CD-ROM inhaltlich benannt werden und die zugehörigen Arbeitshilfen in die jeweiligen Unterordner kopiert werden.

6.3. Ausfüllen der Arbeitshilfen

Sämtliche Arbeitshilfen können am Bildschirm ausgefüllt werden, sei es durch das Ankreuzen der entsprechenden Kästchen oder durch Textergänzungen in der äußeren rechten Spalte, die dafür vorgesehen ist.

Tipps zur Bearbeitung der Arbeitshilfen:
Die Zellen in den Formularen sind jeweils auf die Zeilenanzahl der linken Spalte ausgelegt, sollten Ihre Bemerkungen mehr Zeilen erfordern, können Sie das gewohnte Bild der Kästchen über die Menüleiste Tabelle „Zellen teilen" unter Angabe „Spalten 1" und der Menge der „Zeilen" der Besonderheiten/Verweise-Spalte (bzw. „der gesamten Zelle") wieder herstellen, allerdings müssen über die Menüleiste „Rahmenlinie" die neu erstellten Zellen – bis auf das Kontrollkästchen – wieder über die Menüleiste „Rahmenlinie" ohne Rahmen versehen werden.

6.4. Drucken

Falls Sie auf das Ausfüllen der Dokumente am Bildschirm verzichten möchten, ermöglicht Ihnen der Knopf „Drucken" den Ausdruck aller im rechten Auswahlfenster vorhandenen Dokumente in einem Arbeitsgang. Die vorherige Bearbeitung der einzelnen Dokumente (siehe 6.1.) geht dabei nicht verloren. Alle Dokumente werden beim Ausdrucken mit den eingegebenen Mandanten- und Auftragsdaten versehen.

7. Beenden des Programms

Das Programm wird durch anklicken des Buttons „beenden" geschlossen. Beachten Sie bitte, dass Sie zuvor die von Ihnen angelegten und bearbeiteten auftragsbezogenen Arbeitshilfen unbedingt in einem eigenen Ordner abgespeichert haben oder ausgedruckt wurden, da ansonsten alle Daten wieder verloren gehen und Sie wieder von vorne anfangen müssen.

B. Arbeitshilfen

Mandant:	Jahresabschlusserstellung Arbeitshilfen, Erstellungstechnik Arbeitspapierindex	Z 1 – 1 –

Auftrag:

Bezeichnung des Arbeitspapiers	
Arbeitshilfen zur Vorbereitung der Abschlusserstellung	
Arbeitspapierindex	Z 1
Mandanten Stammdaten	Z 2
Auftragsannahme und -durchführung	Z 3
Auftrag und Auftragsbestätigung, Auftragsbedingungen	Z 4
Berichtsbegleitbogen	Z 5
Planung Einzelauftrag	
• Planung nach Mitarbeitern	Z 6
• Planung nach Positionen des Jahresabschlusses	Z 7
Auftragsgesamtplanung	Z 8
Checkliste zum Abschluss der Buchführung	Z 9
Vollständigkeitsnachweis Dauerakte	Z 10
Überschuldungsprüfung	Z 11
Nachweisbogen zur Berichtskritik	Z 12
Vollständigkeitserklärung	Z 13
Arbeitshilfen zur Vorbereitung von begleitenden Prüfungsmaßnahmen	
Checkliste zur Vorbereitung von begleitenden Plausibilitätsbeurteilungen	Z 30
Checklisten Risikoanalyse	
• Checklisten Risikoanalyse vor Prüfungsbeginn	Z 40
• Checklisten Risikoanalyse nach Prüfungsbeginn	Z 41
• Fehlerindikatoren und -hypothesen – generell	Z 42
• Fehlerindikatoren und -hypothesen – Vorräte	Z 43
• Fehlerindikatoren und -hypothesen – Forderungen	Z 44
• Fehlerindikatoren und -hypothesen – Personalaufwendungen	Z 45
Verwahrungsbestätigung	Z 50
Bestätigungsschreiben Debitoren	Z 51
Bestätigungsschreiben Kreditoren	Z 52
Gesamtauswertung Saldenbestätigung	Z 53
Bankbestätigung	Z 54
Bestätigung Rechtsanwälte	Z 55
(umfassende) Prüfung der rechtlichen Verhältnisse	Z 60
(umfassende Prüfung) Ereignisse nach dem Bilanzstichtag	Z 70

Mandant:	Jahresabschlusserstellung Arbeitshilfen, Erstellungstechnik Arbeitspapierindex	**Z 1** – 2 –

Auftrag:

Bezeichnung des Arbeitspapiers	
Arbeitshilfen zur Abschlusserstellung	
Aktiva	
A (–) Ausstehende Einlagen auf das gezeichnete Kapital	
(1) Arbeitshilfen zur Abschlusserstellung	AA
uP (2) Zusätzliche Arbeitshilfen bei Erstellung mit umfassenden Prüfungshandlungen	AA I
B (–) Aufwendungen für die Ingangsetzung und Erweiterung des Geschäftsbetriebes	
Arbeitshilfen zur Abschlusserstellung	A I
C (–) Aufwendungen für die Währungsumstellung auf den Euro	
Arbeitshilfen zur Abschlusserstellung	A II
D (A) Anlagevermögen	
I. Immaterielle Vermögensgegenstände	
(1) Arbeitshilfen zur Abschlusserstellung	B
uP (2) Zusätzliche Arbeitshilfen bei Erstellung mit umfassenden Prüfungshandlungen	
1. Konzessionen, gewerbliche Schutzrechte und ähnliche Rechte und Werte sowie Lizenzen an solchen Rechten und Werten	B I
2. Geschäfts- oder Firmenwert	B II
3. Geleistete Anzahlungen	B III
II. Sachanlagen	
(1) Arbeitshilfen zur Abschlusserstellung	C
uP (2) Zusätzliche Arbeitshilfen bei Erstellung mit umfassenden Prüfungshandlungen	
1. Grundstücke, grundstücksgleiche Rechte und Bauten, einschließlich der Bauten auf fremden Grundstücken	C I
2. Technische Anlagen und Maschinen	C II
3. Andere Anlagen, Betriebs- und Geschäftsausstattung	C II
4. Geleistete Anzahlungen und Anlagen im Bau	C III
III. Finanzanlagen	
(1) Arbeitshilfen zur Abschlusserstellung	D
uP (2) Zusätzliche Arbeitshilfen bei Erstellung mit umfassenden Prüfungshandlungen	
1. Anteile an verbundenen Unternehmen	D I
2. Ausleihungen an verbundenen Unternehmen	D II
3. Beteiligungen	D I
4. Ausleihungen an Unternehmen, mit denen ein Beteiligungsverhältnis besteht	D II
5. Wertpapiere des Anlagevermögens	D I
6. Ausleihungen an Gesellschafter	D II
7. Sonstige Ausleihungen	D II

Mandant:	Jahresabschlusserstellung Arbeitshilfen, Erstellungstechnik Arbeitspapierindex	**Z 1** – 3 –

Auftrag:

Bezeichnung des Arbeitspapiers

E (B) **Umlaufvermögen**
    I. **Vorräte**

    (1) Arbeitshilfen zur Abschlusserstellung   E
    (2) Zusätzliche Arbeitshilfen bei Erstellung mit umfassenden
        Prüfungshandlungen
        Inventurprüfung   E I
        1. Roh-, Hilfs- und Betriebsstoffe   E II
        2. Unfertige Erzeugnisse, unfertige Leistungen   E III
        3. Fertige Erzeugnisse, Waren   E IV
        4. Geleistete Anzahlungen   E V

    II. **Forderungen und sonstige Vermögensgegenstände,**
        Verbindlichkeiten

    (1) Arbeitshilfen zur Abschlusserstellung   G
    (2) Zusätzliche Arbeitshilfen bei Erstellung mit umfassenden
        Prüfungshandlungen
        Einholung von Saldenbestätigungen   G I
        1. Forderungen aus Lieferungen und Leistungen   G III
        2. Forderungen gegen verbundene Unternehmen   G III
        3. Forderungen gegen Unternehmen, mit denen ein
           Beteiligungsverhältnis besteht   G III
        4. (–) Forderungen gegen Gesellschafter   G III
        5. (–) Eingeforderte Nachschüsse   AA I
        6. (–) Eingeforderte, aber noch ausstehende Einlagen
           auf das gezeichnete Kapital / Einzahlungsverpflichtungen
           persönlich haftender Gesellschafter   AA I
        7. (4.) Sonstige Vermögensgegenstände   G IV

    III. **Wertpapiere des Umlaufvermögens**

    (1) Arbeitshilfen zur Abschlusserstellung   H
    (2) Zusätzliche Arbeitshilfen bei Erstellung mit umfassenden
        Prüfungshandlungen
        1. Anteile an verbundenen Unternehmen   H I
        2. Eigene Anteile   AA I
        3. Sonstige Wertpapiere   H I

    IV. **Kassenbestand, Bundesbankguthaben, Guthaben bei**
        Kreditinstituten und Schecks

    (1) Arbeitshilfen zur Abschlusserstellung   J
    (2) Zusätzliche Arbeitshilfen bei Erstellung mit umfassenden
        Prüfungshandlungen
        1. (–) Kassenbestand,   J I
        2. (–) Bundesbankguthaben, Guthaben bei Kreditinstituten   J II
        3. (–) Schecks   J II

F (C) **Rechnungsabgrenzungsposten**

    (1) Arbeitshilfen zur Abschlusserstellung   K
    (2) Zusätzliche Arbeitshilfen bei Erstellung mit umfassenden
        Prüfungshandlungen
        1. Disagio (Damnum)   K
        2. (–) Sonstige Rechnungsabgrenzungsposten   K

Mandant:	Jahresabschlusserstellung Arbeitshilfen, Erstellungstechnik Arbeitspapierindex	Z 1 – 4 –

Auftrag:

Bezeichnung des Arbeitspapiers	
G (–) (aktive) latente Steuern, Rückstellungen für latente Steuern	
Arbeitshilfen zur Abschlusserstellung	L
H (–) Nicht durch Eigenkapital gedeckter Fehlbetrag / Nicht durch Vermögensanlagen gedeckter Verlustanteil persönlich haftender Gesellschafter	AA VI
Passiva	
A Eigenkapital	
(1) Arbeitshilfen zur Abschlusserstellung	AA
(2) Zusätzliche Arbeitshilfen bei Erstellung mit umfassenden Prüfungshandlungen	
I. Gezeichnetes Kapital/Kapitalanteile	AA III
II. (Kapitalgesellschaften:) Kapitalrücklage (KapCo-Gesellschaften:) Rücklagen	AA IV
III. (Kapitalgesellschaften:) Gewinnrücklagen	AA V
IV. (III.) Gewinnvortrag / Verlustvortrag	AA VI
V. (IV.) Jahresüberschuss / Jahresfehlbetrag	AA VI
VI. (–) Bilanzgewinn / Bilanzverlust	AA VI
B (–) Sonderposten mit Rücklageanteil	
Arbeitshilfen zur Abschlusserstellung	BB
C (B) Rückstellungen	
(1) Arbeitshilfen zur Abschlusserstellung	CC
(2) Zusätzliche Arbeitshilfen bei Erstellung mit umfassenden Prüfungshandlungen	
1. Rückstellung für Pensionen u. ä. Verpflichtungen	CC I
2. Steuerrückstellungen	CC II
3. Rückstellungen für latente Steuern	L
4. Sonstige Rückstellungen	CC III
D (C) Verbindlichkeiten	
(1) Arbeitshilfen zur Abschlusserstellung	DD
(2) Zusätzliche Arbeitshilfen bei Erstellung mit umfassenden Prüfungshandlungen	
Einholung von Saldenbestätigungen	G I
1. Anleihen	DD I
2. Verbindlichkeiten gegenüber Kreditinstituten	DD II
3. Erhaltene Anzahlungen auf Bestellungen	DD III
4. Verbindlichkeiten aus Lieferungen und Leistungen	DD IV
5. Verbindlichkeiten aus der Annahme gezogener Wechsel und der Ausstellung eigener Wechsel	DD V
6. Verbindlichkeiten gegenüber verbundenen Unternehmen	DD VI
7. Verbindlichkeiten gegenüber Unternehmen, mit denen ein Beteiligungsverhältnis besteht	DD VI
8. (–) Verbindlichkeiten gegenüber Gesellschaftern	DD VI
9. (8.) Sonstige Verbindlichkeiten	DD VII

Mandant:	Jahresabschlusserstellung Arbeitshilfen, Erstellungstechnik Arbeitspapierindex	**Z 1** – 5 –

Auftrag:

Bezeichnung des Arbeitspapiers	
E (D) Rechnungsabgrenzungsposten	
Arbeitshilfen zur Abschlusserstellung	K
F (–) Eventualverbindlichkeiten	
Arbeitshilfen zur Abschlusserstellung	EE
Gewinn- und Verlustrechnung	
Gesamtkostenverfahren	
(1) Arbeitshilfen zur Abschlusserstellung	1
(2) Zusätzliche Arbeitshilfen bei Erstellung mit umfassenden Prüfungshandlungen	
1. Umsatzerlöse	10
2. Erhöhung oder Verminderung des Bestands an fertigen und unfertigen Erzeugnissen	20
3. Andere aktivierte Eigenleistungen	30
4. Sonstige betriebliche Erträge	40
5. Materialaufwand	50
6. Personalaufwand	60
7. Abschreibungen	70
8. Sonstige betriebliche Aufwendungen	80
9. Erträge aus Beteiligungen	90
10. (–) Aufgrund einer Gewinngemeinschaft, eines Gewinnabführungs- oder eines Teilgewinnabführungsvertrages erhaltene Gewinne	90
11. (10.) Erträge aus anderen Wertpapieren und Ausleihungen des Finanzanlagevermögens	90
12. (11.) Sonstige Zinsen und ähnliche Erträge	100
13. (12.) Abschreibungen auf Finanzanlagen und auf Wertpapiere des Umlaufvermögens	70
14. (–) Aufwendungen aus Verlustübernahme	90
15. (13.) Zinsen und ähnliche Aufwendungen	100
16. (14.) Ergebnis der gewöhnlichen Geschäftstätigkeit	
17. (15.) Außerordentliche Erträge	110
18. (16.) Außerordentliche Aufwendungen	110
19. (17.) Außerordentliches Ergebnis	
20. (18.) Steuern vom Einkommen und vom Ertrag	120
21. (19.) Sonstige Steuern	120
22. (–) Erträge aus Verlustübernahme	90
23. (–) Aufgrund einer Gewinngemeinschaft, eines Gewinnabführungs- oder eines Teilgewinnabführungsvertrages abgeführte Gewinne	90
24. (20.) Jahresüberschuss / Jahresfehlbetrag	
25. (21.) Gewinnvortrag / Verlustvortrag aus dem Vorjahr	
26. (22.) Entnahmen aus der Kapitalrücklage	
27. (23.) Entnahmen aus Gewinnrücklagen	
28. (24.) Einstellungen in Gewinnrücklagen	
29. (–) Einstellung in die Kapitalrücklage	
30. (25.) Bilanzgewinn / Bilanzverlust	AA VI

umfassende Prüfungshandlungen

Mandant:	Jahresabschlusserstellung Arbeitshilfen, Erstellungstechnik Arbeitspapierindex	Z 1 – 6 –
Auftrag:		

Bezeichnung des Arbeitspapiers	
Umsatzkostenverfahren	
(1) Arbeitshilfen zur Abschlusserstellung	1
(2) Zusätzliche Arbeitshilfen bei Erstellung mit umfassenden Prüfungshandlungen	
1. Herstellungskosten der zur Erzielung der Umsatzerlöse erbrachten Leistungen	200
2. Vertriebskosten	210
3. Allgemeine Verwaltungskosten	220
4. Sonstige betriebliche Erträge	40
5. Sonstige betriebliche Aufwendungen	230
Anhang	1000
Lagebericht	2000
Erstellungsbericht	3000
Bescheinigungsbericht (Kurzbericht)	3100
Formulierungsvorschläge für Bescheinigungen	4000
Erläuterungen zum Jahresabschluss	5000
Protokoll der Gesellschafterversammlung	6000
Hinterlegung	7000

uP

Mandant:	Mandantenstammblatt	Z 2
Auftrag:		

Firma:
Anschrift:
Straße:
PLZ:
Ort:
Land:
Telefon:
Telefax:
E-mail:

Betriebsangaben:
Rechtsform:
Gesellschafter:

Verbundenes Unternehmen?   ja ☐   nein ☐

Ansprechpartner:
Nachname:
Vorname:
Titel:
Position:
Telefon:
Telefax:
E-mail:

| Mandant: | Auftragsannahme und Auftragsdurchführung | **Z 3** – 1 – |

Auftrag:

	ja	nein	n.e.	Besonderheiten/Verweise
1. Informationen zum Mandanten:				s. Z 2
Stammdaten:				
2. Nachgefragte Leistungen:				
a) Erstellung per				
• ohne Prüfungshandlungen	☐	☐	☐	
• mit Plausibilitätsbeurteilungen	☐	☐	☐	
• mit umfassenden Prüfungshandlungen	☐	☐	☐	
b) Steuerberatung	☐	☐	☐	
c) Beratung	☐	☐	☐	
d) Finanzbuchhaltung per				
• laufende, ohne JA	☐	☐	☐	
• laufende, mit JA	☐	☐	☐	
• Lohn und Gehalt	☐	☐	☐	
e) Gutachten	☐	☐	☐	
f) Sonstiges	☐	☐	☐	
3. Vorgesehenes Honorar:				
4. Bemerkungen:				
5. Besteht Prüfungspflicht?				
a) Feststellungen zur Prüfungspflicht				
• Handelt es sich um eine Gesellschaft, die der Prüfungspflicht unterliegen kann?	☐	☐	☐	
• Größenkriterien BJ letztes Jahr vorletztes Jahr im vor BJ vor BJ				
▪ Umsatz, TEuro	☐	☐	☐	
▪ Bilanzsumme, TEuro	☐	☐	☐	
▪ durchschnittliche Zahl der Mitarbeiter ...	☐	☐	☐	
• Haben Sie bei der Bestimmung der Größenkriterien nur festgestellte Jahresabschlüsse zugrunde gelegt?	☐	☐	☐	
• Liegen über die durchschnittlichen Zahlen der Mitarbeiter Statistiken zum jeweiligen Quartalsende vor?	☐	☐	☐	
• Wurden in den Statistiken mitgerechnet:				
▪ im Ausland eingesetzte Mitarbeiter	☐	☐	☐	
▪ Heimarbeiter	☐	☐	☐	
▪ Mitarbeiter mit mehreren Beschäftigungsverhältnissen, etc.	☐	☐	☐	
▪ Teilzeit- und Aushilfskräfte nach Kopfzahlen	☐	☐	☐	
▪ Teilzeit- und Aushilfskräfte umgerechnet in Vollkräfte	☐	☐	☐	
▪ Beschäftigte in der Berufsausbildung	☐	☐	☐	
• Stimmt die ermittelte Zahl der Arbeitnehmer mit den Anhangsangaben überein?	☐	☐	☐	

| Mandant: | Auftragsannahme und Auftragsdurchführung | **Z 3** −2− |

Auftrag:

	ja	nein	n.e.	Besonderheiten/Verweise
• Wurde bei den angegebenen Werten zur Bilanzsumme und zu den Umsatzerlösen das Stetigkeitsgebot beachtet?	☐	☐	☐	
• Haben Sie die Besonderheiten beachtet, die bei der Bestimmung der Größenkriterien für den Fall einer Verschmelzung, Umwandlung oder Neugründung gelten?	☐	☐	☐	
• Welche Größenklasse ist nach Ihren Feststellungen im Berichtsjahr maßgebend?				
▪ klein	☐	☐	☐	
▪ mittelgroß	☐	☐	☐	
▪ groß	☐	☐	☐	
▪ Begründung:				
6. Liegen Hemmnisse oder Ablehnungsgründe vor?	☐	☐	☐	
7. Bestehen Risiken				
• in der fehlenden Reputation von Gesellschaftern oder Geschäftsführung des künftigen Mandanten?	☐	☐	☐	
• in Art bzw. Ort der betriebenen Geschäfte?	☐	☐	☐	
8. Stehen diese Risiken einer Auftragsannahme entgegen?	☐	☐	☐	
9. Kann den besonderen Anforderungen des Mandanten in fachlicher, personeller und zeitlicher Hinsicht entsprochen werden?	☐	☐	☐	
10. **Zustimmung zur Mandatsübernahme / zum Auftrag** durch Inhaber / Geschäftsführer / Partner	☐	☐	☐	
11. Liegt ein **Auftrag** / eine **Auftragsbestätigung** schriftlich vor?	☐	☐	☐	
12. Ist veranlasst, dass der Auftrag schriftlich bestätigt wird unter				
• Bezugnahme auf die Auftragserteilung	☐	☐	☐	
• Vereinbarung von allgemeinen Auftragsbedingungen, ggf. Muster des IdW-Verlages	☐	☐	☐	
• Abschluss einer gesonderten Haftungsvereinbarung	☐	☐	☐	
• Angabe der Grundlagen der Honorarberechnung	☐	☐	☐	

Z 4
– 1 –

An
Firma

Erstellung des Jahresabschlusses zum   der Firma

Sehr geehrte(r)   ,

wir danken Ihnen für den uns mit Schreiben vom   / in der Besprechung am   erteilten Auftrag den Jahresabschluss und die Einnahmen-/Überschussrechnung zum   für die Firma   zu erstellen. Wir erlauben uns, diesen Auftrag hiermit noch einmal zu bestätigen.

Als unser Auftraggeber haben Sie uns i.e. beauftragt,

– den Jahresabschluss auf der Grundlage der von mir / uns geführten Bücher, der vorgelegten Bestandsnachweise sowie der erteilten Auskünfte zu erstellen. Der Auftrag ist darauf gerichtet, dass wir den Jahresabschluss aus den zur Verfügung gestellten Unterlagen – soweit diese nicht von uns erstellt wurden – nach gesetzlichen Vorlagen und nach den innerhalb dieses Rahmens liegenden Anweisungen des Auftraggebers zur Ausübung bestehender Wahlrechte ungeprüft ableiten (A1*).

– die Einnahmen-/Überschussrechnung für die Zeit von ... bis ... als Überschuss der Betriebseinnahmen über die Betriebsausgaben (§ 4 Abs. 3 EStG) unter Beachtung der steuerrechtlichen Vorschriften aus den zur Verfügung gestellten Unterlagen – soweit diese nicht von uns erstellt wurden –, sowie nach den innerhalb dieses Rahmens liegenden Anweisungen des Auftraggebers zur Ausübung bestehender Wahlrechte ungeprüft ableiten (A2*).

– den Jahresabschluss zum ... auf der Grundlage der mir / uns vorgelegten Bücher und Bestandsnachweise zu erstellen. Der Auftrag ist darauf gerichtet, dass wir den Jahresabschluss aus den zur Verfügung gestellten Unterlagen – soweit diese nicht von uns erstellt wurden – nach gesetzlichen Vorgaben und nach den innerhalb dieses Rahmens liegenden Anweisungen des Auftraggebers zur Ausübung bestehender Wahlrechte ungeprüft ableiten (A3*).

– die Einnahmen- / Überschussrechnung für die Zeit von ... bis ... als Überschuss der Betriebseinnahmen über die Betriebsausgaben (§ 4 Abs. 3 EStG) unter Beachtung der steuerrechtlichen Vorschriften auf der Grundlage der mir / uns vorgelegten Aufzeichnungen und Unterlagen – soweit diese nicht von uns erstellt wurden –, der erteilten Auskünfte sowie nach den innerhalb dieses Rahmens liegenden Anweisungen des Auftraggebers zur Ausübung bestehender Wahlrechte ungeprüft ableiten (A4*).

– den Jahresabschluss zum ... auf der Grundlage der von mir / uns geführten Bücher, der vorgelegten Bestandsnachweise sowie der erteilten Auskünfte zu erstellen. Der Auftrag ist darauf gerichtet, dass wir neben der eigentlichen Erstellungstätigkeit die dem Jahresabschluss zugrunde liegenden Bücher und Bestandsnachweise – soweit diese nicht von uns erstellt wurden – durch Befragung und analytische Prüfungshandlungen auf ihre Plausibilität hin beurteilen (B1*).

– die Einnahmen-/Überschussrechnung für die Zeit von ... bis ... als Überschuss der Betriebseinnahmen über die Betriebsausgaben (§ 4 Abs. 3 EStG) unter Beachtung der steuerrechtlichen Vorschriften auf der Grundlage der von mir / uns vorgelegten Aufzeichnungen, der vorgelegten Unterlagen – soweit diese nicht von uns erstellt wurden –, der erteilten Auskünfte sowie nach den innerhalb dieses Rahmens liegenden Anweisungen des Auftraggebers zur Ausübung bestehender Wahlrechte ableiten. Der Auftrag ist darauf gerichtet, dass wir neben der eigentlichen Erstellungstätigkeit die der Einnahmen-/Überschussrechnung zugrunde liegenden Bücher, Unterlagen und Bestandsnachweise – soweit diese nicht von uns erstellt wurden – durch Befragung und analytische Prüfungshandlungen auf ihre Plausibilität hin beurteilen (B2*).

- den Jahresabschluss zum ... auf der Grundlage der mir / uns vorgelegten Bücher und Bestandsnachweise sowie der erteilten Auskünfte zu erstellen. Der Auftrag ist darauf gerichtet, dass wir neben der eigentlichen Erstellungstätigkeit die dem Jahresabschluss zugrunde liegenden Bücher und Bestandsnachweise – soweit diese nicht von uns erstellt wurden – durch Befragung und analytische Prüfungshandlungen auf ihre Plausibilität hin beurteilen (*B3**).
- die Einnahmen-/Überschussrechnung für die Zeit von ... bis ... als Überschuss der Betriebseinnahmen über die Betriesausgaben (§ 4 Abs. 3 EStG) unter Beachtung der steuerrechtlichen Vorschriften auf der Grundlage der vorgelegten Aufzeichnungen und Unterlagen – soweit diese nicht von uns erstellt wurden – der erteilten Auskünfte sowie nach den innerhalb dieses Rahmens liegenden Anweisungen des Auftraggebers zur Ausübung bestehender Wahlrechte zu erstellen. Der Auftrag ist darauf gerichtet, dass wir neben der eigentlichen Erstellungstätigkeit die der Einnahmen-/Überschussrechnung zugrunde liegenden Bücher und Bestandsnachweise – soweit diese nicht von uns erstellt wurden – durch Befragung und analytische Prüfungshandlungen auf ihre Plausibilität hin beurteilen (*B4**).

Plausibilitätsbeurteilungen

- den Jahresabschluss zum ... auf der Grundlage der von mir / uns geführten Bücher sowie des Inventars der ... (Firma) ... unter Beachtung der handelsrechtlichen Vorschriften und des Gesellschaftsvertrages zu erstellen. Der Auftrag ist darauf gerichtet, dass wir uns durch geeignete Prüfungshandlungen von der Ordnungsmäßigkeit der dem Jahresabschluss zugrunde liegenden Buchführung und Bestandsnachweise – soweit diese nicht von uns erstellt wurden – unterrichten und der erstellte Jahresabschluss voll inhaltlich den gesetzlichen Vorschriften sowie der Satzung entsprechen muss (*C1**).
- den Jahresabschluss zum ... auf der Grundlage der von mir / uns geführten Bücher der ... (Firma) ... sowie unter Mitwirkung bei der Anfertigung des Inventars unter Beachtung der handelsrechtlichen Vorschriften und des Gesellschaftsvertrages zu erstellen. Der Auftrag ist darauf gerichtet, dass der Jahresabschluss voll inhaltlich den gesetzlichen Vorschriften sowie der Satzung entsprechen muss (*C2**).
- den Jahresabschluss zum ... auf der Grundlage der von mir / uns geführten Bücher, der vorgelegten Bestandsnachweise sowie der erteilten Auskünfte der ... (Firma) ... zu erstellen. Der Auftrag ist darauf gerichtet, dass wir die Ordnungsmäßigkeit dieser Unterlagen und der Angaben des Unternehmens im Bereich der ... nur eingeschränkt beurteilen. I.ü. ist der Auftrag darauf gerichtet, dass wir uns durch geeignete Prüfungshandlungen von der Ordnungsmäßigkeit der vorgelegten Bestandsnachweise – soweit diese nicht von uns erstellt wurden – sowie der erteilten Auskünfte unterrichten und dass der erstellte Jahresabschluss im Rahmen dieses Auftrages voll inhaltlich den gesetzlichen Vorschriften sowie der Satzung entsprechen muss (*C3**).
- den Jahresabschluss zum ... auf der Grundlage der von mir / uns geführten Bücher, der vorgelegten Bestandsnachweise sowie der erteilten Auskünfte der ... (Firma) ... zu erstellen. Der Auftrag ist darauf gerichtet, die dem Jahresabschluss zugrunde liegenden Bestandsnachweise und Unterlagen – soweit diese nicht von uns erstellt wurden – im Bereich ... durch Befragung und analytische Prüfungshandlungen auf ihre Plausibilität hin zu beurteilen und dass wir uns i.ü. durch geeignete Prüfungshandlungen von der Ordnungsmäßigkeit der Bestandsnachweise und Unterlagen unterrichten. Der erstellte Jahresabschluss soll im Rahmen dieses Auftrages voll inhaltlich den gesetzlichen Vorschriften sowie der Satzung entsprechen (*C4**).
- die Einnahmen-/Überschussrechnung für die Zeit von ... bis ... als Überschuss der Betriebseinnahmen über die Betriebsausgaben (§ 4 Abs. 3 EStG) unter Beachtung der steuerrechtlichen Vorschriften auf der Grundlage der vorgelegten Aufzeichnungen und Unterlagen – soweit diese nicht von uns erstellt wurden – der erteilten Auskünfte sowie nach den innerhalb dieses Rahmens liegenden Anweisungen des Auftraggebers zur Ausübung bestehender Wahlrechte zu erstellen. Der Auftrag ist darauf gerichtet, dass wir uns durch geeignete Prüfungshandlungen von der Ordnungsmäßigkeit der vorgelegten Unterlagen sowie der erteilten Auskünfte überzeugen und dass die erstellte Einnahmen- / Überschussrechnung voll inhaltlich den gesetzlichen Vorschriften sowie der Satzung entsprechen muss (*C5**).
- den Jahresabschluss zum ... auf der Grundlage der mir / uns vorgelegten Buchführung und des Inventars der ... (Firma) ... unter Beachtung der handelsrechtlichen Vorschriften und des Gesellschaftsvertrages zu erstellen. Der Auftrag ist darauf gerichtet, dass wir uns durch geeignete Prüfungshandlungen von der Ordnungsmäßigkeit der dem Jahresabschluss zugrunde liegenden Buchführung und Bestandsnachweise unterrichten und der erstellte Jahresabschluss voll inhaltlich den gesetzlichen Vorschriften sowie der Satzung entsprechen muss (*C6**).

umfassende Prüfungshandlungen

Z 4
– 3 –

umfassende Prüfungshandlungen

- den Jahresabschluss zum ... auf der Grundlage der mir / uns vorgelegten Buchführung und des Inventars der ... (Firma) ... unter Beachtung der handelsrechtlichen Vorschriften und des Gesellschaftsvertrages zu erstellen. Der Auftrag ist darauf gerichtet, dass wir uns durch geeignete Prüfungshandlungen von der Ordnungsmäßigkeit der dem Jahresabschluss zugrunde liegenden Buchführung und Bestandsnachweise unterrichten. Eine Beurteilung der Ordnungsmäßigkeit dieser Unterlagen und Angaben des Unternehmens im Bereich ... hat auftragsgemäß nur in eingeschränktem Umfang zu erfolgen. Der erstellte Jahresabschluss soll im Rahmen dieses Auftrages voll inhaltlich den gesetzlichen Vorschriften sowie der Satzung entsprechen *(C7*)*.

- den Jahresabschluss zum ... auf der Grundlage der mir / uns vorgelegten Buchführung und des Inventars sowie der erteilten Auskünfte der ... (Firma) ... zu erstellen. Der Auftrag ist darauf gerichtet, dass wir im Bereich ... die Ordnungsmäßigkeit dieser Unterlagen und Angaben – soweit diese nicht von uns erstellt wurden – durch Befragung und analytische Prüfungshandlungen auf ihre Plausibilität hin beurteilen und dass wir uns darüber hinaus von der Ordnungsmäßigkeit dieser Unterlagen und Angaben durch geeignete Prüfungsunterlagen unterrichten. Im Rahmen dieses Auftrages soll der erstellte Jahresabschluss voll inhaltlich den gesetzlichen Vorschriften sowie der Satzung entsprechen *(C8*)*.

- die Einnahmen-/Überschussrechnung für die Zeit von ... bis ... als Überschuss der Betriebseinnahmen über die Betriebsausgaben (§ 4 Abs. 3 EStG) unter Beachtung der steuerrechtlichen Vorschriften auf der Grundlage der vorgelegten Aufzeichnungen und Unterlagen sowie der erteilten Auskünfte der ... (Firma) ... zu erstellen. Der Auftrag ist darauf gerichtet, dass wir uns durch geeignete Prüfungshandlungen von der Ordnungsmäßigkeit der vorgelegten Aufzeichnungen und Unterlagen – soweit diese nicht von uns erstellt wurden – unterrichten. Die erstellte Einnahmen-/Überschussrechnung soll voll inhaltlich den gesetzlichen Vorschriften entsprechen *(C9*)*.

* *im Einklang mit entsprechendem Erstellungsbericht bzw. entsprechender Bescheinigung*

(Bei umfassenden Prüfungshandlungen:) Wir werden unsere Prüfungsmaßnahmen unter Beachtung der vom Institut der Wirtschaftsprüfer e.V. (IdW) festgelegten Grundsätze ordnungsmäßiger Abschlussprüfung vornehmen und in diesem Zusammenhang die Prüfung so planen und durchführen, dass Unrichtigkeiten und Verstöße mit hinreichender Sicherheit erkannt werden, die sich auf die Darstellung des Jahresabschlusses unter Beachtung der Grundsätze ordnungsmäßiger Buchführung und die sich auf die Darstellung des durch den Lagebericht vermittelten Bildes der Vermögens-, Finanz- und Ertragslage wesentlich auswirken. Wir werden dabei das interne Kontrollsystem, soweit es der Sicherung einer ordnungsgemäßen Rechnungslegung dient, prüfen und beurteilen. Diese Prüfung dient u.a. dazu, Art und Umfang der einzelnen Prüfungshandlungen, die wir in berufsüblichen Stichproben durchführen, in zweckmäßiger Weise festzulegen. Die Durchführung der Prüfungsmaßnahmen in Stichproben in Verbindung mit den jeder Prüfung innewohnenden Grenzen beinhaltet ein unvermeintliches Risiko, dass selbst wesentliche falsche Angaben unentdeckt bleiben können. Daher werden z.B. Unredlichkeiten im Geld-, Waren- oder sonstigem Geschäftsverkehr nicht notwendigerweise durch unsere Prüfung aufgedeckt. Feststellungen solcher Art sowie Feststellungen im Hinblick auf die Beachtung weiterer, über die für die Erstellung des Jahresabschlusses maßgebenden Vorschriften zählen daher nicht zum Gegenstand unseres Auftrages.

(Ggf.: Erweiterung des Auftrages)

Über die Erstellung werden wir in berufsüblichem Umfang berichten / ohne Berichterstattung eine Bescheinigung erstellen.

Wir bestätigen Ihnen i.ü., dass wir mit Ihrem Einverständnis berechtigt sind, zur rationelleren Gestaltung des innerbetrieblichen Ablaufs auftragsbezogene Informationen und Daten in elektronisch verwalteten Dateien zu speichern und auszuwerten.

Auf das Honorar einschließlich Auslagen und Umsatzsteuer werden folgende Abschlagszahlungen vereinbart:

Für die Durchführung des Auftrages und unsere Verantwortlichkeit sind – auch im Verhältnis zu Dritten – die diesem Schreiben beigefügten „allgemeinen Auftragsbedingungen für Wirtschaftsprüfer und Wirtschaftsprüfungsgesellschaften" in der Fassung vom   maßgebend

Wir haben den Zeitraum vom   bis   für die Durchführung des Auftrages vorgemerkt. Die Auftragsdurchführung erfolgt durch   , der Ihr Ansprechpartner in unserem Haus sein wird.

Zum Zeichen Ihres Einverständnisses dürfen wir Sie bitten, die beigefügte Zweitschrift dieses Schreibens und der allgemeinen Auftragsbedingungen unterzeichnet an uns zurückzusenden.

Wir bedanken uns für Ihr Vertrauen und versichern Ihnen, dass wir dem Auftrag unsere volle Aufmerksamkeit widmen werden.

Mit freundlichen Grüßen

Anlage

Mandant:	**Berichtsbegleitbogen**	**Z 5**
Auftrag:		

Verantwortlicher Mitarbeiter:
Berichtskritik:
verantwortlicher Berufsangehöriger:

Termine	**gemäß Auftrag**		**erledigt**
Entwürfe	am	Anzahl	am ....
Endausfertigung	am	Anzahl	am ....

Unterlagen zur Offenlegung
vollständig   ja [ ]   nein [ ]
mit Offenlegungserleichterungen   ja [ ]   nein [ ]
ohne Offenlegungserleichterungen   ja [ ]   nein [ ]
ohne nachstehende vom Mandanten beizusteuernde Unterlagen

Durchsicht verantwortlicher Berufsangehöriger	am		durch ....
formelle Berichtskritik	am		durch ....
materielle Berichtskritik	am		durch ....
Kontrollen		Rechtschreibung	Rechnerische Kontrolle
Entwurf:		durch: Datum:	durch: Datum:
1			
2			
3			
Berichtskritik eingearbeitet	am		durch ....
Entwurf an Mandant	am		durch ....
Änderungswünsche des Mandanten eingearbeitet	am		durch ....
Abschließende Durchsicht durch den verantwortlichen Berufsangehörigen	am		durch ....
Unterschriebener Jahresabschluss erhalten	am		durch ....
Endausfertigung und Auslieferung	am		durch ....

Verteiler:

	Anzahl	Anzahl	Anzahl
Empfänger des Erstellungsberichtes	Entwürfe	Endausfertigung	Unterlagen zur Offenlegung gemäß § 325 HGB

....
....
....

Bemerkungen:

Mandant:	**Planung Einzelauftrag** (nach Mitarbeitern)	**Z 6** – 1 –
Auftrag:		

	verantwortlicher Mitarbeiter	verantwortlicher Berufsangehöriger
Datum Unterschrift		

Mitarbeiter/in:	Woche	von	bis	Arbeitstage	Stunden

Mandant:	**Planung Einzelauftrag** (nach Mitarbeitern)			Z 6 – 2 –	
Auftrag:					

Mitarbeiter/in:	Woche	von	bis	Arbeitstage	Stunden
insgesamt					

Planung Einzelauftrag
(nach Positionen des Jahresabschlusses)

Z 7
- 1 -

Mandant:

Auftrag:

	Immaterielles Vermögen	Sachanlagen	Finanzanlagen	Vorräte	Forderungen aus L. u. L.	Forderungen verbundener Unternehmen	sonstige Forderungen	Kasse	RAP	Gez. Kapital, Rücklagen	Pensionsrückstellungen	Steuerrückstellung	sonstige Rückstellungen	Verbindliche Kreditinstitute	Verbindungen aus L. u. L.	Verbindlichkeiten verbundener Unternehmen	sonstige Verbindlichkeiten	GuV	LuG	Berichte	Besprechungen	Saldenbestätigungen	Inventuren	Fahrzeiten						
Kumuliert																														

Mitarbeiter

Soll (in Tagewerken)

Planung Einzelauftrag Z 7
(nach Positionen des Jahresabschlusses) – 2 –

Mandant:

Auftrag:

Fahrzeiten															
Inventuren															
Saldenbestätigungen															
Besprechungen															
Berichte															
LuG															
GuV															
sonstige Verbindlichkeiten															
Verbindlichkeiten verbundener Unternehmen															
Verbindungen aus L. u. L.															
Verbindliche Kredite															
sonstige Rückstellungen															
Steuerrückstellung															
Pensionsrückstellungen															
Gez. Kapital, Rücklagen															
RAP															
Kasse															
sonstige Forderungen															
Forderungen verbundener Unternehmen															
Forderungen aus L. u. L.															
Vorräte															
Finanzanlagen															
Sachanlagen															
Immaterielles Vermögen															
Kumuliert															

Mitarbeiter

Ist (in Stunden/Tagewerken)															

Auftrags-Gesamtplanung

Jahr: ....

Planungsstand: ....

Z 8

verantwortlicher Mitarbeiter   verantwortlicher Berufsangehöriger

Datum ....

Unterschrift

Auftrag	Mitarbeiter	Jan.	Feb.	März	April	Mai	Juni	Juli	Aug.	Sep.	Okt.	Nov.	Dez.	Gesamt Std.
														0,00
														0,00
														0,00
														0,00
														0,00
														0,00
														0,00
														0,00
														0,00
														0,00
														0,00
														0,00
														0,00
														0,00
														0,00
Übertrag:		0,00	0,00	0,00	0,00	0,00	0,00	0,00	0,00	0,00	0,00	0,00	0,00	0,00
Soll-Vorgabe:														0,00
Reserve (+) / Unterdeckung (−):														0,00

Mandant:	**Positionsdeckblatt**	
Auftrag:		

	Mitarbeiter	Berichtskritik	verantwortlicher Berufsangehöriger
Name / Unterschrift Datum			

Zusammenfassung der Posten, siehe unter

Feststellungen	bei Beanstandungen: Form der Berichterstattung (z. B. Bescheinigung, Bericht, Management Letter, Schlussbesprechung)	besprochen mit Mandant Ansprechpartner: Datum:

Zeitbedarf — Soll
— Ist

Mandant:	Checkliste zum Abschluss der Buchführung	Z 9 – 1 –
Auftrag:		

	Mitarbeiter	Berichtskritik	verantwortlicher Berufsangehöriger
Name / Unterschrift Datum			

	ja	nein	n.e.	Besonderheiten/Verweise

Kontenpflege (monatlich)
1. Wurden die Salden der Kasse sowie der Guthaben bei Kreditinstituten abgestimmt?
2. Wurden die Konten für durchlaufende Posten, ungeklärte Posten, etc. sowie Interimskonten geklärt?
3. Wurden die Debitorenkonten abgestimmt und eine Saldenliste abgerufen?
4. Wurden die Kreditorenkonten abgestimmt und eine Saldenliste abgerufen?
5. Wurde das Lohnverrechnungskonto abgestimmt?
6. Wurden die Konten für
   - Aushilfslöhne
   - pauschale Lohnsteuer
   - Lohnsteueranmeldungen
   abgestimmt?
7. Wurden die
   - Kfz-Privatanteile
   - Kfz-Fahrten zwischen Wohnung und Arbeitsstätte
   - Privatanteil Telefon
   verbucht?
8. Wurden Privatentnahmen und -einlagen erfasst und verbucht? (Auf Bar- und Sacheinlagen achten!)
9. Wurden Spenden separat verbucht und komplett belegt?
10. Wurden Bewirtungskosten separat verbucht und die formellen Anforderungen erfüllt?
11. Wurden die Geschenke bis Euro 40,– im Einzelfall separat verbucht und Name sowie die Anschrift des Empfängers verzeichnet?
12. Sind sämtliche offenen Fragen aus der Belegkontrolle beantwortet?
13. Sind die Kontenbezeichnungen und Buchungsbeschriftungen korrekt?

Abschlussbuchungen
14. Sind sämtliche Anlagenzugänge in dem Anlagenverzeichnis und in der Finanzbuchhaltung erfasst?
15. Sind sämtliche Anlagenabgänge im Anlagenverzeichnis und in der Finanzbuchhaltung erfasst?
16. Wurden die Abschreibungen auf das Anlagevermögen verbucht?
17. Sind die Konten der Finanzbuchhaltung mit dem Anlagenverzeichnis nach vorgenommenen Abschlussbuchungen abgestimmt?

Mandant:	Checkliste zum Abschluss der Buchführung	**Z 9** – 2 –

Auftrag:

	ja	nein	n.e.	Besonderheiten/Verweise
18. Sind sämtliche Vorratsbestände durch Inventuren belegt und verbucht?	☐	☐	☐	
19. Wurden fertige / unfertige Erzeugnisse bzw. Leistungen inventarisiert und mit den Umsatzerlösen sowie den erhaltenen Anzahlungen abgestimmt?	☐	☐	☐	
20. Wurden Einzelwertberichtigungen auf Forderungen gebildet?	☐	☐	☐	
21. Wurden Pauschalwertberichtigungen auf Forderungen gebildet?	☐	☐	☐	
22. Wurden sämtliche Zinsen und Gebühren auf Darlehensforderungen verbucht und die Ausweise mit den vertraglichen Vereinbarungen abgestimmt?	☐	☐	☐	
23. Wurden Besitz- und Schuldwechsel mit den vorhandenen Verzeichnissen abgestimmt?	☐	☐	☐	
24. Sind sämtliche sonstigen Forderungen in zutreffender Höhe erfasst und verbucht?	☐	☐	☐	
25. Wurden sämtliche aktiven Rechnungsabgrenzungsposten verbucht?	☐	☐	☐	
26. Wurden die im Vorjahr gebildeten Rückstellungen in zutreffender und belegter Weise verbraucht bzw. aufgelöst, soweit nicht bereits in laufender Buchhaltung vorgenommen?	☐	☐	☐	
27. Wurden für vorhandene Risiken in ausreichender Höhe Rückstellungen gebildet?	☐	☐	☐	s. unter Position ...
28. Wurden für sämtliche Darlehen Verbindlichkeiten, Zinsen und Gebühren verbucht?	☐	☐	☐	
29. Wurden die ausgewiesenen Salden mit den zugrunde liegenden Verträgen abgestimmt?	☐	☐	☐	
30. Wurden die sonstigen Verbindlichkeiten vollständig und in zutreffender Höhe verbucht?	☐	☐	☐	
31. Wurden die passiven Rechnungsabgrenzungsposten vollständig verbucht?	☐	☐	☐	
32. Wurde nach Einbuchung sämtlicher Abschlussbuchungen eine Saldenliste / eine Bilanzübersicht / ein Jahresabschluss ausgedruckt?	☐	☐	☐	

Kontrollen

	ja	nein	n.e.	Besonderheiten/Verweise
33. Sind die Eröffnungswerte komplett und in Übereinstimmung mit der Vorjahresbilanz eingebucht?	☐	☐	☐	
34. Wurden die Gewinnausschüttungen korrespondierend mit den Gewinnausschüttungsbeschlüssen vorgenommen und korrekt verbucht?	☐	☐	☐	
35. Sind die Leistungsbeziehungen zwischen der Gesellschaft und den Gesellschaftern durch Verträge wie unter fremden Dritten belegt? Liegen insbesondere vor	☐	☐	☐	
• Arbeitsverträge?	☐	☐	☐	
• Pensionsverträge?	☐	☐	☐	
• Darlehensverträge?	☐	☐	☐	
• Miet- und Pachtverträge?	☐	☐	☐	

Mandant:	**Checkliste zum Abschluss der Buchführung**	**Z 9**

Auftrag:

	ja	nein	n.e.	Besonderheiten/Verweise
36. Sind die Leistungsbeziehungen zwischen der Gesellschaft und den nahen Angehörigen durch Verträge wie unter fremden Dritten belegt? Liegen insbesondere vor • Arbeitsverträge? • Pensionsverträge? • Darlehensverträge? • Miet- und Pachtverträge?	☐ ☐ ☐ ☐ ☐	☐ ☐ ☐ ☐ ☐	☐	
37. Wurden die Ergebnisse und Folgewirkungen aus einer abgeschlossenen • Betriebsprüfung • Lohnsteuerprüfung • Umsatzsteuersonderprüfung • AOK-/ Ersatzkassenprüfung vollständig buchhalterisch erfasst?	☐ ☐ ☐ ☐	☐ ☐ ☐ ☐		
38. Wurden sämtliche Erlös- und Ertragskonten mit den Umsatzsteuerkonten abgestimmt?	☐	☐	☐	
39. Sind die im Berichtsjahr geleisteten Umsatzsteuervorauszahlungen mit der Finanzkasse abgestimmt?	☐	☐	☐	
40. Wurden sämtliche für die private Einkommensteuer benötigten Angaben gesondert erfasst?	☐	☐	☐	

Mandant:	Vollständigkeitsnachweis Dauerakte	Z 10 – 1 –
Auftrag:		

	erhalten			aktualisiert	Namenszeichen
	ja	nein	n.e.	am	

1. Allgemeine Information

a) Firma, Adresse, Telefon, Telefax, E-mail, Internet
b) Ansprechpartner
c) Selbstdarstellungen, etc.

2. Rechtliche Verhältnisse

a) Gesellschaftsvertrag / Satzung
b) Beteiligungsverhältnisse an der Gesellschaft
c) Unternehmensverbindungen
  • Konzernschaubild
  • Unternehmensverträge
  • Liste aller Beteiligungsunternehmen
d) Beschlüsse von Gesellschaftsorganen mit längerfristiger Gültigkeit
e) Handelsregisterauszüge
f) Zweigniederlassungen / Betriebsstätten
g) Grundstücksnachweise
h) Verträge von wesentlicher Bedeutung (z. B. Liefer- und Abnahmeverträge, Miet-, Leasing-, Lizenz- und Konzessionsverträge)
i) Versorgungszusagen, Vorruhestandsregelung
j) Betriebsvereinbarungen, Manteltarifverträge
k) Gerichtsurteile
l) Betriebsprüfungsberichte

3. Aufsichtsorgane, Geschäftsführung, leitende Angestellte

a) Namensverzeichnis der Mitglieder der Geschäftsführungs- und Aufsichtsorgane inkl. Amtsdauer
b) Vertretungs- und Geschäftsführungsbefugnisse
c) Geschäftsordnung
d) Anstellungsverträge der Mitglieder der Geschäftsleitung
e) Liste der Prokuristen

4. Wirtschaftliche Grundlagen

a) Geschäftsgebiete und Produktionsprogramm
b) Wichtige Abnehmer und Lieferanten
c) wichtige Konkurrenzunternehmen
d) technische Kapazitäten
e) Personalbestand und -struktur
f) Versicherungsschutz
g) Jahresabschlüsse, Lageberichte

Mandant:	Vollständigkeitsnachweis Dauerakte	Z 10 – 2 –

Auftrag:

	erhalten			aktualisiert	Namenszeichen
	ja	nein	n.e.	am	

5. Organisation

a) Organisationspläne aller Abteilungen einschl. Dokumentation des Ablaufs des Rechnungslegungsprozesses sowie des internen Kontrollsystems
b) Systemablaufpläne, -beschreibungen
c) Konten- und Kostenstellenplan
d) Buchführungs- und Bilanzierungsrichtlinien
e) Genehmigungsbefugnisse
f) Überblick über EDV-Systeme (Hard- und Software) und deren Schnittstellen

6. Auftragsdurchführung

a) Längerfristig gültige Vereinbarungen mit dem Mandanten
b) (ggf.) Mehrjähriger Prüfungsplan unter Berücksichtigung des internen Kontrollsystems
c) Wesentliche / ungewöhnliche / spezifische Rechnungslegungspraktiken
d) Bericht über die letzte EDV-Prüfung

Mandant:	Überschuldungsprüfung	**Z 11**
		– 1 –

Auftrag:

	Mitarbeiter	Berichtskritik	verantwortlicher Berufsangehöriger
Name / Unterschrift Datum			

	ja	nein	n.e.	Besonderheiten/Verweise

Benötigte Unterlagen erhalten ?

- Finanzbuchhaltung
- Handelsbilanz zum zeitnächsten Stichtag
- Inventurunterlagen
- Aufstellung über nicht in der Handelsbilanz erfasste Vermögensgegenstände und Schulden
- Finanzplan einschließlich Sensitivitätsanalyse für mindestens 12 Monate
- Unternehmenskonzepte, Erfolgsplanungen einschließlich Sensitivitätsanalysen für mindestens 12 Monate
- Marktanalysen
- Übersicht über den Auftragsbestand
- rechtliche Grundlagen über
  - Verbindlichkeiten
  - Dauerschuldverhältnisse
  - Leasingverträge
  - Eventualverbindlichkeiten
  - erhaltene Sicherheiten
  - gegebene Sicherheiten
- rechtliche Grundlagen über Sanierungsmaßnahmen, insbesondere
  - Kapitalerhöhung
  - Forderungsverzichte
  - Rangrücktrittserklärungen

Prüfungshandlungen

I Vorbereitung der Überschuldungsprüfung

1. Wurden die überlassenen Unterlagen überprüft und eventuell erforderliche Verbesserungen für die bevorstehende Überschuldungsprüfung angeregt?
2. Haben Sie sich über den Aufbau und die Bestandteile einer Überschuldungsprüfung auf der Grundlage der Stellungnahme des Fachausschusses Recht FAR 1 / 1996, IdW, WPG 1997, S. 22 ff. informiert?
3. Ist sichergestellt, dass die Überschuldungsprüfung zeitnah fertiggestellt werden kann und dass der Schnelligkeit der Feststellungen Vorrang vor der Genauigkeit gegeben wird?

Mandant:	Überschuldungsprüfung	Z 11 – 2 –

Auftrag:

	ja	nein	n.e.	Besonderheiten/Verweise
4. Liegen Sachverhalte vor, die eine Überschuldungsprüfung vereinfachen:	☐	☐	☐	
• z. B. wenn bei gegebener Liquidität der Ansatz zu Zerschlagungswerten eine Überschuldung ausschließt, weil der Wert einzelner Vermögensteile die Verpflichtungen deutlich übersteigt (z. B. bei offensichtlich nicht belasteten Grundbesitz, bei werthaltigen, selbst entwickelten immateriellen Wirtschaftsgütern, etc.)	☐	☐	☐	
• z. B. bei werthaltiger Sicherung des Fortbestandes des Unternehmens durch die Konzernmutter, den Hauptgesellschafter, etc. sowie Ausschluss einer Überschuldung und bei ebenfalls gegebener Liquidität	☐	☐	☐	
II Fortbestehensprognose				
5. Liegt ein Unternehmenskonzept vor, das die Zielvorstellungen und Strategien, den Gestaltungsrahmen und die beabsichtigten Handlungsabläufe darstellt und verbal den geplanten Sollverlauf beschreibt?	☐	☐	☐	
6. Sieht das Unternehmenskonzept ausreichend Variationen vor, die von der Ursache sowie vom Stand und Ausmaß der Unternehmenskrise abhängen?	☐	☐	☐	
7. Beruht das Unternehmenskonzept schlüssig auf geeigneten Unterlagen, wie Marktanalysen, vertriebsorganisierten Planungen, etc. und erscheint es vor dem finanziellen Hintergrund des Unternehmens als realisierbar?	☐	☐	☐	
• Wenn ja: Sind Sie davon überzeugt, dass das Unternehmenskonzept der Fortbestehensprognose zugrunde gelegt werden kann?	☐	☐	☐	
8. Wurden die zahlenmäßigen Auswirkungen der Umsetzung des Unternehmenskonzepts in der Ergebnisplanung und sodann in der Finanzplanung abgebildet?	☐	☐	☐	
9. Wurde aufgrund des Finanzplans und der evtl. erforderlichen Unternehmensteilpläne die Tragfähigkeit des Fortführungskonzepts anhand der erwarteten Zahlungsströme dokumentiert?	☐	☐	☐	
10. Wurde die Planung entsprechend dem Ausmaß der Unternehmenskrise und der bereits eingetretenen sowie der erwarteten Liquiditätsanspannungen entsprechend (quartals- oder wochenweise) detailliert?	☐	☐	☐	
11. Ist der Zeitraum der Planung mit mindestens 12 Monaten gewählt, bei einem innerjährlichen Stichtag mindestens bis zum Ablauf des nächsten Wirtschafts- oder Kalenderjahres?	☐	☐	☐	
12. Wurde beachtet, dass bei Unternehmen mit längeren Produktionszyklen längere Prognosezeiträume erforderlich sein können?	☐	☐	☐	

Mandant:	Überschuldungsprüfung	**Z 11**
		– 3 –

Auftrag:

	ja	nein	n.e.	Besonderheiten/Verweise
13. Wurden die der Planung zugrunde gelegten Rahmenbedingungen (Auftragsbestände, Dauerschuldverhältnisse) und Gestaltungselemente (angebahnte Rationalisierungsmaßnahmen, etc.) hinreichend nachgewiesen und plausibel dargelegt?	☐	☐	☐	
14. Wurden Sanierungsmaßnahmen, die von Entscheidungen außerhalb des Unternehmens abhängen (Kapitalerhöhungen oder Forderungsverzichte) nur berücksichtigt, wenn deren Realisierung hinreichend gesichert erscheint?	☐	☐	☐	
15. Haben Sie auf der Grundlage des Unternehmenskonzepts und der Finanzplanung eine • positive • negative Fortbestehensprognose getroffen?	☐ ☐	☐ ☐	☐ ☐	
• Die Fortführungsfähigkeit des Unternehmens und damit eine positive Fortbestehensprognose ist als gegeben anzusehen, wenn die Finanzplanung des Unternehmens plausibel macht, dass das finanzielle Gleichgewicht im Prognosezeitraum gewahrt bleibt oder wiedererlangt wird. Dem Fortbestehen des Unternehmens steht aber nichts entgegen, wenn eine Teilliquidation (Veräußerung von Konzept gem. nicht betriebsnotwendigen Vermögen) erforderlich ist.	☐	☐	☐	
• Eine negative Fortbestehensprognose ist zu treffen, wenn sich aus der Finanzplanung für den Prognosezeitraum eine finanzielle Unterdeckung ergibt. Insoweit ist ein entsprechend geändertes Unternehmenskonzept als Liquidationskonzept der Planung zugrunde zu legen.	☐	☐	☐	
III Überschuldungsstatus				
16. Wurde der Überschuldungsstatus in der Weise aufgestellt, dass • ausgehend von der Handelsbilanz • ein Status für den Fall einer positiven Fortbestehensprognose • ein Status für den Fall einer negativen Fortbestehensprognose gefertigt und gegenübergestellt wurde?	☐ ☐ ☐	☐ ☐ ☐	☐ ☐ ☐	
A. Inventare				
17. Liegen den Vermögensgegenständen und Schulden das Überschuldungsstatus, auch soweit sie in der Handelsbilanz nicht zu erfassen sind, hinreichende Inventare zugrunde, und zwar für • das Sachanlagevermögen aufgrund ▪ körperlicher Bestandsaufnahme oder ▪ durch Fortschreibungen nach einem den Grundsätzen ordnungsmäßiger Buchführung entsprechenden Verfahren (Einhaltung der steuerlichen Vorschriften in einem Anlageverzeichnis)	☐ ☐	☐ ☐	☐ ☐	

| Mandant: | Überschuldungsprüfung | Z 11 − 4 − |

Auftrag:

	ja	nein	n.e.	Besonderheiten/Verweise

- nicht abnutzbare Wirtschaftsgüter des Sachanlagevermögens (Grund und Boden, immaterielle Anlagegegenstände):
  - Nachweis anhand von Urkunden
- Finanzanlagen:
  - Nachweis anhand von Urkunden
- Roh-, Hilfs- und Betriebsstoffe, Fertigerzeugnisse und Waren:
  - körperliche Bestandsaufnahme
- halbfertige Produkte:
  - körperliche Bestandsaufnahme und
  - detaillierte Leistungsfortschreibung
- Kassenbestände, Besitzwechsel, Schecks und Wertpapiere, die das Unternehmen selbst verwahrt:
  - körperliche Bestandsaufnahme
- Forderungen, Rückstellungen und Verbindlichkeiten:
  - Urkunden (z. B. Saldenbestätigungen, Saldenlisten)
- Bankguthaben und -verbindlichkeiten sowie Postbankguthaben:
  - Urkunden (z. B. Tagesauszüge, Saldenbestätigungen)
- Schuldwechsel:
  - Wechselkopierbuch

18. Wurde beachtet, dass jede Inventur unter dem kaufmännischen Grundsatz der Wirtschaftlichkeit steht, so dass sich die an eine Inventur für einen Überschuldungsstatus zu stellenden Anforderungen je nach Größe des Unternehmens relativieren?

19. Wurde beachtet, dass sich die Anforderungen an eine Inventur für einen Überschuldungsstatus auch nach dem Verhältnis des Wertes des Vermögensgegenstandes zu dem Aufwand für eine körperliche Aufnahme und nach der Bedeutung des damit verbundenen Zeitverlustes richten?

20. Ist sichergestellt, dass
    - in den Inventaren sämtliche in der Handelsbilanz nicht zu erfassenden Vermögensgegenstände und Schulden aufgenommen wurden?
    - insbesondere selbst erstellte immaterielle Wirtschaftsgüter aktiviert wurden?
    - die Auswirkungen aus der Abwicklung des Auftragsbestandes sowie aus der Vermarktung der unfertigen und fertigen Erzeugnisse erfasst wurden?
    - die Kosten eines beabsichtigten Sozialplans als Schuldposten angesetzt wurden, soweit er bei positiver oder negativer Fortbestehensprognose erforderlich ist (selbst wenn eine entsprechende Betriebsvereinbarung noch nicht vorliegt)?
    - gesetzliche oder behördliche Auflagen berücksichtigt wurden?

Mandant:	Überschuldungsprüfung	**Z 11**
		– 5 –
Auftrag:		

	ja	nein	n.e.	Besonderheiten/Verweise

B. Ansatz und Bewertung

21. Wurden der Ansatz und die Bewertung im Überschuldungsstatus nach den Grundsätzen zur Feststellung einer Überschuldung und nicht an den handelsrechtlichen Ansatz- und Bewertungsgrundsätzen ausgerichtet? ☐ ☐ ☐
22. Ist sichergestellt, dass die Ansatzfähigkeit nach der Verwertbarkeit im Rahmen des zugrunde liegenden Unternehmenskonzepts beurteilt wurde? ☐ ☐ ☐
23. Wurden im Falle der Liquidation des gesamten Unternehmens oder eines Unternehmensteils die Vermögenswerte mit ihren voraussichtlichen Nettoveräußerungswerten angesetzt? ☐ ☐ ☐

B.1 Ansatz- und Bewertungsgrundsätze bei positiver Fortbestehensprognose

24. Ist sichergestellt, dass die Vermögenswerte und Schulden mit dem Betrag angesetzt wurden, der ihnen als Bestandteil des Gesamtkaufpreises des Unternehmens bei konzeptgemäßer Fortführung beizulegen wäre? ☐ ☐ ☐
25. Wurden als Vermögenswerte auch für Dritte verwertbare Rechtspositionen angesetzt, wie z. B. selbst geschaffene immaterielle Werte, wie Markenrechte, Know-how oder für Dritte verwertbare Kostenvorteile (z. B. aus einem günstigen langfristigen Mietvertrag)? ☐ ☐ ☐
26. Wurde ein Firmenwert angesetzt? ☐ ☐ ☐
    - Wenn ja: Ist nachgewiesen, dass das Unternehmen als ganzes oder eines entsprechenden Unternehmensteils konkret veräußerungsbar ist, so dass der Firmenwert nachweisbar selbständig verwertbar ist? ☐ ☐ ☐

B.2 Ansatz und Bewertungsgrundsätze bei negativer Fortbestehensprognose

27. Ist sichergestellt, dass die Vermögenswerte und Schulden unter Liquidationsgesichtspunkten zu ihren Veräußerungswerten angesetzt wurden? ☐ ☐ ☐
28. Wurden im Zusammenhang mit der Liquidation stehende Kosten und steuerliche Lasten berücksichtigt? ☐ ☐ ☐
29. Ist bei der Ermittlung der Liquidationswerte von der jeweils wahrscheinlichsten Verwertungsmöglichkeit ausgegangen worden? ☐ ☐ ☐

IV Beurteilung des Vorliegens der Überschuldung

30. Sind Sie aufgrund Ihrer abschließenden Beurteilung zu dem Ergebnis gekommen, dass das Unternehmen
    - überschuldet ist,
    - nicht überschuldet ist. ☐ ☐ ☐

Mandant:	Überschuldungsprüfung	Z 11
		– 6 –

Auftrag:

	ja	nein	n.e.	Besonderheiten/Verweise
31. Bei positiver Fortbestehensprognose und hierfür ermittelten positiven Reinvermögen: • Es ist sichergestellt, dass keine Überschuldung vorliegt.	☐	☐	☐	
32. Bei negativer Fortbestehensprognose und hierfür ermittelten positiven Reinvermögen: • Es ist sichergestellt, dass keine Überschuldung, wohl aber drohende Überschuldung vorliegt (keine Insolvenzantragspflicht, aber massives Warnsignal, dass im Zeitablauf der Verlust des noch vorhandenen Reinvermögens und / oder der Zahlungsfähigkeit droht.	☐	☐	☐	
33. Bei negativem Reinvermögen, unabhängig davon ob positive oder negative Fortbestehensprognose: • Es liegt Überschuldung vor.	☐	☐	☐	
34. Wurde die abschließende Beurteilung durch umfangreiche Plausibilitätsprüfungen zu allen Bestandteilen der Überschuldungsprüfung wegen der Tragweite des insolvenzauslösenden Tatbestandes abgesichert?	☐	☐	☐	
35. Ist sichergestellt, dass die wesentlichen Prämissen und Bestandteile der Überschuldungsprüfung ausreichend dokumentiert und erläutert wurden?	☐	☐	☐	vgl. Position ...
36. Erstreckte sich die Dokumentation auch auf die Plausibilität und Widerspruchsfreiheit von Sensitivitätsanalysen und Alternativbetrachtungen?	☐	☐	☐	

Mandant:	Nachweisbogen zur Berichtskritik	Z 12 – 1 –
Auftrag:		

	materielle Berichtskritik	formale Berichtskritik
Name / Unterschrift Datum		

Mandanten-Nr.: ....
Termin Berichtskritik: ....
Termin Berichtsfertigstellung: ....

	ja	nein	n.e.	Anmerkungen
A. Materielle Berichtskritik				
1. Liegt ein schriftlicher Auftrag vor?	☐	☐	☐	Datum:
2. Entspricht der Auftrag den gesetzlichen Abschlussprüfungen? Wenn nein: Angabe der Abweichungen (ggf. durch Beifügung einer Kopie des Auftrages)	☐	☐	☐	
3. Liegen ausreichende Kenntnisse über das Unternehmen vor und wurde dies hinreichend dokumentiert?	☐	☐	☐	
4. Sind folgende Arbeitshilfen ausgefüllt:				
• Auftragsannahme und -durchführung	☐	☐	☐	
• Berichtsbegleitbogen	☐	☐	☐	
• Mitarbeitereinsatzplanung	☐	☐	☐	
• (ggf. bei Prüfung:) Risikoinventur und -analyse	☐	☐	☐	
• Arbeitshilfen für die einzelnen Positionen des Jahresabschlusses	☐	☐	☐	
• Arbeitshilfe Anhang	☐	☐	☐	
• (ggf. bei Prüfung:) Arbeitshilfe Lagebericht	☐	☐	☐	
• (ggf. bei Prüfung:) Arbeitshilfe Ereignisse nach Beendigung der Prüfung	☐	☐	☐	
5. (ggf. bei Prüfung:) Liegen – soweit die Arbeitshilfen dies vorsehen – für die einzelnen Positionen des Jahresabschlusses folgende Feststellungen des Prüfers vor?				
• abschließende Beurteilung der Prüfungssicherheit	☐	☐	☐	
• Beurteilung des internen Kontrollsystems	☐	☐	☐	
• Feststellung, dass die Position vollständig ausgewiesen wird, die ihr zugrunde liegenden Vermögensgegenstände vorhanden und dem bilanzierenden Unternehmen zuzurechnen sind	☐	☐	☐	
• Feststellung, dass die ausgewiesene Position entsprechend den handelsrechtlichen Vorschriften bewertet wurde (unter Angabe eventueller Abweichungen zu den steuerrechtlichen Vorschriften)	☐	☐	☐	
• Feststellungen, dass sämtliche handelsrechtlichen Ausweisvorschriften beachtet wurden	☐	☐	☐	

uP

umfassende Prüfungshandlungen

| Mandant: | Nachweisbogen zur Berichtskritik | **Z 12** – 2 – |

Auftrag:

	ja	nein	n.e.	Anmerkungen

6. (ggf. bei Prüfung:) Haben Sie sich anhand der Arbeitspapiere sowie evtl. erforderlicher zusätzlicher Auskünfte des verantwortlichen Mitarbeiters oder des Mandanten davon überzeugt, dass die vorstehenden Feststellungen des verantwortlichen Mitarbeiters schlüssig sind und er sein Urteil folgerichtig aus den Feststellungen zum Sachverhalt und aus darauf basierenden Teilurteilen abgeleitet hat? ☐ ☐ ☐

7. Haben Sie sich davon überzeugt, dass der Erstellungsbericht vollständig ist und alle Feststellungen getroffen worden sind, die berufsüblich gefordert werden? ☐ ☐ ☐

B. Formelle Berichtskritik

8. Vergleich der Positionen und Beträge, incl. Vorjahresbeträge des Erläuterungsteils, des Hauptteils und des Berichtes mit Bilanz und Gewinn- und Verlustrechnung sowie mit HGB ☐ ☐ ☐

9. Nachaddieren der Bilanz und der Gewinn- und Verlustrechnung und Überprüfung auf Schreibfehler ☐ ☐ ☐

10. Nachprüfung der im Berichtstext des allgemeinen Teils, des Erläuterungsteils und der Anlagen genannten Beträge und Prozentzahlen, Quersummenprüfung und Abstimmung mit den in den Positionsüberschriften genannten Beträgen sowie der Datumsangaben ☐ ☐ ☐

11. Überprüfung der Erläuterungen des Berichts auf ihre Schlüssigkeit ☐ ☐ ☐

12. Abstimmung korrespondierender Posten in Bilanz und GuV, z. B.:
    a) Anlagevermögen/Abschreibungen ☐ ☐ ☐
    b) Anlagevermögen /Aufwand oder Ertrag aus der Veräußerung ☐ ☐ ☐
    c) Beteiligungen/Beteiligungserträge, Gewinnabführungen ☐ ☐ ☐
    d) Vorräte/Bestandserhöhungen bzw. Bestandsminderungen ☐ ☐ ☐
    e) Vorräte/Umsatzerlöse (Umschlagshäufigkeit) ☐ ☐ ☐
    f) Pauschalwertberichtigung/sonstiger betrieblicher Aufwand oder Ertrag ☐ ☐ ☐
    g) Rechnungsabgrenzungsposten/Aufwand bzw. Ertragskonten (insbesondere Disagio/Zinsaufwand) ☐ ☐ ☐
    h) Rücklagen/Entnahmen aus Einstellungen in Rücklagen ☐ ☐ ☐
    i) Umlaufvermögen (Wertpapiere, Forderungen)/ Abschreibungen ☐ ☐ ☐
    j) Rückstellungen / sonstige betriebliche Erträge/ sonstige betriebliche Aufwendungen ☐ ☐ ☐
    k) Fremdkapital/Zinsaufwand (Plausibilität) ☐ ☐ ☐

13. Angeregte Korrekturen der Berichtskritik durchgeführt ☐ ☐ ☐

14. Letzte Fassung des Berichts rechnerisch geprüft ☐ ☐ ☐

uP

Mandant:	Nachweisbogen zur Berichtskritik	Z 12
		– 3 –

Auftrag:

	ja	nein	n.e.	Anmerkungen
C. Wesentliche Punkte, die die Aufmerksamkeit der Berichtskritik und des verantwortlichen Berufsangehörigen erfordern (erforderlichenfalls zusätzliche Anlage anfertigen)				
• Größenordnung für				
▪ große	☐	☐	☐	
▪ mittelgroße	☐	☐	☐	
▪ kleine	☐	☐	☐	
Kapital-/KapCo-Gesellschaft liegt vor.				
• (ggf. bei Prüfung:) Teilnahme an der Inventur	☐	☐	☐	
• (ggf. bei Prüfung:) Einholung von Saldenbestätigungen für				
▪ Debitoren	☐	☐	☐	
▪ Kreditoren	☐	☐	☐	
• Erfolgte Anpassung an die letzte BP?	☐	☐	☐	
• Ist sichergestellt, dass keine				
▪ bilanzielle Überschuldung	☐	☐	☐	
▪ tatsächliche Überschuldung	☐	☐	☐	
vorliegt?				
• Kann die Going-Concern-Prämisse aufrechterhalten werden?	☐	☐	☐	
Sonstige wesentlichen Punkte:				

uP

D. Beratungsbedarf

15. Ergibt sich aus dem Jahresabschluss steuerlicher Beratungsbedarf (z. B. Umwandlungen, Organschaft, sinnvolle Verlustvortragsnutzung, verdeckte Gewinnausschüttungsproblematik, Betriebsverlagerung, bilanzpolitische Planung, Anpassung an (geplante) gesetzliche Änderungen, steuermindernde Maßnahmen?

16. Ergibt sich aus dem Jahresabschluss zwingender oder sinnvoller juristischer Beratungsbedarf (z.B. Haftungsfragen, Nachfolgeregelungen, Vertragsüberarbeitungen)?

17. Welche Aspekte sind im Managementletter zu erläutern?

18. Besprechungspunkte für die Abschlussbesprechung

....	....
Datum	materieller Bilanzkritiker
....	....
Datum	formaler Bilanzkritiker
....	....
Datum	verantwortlicher Berufsangehöriger

Mandant:	**Nachweisbogen zur Berichtskritik**	**Z 12**
		– 4 –
Auftrag:		

E. Versandkontrolle

Datum Bilanzbesprechung /
Freigabe durch Mandanten ....
Datum Berichtsfertigstellung ....
Rechnungsdatum Euro .... (netto) ....
Postversanddatum des Jahresabschlusses ....
Postversanddatum der Honorarrechnung ....

....
Datum   verantwortlicher Berufsangehöriger

Mandant:	Vollständigkeitserklärung	Z 13

Auftrag:

An
Firma

Vollständigkeitserklärung

Als Geschäftsführer der ... (Name und Anschrift der Gesellschaft) ... versichere ich hiermit folgendes:

In dem Jahresabschluss zum ..., der von ... erstellt wurde, sind nach meiner Überzeugung alle vorhandenen Vermögenswerte und alle für die Gesellschaft eingegangenen Verpflichtungen ausgewiesen.

Nach meiner Überzeugung wurden alle Geschäftsvorfälle, insbesondere die Waren- und Geldeingänge ordnungsgemäß und vollständig verbucht.

Vorgänge von besonderer Bedeutung, die nach dem Ende des Geschäftsjahres eingetreten sind oder deren Auswirkungen die Vermögens-, Finanz- oder Ertragslage der Gesellschaft zum ... wesentlich beeinflussen können, liegen nicht vor.

Alle Aufklärungen und Nachweise wurden nach bestem Wissen vollständig abgegeben.

Die Verantwortlichkeit des / der ..., der / die den Jahresabschluss erstellt hat, erstreckt sich nur auf die auftragsgemäß erbrachten Arbeiten. Die Gesellschaft übernimmt die alleinige Verantwortung für die Vollständigkeit der in der Bilanz ausgewiesenen Vermögensgegenstände und Verbindlichkeiten.

..., den ...

....
(Geschäftsführer)

Mandant:	Checkliste zur Vorbereitung von Plausibilitätsbeurteilungen	**Z 30** – 1 –

Auftrag:

	Mitarbeiter	Berichtskritik	verantwortlicher Berufsangehöriger
Name / Unterschrift Datum			

	ja	nein	n.e.	Besonderheiten/Verweise
1. Haben Sie sich einen ausreichenden Überblick über die Geschäftstätigkeit des Unternehmens sowie über die Besonderheiten der Geschäftsvorfälle und Rechnungslegungsgrundsätze der Branche verschafft, in denen das Unternehmen tätig ist?	☐	☐	☐	
2. Haben Sie sich – ggf. durch Befragung – einen Überblick über die Abläufe im Unternehmen zur Erfassung und Verbuchung der Geschäftsvorfälle (einschließlich der dabei verwendeten IT sowie der geführten Nebenbücher), über die angewendeten Grundsätze zur Abgrenzung wesentlicher Geschäftsvorfälle sowie über den Nachweis der Bestände an Vermögensgegenständen und Schulden zum Bilanzstichtag verschafft?	☐	☐	☐	
3. Haben Sie sich davon überzeugt, dass das Buchführungssystem die vollständige und zeitgerechte Aufzeichnung aller Geschäftsvorfälle nach evtl. erforderlichen Genehmigungen sicherstellt?	☐	☐	☐	
4. Haben Sie aufgrund der vorhandenen oder gewonnenen Kenntnisse die Risikostrukturen des Unternehmens hinreichend analysiert?	☐	☐	☐	
5. Verfügen Sie über die aktuelle Fassung des Gesellschaftsvertrages und der Protokolle der Gesellschafterversammlung und haben Sie diese für den zu erstellenden Jahresabschluss ausgewertet?	☐	☐	☐	
6. Haben Sie sich davon überzeugt, dass Sie über sämtliche wichtigen Verträge für die Bereiche Beschaffung, Absatz, Personal sowie der allgemeinen Bereiche (z.B. Miete, Leasing) verfügen?	☐	☐	☐	
7. Haben Sie die Auswirkungen aus den vorstehend genannten Verträgen aus dem Jahresabschluss ermittelt?	☐	☐	☐	
8. Haben Sie aufgrund von Befragungen der Geschäftsführung einen ausreichenden Eindruck davon erhalten, ob und ggf. welche größeren betrieblichen Veränderungen im abgelaufenen Geschäftsjahr erfolgt sind oder beschlossen wurden und ob wesentliche ungewöhnliche Geschäftsvorfälle (einschließlich Schadensfälle) aufgetreten sind?	☐	☐	☐	
9. Haben Sie die Geschäftsleitung nach wesentlichen Änderungen in Bezug auf das rechnungslegungsbezogene interne Kontrollsystem befragt?	☐	☐	☐	
10. Haben Sie sich davon überzeugt, dass diese Änderungen Auswirkungen auf die Qualität des Abschlusses haben?	☐	☐	☐	

Plausibilitätsbeurteilungen

| Mandant: | Checkliste zur Vorbereitung von Plausibilitätsbeurteilungen | **Z 30** – 2 – |

Auftrag:

Plausibilitätsbeurteilungen

	ja	nein	n.e.	Besonderheiten/Verweise
11. Haben Sie die Unternehmensleitung zu Ihrer Einschätzung des Kontrollumfeldes und Ihrer Kenntnis über Unregelmäßigkeiten im Unternehmen (z.B. Effektivität der Organisationsstruktur, Erfahrungen und Kenntnisstand der Führungskräfte, Einhaltung der Unternehmensziele und -wertvorstellungen, Möglichkeit der Ausschaltung bzw. der Umgehung interner Kontrollen) befragt?	☐	☐	☐	
12. Haben Sie sich davon überzeugen können, dass in dem Jahresabschluss die geltenden Bilanzierungs- und Bewertungsmethoden und die dabei bestehenden Wahlrechte zutreffend angewandt wurden?	☐	☐	☐	
13. Haben Sie einen ausreichenden Überblick über die angewendeten Grundsätze zur Abgrenzung wesentlicher Geschäftsvorfälle sowie über den Nachweis der Bestände an Vermögensgegenständen und Schulden zum Bilanzstichtag?	☐	☐	☐	
14. Haben Sie sich – ggf. durch Befragung – von der Existenz von Geschäftsvorfällen mit nahe stehenden Personen und Unternehmen überzeugt?	☐	☐	☐	
15. Wurde sichergestellt, dass die Vereinbarungen, die den Geschäftsvorfällen mit nahe stehenden Personen zugrunde liegen, in der Buchführung zutreffend erfasst wurden?	☐	☐	☐	
16. Haben Sie die Geschäftsleitung nach der Möglichkeit für das Vorliegen vorsätzlicher Fehler oder Falschdarstellungen im Jahresabschluss befragt?	☐	☐	☐	
17. Wurden die Ergebnisse früherer Aufträge einschließlich ggf. erforderlicher Berichtigungen auch im laufenden Jahr zutreffend erfasst?	☐	☐	☐	
18. Haben Sie kritisch die Zahlen / Relationen (z.B. Nettoumsatzerlöse, Kapitalquoten, Liquiditätskennziffern, Anlagendeckungsverhältnisse, working-capital, Umsatzrentabilität, Abschreibungsquote; Umschlagshäufigkeit wesentlicher Vorratsarten, durchschnittliche Umschlagszeiten der Forderungen, etc.) des von Ihnen erstellten Jahresabschlusses mit den Daten des Vorjahres ggf. früherer Jahre verglichen?	☐	☐	☐	
19. Haben Sie sich ungewöhnliche Ergebnisse Ihrer vergleichenden Beurteilung des erstellten Jahresabschlusses vom Auftraggeber erläutern und erforderlichenfalls nachweisen lassen?	☐	☐	☐	

Position JA:

Auftrag:

Name/Unterschrift
verantwortlicher Mitarbeiter:
Datum:

Name/Unterschrift
verantwortlicher Berufsangehöriger:
Datum:

Beschreibung	generelle Beurteilung vorhanden (+) nicht vorhanden (−)	Auswirkung auf Bilanzposition ja (+) nein (−)	Fehlerindikator/ Fehlerhypothesen vor Prüfungsbeginn gemäß Z ...	Beurteilung für die Bilanzposition vorhanden (+), nicht vorhanden (−)			Bemerkungen/ Verweise
				A. Nachweis Vorhandensein Vollständigkeit Genauigkeit der Erfassung und Abgrenzung Zurechnung	B. Bewertung	C. Ausweis	

1. Sachlich bedingte Risiken:
– wirtschaftliche Risiken:
  • Branchenaussichten
  • Finanzsituation
  • Investitionstätigkeit
  • Kostenstruktur
  • Bilanzierungsverhalten
  • sonstige
– technische Risiken:
  • Produktionsverfahren
  • Rohstoffversorgung
  • Umweltrisiken
  • Innovation
  • Absatzmarkt
  • Standort
  • Qualifikation der Mitarbeiter
  • sonstige
– rechtliche Risiken
  • Risiken aus Besteuerungsverfahren
  • rechtsformspezifische Risiken, Haftung
  → daraus resultierende inhärente Sicherheit

2. Kontrollrisiken:
– Mängel im internen Kontrollsystem
– Risiken in der Organisationsstruktur
– Führungsqualität
– EDV-Risiken
  → daraus resultierende Kontrollsicherheit

3. Erforderliche Prüfungssicherheit:
(entsteht aus den Ziffern 1 und 2)

umfassende Prüfungshandlungen

umfassende Prüfungshandlungen

Checkliste zur Risikoanalyse Z 41
Position JA:

Mandant:

Auftrag:

Name/Unterschrift verantwortlicher Mitarbeiter:
Datum:
Name/Unterschrift verantwortlicher Berufsangehöriger:
Datum:

Beschreibung	Fehlerindikator/ Fehlerhypothesen nach Prüfungsbeginn gemäß Z ...	Auswirkungen auf Bilanzpositionen vorhanden (+), nicht vorhanden (–)			Bemerkungen / Verweise
		A. Nachweis Vorhandensein Vollständigkeit Genauigkeit der Erfassung und Abgrenzung Zurechnung	B. Bewertung	C. Ausweis	

1. Sachlich bedingte Risiken:
– wirtschaftliche Risiken:
  • Branchenaussichten
  • Finanzsituation
  • Investitionstätigkeit
  • Kostenstruktur
  • Bilanzierungsverhalten
  • sonstige
– technische Risiken:
  • Produktionsverfahren
  • Rohstoffversorgung
  • Umweltrisiken
  • Innovation
  • Absatzmarkt
  • Standort
  • Qualifikation der Mitarbeiter
  • sonstige
– rechtliche Risiken
  • Risiken aus Besteuerungsverfahren
  • rechtsformspezifische Risiken, Haftung
→ daraus resultierende inhärente Sicherheit

2. Kontrollrisiken:
– Mangel im internen Kontrollsystem
– Risiken in der Organisationsstruktur
– Führungsqualität
– EDV-Risiken
→ daraus resultierende Kontrollsicherheit

3. Erforderliche Prüfungssicherheit:

Mandant:	**Risikoanalyse:** Fehlerindikatoren / Fehlerhypothesen vor* / nach* Prüfungsbeginn * nicht zutreffendes bitte streichen **Position:**	**Z 42** – 1 –
Auftrag:		

	Mitarbeiter	Berichtskritik	verantwortlicher Berufsangehöriger
Name / Unterschrift Datum			

	ja	nein	n.e.	Besonderheiten/Verweise

I Fehlerindikatoren auf Kontensaldenebene:

Sind nachstehende Fehlerindikatoren für die zu beurteilende(n) Bilanzposition(en) ausgeschlossen? (Soweit Fehlerindikatoren nicht ausgeschlossen werden können oder festgestellt wurden: Erläutern Sie bitte den Fehlerindikator unter der Rubrik „Besonderheiten" oder – mit einem entsprechenden Verweis – auf einem gesonderten Arbeitspapier.)

1. Größe eines Kontensaldos
2. Anfälligkeit für Diebstahl und Unterschlagung
3. Komplexität der anzustellenden Beurteilungen bei der Bewertung
4. Umfang, in dem das Management in Bewertungsfragen involviert ist
5. Grad, in dem externe Effekte den Wert des Kontensaldos beeinflussen
6. Auftreten von Fehlern in der Vergangenheit
7. Qualität des Buchführungspersonals
8. Anzahl der Transaktionen im betreffenden Konto
9. Sonstiges

Fehlerindikatoren auf Jahresabschlussebene:

10. Das Management arbeitet sehr erfolgsorientiert
11. Hohe Fluktuation im Management
12. Schlechte Reputation des Managements
13. Größe des Unternehmens
14. Schlechte Profitabilität des Unternehmens im Vergleich zur Branche
15. Die Branche unterliegt einem extrem schnellen Wandel
16. Dezentralisierte Organisation mit schlechter Überwachung
17. Schlechte Ertragslage
18. Qualität des internen Überwachungssystems
19. Sonstiges

umfassende Prüfungshandlungen

Mandant:	**Risikoanalyse:** Fehlerindikatoren / Fehlerhypothesen vor* / nach* Prüfungsbeginn	**Z 42** – 2 –

* nicht zutreffendes bitte streichen

Position:

Auftrag:

umfassende Prüfungshandlungen

		ja	nein	n.e.	Besonderheiten/Verweise
II	**In Betracht kommende Fehlerhypothesen:**				
	Sind nachstehende Fehlerhypothesen für die zu beurteilende(n) Bilanzposition(en) ausgeschlossen? (Soweit Fehlerhypothesen nicht ausgeschlossen werden können oder festgestellt wurden: Erläutern Sie bitte die Fehlerhypothesen unter der Rubrik „Besonderheiten" oder – mit einem entsprechenden Verweis – auf einem gesonderten Arbeitspapier)	☐	☐	☐	
	Fehlerhypothesen bei einer schlechten wirtschaftlichen Lage:				
	20. Vorfakturierung	☐	☐	☐	
	21. Bilanzpolitische Maßnahmen vor/nach dem Bilanzstichtag	☐	☐	☐	
	Bei einer guten wirtschaftlichen Lage:				
	22. Nachfakturierung	☐	☐	☐	
	Bei nicht voller Auslastung:				
	23. Sonstiges	☐	☐	☐	

Mandant:	**Risikoanalyse:** **Z 43**
	Fehlerindikatoren / Fehlerhypothesen
	vor* / nach* Prüfungsbeginn – 1 –
	* nicht zutreffendes bitte streichen
	Position: Vorräte

Auftrag:

	Mitarbeiter	Berichtskritik	verantwortlicher Berufsangehöriger
Name / Unterschrift Datum			

	ja	nein	n.e.	Besonderheiten/Verweise

I Fehlerindikatoren auf Kontensaldenebene:

Sind nachstehende Fehlerindikatoren für die zu beurteilende(n) Bilanzposition(en) ausgeschlossen? (Soweit Fehlerindikatoren nicht ausgeschlossen werden können oder festgestellt wurden: Erläutern Sie bitte den Fehlerindikator unter der Rubrik „Besonderheiten" oder – mit einem entsprechenden Verweis – auf einem gesonderten Arbeitspapier.)

- 1.1 Größe eines Kontensaldos
- 1.2 Höhe der jeweiligen Menge
- 2. Anfälligkeit für Diebstahl und Unterschlagung
- 3. Komplexität der anzustellenden Beurteilungen bei der Bewertung
- 4. Umfang, in dem das Management in Bewertungsfragen involviert ist
- 5. Grad, in dem externe Effekte den Wert des Kontensaldos beeinflussen
- 6. Auftreten von Fehlern in der Vergangenheit
- 7. Qualität des Buchführungspersonals
- 8. Anzahl der Transaktionen im betreffenden Konto
- 9. Sonstiges

Fehlerindikatoren auf Jahresabschlussebene:

- 10.1 Vergleichende Gegenüberstellung (Zeitreihen) der einzelnen Vorratsgruppen:
  - Auffälligkeiten in ihrer absoluten und relativen Entwicklung
  - Auffälligkeiten unter Berücksichtigung der Produktions-, Einkaufs- und Verkaufsaktivitäten
- 10.2 Auffälligkeiten bei folgenden Kennzahlen im Zeitvergleich:
  - Umschlagshäufigkeit
  - Produktionsweite
  - Lagerreichweite
- 10.3 Auffälligkeiten in der zeitlichen Entwicklung folgender Größen:
  - Kosten
  - Produktionsmengen
  - Absatzmengen
  - Materialeinsatz je gefertigtes Produkt
  - Deckungsbeiträge für wesentliche Produktlinien

umfassende Prüfungshandlungen

| | | | Mandant: | | | | Risikoanalyse:
Fehlerindikatoren / Fehlerhypothesen
vor* / nach* Prüfungsbeginn
* nicht zutreffendes bitte streichen
Position: Vorräte | **Z 43**
– 2 – |

Auftrag:

				ja	nein	n.e.	Besonderheiten/Verweise
		10.4	Umfangreiche innerbetriebliche Transfers	☐	☐	☐	
		10.5	Langfristige Fertigung (länger als 1 Jahr)	☐	☐	☐	
		10.6	Festpreisvereinbarungen für zukünftige Lieferungen	☐	☐	☐	
		10.7	Modeabhängigkeit	☐	☐	☐	
		10.8	Leicht verderbliche Güter	☐	☐	☐	
		10.9	Umfangreiche Stoffe mit erheblichen Preisschwankungen	☐	☐	☐	
		10.10	High-Tech-Produkte (hoher Entwicklungsaufwand und hohes Preisrisiko)	☐	☐	☐	
		10.11	Besonders wertvolle Güter	☐	☐	☐	
		10.12	Das Management arbeitet sehr erfolgsorientiert	☐	☐	☐	
		11.	Hohe Fluktuation im Management	☐	☐	☐	
		12.	Schlechte Reputation des Managements	☐	☐	☐	
		13.	Größe des Unternehmens	☐	☐	☐	
		14.	Schlechte Profitabilität im Vergleich zur Branche	☐	☐	☐	
		15.	Die Branche unterliegt einem extrem schnellen Wandel	☐	☐	☐	
		16.	Dezentralisierte Organisation mit schlechter Überwachung	☐	☐	☐	
		17.	Schlechte Ertragslage	☐	☐	☐	
		18.	Qualität des internen Überwachungssystems	☐	☐	☐	
		19.	Sonstiges	☐	☐	☐	

II In Betracht kommende Fehlerhypothesen:

Sind nachstehende Fehlerhypothesen für die zu beurteilende(n) Bilanzposition(en) ausgeschlossen? (Soweit Fehlerhypothesen nicht ausgeschlossen werden können oder festgestellt wurden: Erläutern Sie bitte die Fehlerhypothesen unter der Rubrik „Besonderheiten" oder – mit einem entsprechenden Verweis – auf einem gesonderten Arbeitspapier.)

Fehlerhypothesen bei einer schlechten wirtschaftlichen Lage:

			ja	nein	n.e.	
20.	Inventurmanipulationen		☐	☐	☐	
21.	Höherbewertung		☐	☐	☐	
22.	Vorfakturierung		☐	☐	☐	
23.	Bilanzpolitische Maßnahmen vor/nach dem Bilanzstichtag		☐	☐	☐	

Bei einer guten wirtschaftlichen Lage:

24.	Inventurmanipulationen	☐	☐	☐
25.	Niedrigbewertung	☐	☐	☐
26.	Nachfakturierung	☐	☐	☐

Bei nicht voller Auslastung:

| 27. | Aktivierung von Leerkosten | ☐ | ☐ | ☐ |
| 28. | Sonstiges | ☐ | ☐ | ☐ |

umfassende Prüfungshandlungen

Mandant:	Risikoanalyse: Fehlerindikatoren / Fehlerhypothesen vor* / nach* Prüfungsbeginn * nicht zutreffendes bitte streichen **Position:** **Forderungen und sonstige Vermögensgegenstände**	**Z 44** – 1 –
Auftrag:		

	Mitarbeiter	Berichtskritik	verantwortlicher Berufsangehöriger
Name / Unterschrift Datum			

		ja	nein	n.e.	Besonderheiten/Verweise

I Fehlerindikatoren auf Kontensaldenebene:

Sind nachstehende Fehlerindikatoren für die zu beurteilende(n) Bilanzposition(en) ausgeschlossen? (Soweit Fehlerindikatoren nicht ausgeschlossen werden können oder festgestellt wurden: Erläutern Sie bitte den Fehlerindikator unter der Rubrik „Besonderheiten" oder – mit einem entsprechenden Verweis – auf einem gesonderten Arbeitspapier)

- 1.1 Größe eines Kontensaldos
- 1.2 Hohe Anzahl von Debitoren
- 2. Anfälligkeit für Diebstahl und Unterschlagung
- 3. Komplexität der anzustellenden Beurteilungen bei der Bewertung
- 4. Umfang, in dem das Management in Bewertungsfragen involviert ist
- 5. Grad, in dem externe Effekte den Wert des Kontensaldos beeinflussen
- 6. Auftreten von Fehlern in der Vergangenheit
- 7. Qualität des Buchführungspersonals
- 8. Anzahl der Transaktionen im betreffenden Konto
- 9. Sonstiges

Fehlerindikatoren auf Jahresabschlussebene:

- 10.1 Auffälligkeiten in der relativen und absoluten Entwicklung bei
  - vergleichender Gegenüberstellung von Umsätzen und Forderungen
  - Altersaufbau der Forderungen (Zeitreihe der Vorjahresumsätze und Monatsumsätze, aufgeteilt nach Ziel- und Barverkäufen)
- 10.2 Auffälligkeiten bei der Entwicklung der Zielinanspruchnahme der Kunden (ohne Barverkäufe)
- 10.3 Auffälligkeiten bei der zeitlichen Entwicklung folgender Größen:
  - Preisnachlässe
  - Abschreibungen auf Forderungen
  - Frachtaufwand
  - Werbeaufwand
- 10.4 Umfangreiche Lieferungen an verbundene Unternehmen zu besonderen Konditionen

umfassende Prüfungshandlungen

Mandant:	Risikoanalyse: **Fehlerindikatoren / Fehlerhypothesen** **vor* / nach* Prüfungsbeginn** * nicht zutreffendes bitte streichen **Position:** **Forderungen und sonstige** **Vermögensgegenstände**	**Z 44** – 2 –

Auftrag:

		ja	nein	n.e.	Besonderheiten/Verweise
10.5	Umfangreiche Verkäufe an Mitarbeiter und unübliche Barverkäufe	☐	☐	☐	
10.6	Umfangreiche Erträge aus				
	• Schrottverkäufen	☐	☐	☐	
	• Fracht	☐	☐	☐	
	• Serviceleistungen	☐	☐	☐	
	• Versicherungsleistungen	☐	☐	☐	
10.7	Das Management arbeitet sehr erfolgsorientiert	☐	☐	☐	
11.	Hohe Fluktuation im Management	☐	☐	☐	
12.	Schlechte Reputation des Managements	☐	☐	☐	
13.	Größe des Unternehmens	☐	☐	☐	
14.	Schlechte Profitabilität im Vergleich zur Branche	☐	☐	☐	
15.	Die Branche unterliegt einem extrem schnellen Wandel	☐	☐	☐	
16.	Dezentralisierte Organisation mit schlechter Überwachung	☐	☐	☐	
17.	Schlechte Ertragslage	☐	☐	☐	
18.	Qualität des internen Überwachungssystems	☐	☐	☐	
19.	Sonstiges	☐	☐	☐	

II   In Betracht kommende Fehlerhypothesen:

Sind nachstehende Fehlerhypothesen für die zu beurteilende(n) Bilanzposition(en) ausgeschlossen? (Soweit Fehlerhypothesen nicht ausgeschlossen werden können oder festgestellt wurden: Erläutern Sie bitte die Fehlerhypothesen unter der Rubrik „Besonderheiten" oder – mit einem entsprechenden Verweis – auf einem gesonderten Arbeitspapier)

Fehlerhypothesen bei einer schlechten wirtschaftlichen Lage:

		ja	nein	n.e.	
20.	Höherbewertung	☐	☐	☐	
21.	Vorfakturierung	☐	☐	☐	
22.	Bilanzpolitische Maßnahmen vor/nach dem Bilanzstichtag	☐	☐	☐	

Bei einer guten wirtschaftlichen Lage:

23.	Niedrigbewertung	☐	☐	☐	
24.	Nachfakturierung	☐	☐	☐	

Bei nicht voller Auslastung:

25.	Sonstiges	☐	☐	☐	

umfassende Prüfungshandlungen

Mandant:	Risikoanalyse: Fehlerindikatoren / Fehlerhypothesen vor* / nach* Prüfungsbeginn * nicht zutreffendes bitte streichen **Position:** **Personalaufwendungen**	**Z 45** – 1 –
Auftrag:		

	Mitarbeiter	Berichtskritik	verantwortlicher Berufsangehöriger
Name / Unterschrift Datum			

	ja	nein	n.e.	Besonderheiten/Verweise

I Fehlerindikatoren auf Kontensaldenebene:

Sind nachstehende Fehlerindikatoren für die zu beurteilende(n) Bilanzposition(en) ausgeschlossen? (Soweit Fehlerindikatoren nicht ausgeschlossen werden können oder festgestellt wurden: Erläutern Sie bitte den Fehlerindikator unter der Rubrik „Besonderheiten" oder – mit einem entsprechenden Verweis – auf einem gesonderten Arbeitspapier)

1.1 Hoher Personalbestand
1.2 Hohe Einzelgehälter
1.3 Betriebliche Altersversorgung oder Unterstützungskasse
2. Anfälligkeit für Diebstahl und Unterschlagung
3. Komplexität der anzustellenden Beurteilungen bei der Bewertung
4. Umfang, in dem das Management in Bewertungsfragen involviert ist
5. Grad, in dem externe Effekte den Wert des Kontensaldos beeinflussen
6. Auftreten von Fehlern in der Vergangenheit
7. Qualität des Buchführungspersonals
8. Anzahl der Transaktionen im betreffenden Konto
9. Sonstiges

Fehlerindikatoren auf Jahresabschlussebene:

10.1 Auffälligkeiten bei der absoluten und relativen Entwicklung der vergleichenden (monatlichen) Gegenüberstellung der Aufwandsarten
 • Löhne
 • Gehälter
 • Sozialabgaben
 unter Berücksichtigung tariflicher Änderungen und saisonaler und jahreszeitlicher Einflüsse (Urlaubsgeld, Weihnachtsgeld)
10.2 Auffälligkeiten bei den Kennzahlen
 • Anteile der Sozialabgaben am Personalaufwand
 • Personalaufwand je Arbeitnehmer

umfassende Prüfungshandlungen

Mandant:	Risikoanalyse: Fehlerindikatoren / Fehlerhypothesen vor* / nach* Prüfungsbeginn * nicht zutreffendes bitte streichen **Position:** **Personalaufwendungen**	**Z 45** – 2 –

Auftrag:

		ja	nein	n.e.	Besonderheiten/Verweise
	10.3 Auffälligkeiten beim Lohnaufwand je Arbeitnehmer, der in der Produktion beschäftigt ist unter Ansatz der geleisteten Stunden (einschließlich Überstunden und einem durchschnittlichen Stundenlohn)	☐	☐	☐	
	10.4 Auffälligkeiten bei Ausfallzeiten (Urlaub, Krankheit, etc.)	☐	☐	☐	
	10.5 Auffälligkeiten bei der Fluktuation	☐	☐	☐	
	10.6 Schlechte Produktivität	☐	☐	☐	
	10.7 Das Management arbeitet sehr erfolgsorientiert	☐	☐	☐	
	11. Hohe Fluktuation im Management	☐	☐	☐	
	12. Schlechte Reputation des Managements	☐	☐	☐	
	13. Größe des Unternehmens	☐	☐	☐	
	14. Schlechte Profitabilität im Vergleich zur Branche	☐	☐	☐	
	15. Die Branche unterliegt einem extrem schnellen Wandel	☐	☐	☐	
	16. Dezentralisierte Organisation mit schlechter Überwachung	☐	☐	☐	
	17. Schlechte Ertragslage	☐	☐	☐	
	18. Qualität des internen Überwachungssystems	☐	☐	☐	
	19. Sonstiges	☐	☐	☐	
II	**In Betracht kommende Fehlerhypothesen:** Sind nachstehende Fehlerhypothesen für die zu beurteilende(n) Bilanzposition(en) ausgeschlossen? (Soweit Fehlerhypothesen nicht ausgeschlossen werden können oder festgestellt wurden: Erläutern Sie bitte die Fehlerhypothesen unter der Rubrik „Besonderheiten" oder – mit einem entsprechenden Verweis – auf einem gesonderten Arbeitspapier)				
	Fehlerhypothesen bei einer schlechten wirtschaftlichen Lage: 20. Bilanzpolitische Maßnahmen vor / nach dem Bilanzstichtag	☐	☐	☐	
	Bei einer guten wirtschaftlichen Lage: 21. Bilanzpolitische Maßnahmen vor / nach dem Bilanzstichtag	☐	☐	☐	

(umfassende Prüfungshandlungen)

Z 50

(Briefkopf des Mandanten)

Verwahrungsbestätigung zum .... (Stichtag)

(Anrede)

Die Erstellung des Jahresabschlusses unseres Unternehmens zum ...., die z.Zt. durch
Herrn / Frau / Firma ...., durchgeführt wird, macht eine Verwahrungsbestätigung unserer von Ihnen

– zur Be- oder Verarbeitung.
– als Konsignationsgüter,
– in Kommission,
– zur Lagerung gegebenen Vermögensgegenstände

notwendig.

Nach unseren Unterlagen befanden sich zum Stichtag folgende Vorräte bei Ihnen:

(Menge) (Beschreibung) (Zustand) (Belastungen)

Wir dürfen Sie bitten, Ihre Bestätigung unmittelbar gegenüber Herrn / Frau / Firma   vorzunehmen.
Bitte verwenden Sie diesen Brief sowie den adressierten Freiumschlag für Ihre Antwort

(Grußformel)

___

An ....

Die obige Information ist

☐ zutreffend
☐ nicht zutreffend

....
(Datum)   Firma (Unterschrift)

umfassende Prüfungshandlungen

Z 51

(Briefkopf des Mandanten)

Saldenbestätigung zum .... (Stichtag)
(Name des Kunden, Kunden-Nr., sonstige Identifikationszeichen)

(Anrede)

Die Erstellung des Jahresabschlusses unseres Unternehmens zum ...., die z.Zt. durch Herrn / Frau / Firma ...., durchgeführt wird, macht eine Saldenbestätigung unserer Forderungen (bzw. geleisteten Anzahlungen) durch Sie notwendig.

Wir bitten Sie daher, den auf beigefügtem Kontoauszug ausgewiesenen Betrag von

EURO

zum Stichtag .... (wie oben) anhand Ihrer Buchführung zu überprüfen und die Richtigkeit des o. a. Saldos unmittelbar gegenüber Herrn / Frau / Firma   zu bestätigen.

Sollten Ihre Bücher von dem von uns ermittelten Saldo abweichen, bitten wir um direkte Übersendung aller zur Klärung notwendigen Unterlagen an Herrn / Frau / Firma   . Bitte antworten Sie auch, wenn der o. a. Saldo mit Ihren Unterlagen übereinstimmt. Für Ihre Antwort verwenden Sie bitte diesen Brief sowie den adressierten Freiumschlag.

(Grußformel)

___

An ....

Wir bestätigen Ihnen hiermit, dass der oben angegebene Stand unseres Kontos mit unseren Büchern zum .... (Stichtag)

☐ übereinstimmt
☐ nicht richtig und wie folgt zu ändern ist:

....
(Datum)   Firma (Unterschrift)

umfassende Prüfungshandlungen

Z 52

(Briefkopf des Mandanten)

Saldenbestätigung zum .... (Stichtag)
(Name des Lieferanten, Lieferanten-Nr., sonstige Identifikationszeichen)

(Anrede)

Die Erstellung des Jahresabschlusses unseres Unternehmens zum ...., die z.Zt. durch Herrn / Frau / Firma ...., durchgeführt wird, macht eine Saldenbestätigung des bei Ihnen für uns geführten Kontos (bzw. geleisteten Anzahlungen) durch Sie notwendig.

Wir bitten Sie daher, den auf beigefügtem Kontoauszug ausgewiesenen Betrag von

EURO

zum Stichtag .... (wie oben) anhand Ihrer Buchführung zu überprüfen und die Richtigkeit des o. a. Saldos unmittelbar gegenüber Herrn / Frau / Firma   zu bestätigen.

Sollten Ihre Bücher von dem von uns ermittelten Saldo abweichen, bitten wir um direkte Übersendung aller zur Klärung notwendigen Unterlagen an Herrn / Frau / Firma   . Bitte antworten Sie auch, wenn der o. a. Saldo mit Ihren Unterlagen übereinstimmt. Für Ihre Antwort verwenden Sie bitte diesen Brief sowie den adressierten Freiumschlag.

(Grußformel)

___

An ....

Wir bestätigen Ihnen hiermit, dass der oben angegebene Stand unseres Kontos mit unseren Büchern zum .... (Stichtag)

☐ übereinstimmt
☐ nicht richtig und wie folgt zu ändern ist:

....
(Datum)   Firma (Unterschrift)

umfassende Prüfungshandlungen

Mandant:	Gesamtauswertung der Saldenbestätigungen	Z 53
Auftrag:		

umfassende Prüfungshandlungen

	Mitarbeiter	Berichtskritik	verantwortlicher Berufsangehöriger
Name / Unterschrift Datum			

	Anzahl	%	Gesamtbetrag EURO	%
Personenkonten angeforderte Saldenbestätigungen (lt. Saldenanforderung)		100		100
Auswertung der Saldenbestätigungen (1) bestätigte Salden (inkl. geklärter Differenzen) (2) ungeklärte Differenzen (3) ohne Antwort (inkl. keine Bestätigung möglich) (4) angeforderte Saldenbestätigungen (s. o.) (5) angeforderte Salden durch alternative Prüfungshandlungen nachgewiesen (6) Insgesamt nachgewiesen (1) + (4) (in Relation zu den gesamten Forderungen)		100		100

Feststellungen zum Ergebnis der Saldenbestätigungsaktion:

Mitarbeiter: Datum:

verantwortlicher Berufsangehöriger: Datum:

Z 54

(Briefkopf des Mandanten)

Erstellung unseres Jahresabschlusses zum ....
Einholung einer Bankbestätigung

(Anrede)

Herr / Frau / Firma .... erstellt zur Zeit unseren Jahresabschluss zum .... Hierfür bitten wir Sie zum Gesamtumfang unserer geschäftlichen Beziehungen um folgende Angaben, die unmittelbar an Herrn / Frau / Firma   zu leiten sind:

a) Stand unserer sämtlichen Konten, jeweils mit genauer Kontobezeichnung und Zinssatz;
b) Auflistung von uns oder von Dritten für uns gegebener Sicherheiten einschließlich der damit zusammenhängenden Konditionen;
c) Bestätigung der Kreditlinie, falls uns Kredite eingeräumt sind, die zum Stichtag nicht oder nicht voll in Anspruch genommen waren;
d) Gesamthöhe aller bis zum Stichtag anfallenden Zinsen und Spesen;
e) Auflistung unseres in Ihrem Depot befindlichen Wertpapierbesitzes einschließlich etwaiger Verfügungsbeschränkungen;
f) Gesamtsumme aller Ihnen von uns zum Inkasso gegebenen, noch nicht gutgeschriebenen Wechsel und Schecks;
g) Gesamthöhe unserer Verpflichtung aus Wechseln, die Ihnen von uns zum Diskont gegeben wurden, von uns ausgestellt und von Ihnen akzeptiert wurden;
h) Gesamthöhe aller von Ihnen für uns übernommenen Verpflichtungen aus Bürgschaftsverträgen, sonstigen Geschäften (z.B. Termingeschäften) mit genauer Bezeichnung sowie Angabe der von uns geleisteten Sicherheiten;
i) Bürgschaftserklärungen, die wir Ihnen gegenüber oder in Ihrem Interesse abgegeben haben;
j) Vermögensgegenstände, die von Ihnen treuhänderisch für uns gehalten werden oder bei Ihnen für uns hinterlegt sind;
k) andere Sicherheiten (einschließlich Blankoschecks oder -wechseln), die wir Ihnen geleistet haben;
l) Namen aller Zeichnungsberechtigten für die von Ihnen für uns geführten Konten, einschließlich etwaiger Einschränkungen der Zeichnungsbefugnis und aller Änderungen, die sich im Laufe des am Stichtag endenden Jahres ergeben haben.

Sofern zu einzelnen Punkten keine Angaben zu machen sind, ist dies durch ausdrückliche Fehlanzeige unter Benennung des betreffenden Buchstabens zu vermerken. Bitte geben Sie außerdem gegenüber Herrn / Frau / Firma   die Erklärung ab, dass zum Stichtag außer den aufgeführten Verpflichtungen und Forderungen keine weiteren bestanden haben.

Eine Kopie Ihres Schreibens an Herrn / Frau / Firma erbitten wir für unsere Unterlagen.

(Grußformel)

Z 55

(Briefkopf des Mandanten)

Anwaltsbestätigung zum .... (Stichtag)

(Anrede)

zur Erstellung des Jahresabschlusses unseres Unternehmens benötigt Herr / Frau / Firma .... von Ihnen folgende Angaben:

1. eine kurzgefasste Auflistung aller schwebenden Rechtsstreitigkeiten, in denen unsere Gesellschaft beklagt ist oder sein kann, möglichst unter Angabe der Haftung durch unsere Gesellschaft oder des Streitwerts;
2. eine kurzgefasste Auflistung sonstiger Rechtsansprüche, die gegen unsere Gesellschaft geltend gemacht werden, mit Angabe der Haftung oder des Streitwerts;
3. Verstöße unserer Gesellschaft gegen geltend gemachtes Recht, für die wir ggf. haften müssen;
4. vorgenommene, laufende oder bereits angekündigte Untersuchungen einer Behörde oder einer zur Aufsicht befugten Stelle, wenn möglich mit Angabe der auf unsere Gesellschaft zukommenden Kosten;
5. eine kurzgefasste Auflistung aller schwebenden Rechtsstreitigkeiten, in denen unsere Gesellschaft Kläger ist oder sein kann, mit Angabe des uns entstehenden Schadens oder des Streitwerts;
6. vorgenommene oder geplante Änderungen der Satzung;
7. eine kurzgefasste Auflistung aller Veränderungen, die Ihnen seit dem Abschlussstichtag bekannt geworden sind und eine Neubeurteilung der Sachlage erfordern,
8. die Gesamthöhe der Ihnen zustehenden Honorare für Ihre bis zum Stichtag an uns erbrachten Leistungen.

Bitte leiten Sie Ihre Antwort Herrn / Frau / Firma unmittelbar zu, ein adressierter Freiumschlag liegt diesem Schreiben bei. Sofern Ihnen zu einzelnen Punkten keine Kenntnisse vorliegen, bitten wir Sie um ausdrückliche Fehlanzeige an unseren Prüfer. Bitte senden Sie eine Zweitschrift Ihrer Angaben an uns. Sollten sich bedeutende Veränderungen in Ihren Angaben zwischen dem Datum Ihrer Antwort und dem voraussichtlichen Prüfungsende am ... ergeben, so bitten wir Sie, sowohl Herrn / Frau / Firma als auch uns sofort zu unterrichten.

(Grußformel)

umfassende Prüfungshandlungen

Mandant:	(umfassende) Prüfung der rechtlichen Verhältnisse	Z 60 – 1 –

Auftrag:

	Mitarbeiter	Berichtskritik	verantwortlicher Berufsangehöriger
Name / Unterschrift Datum			

	ja	nein	n.e.	Besonderheiten / Verweise

Benötigte Unterlagen erhalten ?

- Satzungs- / Gesellschaftsvertrag
- Handelsregisterauszug
- Gesellschafterbeschlüsse
- Protokolle von Aufsichtsgremien
- Verträge über Unternehmensverbindungen
- Mitteilungen von der Gesellschaft bzw. an die Gesellschaft nach §§ 20, 21 AktG
- Unterlagen über die Prüfung, Feststellung und Veröffentlichung des Jahresabschlusses des vorangegangenen Wirtschaftsjahres
- Unterlagen über die Entlastung der Geschäftsführung/ des Vorstandes und der Aufsichtsorgane
- Unterlagen über die Erteilung von Geschäftsführungs- und Vertretungsbefugnissen, ihren Umfang und ihre Eintragung im Handelsregister
- wesentliche Vertragsverhältnisse zu Dritten, insbesondere
  - langfristige Verträge mit Lieferanten und Kunden
  - Verträge mit Lizenzgebern oder -nehmern
  - Pacht- oder Leasingverträge
  - Gewinnpoolverträge, Interessengemeinschafts- verträge, Kartellverträge, Rangschaftsverträge
  - preis- oder absatzregelnde Verträge
  - Zusagen über die Altersversorgung der Belegschaft
  - sonstige Verträge mit Belegschaftsangehörigen
- Betriebsvereinbarungen, Tarifverträge
- zusammenfassende Darstellung des Versicherungs- schutzes durch den Mandanten in Form einer Liste, die enthalten sollte
  - Versicherer
  - Versicherungsdauer
  - kurze Beschreibung des versicherten Gegenstandes
  - Versicherungssumme
  - Prämien
- Unterlagen über Rechtsstreitigkeiten

Prüfungshandlungen

1. Haben Sie der Prüfung der rechtlichen Verhältnisse die letzte Fassung des Gesellschaftsvertrages zugrunde gelegt?
   - Datum:

Mandant:	(umfassende) Prüfung der rechtlichen Verhältnisse	**Z 60** – 2 –

Auftrag:

		ja	nein	n.e.	Besonderheiten / Verweise
umfassende Prüfungshandlungen	2. Haben Sie Ihrer Prüfung die letzte Fassung des Handelsregisters zugrunde gelegt? • Datum: 3. Haben Sie die für die Berichterstattung der rechtlichen Verhältnisse erforderlichen Daten ermittelt, und zwar • Firma und Rechtsform, unter denen das Unternehmen im Handelsregister eingetragen ist, • Sitz (eventuell Zweigniederlassungen, Sitzverlegungen im Berichtsjahr), • Gesellschaftsvertrag / Satzung mit sämtlichen wesentlichen Änderungen bis zum Berichtsdatum, • Handelsregister; Amtsgericht, Abteilung, Nummer, Datum des letzten Auszugs, • Gegenstand mit evtl. Änderungen des Gesellschaftszwecks, • Geschäftsjahr, • Kapital / Stammkapital / Grundkapital, ggf. mit Hinweis auf ausstehende Einlagen, eingeforderte Nachschüsse samt zugehöriger Rücklagenbildung; Kapitalerhöhung oder Kapitalherabsetzung • im Berichtsjahr erfolgte Umwandlung / Verschmelzung unter Angabe der notwendigen Gesellschafterversammlungsbeschlüsse und Eintragungen • Veränderungen hinsichtlich der Personen der Gesellschafter und des Umfangs ihrer Beteiligungen, • eigene Anteile, insbesondere Erwerb im Berichtsjahr unter Angabe, ob die Vorschriften zur Rücklagenbildung beachtet wurden, • Gewinnverteilung unter Angabe von Regelungen, falls der Gewinn anders als nach dem Verhältnis der Geschäftsanteile zu verteilen ist (§ 29 Abs. 3 GmbHG) oder die Geschäftsführung gem. § 29 Abs. 4 GmbHG Beträge in die anderen Gewinnrücklagen einstellen darf, • Gewinnverwendungsvorschlag, • Vorjahresabschluss unter Angabe der Feststellung und der Veröffentlichung, • Größe der Gesellschaft, • verbundene Unternehmen, ggf. mit den zugrunde liegenden Vertragsverhältnissen • Unternehmensverträge, ggf. Beherrschungsvertrag, Gewinn- / Teilgewinnabführungsvertrag, Gewinngemeinschaft, Betriebspacht-, Betriebsüberlassungsvertrag, • Aufsichtsrat, • Geschäftsführer, • steuerliche Verhältnisse unter Angabe des zuständigen Finanzamts, der Steuernummer, des Zeitraums, für den die letzte steuerliche Außenprüfung erfolgte sowie unter Hinweis, ob die Ergebnisse im Jahresabschluss berücksichtigt wurden?	☐ ☐ ☐ ☐ ☐ ☐ ☐ ☐ ☐ ☐ ☐ ☐ ☐ ☐ ☐ ☐ ☐ ☐ ☐	☐ ☐ ☐ ☐ ☐ ☐ ☐ ☐ ☐ ☐ ☐ ☐ ☐ ☐ ☐ ☐ ☐ ☐ ☐	☐ ☐ ☐ ☐ ☐ ☐ ☐ ☐ ☐ ☐ ☐ ☐ ☐ ☐ ☐ ☐ ☐ ☐ ☐	

Mandant:	(umfassende) Prüfung der rechtlichen Verhältnisse	Z 60 – 3 –

Auftrag:

	ja	nein	n.e.	Besonderheiten / Verweise
4. Haben Sie die Gesellschafterbeschlüsse überprüft, ob sich aus ihnen Auswirkungen für den Jahresabschluss ergeben?	☐	☐	☐	
5. Haben Sie die Protokolle von eventuellen Aufsichtsgremien darauf überprüft, ob sich Auswirkungen auf den Jahresabschluss ergeben?	☐	☐	☐	
6. Haben Sie fehlerhafte oder änderungsbedürftige Satzungs- oder sonstige Bestimmungen festgestellt, die nicht unmittelbar auf den Jahresabschluss einwirken, z. B. Bestimmungen über die Formen und Fristen der Einberufung der Gesellschafterversammlung, etc.?	☐	☐	☐	
• Wenn ja: Haben Sie den Auftraggeber hierauf aufmerksam gemacht?	☐	☐	☐	
7. Sind die Vorschriften über die zustimmungsbedürftigen Geschäfte eingehalten worden?	☐	☐	☐	
• Wenn nein: Vorbereitung eines Beschlusses, mit dem sämtliche fehlenden Zustimmungen nachgeholt werden?	☐	☐	☐	
8. Liegen für das Vorjahr die Entlastungen vor für				
• Geschäftsführung / Vorstand	☐	☐	☐	
• Aufsichtsorgane	☐	☐	☐	
9. Wurde der Vorjahresabschluss festgestellt?	☐	☐	☐	
10. Wurden evtl. erforderliche Prüfungserfordernisse beachtet?	☐	☐	☐	
11. Wurde der Vorjahresabschluss in der erforderlichen Form publiziert?	☐	☐	☐	
12. Haben Sie anhand der zugehörigen Versicherungspolicen überprüft, ob die nach den Unterlagen der Gesellschaft abgedeckten Risiken tatsächlich abgedeckt sind?	☐	☐	☐	
13. Haben Sie die Angemessenheit des Versicherungsschutzes beurteilt?	☐	☐	☐	
• Der Versicherungsschutz ist angemessen / nicht angemessen.	☐	☐	☐	
14. Falls keine Beurteilung der Angemessenheit des Versicherungsschutzes:	☐	☐	☐	
• Wurde die Angemessenheit des Versicherungsschutzes nach Rücksprache mit dem Mandanten von der Versicherungsgesellschaft bestätigt?	☐	☐	☐	
15. Haben Sie sich davon überzeugt, dass die Prämienzahlungen termingerecht erfolgten?	☐	☐	☐	

umfassende Prüfungshandlungen

Mandant:	(umfassende Prüfung) Ereignisse nach dem Bilanzstichtag	Z 70
Auftrag:		

	Mitarbeiter	Berichtskritik	verantwortlicher Berufsangehöriger
Name / Unterschrift			
Datum			

umfassende Prüfungshandlungen

	ja	nein	n.e.	Besonderheiten/Verweise

Benötigte Unterlagen erhalten?
- Zwischenabschlüsse, kurzfristige Erfolgsrechnungen
- Buchhaltung des neuen Geschäftsjahres
- Protokolle der Gesellschafterversammlung
- Protokolle der Aufsichtsorgane

Prüfungshandlungen

1. Haben Sie sich anhand
   - der kurzfristigen Erfolgsrechnungen des neuen Wirtschaftsjahres,
   - evtl. Zwischenabschlüsse
   - überzeugt, dass im neuen Wirtschaftsjahr keine wesentlichen negativen Veränderungen und Entwicklungen eingetreten sind?
2. Haben Sie sich anhand der Buchhaltung des neuen Geschäftsjahres davon überzeugt, dass keine ungewöhnlichen Korrekturbuchungen vorgenommen wurden?
3. Haben Sie sich anhand der Buchhaltung des neuen Wirtschaftsjahres davon überzeugt, dass Bewertungs- und Ansatzmethoden nicht geändert wurden?
4. Haben Sie sich aufgrund von Informationen der Geschäftsführung oder evtl. anderer verantwortlicher Personen davon überzeugt, dass
   - keine Liquiditätsengpässe eingetreten sind?
   - die Going-Concern-Prämisse aufrecht erhalten bleiben kann?
   - keine nachhaltigen Veränderungen der Vermögens-, Finanz- oder Ertragslage eingetreten sind?
5. Haben Sie sich bei Abschlussposten, die auf der Basis vorläufiger oder unvollständiger Informationen ermittelt wurden, insbesondere bei Rückstellungen davon überzeugt, dass die für den Ansatz oder die Bewertung der Abschlussposten zugrunde liegenden Prämissen keine wesentliche Änderung erfahren haben?
6. Können Sie auch zur Zeit des Abschlusses der Prüfung die Going-Concern-Prämisse aufrecht erhalten?

Mandant:	**Aufwendungen für die Ingangsetzung und Erweiterung des Geschäftsbetriebes** – Erstellung ohne Prüfungshandlungen – mit Plausibilitätsbeurteilungen – mit umfassenden Prüfungshandlungen	**A I** – 1 –
Auftrag:		

	Mitarbeiter	Berichtskritik	verantwortlicher Berufsangehöriger
Name / Unterschrift Datum			

	ja	nein	n.e.	Besonderheiten/Verweise
I Benötigte Unterlagen erhalten?				
• Konten	☐	☐	☐	
• Anlagespiegel (mittelgroße und große Kapital- und KapCo-Gesellschaften)	☐	☐	☐	
• Belege für geltend gemachte Aufwendungen	☐	☐	☐	
• Kostenrechnung	☐	☐	☐	
II Erstellungsmaßnahmen				
1. Ist die Möglichkeit der Aktivierung von Aufwendungen für die Ingangsetzung und Erweiterung des Geschäftsbetriebes vorhanden (§ 268 Abs. 2 HGB)?	☐	☐	☐	
2. Ist die Aktivierung von Ingangsetzungs- und Erweiterungsaufwendungen erwünscht?	☐	☐	☐	
3. Ist sichergestellt, dass die zu aktivierenden Aufwendungen				
a) nur Aufwendungen für den Auf- und Ausbau der Unternehmensorganisationen beinhalten?	☐	☐	☐	
b) nicht enthalten:				
• Aufwendungen für die Gründung und Kapitalbeschaffung (§ 248 Abs. 1 HGB)?	☐	☐	☐	
• Anschaffungs- oder Herstellungskosten aktivierungsfähiger Vermögensgegenstände?	☐	☐	☐	
• Kosten der Betriebsumstellung?	☐	☐	☐	
• Kosten der Betriebsverlagerung?	☐	☐	☐	
• Vertriebskosten?	☐	☐	☐	
c) nicht angesetzt werden				
• in einer eventuellen Überschuldungsbilanz?	☐	☐	☐	
• in der Steuerbilanz?	☐	☐	☐	
4. Ist beachtet worden, dass für Personenhandelsgesellschaften, die nicht KapCo-Gesellschaften sind und für Einzelkaufleute eine Aktivierung nicht in Betracht kommt?	☐	☐	☐	
5. Wird bei mittelgroßen und großen Kapital- und KapCo-Gesellschaften für die zu aktivierenden Aufwendungen eine Anlagenkartei geführt, die die für die Erstellung eines Anlagenspiegels erforderlichen Daten enthält?	☐	☐	☐	

Mandant:	**Aufwendungen für die Ingangsetzung und Erweiterung des Geschäftsbetriebes** – Erstellung ohne Prüfungshandlungen – mit Plausibilitätsbeurteilungen – mit umfassenden Prüfungshandlungen	**A I** – 2 –
Auftrag:		

		ja	nein	n.e.	Besonderheiten/Verweise
	6. Wurde die Anlagenkartei / -buchführung korrekt fortgeführt?	☐	☐	☐	
	7. Ist sichergestellt, dass die auf evtl. Abgänge entfallenden aufgelaufenen Abschreibungen ausgebucht wurden?	☐	☐	☐	
	8. Ist der ausgewiesene Bilanzwert durch				
	• die Sachkonten	☐	☐	☐	
	• die Anlagenkartei und	☐	☐	☐	
	• (ggf. bei mittelgroßen und großen Kapital- und KapCo-Gesellschaften) den Anlagenspiegel nachgewiesen?	☐	☐	☐	
	9. Wurden die Grundsätze der Bilanzierungs- und Bewertungsstetigkeit beachtet?	☐	☐	☐	
	10. *Sind Sie zu dem Ergebnis gekommen, dass der Ausweis der aktivierten Aufwendungen für die Ingangsetzung und Erweiterung des Geschäftsbetriebes aus den vorliegenden Unterlagen und Informationen normgerecht abgeleitet wurde?*	☐	☐	☐	
	III Vorbereitende Maßnahmen bei Plausibilitätsbeurteilungen und umfassenden Prüfungsmaßnahmen				
Pb	11. (Bei Plausibilitätsbeurteilungen:) Wurden nach Maßgabe des Arbeitspapiers Z 30 die vorbereitenden Maßnahmen für Plausibilitätsbeurteilungen veranlasst?	☐	☐	☐	
uP	12. (Bei umfassenden Prüfungshandlungen:) Wurde in dem Arbeitspapier Z 40 ff. die erforderliche Prüfungssicherheit sowie unter Berücksichtigung der Wahrscheinlichkeit von Fehlerrisiken und -hypothesen der Prüfungsumfang und die Prüfungsintensität abschließend bestimmt? Beurteilung der erforderlichen Prüfungssicherheit **gut / mittel / schlecht*** * (nicht zutreffendes bitte streichen)	☐	☐	☐	
	IV Maßnahmen zur Beurteilung der Plausibilität				
Pb	13. Haben Sie sich durch Befragung oder in sonstiger Weise davon überzeugt, dass die Aktivierung von Ingangsetzungs- und Erweiterungsaufwendungen erwünscht ist?	☐	☐	☐	
	14. Sonstige Maßnahmen?	☐	☐	☐	
	15. *Bestehen nach Ihren Plausibilitätsbeurteilungen an der Ordnungsmäßigkeit der zugrunde liegenden Bücher und Nachweise keine Zweifel?*	☐	☐	☐	

Mandant:	Aufwendungen für die Ingangsetzung und Erweiterung des Geschäftsbetriebes – Erstellung ohne Prüfungshandlungen – mit Plausibilitätsbeurteilungen – mit umfassenden Prüfungshandlungen	A I – 3 –

Auftrag:

	ja	nein	n.e.	Besonderheiten/Verweise

V Zusätzliche Arbeitshilfe bei Erstellung mit umfassenden Prüfungshandlungen

V.1 Beurteilung des internen Kontrollsystems

16. Besteht ausreichende Kontrolle über die aktivierungsfähigen Aufwendungs- und Erweiterungsaufwendungen? ☐ ☐ ☐
17. Ist sichergestellt,
    a) dass trotz der Aktivierung die Pflicht zur Einberufung der Gesellschafterversammlung nach § 49 Abs. 3 GmbHG beachtet wird? ☐ ☐ ☐
    b) die Ausschüttungssperre des § 269 Satz 2 HGB beachtet wird? ☐ ☐ ☐
18. Beurteilung des internen Kontrollsystems
    gut / mittel / schlecht*
    * (nicht zutreffendes bitte streichen)
19. Wurde das vorstehende Urteil berücksichtigt
    a) in der Risikoanalyse? ☐ ☐ ☐
    b) bei Prüfungsumfang und Intensität der ausgewählten Prüfungshandlungen? ☐ ☐ ☐
20. Ergeben sich durch das vorstehende Urteil Änderungen der Risikoanalyse? ☐ ☐ ☐
    Wenn ja: Beurteilung der geänderten Prüfungssicherheit
    gut / mittel / schlecht*
    * (nicht zutreffendes bitte streichen)

V.2 Prüfung des Nachweises

21. Wurde das Bestandsverzeichnis und (ggf.) der Anlagenspiegel
    a) rechnerisch überprüft? ☐ ☐ ☐
    b) mit den Sachkonten abgestimmt? ☐ ☐ ☐
22. Wurden die **Zugänge** des Berichtsjahres auf ihre Bilanzierungsfähigkeit als Bilanzierungshilfe geprüft durch
    a) Abgrenzung zu den nicht aktivierungsfähigen
       • Gründungs- und Kapitalbeschaffungskosten der Betriebsumstellung,
       • Kosten der Betriebsverlagerung und
       • Vertriebskosten? ☐ ☐ ☐
    b) Abgrenzung zu den bilanzierungsfähigen Vermögensgegenständen? ☐ ☐ ☐
    c) Feststellung, dass in Höhe der aktivierten Aufwendungen mit Erträgen in der Zukunft zu rechnen ist? ☐ ☐ ☐
    d) Feststellung, dass es sich um Aufwendungen des Berichtsjahres handelt? ☐ ☐ ☐

umfassende Prüfungshandlungen

Mandant:	**Aufwendungen für die Ingangsetzung und Erweiterung des Geschäftsbetriebes**	**A I**
	– Erstellung ohne Prüfungshandlungen – mit Plausibilitätsbeurteilungen – mit umfassenden Prüfungshandlungen	– 4 –

Auftrag:

	ja	nein	n.e.	Besonderheiten/Verweise
23. Sind die **Abgänge** darauf überprüft worden, dass nach Vollabschreibung der mengenmäßige Abgang fiktiv unterstellt werden kann?	☐	☐	☐	
24. Ist sichergestellt, dass im Falle des Abgangs die auf die Abgänge entfallenden aufgelaufenen Wertberichtigungen ausgebucht wurden?	☐	☐	☐	
25. Sind Sie zu dem Ergebnis gekommen, dass die ausgewiesene Position vollständig ausgewiesen wird, die ihr zugrunde liegenden Vermögensgegenstände vorhanden und dem bilanzierenden Unternehmen zuzurechnen sind?	☐	☐	☐	

V.3 Prüfung der Bewertung

	ja	nein	n.e.	Besonderheiten/Verweise
26. Erfolgte die Bewertung				
a) bei Inanspruchnahme von Leistungen Dritter anhand der vorliegenden Eingangsrechnungen?	☐	☐	☐	
b) bei eigenen Leistungen anhand der Kostenrechnung (Materialkosten, Lohnkosten, Sondereinzelkosten und Gemeinkosten)?	☐	☐	☐	
27. Erstreckte sich die Prüfung der **Abschreibungen** auf				
a) die Einhaltung des maximalen Abschreibungszeitraums von 4 Jahren?	☐	☐	☐	
b) die Beachtung des gesetzlich eingeräumten Wahlrechts diesen Zeitraum zu verkürzen?	☐	☐	☐	
c) den Beginn der Abschreibung in dem auf die Aktivierung folgenden Jahr?	☐	☐	☐	
d) die rechnerische Ermittlung der Abschreibungen?	☐	☐	☐	
e) die Abstimmung der laufenden Abschreibungen des Geschäftsjahres mit dem in der GuV verbuchten Betrag?	☐	☐	☐	
28. Wurde geprüft, dass **Zuschreibungen** nicht vorgenommen wurden?	☐	☐	☐	
29. Ist der aktivierte Betrag bei der Bemessung einer eventuell zu bildenden Passivierung latenter Steuern berücksichtigt worden?	☐	☐	☐	
30. Ist die Ausschüttungssperre beachtet durch				
a) Einstellung des Betrages in eine Rücklage?	☐	☐	☐	
b) frei verfügbare Gewinnvorträge in Rücklagen in mindestens gleich hohem Umfang?	☐	☐	☐	
c) Gewinnverwendungsbeschluss bzw. -vorschlag?	☐	☐	☐	
31. Sind Sie zu dem Ergebnis gekommen, dass die ausgewiesene Position • entsprechend den handelsrechtlichen Vorschriften, • entsprechend den steuerrechtlichen Vorschriften bewertet wurde? Bei Abweichungen:	☐	☐	☐	*Vereinzelung der Abweichungen: s. unter*

umfassende Prüfungshandlungen

Mandant:	Aufwendungen für die Ingangsetzung und Erweiterung des Geschäftsbetriebes – Erstellung ohne Prüfungshandlungen – mit Plausibilitätsbeurteilungen – mit umfassenden Prüfungshandlungen	A I – 5 –
Auftrag:		

	ja	nein	n.e.	Besonderheiten/Verweise

V.4 Ausweisprüfung

32. Wurde (ggf.) überprüft, dass der Anlagenspiegel inhaltlich den Erfordernissen entspricht? ☐ ☐ ☐
33. Wurde berücksichtigt, dass bei mittelgroßen und großen Kapitalgesellschaften der Anlagenspiegel wahlweise in der Bilanz oder im Anhang wiederzugeben ist? ☐ ☐ ☐
34. Wurden (ggf.) die im Anlagenspiegel im Berichtsjahr ausgewiesenen Abschreibungen mit der GuV-Position „Abschreibungen auf immaterielle Wirtschaftsgüter und Sachanlagen sowie auf aktivierte Aufwendungen für die Ingangsetzung und Erweiterung des Geschäftsbetriebes" abgestimmt? ☐ ☐ ☐
35. Wurden bei mittelgroßen und großen Kapital- und KapCo-Gesellschaften die aktivierten Ingangsetzungs- und Erweiterungskosten im Anhang erläutert (§ 269 Satz 1 Halbsatz 2 HGB) im Hinblick auf
    a) die durchgeführte Maßnahme? ☐ ☐ ☐
    b) Art und Umfang des angefallenen Aufwandes? ☐ ☐ ☐
    c) die Erfolgsaussichten der Maßnahme? ☐ ☐ ☐
    d) die vorgenommene Abschreibung? ☐ ☐ ☐
36. Sind Sie zu dem Ergebnis gekommen, dass für die ausgewiesene Position sämtliche handelsrechtlichen Ausweisvorschriften beachtet wurden? ☐ ☐ ☐

V.5 Sonstige Prüfungshandlungen

umfassende Prüfungshandlungen

Mandant:	**Aufwendungen für die Währungsumstellung auf den Euro** – Erstellung ohne Prüfungshandlungen – mit Plausibilitätsbeurteilung – mit umfassenden Prüfungshandlungen	**A II** – 1 –
Auftrag:		

	Mitarbeiter	Berichtskritik	verantwortlicher Berufsangehöriger
Name / Unterschrift Datum			

		ja	nein	n.e.	Besonderheiten/Verweise
I	**Benötigte Unterlagen erhalten?**				
	• Konten	☐	☐	☐	
	• Anlagespiegel (mittelgroße und große Kapital- und KapCo-Gesellschaften)	☐	☐	☐	
	• Belege für geltend gemachte Aufwendungen	☐	☐	☐	
	• Kostenrechnung	☐	☐	☐	
II	**Erstellungsmaßnahmen**				
	1. Ist die Möglichkeit der Aktivierung von Aufwendungen für die Währungsumstellung auf den Euro vorhanden (Art. 44 EGHGB)?	☐	☐	☐	
	2. Ist die Aktivierung der Aufwendungen für die Währungsumstellung erwünscht?	☐	☐	☐	

	3. Ist sichergestellt, dass die aktivierten Aufwendungen
	 a) nur Aufwendungen für die Währungsumstellung auf den Euro (z. B. selbst oder durch externe Dienstleister erstellte Softwareprogramme etc.) beinhalten?
	 b) nicht enthalten:
	   • Anschaffungs- oder Herstellungskosten aktivierungsfähiger Vermögensgegenstände?
	 c) nicht angesetzt werden
	   • in einer eventuellen Überschuldungsbilanz?
	   • in der Steuerbilanz?
		☐
		
		 ☐
		
		 ☐
		 ☐
			☐
			
			 ☐
			
			 ☐
			 ☐
				☐
				
				 ☐
				
				 ☐
				 ☐	

	4. Wird bei mittelgroßen und großen Kapital- und KapCo-Gesellschaften für die zu aktivierenden Aufwendungen eine Anlagenkartei geführt, die die für die Erstellung eines Anlagenspiegels erforderlichen Daten enthält?	☐	☐	☐	
	5. Wurde die Anlagenkartei / -buchführung korrekt fortgeführt?	☐	☐	☐	
	6. Ist sichergestellt, dass die auf evtl. Abgänge entfallenden aufgelaufenen Abschreibungen ausgebucht wurden?	☐	☐	☐	
	7. Ist der ausgewiesene Bilanzwert durch • die Sachkonten • die Anlagenkartei und • (ggf. bei mittelgroßen und großen Kapital- und KapCo-Gesellschaften) im Anlagenspiegel nachgewiesen?	☐ ☐ ☐	☐ ☐ ☐	☐ ☐ ☐	

Mandant:	Aufwendungen für die Währungsumstellung auf den Euro – Erstellung ohne Prüfungshandlungen – mit Plausibilitätsbeurteilung – mit umfassenden Prüfungshandlungen	A II – 2 –
Auftrag:		

	ja	nein	n.e.	Besonderheiten/Verweise

8. Wurden die Grundsätze der Bilanzierungs- und Bewertungsstetigkeit beachtet? ☐ ☐ ☐

9. Sind Sie zu dem Ergebnis gekommen, dass der Ausweis der aktivierten Aufwendungen für die Währungsumstellung auf den Euro aus den vorliegenden Unterlagen und Informationen normgerecht abgeleitet wurde? ☐ ☐ ☐

III Vorbereitende Maßnahmen bei Plausibilitätsbeurteilungen und umfassenden Prüfungsmaßnahmen

10. (Bei Plausibilitätsbeurteilungen:) Wurden nach Maßgabe des Arbeitspapiers Z 30 die vorbereitenden Maßnahmen für Plausibilitätsbeurteilungen veranlasst? ☐ ☐ ☐   **Pb**

11. (Bei umfassenden Prüfungshandlungen:) Wurde in dem Arbeitspapier Z 40 ff. die erforderliche Prüfungssicherheit sowie unter Berücksichtigung der Wahrscheinlichkeit von Fehlerrisiken und -hypothesen der Prüfungsumfang und die Prüfungsintensität abschließend bestimmt? ☐ ☐ ☐   **uP**
Beurteilung der erforderlichen Prüfungssicherheit
gut / mittel / schlecht*
* (nicht zutreffendes bitte streichen)

IV Maßnahmen zur Beurteilung der Plausibilität

12. Haben Sie sich durch Befragung oder in sonstiger Weise davon überzeugt, dass die Aktivierung der Aufwendungen für die Währungsumstellung erwünscht ist? ☐ ☐ ☐

13. Sonstige Maßnahmen?   **Pb**

14. Bestehen nach den Plausibilitätsbeurteilungen an der Ordnungsmäßigkeit der zugrunde liegenden Bücher und Nachweise keine Zweifel? ☐ ☐ ☐

V Zusätzliche Arbeitshilfe bei Erstellung mit umfassenden Prüfungshandlungen

V.1 Beurteilung des internen Kontrollsystems

15. Besteht ausreichende Kontrolle über die aktivierungsfähigen Aufwendungen für die Währungsumstellung auf den Euro? ☐ ☐ ☐

16. Ist sichergestellt,
   a) dass trotz der Aktivierung die Pflicht zur Einberufung der Gesellschafterversammlung nach § 49 Abs. 3 GmbHG beachtet wird? ☐ ☐ ☐   **uP**
   b) die Ausschüttungssperre des Art. 44 Abs. 1 Satz 5 EGHGB beachtet wird? ☐ ☐ ☐

Mandant:	Aufwendungen für die Währungsumstellung auf den Euro – Erstellung ohne Prüfungshandlungen – mit Plausibilitätsbeurteilung – mit umfassenden Prüfungshandlungen	A II – 3 –
Auftrag:		

	ja	nein	n.e.	Besonderheiten/Verweise
17. Beurteilung des internen Kontrollsystems **gut / mittel / schlecht*** *(nicht zutreffendes bitte streichen)				
18. Wurde das vorstehende Urteil berücksichtigt				
a) in der Risikoanalyse?	☐	☐	☐	
b) bei Prüfungsumfang und Intensität der ausgewählten Prüfungshandlungen?	☐	☐	☐	
19. Ergeben sich durch das vorstehende Urteil Änderungen der Risikoanalyse?	☐	☐	☐	
Wenn ja: Beurteilung der geänderten Prüfungssicherheit : **gut / mittel / schlecht** *(nicht zutreffendes bitte streichen)				
V.2 Prüfung des Nachweises				
20. Wurde das Bestandsverzeichnis und (ggf.) der Anlagenspiegel				
a) rechnerisch überprüft?	☐	☐	☐	
b) mit den Sachkonten und dem Bestandsverzeichnis abgestimmt?	☐	☐	☐	
21. Wurden die **Zugänge** des Berichtsjahres auf ihre Bilanzierungsfähigkeit als Bilanzierungshilfe geprüft durch				
a) Abgrenzung zu den bilanzierungsfähigen Vermögensgegenständen?	☐	☐	☐	
b) Feststellung, dass es sich um Aufwendungen des Berichtsjahres handelt?	☐	☐	☐	
22. Sind die **Abgänge** darauf überprüft worden, dass nach Vollabschreibung der mengenmäßige Abgang fiktiv unterstellt werden kann?	☐	☐	☐	
23. Ist sichergestellt, dass im Falle des Abgangs die auf die Abgänge entfallenden aufgelaufenen Wertberichtigungen ausgebucht wurden?	☐	☐	☐	
24. *Sind Sie zu dem Ergebnis gekommen, dass die ausgewiesene Position vollständig ausgewiesen wird, die ihr zugrunde liegenden Vermögensgegenstände vorhanden und dem bilanzierenden Unternehmen zuzurechnen sind?*	☐	☐	☐	
V.3 Prüfung der Bewertung				
25. Erfolgte die Bewertung				
a) bei Inanspruchnahme von Leistungen Dritter anhand der vorliegenden Eingangsrechnungen?	☐	☐	☐	
b) bei eigenen Leistungen anhand der Kostenrechnung (Materialkosten, Lohnkosten, Sondereinzelkosten und Gemeinkosten)?	☐	☐	☐	
26. Erstreckte sich die Prüfung der **Abschreibungen** auf				
a) die Einhaltung des maximalen Abschreibungszeitraums von 4 Jahren?	☐	☐	☐	

umfassende Prüfungshandlungen

Mandant:	**Aufwendungen für die Währungsumstellung auf den Euro** – Erstellung ohne Prüfungshandlungen – mit Plausibilitätsbeurteilung – mit umfassenden Prüfungshandlungen	A II – 4 –
Auftrag:		

	ja	nein	n.e.	Besonderheiten/Verweise
b) den Beginn der Abschreibung in dem auf die Aktivierung folgenden Jahr?	☐	☐	☐	
c) die rechnerische Ermittlung der Abschreibungen?				
d) die Abstimmung der laufenden Abschreibungen des Geschäftsjahres mit dem in der GuV verbuchten Betrag?	☐	☐	☐	
27. Wurde geprüft, dass **Zuschreibungen** nicht vorgenommen wurden?	☐	☐	☐	
28. Ist der aktivierte Betrag bei der Bemessung einer eventuell zu bildenden Passivierung latenter Steuern berücksichtigt worden?	☐	☐	☐	
29. Ist die Ausschüttungssperre beachtet durch a) Einstellung des Betrages in eine Rücklage?	☐	☐	☐	
b) frei verfügbare Gewinnvorträge in Rücklagen in mindestens gleich hohem Umfang?	☐	☐	☐	
c) Gewinnverwendungsbeschluss bzw. -vorschlag?				
30. Sind Sie zu dem Ergebnis gekommen, dass die ausgewiesene Position • entsprechend den handelsrechtlichen Vorschriften, • entsprechend den steuerrechtlichen Vorschriften bewertet wurde? Bei Abweichungen:	☐	☐	☐	*Vereinzelung der Abweichungen: s. unter*

V.4 Ausweisprüfung

	ja	nein	n.e.	
31. Wurde (ggf.) überprüft, dass der Anlagenspiegel inhaltlich den Erfordernissen entspricht?	☐	☐	☐	
32. Wurde berücksichtigt, dass bei mittelgroßen und großen Kapitalgesellschaften der Anlagenspiegel wahlweise in der Bilanz oder im Anhang wiederzugeben ist?	☐	☐	☐	
33. Wurden die im Anlagenspiegel im Berichtsjahr ausgewiesenen Abschreibungen mit der GuV-Position „Abschreibungen auf immaterielle Wirtschaftsgüter und Sachanlagen sowie auf aktivierte Aufwendungen für die Ingangsetzung und Erweiterung des Geschäftsbetriebes" und für die Währungsumstellung auf den Euro abgestimmt?	☐	☐	☐	
34. Wurden bei mittelgroßen und großen Kapital- und KapCo-Gesellschaften die aktivierten Umstellungskosten im Anhang erläutert (Art. 44 Abs. 1 Satz 4 EGHGB) im Hinblick auf a) Art und Umfang des angefallenen Aufwandes? b) die vorgenommene Abschreibung?	☐	☐	☐	

umfassende Prüfungshandlungen

Mandant:	**Aufwendungen für die Währungsumstellung auf den Euro** – Erstellung ohne Prüfungshandlungen – mit Plausibilitätsbeurteilung – mit umfassenden Prüfungshandlungen	**A II** – 5 –
Auftrag:		

	ja	nein	n.e.	Besonderheiten/Verweise
35. Sind Sie zu dem Ergebnis gekommen, dass für die ausgewiesene Position sämtliche handelsrechtlichen Ausweisvorschriften beachtet wurden?	☐	☐	☐	
V.5 Sonstige Prüfungshandlungen				

umfassende Prüfungshandlungen

Mandant:	Immaterielle Vermögensgegenstände des Anlagevermögens – Erstellung ohne Prüfungshandlungen – mit Plausibilitätsbeurteilungen – mit umfassenden Prüfungshandlungen	**B** – 1 –

Auftrag:

	Mitarbeiter	Berichtskritik	verantwortlicher Berufsangehöriger
Name / Unterschrift Datum			

	ja	nein	n.e.	Besonderheiten/Verweise

I Benötigte Unterlagen erhalten?
- Konten
- Bestandsverzeichnis
- Anlagespiegel (mittelgroße und große Kapital- und KapCo-Gesellschaften)
- Register
- Verträge
- Schriftwechsel
- Urkunden
- Belege für Anlagenzu- und -abgänge

II Erstellungsmaßnahmen
1. Wird für die abnutzbaren immateriellen Werte eine Anlagenkartei geführt, die bei mittelgroßen und großen Kapital- und KapCo-Gesellschaften die für die Erstellung eines Anlagenspiegels erforderlichen Daten enthält?
2. Wurde die Anlagenkartei/-buchführung korrekt fortgeführt und mit den Sachkonten abgestimmt?
3. Ist sichergestellt, dass die auf die Abgänge entfallenden aufgelaufenen Wertberichtigungen ausgebucht wurden?
4. Erfolgte die Bewertung zu Anschaffungskosten?
5. Ist die Abschreibungsmethode zulässig?
6. Sind die Abschreibungsgrundlagen (insbesondere Bemessungsgrundlage, Nutzungsdauer) zutreffend angesetzt?
7. Bei immateriellen Vermögensgegenständen mit dem Charakter materieller, abnutzbarer, beweglicher Gegenstände:
   - Wurde bei Zugängen die Möglichkeit der degressiven Abschreibung beachtet?
   - Wurde bei Zugängen die Halbjahresregelung gewünscht und beachtet?
   - Wurde der Übergang von der degressiven auf die lineare AfA beachtet?
8. Wurden die Vermögensgegenstände linear abgeschrieben?
9. Wurde bei Abgängen die zeitanteilige AfA beachtet?

Mandant:	**Immaterielle Vermögensgegenstände des Anlagevermögens** – Erstellung ohne Prüfungshandlungen – mit Plausibilitätsbeurteilungen – mit umfassenden Prüfungshandlungen	**B** – 2 –
Auftrag:		

	ja	nein	n.e.	Besonderheiten/Verweise
10. Ist eine AfA nach der Leistung				
• gewünscht?	☐	☐	☐	
• möglich?	☐	☐	☐	
• beachtet?	☐	☐	☐	
11. Wurde die steuerlich normierte Geschäftswertabschreibung beachtet?	☐	☐	☐	
12. Wurden außerplanmäßige Abschreibungen wegen wirtschaftlicher Wertminderung durchgeführt?	☐	☐	☐	
13. Wurden außerplanmäßige Abschreibungen wegen dauerhaft wertmindernder Schäden vorgenommen?	☐	☐	☐	
14. Wurde bei Abschreibungen auf Schrottwerte alternativ ein Abgang in Erwägung gezogen?	☐	☐	☐	
15. Wurde bei immateriellen Vermögensgegenständen mit dem Charakter materieller abnutzbarer beweglicher Gegenstände die Möglichkeit der				
• GWG-Abschreibung (wahlweise Vollabschreibung/-verteilung; gesonderte Verbuchung)?	☐	☐	☐	
• Sonderabschreibung/Ansparabschreibung zur Förderung kleiner und mittlerer Betriebe, § 7 g EStG,	☐	☐	☐	
• der Sonder-AfA für private Krankenhäuser, § 7 f EStG, beachtet?	☐	☐	☐	
16. Wurden die Abschreibungen rechnerisch richtig ermittelt?	☐	☐	☐	
17. Wurde die laufende Abschreibung des Geschäftsjahres mit dem in der GuV verbuchten Betrag abgestimmt?	☐	☐	☐	
18. Wurde				
• bei Einzelkaufleuten und Personenhandelsgesellschaften das Wertaufholungswahlrecht,				
• bei Kapitalgesellschaften und KapCo-Gesellschaften das Wertaufholungsgebot beachtet?	☐	☐	☐	
19. Sind Zeitwert bzw. die Anschaffungs- und Herstellungskosten (ggf. vermindert um planmäßige Abschreibungen), die bei der Zuschreibung nicht überschritten werden dürfen, beachtet worden?	☐	☐	☐	
20. Sind die Zuschreibungen rechnerisch richtig ermittelt worden?	☐	☐	☐	
21. Wurden die Zuschreibungen des Geschäftsjahres mit dem in der GuV-Rechnung verbuchten Betrag abgestimmt?	☐	☐	☐	

Mandant:	Immaterielle Vermögensgegenstände des Anlagevermögens – Erstellung ohne Prüfungshandlungen – mit Plausibilitätsbeurteilungen – mit umfassenden Prüfungshandlungen	**B** – 3 –
Auftrag:		

		ja	nein	n.e.	Besonderheiten/Verweise
	22. Wurde das Saldierungsverbot von Zuschreibungsertrag und Abschreibungsaufwand beachtet?	☐	☐	☐	
	23. Sind die kumulierten Abschreibungen, Abschreibungen des laufenden Geschäftsjahres und Zuschreibungen ordnungsgemäß im (ggf. vorgeschriebenen) Anlagespiegel angegeben worden?	☐	☐	☐	
	24. Wurden die Grundsätze der Bilanzierungs- und Bewertungsstetigkeit beachtet?	☐	☐	☐	
	25. *Sind Sie zu dem Ergebnis gekommen, dass der Ausweis der immateriellen Vermögensgegenstände aus den vorliegenden Unterlagen und Informationen normgerecht abgeleitet wurde?*	☐	☐	☐	
III	**Vorbereitende Maßnahmen bei Plausibilitätsbeurteilungen und umfassenden Prüfungsmaßnahmen**				
	26. (Bei Plausibilitätsbeurteilungen:) Wurden nach Maßgabe des Arbeitspapiers Z 30 die vorbereitenden Maßnahmen für Plausibilitätsbeurteilungen veranlasst?	☐	☐	☐	
	27. (Bei umfassenden Prüfungshandlungen:) Wurde in dem Arbeitspapier Z 40 ff. die erforderliche Prüfungssicherheit sowie unter Berücksichtigung der Wahrscheinlichkeit von Fehlerrisiken und -hypothesen der Prüfungsumfang und die Prüfungsintensität abschließend bestimmt? Beurteilung der erforderlichen Prüfungssicherheit **gut / mittel / schlecht*** * (nicht zutreffendes bitte streichen)	☐	☐	☐	
IV	**Maßnahmen zur Beurteilung der Plausibilität**				
	28. Haben Sie sich durch Befragung oder in sonstiger Weise davon überzeugt, dass Vorkehrungen zur vollständigen Erfassung der Zu- und Abgänge im Anlagevermögen einschließlich der aufgrund von Verkäufen und Verschrottung beim Anlagevermögen realisierten Gewinne oder Verluste getroffen wurden?	☐	☐	☐	
	29. Haben Sie sich durch Befragung oder in sonstiger Weise davon überzeugt, ob die Voraussetzungen für die Aktivierung vorliegen?	☐	☐	☐	
	30. Werden i.w. Umfang immaterielle Vermögensgegenstände geleast?	☐	☐	☐	
	31. Sonstige Maßnahmen?				
	32. *Bestehen nach Ihren Plausibilitätsbeurteilungen an der Ordnungsmäßigkeit der zugrunde liegenden Bücher und Nachweise keine Zweifel?*	☐	☐	☐	

Mandant:	Immaterielle Vermögensgegenstände des Anlagevermögens – Konzessionen, gewerbliche Schutzrechte und ähnliche Rechte und Werte sowie Lizenzen an solchen Rechten und Werten – zusätzliche Arbeitshilfe bei Erstellung mit umfassenden Prüfungshandlungen	**B I** – 1 –
Auftrag:		

	Mitarbeiter	Berichtskritik	verantwortlicher Berufsangehöriger
Name / Unterschrift Datum			

umfassende Prüfungshandlungen

	ja	nein	n.e.	Besonderheiten/Verweise
I Beurteilung des internen Kontrollsystems				
1. Werden die Vertragsunterlagen und Belege über den entgeltlichen Erwerb von immateriellen Werten systematisch und übersichtlich gesammelt?	☐	☐	☐	
2. Werden die Anlagenkartei, ggf. der Anlagenspiegel regelmäßig mit den Konten der Finanzbuchhaltung abgestimmt?	☐	☐	☐	
3. Ist Funktionentrennung gewährleistet (die Buchhaltung darf keinen Einfluss auf die Verwaltung, keinen Zugang zu Geld, etc. haben)?	☐	☐	☐	
4. Beurteilung des internen Kontrollsystems **gut / mittel / schlecht*** * (nicht zutreffendes bitte streichen)				
5. Wurde das vorstehende Urteil berücksichtigt?				
a) in der Risikoanalyse?	☐	☐	☐	
b) bei Prüfungsumfang und -intensität der ausgewählten Prüfungshandlungen?	☐	☐	☐	
6. Ergeben sich durch das vorstehende Urteil Änderungen der Risikoanalyse? Wenn ja: Beurteilung der geänderten Prüfungssicherheit **gut / mittel / schlecht*** * (nicht zutreffendes bitte streichen)	☐	☐	☐	
II Prüfung des Nachweises				
7. Ist der ausgewiesene Bilanzwert durch				
• die Sachkonten,	☐	☐	☐	
• die Anlagenkartei und	☐	☐	☐	
• (ggf. bei mittelgroßen und großen Kapital- und KapCo-Gesellschaften) den Anlagenspiegel nachgewiesen?	☐	☐	☐	
8. Wurden Anlagenkartei und (ggf.) Anlagenspiegel				
a) rechnerisch überprüft?	☐	☐	☐	
b) mit den Sachkonten abgestimmt?	☐	☐	☐	

Mandant:	**Immaterielle Vermögensgegenstände des Anlagevermögens** – Konzessionen, gewerbliche Schutzrechte und ähnliche Rechte und Werte sowie Lizenzen an solchen Rechten und Werten – zusätzliche Arbeitshilfe bei Erstellung mit umfassenden Prüfungshandlungen	**B I** – 2 –

Auftrag:

	ja	nein	n.e.	Besonderheiten/Verweise
9. Wurde die vollständige und richtige Erfassung der immateriellen Vermögensgegenstände progressiv überprüft anhand der folgenden Unterlagen: • Unterlagen der Rechtsabteilung, • Protokolle der Organe der Gesellschaft, • Buchhaltung und Belege in neuer Rechnung, • Lohnbuchhaltung (Arbeitnehmererfindungen)	☐	☐	☐	
10. Wurden die **Zugänge** daraufhin überprüft, ob die Voraussetzungen für die buchhalterische Erfassung bereits gegeben sind • durch Feststellung des Rechtserwerbs im Berichtsjahr anhand der zugehörigen Vertragsunterlagen? • durch Feststellung des entgeltlichen Erwerbs des Rechts als solchem und damit der Aktivierbarkeit?	☐ ☐	☐ ☐	☐ ☐	
11. Wurde überprüft, ob ggf. Investitionszulagen oder -zuschüsse gewährt werden können?	☐	☐	☐	
12. Wurden eventuell gewährte Investitionszulagen oder -zuschüsse im Jahresabschluss korrekt behandelt?	☐	☐	☐	
13. Wurde für die **Abgänge** des Berichtsjahres der Rechtsverlust anhand der Vertragsunterlagen festgestellt?	☐	☐	☐	
14. Soweit eine Feststellung des Rechtsverlustes nicht möglich ist: Wurden die Abgänge darauf überprüft, dass nach voller Abschreibung der mengenmäßige Abgang fiktiv unterstellt werden kann?	☐	☐	☐	
15. Kommen – soweit nicht bereits ausgewiesen – **Umbuchungen** von der Position „geleistete Anzahlungen" in Betracht?	☐	☐	☐	
16. Sind Sie zu dem Ergebnis gekommen, dass die ausgewiesene Position vollständig nachgewiesen wird, die ihr zugrunde liegenden Vermögensgegenstände vorhanden und dem bilanzierenden Unternehmen zuzurechnen sind?	☐	☐	☐	
III Prüfung der Bewertung				
17. Erfolgte die Bewertung zu den in den Vertragsunterlagen und Abrechnungen ausgewiesenen Anschaffungskosten?	☐	☐	☐	
18. Ist bei der Prüfung der Anschaffungskosten darauf geachtet, • dass bei Veräußerung zwischen verbundenen Unternehmen kein Mißbrauch vorliegt? • dass bei einer Zahlung der Kaufpreisraten in der Zukunft (z.B. bei einem Kauf auf Rentenbasis) der Barwert der künftigen Zahlung als Anschaffungskosten angesetzt wird?	☐ ☐	☐ ☐	☐ ☐	

umfassende Prüfungshandlungen

Mandant:	Immaterielle Vermögensgegenstände des Anlagevermögens	B I
	– Konzessionen, gewerbliche Schutzrechte und ähnliche Rechte und Werte sowie Lizenzen an solchen Rechten und Werten – zusätzliche Arbeitshilfe bei Erstellung mit umfassenden Prüfungshandlungen	– 3 –

Auftrag:

umfassende Prüfungshandlungen

	ja	nein	n.e.	Besonderheiten/Verweise
• dass beim Erwerb gegen Zahlung in Fremdwährung die Umrechnung zutreffend erfolgt?	☐	☐	☐	
19. Wurde bei Einbringung von immateriellen Vermögensgegenständen der Zeitwert (u. U. nach dem Ertragswertverfahren) ermittelt?	☐	☐	☐	
20. Wurden Anschaffungskostenminderungen bei der Bewertung berücksichtigt?	☐	☐	☐	
21. Wurden die Prüfungsunterlagen auf eventuelle Anschaffungsnebenkosten überprüft?	☐	☐	☐	
22. Sind bei immateriellen Anlagegütern, die einer laufenden Wertminderung unterliegen, planmäßige **Abschreibungen** vorgenommen worden?	☐	☐	☐	
23. Ist die Höhe der Abschreibungen auch unter Berücksichtigung von Sondereinflüssen angemessen?	☐	☐	☐	
24. Werden alle aktivierten Anlagegüter noch genutzt?	☐	☐	☐	
25. Haben Sie sich bei außerplanmäßigen Abschreibungen von dem hierfür gegebenen Grund durch • Bildung eines eigenen Urteils anhand geeigneter Unterlagen, • Befragung der zuständigen Personen, • erforderlichenfalls Zuziehung von Sachverständigen überzeugt?	☐ ☐ ☐	☐ ☐ ☐	☐ ☐ ☐	
26. Haben Sie beachtet, dass Wertminderungen von vorübergehender Dauer bei Kapital- und KapCo-Gesellschaften nicht zu außerplanmäßigen Abschreibungen führen können, § 279 Abs. 1 Satz 2 HGB?	☐	☐	☐	
27. Stimmt die handelsrechtliche Bewertung mit der steuerrechtlichen Bewertung überein?	☐	☐	☐	
28. Sind **Zuschreibungen** aufgrund des Wertaufholungsgebots (z.B. die Gründe für in der Vergangenheit geltend gemachte steuerliche Teilwertabschreibungen sind entfallen) bei Kapital- und KapCo-Gesellschaften beachtet worden?	☐	☐	☐	
29. Ist der Wegfall des Grundes für außerplanmäßige Abschreibungen durch • Bildung eines eigenen Urteils anhand geeigneter Unterlagen, • Befragung der zuständigen Personen, • erforderlichenfalls durch Zuziehung von Sachverständigen kontrolliert worden?	☐ ☐ ☐	☐ ☐ ☐	☐ ☐ ☐	

Mandant:	**Immaterielle Vermögensgegenstände des Anlagevermögens** – Konzessionen, gewerbliche Schutzrechte und ähnliche Rechte und Werte sowie Lizenzen an solchen Rechten und Werten – zusätzliche Arbeitshilfe bei Erstellung mit umfassenden Prüfungshandlungen	**B I** – 4 –

Auftrag:

	ja	nein	n.e.	Besonderheiten/Verweise
30. Wurde bei Abweichungen (handelsrechtlich höhere Abschreibung) zwischen Handels- und Steuerrecht das Wahlrecht zur Aktivierung von latenten Steuern bei Kapital- und KapCo-Gesellschaften beachtet?	☐	☐	☐	
31. Sind Sie zu dem Ergebnis gekommen, dass die ausgewiesene Position				
• entsprechend den handelsrechtlichen Vorschriften,	☐	☐	☐	
• entsprechend den steuerrechtlichen Vorschriften bewertet wurde?	☐	☐	☐	
Bei Abweichungen:				Vereinzelung der Abweichungen: s. unter

IV Prüfung des Ausweises
Bei sämtlichen Unternehmen

	ja	nein	n.e.	
32. Liegen die Voraussetzungen des Anlagevermögens (dem Geschäftsbetrieb auf Dauer zu dienen, kein Entschluss zur Veräußerung) vor?	☐	☐	☐	
33. Sind alle notwendigen Umbuchungen von den geleisteten Anzahlungen auf die entsprechenden Sachkonten durchgeführt worden?	☐	☐	☐	
34. Sind die Umbuchungen berechtigt?	☐	☐	☐	
35. Sind nur solche Investitionen als Umbuchungen ausgewiesen, die bereits im Vortrag der geleisteten Anzahlungen enthalten waren?	☐	☐	☐	
36. Wurden die Erträge und Verluste aus Anlagenabgängen sowie die Abschreibungen und die Erträge aus Zuschreibungen korrespondierend in der GuV-Rechnung ausgewiesen?	☐	☐	☐	

Bei Kapital- und KapCo-Gesellschaften (unabhängig von der Größenordnung)

	ja	nein	n.e.	
37. Wurden die Zuschreibungen als sonstige betriebliche oder außerbetriebliche Erträge und die Abschreibungen als Abschreibungen auf immaterielle Wirtschaftsgüter ausgewiesen?	☐	☐	☐	
38. Wurden beim Ausweis im Jahresabschluss (Anhang) beachtet				
a) Angabe der angewandten Bilanzierungs- und Bewertungsmethoden sowie Begründung ihrer Änderungen, § 284 Abs. 2 Nr. 1, 3 HGB,	☐	☐	☐	
b) Angabe von Einflüssen evtl. Bilanzierungs- und Bewertungsänderungen auf die Vermögens-, Finanz- und Ertragslage, § 284 Abs. 2 Nr. 3, 2. HS HGB,	☐	☐	☐	

umfassende Prüfungshandlungen

Mandant:	Immaterielle Vermögensgegenstände des Anlagevermögens – Konzessionen, gewerbliche Schutzrechte und ähnliche Rechte und Werte sowie Lizenzen an solchen Rechten und Werten – zusätzliche Arbeitshilfe bei Erstellung mit umfassenden Prüfungshandlungen	**B I** – 5 –
Auftrag:		

	ja	nein	n.e.	Besonderheiten/Verweise
c) Grundlagen der Währungsumrechnung, § 284 Abs. 2 Nr. 2 HGB,	☐	☐	☐	
d) Angabe des Betrages der im Geschäftsjahr nach steuerlichen Vorschriften vorgenommenen Abschreibungen und Rücklagen und Begründung dazu in der Bilanz, der GuV-Rechnung oder dem Anhang, § 281 Abs. 2 HGB,	☐	☐	☐	
e) Angabe der außerplanmäßigen Abschreibungen nach § 253 Abs. 2 Satz 3 HGB, § 277 Abs. 3 Satz 1 HGB, soweit nicht in der GuV gesondert ausgewiesen,	☐	☐	☐	
f) Angabe des Einflusses steuerlicher Abschreibungen, ihrer Beibehaltung bzw. der Bildung von Sonderposten auf das Jahresergebnis und das Ausmaß künftiger Steuerbelastungen hieraus, § 285 Nr. 5 HGB,	☐	☐	☐	
g) Angabe und Begründung des Betrages der im Geschäftsjahr aus steuerlichen Gründen unterlassenen Zuschreibungen im Anhang, § 280 Abs. 3 HGB,	☐	☐	☐	
h) die Berichtspflicht im Anhang, wenn Fremdkapitalzinsen als Herstellungskosten aktiviert wurden (§ 284 Abs. 2 Satz 5 HGB),	☐	☐	☐	
i) die Prüfung, ob sich aus dem Anlagevermögen Angabepflichten im Lagebericht ergeben und ob diese beachtet wurden?	☐	☐	☐	
Mittelgroße und große Kapital- und KapCo-Gesellschaften (zusätzlich):				
39. Wird ein Anlagespiegel ausgewiesen (§ 268 Abs. 2 Satz 1 HGB)?	☐	☐	☐	
40. Wurden die im Berichtsjahr angefallenen Abschreibungen a) in einer Zusatzspalte des Anlagenspiegels oder b) im Anhang oder in einer der Gliederungen des Anlagevermögens entsprechenden Aufgliederung angegeben, § 268 Abs. 2 Satz 3 HGB?	☐ ☐	☐ ☐	☐ ☐	
41. Wurden bei Umbuchungen die historischen Anschaffungskosten sowie die kumulierten Ab- und Zuschreibungen ebenfalls mit umgebucht?	☐	☐	☐	
42. Wurden Bewegungen in das Umlaufvermögen oder vom Umlaufvermögen als Abgänge oder Zugänge ausgewiesen?	☐	☐	☐	

umfassende Prüfungshandlungen

Mandant:	Immaterielle Vermögensgegenstände des Anlagevermögens – Konzessionen, gewerbliche Schutzrechte und ähnliche Rechte und Werte sowie Lizenzen an solchen Rechten und Werten – zusätzliche Arbeitshilfe bei Erstellung mit umfassenden Prüfungshandlungen	**B I** – 6 –
Auftrag:		

	ja	nein	n.e.	Besonderheiten/Verweise
43. Wurden die im Anlagenspiegel oder im Anhang angegebenen Beträge der im Berichtsjahr angefallenen Abschreibungen und Zuschreibungen mit den GuV-Positionen abgestimmt?	☐	☐	☐	
44. Sind Sie zu dem Ergebnis gekommen, dass für die ausgewiesene Position sämtliche handelsrechtlichen Ausweisvorschriften beachtet wurden?	☐	☐	☐	

V Sonstige Prüfungshandlungen

umfassende Prüfungshandlungen

Mandant:	**Immaterielle Vermögensgegenstände des Anlagevermögens** – Geschäfts- oder Firmenwert – zusätzliche Arbeitshilfe bei Erstellung mit umfassenden Prüfungshandlungen	**B II** – 1 –
Auftrag:		

	Mitarbeiter	Berichtskritik	verantwortlicher Berufsangehöriger
Name / Unterschrift			
Datum			

	ja	nein	n.e.	Besonderheiten/Verweise

I Beurteilung des internen Kontrollsystems

1. Werden die Vertragsunterlagen und Belege über den entgeltlichen Erwerb von immateriellen Werten systematisch und übersichtlich gesammelt?
2. Werden die Anlagenkartei, ggf. der Anlagenspiegel regelmäßig mit den Konten der Finanzbuchhaltung abgestimmt?
3. Ist Funktionentrennung gewährleistet (die Buchhaltung darf keinen Einfluss auf die Verwaltung, keinen Zugang zu Geld, etc. haben)?
4. Beurteilung des internen Kontrollsystems **gut / mittel / schlecht***
   * (nicht zutreffendes bitte streichen)
5. Wurde das vorstehende Urteil berücksichtigt?
   a) in der Risikoanalyse?
   b) bei Prüfungsumfang und -intensität der ausgewählten Prüfungshandlungen?
6. Ergeben sich durch das vorstehende Urteil Änderungen der Risikoanalyse?
   Wenn ja: Beurteilung der geänderten Prüfungssicherheit
   gut / mittel / schlecht*
   * (nicht zutreffendes bitte streichen)

II Prüfung des Nachweises

7. Ist der ausgewiesene Bilanzwert durch
   - die Sachkonten,
   - die Anlagenkartei und
   - (ggf. bei mittelgroßen und großen Kapital- und KapCo-Gesellschaften) den Anlagespiegel
   nachgewiesen?
8. Wurden Bestandsverzeichnis (und ggf.) Anlagespiegel
   a) rechnerisch überprüft?
   b) mit den Sachkonten abgestimmt?
9. Wurden die **Zugänge** daraufhin überprüft, ob die Voraussetzungen für die buchhalterische Erfassung bereits gegeben sind
   - durch Feststellung des Rechtserwerbs?

umfassende Prüfungshandlungen

Mandant:	**Immaterielle Vermögensgegenstände des Anlagevermögens** – Geschäfts- oder Firmenwert – zusätzliche Arbeitshilfe bei Erstellung mit umfassenden Prüfungshandlungen	**B II** – 2 –
Auftrag:		

	ja	nein	n.e.	Besonderheiten/Verweise
• anhand der Vertragsunterlagen, die der Übernahme des Unternehmens zugrunde liegen?	☐	☐	☐	
• durch Feststellung des entgeltlichen Erwerbs?				
• durch Abgrenzung zu einem eventuell ebenfalls möglichen entgeltlichen Erwerb anderer immaterieller Wirtschaftsgüter?	☐	☐	☐	
10. Wurde für die **Abgänge** des Berichtsjahres der Rechtsverlust anhand der Vertragsunterlagen festgestellt?	☐	☐	☐	
11. Soweit eine Feststellung des Rechtsverlustes nicht möglich ist: Wurden die Abgänge darauf überprüft, dass nach voller Abschreibung der mengenmäßige Abgang fiktiv unterstellt werden kann?	☐	☐	☐	
12. Kommen – soweit nicht bereits ausgewiesen – **Umbuchungen** von der Position „geleistete Anzahlungen" in Betracht?	☐	☐	☐	
13. Sind Sie zu dem Ergebnis gekommen, dass die ausgewiesene Position vollständig nachgewiesen wird, die ihr zugrunde liegenden Vermögensgegenstände vorhanden und dem bilanzierenden Unternehmen zuzurechnen sind?	☐	☐	☐	
III Prüfung der Bewertung				
14. Erfolgte die Bewertung zu den in den Vertragsunterlagen und Abrechnungen ausgewiesenen Anschaffungskosten (Gesamtkaufpreis abzüglich Wert der übernommenen Vermögensgegenstände im Zeitpunkt der Übernahme)?	☐	☐	☐	
15. Wurde im Falle eines durch Tausch übernommenen Unternehmens der Wert der Gegenleistung richtig ermittelt?	☐	☐	☐	
16. Ist bei der Prüfung der Anschaffungskosten darauf geachtet,				
• dass bei Veräußerung zwischen verbundenen Unternehmen kein Mißbrauch vorliegt?	☐	☐	☐	
• dass bei einer Zahlung der Kaufpreisraten in der Zukunft (z. B. bei einem Kauf auf Rentenbasis) der Barwert der künftigen Zahlung als Anschaffungskosten angesetzt wird?	☐	☐	☐	
• dass beim Erwerb gegen Zahlung in Fremdwährung die Umrechnung zutreffend erfolgt?	☐	☐	☐	
17. Wurde bei Einbringung von immateriellen Vermögensgegenständen der Zeitwert (u. U. nach dem Ertragswertverfahren) ermittelt?	☐	☐	☐	
18. Wurden Anschaffungskostenminderungen bei der Bewertung berücksichtigt?	☐	☐	☐	

Mandant:	**Immaterielle Vermögensgegenstände des Anlagevermögens**	**B II**
	– Geschäfts- oder Firmenwert	– 3 –
	– zusätzliche Arbeitshilfe bei Erstellung mit umfassenden Prüfungshandlungen	

Auftrag:

umfassende Prüfungshandlungen

	ja	nein	n.e.	Besonderheiten/Verweise
19. Wurden die Prüfungsunterlagen auf eventuelle Anschaffungsnebenkosten überprüft?	☐	☐	☐	
20. Sind bei immateriellen Anlagegütern, die einer laufenden Wertminderung unterliegen, planmäßige **Abschreibungen** vorgenommen worden?	☐	☐	☐	
21. Ist bei der Bemessung der Abschreibung beachtet worden,				
• die Einhaltung des materiellen Abschreibungszeitraums von 4 Jahren bzw. die Beachtung des gesetzlich eingeräumten Wahlrechts zur Verkürzung oder Verlängerung dieses Zeitraums?	☐	☐	☐	
• der Beginn der Abschreibungen in dem auf die Aktivierung folgenden Jahr?	☐	☐	☐	
• die Möglichkeit der planmäßigen Abschreibung nach § 255 Abs. 4 Satz 3 HGB?	☐	☐	☐	
22. Sind die Abschreibungsgrundlagen (insbesondere Bemessungsgrundlage, Nutzungsdauer) zutreffend angesetzt?	☐	☐	☐	
23. Haben Sie sich bei außerplanmäßigen Abschreibungen von dem hierfür gegebenen Grund durch				
• Bildung eines eigenen Urteils anhand geeigneter Unterlagen,	☐	☐	☐	
• Befragung der zuständigen Personen,	☐	☐	☐	
• erforderlichenfalls Zuziehung von Sachverständigen überzeugt?	☐	☐	☐	
24. Haben Sie beachtet, dass Wertminderungen von vorübergehender Dauer bei Kapital- und KapCo-Gesellschaften nicht zu außerplanmäßigen Abschreibungen führen können, § 279 Abs. 1 Satz 2 HGB?	☐	☐	☐	
25. Stimmt die handelsrechtliche Bewertung mit der steuerrechtlichen Bewertung überein?	☐	☐	☐	
26. Sind **Zuschreibungen** aufgrund des Wertaufholungsgebots (z.B. die Gründe für in der Vergangenheit geltend gemachte steuerliche Teilwertabschreibungen sind entfallen) bei Kapital- und KapCo-Gesellschaften beachtet worden?	☐	☐	☐	
27. Ist der Wegfall des Grundes für außerplanmäßige Abschreibungen durch				
• Bildung eines eigenen Urteils anhand geeigneter Unterlagen,	☐	☐	☐	
• Befragung der zuständigen Personen,	☐	☐	☐	
• erforderlichenfalls durch Zuziehung von Sachverständigen kontrolliert worden?	☐	☐	☐	

Mandant:	Immaterielle Vermögensgegenstände des Anlagevermögens – Geschäfts- oder Firmenwert – zusätzliche Arbeitshilfe bei Erstellung mit umfassenden Prüfungshandlungen	**B II** – 4 –

Auftrag:

	ja	nein	n.e.	Besonderheiten/Verweise
28. Wurde bei Abweichungen (handelsrechtlich höhere Abschreibung) zwischen Handels- und Steuerrecht das Wahlrecht zur Aktivierung von latenten Steuern bei Kapital- und KapCo-Gesellschaften beachtet?	☐	☐	☐	
29. Sind Sie zu dem Ergebnis gekommen, dass die ausgewiesene Position • entsprechend den handelsrechtlichen Vorschriften, • entsprechend den steuerrechtlichen Vorschriften bewertet wurde? Bei Abweichungen:	☐ ☐	☐ ☐	☐ ☐	Vereinzelung der Abweichungen: s. unter

IV Prüfung des Ausweises

Bei sämtlichen Unternehmen

	ja	nein	n.e.	Besonderheiten/Verweise
30. Wurden die Erträge und Verluste aus Anlagenabgängen sowie die Abschreibungen und die Erträge aus Zuschreibungen korrespondierend in der GuV-Rechnung ausgewiesen?	☐	☐	☐	

Bei Kapital- und KapCo-Gesellschaften (unabhängig von der Größenordnung)

	ja	nein	n.e.	
31. Wurden die Zuschreibungen als sonstige betriebliche oder außerordentliche Erträge und die Abschreibungen als Abschreibungen auf immaterielle Wirtschaftsgüter ausgewiesen?	☐	☐	☐	
32. Wurden beim Ausweis im Jahresabschluss (Anhang) beachtet a) Angabe der angewandten Bilanzierungs- und Bewertungsmethoden sowie Begründung ihrer Änderungen, § 284 Abs. 2 Nr. 1, 3 HGB, b) Angabe von Einflüssen evtl. Bilanzierungs- und Bewertungsänderungen auf die Vermögens-, Finanz- und Ertragslage, § 284 Abs. 2 Nr. 3, 2. HS HGB, c) Grundlagen der Währungsumrechnung, § 284 Abs. 2 Nr. 2 HGB, d) Berichtspflicht nach § 285 Nr. 13 HGB, sofern der Firmenwert planmäßig nach § 255 Abs. 4 Satz 3 HGB abgeschrieben wird, e) Angabe des Betrages der im Geschäftsjahr nach steuerlichen Vorschriften vorgenommenen Abschreibungen und Rücklagen und Begründung dazu in der Bilanz, der GuV-Rechnung oder dem Anhang, § 281 Abs. 2 HGB, f) Angabe der außerplanmäßigen Abschreibungen nach § 253 Abs. 2 Satz 3 HGB, § 277 Abs. 3 Satz 1 HGB, soweit nicht in der GuV gesondert ausgewiesen,	☐ ☐ ☐ ☐ ☐ ☐	☐ ☐ ☐ ☐ ☐ ☐	☐ ☐ ☐ ☐ ☐ ☐	umfassende Prüfungshandlungen

Mandant:	Immaterielle Vermögensgegenstände des Anlagevermögens – Geschäfts- oder Firmenwert – zusätzliche Arbeitshilfe bei Erstellung mit umfassenden Prüfungshandlungen	B II – 5 –
Auftrag:		

<table>
<tr><th></th><th></th><th>ja</th><th>nein</th><th>n.e.</th><th>Besonderheiten/Verweise</th></tr>
<tr><td rowspan="2">umfassende Prüfungshandlungen</td><td>

g) Angabe des Einflusses steuerlicher Abschreibungen, ihrer Beibehaltung bzw. der Bildung von Sonderposten auf das Jahresergebnis und das Ausmaß künftiger Steuerbelastungen hieraus, § 285 Nr. 5 HGB,

h) Angabe und Begründung des Betrages der im Geschäftsjahr aus steuerlichen Gründen unterlassenen Zuschreibungen im Anhang, § 280 Abs. 3 HGB,

i) die Prüfung, ob sich aus dem Anlagevermögen Angabepflichten im Lagebericht ergeben und ob diese beachtet wurden?

Mittelgroße und große Kapital- und KapCo-Gesellschaften (zusätzlich):

33. Wird ein Anlagenspiegel ausgewiesen (§ 268 Abs. 2 Satz 1 HGB)?

34. Wurden die im Berichtsjahr angefallenen Abschreibungen
 a) in einer Zusatzspalte des Anlagenspiegels oder
 b) im Anhang oder in einer der Gliederungen des Anlagevermögens entsprechenden Aufgliederung angegeben, § 268 Abs. 2 Satz 3 HGB?

35. Wurden bei Umbuchungen die historischen Anschaffungskosten sowie die kumulierten Ab- und Zuschreibungen ebenfalls mit umgebucht?

36. Wurden die im Anlagenspiegel oder im Anhang angegebenen Beträge der im Berichtsjahr angefallenen Abschreibungen und Zuschreibungen mit den korrespondierenden GuV-Positionen abgestimmt?

37. *Sind Sie zu dem Ergebnis gekommen, dass für die ausgewiesene Position sämtliche handelsrechtlichen Ausweisvorschriften beachtet wurden?*

</td><td>☐

☐

☐

☐

☐

☐

☐

☐</td><td>☐

☐

☐

☐

☐

☐

☐

☐</td><td>☐

☐

☐

☐

☐

☐

☐

☐</td><td></td></tr>
<tr><td>**V Sonstige Prüfungshandlungen**</td><td></td><td></td><td></td><td></td></tr>
</table>

Mandant:	Immaterielle Vermögensgegenstände des Anlagevermögens – geleistete Anzahlungen – zusätzliche Arbeitshilfe bei Erstellung mit umfassenden Prüfungshandlungen	**B III** – 1 –
Auftrag:		

	Mitarbeiter	Berichtskritik	verantwortlicher Berufsangehöriger
Name / Unterschrift Datum			

	ja	nein	n.e.	Besonderheiten/Verweise

I Beurteilung des internen Kontrollsystems

1. Wird bei Anzahlungen von nennenswertem Umfang darauf geachtet, dass diese verzinslich gegen Sicherheiten geleistet werden?
2. Werden die geleisteten Anzahlungen mit den zugrunde liegenden vertraglichen Bestimmungen abgestimmt?
3. Werden beim Eingang von Rechnungen die geleisteten Anzahlungen zutreffend gekürzt?
4. Wurden die geleisteten Anzahlungen zutreffend von den anderen geleisteten Anzahlungen und dem Rechnungsabgrenzungsposten abgegrenzt?
5. Wird der Verrechnungsverkehr mit verbundenen Unternehmen nach Lieferungen von Finanz- oder Sachanlagen sowie sonstigen Lieferungen getrennt?
6. Werden die geleisteten Anzahlungen an verbundene Unternehmen gesondert erfasst?
7. Ist Funktionentrennung gewährleistet (die Buchhaltung darf keinen Einfluss auf die Bestellung, keinen Zugang zu Geld etc.) haben?
8. Beurteilung des internen Kontrollsystems **gut / mittel / schlecht***
   * (nicht zutreffendes bitte streichen)
9. Wurde das vorstehende Urteil berücksichtigt
   a) in der Risikoanalyse?
   b) bei Prüfungsumfang und -intensität der ausgewählten Prüfungshandlung?
10. Ergeben sich durch das vorstehende Urteil Änderungen der Risikoanalyse?
    Wenn ja: Beurteilung der geänderten Prüfungssicherheit
    gut / mittel / schlecht*
    * (nicht zutreffendes bitte streichen)

II Prüfung des Nachweises

11. Ist der ausgewiesene Bilanzwert durch
    - die Sachkonten,
    - die Anlagenkartei,
    - Saldenlisten,
    - eventuell Saldenbestätigungen,

umfassende Prüfungshandlungen

Mandant:	**Immaterielle Vermögensgegenstände des Anlagevermögens** – geleistete Anzahlungen – zusätzliche Arbeitshilfe bei Erstellung mit umfassenden Prüfungshandlungen	B III – 2 –
Auftrag:		

umfassende Prüfungshandlungen

	ja	nein	n.e.	Besonderheiten/Verweise
• (ggf. bei mittelgroßen und großen Kapital- und KapCo-Gesellschaften) den Anlagenspiegel nachgewiesen?	☐	☐	☐	
12. Ist sichergestellt, dass die Gesellschaft noch nicht Rechtsinhaber des Anlagegegenstandes ist, auf den Anzahlungen geleistet wurden?	☐	☐	☐	
13. Wurden die **Zugänge**				
• mit den Vertragsunterlagen,	☐	☐	☐	
• (ggf.) mit Saldenbestätigung,	☐	☐	☐	
• mit den in Betracht kommenden Personenkonten	☐	☐	☐	
abgestimmt?				
14. Wurden die Zugänge auf die endgültigen Anlagepositionen umgebucht, sofern bereits die Lieferung, auf die Anzahlungen geleistet wurden, erfolgt ist (Netto-Methode)?	☐	☐	☐	
15. Wurde für die **Abgänge** festgestellt, dass die Voraussetzungen für die Ausbuchung bereits gegeben sind (z. B. Verzicht auf Rückforderung der Anzahlungen etc.)?	☐	☐	☐	
16. Kommen – soweit nicht jeweils ausgewiesen – **Umbuchungen** von der Position „geleistete Anzahlungen" in Betracht?	☐	☐	☐	
17. Sind Sie zu dem Ergebnis gekommen, dass die ausgewiesene Position vollständig nachgewiesen wird, die ihr zugrunde liegenden Vermögensgegenstände vorhanden und dem bilanzierenden Unternehmen zuzurechnen sind?	☐	☐	☐	
III Prüfung der Bewertung				
18. Wurden als Anschaffungskosten die geleisteten Zahlungen angesetzt?	☐	☐	☐	
19. Haben Sie sich von der eventuellen Notwendigkeit außerplanmäßiger **Abschreibungen** gem. § 253 Abs. 2 Satz 3 HGB überzeugt (z. B. Überfälligkeit der ausstehenden Leistungen i.V.m. der Schlussfolgerung, dass die geleistete Anzahlung risikobehaftet ist)?	☐	☐	☐	
20. Haben Sie beachtet, dass Wertminderungen von vorübergehender Dauer bei Kapital- und KapCo-Gesellschaften nicht zu außerplanmäßigen Abschreibungen führen können, § 279 Abs. 1 Satz 2 HGB?	☐	☐	☐	
21. Stimmt die handelsrechtliche Bewertung mit der steuerrechtlichen Bewertung überein?	☐	☐	☐	
22. Sind **Zuschreibungen** aufgrund des Wertaufholungsgebots (z.B. die Gründe für in der Vergangenheit geltend gemachte steuerliche Teilwertabschreibungen sind entfallen) bei Kapital- und KapCo-Gesellschaften beachtet worden?	☐	☐	☐	

Mandant:	Immaterielle Vermögensgegenstände des Anlagevermögens – geleistete Anzahlungen – zusätzliche Arbeitshilfe bei Erstellung mit umfassenden Prüfungshandlungen	B III – 3 –

Auftrag:

	ja	nein	n.e.	Besonderheiten/Verweise
23. Ist der Wegfall des Grundes für außerplanmäßige Abschreibungen durch • Bildung eines eigenen Urteils anhand geeigneter Unterlagen, • Befragung der zuständigen Personen kontrolliert worden?	☐	☐	☐	
24. Sind die geleisteten Zahlungen bei der Zuschreibung nicht überschritten worden?	☐	☐	☐	
25. Wurde bei Abweichungen (handelsrechtlich höhere Abschreibungen) zwischen Handels- und Steuerrecht das Wahlrecht zur Aktivierung von latenten Steuern bei Kapital- und KapCo-Gesellschaften beachtet?	☐	☐	☐	
26. Sind Sie zu dem Ergebnis gekommen, dass die ausgewiesene Position • entsprechend den handelsrechtlichen Vorschriften, • entsprechend den steuerrechtlichen Vorschriften bewertet wurde? Bei Abweichungen:	☐	☐	☐	*Vereinzelung der Abweichungen: s. unter*

IV Prüfung des Ausweises

Bei sämtlichen Unternehmen

	ja	nein	n.e.	
27. Liegen die Voraussetzungen des Anlagevermögens vor?	☐	☐	☐	
28. Sind alle notwendigen Umbuchungen von den geleisteten Anzahlungen auf die entsprechenden Sachkonten durchgeführt worden?	☐	☐	☐	
29. Sind die Umbuchungen berechtigt?	☐	☐	☐	
30. Sind nur solche Investitionen als Umbuchungen ausgewiesen, die bereits im Vortrag der geleisteten Anzahlungen enthalten waren?	☐	☐	☐	
31. Wurden die Abschreibungen auf die Erträge aus Zuschreibungen korrespondierend in der GuV-Rechnung ausgewiesen?	☐	☐	☐	

Bei Kapital- und KapCo-Gesellschaften (unabhängig von der Größenordnung)

	ja	nein	n.e.	
32. Wurden Zuschreibungen unter den sonstigen betrieblichen oder den außerordentlichen Erträgen und Abschreibungen unter den Abschreibungen auf immaterielle Wirtschaftsgüter ausgewiesen?	☐	☐	☐	

umfassende Prüfungshandlungen

Mandant:	**Immaterielle Vermögensgegenstände des Anlagevermögens** – geleistete Anzahlungen – zusätzliche Arbeitshilfe bei Erstellung mit umfassenden Prüfungshandlungen	**B III** – 4 –
Auftrag:		

umfassende Prüfungshandlungen

	ja	nein	n.e.	Besonderheiten/Verweise
33. Wurden beim Ausweis im Jahresabschluss (Anhang) beachtet				
a) das Wahlrecht zum Ausweis von steuerlichen Sonderabschreibungen (aktivisches Abschreiben oder Bildung eines Sonderpostens mit Rücklageanteil in Höhe des Unterschiedsbetrages zwischen steuerlich zulässiger höherer Sonderabschreibung und handelsrechtlicher Abschreibung), § 281 Abs. 1 Satz 1 HGB, sowie die Angabe der Vorschriften in der Bilanz oder im Anhang, nach denen die Wertberichtigung gebildet worden ist, § 281 Abs. 1 Satz 2 HGB,	☐	☐	☐	
b) Angabe der angewandten Bilanzierungs- und Bewertungsmethoden sowie Begründung ihrer Änderungen, § 284 Abs. 2 Nr. 1, 3 HGB,	☐	☐	☐	
c) Angabe von Einflüssen evtl. Bilanzierungs- und Bewertungsänderungen auf die Vermögens-, Finanz- und Ertragslage, § 284 Abs. 2 Nr. 3, 2. HS HGB,	☐	☐	☐	
d) Grundlagen der Währungsumrechnung, § 284 Abs. 2 Nr. 2 HGB,	☐	☐	☐	
e) Angabe des Betrages der im Geschäftsjahr nach steuerlichen Vorschriften vorgenommenen Abschreibungen und Rücklagen und Begründung dazu in der Bilanz, der GuV-Rechnung oder dem Anhang, § 281 Abs. 2 HGB,	☐	☐	☐	
f) Angabe der außerplanmäßigen Abschreibungen nach § 253 Abs. 2 Satz 3 HGB, § 277 Abs. 3 Satz 1 HGB, soweit nicht in der GuV gesondert ausgewiesen,	☐	☐	☐	
g) Angabe des Einflusses steuerlicher Abschreibungen, ihrer Beibehaltung bzw. der Bildung von Sonderposten auf das Jahresergebnis und das Ausmaß künftiger Steuerbelastungen hieraus, § 285 Nr. 5 HGB,	☐	☐	☐	
h) Angabe und Begründung des Betrages der im Geschäftsjahr aus steuerlichen Gründen unterlassenen Zuschreibungen im Anhang, § 280 Abs. 3 HGB,	☐	☐	☐	
i) die Berichtspflicht im Anhang, wenn Fremdkapitalzinsen als Herstellungskosten aktiviert wurden (§ 284 Abs. 2 Satz 5 HGB),	☐	☐	☐	
j) die Prüfung, ob sich aus dem Anlagevermögen Angabepflichten im Lagebericht ergeben und ob diese beachtet wurden?	☐	☐	☐	

Mandant:	Immaterielle Vermögensgegenstände des Anlagevermögens – geleistete Anzahlungen – zusätzliche Arbeitshilfe bei Erstellung mit umfassenden Prüfungshandlungen	B III – 5 –
Auftrag:		

	ja	nein	n.e.	Besonderheiten/Verweise
Mittelgroße und große Kapital- und KapCo-Gesellschaften (zusätzlich):				
34. Wird ein Anlagenspiegel ausgewiesen (§ 268 Abs. 2 Satz 1 HGB)?	☐	☐	☐	
35. Wurden die im Berichtsjahr angefallenen Abschreibungen a) in einer Zusatzspalte des Anlagenspiegels oder b) im Anhang oder in einer der Gliederungen des Anlagevermögens entsprechenden Aufgliederung angegeben, § 268 Abs. 2 Satz 3 HGB?	☐ ☐	☐ ☐	☐ ☐	
36. Wurden bei Umbuchungen die historischen Anschaffungskosten sowie die kumulierten Ab- und Zuschreibungen ebenfalls mit umgebucht?	☐	☐	☐	
37. Wurden Bewegungen in das Umlaufvermögen oder vom Umlaufvermögen als Abgänge oder Zugänge ausgewiesen?	☐	☐	☐	
38. Wurden die im Anlagenspiegel oder im Anhang angegebenen Beträge der im Berichtsjahr angefallenen Abschreibungen und Zuschreibungen mit den korrespondierenden GuV-Positionen abgestimmt?	☐	☐	☐	
39. *Sind Sie zu dem Ergebnis gekommen, dass für die ausgewiesene Position sämtliche handelsrechtlichen Ausweisvorschriften beachtet wurden?*	☐	☐	☐	

V Sonstige Prüfungshandlungen

Mandant:	Sachanlagen – Erstellung ohne Prüfungshandlungen – mit Plausibilitätsbeurteilungen – mit umfassenden Prüfungshandlungen	C – 1 –
Auftrag:		

	Mitarbeiter	Berichtskritik	verantwortlicher Berufsangehöriger
Name / Unterschrift Datum			

	ja	nein	n.e.	Besonderheiten/Verweise

I Benötigte Unterlagen erhalten ?
- Konten
- Bestandsverzeichnis bzw. Anlagenkartei
- Anlagespiegel (mittelgroße und große Kapital- und KapCo-Gesellschaften)
- Belege für die Anlagenzu- und -abgänge
- für Grundstücke, grundstücksgleiche Rechte und Bauten, etc.
  - Zusammenstellung der Miet- und Pachtaufwendungen für gemietete und gepachtete Grundstücke und Gebäude
  - Zusammenstellung der Miet- und Pachterträge für vermietete und verpachtete Grundstücke
  - Zusammenstellung der Erbbauzinsen für Erbbaugrundstücke
  - Grundbuchauszüge neuesten Datums, Lagepläne der Grundstücke, Flächenangaben, Registereintragungen
  - Zusammenstellung der dinglichen Belastung
  - Einheitswertbescheide
  - Verzeichnis der Gebäude auf fremden Grund und Boden
  - Nachweise über Versicherungsschutz und gezahlte Versicherungsprämien
  - ggf. Verträge über Immobilienleasing
- für technische Anlagen und Maschinen, andere Anlagen, etc.
  - ggf. Inventurunterlagen
  - Verzeichnis sicherungsübereigneter Gegenstände und Pfandrechte
  - Investitionsprogramm nebst Finanzplan
  - Nachweise über Versicherungsschutz und gezahlte Versicherungsprämien
  - Aufstellung über geleaste Gegenstände und Leasingverträge
- für geleistete Anzahlungen und Anlagen im Bau
  - ggf. Saldenbestätigungen
  - Verträge
  - Schriftwechsel
  - Kostenrechnung (Betriebsabrechnungsbogen, Deckungsbeitragsrechnung, Kalkulationen, Materialentnahmescheine, Stücklisten, etc.)

	Mandant:	Sachanlagen – Erstellung ohne Prüfungshandlungen – mit Plausibilitätsbeurteilungen – mit umfassenden Prüfungshandlungen	C – 2 –

Auftrag:

	ja	nein	n.e.	Besonderheiten/Verweise

II Erstellungsmaßnahmen

1. Werden für die Sachanlagen eine Anlagenkartei bzw. für die geleisteten Anzahlungen ein Bestandsverzeichnis geführt, die bei mittelgroßen und großen Kapital- und KapCo-Gesellschaften die für die Erstellung eines Anlagenspiegels erforderlichen Daten enthalten? ☐ ☐ ☐
2. Wurde die Anlagenkartei / -buchführung korrekt fortgeführt und mit den Sachkonten abgestimmt? ☐ ☐ ☐
3. Ist sichergestellt, dass die auf die Abgänge entfallenden kumulierten Anschaffungskosten und aufgelaufenen Wertberichtigungen ausgebucht wurden? ☐ ☐ ☐
4. Wurden die Abgänge bis zum Zeitpunkt des körperlichen Abgangs noch zeitanteilig abgeschrieben? ☐ ☐ ☐
5. Erfolgte die Bewertung zu Anschaffungs- / Herstellungskosten? ☐ ☐ ☐
6. Ist die Abschreibungsmethode zulässig? ☐ ☐ ☐
7. Sind die Abschreibungsgrundlagen (insbesondere Bemessungsgrundlage, Nutzungsdauer) zutreffend angesetzt? ☐ ☐ ☐
8. Bei abnutzbaren beweglichen Gegenständen:
    - Wurde bei Zugängen die Möglichkeit der degressiven Abschreibung beachtet? ☐ ☐ ☐
    - Wurde bei Zugängen die Halbjahresregelung gewünscht und beachtet? ☐ ☐ ☐
    - Wurde der Übergang von der degressiven auf die lineare AfA beachtet? ☐ ☐ ☐
9. Wurden die Vermögensgegenstände linear abgeschrieben? ☐ ☐ ☐
10. Wurde bei Abgängen die zeitanteilige AfA beachtet? ☐ ☐ ☐
11. Ist eine AfA nach der Leistung
    - gewünscht? ☐ ☐ ☐
    - möglich? ☐ ☐ ☐
    - beachtet? ☐ ☐ ☐
12. Wurden die Besonderheiten bei der GWG-Abschreibung beachtet (wahlweise Vollabschreibung / -Verteilung; gesonderte Verbuchung)? ☐ ☐ ☐
13. Sind ggf. außerplanmäßige Abschreibungen aufgrund von Mehrschichtbetrieb angesetzt? ☐ ☐ ☐
14. Wurden außerplanmäßige Abschreibungen wegen wirtschaftlicher Wertminderung durchgeführt? ☐ ☐ ☐
15. Wurden außerplanmäßige Abschreibungen wegen dauerhaft wertmindernder Schäden vorgenommen? ☐ ☐ ☐
16. Wurde bei Abschreibungen auf Schrottwerte alternativ ein Abgang in Erwägung gezogen? ☐ ☐ ☐
17. Ist bei Grundbesitz eine Teilwertabschreibung wegen Umbaus aufgrund der Entfernung von Gebäudeteilen notwendig? ☐ ☐ ☐

Mandant:	Sachanlagen – Erstellung ohne Prüfungshandlungen – mit Plausibilitätsbeurteilungen – mit umfassenden Prüfungshandlungen	C – 3 –
Auftrag:		

	ja	nein	n.e.	Besonderheiten/Verweise
18. Wurde die Möglichkeit				
• der Sonderabschreibung / Ansparabschreibung zur Förderung kleiner und mittlerer Betriebe, § 7 g EStG	☐	☐	☐	
• der Sonder-AfA für private Krankenhäuser, § 7 f EStG	☐	☐	☐	
• der erhöhten Absetzungen bei Gebäuden in Sanierungsgebieten und städtebaulichen Entwicklungsbereichen, § 7 h EStG	☐	☐	☐	
• der erhöhten Absetzungen bei Baudenkmalen, § 7 i EStG	☐	☐	☐	
• der erhöhten Absetzung von Herstellungskosten und Sonderbehandlung von Erhaltungsaufwand für bestimmte Anlagen und Einrichtungen bei Gebäuden, § 82 a EStDV	☐	☐	☐	
• der erhöhten Absetzung von Herstellungskosten für bestimmte Baumaßnahmen, § 82 g EStDV	☐	☐	☐	
• der erhöhten Absetzung von Herstellungskosten bei Baudenkmalen, § 82 i EStDV beachtet?	☐	☐	☐	
19. Wurde eine AfA-Minderung durch Übertragung einer Rücklage nach § 6 b EStG beachtet?	☐	☐	☐	
20. Wurde eine AfA-Minderung durch Übertragung einer Rücklage nach § 7 g EStG beachtet?	☐	☐	☐	
21. Wurden die Abschreibungen rechnerisch richtig ermittelt?	☐	☐	☐	
22. Wurde die laufende Abschreibung des Geschäftsjahres mit dem in der GuV verbuchten Betrag abgestimmt?	☐	☐	☐	
23. Wurde				
• bei Einzelkaufleuten und Personenhandelsgesellschaften das Wertaufholungswahlrecht	☐	☐	☐	
• bei Kapitalgesellschaften und KapCo-Gesellschaften das Wertaufholungsgebot beachtet?	☐	☐	☐	
24. Sind die Zuschreibungen rechnerisch richtig ermittelt worden?	☐	☐	☐	
25. Wurden die Zuschreibungen des Geschäftsjahres mit dem in der GuV-Rechnung verbuchten Betrag abgestimmt?	☐	☐	☐	
26. Wurde das Saldierungsverbot von Zuschreibungsertrag und Abschreibungsaufwand beachtet?	☐	☐	☐	
27. Sind die kumulierten Abschreibungen, Abschreibungen des laufenden Geschäftsjahres und Zuschreibungen ordnungsgemäß im (ggf. vorgeschriebenen) Anlagespiegel angegeben worden?	☐	☐	☐	
28. Wurden die Grundsätze der Bilanzierungs- und Bewertungsstetigkeit beachtet?	☐	☐	☐	

Mandant:	**Sachanlagen** – Erstellung ohne Prüfungshandlungen – mit Plausibilitätsbeurteilungen – mit umfassenden Prüfungshandlungen	C – 4 –
Auftrag:		

	ja	nein	n.e.	Besonderheiten/Verweise
29. Wurde der Betrag evtl. aktivierter Eigenleistungen mit dem in der GuV verbuchten Betrag abgestimmt?	☐	☐	☐	
30. Wurden die Erträge und Verluste aus Anlagenabgängen sowie die Abschreibungen und die Erträge aus Zuschreibungen korrespondierend in der GuV-Rechnung ausgewiesen?	☐	☐	☐	
31. *Sind Sie zu dem Ergebnis gekommen, dass der Ausweis der Sachanlagen aus den vorliegenden Unterlagen und Informationen normgerecht abgeleitet wurde?*	☐	☐	☐	

III Vorbereitende Maßnahmen bei Plausibilitätsbeurteilungen und umfassenden Prüfungsmaßnahmen

32. (Bei Plausibilitätsbeurteilungen:) Wurden nach Maßgabe des Arbeitspapiers Z 30 die vorbereitenden Maßnahmen für Plausibilitätsbeurteilungen veranlasst?

33. (Bei umfassenden Prüfungshandlungen:) Wurde in dem Arbeitspapier Z 40 ff. die erforderliche Prüfungssicherheit sowie unter Berücksichtigung der Wahrscheinlichkeit von Fehlerrisiken und -hypothesen der Prüfungsumfang und die Prüfungsintensität abschließend bestimmt? Beurteilung der erforderlichen Prüfungssicherheit **gut / mittel / schlecht***
* (nicht zutreffendes bitte streichen)

IV Maßnahmen zur Beurteilung der Plausibilität

34. Haben Sie sich durch Befragung oder in sonstiger Weise davon überzeugt, dass Vorkehrungen zur vollständigen Erfassung der Zu- und Abgänge im Anlagevermögen einschließlich der aufgrund von Verkäufen und Verschrottung beim Anlagevermögen realisierten Gewinne oder Verluste getroffen wurden?

35. Haben Sie durch Befragung oder in sonstiger Weise Kenntnis davon, für welche Anlagengüter rechtliches Eigentum nicht besteht?

36. Haben Sie sich durch Befragung oder in sonstiger Weise davon überzeugt, ob die Voraussetzung für die Aktivierung vorliegt?

37. Werden im wesentlichen Umfang Vermögensgegenstände geleast?

38. Haben Sie sich durch Befragung oder in sonstiger Weise davon überzeugt, dass die Abgrenzung von Anschaffungs- oder Herstellungskosten einerseits und Instandhaltungsaufwendungen andererseits zutreffend erfolgt?

39. Sonstige Maßnahmen?

40. *Bestehen nach Ihren Plausibilitätsbeurteilungen an der Ordnungsmäßigkeit der zugrunde liegenden Bücher und Nachweise keine Zweifel?*

Mandant:	**Sachanlagen** – Grundstücke, grundstücksgleiche Rechte und Bauten einschließlich der Bauten auf fremden Grundstücken – zusätzliche Arbeitshilfe bei Erstellung mit umfassenden Prüfungshandlungen	**C I** – 1 –
Auftrag:		

	Mitarbeiter	Berichtskritik	verantwortlicher Berufsangehöriger
Name / Unterschrift Datum			

	ja	nein	n.e.	Besonderheiten/Verweise

I Beurteilung des internen Kontrollsystems

1. Werden die Vertragsunterlagen und Belege über den entgeltlichen Erwerb von Immobilienbesitz (Verträge, Grundbuchauszüge, Veränderungsnachweise, Lagepläne, u. ä.) systematisch und übersichtlich gesammelt?
   - Gelangen sie zu Kenntnis der Buchhaltung?
2. Werden die Anlagenkartei ggf. der Anlagenspiegel regelmäßig mit den Konten der Finanzbuchhaltung abgestimmt?
3. Bestehen Regeln über die Berechtigung und rechtliche Legitimation zum Erwerb, zur Veräußerung und zur Belastung von Grundstücken?
   - Werden diese Regeln eingehalten?
4. Ist sichergestellt, dass eigene Bauten auf fremden Grundstücken nicht für Schulden des Grundstückseigentümers haften?
5. Werden Anlagerechnungen vor Verbuchung durch das Unternehmen sachlich und rechnerisch überprüft?
6. Ist Funktionentrennung gewährleistet (die Anlagenbuchhaltung darf keinen Einfluss auf die Anlagenverwaltung und keinen Zugang zu Geld, etc. haben)?
7. Beurteilung des internen Kontrollsystems
   gut / mittel / schlecht*
   * (nicht zutreffendes bitte streichen)
8. Wurde das vorstehende Urteil berücksichtigt
   a) in der Risikoanalyse?
   b) bei Prüfungsumfang und -intensität der ausgewählten Prüfungshandlungen?
9. Ergeben sich durch das vorstehende Urteil Änderungen der Risikoanalyse?
   Wenn ja: Beurteilung der geänderten Prüfungssicherheit
   gut / mittel / schlecht*
   * (nicht zutreffendes bitte streichen)

umfassende Prüfungshandlungen

Mandant:	**Sachanlagen** – Grundstücke, grundstücksgleiche Rechte und Bauten einschließlich der Bauten auf fremden Grundstücken – zusätzliche Arbeitshilfe bei Erstellung mit umfassenden Prüfungshandlungen	C I – 2 –
Auftrag:		

	ja	nein	n.e.	Besonderheiten/Verweise

II Prüfung des Nachweises

10. Ist der ausgewiesene Bilanzwert durch
    - die Sachkonten, ☐ ☐ ☐
    - die Anlagenkartei und ☐ ☐ ☐
    - (ggf. bei mittelgroßen und großen Kapital- und KapCo-Gesellschaften) den Anlagenspiegel nachgewiesen? ☐ ☐ ☐
11. Wurden Anlagenkartei und (ggf.) Anlagenspiegel
    a) rechnerisch überprüft? ☐ ☐ ☐
    b) mit den Sachkonten abgestimmt? ☐ ☐ ☐
12. Ist (z. B. durch Betriebsbegehung, etc.) sichergestellt, dass der nachgewiesene Grundbesitz betrieblich genutzt wird? ☐ ☐ ☐
13. Wurde die vollständige und richtige Erfassung des Grundbesitzes progressiv überprüft anhand der folgenden Unterlagen:
    - Unterlagen der Rechtsabteilung, ☐ ☐ ☐
    - Protokolle der Organe der Gesellschaft, ☐ ☐ ☐
    - Buchhaltung und Belege in neuer Rechnung, ☐ ☐ ☐
    - Grundbuchauszüge? ☐ ☐ ☐
14. Wurden die **Zugänge** daraufhin überprüft, ob die Voraussetzungen für die buchhalterische Erfassung bereits gegeben sind
    - durch Feststellung des Übergangs von Besitz, Nutzen und Lasten anhand der zugehörigen Vertragsunterlagen? ☐ ☐ ☐
    - durch Zuziehung von Grundbuchauszügen neuesten Datums? ☐ ☐ ☐
    - durch Zuziehung von Veränderungsnachweisen der Katasterämter und Vergleich der in den Veränderungsnachweisen enthaltenen Flächenangaben mit den Flächenangaben der zugehörigen Verträge und den Eintragungen in der Anlagenkartei (ggf. Feststellung von Änderungen des Grundstückskaufpreises aufgrund zwischenzeitlich erfolgter Vermessungen)? ☐ ☐ ☐
15. Wurde der Reparaturaufwand unter Aktivierungsgesichtspunkten überprüft? ☐ ☐ ☐
16. Im Falle von Immobilienleasing: Enthalten die Leasingverträge Regelungen, die zu einer Zurechnung des Leasinggegenstandes beim Leasingnehmer führen? ☐ ☐ ☐
17. Wurde überprüft, ob ggf. Investitionszulagen oder -zuschüsse gewährt werden können? ☐ ☐ ☐
18. Wurden eventuell gewährte Investitionszulagen oder -zuschüsse im Jahresabschluss korrekt behandelt? ☐ ☐ ☐

umfassende Prüfungshandlungen

Mandant:	Sachanlagen – Grundstücke, grundstücksgleiche Rechte und Bauten einschließlich der Bauten auf fremden Grundstücken – zusätzliche Arbeitshilfe bei Erstellung mit umfassenden Prüfungshandlungen	C I – 3 –
Auftrag:		

		ja	nein	n.e.	Besonderheiten/Verweise
	19. Wurde für die **Abgänge** des Berichtsjahres der Verlust von Besitz, Nutzen und Lasten anhand der Vertragsunterlagen festgestellt?	☐	☐	☐	
	20. Sind bei Verkäufen an Gesellschafter, diesen nahe stehende Personen, verbundene Unternehmen und Mitarbeiter sowie bei Verschrottungen und außergewöhnlichen Buchverlusten die Verkaufserlöse angemessen?	☐	☐	☐	
	21. Wurden Verkäufe an Gesellschafter geprüft auf:				
	• Verstoß gegen das Verbot der Stammkapitalrückzahlung (§ 30 GmbHG)?	☐	☐	☐	
	• verdeckte Gewinnausschüttung?	☐	☐	☐	
umfassende Prüfungshandlungen	22. Sind die Möglichkeiten für eine Rücklage für Ersatzbeschaffung gegeben?	☐	☐	☐	
	23. Kommen – soweit nicht bereits ausgewiesen – **Umbuchungen** von der Position „Geleistete Anzahlungen" in Betracht?	☐	☐	☐	
	24. *Sind Sie zu dem Ergebnis gekommen, dass die ausgewiesene Position vollständig nachgewiesen wird, die ihr zugrunde liegenden Vermögensgegenstände vorhanden und dem bilanzierenden Unternehmen zuzurechnen sind?*	☐	☐	☐	
	III Prüfung der Bewertung				
	25. Erfolgte die Bewertung zu den in den Vertragsunterlagen und Abrechnungen ausgewiesenen Anschaffungskosten?	☐	☐	☐	
	26. Ist bei der Prüfung der Anschaffungskosten darauf geachtet,				
	• dass übernommene Schulden und Lasten ebenfalls zum Anschaffungspreis gehören?	☐	☐	☐	
	• dass der Kaufpreis im Falle einer längeren Stundung abzuzinsen ist?	☐	☐	☐	
	• dass im Falle der Vereinbarung einer Kaufpreis-Leibrente der Barwert der Rente als Anschaffungspreis anzusetzen ist?	☐	☐	☐	
	• dass im Falle einer verdeckten Gewinnausschüttung oder einer verdeckten Einlage der Anschaffungspreis angemessen ist?	☐	☐	☐	
	• dass der Anschaffungspreis auf Grund und Boden und auf Gebäude korrekt aufgeteilt ist?	☐	☐	☐	
	• dass in Sonderfällen (z. B. Tauschgeschäfte, Sacheinlagen) der Wertansatz des zugegangenen Gegenstandes angemessen ist durch Zuziehung von Vergleichswerten, Einholung von Auskünften des Gutachterausschusses, etc.?	☐	☐	☐	

Mandant:	**Sachanlagen** – Grundstücke, grundstücksgleiche Rechte und Bauten einschließlich der Bauten auf fremden Grundstücken – zusätzliche Arbeitshilfe bei Erstellung mit umfassenden Prüfungshandlungen	C I – 4 –

Auftrag:

	ja	nein	n.e.	Besonderheiten/Verweise

- dass bei der Übertragung aufgelöster stiller Reserven (z.B. § 6 b EStG, EStR 35) die gesellschaftsvertraglich vereinbarte Bilanzierungsmethode angewandt wurde, und zwar
  - bei Bilanzierung nach steuerrechtlichen Grundsätzen: Ansatz des um den übertragenen Gewinn geminderten Betrages für die Folgezeit als Anschaffungskosten? ☐ ☐ ☐
  - bei Bilanzierung nach handelsrechtlichen Grundsätzen: Ausweis einer außerplanmäßigen Abschreibung in Höhe der Übertragung des Veräußerungsgewinns? ☐ ☐ ☐
27. Wurden Anschaffungskostenminderungen bei der Bewertung berücksichtigt? ☐ ☐ ☐
28. Wurden die Prüfungsunterlagen auf eventuelle Anschaffungsnebenkosten überprüft? ☐ ☐ ☐
29. Im Fall der Aktivierung von Eigenleistungen: Wurden die angesetzten Herstellungskosten der Prüfung unterzogen? ☐ ☐ ☐
30. Sind bei den abnutzbaren Anlagegütern planmäßige **Abschreibungen** vorgenommen worden? ☐ ☐ ☐
31. Ist die Höhe der Abschreibungen auch unter Berücksichtigung von Sondereinflüssen angemessen? ☐ ☐ ☐
32. Besteht die Möglichkeit zur Inanspruchnahme evtl. steuerlicher Sonderabschreibungen? ☐ ☐ ☐
33. Werden alle aktivierten Anlagegüter noch genutzt? ☐ ☐ ☐
34. Haben Sie sich bei außerplanmäßigen Abschreibungen von dem hierfür gegebenen Grund durch
    - Bildung eines eigenen Urteils anhand geeigneter Unterlagen, ☐ ☐ ☐
    - Befragung der zuständigen Personen,
    - erforderlichenfalls Zuziehung von Sachverständigen ☐ ☐ ☐
    überzeugt?
35. Haben Sie beachtet, dass Wertminderungen von vorübergehender Dauer bei Kapital- und KapCo-Gesellschaften nicht zu außerplanmäßigen Abschreibungen führen können, § 279 Abs. 1 Satz 2 HGB? ☐ ☐ ☐
36. Stimmt die handelsrechtliche Bewertung mit der steuerrechtlichen Bewertung überein? ☐ ☐ ☐
37. Sind **Zuschreibungen** aufgrund des Wertaufholungsgebots (z.B. die Gründe für in der Vergangenheit geltend gemachte steuerliche Teilwertabschreibungen sind entfallen) bei Kapital- und KapCo-Gesellschaften beachtet worden? ☐ ☐ ☐

umfassende Prüfungshandlungen

Mandant:	**Sachanlagen** – Grundstücke, grundstücksgleiche Rechte und Bauten einschließlich der Bauten auf fremden Grundstücken – zusätzliche Arbeitshilfe bei Erstellung mit umfassenden Prüfungshandlungen	C I – 5 –
Auftrag:		

	ja	nein	n.e.	Besonderheiten/Verweise

umfassende Prüfungshandlungen

38. Ist das Zuschreibungswahlrecht bei Einzelkaufleuten und Personengesellschaften, die nicht nach § 264a HGB verpflichtet sind, berücksichtigt worden?
39. Ist der Wegfall des Grundes für außerplanmäßige Abschreibungen durch
    • Bildung eines eigenen Urteils anhand geeigneter Unterlagen,
    • Befragung der zuständigen Personen,
    • erforderlichenfalls durch Zuziehung von Sachverständigen
    kontrolliert worden?
40. Sind Zeitwert bzw. die Anschaffungs- und Herstellungskosten (ggf. vermindert um planmäßige Abschreibungen), die bei der Zuschreibung nicht überschritten werden dürfen, beachtet worden?
41. Wurde bei Abweichungen (handelsrechtlich höhere Abschreibung) zwischen Handels- und Steuerrecht das Wahlrecht zur Aktivierung von latenten Steuern bei Kapital- und KapCo-Gesellschaften beachtet?
42. Sind Sie zu dem Ergebnis gekommen, dass die ausgewiesene Position
    • *entsprechend den handelsrechtlichen Vorschriften,*
    • *entsprechend den steuerrechtlichen Vorschriften*
    bewertet wurde?
    Bei Abweichungen:

Vereinzelung der Abweichungen s. unter

IV Prüfung des Ausweises

Bei sämtlichen Unternehmen

43. Liegen die Voraussetzungen des Anlagevermögens (dem Geschäftsbetrieb auf Dauer zu dienen, kein Entschluss zur Veräußerung) vor?
44. Sind alle notwendigen Umbuchungen von den geleisteten Anzahlungen auf die entsprechenden Sachkonten durchgeführt worden?
45. Sind die Umbuchungen berechtigt?
46. Sind nur solche Investitionen als Umbuchungen ausgewiesen, die bereits im Vortrag der geleisteten Anzahlungen enthalten waren?

Bei Kapital- und KapCo-Gesellschaften (unabhängig von der Größenordnung)

47. Sind Erträge aus Zuschreibungen und aus dem Abgang ausgewiesen unter
    • sonstige betriebliche Erträge?
    • außerordentliche Erträge?

Mandant:	**Sachanlagen** – Grundstücke, grundstücksgleiche Rechte und Bauten einschließlich der Bauten auf fremden Grundstücken – zusätzliche Arbeitshilfe bei Erstellung mit umfassenden Prüfungshandlungen	C I – 6 –

Auftrag:

	ja	nein	n.e.	Besonderheiten/Verweise
48. Sind Aufwendungen aus dem Abgang ausgewiesen unter • sonstige betriebliche Aufwendungen? • außerordentliche Aufwendungen?	☐	☐	☐	
49. Wurden die Abschreibungen als Abschreibungen aus Sachanlagen ausgewiesen?	☐	☐	☐	
50. Wurden beim Ausweis im Jahresabschluss (Anhang) beachtet				
a) das Wahlrecht zum Ausweis evtl. steuerlicher Sonderabschreibungen (aktivisches Abschreiben oder Bildung eines Sonderpostens mit Rücklageanteil in Höhe des Unterschiedsbetrages zwischen steuerlich zulässiger höherer Sonderabschreibung und handelsrechtlicher Abschreibung), § 281 Abs. 1 Satz 1 HGB, sowie die Angabe der Vorschriften in der Bilanz oder im Anhang, nach denen die Wertberichtigung gebildet worden ist, § 281 Abs. 1 Satz 2 HGB,	☐	☐	☐	
b) Angabe der angewandten Bilanzierungs- und Bewertungsmethoden sowie Begründung ihrer Änderungen, § 284 Abs. 2 Nr. 1, 3 HGB,	☐	☐	☐	
c) Angabe von Einflüssen evtl. Bilanzierungs- und Bewertungsänderungen auf die Vermögens-, Finanz- und Ertragslage, § 284 Abs. 2 Nr. 3, 2. HS HGB,	☐	☐	☐	
d) Angabe von gewährten Sicherheiten, § 268 Abs. 7 i.V.m. § 251 HGB, § 285 Nr. 1 und 2 HGB,	☐	☐	☐	
e) Grundlagen der Währungsumrechnung, § 284 Abs. 2 Nr. 2 HGB,	☐	☐	☐	
f) Angabe des Betrages der im Geschäftsjahr nach steuerlichen Vorschriften vorgenommenen Abschreibungen und Rücklagen und Begründung dazu in der Bilanz, der GuV-Rechnung oder dem Anhang, § 281 Abs. 2 HGB,	☐	☐	☐	
g) Angabe der außerplanmäßigen Abschreibungen nach § 253 Abs. 2 Satz 3 HGB, § 277 Abs. 3 Satz 1 HGB, soweit nicht in der GuV gesondert ausgewiesen,	☐	☐	☐	
h) Angabe des Einflusses steuerlicher Abschreibungen, ihrer Beibehaltung bzw. der Bildung von Sonderposten auf das Jahresergebnis und das Ausmaß künftiger Steuerbelastungen hieraus, § 285 Nr. 5 HGB,	☐	☐	☐	
i) Angabe und Begründung des Betrages der im Geschäftsjahr aus steuerlichen Gründen unterlassenen Zuschreibungen im Anhang, § 280 Abs. 3 HGB,	☐	☐	☐	

Mandant:	Sachanlagen – Grundstücke, grundstücksgleiche Rechte und Bauten einschließlich der Bauten auf fremden Grundstücken – zusätzliche Arbeitshilfe bei Erstellung mit umfassenden Prüfungshandlungen	C I – 7 –
Auftrag:		

umfassende Prüfungshandlungen

	ja	nein	n.e.	Besonderheiten/Verweise
j) die Berichtspflicht im Anhang, wenn Fremdkapitalzinsen als Herstellungskosten aktiviert wurden (§ 284 Abs. 2 Satz 5 HGB),	☐	☐	☐	
k) die Prüfung, ob sich aus dem Anlagevermögen Angabepflichten im Lagebericht ergeben und ob diese beachtet wurden?	☐	☐	☐	
Mittelgroße und große Kapital- und KapCo-Gesellschaften (zusätzlich):				
51. Wird ein Anlagenspiegel ausgewiesen (§ 268 Abs. 2 Satz 1 HGB)?	☐	☐	☐	
52. Wurden die im Berichtsjahr angefallenen Abschreibungen				
a) in einer Zusatzspalte des Anlagenspiegels oder	☐	☐	☐	
b) im Anhang oder in einer der Gliederungen des Anlagevermögens entsprechenden Aufgliederung angegeben, § 268 Abs. 2 Satz 3 HGB?	☐	☐	☐	
53. Wurden bei Umbuchungen die historischen Anschaffungskosten sowie die kumulierten Ab- und Zuschreibungen ebenfalls mit umgebucht?	☐	☐	☐	
54. Wurden Bewegungen in das Umlaufvermögen oder vom Umlaufvermögen als Abgänge oder Zugänge ausgewiesen?	☐	☐	☐	
55. Wurden die im Anlagenspiegel oder im Anhang angegebenen Beträge der im Berichtsjahr angefallenen Abschreibungen und Zuschreibungen mit den korrespondierenden GuV-Positionen abgestimmt?	☐	☐	☐	
56. *Sind Sie zu dem Ergebnis gekommen, dass für die ausgewiesene Position sämtliche handelsrechtlichen Ausweisvorschriften beachtet wurden?*	☐	☐	☐	

V   Sonstige Prüfungshandlungen

Mandant:	**Sachanlagen** – technische Anlagen und Maschinen – andere Anlagen, Betriebs- und Geschäftsausstattung – zusätzliche Arbeitshilfe bei Erstellung mit umfassenden Prüfungshandlungen	**C II** – 1 –
Auftrag:		

Name / Unterschrift Datum	Mitarbeiter	Berichtskritik	verantwortlicher Berufsangehöriger

	ja	nein	n.e.	Besonderheiten/Verweise
I Beurteilung des internen Kontrollsystems				
1. Wird der Buchbestand der Anlagenkartei regelmäßig durch körperliche Bestandsaufnahmen überprüft?	☐	☐	☐	
2. Wann erfolgte die letzte körperliche Bestandsaufnahme des Anlagevermögens: ...				
3. Werden die GWG				
• in einer Anlagenkartei oder	☐	☐	☐	
• auf einem besonderen Konto erfasst?	☐	☐	☐	
4. Werden die Anlagenkartei ggf. der Anlagenspiegel regelmäßig mit den Konten der Finanzbuchhaltung abgestimmt?	☐	☐	☐	
5. Bestehen Regeln über die Berechtigung und rechtliche Legitimation zum Erwerb, zur Veräußerung und zur Verschrottung von Anlagegegenständen?	☐	☐	☐	
• Werden diese Regeln eingehalten?	☐	☐	☐	
6. Bestehen Regeln über die Berechtigung und die rechtliche Legitimation zum Abschluss von Leasingverträgen?	☐	☐	☐	
• Werden diese Regeln eingehalten?	☐	☐	☐	
7. Besteht ein Verfahren zur Kontrolle bei kleineren Werkzeugen und Anlagegegenständen, die nicht gesondert in der Anlagenkartei erfasst sind?	☐	☐	☐	
8. Werden Menge und Wert für jede Festwertgruppe ordnungsgemäß dokumentiert?	☐	☐	☐	
9. Wann wurden sie letztmalig überprüft? ...				
10. Besteht ein ausreichendes Verfahren über die Kontrolle und die buchhalterische Erfassung von Abgängen?	☐	☐	☐	
• Wird dieses Verfahren eingehalten?	☐	☐	☐	
11. Werden Sicherungsübereignungen und Eigentumsvorbehalte vollständig erfasst?	☐	☐	☐	
12. Existiert ein Verfahren zur Vermeidung von Doppelzahlungen bei Anschaffungen?	☐	☐	☐	
13. Werden Zugangsrechnungen vor der Buchung und Bezahlung sachlich und rechnerisch überprüft?	☐	☐	☐	

umfassende Prüfungshandlungen

Mandant:	Sachanlagen – technische Anlagen und Maschinen – andere Anlagen, Betriebs- und Geschäftsausstattung – zusätzliche Arbeitshilfe bei Erstellung mit umfassenden Prüfungshandlungen	**C II** – 2 –
Auftrag:		

<table>
<tr><td rowspan="2" style="writing-mode: vertical-rl">umfassende Prüfungshandlungen</td><td></td><td>ja</td><td>nein</td><td>n.e.</td><td>Besonderheiten/Verweise</td></tr>
<tr><td>

14. Werden Verlagerungen von Anlagegütern
    - zwischen selbständig bilanzierenden Einheiten des Unternehmens,
    - zwischen verbundenen Unternehmen dokumentiert und kontrolliert?
15. Besteht eine hinreichende Organisation der physischen Sicherung besonders wertvoller Anlagegüter?
16. Wird der Versicherungsschutz insbesondere im Hinblick auf Zu- und Abgänge angepasst?
17. Ist Funktionentrennung gewährleistet (die Anlagenbuchhaltung darf keinen Einfluss auf die Anlagenverwaltung und keinen Zugang zu Geld, etc. haben)?
18. Beurteilung des internen Kontrollsystems **gut / mittel / schlecht***
    * (nicht zutreffendes bitte streichen)
19. Wurde das vorstehende Urteil berücksichtigt
    a) in der Risikoanalyse?
    b) bei Prüfungsumfang und -intensität der ausgewählten Prüfungshandlungen?
20. Ergeben sich durch das vorstehende Urteil Änderungen der Risikoanalyse?
    Wenn ja: Beurteilung der geänderten Prüfungssicherheit
    gut / mittel / schlecht*
    * (nicht zutreffendes bitte streichen)

II Prüfung des Nachweises

21. Ist der ausgewiesene Bilanzwert durch
    - die Sachkonten,
    - die Anlagenkartei und
    - (ggf. bei mittelgroßen und großen Kapital- und KapCo-Gesellschaften) den Anlagenspiegel
    nachgewiesen?
22. Wurden Anlagenkartei und (ggf.) Anlagenspiegel
    a) rechnerisch überprüft?
    b) mit den Sachkonten abgestimmt?
23. Ist durch Betriebsbegehung oder Hinzuziehung geeigneter Unterlagen (z. B. Kfz-Briefe) in Stichproben sichergestellt, dass
    - das Anlagenverzeichnis vollständig ist?
    - das nachgewiesene Anlagevermögen betrieblich genutzt wird?
24. Wurde die vollständige und richtige Erfassung der Anlagengegenstände progressiv überprüft anhand der folgenden Unterlagen:
    - Unterlagen der Rechtsabteilung,
    - Protokolle der Organe der Gesellschaft,

</td><td colspan="4"></td></tr>
</table>

Mandant:	**Sachanlagen** – technische Anlagen und Maschinen – andere Anlagen, Betriebs- und Geschäftsausstattung – zusätzliche Arbeitshilfe bei Erstellung mit umfassenden Prüfungshandlungen	**C II** – 3 –
Auftrag:		

	ja	nein	n.e.	Besonderheiten/Verweise
• Investitionsplan, • Buchhaltung und Belege in neuer Rechnung? 25. Wurden die **Zugänge** daraufhin überprüft, ob die Voraussetzungen für die buchhalterische Erfassung bereits gegeben sind • durch Feststellung des Übergangs von Besitz, Nutzen und Lasten anhand der zugehörigen Vertragsunterlagen?	☐ ☐	☐ ☐	☐ ☐	
26. Sind die Voraussetzungen eines eventuellen Festwerts gegeben?	☐	☐	☐	
27. Wurde der Reparaturaufwand unter Aktivierungsgesichtspunkten überprüft?	☐	☐	☐	
28. Im Falle von geleasten Anlagen: Enthalten die Leasingverträge Regelungen, die zu einer Zurechnung des Leasinggegenstandes beim Leasingnehmer führen?	☐	☐	☐	
29. Wurde überprüft, ob ggf. Investitionszulagen oder -zuschüsse gewährt werden können?	☐	☐	☐	
30. Wurden eventuell gewährte Investitionszulagen oder -zuschüsse im Jahresabschluss korrekt behandelt?	☐	☐	☐	
31. Wurde für die **Abgänge** des Berichtsjahres der Verlust von Besitz, Nutzen und Lasten anhand der Vertragsunterlagen festgestellt?	☐	☐	☐	
32. Sind bei Verkäufen an Gesellschafter, diesen nahe stehende Personen, verbundene Unternehmen und Mitarbeiter sowie bei Verschrottungen und außergewöhnlichen Buchverlusten die Verkaufserlöse angemessen?	☐	☐	☐	

33. Wurden Verkäufe an Gesellschafter geprüft auf:
  • Verstoß gegen das Verbot der Stammkapitalrückzahlung (§ 30 GmbHG)?
  • verdeckte Gewinnausschüttung?
	☐
	☐
		☐
		☐
			☐
			☐	

34. Sind die Möglichkeiten für eine Rücklage für Ersatzbeschaffung gegeben?	☐	☐	☐	
35. Kommen – soweit nicht bereits ausgewiesen – **Umbuchungen** von der Position „Geleistete Anzahlungen" in Betracht?	☐	☐	☐	
36. *Sind Sie zu dem Ergebnis gekommen, dass die ausgewiesene Position vollständig nachgewiesen wird, die ihr zugrunde liegenden Vermögensgegenstände vorhanden und dem bilanzierenden Unternehmen zuzurechnen sind?*	☐	☐	☐	

Mandant:	**Sachanlagen** – technische Anlagen und Maschinen – andere Anlagen, Betriebs- und Geschäftsausstattung – zusätzliche Arbeitshilfe bei Erstellung mit umfassenden Prüfungshandlungen	C II – 4 –
Auftrag:		

umfassende Prüfungshandlungen

	ja	nein	n.e.	Besonderheiten/Verweise
III Prüfung der Bewertung				
37. Erfolgte die Bewertung zu den in den Vertragsunterlagen und Abrechnungen ausgewiesenen Anschaffungskosten?	☐	☐	☐	
38. Wurde bei der Prüfung der Anschaffungskosten darauf geachtet,				
• dass der Beleg sachlich und rechnerisch richtig ist?	☐	☐	☐	
• dass Bestellung und Auftragsbestätigung bzw. Kaufvertrag kontrolliert wurden?	☐	☐	☐	
• dass der Kaufpreis im Falle einer längeren Stundung abzuzinsen ist?	☐	☐	☐	
• dass sich die Anschaffungskosten nachträglich im Prozesswege geändert haben können?	☐	☐	☐	
• dass im Falle einer verdeckten Gewinnausschüttung oder einer verdeckten Einlage der Anschaffungspreis angemessen ist?	☐	☐	☐	
• dass in Sonderfällen (z. B. Tauschgeschäfte, Sacheinlagen) der Wertansatz des zugegangenen Gegenstandes angemessen ist durch Zuziehung von Vergleichswerten, Einholung von Auskünften des Gutachterausschusses, etc.?	☐	☐	☐	
• dass bei der Übertragung aufgelöster stiller Reserven (z. B. EStR 35) die gesellschaftsvertraglich vereinbarte Bilanzierungsmethode angewandt wurde, und zwar				
▪ bei Bilanzierung nach steuerrechtlichen Grundsätzen: Ansatz des um den übertragenen Gewinn geminderten Betrages für die Folgezeit als Anschaffungskosten?	☐	☐	☐	
▪ bei Bilanzierung nach handelsrechtlichen Grundsätzen: Ausweis einer außerplanmäßigen Abschreibung in Höhe der Übertragung des Veräußerungsgewinns?	☐	☐	☐	
39. Wurden Anschaffungskostenminderungen bei der Bewertung berücksichtigt?	☐	☐	☐	
40. Wurden die Prüfungsunterlagen auf eventuelle Anschaffungsnebenkosten überprüft?	☐	☐	☐	
41. Wurden die Anschaffungsnebenkosten progressiv überprüft anhand der Eingangsrechnungen für				
• Frachten?	☐	☐	☐	
• Transportversicherungen?	☐	☐	☐	
• Zölle?	☐	☐	☐	
• Provisionen?	☐	☐	☐	
• Lagergeld?	☐	☐	☐	
• Abbruchkosten?	☐	☐	☐	
• Montage und Fundamentierungsaufwand?	☐	☐	☐	
• Aufwendungen der Sicherheitsüberprüfung bei Abnahme?	☐	☐	☐	

Mandant:	**Sachanlagen** – technische Anlagen und Maschinen – andere Anlagen, Betriebs- und Geschäftsausstattung – zusätzliche Arbeitshilfe bei Erstellung mit umfassenden Prüfungshandlungen	**C II** – 5 –
Auftrag:		

	ja	nein	n.e.	Besonderheiten/Verweise
• Prozessaufwendungen, sofern mit ihnen von vornherein zu rechnen war?	☐	☐	☐	
• Schmiergelder, sofern sie in einem engen wirtschaftlichen Zusammenhang mit der Anschaffung stehen?	☐	☐	☐	
• Finanzierungskosten, falls der Kredit nachweisbar der Finanzierung von Anzahlungen oder Vorauszahlungen gedient hat?	☐	☐	☐	
42. Im Fall der Aktivierung von Eigenleistungen: Wurden die angesetzten Herstellungskosten der nachstehenden Prüfung unterzogen?	☐	☐	☐	
a) Wurden zur Prüfung der Materialeinzelkosten die jeweils bewerteten Materialentnahmescheine und Stücklisten auf Anschaffungs- und Herstellungskosten überprüft?	☐	☐	☐	
b) Wurden bei Überprüfung der Lohn-Einzelkosten die aktivierten Löhne rechnerisch nachvollzogen?	☐	☐	☐	
c) Wurden sie mit der Lohnabrechnung abgestimmt und wurden sie zu den Fertigungsgemeinkosten abgegrenzt?	☐	☐	☐	
d) Wurde bei der Prüfung der Sondereinzelkosten (z. B. Gerätemieten, Subunternehmerleistungen, etc.) anhand der Eingangsrechnungen				
• deren sachliche und rechnerische Richtigkeit überprüft?	☐	☐	☐	
• die Zuordnung der Sondereinzelkosten zu der Herstellung überprüft?	☐	☐	☐	
e) Bei Vorliegen einer Kostenstellenrechnung mit BAB: Wurden zur Überprüfung der Gemeinkosten				
• das Verfahren der Betriebsabrechnung einschließlich der Beurteilung der Angemessenheit von Umlagen und deren Entschlüsselung überprüft?	☐	☐	☐	
• die Einhaltung des Verursachungsprinzips bei der Kostenzurechnung kontrolliert?	☐	☐	☐	
• Bei Fremdfinanzierung der Herstellung: Wurde darauf geachtet, ob und in welchem Umfang Fremdkapitalzinsen in Ausübung des insoweit bestehenden Wahlrechts die Herstellungskosten einbezogen und wurden Beginn und Ende des Herstellungsvorgangs zutreffend angenommen?	☐	☐	☐	
• Wurden alle nicht aktivierbaren Kosten (z. B. kalkulatorische Kosten) eliminiert?	☐	☐	☐	
• Kann als Ergebnis der Prüfung der Gemeinkosten festgehalten werden, dass das angewandte System des BAB zu einem vernünftigen betriebswirtschaftlichen Ergebnis führt?	☐	☐	☐	

umfassende Prüfungshandlungen

Mandant:	Sachanlagen – technische Anlagen und Maschinen – andere Anlagen, Betriebs- und Geschäftsausstattung – zusätzliche Arbeitshilfe bei Erstellung mit umfassenden Prüfungshandlungen	C II – 6 –
Auftrag:		

		ja	nein	n.e.	Besonderheiten/Verweise
umfassende Prüfungshandlungen	f) Sofern ein BAB nicht vorliegt: • Wurde die Angemessenheit kalkulatorisch verrechneter Gemeinkosten durch kritische Durchsicht der Kalkulationsunterlagen und durch Vergleich mit den effektiv angefallenen Gemeinkosten überprüft?	☐	☐	☐	
	g) Entsprechen die Istkosten den Ansätzen der Vorkalkulation bzw. der Planung unter Berücksichtigung des für den Stichtag festgestellten Herstellungsstandes?	☐	☐	☐	
	43. Sind bei den abnutzbaren Anlagegütern planmäßige **Abschreibungen** vorgenommen worden?	☐	☐	☐	
	44. Ist die Höhe der Abschreibungen auch unter Berücksichtigung von Sondereinflüssen angemessen?	☐	☐	☐	
	45. Besteht die Möglichkeit zur Inanspruchnahme evtl. steuerlicher Sonderabschreibungen?	☐	☐	☐	
	46. Werden alle aktivierten Anlagegüter noch genutzt?	☐	☐	☐	
	47. Haben Sie sich bei außerplanmäßigen Abschreibungen von dem hierfür gegebenen Grund durch • Bildung eines eigenen Urteils anhand geeigneter Unterlagen, • Befragung der zuständigen Personen, • erforderlichenfalls Zuziehung von Sachverständigen überzeugt?	☐	☐	☐	
	48. Haben Sie beachtet, dass Wertminderungen von vorübergehender Dauer bei Kapital- und KapCo-Gesellschaften nicht zu außerplanmäßigen Abschreibungen führen können, § 279 Abs. 1 Satz 2 HGB?	☐	☐	☐	
	49. Stimmt die handelsrechtliche Bewertung mit der steuerrechtlichen Bewertung überein?	☐	☐	☐	
	50. Sind **Zuschreibungen** aufgrund des Wertaufholungsgebots (z.B. die Gründe für in der Vergangenheit geltend gemachte steuerliche Teilwertabschreibungen sind entfallen) bei Kapital- und KapCo-Gesellschaften beachtet worden?	☐	☐	☐	
	51. Ist das Zuschreibungswahlrecht bei Einzelkaufleuten und Personengesellschaften, die nicht nach § 264a HGB verpflichtet sind, berücksichtigt worden?	☐	☐	☐	
	52. Ist der Wegfall des Grundes für außerplanmäßige Abschreibungen durch • Bildung eines eigenen Urteils anhand geeigneter Unterlagen, • Befragung der zuständigen Personen, • erforderlichenfalls durch Zuziehung von Sachverständigen kontrolliert worden?	☐	☐	☐	

Mandant:	**Sachanlagen** – technische Anlagen und Maschinen – andere Anlagen, Betriebs- und Geschäftsausstattung – zusätzliche Arbeitshilfe bei Erstellung mit umfassenden Prüfungshandlungen	C II – 7 –
Auftrag:		

	ja	nein	n.e.	Besonderheiten/Verweise
53. Sind Zeitwert bzw. die Anschaffungs- und Herstellungskosten (ggf. vermindert um planmäßige Abschreibungen), die bei der Zuschreibung nicht überschritten werden dürfen, beachtet worden?	☐	☐	☐	
54. Wurde bei Abweichungen (handelsrechtlich höhere Abschreibung) zwischen Handels- und Steuerrecht das Wahlrecht zur Aktivierung von latenten Steuern bei Kapital- und KapCo-Gesellschaften beachtet?	☐	☐	☐	
55. Sind Sie zu dem Ergebnis gekommen, dass die ausgewiesene Position • entsprechend den handelsrechtlichen Vorschriften, • entsprechend den steuerrechtlichen Vorschriften bewertet wurde? Bei Abweichungen:	☐ ☐	☐ ☐	☐ ☐	Vereinzelung der Abweichungen: s. unter

IV Prüfung des Ausweises

Bei sämtlichen Unternehmen

56. Liegen die Voraussetzungen des Anlagevermögens (dem Geschäftsbetrieb auf Dauer zu dienen, kein Entschluss zur Veräußerung) vor?	☐	☐	☐	
57. Sind alle notwendigen Umbuchungen von den geleisteten Anzahlungen auf die entsprechenden Sachkonten durchgeführt worden?	☐	☐	☐	
58. Sind die Umbuchungen berechtigt?	☐	☐	☐	
59. Sind nur solche Investitionen als Umbuchungen ausgewiesen, die bereits im Vortrag der geleisteten Anzahlungen enthalten waren?	☐	☐	☐	

Bei Kapital- und KapCo-Gesellschaften (unabhängig von der Größenordnung)

60. Sind Erträge aus Zuschreibungen und aus dem Abgang ausgewiesen unter • sonstige betriebliche Erträge? • außerordentliche Erträge?	☐ ☐	☐ ☐	☐ ☐	
61. Sind Aufwendungen aus dem Abgang ausgewiesen unter • sonstige betriebliche Aufwendungen? • außerordentliche Aufwendungen?	☐ ☐	☐ ☐	☐ ☐	
62. Wurden die Abschreibungen als Abschreibungen auf Sachanlagen ausgewiesen?	☐	☐	☐	

umfassende Prüfungshandlungen

Mandant:	Sachanlagen – technische Anlagen und Maschinen – andere Anlagen, Betriebs- und Geschäftsausstattung – zusätzliche Arbeitshilfe bei Erstellung mit umfassenden Prüfungshandlungen	**C II** – 8 –
Auftrag:		

umfassende Prüfungshandlungen

	ja	nein	n.e.	Besonderheiten/Verweise
63. Wurden beim Ausweis im Jahresabschluss (Anhang) beachtet				
a) das Wahlrecht zum Ausweis von steuerlichen Sonderabschreibungen (aktivisches Abschreiben oder Bildung eines Sonderpostens mit Rücklageanteil in Höhe des Unterschiedsbetrages zwischen steuerlich zulässiger höherer Sonderabschreibung und handelsrechtlicher Abschreibung), § 281 Abs. 1 Satz 1 HGB, sowie die Angabe der Vorschriften in der Bilanz oder im Anhang, nach denen die Wertberichtigung gebildet worden ist, § 281 Abs. 1 Satz 2 HGB,	☐	☐	☐	
b) Angabe der angewandten Bilanzierungs- und Bewertungsmethoden sowie Begründung ihrer Änderungen, § 284 Abs. 2 Nr. 1, 3 HGB,	☐	☐	☐	
c) Angabe von Einflüssen evtl. Bilanzierungs- und Bewertungsänderungen auf die Vermögens-, Finanz- und Ertragslage, § 284 Abs. 2 Nr. 3, 2. HS HGB,	☐	☐	☐	
d) Angabe von gewährten Sicherheiten, § 268 Abs. 7 i.V.m. § 251 HGB, § 285 Nr. 1 HGB,	☐	☐	☐	
e) Grundlagen der Währungsumrechnung, § 284 Abs. 2 Nr. 2 HGB,	☐	☐	☐	
f) Angabe des Betrages der im Geschäftsjahr nach steuerlichen Vorschriften vorgenommenen Abschreibungen und Rücklagen und Begründung dazu in der Bilanz, der GuV-Rechnung oder dem Anhang, § 281 Abs. 2 HGB,	☐	☐	☐	
g) Angabe der außerplanmäßigen Abschreibungen nach § 253 Abs. 2 Satz 3 HGB, § 277 Abs. 3 Satz 1 HGB, soweit nicht in der GuV gesondert ausgewiesen,	☐	☐	☐	
h) Angabe des Einflusses steuerlicher Abschreibungen, ihrer Beibehaltung bzw. der Bildung von Sonderposten auf das Jahresergebnis und das Ausmaß künftiger Steuerbelastungen hieraus, § 285 Nr. 5 HGB,	☐	☐	☐	
i) Angabe und Begründung des Betrages der im Geschäftsjahr aus steuerlichen Gründen unterlassenen Zuschreibungen im Anhang, § 280 Abs. 3 HGB,	☐	☐	☐	
j) die Berichtspflicht im Anhang, wenn Fremdkapitalzinsen als Herstellungskosten aktiviert wurden (§ 284 Abs. 2 Satz 5 HGB),	☐	☐	☐	
k) die Prüfung, ob sich aus dem Anlagevermögen Angabepflichten im Lagebericht ergeben und ob diese beachtet wurden?	☐	☐	☐	

Mandant:	**Sachanlagen** – technische Anlagen und Maschinen – andere Anlagen, Betriebs- und Geschäftsausstattung – zusätzliche Arbeitshilfe bei Erstellung mit umfassenden Prüfungshandlungen	C II – 9 –
Auftrag:		

	ja	nein	n.e.	Besonderheiten/Verweise
Mittelgroße und große Kapital- und KapCo-Gesellschaften (zusätzlich):				
64. Wird ein Anlagenspiegel ausgewiesen (§ 268 Abs. 2 Satz 1 HGB)?	☐	☐	☐	
65. Wurden die im Berichtsjahr angefallenen Abschreibungen a) in einer Zusatzspalte des Anlagenspiegels oder b) im Anhang oder in einer der Gliederungen des Anlagevermögens entsprechenden Aufgliederung angegeben, § 268 Abs. 2 Satz 3 HGB?	☐ ☐	☐ ☐	☐ ☐	
66. Wurden bei Umbuchungen die historischen Anschaffungskosten sowie die kumulierten Ab- und Zuschreibungen ebenfalls mit umgebucht?	☐	☐	☐	
67. Wurden Bewegungen in das Umlaufvermögen oder vom Umlaufvermögen als Abgänge oder Zugänge ausgewiesen?	☐	☐	☐	
68. Wurden die im Anlagenspiegel oder im Anhang angegebenen Beträge der im Berichtsjahr angefallenen Abschreibungen und Zuschreibungen mit den korrespondierenden GuV-Positionen abgestimmt?	☐	☐	☐	
69. *Sind Sie zu dem Ergebnis gekommen, dass für die ausgewiesene Position sämtliche handelsrechtlichen Ausweisvorschriften beachtet wurden?*	☐	☐	☐	

V   Sonstige Prüfungshandlungen

umfassende Prüfungshandlungen

Mandant:	Sachanlagen – geleistete Anzahlungen und Anlagen im Bau – zusätzliche Arbeitshilfe bei Erstellung mit umfassenden Prüfungshandlungen	**C III** – 1 –
Auftrag:		

	Mitarbeiter	Berichtskritik	verantwortlicher Berufsangehöriger
Name / Unterschrift Datum			

umfassende Prüfungshandlungen

	ja	nein	n.e.	Besonderheiten/Verweise

I Beurteilung des internen Kontrollsystems

1. Werden das Bestandsverzeichnis / die Anlagenkartei ggf. Anlagenspiegel regelmäßig mit den Konten der Finanzbuchhaltung abgestimmt? ☐ ☐ ☐
2. Wird bei Anzahlungen von nennenswertem Umfang darauf geachtet, dass diese verzinslich gegen Sicherheiten geleistet werden? ☐ ☐ ☐
3. Werden die geleisteten Anzahlungen mit den zugrunde liegenden vertraglichen Bestimmungen abgestimmt? ☐ ☐ ☐
4. Werden beim Eingang von Rechnungen die geleisteten Anzahlungen zutreffend gekürzt? ☐ ☐ ☐
5. Wurden die geleisteten Anzahlungen zutreffend von den anderen geleisteten Anzahlungen und den Rechnungsabgrenzungsposten abgegrenzt? ☐ ☐ ☐
6. Wird der Verrechnungsverkehr mit verbundenen Unternehmen nach Lieferungen von Finanz- oder Sachanlagen sowie sonstigen Lieferungen getrennt? ☐ ☐ ☐
7. Werden die geleisteten Anzahlungen an verbundene Unternehmen gesondert erfasst? ☐ ☐ ☐
8. Sind die Umlageschlüssel gegenüber dem Vorjahr unverändert? ☐ ☐ ☐
9. Ist Funktionentrennung gewährleistet (die Buchhaltung darf keinen Einfluss auf die Bestellung, keinen Zugang zu Geld etc.) haben? ☐ ☐ ☐
10. Beurteilung des internen Kontrollsystems
    gut / mittel / schlecht*
    * (nicht zutreffendes bitte streichen)
11. Wurde das vorstehende Urteil berücksichtigt
    a) in der Risikoanalyse? ☐ ☐ ☐
    b) bei Prüfungsumfang und -intensität der ausgewählten Prüfungshandlung? ☐ ☐ ☐
12. Ergeben sich durch das vorstehende Urteil Änderungen der Risikoanalyse? ☐ ☐ ☐
    Wenn ja: Beurteilung der geänderten Prüfungssicherheit
    gut / mittel / schlecht*
    * (nicht zutreffendes bitte streichen)

Mandant:	Sachanlagen – geleistete Anzahlungen und Anlagen im Bau – zusätzliche Arbeitshilfe bei Erstellung mit umfassenden Prüfungshandlungen	C III – 2 –
Auftrag:		

	ja	nein	n.e.	Besonderheiten/Verweise

II Prüfung des Nachweises

13. Ist der ausgewiesene Bilanzwert durch
    - die Sachkonten,
    - die Anlagenkartei,
    - Saldenlisten,
    - eventuell Saldenbestätigung,
    - (ggf. bei mittelgroßen und großen Kapital- und KapCo-Gesellschaften) den Anlagenspiegel
    nachgewiesen?
14. Ist bei Anzahlungen sichergestellt, dass die Gesellschaft noch nicht Rechtsinhaber des Anlagegegenstandes ist, auf den Anzahlungen geleistet wurden?
15. Ist die Vollständigkeit der Anlagenkartei stichprobenweise durch Hinzuziehung von geeigneten Unterlagen oder durch Betriebsbegehung überprüft worden?
16. Wurden die **Zugänge** bei den Anzahlungen
    - mit den Vertragsunterlagen,
    - (ggf.) mit Saldenbestätigung,
    - mit den in Betracht kommenden Personenkonten
    abgestimmt?
17. Wurden die Nachweise des Mengengerüstes der Herstellungskosten der Anlagen im Bau mit Stücklisten, Fertigungsplänen, Protokollen über Bearbeitungszeiten, etc. abgestimmt?
18. Wurden die Zugänge auf die endgültigen Anlagepositionen umgebucht, sofern bereits die Lieferung, auf die Anzahlungen geleistet wurden, erfolgt ist (Netto-Methode)?
19. Wurde für die **Abgänge** festgestellt, dass die Voraussetzungen für die Ausbuchung bereits gegeben sind (z.B. Verzicht auf Rückforderung der Anzahlungen, Verschrottung, Beendigung von Besitz, Nutzen und Lasten, etc.)?
20. Kommen – soweit nicht jeweils ausgewiesen – **Umbuchungen** von der Position „geleistete Anzahlungen" in Betracht?
21. *Sind Sie zu dem Ergebnis gekommen, dass die ausgewiesene Position vollständig nachgewiesen wird, die ihr zugrunde liegenden Vermögensgegenstände vorhanden und dem bilanzierenden Unternehmen zuzurechnen sind?*

umfassende Prüfungshandlungen

Mandant:	**Sachanlagen** – geleistete Anzahlungen und Anlagen im Bau – zusätzliche Arbeitshilfe bei Erstellung mit umfassenden Prüfungshandlungen	C III – 3 –
Auftrag:		

umfassende Prüfungshandlungen

	ja	nein	n.e.	Besonderheiten/Verweise

III Prüfung der Bewertung

22. Wurden bei den Anzahlungen als Anschaffungskosten die geleisteten Zahlungen angesetzt? ☐ ☐ ☐

23. Prüfung der Herstellungskosten der Anlagen im Bau:

a) Wurden zur Prüfung der Materialeinzelkosten die jeweils bewerteten Materialentnahmescheine und Stücklisten auf Anschaffungs- und Herstellungskosten überprüft? ☐ ☐ ☐

b) Wurden bei Überprüfung der Lohn-Einzelkosten die aktivierten Löhne rechnerisch nachvollzogen? ☐ ☐ ☐

c) Wurden sie mit der Lohnabrechnung abgestimmt und wurden sie zu den Fertigungsgemeinkosten abgegrenzt? ☐ ☐ ☐

d) Wurde bei der Prüfung der Sondereinzelkosten (z.B. Gerätemieten, Subunternehmerleistungen, etc.) anhand der Eingangsrechnungen
- deren sachliche und rechnerische Richtigkeit überprüft? ☐ ☐ ☐
- die Zuordnung der Sondereinzelkosten zu der Herstellung überprüft? ☐ ☐ ☐

e) Bei Vorliegen einer Kostenstellenrechnung mit BAB: Wurden zur Überprüfung der Gemeinkosten
- das Verfahren der Betriebsabrechnung einschließlich der Beurteilung der Angemessenheit von Umlagen und deren Entschlüsselung überprüft? ☐ ☐ ☐
- die Einhaltung des Verursachungsprinzips bei der Kostenzurechnung kontrolliert ☐ ☐ ☐
- Bei Fremdfinanzierung der Herstellung: Wurde darauf geachtet, ob und in welchem Umfang Fremdkapitalzinsen in Ausübung des insoweit bestehenden Wahlrechts die Herstellungskosten einbezogen und wurden Beginn und Ende des Herstellungsvorgangs zutreffend angenommen? ☐ ☐ ☐
- Wurden alle nicht aktivierbaren Kosten (z.B. kalkulatorische Kosten) eliminiert? ☐ ☐ ☐
- Kann als Ergebnis der Prüfung der Gemeinkosten festgehalten werden, dass das angewandte System des BAB zu einem vernünftigen betriebswirtschaftlichen Ergebnis führt? ☐ ☐ ☐

f) Sofern ein BAB nicht vorliegt:
- Wurde die Angemessenheit kalkulatorisch verrechneter Gemeinkosten durch kritische Durchsicht der Kalkulationsunterlagen und durch Vergleich mit den effektiv angefallenen Gemeinkosten überprüft? ☐ ☐ ☐

Mandant:	Sachanlagen – geleistete Anzahlungen und Anlagen im Bau – zusätzliche Arbeitshilfe bei Erstellung mit umfassenden Prüfungshandlungen	C III – 4 –

Auftrag:

	ja	nein	n.e.	Besonderheiten/Verweise
g) Entsprechen die Istkosten den Ansätzen der Vorkalkulation bzw. der Planung unter Berücksichtigung des für den Stichtag festgestellten Herstellungsstandes?	☐	☐	☐	
24. Haben Sie sich von der eventuellen Notwendigkeit außerplanmäßiger **Abschreibungen** gem. § 253 Abs. 2 Satz 3 HGB überzeugt (z.b. Überfälligkeit der ausstehenden Leistungen i.V.m. der Schlussfolgerung, dass die geleistete Anzahlung risikobehaftet ist, Fehlinvestitionen, etc.)?	☐	☐	☐	
25. Haben Sie beachtet, dass Wertminderungen von vorübergehender Dauer bei Kapital- und KapCo-Gesellschaften nicht zu außerplanmäßigen Abschreibungen führen können, § 279 Abs. 1 Satz 2 HGB?	☐	☐	☐	
26. Besteht die Möglichkeit zur Inanspruchnahme evtl. Sonderabschreibungen?	☐	☐	☐	
27. Stimmt die handelsrechtliche Bewertung mit der steuerrechtlichen Bewertung überein?	☐	☐	☐	
28. Sind **Zuschreibungen** aufgrund des Wertaufholungsgebots (z.B. die Gründe für in der Vergangenheit geltend gemachte steuerliche Teilwertabschreibungen sind entfallen) bei Kapital- und KapCo-Gesellschaften beachtet worden?	☐	☐	☐	
29. Ist das Zuschreibungswahlrecht bei Einzelkaufleuten und Personengesellschaften, die nicht nach § 264 a HGB verpflichtet sind, berücksichtigt worden?	☐	☐	☐	
30. Ist der Wegfall des Grundes für außerplanmäßige Abschreibungen durch • Bildung eines eigenen Urteils anhand geeigneter Unterlagen, • Befragung der zuständigen Personen kontrolliert worden?	☐	☐	☐	
31. Sind die geleisteten Zahlungen bei der Zuschreibung nicht überschritten worden?	☐	☐	☐	
32. Wurde bei Abweichungen (handelsrechtlich höhere Abschreibungen) zwischen Handels- und Steuerrecht das Wahlrecht zur Aktivierung von latenten Steuern bei Kapital- und KapCo-Gesellschaften beachtet?	☐	☐	☐	
33. *Sind Sie zu dem Ergebnis gekommen, dass die ausgewiesene Position* • *entsprechend den handelsrechtlichen Vorschriften,* • *entsprechend den steuerrechtlichen Vorschriften bewertet wurde?* *Bei Abweichungen:*	☐	☐	☐	*Vereinzelung der Abweichungen: s. unter*

umfassende Prüfungshandlungen

Mandant:	Sachanlagen – geleistete Anzahlungen und Anlagen im Bau – zusätzliche Arbeitshilfe bei Erstellung mit umfassenden Prüfungshandlungen	C III – 5 –
Auftrag:		

	ja	nein	n.e.	Besonderheiten/Verweise

IV Prüfung des Ausweises

Bei sämtlichen Unternehmen

34. Liegen die Voraussetzungen des Anlagevermögens vor? ☐ ☐ ☐
35. Sind alle notwendigen Umbuchungen von den geleisteten Anzahlungen / Anlagen im Bau auf die entsprechenden Sachkonten durchgeführt worden? ☐ ☐ ☐
36. Sind die Umbuchungen berechtigt? ☐ ☐ ☐
37. Sind nur solche Investitionen als Umbuchungen ausgewiesen, die bereits im Vortrag der geleisteten Anzahlungen / Anlagen im Bau enthalten waren? ☐ ☐ ☐

Bei Kapital- und KapCo-Gesellschaften (unabhängig von der Größenordnung)

38. Wurden beim Ausweis im Jahresabschluss (Anhang) beachtet
   a) das Wahlrecht zum Ausweis evtl. steuerlicher Sonderabschreibungen (aktivisches Abschreiben oder Bildung eines Sonderpostens mit Rücklageanteil in Höhe des Unterschiedsbetrages zwischen steuerlich zulässiger höherer Sonderabschreibung und handelsrechtlicher Abschreibung), § 281 Abs. 1 Satz 1 HGB, sowie die Angabe der Vorschriften in der Bilanz oder im Anhang, nach denen die Wertberichtigung gebildet worden ist, § 281 Abs. 1 Satz 2 HGB, ☐ ☐ ☐
   b) Angabe der angewandten Bilanzierungs- und Bewertungsmethoden sowie Begründung ihrer Änderungen, § 284 Abs. 2 Nr. 1, 3 HGB, ☐ ☐ ☐
   c) Angabe von Einflüssen evtl. Bilanzierungs- und Bewertungsänderungen auf die Vermögens-, Finanz- und Ertragslage, § 284 Abs. 2 Nr. 3, 2. HS HGB, ☐ ☐ ☐
   d) Grundlagen der Währungsumrechnung, § 284 Abs. 2 Nr. 2 HGB, ☐ ☐ ☐
   e) Angabe des Betrages der im Geschäftsjahr nach steuerlichen Vorschriften vorgenommenen Abschreibungen und Rücklagen und Begründung dazu in der Bilanz, der GuV-Rechnung oder dem Anhang, § 281 Abs. 2 HGB, ☐ ☐ ☐
   f) Angabe der außerplanmäßigen Abschreibungen nach § 253 Abs. 2 Satz 3 HGB, § 277 Abs. 3 Satz 1 HGB, soweit nicht in der GuV gesondert ausgewiesen, ☐ ☐ ☐
   g) Angabe des Einflusses steuerlicher Abschreibungen, ihrer Beibehaltung bzw. der Bildung von Sonderposten auf das Jahresergebnis und das Ausmaß künftiger Steuerbelastungen hieraus, § 285 Nr. 5 HGB, ☐ ☐ ☐

umfassende Prüfungshandlungen

	Mandant:	Sachanlagen – geleistete Anzahlungen und Anlagen im Bau – zusätzliche Arbeitshilfe bei Erstellung mit umfassenden Prüfungshandlungen	C III – 6 –

Auftrag:

	ja	nein	n.e.	Besonderheiten/Verweise
h) Angabe und Begründung des Betrages der im Geschäftsjahr aus steuerlichen Gründen unterlassenen Zuschreibungen im Anhang, § 280, Abs. 3 HGB,	☐	☐	☐	
i) die Berichtspflicht im Anhang, wenn Fremdkapitalzinsen als Herstellungskosten aktiviert wurden (§ 284 Abs. 2 Satz 5 HGB),	☐	☐	☐	
j) die Prüfung, ob sich aus dem Anlagevermögen Angabepflichten im Lagebericht ergeben und ob diese beachtet wurden?	☐	☐	☐	
Mittelgroße und große Kapital- und KapCo-Gesellschaften (zusätzlich):				
39. Wird ein Anlagenspiegel ausgewiesen (§ 268 Abs. 2 Satz 1 HGB)?	☐	☐	☐	
40. Wurden die im Berichtsjahr angefallenen Abschreibungen a) in einer Zusatzspalte des Anlagenspiegels oder	☐	☐	☐	
b) im Anhang oder in einer der Gliederungen des Anlagevermögens entsprechenden Aufgliederung angegeben, § 268 Abs. 2 Satz 3 HGB?	☐	☐	☐	
41. Wurden bei Umbuchungen die historischen Anschaffungs- / Herstellungskosten sowie die kumulierten Ab- und Zuschreibungen ebenfalls mit umgebucht?	☐	☐	☐	
42. Wurden Bewegungen in das Umlaufvermögen oder vom Umlaufvermögen als Abgänge oder Zugänge ausgewiesen?	☐	☐	☐	
43. Wurden die im Anlagenspiegel oder im Anhang angegebenen Beträge der im Berichtsjahr angefallenen Abschreibungen mit der GuV-Position „Abschreibungen auf immaterielle Wirtschaftsgüter und Sachanlagen sowie auf aktivierte Aufwendungen für die Ingangsetzung und Erweiterung des Geschäftsbetriebes" abgestimmt?	☐	☐	☐	
44. *Sind Sie zu dem Ergebnis gekommen, dass für die ausgewiesene Position sämtliche handelsrechtlichen Ausweisvorschriften beachtet wurden?*	☐	☐	☐	

V Sonstige Prüfungshandlungen

Mandant:	Finanzanlagen – Erstellung ohne Prüfungshandlungen – mit Plausibilitätsbeurteilungen – mit umfassenden Prüfungshandlungen	D – 1 –
Auftrag:		

	Mitarbeiter	Berichtskritik	verantwortlicher Berufsangehöriger
Name / Unterschrift Datum			

	ja	nein	n.e.	Besonderheiten/Verweise

I Benötigte Unterlagen erhalten?
- Konten
- Bestandsverzeichnis bzw. Anlagenkartei
- Anlagespiegel (mittelgroße und große Kapital- und KapCo-Gesellschaften)
- Belege über Zu- und Abgänge sowie Gewinn- und Zinszahlungen
- Bestandsnachweise (Depotauszüge, Aufnahmeprotokolle, Registerauszüge)
- Bewertungsunterlagen (Jahresabschlüsse, Börsenkurse)
- Gesellschafterliste
- Gesamtengagement je verbundenes Unternehmen/Beteiligung (Forderungen, Verbindlichkeiten, Haftungsverhältnisse, Sicherheiten, etc.)

II Erstellungsmaßnahmen
1. Sind verbundene Unternehmen / Beteiligungen (§ 271 HGB) / Wertpapiere des Anlagevermögens vorhanden?
2. Wird für die Finanzanlagen eine Anlagenkartei geführt, die bei mittelgroßen und großen Kapital- und KapCo-Gesellschaften die für die Erstellung eines Anlagenspiegels erforderliche Daten enthalten?
3. Wurde die Anlagenkartei /-buchführung korrekt fortgeführt und mit den Sachkonten abgestimmt?
4. Ist sichergestellt, dass die auf evtl. Abgänge entfallenden aufgelaufenen Abschreibungen ausgebucht wurden?
5. Erfolgte die Bewertung zu Anschaffungskosten?
6. Wurden bei der Bewertung von Zugängen auch Anschaffungskostenminderungen und Anschaffungsnebenkosten berücksichtigt?
7. Sind außerplanmäßige/steuerliche Abschreibungen notwendig/möglich/gewünscht?
8. Haben Sie beachtet, dass Wertminderungen von vorübergehender Dauer auch bei Kapital- und KapCo-Gesellschaften zur außerplanmäßigen Abschreibung führen können (§ 279 Abs. 1 Satz 2 HGB)?
9. Sind Zuschreibungen möglich/gewünscht?

Mandant:	**Finanzanlagen**	D
	– Erstellung ohne Prüfungshandlungen – mit Plausibilitätsbeurteilungen – mit umfassenden Prüfungshandlungen	– 2 –

Auftrag:

	ja	nein	n.e.	Besonderheiten/Verweise
10. Sind Zeitwert bzw. Anschaffungskosten bei Zuschreibungen nicht überschritten worden?	☐	☐	☐	
11. Wurde • bei Einzelkaufleuten und Personenhandelsgesellschaften das Wertaufholungswahlrecht,	☐	☐	☐	
• bei Kapitalgesellschaften und KapCo-Gesellschaften – abgesehen von wenigen Ausnahmen – das Wertaufholungsgebot beachtet?	☐	☐	☐	
12. Wurde das steuerliche Wertaufholungsgebot beachtet (ggf. Abweichung von Handels- und Steuerbilanz)?	☐	☐	☐	
13. Sind Zeitwert bzw. die Anschaffungskosten, die bei der Zuschreibung nicht überschritten werden dürfen, beachtet worden?	☐	☐	☐	
14. Sind die Zuschreibungen rechnerisch richtig ermittelt worden?	☐	☐	☐	
15. Wurde das Saldierungsverbot von Zuschreibungsertrag und Abschreibungsaufwand beachtet?	☐	☐	☐	
16. Wurden die Abschreibungen und die Zuschreibungen des Geschäftsjahres mit dem in der GuV verbuchten Betrag abgestimmt?	☐	☐	☐	
17. Sind die kumulierten Abschreibungen und Zuschreibungen ordnungsgemäß im (ggf. vorgeschriebenen) Anlagespiegel angegeben worden?	☐	☐	☐	
18. Sind die kumulierten Abschreibungen und Zuschreibungen ordnungsgemäß im (ggf. vorgeschriebenen) Anlagespiegel angegeben worden?	☐	☐	☐	
19. Ist der ausgewiesene Bilanzwert durch • die Sachkonten, • die Anlagenkartei und • (ggf. bei mittelgroßen und großen Kapital- und KapCo-Gesellschaften) den Anlagespiegel nachgewiesen?	☐	☐	☐	
20. Wurden die Grundsätze der Bilanzierungs- und Bewertungsstetigkeit beachtet?	☐	☐	☐	
21. *Sind Sie zu dem Ergebnis gekommen, dass der Ausweis der Finanzanlagen aus den vorliegenden Unterlagen und Informationen normgerecht abgeleitet wurde?*	☐	☐	☐	

III Vorbereitende Maßnahmen bei Plausibilitätsbeurteilungen und umfassenden Prüfungsmaßnahmen

	ja	nein	n.e.	Besonderheiten/Verweise
22. (Bei Plausibilitätsbeurteilungen:) Wurden nach Maßgabe des Arbeitspapiers Z 30 die vorbereitenden Maßnahmen für Plausibilitätsbeurteilungen veranlasst?	☐	☐	☐	Pb

Mandant:	Finanzanlagen – Erstellung ohne Prüfungshandlungen – mit Plausibilitätsbeurteilungen – mit umfassenden Prüfungshandlungen	D – 3 –

Auftrag:

		ja	nein	n.e.	Besonderheiten/Verweise
uP	23. (Bei umfassenden Prüfungshandlungen:) Wurde in dem Arbeitspapier Z 40 ff. die erforderliche Prüfungssicherheit sowie unter Berücksichtigung der Wahrscheinlichkeit von Fehlerrisiken und -hypothesen der Prüfungsumfang und die Prüfungsintensität abschließend bestimmt? Beurteilung der erforderlichen Prüfungssicherheit **gut / mittel / schlecht*** * (nicht zutreffendes bitte streichen)	☐	☐	☐	
Plausibilitätsbeurteilungen	IV **Maßnahmen zur Beurteilung der Plausibilität**				
	24. Haben Sie sich eine Aufstellung der verbundenen Unternehmen / Beteiligungen / Wertpapiere des Anlagevermögens zum Bilanzstichtag beschafft?	☐	☐	☐	
	25. Haben Sie sich durch Befragung oder in sonstiger Weise davon überzeugt, dass Vorkehrungen zur vollständigen Erfassung der Zu- und Abgänge im Finanzanlagevermögen einschließlich der aufgrund von Verkäufen realisierten Gewinne oder Verluste getroffen wurden?	☐	☐	☐	
	26. Haben Sie durch Befragung oder in sonstiger Weise Kenntnis davon, für welche Finanzanlagen rechtliches Eigentum nicht besteht?	☐	☐	☐	
	27. Haben Sie sich durch Befragung oder in sonstiger Weise davon überzeugt, ob die Voraussetzungen für die Aktivierung vorliegen?	☐	☐	☐	
	28. Haben Sie sich nach der Werthaltigkeit der verbundenen Unternehmen / Beteiligungen / Wertpapiere des Anlagevermögens erkundigt?	☐	☐	☐	
	29. Besteht ggf. Wertberichtigungsbedarf auf langfristige Ausleihung durch Abzinsung?	☐	☐	☐	
	30. Haben Sie sich bei der Buchung von wesentlichen Erträgen aus Beteiligungen davon überzeugt, dass steuerliche Besonderheiten (anrechenbare Kapitalertragsteuer, etc.) beachtet wurden?	☐	☐	☐	
	31. Sonstige Maßnahmen?				
	32. *Bestehen nach Ihren Plausibilitätsbeurteilungen an der Ordnungsmäßigkeit der zugrunde liegenden Bücher und Nachweise keine Zweifel?*	☐	☐	☐	

Mandant:	**Finanzanlagen** – Anteile an verbundenen Unternehmen – Beteiligungen – Wertpapiere des Anlagevermögens – Zusätzliche Arbeitshilfe bei Erstellung mit umfassenden Prüfungshandlungen	**D I** – 1 –

Auftrag:

	Mitarbeiter	Berichtskritik	verantwortlicher Berufsangehöriger
Name / Unterschrift			
Datum			

	ja	nein	n.e.	Besonderheiten/Verweise

I Beurteilung des internen Kontrollsystems

1. Werden bei verbrieften Anteilen, die selbst verwahrt werden, Aufnahmeprotokolle über die körperliche Bestandsaufnahmen erstellt?
2. Werden bei verbrieften Anteilen, die bei Dritten verwahrt werden, Depotbestätigungen eingeholt?
3. Werden für die einzelnen Gesellschaften, die ausgewiesen werden, systematische und übersichtliche Beteiligungsakten
(mit Gründungsprotokollen und -berichten, Gesellschaftsvertrag, Kaufvertrag, Protokollen über Gesellschaftsversammlungen, Listen der Gesellschafter gem. § 40 GmbHG, Handelsregisterauszüge, Treuhandverträge, Verträge mit den Beteiligungsgesellschaften, Zwischenabschlüsse, Jahresabschlüsse, Prüfungsberichte, Schriftwechsel u.ä.) geführt?
   - Gelangen die daraus resultierenden Geschäftsvorfälle zu Kenntnis der Buchhaltung?
4. Werden die Anlagenkartei ggf. der Anlagenspiegel regelmäßig mit den Konten der Finanzbuchhaltung abgestimmt?
5. Bestehen Regeln über die Berechtigung und rechtliche Legitimation zum Beteiligungserwerb, zur Beteiligungsbetreuung und -veräußerung?
   - Werden diese Regeln eingehalten?
6. Werden die aufgrund der jeweiligen Beschlussfassung geschuldeten Beträge aus Beteiligungen mit den tatsächlichen Zahlungseingängen abgestimmt?
7. Ist Funktionentrennung gewährleistet durch Trennung von buchhalterischen, verwaltenden und bearbeitenden Funktionen?
8. Beurteilung des internen Kontrollsystems **gut / mittel / schlecht***
   * (nicht zutreffendes bitte streichen)
9. Wurde das vorstehende Urteil berücksichtigt
   a) in der Risikoanalyse?
   b) bei Prüfungsumfang und -intensität der ausgewählten Prüfungshandlung?

umfassende Prüfungshandlungen

Mandant:	**Finanzanlagen** – **Anteile an verbundenen Unternehmen** – **Beteiligungen** – **Wertpapiere des Anlagevermögens** – **Zusätzliche Arbeitshilfe bei Erstellung mit umfassenden Prüfungshandlungen**	**D I** – 2 –
Auftrag:		

	ja	nein	n.e.	Besonderheiten/Verweise
10. Ergeben sich durch das vorstehende Urteil Änderungen der Risikoanalyse? Wenn ja: Beurteilung der geänderten Prüfungssicherheit **gut / mittel / schlecht*** * (nicht zutreffendes bitte streichen)	☐	☐	☐	

II Prüfung des Nachweises

11. Ist der ausgewiesene Bilanzwert durch
    - die Sachkonten,
    - die Anlagenkartei, das Bestandsverzeichnis und
    - (ggf. bei mittelgroßen und großen Kapital- und KapCo-Gesellschaften) den Anlagenspiegel
    nachgewiesen?
12. Wurden Anlagenkartei / Bestandsverzeichnis und (ggf.) Anlagenspiegel
    a) rechnerisch überprüft,
    b) mit den Sachkonten abgestimmt?
13. Wurde die Vollständigkeit der Anlagenkartei / des Bestandsverzeichnisses und (ggf.) des Anlagenspiegels
    - bei verbrieften Anteilen mit Selbstverwahrung: Durch ein Aufnahmeprotokoll über die körperliche Bestandsaufnahme, in das auch die Dividenden und Erneuerungsscheine aufzunehmen sind?
    - bei verbrieften Anteilen mit Fremdverwahrung: Durch Depotauszüge, Verwahrbestätigungen, etc.?
    - bei nicht verbrieften Anteilen: Durch Gründungsprotokolle und -berichte, Gesellschaftsverträge, Kaufverträge, Handelsregisterauszüge, Treuhandverträge, etc.
    bestätigt?
14. Wurde die vollständige und richtige Erfassung der Anteile und der daraus resultierenden Erträge progressiv überprüft anhand der Gesellschaftsverträge, Kaufverträge, Handelsregisterauszüge, Treuhandverträge, Gesellschafterbeschlüsse, Gesellschafterversammlungsprotokolle, etc.?
15. Wurden die **Zugänge** daraufhin überprüft, ob die Voraussetzungen für die buchhalterische Erfassung bereits gegeben sind durch
    - Abstimmung des mengenmäßigen Zugangs an Anteilsrechten mit den entsprechenden Rechtsgrundlagen (z.B. Neugründung, Kauf, Kapitalerhöhung gegen Bar- oder Sacheinlagen, Kapitalerhöhung aus Gesellschaftsmitteln, Umwandlung, Umgründung, Verschmelzung, Tausch, Erfüllung einer Zuschuss-, Nachschuss- bzw. Einzahlungsverpflichtung)?

(Seitenleiste: umfassende Prüfungshandlungen)

Mandant:	Finanzanlagen
	– Anteile an verbundenen
	  Unternehmen
	– Beteiligungen
	– Wertpapiere des Anlagevermögens
	– Zusätzliche Arbeitshilfe bei
	  Erstellung mit umfassenden
	  Prüfungshandlungen
		D I
		– 3 –

Auftrag:		

	ja	nein	n.e.	Besonderheiten/Verweise
• Feststellung, dass auch bei wirtschaftlicher Betrachtungsweise ein mengenmäßiger Zugang vorliegt (dies ist z. B. bei einer Kapitalerhöhung aus Gesellschaftsmitteln nicht der Fall, da hier lediglich eine Umbuchung von Rücklagen in Kapital erfolgt)?	☐	☐	☐	
• Feststellung, dass auch das wirtschaftliche Eigentum an den Gesellschaftsanteilen übertragen wurde, d. h. dass der Anteil an Substanz und Ertrag, die Chance einer eventuellen Wertsteigerung und die Gefahrtragung auf den Erwerber übergegangen sind?	☐	☐	☐	
• Feststellung, dass die für einen Beteiligungserwerb erforderlichen Genehmigung, die ausländische Devisenbehörde, den Aufsichtsrat, der Gesellschafterversammlung, etc.) vorliegen?	☐	☐	☐	
16. Wurde für die **Abgänge** des Berichtsjahres überprüft, ob die Voraussetzungen für die buchhalterische Ausbuchung gegeben sind durch				
• Abstimmung des mengenmäßigen Abgangs an Anteilsrechten mit den entsprechenden Rechtsgrundlagen (z.B. Beendigung der Beteiligungsgesellschaft, Austritt aus der Gesellschaft, Verkauf, Kapitalrückzahlung, etc.)?	☐	☐	☐	
• Feststellung, dass auch bei wirtschaftlicher Betrachtungsweise ein mengenmäßiger Abgang vorliegt (z.B. nicht bei einer Kapitalherabsetzung zum Ausgleich von Verlusten, die allenfalls eine außerplanmäßige Abschreibung rechtfertigt)?	☐	☐	☐	
• Feststellung, dass auch Nutzen und Lasten nicht mehr bei der Gesellschaft liegen und zwar				
▪ bei Beendigung (Liquidation) der Beteiligungsgesellschaft durch Feststellung, dass die Rechte und Pflichten der Anteilseigner erloschen sind und das Vermögen verteilt wird?	☐	☐	☐	
▪ bei einem Austritt aus einer Gesellschaft oder bei einer Veräußerung eines Gesellschaftsanteils durch Feststellung, dass die Anteile an Substanz und Ertrag, die Chance einer eventuellen Wertsteigerung und die Gefahrtragung nicht nur bei der Gesellschaft liegen?	☐	☐	☐	
▪ bei einer Kapitalrückzahlung durch Feststellung, dass der Anspruch auf Rückzahlung entstanden ist?	☐	☐	☐	

umfassende Prüfungshandlungen

Mandant:	Finanzanlagen – Anteile an verbundenen Unternehmen – Beteiligungen – Wertpapiere des Anlagevermögens – Zusätzliche Arbeitshilfe bei Erstellung mit umfassenden Prüfungshandlungen	D I – 4 –
Auftrag:		

umfassende Prüfungshandlungen

	ja	nein	n.e.	Besonderheiten/Verweise

17. Wurde beim Abgang von Bezugsrechten darauf geachtet, dass
    - der Verkauf einen teilweisen Abgang der Beteiligung, ☐ ☐ ☐
    - eine Ausübung des Bezugsrechts die Minderung des Bestandes der Altanteile und eine Erhöhung der Anschaffungskosten der Neuanteile darstellt? ☐ ☐ ☐
18. Sind bei Verkäufen an Gesellschafter, diesen nahe stehenden Personen, verbundene Unternehmen und Mitarbeiter sowie bei außergewöhnlichen Buchverlusten die Verkaufserlöse angemessen? ☐ ☐ ☐
19. Wurden Verkäufe an Gesellschafter geprüft auf
    - Verstoß gegen das Verbot der Stammkapitalrückzahlung (§ 30 GmbHG)? ☐ ☐ ☐
    - verdeckte Gewinnausschüttungen? ☐ ☐ ☐
20. *Sind Sie zu dem Ergebnis gekommen, dass die ausgewiesene Position vollständig ausgewiesen wird, die ihr zugrunde liegenden Vermögensgegenstände vorhanden und dem bilanzierenden Unternehmen zuzurechnen sind?* ☐ ☐ ☐

III Prüfung der Bewertung

21. Erfolgte die Bewertung zu den in den Vertragsunterlagen und Abrechnungen ausgewiesenen Anschaffungskosten? ☐ ☐ ☐
22. Ist bei der Prüfung der Anschaffungskosten darauf geachtet,
    - dass die anteiligen Gegenleistungen für erworbene Gewinnansprüche keine Anschaffungskosten darstellen, sondern als Forderungen auszuweisen sind? ☐ ☐ ☐
    - dass der Kaufpreis im Falle einer längeren Stundung abzuzinsen ist? ☐ ☐ ☐
    - dass im Falle der Vereinbarung einer Kaufpreis-Leibrente oder bei einem Kaufpreis in Abhängigkeit von der zukünftigen Ertragslage der Barwert der (wahrscheinlichen) zukünftigen Zahlungen als Anschaffungskosten der Beteiligung anzusetzen ist? ☐ ☐ ☐
    - dass im Falle einer verdeckten Gewinnausschüttung oder einer verdeckten Einlage der Anschaffungspreis angemessen ist? ☐ ☐ ☐
    - dass beim Erwerb gegen Zahlung in Fremdwährung die Umrechnung zutreffend erfolgte? ☐ ☐ ☐
    - dass im Falle einer Sacheinlage der Zeitwert der eingebrachten Vermögensgegenstände zutreffend ermittelt wurde? ☐ ☐ ☐

	Mandant:	**Finanzanlagen** – Anteile an verbundenen Unternehmen – Beteiligungen – Wertpapiere des Anlagevermögens – Zusätzliche Arbeitshilfe bei Erstellung mit umfassenden Prüfungshandlungen		**D I** – 5 –

Auftrag:

	ja	nein	n.e.	Besonderheiten/Verweise
• dass ein Merkposten anzusetzen ist, sofern für die Beteiligung keine Einlage zu leisten ist (z. B. bei einem Komplementär)?	☐	☐	☐	
• dass Zu- und Nachschüsse als Zuschreibung (z. B. wenn diese zum Ausgleich einer außerplanmäßigen Abschreibung geleistet wurden) oder als Zugang (z. B. wenn ein Zusammenhang mit einer außerplanmäßigen Abschreibung nicht besteht) zu erfassen sind?	☐	☐	☐	
23. Ergeben sich Anhaltspunkte für die Notwendigkeit außerplanmäßiger **Abschreibungen** aufgrund				
• der Geschäfts- und Prüfungsberichte,	☐	☐	☐	
• der geprüften und bescheinigten Jahresabschlüsse,	☐	☐	☐	
• kurzfristiger Erfolgsrechnungen,	☐	☐	☐	
• der Finanzpläne, Umsatz- und Ertragsschätzungen, der Unterlagen für eine Kaufpreisermittlung, sonstiger Nachweise für die künftige Entwicklung,	☐	☐	☐	
• niedrigerer Börsenkurse (ggf. zzgl. eines Paketzuschlages), sofern eine Kursbeeinflussung oder Zufallsentwicklungen ausgeschlossen sind	☐	☐	☐	
• politischer Risiken (z. B. Krieg, Enteignung), Transferbeschränkungen oder steuerliche Beschränkungen bei Beteiligungen im Ausland?	☐	☐	☐	
• von Anlaufverlusten, die bei einem Beteiligungserwerb abschreibungsfähig sind, sofern sie nicht in der geplanten Höhe anfallen und nicht in der den Anschaffungskosten zugrunde liegenden Ertragswertberechnung berücksichtigt wurden?	☐	☐	☐	
24. Haben Sie sich bei außerplanmäßigen Abschreibungen von dem hierfür gegebenen Grund durch				
• Bildung eines eigenen Urteils anhand geeigneter Unterlagen,	☐	☐	☐	
• Befragung der zuständigen Personen,	☐	☐	☐	
• erforderlichenfalls Hinzuziehung von Sachverständigen überzeugt?	☐	☐	☐	
25. Entspricht bei einer außerplanmäßigen Abschreibung der beizulegende Wert dem geschätzten Ertragswert bzw. dem Liquidationswert als Wertuntergrenze?	☐	☐	☐	
26. Erfolgte im Fall einer außerplanmäßigen Abschreibung eine dementsprechende Bilanzierung im Bereich anderer Bilanzpositionen und zwar				
• bei der gesonderten Aktivierung von Dividendenansprüchen?	☐	☐	☐	

umfassende Prüfungshandlungen

Mandant:	Finanzanlagen – Anteile an verbundenen Unternehmen – Beteiligungen – Wertpapiere des Anlagevermögens – Zusätzliche Arbeitshilfe bei Erstellung mit umfassenden Prüfungshandlungen	D I – 6 –
Auftrag:		

	ja	nein	n.e.	Besonderheiten/Verweise
• bei der Passivierung der noch nicht geleisteten Einlage als Resteinzahlungsverpflichtung?	☐	☐	☐	
• bei der Passivierung einer Verbindlichkeit oder Rückstellung für eventuell mögliche ungewisse Ausgleichs- oder Haftungsverbindlichkeiten bei voll abgeschriebenen Beteiligungsbuchwert?	☐	☐	☐	
27. Stimmt die handelsrechtliche Bewertung mit der steuerrechtlichen Bewertung überein?	☐	☐	☐	
28. Haben Sie sich bei der Prüfung der **Zuschreibungen** überzeugt von				
• der Vertretbarkeit des Grundes der Zuschreibung (z.B. Wegfall des Grundes für außerplanmäßige Abschreibungen, Angleichung an die Werte der Steuerbilanz, Fusionen, Umwandlung, Ausscheiden eines Gesellschafters aus einer Personenunternehmung, Verwendung von Gewinnanteilen aus Personengesellschaften zur Erfüllung von Einlageverpflichtungen, zur Wiederauffüllung von durch Verlusten geminderten Einlagen oder zur Rücklagenbildung, etc.)?	☐	☐	☐	
• der Beachtung des Zuschreibungswahlrechts bei Einzelkaufleuten und Personengesellschaften, die nicht nach § 264 a HGB verpflichtet sind (§ 253 Abs. 5 HGB)?	☐	☐	☐	
• der Einhaltung das bei Kapital- und KapCo-Gesellschaften – abgesehen von wenigen Ausnahmen – bestehenden Wertaufholungsgeboten?	☐	☐	☐	
29. Wurden bei Abweichungen zwischen der Bewertung nach Handels- und Steuerrecht beachtet,				
• das Wahlrecht zur Aktivierung von latenten Steuern bei Kapital- und KapCo-Gesellschaften gem. § 274 Abs. 2 HGB (z.B. bei handelsrechtlich höherer Abschreibung oder unterlassener Zuschreibung)?	☐	☐	☐	
• die Pflicht zur Passivierung latenter Steuern gem. § 274 Abs. 1 HGB (z.B. bei fehlender oder nicht vollständiger Bilanzierung von steuerlichen Verlustanteilen an Personengesellschaften in der Handelsbilanz von Kapital- und KapCo-Gesellschaften)?	☐	☐	☐	
30. Sind Sie zu dem Ergebnis gekommen, dass die ausgewiesene Position				
• *entsprechend den handelsrechtlichen Vorschriften,*	☐	☐	☐	
• *entsprechend den steuerrechtlichen Vorschriften* bewertet wurde? Bei Abweichungen:	☐	☐	☐	*Vereinzelung der Abweichungen s. unter*

Mandant:	**Finanzanlagen** – Anteile an verbundenen Unternehmen – Beteiligungen – Wertpapiere des Anlagevermögens – Zusätzliche Arbeitshilfe bei Erstellung mit umfassenden Prüfungshandlungen	**D I** – 7 –

Auftrag:

	ja	nein	n.e.	Besonderheiten/Verweise

IV Prüfung des Ausweises

Bei sämtlichen Unternehmen

31. Wurde beim Ausweis zutreffend zwischen der Bilanzierung von
    - Anteilen an verbundenen Unternehmen,
    - Beteiligungen,
    - Wertpapieren des Anlagevermögens
    abgegrenzt?
32. Liegen die Voraussetzungen des Anlagevermögens vor?

Bei Kapital- und KapCo-Gesellschaften (unabhängig von der Größenordnung)

33. Sind Erträge aus Zuschreibungen sowie aus dem Abgang ausgewiesen unter
    - sonstige betriebliche Erträge?
    - außerordentliche Erträge?
34. Sind Aufwendungen aus dem Abgang ausgewiesen unter
    - sonstige betriebliche Aufwendungen?
    - außerordentliche Aufwendungen?
35. Sind
    - die laufenden Erträge als Erträge aus Beteiligungen (ggf. mit davon Vermerk für verbundene Unternehmen),
    - die Abschreibungen als Abschreibungen auf Finanzanlagen
    ausgewiesen?
36. Wurden beim Ausweis im Jahresabschluss (Anhang) beachtet
    a) Angabe der angewandten Bilanzierungs- und Bewertungsmethoden sowie Begründung ihrer Änderungen, § 284 Abs. 2 Nr. 1, 3 HGB,
    b) Angabe von Einflüssen evtl. Bilanzierungs- und Bewertungsänderungen auf die Vermögens-, Finanz- und Ertragslage, § 284 Abs. 2 Nr. 3, 2. HS HGB,
    c) Angabe von gewährten Sicherheiten, § 268 Abs. 7 i.V.m. § 251 HGB, § 285 Nr. 1 HGB,
    d) Grundlagen der Währungsumrechnung, § 284 Abs. 2 Nr. 2 HGB,
    e) Angabe der außerplanmäßigen Abschreibungen nach § 253 Abs. 2 Satz 3 HGB, § 277 Abs. 3 Satz 1 HGB, soweit nicht in der GuV gesondert ausgewiesen,
    f) die Pflicht zur Angabe von Einzelheiten über die Beteiligungsgesellschaft im Anhang, § 285 Nr. 11 HGB?

umfassende Prüfungshandlungen

Mandant:	Finanzanlagen – Anteile an verbundenen Unternehmen – Beteiligungen – Wertpapiere des Anlagevermögens – Zusätzliche Arbeitshilfe bei Erstellung mit umfassenden Prüfungshandlungen	D I – 8 –
Auftrag:		

	ja	nein	n.e.	Besonderheiten/Verweise
g) die Pflicht zur Angabe von Name, Sitz und Rechtsform der Unternehmen, deren unbeschränkt haftender Gesellschafter die Kapitalgesellschaft ist,	☐	☐	☐	
h) Angabepflichten zum persönlich haftenden Gesellschafter einer KapCo-Gesellschaft gem. § 285 Nr. 15 HGB,	☐	☐	☐	
i) die Prüfung, ob sich aus dem Anlagevermögen Angabepflichten im Lagebericht ergeben und ob diese beachtet wurden,	☐	☐	☐	
j) bei Aktiengesellschaften: Die Berichtspflicht über wechselseitige Beteiligungen im Anhang?	☐	☐	☐	
Mittelgroße und große Kapital- und KapCo-Gesellschaften (zusätzlich):				
37. Wird ein Anlagenspiegel ausgewiesen (§ 268 Abs. 2 Satz 1 HGB)?	☐	☐	☐	
38. Wurden die im Berichtsjahr angefallenen Abschreibungen a) in einer Zusatzspalte des Anlagenspiegels oder b) im Anhang oder in einer der Gliederungen des Anlagevermögens entsprechenden Aufgliederung angegeben, § 268 Abs. 2 Satz 3 HGB?	☐ ☐	☐ ☐	☐ ☐	
39. Wurden bei Umbuchungen die historischen Anschaffungskosten sowie die kumulierten Ab- und Zuschreibungen ebenfalls mit umgebucht?	☐	☐	☐	
40. Wurden Bewegungen in das Umlaufvermögen oder vom Umlaufvermögen als Abgänge oder Zugänge ausgewiesen?	☐	☐	☐	
41. Wurden die im Anlagenspiegel oder im Anhang angegebenen Beträge der im Berichtsjahr angefallenen Abschreibungen und Zuschreibungen mit den korrespondierenden GuV-Positionen abgestimmt?	☐	☐	☐	
42. Sind Sie zu dem Ergebnis gekommen, dass für die ausgewiesene Position sämtliche handelsrechtlichen Ausweisvorschriften beachtet wurden?	☐	☐	☐	

V Sonstige Prüfungshandlungen

Mandant:	**Finanzanlagen** – Ausleihungen an verbundene Unternehmen – Ausleihungen an Unternehmen, mit denen ein Beteiligungsverhältnis besteht – Ausleihungen an Gesellschafter – sonstige Ausleihungen – Zusätzliche Arbeitshilfe bei Erstellung mit umfassenden Prüfungshandlungen	**D II** – 1 –
Auftrag:		

	Mitarbeiter	Berichtskritik	verantwortlicher Berufsangehöriger
Name / Unterschrift Datum			

	ja	nein	n.e.	Besonderheiten/Verweise
I Beurteilung des internen Kontrollsystems				
1. Erfolgt eine Trennung nach Ausleihungen an verbundene Unternehmen, an Beteiligungsgesellschaften und nach sonstigen Ausleihungen?	☐	☐	☐	
2. Werden für die Ausleihungen übersichtliche Akten (mit Verträgen, ggf. Grundbuchauszügen neuesten Datums, notariellen Urkunden, Hypotheken und Grundschuldbriefen, etc.) geführt?	☐	☐	☐	
• Gelangen die daraus resultierenden Geschäftsvorfälle zu Kenntnis der Buchhaltung?	☐	☐	☐	
3. Werden die Anlagenkartei, ggf. der Anlagenspiegel regelmäßig mit den Konten der Finanzbuchhaltung abgestimmt?	☐	☐	☐	
4. Bestehen Regeln über die Berechtigung und rechtliche Legitimation zur Vergabe von Ausleihungen?	☐	☐	☐	
• Werden diese Regeln eingehalten?	☐	☐	☐	
5. Wird die vertraglich vereinbarte Verzinsung und Tilgung mit dem tatsächlichen Zahlungseingang abgestimmt?	☐	☐	☐	
6. Ist Funktionentrennung gewährleistet durch Trennung von buchhalterischen, verwaltenden und bearbeitenden Funktionen?	☐	☐	☐	
7. Beurteilung des internen Kontrollsystems **gut / mittel / schlecht*** * (nicht zutreffendes bitte streichen)				
8. Wurde das vorstehende Urteil berücksichtigt a) in der Risikoanalyse?	☐	☐	☐	
b) bei Prüfungsumfang und -intensität der ausgewählten Prüfungshandlung?	☐	☐	☐	
9. Ergeben sich durch das vorstehende Urteil Änderungen der Risikoanalyse? Wenn ja: Beurteilung der geänderten Prüfungssicherheit **gut / mittel / schlecht*** * (nicht zutreffendes bitte streichen)	☐	☐	☐	

umfassende Prüfungshandlungen

Mandant:	**Finanzanlagen**	**D II**
	– Ausleihungen an verbundene Unternehmen	– 2 –
	– Ausleihungen an Unternehmen, mit denen ein Beteiligungsverhältnis besteht	
	– Ausleihungen an Gesellschafter	
	– sonstige Ausleihungen	
	– Zusätzliche Arbeitshilfe bei Erstellung mit umfassenden Prüfungshandlungen	

Auftrag:

	ja	nein	n.e.	Besonderheiten/Verweise

umfassende Prüfungshandlungen

II Prüfung des Nachweises

10. Ist der ausgewiesene Bilanzwert durch
    - die Sachkonten,
    - die Anlagenkartei, das Bestandsverzeichnis und
    - (ggf. bei mittelgroßen und großen Kapital- und KapCo-Gesellschaften) den Anlagenspiegel nachgewiesen?
11. Wurden Anlagenkartei / Bestandsverzeichnis und (ggf.) Anlagenspiegel
    a) rechnerisch überprüft,
    b) mit den Sachkonten abgestimmt?
    c) ggf. mit Saldenbeteiligung abgestimmt?
12. Wurde die Vollständigkeit der Anlagenkartei / des Bestandsverzeichnisses und (ggf.) des Anlagenspiegels durch die jeweiligen Verträge bestätigt?
13. Wurde die vollständige und richtige Erfassung der Ausleihungen und der daraus resultierenden Erträge progressiv überprüft anhand der Vertragsakten, Gesellschafterbeschlüsse, Gesellschafterversammlungsprotokolle, etc.?
14. Wurden die **Zugänge** laut Bestandsnachweis mit den zugrunde liegenden Verträgen abgestimmt?
15. Erfolgte zur Überprüfung der **Abgänge** eine Abstimmung der auf den Personenkonten verbuchten Tilgungen mit den entsprechenden Ausweisen in der Anlagenkartei / dem Bestandsverzeichnis?
16. Entsprechen die als Abgänge verbuchten Tilgungen den vertraglichen Vereinbarungen?
17. Sind bei Ausleihungen an Gesellschafter, diesen nahe stehenden Personen, verbundene Unternehmen und Mitarbeiter die Zinsen angemessen?
18. Wurden Ausleihungen an Gesellschafter geprüft auf
    - Verstoß gegen das Verbot der Stammkapitalrückzahlung (§ 30 GmbHG)?
    - verdeckte Gewinnausschüttungen?
19. *Sind Sie zu dem Ergebnis gekommen, dass die ausgewiesene Position vollständig ausgewiesen wird, die ihr zugrunde liegenden Vermögensgegenstände vorhanden und dem bilanzierenden Unternehmen zuzurechnen sind?*

Mandant:	**Finanzanlagen**	**D II**
	– Ausleihungen an verbundene Unternehmen	– 3 –
	– Ausleihungen an Unternehmen, mit denen ein Beteiligungsverhältnis besteht	
	– Ausleihungen an Gesellschafter	
	– sonstige Ausleihungen	
	– Zusätzliche Arbeitshilfe bei Erstellung mit umfassenden Prüfungshandlungen	

Auftrag:

	ja	nein	n.e.	Besonderheiten/Verweise

III Prüfung der Bewertung

20. Erfolgte die Bewertung zu den in den Vertragsunterlagen ausgewiesenen Anschaffungskosten, die dem ausgezahlten Betrag entsprechen müssen? ☐ ☐ ☐

21. Ist bei der Prüfung der Anschaffungskosten darauf geachtet,
    - dass der ausgezahlte Betrag im Falle einer Zinslosigkeit oder niedrigen Verzinsung abzuzinsen ist? ☐ ☐ ☐
    - dass im Falle einer verdeckten Gewinnausschüttung die angesetzte Gegenleistung angemessen ist? ☐ ☐ ☐
    - dass beim Erwerb gegen Zahlung in Fremdwährung die Umrechnung zutreffend erfolgte? ☐ ☐ ☐
    - dass evtl. Aufzinsungen als Zuschreibung zu erfassen sind? ☐ ☐ ☐

22. Ergeben sich Anhaltspunkte für die Notwendigkeit außerplanmäßiger **Abschreibungen** aufgrund schleppenden Zahlungseingangs? ☐ ☐ ☐

23. Erfolgte im Fall einer außerplanmäßigen Abschreibung eine dementsprechende Bilanzierung im Bereich anderer Bilanzpositionen und zwar
    - bei der gesonderten Aktivierung von Zinsansprüchen? ☐ ☐ ☐

24. Stimmt die handelsrechtliche Bewertung mit der steuerrechtlichen Bewertung überein? ☐ ☐ ☐

25. Haben Sie sich bei der Prüfung der **Zuschreibungen** überzeugt von
    - der Vertretbarkeit des Grundes der Zuschreibung (z. B. Wegfall des Grundes für außerplanmäßige Abschreibungen, Aufzinsungen, etc.)? ☐ ☐ ☐
    - der Beachtung des Zuschreibungswahlrechts bei Einzelkaufleuten und Personengesellschaften, die nicht nach § 264a HGB verpflichtet sind (§ 253 Abs. 5 HGB)? ☐ ☐ ☐
    - der Einhaltung des bei Kapital- und KapCo-Gesellschaften – abgesehen von wenigen Ausnahmen – bestehenden Wertaufholungsgeboten? ☐ ☐ ☐

26. Wurden bei Abweichungen zwischen der Bewertung nach Handels- und Steuerrecht beachtet,
    - das Wahlrecht zur Aktivierung von latenten Steuern bei Kapital- und KapCo-Gesellschaften gem. § 274 Abs. 2 HGB (z. B. bei handelsrechtlich höherer Abschreibung oder unterlassener Zuschreibung)? ☐ ☐ ☐

umfassende Prüfungshandlungen

Mandant:	Finanzanlagen – Ausleihungen an verbundene Unternehmen – Ausleihungen an Unternehmen, mit denen ein Beteiligungsverhältnis besteht – Ausleihungen an Gesellschafter – sonstige Ausleihungen – Zusätzliche Arbeitshilfe bei Erstellung mit umfassenden Prüfungshandlungen	D II – 4 –
Auftrag:		

umfassende Prüfungshandlungen

	ja	nein	n.e.	Besonderheiten/Verweise
• die Pflicht zur Passivierung latenter Steuern gem. § 274 Abs. 1 HGB (z. B. bei fehlender oder nicht vollständiger Bilanzierung von steuerlichen Verlustanteilen an Personengesellschaften in der Handelsbilanz von Kapital- und KapCo-Gesellschaften)?	☐	☐	☐	
27. Sind Sie zu dem Ergebnis gekommen, dass die ausgewiesene Position				
• entsprechend den handelsrechtlichen Vorschriften,	☐	☐	☐	
• entsprechend den steuerrechtlichen Vorschriften bewertet wurde?	☐	☐	☐	
Bei Abweichungen:				Vereinzelung der Abweichungen s. unter

IV Prüfung des Ausweises

Bei sämtlichen Unternehmen

28. Wurde beim Ausweis zutreffend zwischen der Bilanzierung von
    - Ausleihungen an verbundene Unternehmen,
    - Ausleihungen an Unternehmen, mit denen ein Beteiligungsverhältnis besteht,
    - Ausleihungen an Gesellschafter
    - sonstige Ausleihungen
    abgegrenzt?
29. Liegen die Voraussetzungen des Anlagevermögens vor?

Bei Kapital- und KapCo-Gesellschaften (unabhängig von der Größenordnung)

30. Sind Beträge aus Zuschreibungen und aus dem Abgang ausgewiesen unter
    - sonstige betriebliche Erträge?
    - außerordentliche Erträge?
31. Sind Aufwendungen aus dem Abgang ausgewiesen unter
    - sonstige betriebliche Aufwendungen?
    - außerordentliche Aufwendungen?
32. Sind
    - die Zinserträge als Erträge aus anderen Wertpapieren und Ausleihungen des Finanzanlagevermögens (ggf. mit davon-Vermerk für verbundene Unternehmen),
    - die Abschreibungen als Abschreibungen auf Finanzanlagen
    ausgewiesen?

Mandant:	**Finanzanlagen** – Ausleihungen an verbundene Unternehmen – Ausleihungen an Unternehmen, mit denen ein Beteiligungsverhältnis besteht – Ausleihungen an Gesellschafter – sonstige Ausleihungen – Zusätzliche Arbeitshilfe bei Erstellung mit umfassenden Prüfungshandlungen	**D II** – 5 –
Auftrag:		

	ja	nein	n.e.	Besonderheiten/Verweise
33. Wurden beim Ausweis im Jahresabschluss (Anhang) beachtet				
a) Angabe der angewandten Bilanzierungs- und Bewertungsmethoden sowie Begründung ihrer Änderungen, § 284 Abs. 2 Nr. 1, 3 HGB,	☐	☐	☐	
b) Angabe von Einflüssen evtl. Bilanzierungs- und Bewertungsänderungen auf die Vermögens-, Finanz- und Ertragslage, § 284 Abs. 2 Nr. 3, 2. HS HGB,	☐	☐	☐	
c) Angabe von gewährten Sicherheiten, § 268 Abs. 7 i.V.m. § 251 HGB, § 285 Nr. 1 und 2 HGB,	☐	☐	☐	
d) Grundlagen der Währungsumrechnung, § 284 Abs. 2 Nr. 2 HGB,	☐	☐	☐	
e) Angabe der außerplanmäßigen Abschreibungen nach § 253 Abs. 2 Satz 3 HGB, § 277 Abs. 3 Satz 1 HGB, soweit nicht in der GuV gesondert ausgewiesen,	☐	☐	☐	
f) die Prüfung, ob sich aus dem Anlagevermögen Angabepflichten im Lagebericht ergeben und ob diese beachtet wurden,	☐	☐	☐	
Mittelgroße und große Kapital- und KapCo-Gesellschaften (zusätzlich):				
34. Wird ein Anlagenspiegel ausgewiesen (§ 268 Abs. 2 Satz 1 HGB)?	☐	☐	☐	
35. Wurden die im Berichtsjahr angefallenen Abschreibungen				
a) in einer Zusatzspalte des Anlagenspiegels oder	☐	☐	☐	
b) im Anhang oder in einer der Gliederungen des Anlagevermögens entsprechenden Aufgliederung angegeben, § 268 Abs. 2 Satz 3 HGB?	☐	☐	☐	
36. Wurden Bewegungen in das Umlaufvermögen oder vom Umlaufvermögen als Abgänge oder Zugänge ausgewiesen?	☐	☐	☐	
37. Wurden die im Anlagenspiegel oder im Anhang angegebenen Beträge der im Berichtsjahr angefallenen Abschreibungen und Zuschreibungen mit den korrespondierenden GuV-Positionen abgestimmt?	☐	☐	☐	
38. *Sind Sie zu dem Ergebnis gekommen, dass für die ausgewiesene Position sämtliche handelsrechtlichen Ausweisvorschriften beachtet wurden?*	☐	☐	☐	

V Sonstige Prüfungshandlungen

Mandant:	**Vorräte** – Erstellung ohne Prüfungshandlungen – mit Plausibilitätsbeurteilungen – mit umfassenden Prüfungshandlungen	**E** – 1 –
Auftrag:		

	Mitarbeiter	Berichtskritik	verantwortlicher Berufsangehöriger
Name / Unterschrift Datum			

	ja	nein	n.e.	Besonderheiten/Verweise
I Benötigte Unterlagen erhalten?				
• Konten	☐	☐	☐	
• für Roh-, Hilfs- und Betriebsstoffe, unfertige Erzeugnisse und Leistungen sowie Waren:				
▪ Inventar	☐	☐	☐	
▪ Zusammenstellung der Vorräte Dritter	☐	☐	☐	
▪ Bestätigung der bei Dritten gelagerten Vorräte	☐	☐	☐	
▪ Zusammenstellung der Unterwegsware	☐	☐	☐	
▪ Zusammenstellung der abwertungsbedürftigen Vorräte	☐	☐	☐	
▪ Nachweis der Inventurdifferenzen	☐	☐	☐	
▪ (bei umfassender Prüfung) Nachweise über Anschaffungskosten (Lieferantenrechnungen, Frachtrechnungen, Angebote der Lieferanten)	☐	☐	☐	
▪ (bei umfassender Prüfung) Nachweise über Absatzpreise (Ausgangsrechnungen, Lieferverträge, Preislisten, -statistiken, sonstige Preisvereinbarungen)	☐	☐	☐	
▪ Zusammenstellung der sicherungsübereigneten Bestände und der mit Eigentumsvorbehalt	☐	☐	☐	
• für geleistete Anzahlungen:				
▪ Konten	☐	☐	☐	
▪ Saldenliste	☐	☐	☐	
▪ Verträge	☐	☐	☐	
▪ Schriftwechsel	☐	☐	☐	
▪ (bei umfassender Prüfung): Saldenbestätigungen	☐	☐	☐	
II Erstellungsmaßnahmen				
1. Liegt eine Inventur vor?	☐	☐	☐	
2. Wurden evtl. Inventurdifferenzen geklärt?	☐	☐	☐	
3. Wurden die Bilanzierungs- und Bewertungsmethoden hinreichend dokumentiert?	☐	☐	☐	
4. Erfolgte die Bewertung zu Anschaffungs- bzw. zu Herstellungskosten?	☐	☐	☐	
5. Wurden bei der Bewertung zu Anschaffungskosten				
• Anschaffungsnebenkosten sowie ggf.	☐	☐	☐	
• Anschaffungskostenminderungen, insbesondere				
▪ Skonti, Boni, Rabatte,				
▪ zurückgewährte Entgelte berücksichtigt?	☐	☐	☐	

Mandant:	**Vorräte** – Erstellung ohne Prüfungshandlungen – mit Plausibilitätsbeurteilungen – mit umfassenden Prüfungshandlungen	E – 2 –

Auftrag:

	ja	nein	n.e.	Besonderheiten/Verweise
6. Waren bei der Ermittlung der Herstellungskosten, der fertigen und unfertigen Erzeugnisse und Leistungen, die Ausübung von Wahlrechten möglich / gewünscht?	☐	☐	☐	
7. Wurden Bewertungsabschläge bei den Vorräten beachtet (Niederstwertprinzip), insbesondere • Verderb, Lagerschäden, • Ungängigkeit, Überalterung, Trend • Preisverfall • gesunkene Wiederbeschaffungspreise • Verlustaufträge?	☐ ☐ ☐ ☐ ☐	☐ ☐ ☐ ☐ ☐	☐ ☐ ☐ ☐ ☐	
8. Genügen die vorgenommenen Bewertungsabschläge den steuerlichen Anforderungen an die Dauerhaftigkeit (ggf. Abweichung von Handels- und Steuerbilanz)?	☐	☐	☐	
9. Wurde das steuerliche Wertaufholungsgebot beachtet (ggf. Abweichung von Handels- und Steuerbilanz)?	☐	☐	☐	
10. Ist der ausgewiesene Bilanzwert durch • die Sachkonten, • die Inventur • bei geleisteten Anzahlungen durch Saldenlisten nachgewiesen?	☐ ☐ ☐	☐ ☐ ☐	☐ ☐ ☐	
11. Ist eine Gruppenbewertung oder ein Festwertansatz möglich/gewünscht?	☐	☐	☐	
12. Wurden die Grundsätze der Bewertungs- und Bilanzierungsstetigkeit beachtet?	☐	☐	☐	
13. Stimmt die handelsrechtliche Bewertung mit der steuerrechtlichen Bewertung überein?	☐	☐	☐	
14. *Sind Sie zu dem Ergebnis gekommen, dass der Ausweis der Vorräte aus den vorliegenden Unterlagen und Informationen normgerecht abgeleitet wurde?*	☐	☐	☐	

III Vorbereitende Maßnahmen bei Plausibilitätsbeurteilungen und umfassenden Prüfungsmaßnahmen

	ja	nein	n.e.	
15. (Bei Plausibilitätsbeurteilungen:) Wurden nach Maßgabe des Arbeitspapiers Z 30 die vorbereitenden Maßnahmen für Plausibilitätsbeurteilungen veranlasst?	☐	☐	☐	
16. (Bei umfassenden Prüfungshandlungen:) Wurde in dem Arbeitspapier Z 40 ff. die erforderliche Prüfungssicherheit sowie unter Berücksichtigung der Wahrscheinlichkeit von Fehlerrisiken und -hypothesen der Prüfungsumfang und die Prüfungsintensität abschließend bestimmt? Beurteilung der erforderlichen Prüfungssicherheit **gut / mittel / schlecht*** * (nicht zutreffendes bitte streichen)	☐	☐	☐	

Mandant:	Vorräte – Erstellung ohne Prüfungshandlungen – mit Plausibilitätsbeurteilungen – mit umfassenden Prüfungshandlungen	E – 3 –
Auftrag:		

		ja	nein	n.e.	Besonderheiten/Verweise
Plausibilitätsbeurteilungen	**IV Maßnahmen zur Beurteilung der Plausibilität** 17. Liegen die Voraussetzungen für die Ordnungsmäßigkeit des praktizierten Inventurverfahrens vor? • Ausgeweitete Stichtagsinventur: ▪ Zeitnähe innerhalb einer Frist von 10 Tagen vor oder nach dem Stichtag? ▪ Fortschreibung auf den Stichtag anhand von Belegen oder besonderen Aufzeichnungen? • Vor- oder nachverlegte Stichtagsinventur: ▪ Ordnungsmäßigkeit des Fortschreibungs- oder Rückrechnungsverfahrens? • Permanente Inventur: ▪ jährlicher Aufnahmeplan ▪ Angabe des Tages der körperlichen Bestandsaufnahme in der Lagerkartei ▪ Protokoll über Durchführung und Ergebnis der Aufnahme mit Datum und Unterschrift des Aufnehmenden ▪ alle Bestände, Zu- und Abgänge werden einzeln nach Tag, Art und Menge eingetragen und belegmäßig nachgewiesen ▪ Inventurdifferenzen werden berücksichtigt • Stichprobeninventur: ▪ Lagerbuchführung und -organisation werden den Anforderungen gerecht ▪ Anwendung eines anerkannten mathematisch-statistischen Verfahrens ♦ eindeutige Abgrenzung der Grundgesamtheit ♦ Gewährleistung der Zufallsauswahl ♦ ausreichender Stichprobenumfang ▪ Inventurbeobachtung durch den Abschlussprüfer • automatisch gesteuerte Lagerhaltungssysteme: ▪ ordnungsgemäße Lagerbuchführung und -organisation ▪ Einrichtung zusätzlicher Kontrollen ▪ mindestens einmal im Jahr werden die nicht bewegten Gegenstände körperlich aufgenommen ▪ bewegte Gegenstände werden in Stichproben überprüft 18. Haben Sie durch Befragung festgestellt, ob Teile der Vorräte Konsignationsware anderer darstellen sowie ob eigene Vorräte bei Dritten aufbewahrt werden oder als Konsignationsware bei Dritten lagern 19. Haben Sie durch Befragung festgestellt, ob die dokumentierten Bilanzierungs- und Bewertungsmethoden angewandt wurden?	☐	☐	☐	

Mandant:	**Vorräte**	E
	– Erstellung ohne Prüfungshandlungen	– 4 –
	– mit Plausibilitätsbeurteilungen	
	– mit umfassenden Prüfungshandlungen	

Auftrag:

	ja	nein	n.e.	Besonderheiten/Verweise

20. Haben Sie durch Befragung festgestellt, ob dem Niederstwertprinzip bei der Vorratsbewertung hinreichend Rechnung getragen wurde? ☐ ☐ ☐

21. Haben Sie durch Befragung festgestellt, ob Verluste im Auftragsbestand hinreichend erfasst und in der Bilanz entsprechend dem Imparitätsprinzip berücksichtigt wurden? ☐ ☐ ☐

22. Liegen ggf. die Voraussetzungen für die Bildung eines Festwerts vor
    - nur für Roh-, Hilfs- und Betriebsstoffe ☐ ☐ ☐
    - von nachrangiger Bedeutung, sofern ☐ ☐ ☐
    - Bestand hinsichtlich Größe, Wert und Zusammensetzung nur geringen Änderungen unterliegt? ☐ ☐ ☐

23. Haben Sie durch Befragung festgestellt, ob bei längerfristiger Fertigung / Montage sichergestellt ist, dass die Gewinnrealisierung erst bei Annahme eines Teilauftrages erfolgt? ☐ ☐ ☐

24. Haben Sie zum Abschluss der Arbeiten bei den Vorräten den Wert und die Umschlagshäufigkeit wesentlicher Vorratsarten verglichen und sich unplausible Abweichungen von der Geschäftsführung erläutern lassen? ☐ ☐ ☐

25. Haben Sie ggf. stattdessen den Verbrauch einzelner wesentlicher Vorratsarten nach folgender Formel ermittelt: ☐ ☐ ☐

    Anfangsbestand am Stichtag der Eröffnungsbilanz
    + zugängigem Geschäftsjahr
    – Endbestand am Stichtag der Schlussbilanz
    = Verbrauch im Geschäftsjahr, das ist der Verbrauch der betreffenden Vorratsart in der GuV-Rechnung

26. Haben Sie sich unplausible Abweichungen von der Geschäftsführung erläutern lassen? ☐ ☐ ☐

27. Sonstige Maßnahmen? ☐ ☐ ☐

28. *Bestehen nach Ihren Plausibilitätsbeurteilungen an der Ordnungsmäßigkeit der zugrunde liegenden Bücher und Nachweise keine Zweifel?* ☐ ☐ ☐

Plausibilitätsbeurteilungen

Mandant:	Vorräte – Inventurprüfung – Zusätzliche Arbeitshilfe bei Erstellung mit umfassenden Prüfungshandlungen	E I – 1 –

Auftrag:

	Mitarbeiter	Berichtskritik	verantwortlicher Berufsangehöriger
Name / Unterschrift Datum			

	ja	nein	n.e.	Besonderheiten/Verweise

Benötigte Unterlagen erhalten ?
- Inventurrichtlinien
- Lageplan der einzelnen Lager
- Musteraufnahmebelege

Prüfungshandlungen

I **Vorbereitung der Teilnahme an der Inventur**
   1. Wurden die schriftlichen Inventuranweisungen überprüft und eventuell erforderliche Verbesserungen für die bevorstehende Aufnahme angeregt?
   2. Wurde überprüft, ob
      - die Art der Lagerung eine ordnungsgemäße Aufnahme zulässt?
      - die Lager nach Bereichen unterteilt sind?
      - vornummerierte Aufnahmevordrucke verwendet werden?
      - aufzunehmendes Material von nicht aufzunehmenden Material getrennt ist?
      - die Verantwortlichkeit nach Bereichen abgegrenzt ist?
      - für die Inventuraufnahme Gruppen (mindestens bestehend aus einem Zähler und einem Schreiber) gebildet worden sind?
      - das Personal, das die Inventur durchführt, entsprechend unterwiesen ist?
   3. Ist die Begründung, die für eine Nichtaufnahme bestimmter Materialien gegeben wurde, einleuchtend?
   4. Welche Inventurmaßnahmen sollen Doppelzählungen und Auslassungen verhindern:
      - Zählung erfolgt in der Reihenfolge der Lagerung?
      - Gezählte Güter werden markiert?
      - Sonstige Maßnahmen?
   5. Wird die Inventur von unabhängiger Stelle kontrolliert?
   6. Erfolgen bei Abweichungen vom Buchbestand unabhängige erneute Zählungen?
   7. Ist Fremdeigentum eindeutig identifizierbar und wird es gesondert erfasst?
   8. Wird für die Erfassung die Hilfe eines Sachverständigen benötigt?
   9. Sind ggf. entsprechende Vorkehrungen getroffen?

Mandant:	**Vorräte**	E I
	– Inventurprüfung	– 2 –
	– Zusätzliche Arbeitshilfe bei Erstellung mit umfassenden Prüfungshandlungen	

Auftrag:

	ja	nein	n.e.	Besonderheiten/Verweise

10. Wie werden Vorräte erfasst, die in Behältern oder auf Halden gelagert werden? ☐ ☐ ☐
11. Wird die getrennte Erfassung von unfertigen Erzeugnissen, Fertigerzeugnissen und Rohstoffen gewährleistet? ☐ ☐ ☐
    - Auf welche Weise?
12. Wird der Fertigungsgrad unfertiger Erzeugnisse festgestellt? ☐ ☐ ☐
    a) Materialeinzelkosten? ☐ ☐ ☐
        - Auf welche Weise?
    b) Lohneinzelkosten? ☐ ☐ ☐
        - Auf welche Weise?
    c) Gemeinkosten? ☐ ☐ ☐
        - Auf welche Weise?
    d) Sonstiges (Zölle, Verbrauchsteuern, etc.)? ☐ ☐ ☐
        - Auf welche Weise?
13. Werden bei der Aufnahme hinreichend deutlich gekennzeichnet:
    - wenig gängiges,
    - nicht mehr voll verwertbares Material? ☐ ☐ ☐
    - Vorräte, die im Aufnahmebereich lagern, aber von einem anderen Aufnahmebereich verwaltet werden? ☐ ☐ ☐
    - Material für Investitionen, das bereits auf Kostenstellen verbucht ist? ☐ ☐ ☐
14. Wurden Zweifelsfragen in der Vorbereitungsphase mit der Inventurleitung besprochen? ☐ ☐ ☐
15. Wurden Regeln für die Auswahl von Stichproben bei der Prüfung der Inventuraufnahme vorgegeben? ☐ ☐ ☐ s. unter ...
    Welche?

II Prüfung der Aufnahme

16. Sind Sie vor der Aufnahme durch das Lager gegangen, um einen ersten Überblick zu gewinnen? ☐ ☐ ☐
17. Wurden die Artikel in der Reihenfolge ihrer Lagerung aufgenommen? ☐ ☐ ☐
18. Wurden identische Artikel nur an einem Ort gelagert? ☐ ☐ ☐
19. Wurden die aufgenommenen Bestände durch Klebezettel, Signierung mit Farbe oder Kreide, etc. gekennzeichnet
    - für die erste Zählung? ☐ ☐ ☐
    - (falls so gehandhabt) unterscheidbar für die zweite Zählung? ☐ ☐ ☐
20. Sind die Aufnahmevordrucke vornummeriert? ☐ ☐ ☐
21. Sind die Eintragungen in den Aufnahmevordrucken korrekt und zwar
    - an dem richtigen Ort und der richtigen Stelle? ☐ ☐ ☐
    - mit Kugelschreiber, etc. (d.h. nicht mit Bleistiften)? ☐ ☐ ☐
    - vollständige Eintragungen (d.h. es werden keine Zeilen freigelassen)? ☐ ☐ ☐

umfassende Prüfungshandlungen

| | Mandant: | **Vorräte**
– Inventurprüfung
– Zusätzliche Arbeitshilfe bei Erstellung mit umfassenden Prüfungshandlungen | E I
– 3 – |

Auftrag:

		ja	nein	n.e.	Besonderheiten/Verweise
umfassende Prüfungshandlungen	• mit Unterschrift des Zählenden und des Schreibers auf jedem beschriebenen Aufnahmevordruck?	☐	☐	☐	
	• ohne Vernichtung verschriebener Aufnahmezettel (sie müssen ebenfalls zurückgegeben werden)?	☐	☐	☐	
	22. Sind eventuell an den Beständen angebrachte Lagerfachkarten vor der Aufnahme entfernt worden?	☐	☐	☐	
	23. Ist sichergestellt, dass das Aufnahmepersonal keinen Zugang zur Lagerkartei hat?	☐	☐	☐	
	24. Sind besonders gekennzeichnet worden				
	• wenig gängiges,	☐	☐	☐	
	• nicht mehr voll verwertbares Material?	☐	☐	☐	
	• Vorräte, die im Aufnahmebereich lagern, aber von einem anderen Aufnahmebereich verwaltet werden?	☐	☐	☐	
	• Material für Investitionen, das bereits auf Kostenstellen verbucht ist?	☐	☐	☐	
	25. Ist die Genauigkeit bei mechanischen Verfahren (Wiegen, Messen, Schätzen) hinreichend?	☐	☐	☐	
	26. Wurden wertvolle Materialien besonders sorgfältig aufgenommen?	☐	☐	☐	
	27. Ist sichergestellt, dass Warenbewegungen während der Inventur nicht erfolgen?	☐	☐	☐	
	28. Ist sichergestellt,				
	• dass nur dem Mandanten gehörendes Material aufgenommen wird und dass Fremdvorräte entsprechend gekennzeichnet werden?	☐	☐	☐	
	• dass auch Hilfsstoffe aufgenommen werden, sofern erforderlich (Verpackung, Büromaterial, Prospekt, Kleinwerkzeuge, etc.)?	☐	☐	☐	
	• dass Gegenstände, die zum Anlagevermögen gehören, gesondert verzeichnet werden, sofern sie überhaupt aufgenommen werden (z.B. Werkzeuge, Behälter, Gerüste, etc.)?	☐	☐	☐	
	• dass Bestände, die für verbundene Unternehmen verwaltet oder in Konsignation geführt werden, gesondert aufgenommen werden?	☐	☐	☐	
	29. Wurde darauf geachtet, dass tatsächlich gezählt wird (keine Abschreibung von eventl. Lagerfachkarten oder Vorzählungseintragungen; original verpackte Waren brauchen im allgemeinen nicht geöffnet zu werden, falls der Inhalt deutlich gekennzeichnet oder auf andere Weise einwandfrei zu ermitteln ist)?	☐	☐	☐	
	30. Wurden diejenigen Posten, die nicht körperlich gezählt, sondern geschätzt oder durch andere Annäherungsverfahren ermittelt wurden, gesondert festgehalten?	☐	☐	☐	
	31. Haben Sie sich davon überzeugt, dass Warenbewegungen während der Inventur nicht erfolgten?	☐	☐	☐	
	32. Wurde während der Prüfung auch besonders auf unzugängliche Ecken oder darauf geachtet, dass hohe Stapel in der Mitte nicht hohl sind?	☐	☐	☐	

Mandant:	Vorräte – Inventurprüfung – Zusätzliche Arbeitshilfe bei Erstellung mit umfassenden Prüfungshandlungen	E I – 4 –

Auftrag:

	ja	nein	n.e.	Besonderheiten/Verweise
33. Haben Sie in den Arbeitspapieren sowohl • den Stichprobenumfang der Prüfung als auch • die ausgewählten Posten vermerkt, so dass später eine Prüfung der ordnungsgemäßen Übernahme von den Aufnahmevordrucken in die endgültige Inventurliste möglich ist (Artikelbezeichnung, Artikelnummer, Stückzahl, Gewicht, Aufnahmeort, Zustand)?	☐	☐	☐	
34. Konnte darauf verzichtet werden, den Stichprobenumfang während der Aufnahme wegen festgestellter Aufnahmefehler auszudehnen?	☐	☐	☐	
35. Wurden die Aufnahmevordrucke unmittelbar in die endgültige Inventurliste übernommen?	☐	☐	☐	
• Falls nein: Wurde die Übertragung der Werte von den Aufnahmezetteln in die Aufnahmeblätter überprüft?	☐	☐	☐	
36. Wurden nicht gängige und nicht vollwertige Vorratsposten in den Arbeitspapieren derart festgehalten, dass eine Identifizierung dieser Posten im Rahmen der späteren Prüfung des Jahresabschlusses möglich ist?	☐	☐	☐	
37. Wurden die Bestände mit der Lagerkartei abgestimmt und Inventurdifferenzen festgehalten?	☐	☐	☐	
38. Wurden die Nummern der benutzten und der nicht genutzten Aufnahmevordrucke, Aufnahmeblätter und Aufnahmelisten in den Arbeitspapieren vermerkt?	☐	☐	☐	
39. Wurden zur Vorbereitung einer Cut-off-Prüfung die letzten Warenein- und -ausgänge vor dem Inventurstichtag erfasst?	☐	☐	☐	

III Prüfung nach Abschluss der Aufnahme

	ja	nein	n.e.	Besonderheiten/Verweise
40. Wurde vor der Freigabe des Lagers noch einmal auf die Vollständigkeit der Aufnahme geachtet?	☐	☐	☐	
• Alle Lagerposten sollten eine Kennzeichnung über die erfolgte Aufnahme aufweisen!	☐	☐	☐	
41. Wurde darauf geachtet, dass das Lager – oder entsprechende Teile davon – erst nach Abschluss der Inventur und nach nochmaligem Rundgang durch den Prüfer freigegeben wird?	☐	☐	☐	
42. Beurteilung der Aufnahme durch den Prüfer:				
• War die Aufnahme ordnungsgemäß vorbereitet?	☐	☐	☐	
• Erfolgte die Aufnahme entsprechend den Vorgaben?	☐	☐	☐	
• War das Aufnahme- und Überwachungspersonal qualifiziert?	☐	☐	☐	
• War die Aufnahme vollständig?	☐	☐	☐	
• Geht die Inventurliste einwandfrei aus den Original-Aufnahmebelegen hervor?	☐	☐	☐	

umfassende Prüfungshandlungen

Mandant:	**Vorräte** – Inventurprüfung – Zusätzliche Arbeitshilfe bei Erstellung mit umfassenden Prüfungshandlungen	E I – 5 –
Auftrag:		

	ja	nein	n.e.	Besonderheiten/Verweise
IV Sonstige Prüfungshandlungen				

umfassende Prüfungshandlungen

Mandant:	**Vorräte** – Roh-, Hilfs- und Betriebsstoffe – Zusätzliche Arbeitshilfe bei Erstellung mit umfassenden Prüfungshandlungen	**E II** – 1 –

Auftrag:

	Mitarbeiter	Berichtskritik	verantwortlicher Berufsangehöriger
Name / Unterschrift Datum			

	ja	nein	n.e.	Besonderheiten/Verweise

I Beurteilung des internen Kontrollsystems

1. Wurde von den in Betracht kommenden Inventurverfahren die zweckmäßigste unter Berücksichtigung der Lagergröße und der zu lagernden Güter ausgewählt?
2. Werden die Inventurunterlagen von Personen verwahrt, die vom Lagerpersonal unabhängig sind?
3. Erfolgt mindestens einmal jährlich eine körperliche Bestandsaufnahme?
   - Ausnahmen (bitte im einzelnen angeben):
4. Ist es gewährleistet, dass die Beschädigung, die Zerstörung oder der Diebstahl/die Unterschlagung von Vorräten verhindert wird?
5. Ist bei dem Wareneingang sichergestellt,
   - dass eine Eingangskontrolle durchlaufen wird, die vom Einkauf unabhängig ist?
   - dass Mängel und Beschaffenheit aller Materialien vor der Eingangskontrolle geprüft werden?
   - dass für jeden Wareneingang ein Eingangsschein von der Eingangskontrolle ausgestellt wird?
   - dass Wareneingänge mit Bestellungen abgestimmt werden?
   - dass Warenrücksendungen autorisiert erfolgen und buchmäßig getrennt erfasst werden?
   - dass zur Vermeidung von Unterschlagungen bei Gratislieferungen, Nachlieferungen oder Lieferungen, denen keine Bestellung zugrunde liegt, Kontrollen vorgesehen sind?
   - dass bei wesentlicher Einkaufstätigkeit auch die Lebensführung der Einkäufer im Hinblick auf mögliche Unterschlagungen, etc. kontrolliert wird?
   - dass eine buchmäßige Synchronisation von Wareneingängen und entsprechenden Belastungen bzw. Warenrücksendungen und entsprechenden Gutschriften in der gleichen Rechnungsperiode erfolgt?
   - dass Funktionenkollisionen vermieden werden (Kreditorenbuchhalter darf keinen Einfluss auf Bestellung, Wareneingang, Zahlungsmodalitäten, keinen Zugang zu Geldvorräten, etc. haben)?

umfassende Prüfungshandlungen

Mandant:	**Vorräte** – Roh-, Hilfs- und Betriebsstoffe – Zusätzliche Arbeitshilfe bei Erstellung mit umfassenden Prüfungshandlungen	E II – 2 –
Auftrag:		

		ja	nein	n.e.	Besonderheiten/Verweise
umfassende Prüfungshandlungen	6. Ist im Bereich der Lagerverwaltung sichergestellt,				
	• dass sämtliche Materialien in hierfür bestimmten Lagern untergebracht sind und nicht dort, wo gerade Platz ist?	☐	☐	☐	
	• dass eine ausreichende körperliche und buchmäßige Kontrolle besteht über				
	▪ Dritten gehörende Ware?	☐	☐	☐	
	▪ Lagerhüter, wenig gängiges oder nicht mehr voll verwertbares Material?	☐	☐	☐	
	▪ Nebenprodukte?	☐	☐	☐	
	• dass ausreichende Kontrolle über Materialien in Lagern außerhalb des Unternehmens besteht?	☐	☐	☐	
	• dass ausreichende Sicherheitsmaßnahmen zur Verhinderung von Unterschlagungen und Diebstählen existieren (z.B. Aufsicht von Lagerverwaltern, etc.)?	☐	☐	☐	
	• dass Anforderungsscheine notwendig sind, um Güter aus dem Lager zu entnehmen?	☐	☐	☐	
	• dass Anordnungen über die Rücknahme unverbrauchten oder überzähligen Materials bestehen?	☐	☐	☐	
	• dass Lagerfachkarten verwandt werden?	☐	☐	☐	
	• dass die Mengen und Werte in einer Lagerbuchführung fortgeschrieben werden?	☐	☐	☐	
	• dass der Lagerausgang durch Abstimmung der Warenentnahmescheine einer Periode mit den Eintragungen auf den Lagerfachkarten und der Abgang in der Lagerbuchführung erfasst wird?	☐	☐	☐	
	• dass die monatlichen Lagerbewegungen laut Lagerbuchführung mit den Zu- und Abgängen der Konten Roh-, Hilfs- und Betriebsstoffe der Hauptbuchhaltung abgestimmt werden?	☐	☐	☐	
	• dass Waren und Belegdurchlaufzeit synchronisiert werden?	☐	☐	☐	
	• dass Funktionenkollisionen vermieden werden (Trennung von Lagerbuchhaltung / Lagerverwaltung und Rechnungserteilung oder Rechnungseingang)?	☐	☐	☐	
	7. Wird die Bestandsbewertung unterjährig intern überprüft?	☐	☐	☐	
	8. Werden Menge und Wert für jede Festwertgruppe ordnungsgemäß dokumentiert?	☐	☐	☐	
	9. Werden Sicherungsübereignungen und Eigentumsvorbehalte vollständig erfasst?	☐	☐	☐	
	10. Beurteilung des internen Kontrollsystems **gut / mittel / schlecht*** * (nicht zutreffendes bitte streichen)				
	11. Wurde das vorstehende Urteil berücksichtigt				
	a) in der Risikoanalyse?	☐	☐	☐	
	b) bei Prüfungsumfang und -intensität der ausgewählten Prüfungshandlungen?	☐	☐	☐	

Mandant:	Vorräte
	– Roh-, Hilfs- und Betriebsstoffe
	– Zusätzliche Arbeitshilfe bei
	  Erstellung mit umfassenden
	  Prüfungshandlungen
		E II
		– 3 –

Auftrag:		

	ja	nein	n.e.	Besonderheiten/Verweise
12. Ergeben sich durch das vorstehende Urteil Änderungen der Risikoanalyse? Wenn ja: Beurteilung der geänderten Prüfungssicherheit **gut / mittel / schlecht*** * (nicht zutreffendes bitte streichen)	☐	☐	☐	

II Prüfung des Nachweises

13. Ist der ausgewiesene Bilanzwert durch
    - die Sachkonten,
    - die Inventur

    nachgewiesen?

14. Liegen die Voraussetzungen für das praktizierte Inventurverfahren vor?
    - Ausgeweitete Stichtagsinventur:
      - Zeitnähe innerhalb einer Frist von 10 Tagen vor oder nach dem Stichtag?
      - Fortschreibung auf den Stichtag anhand von Belegen oder besonderen Aufzeichnungen?
    - Vor- oder nachverlegte Stichtagsinventur:
      - Ordnungsmäßigkeit des Fortschreibungs- oder Rückrechnungsverfahrens?
    - Permanente Inventur:
      - jährlicher Aufnahmeplan
      - Angabe des Tages der körperlichen Bestandsaufnahme in der Lagerkartei
      - Protokoll über Durchführung und Ergebnis der Aufnahme mit Datum und Unterschrift des Aufnehmenden
      - alle Bestände, Zu- und Abgänge werden einzeln nach Tag, Art und Menge eingetragen und belegmäßig nachgewiesen
      - Inventurdifferenzen werden berücksichtigt
    - Stichprobeninventur:
      - Lagerbuchführung und -organisation werden den Anforderungen gerecht
      - Anwendung eines anerkannten mathematisch-statistischen Verfahrens
        - eindeutige Abgrenzung der Grundgesamtheit
        - Gewährleistung der Zufallsauswahl
        - ausreichender Stichprobenumfang
      - Inventurbeobachtung durch den Abschlussprüfer
    - automatisch gesteuerte Lagerhaltungssysteme:
      - ordnungsgemäße Lagerbuchführung und -organisation
      - Einrichtung zusätzlicher Kontrollen
      - mindestens einmal im Jahr werden die nicht bewegten Gegenstände körperlich aufgenommen
      - bewegte Gegenstände werden in Stichproben überprüft

15. Sind die Vorräte absolut oder relativ von Bedeutung?

Mandant:	**Vorräte** − Roh-, Hilfs- und Betriebsstoffe − Zusätzliche Arbeitshilfe bei Erstellung mit umfassenden Prüfungshandlungen	E II − 4 −

Auftrag:

		ja	nein	n.e.	Besonderheiten/Verweise
	16. Bei Teilnahme des Abschlussprüfers an der körperlichen Bestandsaufnahme:				
	• Wurde das Arbeitspapier E I ff. aufgenommen?	☐	☐	☐	
	• Wurde die mengenmäßige Erfassung der während der Aufnahme festgehaltenen Posten in einzelne Inventurzusammenstellungen überprüft?	☐	☐	☐	
	• Wurden Bestände von erheblichem Wert, die nicht zu den Stichproben zählten, in ausgewählten Fällen durch Mengenfortschreibung mit dem Buchbestand abgestimmt?	☐	☐	☐	
	• Basiert die endgültige Inventurliste nur auf Aufnahmevordrucken oder Listen, die während der Aufnahme als „benutzt" bezeichnet wurden?	☐	☐	☐	
umfassende Prüfungshandlungen	17. Bei Nichtteilnahme an der Inventur: Sind geeignete alternative Prüfungshandlungen vorgenommen worden, insbesondere				
	• Durchsicht des Hauptbuchkontos?	☐	☐	☐	
	• Überprüfung der Wareneingangsmeldungen mit Buchungen auf den Warenkonten?	☐	☐	☐	
	• Abstimmung zwischen Wareneingang, Lieferantenrechnung und Bezahlung der Lieferantenrechnung?	☐	☐	☐	
	• Überprüfung der externen Versandbelege (Frachtbriefe, Übernahmebestätigungen bei Selbstabholung) und Versandanzeige mit Buchung auf den Warenkonten?	☐	☐	☐	
	• Abstimmung zwischen Warenausgang, Einbuchung der Forderungen und Einlösung der Forderungen?	☐	☐	☐	
	• Ermittlung des Verbrauchs der einzelnen Hilfs- und Betriebsstoffe nach folgender Formel: Anfangsbestand am Stichtag der Eröffnungsbilanz + Zugänge im Geschäftsjahr ./. Endbestand am Stichtag der Schlussbilanz = Verbrauch im Geschäftsjahr, das ist der Verbrauch an Roh-, Hilfs- und Betriebsstoffen in der GuV-Rechnung				s. Arbeitspapier ...
	• Kontrollrechnung zur Zeit der Prüfung und Rückrechnung auf den Endbestand am Stichtag der Schlussbilanz anhand der Zugänge und des Verbrauchs im laufenden Geschäftsjahr?	☐	☐	☐	
	• Versendung von Bestätigungen an Kunden und Lieferanten?	☐	☐	☐	
	• Durchsicht aller Unterlagen auf ungewöhnliche Transaktionen?	☐	☐	☐	
	18. Ist das Inventar in ausreichendem Umfang rechnerisch überprüft worden (Beachtung möglicher Kommafehler bei der Multiplikation von Menge und Wert; Beziehung des anzusetzenden Werts auf die richtige Mengeneinheit)?	☐	☐	☐	

Mandant:	Vorräte – Roh-, Hilfs- und Betriebsstoffe – Zusätzliche Arbeitshilfe bei Erstellung mit umfassenden Prüfungshandlungen	E II – 5 –

Auftrag:

	ja	nein	n.e.	Besonderheiten/Verweise
19. Liegt bei Verwahrung von Vermögensgegenständen bei Dritten eine Bestätigung des Verwahrers vor?	☐	☐	☐	
• ggf.: Anforderung einer Bestätigung beim Verwahrer gem. Beispiel Z 50	☐	☐	☐	
20. Liegen die Voraussetzungen für die Bildung eines Festwerts vor				
• nur für Roh-, Hilfs- und Betriebsstoffe	☐	☐	☐	
• von nachrangiger Bedeutung, sofern				
• Bestand hinsichtlich Größe, Wert und Zusammensetzung nur geringen Änderungen unterliegt?	☐	☐	☐	
21. Sind Sie zu dem Ergebnis gekommen, dass die ausgewiesene Position vollständig ausgewiesen wird, die ihr zugrunde liegenden Vermögensgegenstände vorhanden und dem bilanzierenden Unternehmen zuzurechnen sind?	☐	☐	☐	

III Prüfung der Bewertung

	ja	nein	n.e.	Besonderheiten/Verweise
22. Erfolgte die Bewertung zu den in den Vertragsunterlagen und Abrechnungen ausgewiesenen Anschaffungskosten?	☐	☐	☐	
23. Ist bei der Prüfung der Anschaffungskosten darauf geachtet,				
• dass der Beleg sachlich und rechnerisch richtig ist?	☐	☐	☐	
• dass Bestellung und Auftragsbestätigung bzw. Kaufvertrag kontrolliert wurden?	☐	☐	☐	
• dass im Falle einer verdeckten Gewinnausschüttung oder einer verdeckten Einlage der Anschaffungspreis angemessen ist?	☐	☐	☐	
24. Wurden die Anschaffungsnebenkosten progressiv überprüft anhand der Eingangsrechnungen für				
• Frachten,	☐	☐	☐	
• Transportversicherung,	☐	☐	☐	
• Zölle,	☐	☐	☐	
• Provisionen,	☐	☐	☐	
• Lagergeld,	☐	☐	☐	
• Prozessaufwendungen, sofern mit ihnen von vornherein zu rechnen war?	☐	☐	☐	
• Schmiergelder, sofern sie in einem engen wirtschaftlichen Zusammenhang mit der Anschaffung stehen?	☐	☐	☐	
25. Wurde im Fall einer Pauschalierung der Anschaffungsnebenkosten deren Plausibilität überprüft?	☐	☐	☐	
26. Wurde bei der Anwendung von Vereinfachungsverfahren für die Ermittlung der Anschaffungskosten deren handels- bzw. steuerrechtliche Zulässigkeit und deren richtige Anwendung überprüft, und zwar beim Durchschnittsverfahren:				
• ob der Anfangsbestand mit einbezogen wurde,	☐	☐	☐	

umfassende Prüfungshandlungen

Mandant:	Vorräte – Roh-, Hilfs- und Betriebsstoffe – Zusätzliche Arbeitshilfe bei Erstellung mit umfassenden Prüfungshandlungen	E II – 6 –

Auftrag:

	ja	nein	n.e.	Besonderheiten/Verweise

umfassende Prüfungshandlungen

- ob die Fortschreibung der Durchschnittswerte aufgrund der tatsächlichen (chronologischen Reihenfolge der) Zugänge bzw. Zu- und Abgänge vorgenommen wurde und ☐ ☐ ☐
- ob Buchwerte ausgebucht wurden, wenn der mengenmäßige Bestand Null erreicht hat? ☐ ☐ ☐

bei Anwendung Lifo-Methode, ob die steuerrechtlichen Voraussetzungen vorliegen, nämlich
- Gewinnermittlung nach § 5 EStG, ☐ ☐ ☐
- gleichartige Wirtschaftsgüter des Vorratsvermögens, ☐ ☐ ☐
- Lifo-Verbrauchsfolge entspricht den handelsrechtlichen GoB, ☐ ☐ ☐

bei den übrigen handelsrechtlichen, neben der Lifo-Methode anwendbaren Verbrauchsfolgeverfahren
- ob durch die Art der Lagerhaltung sichergestellt ist, dass die unterstellte Verbrauchsfolge tatsächlich gegeben ist? ☐ ☐ ☐

27. Haben Sie sich bei **Abschreibungen** von dem hierfür gegebenen Grund
    - durch Bildung eines eigenen Urteils über die Risiken des Beschaffungs- oder Absatzmarktes, ☐ ☐ ☐
    - durch Befragung der zuständigen Personen,
    - durch erforderlichenfalls Hinziehung von Sachverständigen ☐ ☐ ☐

    überzeugt?

28. Haben Sie progressiv in Stichproben die Notwendigkeit von Abschreibungen überprüft durch Vergleich der Anschaffungskosten einerseits mit
    - amtlichen Notierungen, Aufzeichnungen von Verbänden, Wirtschaftsvereinigungen, Handelskammern und anderen Statistiken sowie die Aufzeichnungen des Unternehmens über den Börsen- und Marktpreis (des Beschaffungsmarktes; bei Überbeständen: des Absatzmarktes)? ☐ ☐ ☐
    - geeigneten Unterlagen über einen niedrigeren beizulegenden Wert oder einen niedrigeren Wert wegen zukünftiger Wertschwankungen (z.B. Inventurunterlagen von gleichartigen Zweigniederlassungen über dieselben Materialien, etc.)? ☐ ☐ ☐

29. Wurden die Abschreibungen rechnerisch richtig ermittelt? ☐ ☐ ☐

30. Haben Sie sich bei der Prüfung von **Zuschreibungen** überzeugt
    - von der Vertretbarkeit des Grundes (z.B. Wegfall des Grundes für außerplanmäßige Abschreibungen, Angleichung an die Werte der Steuerbilanz, Fusionen, Umwandlungen, Ausscheiden eines Gesellschafters einer Personenunternehmung, etc.)? ☐ ☐ ☐

Mandant:	Vorräte – Roh-, Hilfs- und Betriebsstoffe – Zusätzliche Arbeitshilfe bei Erstellung mit umfassenden Prüfungshandlungen	E II – 7 –

Auftrag:

	ja	nein	n.e.	Besonderheiten/Verweise
• von der Beachtung des Zeitwerts sowie der Anschaffungskosten, die nicht überschritten werden dürfen?	☐	☐	☐	
• von der rechnerisch zutreffenden Ermittlung der Zuschreibung?	☐	☐	☐	
31. Haben Sie sich durch progressive Prüfung davon überzeugt, dass Kapital- und KapCo-Gesellschaften die nach § 280 Abs. 1 HGB grundsätzlich bestehende Pflicht zur Wertaufholung bei Wegfall der Gründe für eine außerplanmäßige Abschreibung beachtet haben?	☐	☐	☐	
32. Stimmt die handelsrechtliche Bewertung mit der steuerrechtlichen Bewertung überein?	☐	☐	☐	
33. Wurden bei Abweichung zwischen der Bewertung nach Handels- und Steuerrecht beachtet:				
• das Wahlrecht zur Aktivierung von latenten Steuern bei Kapital- und KapCo-Gesellschaften nach § 274 Abs. 2 HGB (z. B. bei steigenden Preisen und Anwendung der Lifo-Methode in der Handelsbilanz statt der Durchschnittsbewertung in der Steuerbilanz)?	☐	☐	☐	
• die Pflicht zur Passivierung latenter Steuern gem. § 274 Abs. 1 HGB (z. B. bei steigenden Preisen und Anwendung der Fifo-Methode in der Handelsbilanz gegenüber der Durchschnittsbewertung in der Steuerbilanz)?	☐	☐	☐	
34. Sind Sie zu dem Ergebnis gekommen, dass die ausgewiesene Position				
• *entsprechend den handelsrechtlichen Vorschriften,*				
• *entsprechend den steuerrechtlichen Vorschriften bewertet wurde?*	☐	☐	☐	
Bei Abweichungen:				Vereinzelung der Abweichungen s. unter

IV Prüfung des Ausweises
Bei sämtlichen Unternehmen

	ja	nein	n.e.	
35. Wurden die Gegenbuchungen zutreffend erfasst und zwar bei Anwendung des Gesamtkostenverfahrens: • unter den Aufwendungen für Roh-, Hilfs- und Betriebsstoffe bzw. die Abschreibungen, soweit sie die übliche Größenordnung überschreiten, unter dem hierfür vorgesehenen gesonderten Posten	☐	☐	☐	
bei Anwendung des Umsatzkostenverfahrens: • unter dem Herstellungsaufwand der zur Herstellung der Umsatzerlöse erbrachten Leistungen	☐	☐	☐	

umfassende Prüfungshandlungen

Mandant:	Vorräte – Roh-, Hilfs- und Betriebsstoffe – Zusätzliche Arbeitshilfe bei Erstellung mit umfassenden Prüfungshandlungen	E II – 8 –

Auftrag:

		ja	nein	n.e.	Besonderheiten/Verweise
umfassende Prüfungshandlungen	**Bei Kapital- und KapCo-Gesellschaften (unabhängig von der Größenordnung)** 36. Wurden beim Ausweis im Jahresabschluss (Anhang) beachtet: a) Angabe der angewandten Bilanzierungs- und Bewertungsmethoden sowie Begründung ihrer Änderungen, § 284 Abs. 2 Nr. 1, 3 HGB b) Angabe von Einflüssen eventueller Bilanzierungs- und Bewertungsänderungen auf die Vermögens-, Finanz- und Ertragslage c) Angabe von gewährten Sicherheiten im Anhang, § 268 Abs. 7 i.V.m. §§ 251 HGB, 285 Nr. 1 HGB d) Angabe der Grundlagen einer eventuellen Währungsumrechnung, § 284 Abs. 2 Nr. 2 HGB e) Angabe der Vorschriften, nach denen Sonderposten gebildet wurden und deren Veränderungen, §§ 273 Abs. 3, 231 Abs. 2 Satz 2 HGB f) Angabe des Betrages der im Geschäftsjahr nach steuerlichen Vorschriften vorgenommenen Abschreibungen und Rücklagen und Begründung dazu in der Bilanz der GuV-Rechnung oder dem Anhang, § 281 Abs. 2 HGB g) Angabe und Begründung des Betrages der im Geschäftsjahr aus steuerlichen Gründen unterlassenen Zuschreibungen im Anhang h) Angabe des Betrages der allein nach steuerlichen Vorschriften vorgenommenen Abschreibungen im Anhang, § 281 Abs. 2 Satz 1 HGB i) Darstellung des Einflusses der steuerlichen Abschreibungen und deren Beibehaltung bzw. deren Bildung von Sonderposten auf das Jahresergebnis und das Ausmaß künftiger (Steuer-)Belastungen hieraus im Anhang, § 285 Nr. 5 HGB j) die Beachtung des Wahlrechts zum Ausweis von steuerlichen Sonderabschreibungen (aktivisches Abschreiben oder Bildung eines Sonderpostens mit Rücklageanteil in Höhe des Unterschiedsbetrages zwischen steuerlich zulässiger höherer Sonderabschreibungen und handelsrechtlicher Abschreibungen) k) die Prüfung, ob sich aus dem Vorratsvermögen Angabepflichten im Lagebericht ergeben und ob diese beachtet wurden?	☐ ☐ ☐ ☐ ☐ ☐ ☐ ☐ ☐ ☐ ☐	☐ ☐ ☐ ☐ ☐ ☐ ☐ ☐ ☐ ☐ ☐	☐ ☐ ☐ ☐ ☐ ☐ ☐ ☐ ☐ ☐ ☐	

Mandant:	Vorräte – Roh-, Hilfs- und Betriebsstoffe – Zusätzliche Arbeitshilfe bei Erstellung mit umfassenden Prüfungshandlungen	E II – 9 –
Auftrag:		

	ja	nein	n.e.	Besonderheiten/Verweise
Mittelgroße und große Kapital- und KapCo-Gesellschaften (zusätzlich)				
37. Werden die Roh-, Hilfs- und Betriebsstoffe von den übrigen Vorratsposten getrennt ausgewiesen?	☐	☐	☐	
38. Wird bei Anwendung der Durchschnittsmethode oder der Unterstellung einer bestimmten Verbrauchsfolge ein Unterschiedsbetrag zu dem Börsen- und Marktpreis im Anhang gesondert ausgewiesen, sofern der Börsen- und Marktpreis erheblich von dem tatsächlichen Wertansatz abweicht?	☐	☐	☐	
39. *Sind Sie zu dem Ergebnis gekommen, dass für die ausgewiesene Position sämtliche handelsrechtlichen Ausweisvorschriften beachtet wurden?*	☐	☐	☐	

V Sonstige Prüfungshandlungen

umfassende Prüfungshandlungen

Mandant:	**Vorräte**	E III
	– unfertige Erzeugnisse, unfertige Leistungen	– 1 –
	– Zusätzliche Arbeitshilfe bei Erstellung mit umfassenden Prüfungshandlungen	

Auftrag:

	Mitarbeiter	Berichtskritik	verantwortlicher Berufsangehöriger
Name / Unterschrift Datum			

	ja	nein	n.e.	Besonderheiten/Verweise

umfassende Prüfungshandlungen

I Beurteilung des internen Kontrollsystems

1. Wurde von den in Betracht kommenden Inventurverfahren die zweckmäßigste unter Berücksichtigung der Lagergröße und der zu lagernden Güter ausgewählt? ☐ ☐ ☐
2. Werden die Inventurunterlagen von Personen verwahrt, die vom Lagerpersonal unabhängig sind? ☐ ☐ ☐
3. Erfolgt mindestens einmal jährlich eine körperliche Bestandsaufnahme?
   - Ausnahmen (bitte im einzelnen angeben): ☐ ☐ ☐
4. Ist es gewährleistet, dass die Beschädigung, die Zerstörung oder der Diebstahl / die Unterschlagung von Vorräten verhindert wird? ☐ ☐ ☐
5. Ist im Bereich der Lagerverwaltung sichergestellt, dass bei Lagerung von halbfertigen Arbeiten die unter E II ff. geprüften internen Kontrollen der Lagerverwaltung auch für die halbfertigen Arbeiten beachtet werden? ☐ ☐ ☐
6. Wird die Bestandsbewertung unterjährig intern überprüft? ☐ ☐ ☐
7. Beurteilung des internen Kontrollsystems
   gut / mittel / schlecht*
   * (nicht zutreffendes bitte streichen)
8. Wurde das vorstehende Urteil berücksichtigt
   a) in der Risikoanalyse? ☐ ☐ ☐
   b) bei Prüfungsumfang und -intensität der ausgewählten Prüfungshandlungen? ☐ ☐ ☐
9. Ergeben sich durch das vorstehende Urteil Änderungen der Risikoanalyse? ☐ ☐ ☐
   Wenn ja: Beurteilung der geänderten Prüfungssicherheit
   gut / mittel / schlecht*
   * (nicht zutreffendes bitte streichen)

II Prüfung des Nachweises

10. Liegen die Voraussetzungen für das praktizierte Inventurverfahren vor?
    - Ausgeweitete Stichtagsinventur:
      - Zeitnähe innerhalb einer Frist von 10 Tagen vor oder nach dem Stichtag? ☐ ☐ ☐
      - Fortschreibung auf den Stichtag anhand von Belegen oder besonderen Aufzeichnungen? ☐ ☐ ☐

Mandant:	**Vorräte** – unfertige Erzeugnisse, unfertige Leistungen – Zusätzliche Arbeitshilfe bei Erstellung mit umfassenden Prüfungshandlungen	**E III** – 2 –
Auftrag:		

	ja	nein	n.e.	Besonderheiten/Verweise
• Vor- oder nachverlegte Stichtagsinventur	☐	☐	☐	
▪ Ordnungsmäßigkeit des Fortschreibungs- oder Rückrechnungsverfahrens?	☐	☐	☐	
• Permanente Inventur:				
▪ jährlicher Aufnahmeplan	☐	☐	☐	
▪ Angabe des Tages der körperlichen Bestandsaufnahme in der Lagerkartei	☐	☐	☐	
▪ Protokoll über Durchführung und Ergebnis der Aufnahme mit Datum und Unterschrift des Aufnehmenden	☐	☐	☐	
▪ alle Bestände, Zu- und Abgänge werden einzeln nach Tag, Art und Menge eingetragen und belegmäßig nachgewiesen	☐	☐	☐	
▪ Inventurdifferenzen werden berücksichtigt	☐	☐	☐	
• Stichprobeninventur				
▪ Lagerbuchführung und -organisation werden den Anforderungen gerecht	☐	☐	☐	
▪ Anwendung eines anerkannten mathematisch-statistischen Verfahrens	☐	☐	☐	
♦ eindeutige Abgrenzung der Grundgesamtheit	☐	☐	☐	
♦ Gewährleistung der Zufallsauswahl	☐	☐	☐	
♦ ausreichender Stichprobenumfang	☐	☐	☐	
▪ Inventurbeobachtung durch den Abschlussprüfer	☐	☐	☐	
• automatisch gesteuerte Lagerhaltungssysteme				
▪ ordnungsgemäße Lagerbuchführung und -organisation	☐	☐	☐	
▪ Einrichtung zusätzlicher Kontrollen	☐	☐	☐	
▪ mindestens einmal im Jahr werden die nicht bewegten Gegenstände körperlich aufgenommen	☐	☐	☐	
▪ bewegte Gegenstände werden in Stichproben überprüft	☐	☐	☐	
11. Sind die Vorräte absolut oder relativ von Bedeutung?	☐	☐	☐	
12. Bei Teilnahme des Abschlussprüfers an der körperlichen Bestandsaufnahme:				
• Wurde das Arbeitspapier E I aufgenommen?	☐	☐	☐	
• Wurde die mengenmäßige Erfassung der während der Aufnahme festgehaltenen Posten in einzelne Inventurzusammenstellungen überprüft?	☐	☐	☐	
• Wurden Bestände von erheblichem Wert, die nicht zu den Stichproben zählten, in ausgewählten Fällen durch Mengenfortschreibung mit dem Buchbestand abgestimmt?	☐	☐	☐	
• Basiert die endgültige Inventurliste nur auf Aufnahmevordrucken oder Listen, die während der Aufnahme als „benutzt" bezeichnet wurden?	☐	☐	☐	
13. Bei Nichtteilnahme an der Inventur: Sind geeignete alternative Prüfungshandlungen vorgenommen worden, insbesondere eine intensivere Prüfung des mengenmäßigen Nachweises des Fertigungsmaterials, der Fertigungslöhne und -zeiten und der Sondereinzelkosten?	☐	☐	☐	

umfassende Prüfungshandlungen

Mandant:	**Vorräte** – unfertige Erzeugnisse, unfertige Leistungen – Zusätzliche Arbeitshilfe bei Erstellung mit umfassenden Prüfungshandlungen	**E III** – 3 –
Auftrag:		

	ja	nein	n.e.	Besonderheiten/Verweise
14. Ist das Inventar in ausreichendem Umfang rechnerisch überprüft worden (Beachtung möglicher Kommafehler bei der Multiplikation von Menge und Wert; Beziehung des anzusetzenden Werts auf die richtige Mengeneinheit)?	☐	☐	☐	
15. Erfolgte zur Prüfung des mengenmäßigen Nachweises des Fertigungsmaterials eine Abstimmung der in das Inventar aufgenommenen mengenmäßigen Angaben (Kilogramm, Meter, Liter, Kubikmeter, etc.) und der Materialart mit den Aufzeichnungen der Fertigung oder den Stücklisten?	☐	☐	☐	
• Sofern bei Einzelfertigungen das Inventar keine entsprechenden Angaben enthält: Erfolgte der Nachweis des Fertigungsmaterials ausschließlich anhand der Stücklisten?	☐	☐	☐	
• Wurden diese auf ihre korrekte Erstellung überprüft?	☐	☐	☐	
16. Wurden zur Überprüfung des mengenmäßigen Nachweises der Fertigungslöhne die in der Inventur enthaltenen Bearbeitungszeiten mit den Arbeitsplänen, Protokollen über Zeitaufnahmen oder mit Bearbeitungszeiten in neuer Rechnung abgestimmt?	☐	☐	☐	
• Sofern das Inventar keine entsprechenden Angaben enthält, erfolgte der mengenmäßige Nachweis der Fertigungsstunden durch den Fertigungsplan?	☐	☐	☐	
• Wurde der Fertigungsplan anhand der Angaben der Arbeitsvorbereitung zum Aufnahmestichtag überprüft?	☐	☐	☐	
17. Wurden zur Überprüfung des mengenmäßigen Nachweises von Fertigungszeiten bei zu erbringenden Dienstleistungen die Aufzeichnungen über die geleisteten Stunden auf Plausibilität überprüft?	☐	☐	☐	
• Wurde die Feststellung des Fertigungsgrades anhand geeigneter Aufzeichnungen der Gesellschaft überprüft?	☐	☐	☐	
18. Wurden zur Überprüfung des mengenmäßigen Nachweises der Sondereinzelkosten der Fertigung bzw. der Entwicklung und Konstruktion die Angaben der Fertigungspläne oder – im Falle von Entwicklungs- und Konstruktionskosten – die auftragsbezogenen Stundennachweise mit den Angaben der Arbeitsvorbereitung oder der entsprechenden Abteilungen abgestimmt?	☐	☐	☐	
19. Liegt bei Verwahrung von Vermögensgegenständen bei Dritten eine Bestätigung des Verwahrers vor?	☐	☐	☐	
• ggf.: Anforderung einer Bestätigung beim Verwahrer gem. Beispiel Z 50.	☐	☐	☐	

umfassende Prüfungshandlungen

Mandant:	**Vorräte**	E III
	– unfertige Erzeugnisse, unfertige Leistungen	– 4 –
	– Zusätzliche Arbeitshilfe bei Erstellung mit umfassenden Prüfungshandlungen	

Auftrag:

	ja	nein	n.e.	Besonderheiten/Verweise
20. Sind Sie zu dem Ergebnis gekommen, dass die ausgewiesene Position vollständig ausgewiesen wird, die ihr zugrunde liegenden Vermögensgegenstände vorhanden und dem bilanzierenden Unternehmen zuzurechnen sind?	☐	☐	☐	

III Prüfung der Bewertung

21. Erfolgte die Bewertung zu Anschaffungs- oder Herstellungskosten?
22. Entsprechen die Anschaffungskosten von unfertigen Erzeugnissen bzw. die Anschaffungskosten der in die Herstellungskosten einbezogenen Materialien den Vertragsunterlagen und Abrechnungen?
23. Ist bei der Prüfung der Anschaffungskosten darauf geachtet,
    - dass die Belege sachlich und rechnerisch richtig sind?
    - dass Bestellung und Auftragsbestätigung bzw. Kaufvertrag kontrolliert wurden?
    - dass im Falle einer verdeckten Gewinnausschüttung oder einer verdeckten Einlage der Anschaffungspreis angemessen ist?
24. Wurden die Anschaffungsnebenkosten progressiv überprüft anhand der Eingangsrechnungen für
    - Frachten,
    - Transportversicherung,
    - Zölle,
    - Provisionen,
    - Lagergeld,
    - Prozessaufwendungen, sofern mit ihnen von vornherein zu rechnen war?
    - Schmiergelder, sofern sie in einem engen wirtschaftlichen Zusammenhang mit der Anschaffung stehen?
25. Wurde im Fall einer Pauschalierung der Anschaffungsnebenkosten deren Plausibilität überprüft?
26. Wurde bei der Anwendung von Vereinfachungsverfahren für die Ermittlung der Anschaffungskosten deren handels- bzw. steuerrechtliche Zulässigkeit und deren richtige Anwendung überprüft, und zwar beim Durchschnittsverfahren:
    - ob der Anfangsbestand mit einbezogen wurde,
    - ob die Fortschreibung der Durchschnittswerte aufgrund der tatsächlichen (chronologischen Reihenfolge der) Zugänge bzw. Zu- und Abgänge vorgenommen wurde und
    - ob Buchwerte ausgebucht wurden, wenn der mengenmäßige Bestand Null erreicht hat?

umfassende Prüfungshandlungen

Mandant:	**Vorräte** – unfertige Erzeugnisse, unfertige Leistungen – Zusätzliche Arbeitshilfe bei Erstellung mit umfassenden Prüfungshandlungen	E III – 5 –
Auftrag:		

umfassende Prüfungshandlungen

	ja	nein	n.e.	Besonderheiten/Verweise
bei Anwendung Lifo-Methode, ob die steuerrechtlichen Voraussetzungen vorliegen, nämlich				
• Gewinnermittlung nach § 5 EStG,	☐	☐	☐	
• gleichartige Wirtschaftsgüter des Vorratsvermögens,	☐	☐	☐	
• Lifo-Verbrauchsfolge entspricht den handelsrechtlichen GoB,	☐	☐	☐	
bei den übrigen handelsrechtlichen, neben der Lifo-Methode anwendbaren Verbrauchsfolgeverfahren				
• ob durch die Art der Lagerhaltung sichergestellt ist, dass die unterstellte Verbrauchsfolge tatsächlich gegeben ist?	☐	☐	☐	
27. Welches Kalkulationsverfahren wurde der Ermittlung der Herstellungskosten zugrunde gelegt:				
• Divisionskalkulation?	☐	☐	☐	
• Zuschlagskalkulation?	☐	☐	☐	
28. Bei Divisionskalkulation: Wurde der Einsatz von Einzelkosten in der Referenzperiode hinreichend überprüft?	☐	☐	☐	
29. Bei Zuschlagskalkulation: Wurde der Einsatz von Einzelkosten für die Herstellung einer Mengeneinheit ausreichend überprüft?	☐	☐	☐	
30. Wurden zur Überprüfung der Materialeinzelkosten				
• Materialentnahmescheine oder	☐	☐	☐	
• Stücklisten herangezogen?	☐	☐	☐	
• die Anschaffungskosten entsprechend Ziff. 22 ff. überprüft?	☐	☐	☐	
• Angabe der Stichproben?				
31. Wurden zur Überprüfung der Lohneinzelkosten				
• die aktivierten Löhne rechnerisch nachvollzogen?	☐	☐	☐	
• bei einem Akkordsystem: Die Berechnung des durchschnittlichen Akkordsatzes zweckmäßigerweise gestützt auf Kennzahlen der Lohnabrechnungen aus mehreren Monaten vor dem Bewertungsstichtag geprüft?	☐	☐	☐	
• die Lohnabrechnung abgestimmt?	☐	☐	☐	
• die Lohneinzelkosten zu den Fertigungsgemeinkosten abgegrenzt?	☐	☐	☐	
• Stichprobenumfang: ...				
32. Wurden zur Überprüfung der Sondereinzelkosten die Eingangsrechnungen herangezogen?	☐	☐	☐	
33. Wurden die Eingangsrechnungen überprüft				
• auf ihre sachliche und rechnerische Richtigkeit?	☐	☐	☐	
• auf ihre konkrete Zuordnung zu dem jeweiligen Auftrag?	☐	☐	☐	
• Bei Kostenstellen:				
▪ Erfolgte deren Überprüfung nach den Grundsätzen der Prüfung der Gemeinkosten (vgl. Ziff. 34 ff.)?	☐	☐	☐	
• Stichprobenumfang: ...				

Mandant:	Vorräte – unfertige Erzeugnisse, unfertige Leistungen – Zusätzliche Arbeitshilfe bei Erstellung mit umfassenden Prüfungshandlungen	E III – 6 –
Auftrag:		

	ja	nein	n.e.	Besonderheiten/Verweise
34. Erfolgte die Prüfung der Gemeinkosten bei Vorliegen einer Kostenstellenrechnung mit Betriebsabrechnungsbogen				
• durch Überprüfung des Verfahrens der Betriebsabrechnung einschließlich der Beurteilung der Angemessenheit von Umlagen und deren Schlüsselung?	☐	☐	☐	
• durch Kontrolle des Verursachungsprinzips bei der Kostenzurechnung?	☐	☐	☐	
• durch Feststellung, ob alle nicht aktivierbaren Kosten (z. B. kalkulatorische Kosten) eliminiert wurden?	☐	☐	☐	
35. Wurde überprüft, ob das angewandte System des BAB zu einem vernünftigen betriebswirtschaftlichen Ergebnis führt (ohne dass die darin verrechneten Kosten im einzelnen überprüft werden müssen?) • Stichprobenumfang: ...	☐	☐	☐	
36. Soweit ein Betriebsabrechnungsbogen nicht vorliegt oder in sonstiger Weise Anlass besteht: Wurde die Angemessenheit kalkulatorisch verrechneter Gemeinkosten durch kritische Durchsicht der Kalkulationsunterlagen und durch Vergleich mit den effektiv angefallenen Gemeinkosten überprüft?	☐	☐	☐	
37. Entspricht die Bewertungsmethode der Herstellungskosten den steuerlichen Vorschriften?	☐	☐	☐	
38. Haben Sie sich bei **Abschreibungen** von dem hierfür gegebenen Grund				
• durch Bildung eines eigenen Urteils,	☐	☐	☐	
• über die Risiken des Beschaffungs- oder Absatzmarktes,	☐	☐	☐	
• durch Befragung der zuständigen Personen,	☐	☐	☐	
• durch erforderlichenfalls Hinzuziehung von Sachverständigen überzeugt?	☐	☐	☐	
39. Haben Sie progressiv in Stichproben die Notwendigkeit von Abschreibungen überprüft durch				
• Vergleich der Anschaffungskosten mit amtlichen Notierungen, Aufzeichnungen von Verbänden, Wirtschaftsvereinigungen, Handelskammern und anderen Statistiken sowie die Aufzeichnungen des Unternehmens über den Börsen- und Marktpreis (des Beschaffungsmarktes; bei Überbeständen: des Absatzmarktes)?	☐	☐	☐	
• Vergleich der Anschaffungs- / Herstellungskosten mit geeigneten Unterlagen über einen niedrigeren beizulegenden Wert oder einen niedrigeren Wert wegen zukünftiger Wertschwankungen (z.B. Inventurunterlagen von gleichartigen Zweigniederlassungen über dieselben Materialien, etc.)?	☐	☐	☐	

umfassende Prüfungshandlungen

Mandant:	Vorräte
	– unfertige Erzeugnisse,
	  unfertige Leistungen
	– Zusätzliche Arbeitshilfe bei
	  Erstellung mit umfassenden
	  Prüfungshandlungen
		E III
		– 7 –

Auftrag:		

	ja	nein	n.e.	Besonderheiten/Verweise
40. Ermittlung des verlustfreien Werts zum Bilanzstichtag (zu erwartender Nettoerlös abzüglich noch anfallender Vertriebs-, Lager- und Versandkosten sowie Herstellungskosten)?	☐	☐	☐	
41. Wurden zur Ermittlung des verlustfreien Werts				
• die Nettoerlöse ausgehend von am Bilanzstichtag bereits vorliegenden Aufträgen oder aufgrund der tatsächlich erzielten Erlöse vereinzelter Erzeugnisse oder Erzeugnisgruppen in neuer Rechnung,	☐	☐	☐	
• die Vertriebs-, Lager- und Versandkosten durch Abstimmung mit der geprüften Kostenrechnung des abgelaufenen Geschäftsjahres,	☐	☐	☐	
• noch zu erwartende Herstellungskosten für Erzeugnisse der Einzelfertigung,	☐	☐	☐	
▪ durch Vergleich der Istkosten zum Bewertungsstichtag mit den Gesamtkosten laut Vorkalkulation	☐	☐	☐	
▪ durch Abstimmung mit dem Fertigstellungsgrad zum Aufnahmestichtag	☐	☐	☐	
• noch zu erwartende Herstellungskosten für Erzeugnisse der Serienfertigung durch Anwendung des prozentualen Abschlags von Herstellungskosten vergleichbarer fertiger Erzeugnisse auf die Herstellungskosten der unfertigen Erzeugnisse überprüft?	☐	☐	☐	
• Wurden bei der Ermittlung des verlustfreien Werts die noch zu erwartenden Herstellungskosten in voller Höhe einschließlich der nicht aktivierungspflichtigen bzw. nicht aktivierungsfähigen Kostenbestandteile angesetzt?	☐	☐	☐	
42. Wurden die Abschreibungen rechnerisch richtig ermittelt?	☐	☐	☐	
43. Haben Sie sich bei der Prüfung von **Zuschreibungen** überzeugt				
• von der Vertretbarkeit des Grundes (z. B. Wegfall des Grundes für außerplanmäßige Abschreibungen, Angleichung an die Werte der Steuerbilanz, Fusionen, Umwandlungen, Ausscheiden eines Gesellschafters einer Personenunternehmung, etc.)?	☐	☐	☐	
• von der Beachtung des Zeitwerts sowie der Anschaffungs- / Herstellungskosten, die nicht überschritten werden dürfen?	☐	☐	☐	
• von der rechnerisch zutreffenden Ermittlung der Zuschreibung?	☐	☐	☐	

umfassende Prüfungshandlungen

Mandant:	Vorräte – unfertige Erzeugnisse, unfertige Leistungen – Zusätzliche Arbeitshilfe bei Erstellung mit umfassenden Prüfungshandlungen	E III – 8 –
Auftrag:		

	ja	nein	n.e.	Besonderheiten/Verweise
44. Haben Sie sich durch progressive Prüfung davon überzeugt, dass Kapital- und KapCo-Gesellschaften die nach § 280 Abs. 1 HGB grundsätzlich bestehende Pflicht zur Wertaufholung bei Wegfall der Gründe für eine außerplanmäßige Abschreibung beachtet haben?	☐	☐	☐	
45. Stimmt die handelsrechtliche Bewertung mit der steuerrechtlichen Bewertung überein?	☐	☐	☐	
46. Wurden bei Abweichung zwischen der Bewertung nach Handels- und Steuerrecht beachtet: • das Wahlrecht zur Aktivierung von latenten Steuern bei Kapital- und KapCo-Gesellschaften nach § 274 Abs. 2 HGB?	☐	☐	☐	
• die Pflicht zur Passivierung latenter Steuern gem. §274 Abs. 1 HGB?	☐	☐	☐	
47. Sind Sie zu dem Ergebnis gekommen, dass die ausgewiesene Position • *entsprechend den handelsrechtlichen Vorschriften,* • *entsprechend den steuerrechtlichen Vorschriften bewertet wurde?* *Bei Abweichungen:*	☐	☐	☐	Vereinzelung der Abweichungen s. unter

IV Prüfung des Ausweises

Bei sämtlichen Unternehmen

48. Wurden die Gegenbuchungen zutreffend erfasst und zwar
    bei Anwendung des Gesamtkostenverfahrens:
    • der Unterschiedsbetrag zwischen den Beständen am Bilanzstichtag und am vorhergehenden Bilanzstichtag unter den Bestandsveränderungen bzw. die Abschreibungen, soweit sie die übliche Größenordnung überschreiten, unter dem hierfür vorgesehenen gesonderten Posten ☐ ☐ ☐
    bei Anwendung des Umsatzkostenverfahrens:
    • unter dem Herstellungsaufwand der zur Herstellung der Umsatzerlöse erbrachten Leistungen ☐ ☐ ☐

Bei Kapital- und KapCo-Gesellschaften (unabhängig von der Größenordnung)

49. Wurden beim Ausweis im Jahresabschluss (Anhang) beachtet:
    a) Angabe der angewandten Bilanzierungs- und Bewertungsmethoden sowie Begründung ihrer Änderungen, § 284 Abs. 2 Nr. 1, 3 HGB ☐ ☐ ☐
    b) Angabe von Einflüssen eventueller Bilanzierungs- und Bewertungsänderungen auf die Vermögens-, Finanz- und Ertragslage ☐ ☐ ☐

Mandant:	**Vorräte**	E III
	– unfertige Erzeugnisse, unfertige Leistungen – Zusätzliche Arbeitshilfe bei Erstellung mit umfassenden Prüfungshandlungen	– 9 –

Auftrag:

	ja	nein	n.e.	Besonderheiten/Verweise
c) Angabe von gewährten Sicherheiten im Anhang, § 268 Abs. 7 i.V.m. §§ 251 HGB, 285 Nr. 1 HGB	☐	☐	☐	
d) Angabe der Grundlagen einer eventuellen Währungsumrechnung, § 284 Abs. 2 Nr. 2 HGB	☐	☐	☐	
e) Angabe einer eventuellen Einbeziehung von Fremdkapitalzinsen in die Herstellungskosten, § 284 Abs. 2 Nr. 5 HGB	☐	☐	☐	
f) Angabe der Vorschriften, nach denen Sonderposten gebildet wurden und deren Veränderungen, §§ 273 Abs. 3, 231 Abs. 2 Satz 2 HGB	☐	☐	☐	
g) Angabe des Betrages der im Geschäftsjahr nach steuerlichen Vorschriften vorgenommenen Abschreibungen und Rücklagen und Begründung dazu in der Bilanz der GuV-Rechnung oder dem Anhang, § 281 Abs. 2 HGB	☐	☐	☐	
h) Angabe und Begründung des Betrages der im Geschäftsjahr aus steuerlichen Gründen unterlassenen Zuschreibungen im Anhang	☐	☐	☐	
i) Angabe des Betrages der allein nach steuerlichen Vorschriften vorgenommenen Abschreibungen im Anhang, § 281 Abs. 2 Satz 1 HGB	☐	☐	☐	
j) Darstellung des Einflusses der steuerlichen Abschreibungen und deren Beibehaltung bzw. deren Bildung von Sonderposten auf das Jahresergebnis und das Ausmaß künftiger (Steuer-)Belastungen hieraus im Anhang, § 285 Nr. 5 HGB	☐	☐	☐	
k) die Beachtung des Wahlrechts zum Ausweis von steuerlichen Sonderabschreibungen (aktivisches Abschreiben oder Bildung eines Sonderpostens mit Rücklageanteil in Höhe des Unterschiedsbetrages zwischen steuerlich zulässiger höherer Sonderabschreibungen und handelsrechtlicher Abschreibungen)	☐	☐	☐	
l) die Prüfung, ob sich aus dem Vorratsvermögen Angabepflichten im Lagebericht ergeben und ob diese beachtet wurden?	☐	☐	☐	

Mittelgroße und große Kapital- und KapCo-Gesellschaften (zusätzlich)

	ja	nein	n.e.	Besonderheiten/Verweise
50. Werden die unfertigen Erzeugnisse und unfertigen Leistungen von den übrigen Vorratsposten getrennt ausgewiesen?	☐	☐	☐	
51. Wird bei Anwendung der Durchschnittsmethode oder der Unterstellung einer bestimmten Verbrauchsfolge für die in die Herstellungskosten einbezogenen Materialeinzelkosten ein Unterschiedsbetrag zu dem Börsen- und Marktpreis im Anhang gesondert ausgewiesen, sofern der Börsen- und Marktpreis erheblich von dem tatsächlichen Wertansatz abweicht?	☐	☐	☐	

umfassende Prüfungshandlungen

Mandant:	Vorräte
	– unfertige Erzeugnisse,
	  unfertige Leistungen
	– Zusätzliche Arbeitshilfe bei
	  Erstellung mit umfassenden
	  Prüfungshandlungen
		E III
		– 10 –

Auftrag:

	ja	nein	n.e.	Besonderheiten/Verweise
52. Sind Sie zu dem Ergebnis gekommen, dass für die ausgewiesene Position sämtliche handelsrechtlichen Ausweisvorschriften beachtet wurden?	☐	☐	☐	

V Sonstige Prüfungshandlungen

umfassende Prüfungshandlungen

Mandant:	Vorräte – fertige Erzeugnisse, Waren – Zusätzliche Arbeitshilfe bei Erstellung mit umfassenden Prüfungshandlungen	E IV – 1 –
Auftrag:		

	Mitarbeiter	Berichtskritik	verantwortlicher Berufsangehöriger
Name / Unterschrift Datum			

umfassende Prüfungshandlungen

	ja	nein	n.e.	Besonderheiten/Verweise

I Beurteilung des internen Kontrollsystems

1. Wurde von den in Betracht kommenden Inventurverfahren die zweckmäßigste unter Berücksichtigung der Lagergröße und der zu lagernden Güter ausgewählt?
2. Werden die Inventurunterlagen von Personen verwahrt, die vom Lagerpersonal unabhängig sind?
3. Erfolgt mindestens einmal jährlich eine körperliche Bestandsaufnahme?
   - Ausnahmen (bitte im einzelnen angeben):
4. Ist es gewährleistet, dass die Beschädigung, die Zerstörung oder der Diebstahl / die Unterschlagung von Vorräten verhindert wird?
5. Ist bei dem Wareneingang sichergestellt,
   - dass eine Eingangskontrolle durchlaufen wird, die vom Einkauf unabhängig ist?
   - dass Mängel und Beschaffenheit aller Waren vor der Eingangskontrolle geprüft werden?
   - dass für jeden Wareneingang ein Eingangsschein von der Eingangskontrolle ausgestellt wird?
   - dass Wareneingänge mit Bestellungen abgestimmt werden?
   - dass Warenrücksendungen autorisiert erfolgen und buchmäßig getrennt erfasst werden?
   - dass zur Vermeidung von Unterschlagungen bei Gratislieferungen, Nachlieferungen oder Lieferungen, denen keine Bestellung zugrunde liegt, Kontrollen vorgesehen sind?
   - dass bei wesentlicher Einkaufstätigkeit auch die Lebensführung der Einkäufer im Hinblick auf mögliche Unterschlagungen, etc. kontrolliert wird?
   - dass eine buchmäßige Synchronisation von Wareneingängen und entsprechenden Belastungen bzw. Warenrücksendungen und entsprechenden Gutschriften in der gleichen Rechnungsperiode erfolgt?
   - dass Funktionenkollisionen vermieden werden (Kreditorenbuchhalter darf keinen Einfluss auf Bestellung, Wareneingang, Zahlungsmodalitäten, keinen Zugang zu Geldvorräten, etc. haben)?

Mandant:	Vorräte – fertige Erzeugnisse, Waren – Zusätzliche Arbeitshilfe bei Erstellung mit umfassenden Prüfungshandlungen	E IV – 2 –

Auftrag:

	ja	nein	n.e.	Besonderheiten/Verweise
6. Ist im Bereich der Lagerverwaltung sichergestellt,				
• dass sämtliche Waren in hierfür bestimmten Lagern untergebracht sind und nicht dort, wo gerade Platz ist?	☐	☐	☐	
• dass eine ausreichende körperliche und buchmäßige Kontrolle besteht über				
▪ Dritten gehörende Ware?	☐	☐	☐	
▪ Lagerhüter, wenig gängiges oder nicht mehr voll verwertbare Waren?	☐	☐	☐	
▪ Nebenprodukte?	☐	☐	☐	
• dass ausreichende Kontrolle über Waren in Lagern außerhalb des Unternehmens besteht?	☐	☐	☐	
• dass ausreichende Sicherheitsmaßnahmen zur Verhinderung von Unterschlagungen und Diebstählen existieren (z. B. Aufsicht von Lagerverwaltern, etc.)?	☐	☐	☐	
• dass Anforderungsscheine notwendig sind, um Güter aus dem Lager zu entnehmen?	☐	☐	☐	
• dass Anordnungen über die Rücknahme unverbrauchten oder überzähliger Waren bestehen?	☐	☐	☐	
• dass Lagerfachkarten verwandt werden?	☐	☐	☐	
• dass die Mengen und Werte in einer Lagerbuchführung fortgeschrieben werden?	☐	☐	☐	
• dass der Lagerausgang durch Abstimmung der Warenentnahmescheine einer Periode mit den Eintragungen auf den Lagerfachkarten und der Abgang in der Lagerbuchführung erfasst wird?	☐	☐	☐	
• dass die monatlichen Lagerbewegungen laut Lagerbuchführung mit den Zu- und Abgängen der Konten Fertigungserzeugnisse und Waren der Hauptbuchhaltung abgestimmt werden?	☐	☐	☐	
• dass Waren und Belegdurchlaufzeit synchronisiert werden?	☐	☐	☐	
• dass Funktionenkollisionen vermieden werden (Trennung von Lagerbuchhaltung / Lagerverwaltung und Rechnungserteilung oder Rechnungseingang)?	☐	☐	☐	
7. Ist beim Warenausgang sichergestellt, dass				
• keine unbefugte Entnahme möglich ist, z. B. durch innerbetriebliche Kontrollen?	☐	☐	☐	
• alle versandten Güter berechnet und buchmäßig erfasst und alle zu versendenden Güter versandt werden, z. B. die Verwendung vornummerierter Auftragsbestätigungen und Rechnungen, die zwischen Rechnungsabteilung und Buchhaltung untereinander abzustimmen sind?	☐	☐	☐	
• für alle ausgelieferten Waren eine vornummerierte Versandanzeige ausgestellt wird?	☐	☐	☐	
• alle Mengenangaben der Versandanzeige überprüft werden?	☐	☐	☐	

umfassende Prüfungshandlungen

	Mandant:		Vorräte
			– fertige Erzeugnisse, Waren
			– Zusätzliche Arbeitshilfe bei
			  Erstellung mit umfassenden
			  Prüfungshandlungen
				E IV
				– 3 –

	Auftrag:			

		ja	nein	n.e.	Besonderheiten/Verweise
	• Rechnungserteilung und Versendung aufeinander abgestimmt sind, so dass beide Vorgänge in dieselbe Rechnungsperiode fallen und sämtliche Versendungen rechnungsmäßig erfasst wurden?	☐	☐	☐	
	• bei der Warenrücksendung ordnungsgemäße physische und buchmäßige Kontrolle und Erfassung gewährleistet ist?	☐	☐	☐	
	• der Durchlauf ordnungsmäßig ist:				
	▪ numerischer Formularsatz von Auftragsbestätigung, Versandanzeige, Rechnung inklusive Buchhaltungskopie;	☐	☐	☐	
	▪ Verzeichnis der ausgegebenen Auftragsnummern;	☐	☐	☐	
	▪ periodische Durchsicht nicht ausgeführter Aufträge;	☐	☐	☐	
	▪ Abstimmung von Auftragsbestätigung mit Versandpapieren und Ausgangsrechnung;	☐	☐	☐	
	▪ rechnerische Überprüfung der Ausgangsrechnungen;	☐	☐	☐	
	▪ Ablage der vorgenannten Unterlagen zusammen mit dem Zahlungsträger	☐	☐	☐	
	• die vollständige rechnungsmäßige Erfassung aller Versendungen regelmäßig kontrolliert wird?	☐	☐	☐	
	• auch im Bereich des Warenausgangs Funktionenkollisionen vermieden werden (Versendung, Rechnungserteilung und Verbuchung durch unterschiedliche Abteilungen oder Personen ohne gegenseitige Einflussnahme)?	☐	☐	☐	
	8. Wird die Bestandsbewertung unterjährig intern überprüft?	☐	☐	☐	
	9. Werden Sicherungsübereignungen und Eigentumsvorbehalte vollständig erfasst?	☐	☐	☐	
	10. Beurteilung des internen Kontrollsystems **gut / mittel / schlecht*** * (nicht zutreffendes bitte streichen)				
	11. Wurde das vorstehende Urteil berücksichtigt a) in der Risikoanalyse?	☐	☐	☐	
	b) bei Prüfungsumfang und -intensität der ausgewählten Prüfungshandlungen?	☐	☐	☐	
	12. Ergeben sich durch das vorstehende Urteil Änderungen der Risikoanalyse? Wenn ja: Beurteilung der geänderten Prüfungssicherheit **gut / mittel / schlecht*** * (nicht zutreffendes bitte streichen)	☐	☐	☐	
II	**Prüfung des Nachweises**				
	13. Ist der ausgewiesene Bilanzwert durch • die Sachkonten, • die Inventur nachgewiesen?	☐	☐	☐	

umfassende Prüfungshandlungen

Mandant:	Vorräte – fertige Erzeugnisse, Waren – Zusätzliche Arbeitshilfe bei Erstellung mit umfassenden Prüfungshandlungen	E IV – 4 –
Auftrag:		

	ja	nein	n.e.	Besonderheiten/Verweise
14. Liegen die Voraussetzungen für das praktizierte Inventurverfahren vor?	☐	☐	☐	
• Ausgeweitete Stichtagsinventur:				
▪ Zeitnähe innerhalb einer Frist von 10 Tagen vor oder nach dem Stichtag?	☐	☐	☐	
▪ Fortschreibung auf den Stichtag anhand von Belegen oder besonderen Aufzeichnungen?	☐	☐	☐	
• Vor- oder nachverlegte Stichtagsinventur				
▪ Ordnungsmäßigkeit des Fortschreibungs- oder Rückrechnungsverfahrens?	☐	☐	☐	
• Permanente Inventur:				
▪ jährlicher Aufnahmeplan	☐	☐	☐	
▪ Angabe des Tages der körperlichen Bestandsaufnahme in der Lagerkartei	☐	☐	☐	
▪ Protokoll über Durchführung und Ergebnis der Aufnahme mit Datum und Unterschrift des Aufnehmenden	☐	☐	☐	
▪ alle Bestände, Zu- und Abgänge werden einzeln nach Tag, Art und Menge eingetragen und belegmäßig nachgewiesen	☐	☐	☐	
▪ Inventurdifferenzen werden berücksichtigt	☐	☐	☐	
• Stichprobeninventur				
▪ Lagerbuchführung und -organisation werden den Anforderungen gerecht	☐	☐	☐	
▪ Anwendung eines anerkannten mathematisch-statistischen Verfahrens	☐	☐	☐	
♦ eindeutige Abgrenzung der Grundgesamtheit	☐	☐	☐	
♦ Gewährleistung der Zufallsauswahl	☐	☐	☐	
♦ ausreichender Stichprobenumfang	☐	☐	☐	
▪ Inventurbeobachtung durch den Abschlussprüfer	☐	☐	☐	
• automatisch gesteuerte Lagerhaltungssysteme				
▪ ordnungsgemäße Lagerbuchführung und -organisation	☐	☐	☐	
▪ Einrichtung zusätzlicher Kontrollen	☐	☐	☐	
▪ mindestens einmal im Jahr werden die nicht bewegten Gegenstände körperlich aufgenommen	☐	☐	☐	
▪ bewegte Gegenstände werden in Stichproben überprüft	☐	☐	☐	
15. Sind die Vorräte absolut oder relativ von Bedeutung?	☐	☐	☐	
16. Bei Teilnahme des Abschlussprüfers an der körperlichen Bestandsaufnahme:				
• Wurde das Arbeitspapier E I ff. aufgenommen?	☐	☐	☐	
• Wurde die mengenmäßige Erfassung der während der Aufnahme festgehaltenen Posten in einzelne Inventurzusammenstellungen überprüft?	☐	☐	☐	
• Wurden Bestände von erheblichem Wert, die nicht zu den Stichproben zählten, in ausgewählten Fällen durch Mengenfortschreibung mit dem Buchbestand abgestimmt?	☐	☐	☐	

umfassende Prüfungshandlungen

Mandant:	Vorräte – fertige Erzeugnisse, Waren – Zusätzliche Arbeitshilfe bei Erstellung mit umfassenden Prüfungshandlungen	E IV – 5 –
Auftrag:		

umfassende Prüfungshandlungen

	ja	nein	n.e.	Besonderheiten/Verweise
• Basiert die endgültige Inventurliste nur auf Aufnahmevordrucken oder Listen, die während der Aufnahme als „benutzt" bezeichnet wurden?	☐	☐	☐	
17. Bei Nichtteilnahme an der Inventur: Sind geeignete alternative Prüfungshandlungen vorgenommen worden, insbesondere				
• eine intensivere Prüfung des mengenmäßigen Nachweises des Fertigungsmaterials, der Fertigungslöhne und -zeiten und der Sondereinzelkosten (s. unter Ziff. 19 ff.)?	☐	☐	☐	
• Durchsicht des Hauptbuchkontos?	☐	☐	☐	
• Überprüfung der Wareneingangsmeldungen mit Buchungen auf den Warenkonten?	☐	☐	☐	
• Abstimmung zwischen Wareneingang, Lieferantenrechnung und Bezahlung der Lieferantenrechnung?	☐	☐	☐	
• Überprüfung der externen Versandbelege (Frachtbriefe, Übernahmebestätigungen bei Selbstabholung) und Versandanzeige mit Buchung auf den Warenkonten?	☐	☐	☐	
• Abstimmung zwischen Warenausgang, Einbuchung der Forderungen und Einlösung der Forderungen?	☐	☐	☐	
• Ermittlung des Verbrauchs der einzelnen Waren nach folgender Formel: Anfangsbestand am Stichtag der Eröffnungsbilanz + Zugänge im Geschäftsjahr ./. Endbestand am Stichtag der Schlussbilanz = Verbrauch im Geschäftsjahr				s. Arbeitspapier ...
• Kontrollrechnung zur Zeit der Prüfung und Rückrechnung auf den Endbestand am Stichtag der Schlussbilanz anhand der Zugänge und des Verbrauchs im laufenden Geschäftsjahr?	☐	☐	☐	
• Versendung von Bestätigungen an Kunden und Lieferanten?	☐	☐	☐	
• Durchsicht aller Unterlagen auf ungewöhnliche Transaktionen?	☐	☐	☐	
18. Ist das Inventar in ausreichendem Umfang rechnerisch überprüft worden (Beachtung möglicher Kommafehler bei der Multiplikation von Menge und Wert; Beziehung des anzusetzenden Werts auf die richtige Mengeneinheit)?	☐	☐	☐	
19. Erfolgte zur Prüfung des mengenmäßigen Nachweises des Fertigungsmaterials eine Abstimmung der in das Inventar aufgenommenen mengenmäßigen Angaben (Kilogramm, Meter, Liter, Kubikmeter, etc.) und der Materialart mit den Aufzeichnungen der Fertigung oder den Stücklisten?	☐	☐	☐	

Mandant:	Vorräte – fertige Erzeugnisse, Waren – Zusätzliche Arbeitshilfe bei Erstellung mit umfassenden Prüfungshandlungen	E IV – 6 –

Auftrag:

	ja	nein	n.e.	Besonderheiten/Verweise
• Sofern bei Einzelfertigungen das Inventar keine entsprechenden Angaben enthält: Erfolgte der Nachweis des Fertigungsmaterials ausschließlich anhand der Stücklisten?	☐	☐	☐	
• Wurden diese auf ihre korrekte Erstellung überprüft?	☐	☐	☐	
20. Wurden zur Überprüfung des mengenmäßigen Nachweises der Fertigungslöhne die in der Inventur enthaltenen Bearbeitungszeiten mit den Arbeitsplänen, Protokollen über Zeitaufnahmen oder mit Bearbeitungszeiten in neuer Rechnung abgestimmt?	☐	☐	☐	
• Sofern das Inventar keine entsprechenden Angaben enthält, erfolgte der mengenmäßige Nachweis der Fertigungsstunden durch den Fertigungsplan?	☐	☐	☐	
• Wurde der Fertigungsplan anhand der Angaben der Arbeitsvorbereitung zum Aufnahmestichtag überprüft?	☐	☐	☐	
21. Wurden zur Überprüfung des mengenmäßigen Nachweises von Fertigungszeiten bei zu erbringenden Dienstleistungen die Aufzeichnungen über die geleisteten Stunden auf Plausibilität überprüft?	☐	☐	☐	
• Wurde die Feststellung des Fertigungsgrades anhand geeigneter Aufzeichnungen der Gesellschaft überprüft?	☐	☐	☐	
22. Wurden zur Überprüfung des mengenmäßigen Nachweises der Sondereinzelkosten der Fertigung bzw. der Entwicklung und Konstruktion die Angaben der Fertigungspläne oder – im Falle von Entwicklungs- und Konstruktionskosten – die auftragsbezogenen Stundennachweise mit den Angaben der Arbeitsvorbereitung oder der entsprechenden Abteilungen abgestimmt?	☐	☐	☐	
23. Liegt bei Verwahrung von Vermögensgegenständen bei Dritten eine Bestätigung des Verwahrers vor?	☐	☐	☐	
• ggf.: Anforderung einer Bestätigung beim Verwahrer gem. Beispiel Z 50	☐	☐	☐	
24. Sind Sie zu dem Ergebnis gekommen, dass die ausgewiesene Position vollständig ausgewiesen wird, die ihr zugrunde liegenden Vermögensgegenstände vorhanden und dem bilanzierenden Unternehmen zuzurechnen sind?	☐	☐	☐	
III Prüfung der Bewertung				
25. Erfolgte die Bewertung zu Anschaffungs- oder Herstellungskosten?	☐	☐	☐	
26. Entsprechen die Anschaffungskosten von Waren bzw. die Anschaffungskosten der in die Herstellungskosten einbezogenen Materialien den Vertragsunterlagen und Abrechnungen?	☐	☐	☐	

umfassende Prüfungshandlungen

Mandant:	Vorräte – fertige Erzeugnisse, Waren – Zusätzliche Arbeitshilfe bei Erstellung mit umfassenden Prüfungshandlungen	E IV – 7 –
Auftrag:		

	ja	nein	n.e.	Besonderheiten/Verweise
27. Ist bei der Prüfung der Anschaffungskosten darauf geachtet,				
• dass die Belege sachlich und rechnerisch richtig sind?	☐	☐	☐	
• dass Bestellung und Auftragsbestätigung bzw. Kaufvertrag kontrolliert wurden?	☐	☐	☐	
• dass im Falle einer verdeckten Gewinnausschüttung oder einer verdeckten Einlage der Anschaffungspreis angemessen ist?	☐	☐	☐	
28. Wurden die Anschaffungsnebenkosten progressiv überprüft anhand der Eingangsrechnungen für				
• Frachten,	☐	☐	☐	
• Transportversicherung,	☐	☐	☐	
• Zölle,	☐	☐	☐	
• Provisionen,	☐	☐	☐	
• Lagergeld,	☐	☐	☐	
• Prozessaufwendungen, sofern mit ihnen von vornherein zu rechnen war?	☐	☐	☐	
• Schmiergelder, sofern sie in einem engen wirtschaftlichen Zusammenhang mit der Anschaffung stehen?	☐	☐	☐	
29. Wurde im Fall einer Pauschalierung der Anschaffungsnebenkosten deren Plausibilität überprüft?	☐	☐	☐	
30. Wurde bei der Anwendung von Vereinfachungsverfahren für die Ermittlung der Anschaffungskosten deren handels- bzw. steuerrechtliche Zulässigkeit und deren richtige Anwendung überprüft, und zwar beim Durchschnittsverfahren:				
• ob der Anfangsbestand mit einbezogen wurde,	☐	☐	☐	
• ob die Fortschreibung der Durchschnittswerte aufgrund der tatsächlichen (chronologischen) Reihenfolge der) Zugänge bzw. Zu- und Abgänge vorgenommen wurde und	☐	☐	☐	
• ob Buchwerte ausgebucht wurden, wenn der mengenmäßige Bestand Null erreicht hat?	☐	☐	☐	
bei Anwendung Lifo-Methode, ob die steuerrechtlichen Voraussetzungen vorliegen, nämlich				
• Gewinnermittlung nach § 5 EStG,	☐	☐	☐	
• gleichartige Wirtschaftsgüter des Vorratsvermögens,	☐	☐	☐	
• Lifo-Verbrauchsfolge entspricht den handelsrechtlichen GoB,	☐	☐	☐	
bei den übrigen handelsrechtlichen, neben der Lifo-Methode anwendbaren Verbrauchsfolgeverfahren				
• ob durch die Art der Lagerhaltung sichergestellt ist, dass die unterstellte Verbrauchsfolge tatsächlich gegeben ist?	☐	☐	☐	
31. Welches Kalkulationsverfahren wurde der Ermittlung der Herstellungskosten zugrunde gelegt:				
• Divisionskalkulation?	☐	☐	☐	
• Zuschlagskalkulation?	☐	☐	☐	

Mandant:	Vorräte – fertige Erzeugnisse, Waren – Zusätzliche Arbeitshilfe bei Erstellung mit umfassenden Prüfungshandlungen	E IV – 8 –

Auftrag:

	ja	nein	n.e.	Besonderheiten/Verweise
32. Bei Divisionskalkulation: Wurde der Einsatz von Einzelkosten in der Referenzperiode hinreichend überprüft?	☐	☐	☐	
33. Bei Zuschlagskalkulation: Wurde der Einsatz von Einzelkosten für die Herstellung einer Mengeneinheit ausreichend überprüft?	☐	☐	☐	
34. Wurden zur Überprüfung der Materialeinzelkosten				
• Materialentnahmescheine oder				
• Stücklisten herangezogen?	☐	☐	☐	
• die Anschaffungskosten entsprechend Ziff. 26 ff. überprüft?	☐	☐	☐	
• Angabe der Stichproben?	☐	☐	☐	
35. Wurden zur Überprüfung der Lohneinzelkosten				
• die aktivierten Löhne rechnerisch nachvollzogen?	☐	☐	☐	
• bei einem Akkordsystem: Die Berechnung des durchschnittlichen Akkordsatzes zweckmäßigerweise gestützt auf Kennzahlen der Lohnabrechnungen aus mehreren Monaten vor dem Bewertungsstichtag geprüft?	☐	☐	☐	
• die Lohnabrechnung abgestimmt?				
• die Lohneinzelkosten zu den Fertigungsgemeinkosten abgegrenzt?				
• Stichprobenumfang:				
36. Wurden zur Überprüfung der Sondereinzelkosten die Eingangsrechnungen herangezogen?	☐	☐	☐	
37. Wurden die Eingangsrechnungen überprüft				
• auf ihre sachliche und rechnerische Richtigkeit?	☐	☐	☐	
• auf ihre konkrete Zuordnung zu dem jeweiligen Auftrag?	☐	☐	☐	
• Bei Kostenstellen: Erfolgte deren Überprüfung nach den Grundsätzen der Prüfung der Gemeinkosten (vgl. Ziff. 35 ff.)?	☐	☐	☐	
• Stichprobenumfang: ...				
38. Erfolgte die Prüfung der Gemeinkosten bei Vorliegen einer Kostenstellenrechnung mit Betriebsabrechnungsbogen				
• durch Überprüfung des Verfahrens der Betriebsabrechnung einschließlich der Beurteilung der Angemessenheit von Umlagen und deren Schlüsselung?	☐	☐	☐	
• durch Kontrolle des Verursachungsprinzips bei der Kostenzurechnung?	☐	☐	☐	
• durch Feststellung, ob alle nicht aktivierbaren Kosten (z.B. kalkulatorische Kosten) eliminiert wurden?	☐	☐	☐	
39. Wurde überprüft, ob das angewandte System des BAB zu einem vernünftigen betriebswirtschaftlichen Ergebnis führt (ohne dass die darin verrechneten Kosten im einzelnen überprüft werden müssen?)	☐	☐	☐	
• Stichprobenumfang: ...				

umfassende Prüfungshandlungen

Mandant:

Vorräte
- fertige Erzeugnisse, Waren
- Zusätzliche Arbeitshilfe bei Erstellung mit umfassenden Prüfungshandlungen

E IV – 9 –

Auftrag:

umfassende Prüfungshandlungen

	ja	nein	n.e.	Besonderheiten/Verweise
40. Soweit ein Betriebsabrechnungsbogen nicht vorliegt oder in sonstiger Weise Anlass besteht: Wurde die Angemessenheit kalkulatorisch verrechneter Gemeinkosten durch kritische Durchsicht der Kalkulationsunterlagen und durch Vergleich mit den effektiv angefallenen Gemeinkosten überprüft?	☐	☐	☐	
41. Entspricht die Bewertungsmethode der Herstellungskosten den steuerlichen Vorschriften?	☐	☐	☐	
42. Haben Sie sich bei **Abschreibungen** von dem hierfür gegebenen Grund				
• durch Bildung eines eigenen Urteils,	☐	☐	☐	
• über die Risiken des Beschaffungs- oder Absatzmarktes,	☐	☐	☐	
• durch Befragung der zuständigen Personen,	☐	☐	☐	
• durch erforderlichenfalls Hinzuziehung von Sachverständigen überzeugt?	☐	☐	☐	
43. Haben Sie progressiv in Stichproben die Notwendigkeit von Abschreibungen überprüft durch				
• Vergleich der Anschaffungskosten mit amtlichen Notierungen, Aufzeichnungen von Verbänden, Wirtschaftsvereinigungen, Handelskammern und anderen Statistiken sowie die Aufzeichnungen des Unternehmens über den Börsen- und Marktpreis (des Beschaffungsmarktes; bei Überbeständen: des Absatzmarktes)?	☐	☐	☐	
• Vergleich der Anschaffungs-/Herstellungskosten mit geeigneten Unterlagen über einen niedrigeren beizulegenden Wert oder einen niedrigeren Wert wegen zukünftiger Wertschwankungen (z.B. Inventurunterlagen von gleichartigen Zweigniederlassungen über dieselben Materialien, etc.)?	☐	☐	☐	
44. Ermittlung des verlustfreien Werts zum Bilanzstichtag (zu erwartender Nettoerlös abzüglich noch anfallender Vertriebs-, Lager- und Versandkosten sowie Herstellungskosten)?	☐	☐	☐	
45. Wurden zur Ermittlung des verlustfreien Werts überprüft:				
• die Nettoerlöse ausgehend von den am Bilanzstichtag bereits vorliegenden Aufträgen oder aufgrund der tatsächlich erzielten Erlöse vereinzelter Erzeugnisse oder Erzeugnisgruppen in neuer Rechnung?	☐	☐	☐	
• die Vertriebs-, Lager- und Versandkosten durch Abstimmung mit der geprüften Kostenrechnung des abgelaufenen Geschäftsjahres?	☐	☐	☐	
• noch zu erwartende Herstellungskosten für Erzeugnisse der Einzelfertigung,	☐	☐	☐	
▪ durch Vergleich der Istkosten zum Bewertungsstichtag mit den Gesamtkosten laut Vorkalkulation?	☐	☐	☐	

– 200 –

Mandant:	Vorräte – fertige Erzeugnisse, Waren – Zusätzliche Arbeitshilfe bei Erstellung mit umfassenden Prüfungshandlungen	E IV – 10 –

Auftrag:

	ja	nein	n.e.	Besonderheiten/Verweise
▪ durch Abstimmung mit dem Fertigstellungsgrad zum Aufnahmestichtag?	☐	☐	☐	
● noch zu erwartende Herstellungskosten für Erzeugnisse der Serienfertigung durch Anwendung des prozentualen Abschlags von Herstellungskosten vergleichbarer fertiger Erzeugnisse auf die Herstellungskosten der unfertigen Erzeugnisse?	☐	☐	☐	
Wurden bei der Ermittlung des verlustfreien Werts die noch zu erwartenden Herstellungskosten in voller Höhe einschließlich der nicht aktivierungspflichtigen bzw. nicht aktivierungsfähigen Kostenbestandteile angesetzt?	☐	☐	☐	
46. Wurden die Abschreibungen rechnerisch richtig ermittelt?	☐	☐	☐	
47. Haben Sie sich bei der Prüfung von **Zuschreibungen** überzeugt				
● von der Vertretbarkeit des Grundes (z. B. Wegfall des Grundes für außerplanmäßige Abschreibungen, Angleichung an die Werte der Steuerbilanz, Fusionen, Umwandlungen, Ausscheiden eines Gesellschafters einer Personenunternehmung, etc.)?	☐	☐	☐	
● von der Beachtung des Zeitwerts sowie der Anschaffungs- / Herstellungskosten, die nicht überschritten werden dürfen?	☐	☐	☐	
● von der rechnerisch zutreffenden Ermittlung der Zuschreibung?	☐	☐	☐	
48. Haben Sie sich durch progressive Prüfung davon überzeugt, dass Kapital- und KapCo-Gesellschaften die nach § 280 Abs. 1 HGB grundsätzlich bestehende Pflicht zur Wertaufholung bei Wegfall der Gründe für eine außerplanmäßige Abschreibung beachtet haben?	☐	☐	☐	
49. Stimmt die handelsrechtliche Bewertung mit der steuerrechtlichen Bewertung überein?	☐	☐	☐	
50. Wurden bei Abweichung zwischen der Bewertung nach Handels- und Steuerrecht beachtet:				
● das Wahlrecht zur Aktivierung von latenten Steuern bei Kapital- und KapCo-Gesellschaften nach § 274 Abs. 2 HGB (z. B. bei steigenden Preisen und Anwendung der Lifo-Methode in der Handelsbilanz statt der Durchschnittsbewertung in der Steuerbilanz)?	☐	☐	☐	
● die Pflicht zur Passivierung latenter Steuern gem. § 274 Abs. 1 HGB (z. B. bei steigenden Preisen und Anwendung der Fifo-Methode in der Handelsbilanz gegenüber der Durchschnittsbewertung in der Steuerbilanz)?	☐	☐	☐	

umfassende Prüfungshandlungen

Mandant:	**Vorräte** – fertige Erzeugnisse, Waren – Zusätzliche Arbeitshilfe bei Erstellung mit umfassenden Prüfungshandlungen	**E IV** – 11 –
Auftrag:		

umfassende Prüfungshandlungen

	ja	nein	n.e.	Besonderheiten/Verweise
51. Sind Sie zu dem Ergebnis gekommen, dass die ausgewiesene Position • entsprechend den handelsrechtlichen Vorschriften, • entsprechend den steuerrechtlichen Vorschriften bewertet wurde? Bei Abweichungen:	☐	☐	☐	Vereinzelung der Abweichungen s. unter

IV Prüfung des Ausweises
Bei sämtlichen Unternehmen

52. Wurden die Gegenbuchungen zutreffend erfasst und zwar
    bei Anwendung des Gesamtkostenverfahrens:
    • der Unterschiedsbetrag zwischen den Beständen am Bilanzstichtag und am vorhergehenden Bilanzstichtag unter den Bestandsveränderungen bzw. die Abschreibungen, soweit sie die übliche Größenordnung überschreiten, unter dem hierfür vorgesehenen gesonderten Posten ☐ ☐ ☐
    bei Anwendung des Umsatzkostenverfahrens:
    • unter dem Herstellungsaufwand der zur Herstellung der Umsatzerlöse erbrachten Leistungen ☐ ☐ ☐

Bei Kapital- und KapCo-Gesellschaften
(unabhängig von der Größenordnung)

53. Wurden beim Ausweis im Jahresabschluss (Anhang) beachtet:
    a) Angabe der angewandten Bilanzierungs- und Bewertungsmethoden sowie Begründung ihrer Änderungen, § 284 Abs. 2 Nr. 1, 3 HGB ☐ ☐ ☐
    b) Angabe von Einflüssen eventueller Bilanzierungs- und Bewertungsänderungen auf die Vermögens-, Finanz- und Ertragslage ☐ ☐ ☐
    c) Angabe von gewährten Sicherheiten im Anhang, § 268 Abs. 7 i.V.m. §§ 251 HGB, 285 Nr. 1 HGB ☐ ☐ ☐
    d) Angabe der Grundlagen einer eventuellen Währungsumrechnung, § 284 Abs. 2 Nr. 2 HGB ☐ ☐ ☐
    e) Angabe einer eventuellen Einbeziehung von Fremdkapitalzinsen in die Herstellungskosten, § 284 Abs. 2 Nr. 5 HGB ☐ ☐ ☐
    f) Angabe der Vorschriften, nach denen Sonderposten gebildet wurden und deren Veränderungen, §§ 273 Abs. 3, 231 Abs. 2 Satz 2 HGB ☐ ☐ ☐
    g) Angabe des Betrages der im Geschäftsjahr nach steuerlichen Vorschriften vorgenommenen Abschreibungen und Rücklagen und Begründung dazu in der Bilanz der GuV-Rechnung oder dem Anhang, § 281 Abs. 2 HGB ☐ ☐ ☐

Mandant:	Vorräte – fertige Erzeugnisse, Waren – Zusätzliche Arbeitshilfe bei Erstellung mit umfassenden Prüfungshandlungen	E IV – 12 –

Auftrag:

	ja	nein	n.e.	Besonderheiten/Verweise
h) Angabe und Begründung des Betrages der im Geschäftsjahr aus steuerlichen Gründen unterlassenen Zuschreibungen im Anhang	☐	☐	☐	
i) Angabe des Betrages der allein nach steuerlichen Vorschriften vorgenommenen Abschreibungen im Anhang, § 281 Abs. 2 Satz 1 HGB	☐	☐	☐	
j) Darstellung des Einflusses der steuerlichen Abschreibungen und deren Beibehaltung bzw. deren Bildung von Sonderposten auf das Jahresergebnis und das Ausmaß künftiger (Steuer-)Belastungen hieraus im Anhang, § 285 Nr. 5 HGB	☐	☐	☐	
k) die Beachtung des Wahlrechts zum Ausweis von steuerlichen Sonderabschreibungen (aktivisches Abschreiben oder Bildung eines Sonderpostens mit Rücklageanteil in Höhe des Unterschiedsbetrages zwischen steuerlich zulässiger höherer Sonderabschreibungen und handelsrechtlicher Abschreibungen)	☐	☐	☐	
l) die Prüfung, ob sich aus dem Vorratsvermögen Angabepflichten im Lagebericht ergeben und ob diese beachtet wurden?	☐	☐	☐	

Mittelgroße und große Kapital- und KapCo-Gesellschaften (zusätzlich)

54. Werden die fertigen Erzeugnisse und Waren von den übrigen Vorratsposten getrennt ausgewiesen?	☐	☐	☐	
55. Wird bei Anwendung der Durchschnittsmethode oder der Unterstellung einer bestimmten Verbrauchsfolge für die Waren bzw. für die in die Herstellungskosten einbezogenen Materialeinzelkosten ein Unterschiedsbetrag zu dem Börsen- und Marktpreis im Anhang gesondert ausgewiesen, sofern der Börsen- und Marktpreis erheblich von dem tatsächlichen Wertansatz abweicht?	☐	☐	☐	
56. *Sind Sie zu dem Ergebnis gekommen, dass für die ausgewiesene Position sämtliche handelsrechtlichen Ausweisvorschriften beachtet wurden?*	☐	☐	☐	

V Sonstige Prüfungshandlungen

Mandant:	**Vorräte** – geleistete Anzahlungen – Zusätzliche Arbeitshilfe bei Erstellung mit umfassenden Prüfungshandlungen	**E V** – 1 –
Auftrag:		

	Mitarbeiter	Berichtskritik	verantwortlicher Berufsangehöriger
Name / Unterschrift Datum			

	ja	nein	n.e.	Besonderheiten/Verweise
I Beurteilung des internen Kontrollsystems				
1. Wird für die geleisteten Anzahlungen eine Saldenliste geführt und wird diese regelmäßig kontrolliert?	☐	☐	☐	
2. Wird bei Anzahlungen von nennenswertem Umfang darauf geachtet, dass diese verzinslich gegen Sicherheiten geleistet werden?	☐	☐	☐	
3. Werden die geleisteten Anzahlungen mit den zugrunde liegenden vertraglichen Bestimmungen abgestimmt?	☐	☐	☐	
4. Werden beim Eingang von Rechnungen die geleisteten Anzahlungen zutreffend gekürzt?	☐	☐	☐	
5. Wurden die geleisteten Anzahlungen zutreffend von den anderen geleisteten Anzahlungen und dem Rechnungsabgrenzungsposten abgegrenzt?	☐	☐	☐	
6. Wird der Verrechnungsverkehr mit verbundenen Unternehmen nach Lieferungen von Finanz- oder Sachanlagen sowie sonstigen Lieferungen getrennt?	☐	☐	☐	
7. Werden die geleisteten Anzahlungen an verbundene Unternehmen gesondert erfasst?	☐	☐	☐	
8. Ist Funktionentrennung gewährleistet (die Buchhaltung darf keinen Einfluss auf die Bestellung, keinen Zugang zu Geld etc.) haben?	☐	☐	☐	
9. Beurteilung des internen Kontrollsystems **gut / mittel / schlecht*** * (nicht zutreffendes bitte streichen)				
10. Wurde das vorstehende Urteil berücksichtigt a) in der Risikoanalyse?	☐	☐	☐	
b) bei Prüfungsumfang und -intensität der ausgewählten Prüfungshandlung?	☐	☐	☐	
11. Ergeben sich durch das vorstehende Urteil Änderungen der Risikoanalyse? Wenn ja: Beurteilung der geänderten Prüfungssicherheit **gut / mittel / schlecht*** * (nicht zutreffendes bitte streichen)	☐	☐	☐	

umfassende Prüfungshandlungen

Mandant:	**Vorräte** – geleistete Anzahlungen – **Zusätzliche Arbeitshilfe bei Erstellung mit umfassenden Prüfungshandlungen**	E V – 2 –

Auftrag:

	ja	nein	n.e.	Besonderheiten/Verweise

II Prüfung des Nachweises

12. Ist der ausgewiesene Bilanzwert durch
    - die Sachkonten,
    - Saldenlisten,
    - eventuell Saldenbestätigungen,

    nachgewiesen?
13. Ist sichergestellt, dass die angezahlten Vorräte noch nicht an die Gesellschaft geliefert wurden?
14. *Sind Sie zu dem Ergebnis gekommen, dass die ausgewiesene Position vollständig ausgewiesen wird, die ihr zugrunde liegenden Vermögensgegenstände vorhanden und dem bilanzierenden Unternehmen zuzurechnen sind?*

III Prüfung der Bewertung

15. Wurden als Anschaffungskosten die geleisteten Zahlungen angesetzt?
16. Haben Sie sich von der eventuellen Notwendigkeit von **Abschreibungen** überzeugt
    - durch Vergleich der geleisteten Zahlungen einerseits und dem jeweils niedrigeren beizulegenden Wert?
    - dem wahlweise anzusetzenden Wert wegen zukünftiger Wertschwankungen?
    - dem Wert aufgrund vernünftiger kaufmännischer Beurteilung?
    - dem steuerlichen Wert?
17. Haben Sie bei den Abschreibungen geprüft,
    - wie weit die Anzahlungen in der Zeit zwischen dem Bilanzstichtag und dem Prüfungstag abgewickelt wurden?
    - ob für die noch nicht abgewickelten Anzahlungen die entsprechenden Lieferungen und Leistungen überfällig sind?
    - ob sich daraus der Schluss ziehen lässt, dass die betreffenden Anzahlungen risikobehaftet sind?
18. Stimmt die handelsrechtliche Bewertung mit der steuerrechtlichen Bewertung überein?
19. Wurde bei Abweichungen (handelsrechtlich höhere Abschreibungen) zwischen Handels- und Steuerrecht das Wahlrecht zur Aktivierung von latenten Steuern bei Kapital- und KapCo-Gesellschaften beachtet?
20. *Sind Sie zu dem Ergebnis gekommen, dass die ausgewiesene Position*
    - *entsprechend den handelsrechtlichen Vorschriften,*
    - *entsprechend den steuerrechtlichen Vorschriften*

    bewertet wurde?
    Bei Abweichungen: Vereinzelung der Abweichungen s. unter

Mandant:	Vorräte – geleistete Anzahlungen – Zusätzliche Arbeitshilfe bei Erstellung mit umfassenden Prüfungshandlungen	E V – 3 –
Auftrag:		

	ja	nein	n.e.	Besonderheiten/Verweise
IV Prüfung des Ausweises				
Bei sämtlichen Unternehmen				
21. Liegen die Voraussetzungen des Umlaufvermögens vor?	☐	☐	☐	
22. Wurden die üblichen außerordentlichen Abschreibungen ausgewiesen				
• bei Anwendung des Gesamtkostenverfahrens: Unter den Aufwendungen für Roh-, Hilfs- und Betriebsstoffe?	☐	☐	☐	
• bei Anwendung des Umsatzkostenverfahrens unter den Herstellungskosten der zur Erzielung der Umsatzerlöse erbrachten Leistungen?	☐	☐	☐	
Bei Kapital- und KapCo-Gesellschaften				
23. Wurden beim Ausweis im Jahresabschluss beachtet:				
a) die Angabe der angewandten Bilanzierungs- und Bewertungsmethoden im Anhang sowie die Begründung ihrer Änderungen (§ 274 Abs. 2 Nr. 1, 3 HGB)?	☐	☐	☐	
b) Angabe von Einflüssen eventueller Bilanzierungs- und Bewertungsänderungen auf die Vermögens-, Finanz- und Ertragslage, § 284 Abs. 2 Nr. 3, 2. HS HGB?	☐	☐	☐	
c) Grundlagen der Währungsumrechnung (§ 284 Abs. 2 Nr. 2 HGB)?	☐	☐	☐	
d) die Angabe und Begründung des Betrages der im Geschäftsjahr aus steuerlichen Gründen unterlassenen Zuschreibungen im Anhang?	☐	☐	☐	
24. *Sind Sie zu dem Ergebnis gekommen, dass für die ausgewiesene Position sämtliche handelsrechtlichen Ausweisvorschriften beachtet wurden?*	☐	☐	☐	
V Sonstige Prüfungshandlungen				

Mandant:	Forderungen und sonstige Vermögensgegenstände – Erstellung ohne Prüfungshandlungen – mit Plausibilitätsbeurteilungen – mit umfassenden Prüfungshandlungen	**G** – 1 –
Auftrag:		

	Mitarbeiter	Berichtskritik	verantwortlicher Berufsangehöriger
Name / Unterschrift Datum			

	ja	nein	n.e.	Besonderheiten/Verweise
I Benötigte Unterlagen erhalten?				
• Sachkonto und Kontokorrent • Saldenliste	☐	☐	☐	

• Aufgliederung der Forderungen nach
  ▪ Alter (Entstehung)
  ▪ Fälligkeit
  ▪ Größenordnung
  ▪ In- und Ausland (mit Angabe der Beträge in ausländischer Währung)
	☐	☐	☐	

• Zusammenfassung von Einzelsalden zu Gesamtengagements jedes Schuldners				

• Liste der
  ▪ Gesellschafter
  ▪ verbundenen Unternehmen
  ▪ Unternehmen, mit denen ein Beteiligungsverhältnis besteht
	☐	☐	☐	

• Liste der zum Erstellungszeitpunkt noch offenen Forderungen unter Angabe der Fälligkeit und der eventuell über Delkredere-Versicherungen abgesicherten Forderungen	☐	☐	☐	

• Liste der zweifelhaften Forderungen unter
  ▪ Angabe eventuell über Delkredere-Versicherungen abgesicherten Forderungen
  ▪ Angabe der Posten, die voraussichtlich ein Jahr nach dem Bilanzstichtag nicht beglichen sein werden
	☐	☐	☐	

• bei Wechseln:
  ▪ Konten
  ▪ Bestandsaufnahmeprotokolle
  ▪ Wechselkopierbuch
	☐	☐	☐	

• bei Darlehen: ▪ Übersicht über die Entwicklung von Darlehensforderungen (Stand am Anfang des Jahres, Zugänge, Tilgungen, Stand am Abschlussstichtag, Zinssätze und -beträge, Kündigungsfristen und -termine, Sicherheiten)	☐	☐	☐	
• für Steuererstattungen: ▪ Steueranmeldungen und Veranlagungen	☐	☐	☐	

Mandant:	Forderungen und sonstige Vermögensgegenstände – Erstellung ohne Prüfungshandlungen – mit Plausibilitätsbeurteilungen – mit umfassenden Prüfungshandlungen	**G** – 2 –

Auftrag:

	ja	nein	n.e.	Besonderheiten/Verweise

II Erstellungsmaßnahmen

1. Sind die Salden durch
   - Saldenlisten,
   - ggf. ein Wechselkopierbuch

   nachgewiesen?
2. Wurden die in der Bilanz ausgewiesenen Forderungen mit
   - dem Nachweis,
   - den Sachkonten sowie
   - den Personenkonten

   abgestimmt?
3. Sind bei einer offenen Postenbuchhaltung gewährleistet (Richtlinie 29 Abs. 1 Satz 6 EStR i.V.m. Erlass FMNW v. 10. 6. 1963, BStBl II, 63)
   - die zeitliche Ablage der Rechnungsdurchschrift?
   - die sachliche Ablage (nach Kunden) einer weiteren Rechnungsdurchschrift bis zur Regulierung?
   - die zeitnahe Addition und Buchung der Rechnungen und Zahlungen?
   - die jederzeitige (monatliche) Abstimmung?
4. Bei einer offenen Postenbuchhaltung: Wurden die Belege der „Offene-Posten-Datei" und der „Ausgeglichene-Posten-Datei" mit dem ausgewiesenen Wert abgestimmt (zweckmäßigerweise nach Fertigung einer Zusammenstellung der einzelnen Posten durch das geprüfte Unternehmen)?
5. Wurden evtl. vereinbarte Verzinsungen vorgenommen?
6. Wurde bei der Bewertung evtl. vorhandener Besitzwechsel zusätzlich auf die Abgrenzung von Gebühren geachtet?
7. Wurden mittel- und langfristig unverzinsliche oder nur gering verzinsliche Forderungen aufgrund eines normalisierten Zinssatzes auf den Barwert abgezinst?
8. Wurden Einzelwertberichtigungen für
   - ein Ausfallrisiko im Einzelfall,
   - ein Fremdwährungsrisiko

   vorgenommen?
9. Wurden Fremdwährungsrisiken abgesichert durch
   - Kreditversicherungen,
   - Kurssicherungsklauseln,
   - Ausfuhrgarantien,
   - Ausfuhrbürgschaften?

Mandant:	**Forderungen und sonstige Vermögensgegenstände** – Erstellung ohne Prüfungshandlungen – mit Plausibilitätsbeurteilungen – mit umfassenden Prüfungshandlungen	**G** – 3 –
Auftrag:		

	ja	nein	n.e.	Besonderheiten/Verweise
10. Wurde bei der Bewertung der Debitoren jeweils das Gesamtengagement des betreffenden Schuldners (Warenforderung, Darlehensforderung, Bürgschaften und erhaltene Sicherheiten) berücksichtigt?	☐	☐	☐	
11. Wurde zusätzlich zu den Einzelwertberichtigungen eine aktivisch abzusetzende Pauschalwertberichtigung zur Berücksichtigung des allgemeinen Ausfallrisikos sowie zur Berücksichtigung von Skontoaufwendungen und Zinsverlusten gebildet?	☐	☐	☐	
12. Genügen die vorgenommenen Bewertungsabschläge (Teilwertabschreibungen) den steuerlichen Anforderungen an die Dauerhaftigkeit (ggf. Abweichung von Handels- und Steuerbilanz)?	☐	☐	☐	
13. Wurde das steuerliche Wertaufholungsgebot beachtet (ggf. Abweichung von Handels- und Steuerbilanz)?	☐	☐	☐	
14. Wurden die Forderungen gegenüber Gesellschaftern separiert ausgewiesen (§ 42 Abs. 3 GmbHG)?	☐	☐	☐	
15. Wurden die Fristigkeiten beachtet (§ 268 Abs. 4 HGB)?	☐	☐	☐	
16. Wurden die Grundsätze der Bilanzierungs- und Bewertungsstetigkeit beachtet?	☐	☐	☐	
17. Stimmen die Abschreibungen und Wertberichtigungen sowie evtl. Zinsaufwendungen mit den GuV-Konten überein?	☐	☐	☐	
18. Sind Sie zu dem Ergebnis gekommen, dass der Ausweis der Forderungen und sonstigen Vermögensgegenstände aus den vorliegenden Unterlagen und Informationen normgerecht abgeleitet wurde?	☐	☐	☐	

III Vorbereitende Maßnahmen bei Plausibilitätsbeurteilungen und umfassenden Prüfungsmaßnahmen

	ja	nein	n.e.	
19. (Bei Plausibilitätsbeurteilungen:) Wurden nach Maßgabe des Arbeitspapiers Z 30 die vorbereitenden Maßnahmen für Plausibilitätsbeurteilungen veranlasst?	☐	☐	☐	
20. (Bei umfassenden Prüfungshandlungen:) Wurde in dem Arbeitspapier Z 40 ff. die erforderliche Prüfungssicherheit sowie unter Berücksichtigung der Wahrscheinlichkeit von Fehlerrisiken und -hypothesen der Prüfungsumfang und die Prüfungsintensität abschließend bestimmt? Beurteilung der erforderlichen Prüfungssicherheit **gut / mittel / schlecht*** * (nicht zutreffendes bitte streichen)	☐	☐	☐	

Mandant:	**Forderungen und sonstige Vermögensgegenstände** – Erstellung ohne Prüfungshandlungen – mit Plausibilitätsbeurteilungen – mit umfassenden Prüfungshandlungen	**G** – 4 –
Auftrag:		

		ja	nein	n.e.	Besonderheiten/Verweise
	IV Maßnahmen zur Beurteilung der Plausibilität				
Plausibilitätsbeurteilungen	21. Haben Sie sich über die Grundsätze, nach denen Forderungen erstmals eingebucht werden (Abgrenzung und Realisierung des Umsatzes), über die Zahlungsziele, die im Durchschnitt gewährt werden und über die üblicherweise anfallenden Erlösschmälerungen (Rechnungsabstriche, Warenrücknahmen, Vergütungen, Rabatte und Boni) informiert?	☐	☐	☐	
	22. Sind diese Grundsätze ordnungsgemäß und plausibel beachtet worden?	☐	☐	☐	
	23. Haben Sie durch Befragung festgestellt, ob in den Nachweisen der Forderungen Vorfakturierungen, längerfristige Forderungen, Forderungen aus Lieferungen an Konsignateure, Währungsforderungen, Forderungen an Gesellschafter sowie Forderungen an verbundene Unternehmen / nahe stehende Unternehmen enthalten sind?	☐	☐	☐	
	24. Haben Sie durch Befragung festgestellt, ob wesentliche Gutschriften nach dem Bilanzstichtag für gebuchte Umsätze erteilt wurden und ob diese durch Stornierungen berücksichtigt sind?	☐	☐	☐	
	25. Haben Sie sich über die Vorgehensweise zur Bestimmung von dubiosen Forderungen (Mahnverfahren, Zahlungsausgleich nach dem Bilanzstichtag) und zur Festlegung von Wertberichtigungen informiert?	☐	☐	☐	
	26. Haben Sie den Wert wesentlicher Forderungen und sonstiger Vermögensgegenstände mit dem früherer Perioden oder mit Planwerten verglichen oder haben Sie sich unplausible Abweichungen erläutern lassen?	☐	☐	☐	
	27. Haben Sie sich eine Analyse der Altersstruktur der Forderungen geben lassen?	☐	☐	☐	
	28. Haben Sie die Gründe für ungewöhnlich hohe Salden, wesentliche kreditorische oder andere ungewöhnliche Salden durch Befragung geklärt?	☐	☐	☐	
	29. Haben Sie die Möglichkeit der Beitreibung von Salden durch Befragung geklärt?	☐	☐	☐	
	30. Haben Sie sich bei ausgewählten Posten davon überzeugt, dass diese in neuer Rechnung beglichen wurden?	☐	☐	☐	
	31. Haben Sie die durchschnittliche Umschlagzeit der Forderungen mit der des Vorjahres verglichen?	☐	☐	☐	
	32. Haben Sie sich wesentliche Abweichungen oder Unplausibilitäten beim Vergleich der durchschnittlichen Umschlagzeit erklären lassen?	☐	☐	☐	

Mandant:	**Forderungen und sonstige Vermögensgegenstände** – Erstellung ohne Prüfungshandlungen – mit Plausibilitätsbeurteilungen – mit umfassenden Prüfungshandlungen	**G** – 5 –

Auftrag:

	ja	nein	n.e.	Besonderheiten/Verweise	
33. Haben Sie sich darüber informiert, ob Forderungen im Wege des Factoring veräußert wurden bzw. ob sie abgetreten oder verpfändet wurden?	☐	☐	☐		
34. Haben Sie durch Befragung festgestellt, ob Forderungen gegenüber Gesellschaftern, Mitgliedern der Unternehmensleitung und verbundenen bzw. Unternehmen, mit denen ein Beteiligungsverhältnis besteht, separat ausgewiesen werden?	☐	☐	☐		Plausibilitätsbeurteilungen
35. Haben Sie sich eine Auflistung der wesentlichen Posten der sonstigen Vermögensgegenstände verschafft?	☐	☐	☐		
36. Haben Sie durch Befragung deren Entstehungsursache erfahren und deren Werthaltigkeit beurteilt?	☐	☐	☐		
37. Haben Sie sich über den Ansatz von Steuerforderungen anhand von Steuerbescheiden, Steuerberechnungen sowie einer Umsatzsteuerverprobung überzeugt?	☐	☐	☐		
38. Haben Sie sich erkundigt, ob ggf. Beteiligungen an Arbeitsgemeinschaften und ähnlichen kurzfristigen Gesellschaften bestehen und wie die daraus resultierenden Forderungen / Verbindlichkeiten zum Bilanzstichtag in der Buchführung erfasst sind?	☐	☐	☐		
39. Sonstige Maßnahmen?					
40. Bestehen nach Ihren Plausibilitätsbeurteilungen an der Ordnungsmäßigkeit der zugrunde liegenden Bücher und Nachweise keine Zweifel?	☐	☐	☐		

Mandant:	Forderungen und sonstige Vermögensgegenstände / Verbindlichkeiten – Einholung von Saldenbestätigungen – Zusätzliche Arbeitshilfe bei Erstellung mit umfassenden Prüfungshandlungen	**G I** – 1 –
Auftrag:		

	Mitarbeiter	Berichtskritik	verantwortlicher Berufsangehöriger
Name / Unterschrift Datum			

	ja	nein	n.e.	Besonderheiten/Verweise

Benötigte Unterlagen erhalten ?

- Saldenlisten — ☐ ☐ ☐ s. Arbeitspapier ...

Prüfungshandlungen

I Vorbereitung der Saldenbestätigungsaktion

1. Welcher Bestätigungszeitpunkt wurde festgelegt? ☐ ☐ ☐
2. Bei einem Bestätigungszeitpunkt vor dem Bilanzstichtag: Gewährleisten die Buchhaltung und das interne Kontrollsystem eine Fortschreibung der Forderungen zum Bilanzstichtag? ☐ ☐ ☐
3. Bei einem vom Bilanzstichtag abweichenden Inventurstichtag: Stimmen Bestätigungszeitpunkt und Inventurstichtag überein, damit Abgrenzungsfehler bei der Inventur durch Saldenbestätigungen aufgedeckt werden können? ☐ ☐ ☐
4. Anzahl und Auswahl der Salden:
   - Welche Auswahlkriterien wurden gewählt? ☐ ☐ ☐ s. Arbeitspapier ...
   - Stichprobenumfang: ☐ ☐ ☐ s. Arbeitspapier ...
5. Sind in die Auswahl auch ausgeglichene Konten einbezogen worden? ☐ ☐ ☐
6. Liegen Stellungnahmen des zu prüfenden Unternehmens vor, sofern die Bestätigung einzelner Salden nicht gewünscht wird? ☐ ☐ ☐

II Durchführung der Bestätigungsaktion

7. Enthalten die Bestätigungsschreiben (Muster: vgl. Z 51, 52) Kennzeichnungen, die eine eindeutige Zuordnung zu der jeweiligen Prüfung erlauben? ☐ ☐ ☐
8. Wurden die Bestätigungen durch den Prüfer selbst, zumindest jedoch unter seiner Kontrolle versandt? ☐ ☐ ☐
9. Wurden Kuverts des Prüfers verwandt (damit Anfragen, die den Empfänger aus irgendwelchen Gründen nicht erreichen oder an den Absender zurückgehen, dem Prüfer zur Kenntnis gelangen, so dass er alles weitere veranlassen kann)? ☐ ☐ ☐
10. Wurde die Bestätigungsaktion laufend kontrolliert und die Kontrolle dokumentiert? ☐ ☐ ☐ s. Arbeitspapier ...

umfassende Prüfungshandlungen

Mandant:	**Forderungen und sonstige Vermögensgegenstände / Verbindlichkeiten** – Einholung von Saldenbestätigungen – Zusätzliche Arbeitshilfe bei Erstellung mit umfassenden Prüfungshandlungen	**G I** – 2 –

Auftrag:

	ja	nein	n.e.	Besonderheiten/Verweise
11. Wurden eventuelle Abweichungen nach Kriterien eingeteilt, insbesondere nach				
• Zahlung bzw. Rechnung unterwegs;	☐	☐	☐	
• Rechnung bzw. Gutschrift nicht erhalten oder nicht anerkannt.	☐	☐	☐	
12. Wurde bei Ausbleiben einer Bestätigung innerhalb von 10–14 Tagen eine Zweitanforderung versandt?	☐	☐	☐	
13. Sind sämtliche Abweichungen aus der Saldenbestätigung selbst, aus einem beigefügten Kontoauszug oder aus Überleitung des Mandanten erklärbar?	☐	☐	☐	
14. Wurden die Abweichungen, insbesondere Überleitungsrechnungen des Mandanten auf ihre Richtigkeit hin überprüft?	☐	☐	☐	
15. Bei unterschiedlichem Bestätigungszeitpunkt und Bilanzstichtag:				
• Ist eine ordnungsgemäße nachprüfbare Fortschreibung bis zum Bilanzstichtag sichergestellt?	☐	☐	☐	
• Wurden die ausgewählten Posten zum Bestätigungszeitpunkt und zum Bilanzstichtag verglichen und die Abweichungen zwischen den beiden Stichtagen analysiert?	☐	☐	☐	
• Wurden die wesentlichen Abweichungen zwischen Bestätigungszeitpunkt und Bilanzstichtag überprüft?	☐	☐	☐	
16. Bei verbundenen Unternehmen oder Beteiligungsunternehmen:				
• Wurde darauf geachtet, dass Bestätigungszeitpunkt und Bilanzstichtag zur Erleichterung einer eventuell vorzunehmenden Konsolidierung übereinstimmen?	☐	☐	☐	
• Wurden sämtliche Salden von verbundenen Unternehmen und Beteiligungsunternehmen lückenlos bestätigt, um eine Konsolidierung zu erleichtern? Wurden die Salden abgestimmt und die Differenzen aus den Geschäftsvorfällen des Jahres geklärt?	☐	☐	☐	
• Wurde bei der Klärung von Abweichungen zwischen dem Soll- und dem Istbestand auf die Möglichkeit unterwegs befindlicher Geldbeträge und deren Verbuchung als Eingang bzw. Ausgang geachtet?	☐	☐	☐	
17. Wurden bei neuen und betragsmäßig außergewöhnlich hohen Salden erneut Saldenbestätigungen zum Bilanzstichtag eingeholt?	☐	☐	☐	

umfassende Prüfungshandlungen

Mandant:	**Forderungen und sonstige Vermögensgegenstände / Verbindlichkeiten** – Einholung von Saldenbestätigungen – Zusätzliche Arbeitshilfe bei Erstellung mit umfassenden Prüfungshandlungen	**G I** – 3 –
Auftrag:		

	ja	nein	n.e.	Besonderheiten/Verweise
III Ergebnis der Bestätigungsaktion				
18. Wurde die Bestätigungsaktion nach folgenden Kriterien ausgewertet:				
• Anzahl sämtlicher Forderungsposten	☐	☐	☐	
• Gesamtvolumen der zu prüfenden Bilanzposition	☐	☐	☐	
• Anzahl der abgesandten Bestätigungen	☐	☐	☐	
• Volumen der abgesandten Bestätigungen	☐	☐	☐	
• Anzahl der erhaltenen Antworten (jeweils ohne bzw. mit Abweichungen)	☐	☐	☐	
• Volumen der erhaltenen Antworten (jeweils ohne bzw. mit Abweichungen)	☐	☐	☐	

umfassende Prüfungshandlungen

| Mandant: | Forderungen aus Lieferungen und Leistungen – Zusätzliche Arbeitshilfe bei Erstellung mit umfassenden Prüfungshandlungen | **G II** – 1 – |

Auftrag:

	Mitarbeiter	Berichtskritik	verantwortlicher Berufsangehöriger
Name / Unterschrift Datum			

	ja	nein	n.e.	Besonderheiten/Verweise

I Beurteilung des internen Kontrollsystems

1. Wurde das Verfahren der Abwicklung der Verkäufe und ihrer Verbuchung (einschließlich der Behandlung der Umsatzsteuer, der Erlösschmälerungen und der Retouren) in Form eines Dauerarbeitspapieres dokumentiert?
2. Stimmt das praktizierte Verfahren mit den Rechnungslegungsvorschriften überein?
3. Ist zur Vermeidung bzw. zur Überwachung größerer Außenstände sichergestellt, dass
   - Kundenkredite durch die hierfür vorgesehenen Personen genehmigt werden?
   - vor Einräumung größerer Kredite Auskünfte eingeholt werden?
   - von der Abteilung Verkauf keine Kunden beliefert werden, die wegen größerer Forderungsrückstände „gesperrt" sind?
   - der Außendienst über Mahnungen, Zielüberschreitungen und „Sperrungen" rechtzeitig informiert wird?
   - säumige Kunden systematisch angemahnt werden?
   - eine Mahnkartei geführt wird und die Mahnungen auf den Kontokorrentkarten vermerkt werden?
   - das Mahnwesen von der übrigen Kontokorrentbuchhaltung getrennt ist?
   - Zinsen und Kosten bei Zielüberschreitungen und Mahnungen berechnet werden?
   - Eintreibungsmaßnahmen bei erfolglosen Mahnungen in die Wege geleitet werden?
   - die Ausbuchung oder Abschreibung von Forderungen von der vorgesetzten Stelle genehmigt werden muss, ggf. unter Einräumung bestimmter Wertgrenzen?
   - ausgebuchte und / oder abgeschriebene Forderungen periodisch durchgesehen und eventuelle Zahlungseingänge überwacht werden?
4. Werden bei der Bearbeitung eingehender Aufträge Unterschlagungen oder Irrtümer vermieden, z. B. durch
   - vornummerierte Auftragsbestätigungen, Versandanzeigen und Rechnungen?

umfassende Prüfungshandlungen

Mandant:	**Forderungen aus Lieferungen und Leistungen** – Zusätzliche Arbeitshilfe bei Erstellung mit umfassenden Prüfungshandlungen	**G II** – 2 –
Auftrag:		

	ja	nein	n.e.	Besonderheiten/Verweise
• Erstellung eines Verzeichnisses der ausgegebenen Auftragsnummern?	☐	☐	☐	
• periodische Durchsicht der nicht aufgeführten Aufträge?	☐	☐	☐	
5. Ist die Trennung der Funktionen Konditionengewährung und Auftragsbearbeitung gewährleistet?	☐	☐	☐	
6. Müssen Abweichungen von den allgemeinen Geschäftsbedingungen gesondert genehmigt werden?	☐	☐	☐	
7. Funktioniert das interne Kontrollsystem des Warenausgangs?	☐	☐	☐	s. Arbeitspapier ...
8. Ist bei der Rechnungserteilung sichergestellt, dass				
• jede Rechnung aufgrund nachprüfbarer Unterlagen erstellt wird?	☐	☐	☐	
• eine unabhängige Prüfung der Rechnung vorgenommen wird?	☐	☐	☐	
• die ausgegebenen Nummern für Auftragsbestätigungen und Rechnungen kontrolliert werden?	☐	☐	☐	
• Rechnungen vor dem Versand nicht unterdrückt werden können?	☐	☐	☐	
9. Erfolgt die Gutschriftenerteilung unabhängig von der Rechnungserteilung?	☐	☐	☐	
10. Muss eine Gutschriftenerteilung durch handschriftliches Abzeichnen genehmigt werden (erforderlichenfalls unter Einhaltung bestimmter Wertgrenzen)?	☐	☐	☐	
11. Wurde die Übereinstimmung des Istzustandes des internen Kontrollsystems mit dem Sollzustand progressiv, ausgehend von Bestellungen, Auftragskopien, Warenausgangsscheinen, Versandkopien, Lagerkarteien, etc. überprüft?	☐	☐	☐	
12. Wurden die Ausgangsrechnungen in Stichproben überprüft auf				
• die vollständige Erfassung der Umsätze?	☐	☐	☐	
• die Richtigkeit der eingesetzten Preise anhand der Preislisten?	☐	☐	☐	
• die Einhaltung von Kreditgrenzen?	☐	☐	☐	
• die rechnerische Richtigkeit?	☐	☐	☐	
• die richtige Übernahme in die Sach- und Personenkonten?	☐	☐	☐	
• Erlösminderungen, insbesondere deren				
▪ materielle Richtigkeit (durch Abstimmung mit Genehmigung, Korrespondenz, Anweisung, etc.)?	☐	☐	☐	
▪ richtige Übernahme in die Debitorenbuchhaltung?	☐	☐	☐	
13. Existiert für die Warenforderungen ein eigenes Kontokorrent, das von anderen Kontokorrenten klar getrennt ist?	☐	☐	☐	

umfassende Prüfungshandlungen

| Mandant: | Forderungen aus Lieferungen und Leistungen – Zusätzliche Arbeitshilfe bei Erstellung mit umfassenden Prüfungshandlungen | G II – 3 – |

Auftrag:

	ja	nein	n.e.	Besonderheiten/Verweise
14. Ist sichergestellt, dass				
• ein vollständiges Verzeichnis aller Debitoren geführt wird?	☐	☐	☐	
• das Verzeichnis die nötigen Angaben über Zahlungsziel, Kreditgrenzen, eventuelle Sicherheiten und sonstige Vereinbarungen enthält?	☐	☐	☐	
• die Abwicklung der einzelnen Posten gekennzeichnet ist?	☐	☐	☐	
• Konten „Pro diverse" oder „Sonstige" nur in untergeordnetem Umfang geführt werden?	☐	☐	☐	
• bei umfangreicheren Kontokorrenten die Kontenführer gelegentlich untereinander ausgetauscht werden?	☐	☐	☐	
• regelmäßig Saldenlisten mit Angabe des Altersaufbaus der Forderungen angefertigt, mit der Hauptbuchhaltung abgestimmt und der vorgesetzten Stelle zur Bereinigung eventueller Abstimmungsdifferenzen vorgelegt werden?	☐	☐	☐	
• die Kontenstände regelmäßig mit den Geschäftskonten abgestimmt und eventuelle Abstimmungsdifferenzen zur Bereinigung der vorgesetzten Stelle vorgelegt werden?	☐	☐	☐	
• Genehmigungen für die Ausbuchung oder Abschreibung eingehender Forderungen oder Teile von Forderungen durch schriftliches Handzeichen erfolgen?	☐	☐	☐	
15. Werden verpfändete und sicherungsabgetretene Forderungen vollständig erfasst?	☐	☐	☐	
16. Beurteilung des internen Kontrollsystems **gut / mittel / schlecht*** * (nicht zutreffendes bitte streichen)				
17. Wurde das vorstehende Urteil berücksichtigt				
a) in der Risikoanalyse?	☐	☐	☐	
b) bei Prüfungsumfang und -intensität der ausgewählten Prüfungshandlung?	☐	☐	☐	
18. Ergeben sich durch das vorstehende Urteil Änderungen der Risikoanalyse? Wenn ja: Beurteilung der geänderten Prüfungssicherheit **gut / mittel / schlecht*** * (nicht zutreffendes bitte streichen)	☐	☐	☐	

II Prüfung des Nachweises

	ja	nein	n.e.	
19. Ist die rechnerische Richtigkeit der Saldenliste zum Stichtag gewährleistet?	☐	☐	☐	
20. Sind die Posten mit einer Laufzeit von mehr als einem Jahr in der Saldenliste gesondert vermerkt?	☐	☐	☐	
Wurde die vermerkte Laufzeit in Stichproben anhand der zugrunde liegenden Vereinbarung überprüft?	☐	☐	☐	

umfassende Prüfungshandlungen

Mandant:	**Forderungen aus Lieferungen und Leistungen** – Zusätzliche Arbeitshilfe bei Erstellung mit umfassenden Prüfungshandlungen	**G II** – 4 –

Auftrag:

	ja	nein	n.e.	Besonderheiten/Verweise

umfassende Prüfungshandlungen

21. Ist die Höhe der Forderungen aus Lieferungen und Leistungen absolut oder relativ bedeutend?
    - Falls ja und keine Möglichkeit eines einfacheren oder zumindest gleich zuverlässigen Nachweises der Salden: Notwendigkeit der Einholung von Saldenbestätigungen (Muster s. Z 51)
22. Soweit bei den ausgewählten Posten keine Bestätigung eingeholt oder eingegangen ist: alternative Prüfungshandlungen:
    - Sind die ausgewählten Posten in neuer Rechnung beglichen?
    - Wurden sämtliche Zahlungsbelege, die eine Zahlung belegen, überprüft?
    - Lassen sich die ausgewählten Posten
        - mit den zugrunde liegenden Rechnungen und sonstigen Belegen,
        - mit den Lieferscheinen oder sonstigen Unterlagen, die dem Nachweis des Versandes dienen,
        - mit dem Auftrag oder eventuellen Lieferbestätigungen des Kunden,
        - anhand der Korrespondenz mit dem Kunden
      nachweisen?
    - Wurde für die ausgewählten Posten geprüft, ob der Kunde tatsächlich existiert (Einblick ins Telefonbuch, Einholung einer Auskunft o.ä.)?
23. Erfolgt eine ordnungsgemäße Abgrenzung zwischen Vorräten und Umsätzen?
    Wurden folgende Fehlermöglichkeiten für die ausgewählten Stichproben ausgeschlossen:
    - Forderungen, aber noch Bestand?
    - Nicht Bestand, aber auch nicht Umsatz?
    Ist sichergestellt, dass zur Konsignation versandte Ware nicht als Forderung oder Umsatz erfasst wurden?
24. Wurde der Nachweis eventuell vorhandener Besitzwechsel überprüft durch
    - Teilnahme an der Bestandsaufnahme?
    - Anforderung von Bankbestätigungen?
    - Falls Verwahrung bei einer Bank: Abstimmung der Bestandsaufnahme oder Bankbestätigung mit dem ausgewiesenen Wechselbestand?
    - Nachvollziehung etwaiger Abweichungen?
    - Abstimmung des Wechselbestandes mit dem Wechselkopierbuch?
    - Erfassung der Besitzwechsel (Wechselbestand oder Obligo) im Rahmen der Debitorensaldenbestätigungsaktion, soweit für den betreffenden Wechselschuldner eine Debitorensaldenbestätigung angefordert wird?

Mandant:	Forderungen aus Lieferungen und Leistungen – Zusätzliche Arbeitshilfe bei Erstellung mit umfassenden Prüfungshandlungen	**G II** – 5 –

Auftrag:

	ja	nein	n.e.	Besonderheiten/Verweise
25. Wurden die kreditorischen Debitoren in Stichproben auf ihre Ursache untersucht?	☐	☐	☐	
26. Sind Sie zu dem Ergebnis gekommen, dass die ausgewiesene Position vollständig ausgewiesen wird, die ihr zugrunde liegenden Vermögensgegenstände vorhanden und dem bilanzierenden Unternehmen zuzurechnen sind?	☐	☐	☐	

III Prüfung der Bewertung

	ja	nein	n.e.	
27. Wurde der Ansatz der Forderungen zum Nennwert in Stichproben überprüft				
• durch Abstimmung mit den jeweiligen Aufträgen und Ausgangsrechnungen?	☐	☐	☐	
• durch Überprüfung der sachlichen und rechnerischen Richtigkeit des Beleges und des Auftrages?	☐	☐	☐	
• ggf. durch Nachvollziehung der Umrechnung von Fremdwährungsposten?	☐	☐	☐	
28. Wurde bei den überprüften Stichproben die richtige Verbuchung überprüft (Abstimmung von Beleg mit verbuchtem Betrag)?	☐	☐	☐	
29. Haben Sie sich bei **Abschreibungen** von dem hierfür gegebenen Grund				
• durch Bildung eines eigenen Urteils,	☐	☐	☐	
• durch Befragung der zuständigen Personen,	☐	☐	☐	
• erforderlichenfalls durch Hinzuziehung der Auftragsakten überzeugt?	☐	☐	☐	
30. Haben Sie progressiv anhand einer vom Mandanten zu erstellenden Altersaufgliederung der Forderungen, die auch Informationen über eventuelle Wechselhereinnahmen, Gutschriften oder Ausbuchungen enthalten sollte, überprüft, ob Wertberichtigungsbedarf bei zweifelhaften Forderungen besteht?	☐	☐	☐	
Wurde bei dieser Prüfung auf folgende Anhaltspunkte geachtet:				
• die Höhe der Salden (bei wenigen großen Salden ist das Ausfallrisiko größer als bei vielen kleinen und mittleren Salden),	☐	☐	☐	
• Art der Zahlung (z. B. Wechsel),	☐	☐	☐	
• regelmäßige Verlängerung von Akzepten,	☐	☐	☐	
• Nichteinlösung von Wechseln,	☐	☐	☐	
• regelmäßige Überschreitung des Zahlungsziels,	☐	☐	☐	
• Anzahl der notwendigen Mahnungen und Reaktionen auf diese Mahnungen,	☐	☐	☐	
• Art der Auskünfte und Sicherheiten,	☐	☐	☐	
• Rechtsstreite und sonstige Meinungsverschiedenheiten über Forderungen,	☐	☐	☐	
• Eröffnung von Vergleichs- oder Konkursverfahren?	☐	☐	☐	

umfassende Prüfungshandlungen

Mandant:	Forderungen aus Lieferungen und Leistungen – Zusätzliche Arbeitshilfe bei Erstellung mit umfassenden Prüfungshandlungen	G II – 6 –
Auftrag:		

	ja	nein	n.e.	Besonderheiten/Verweise
31. Wurden die im Prüfungszeitraum vorgenommenen Ausbuchungen von Forderungen auf ihre Belegung und Genehmigung überprüft?	☐	☐	☐	
32. Wurde bei Währungsforderungen überprüft,				
• ob ihnen aufgrund einer Kursveränderung zwischen dem Geldkurs am Entstehungstag und dem Geldkurs am Bilanzstichtag bzw. dem durch Termingeschäft oder langfristige Valuta Verbindlichkeiten abgedeckten Kurs ein niedrigerer Wert beizulegen ist, daraus sich ergebende Kursverluste sind in den Arbeitspapieren festzuhalten,	☐	☐	☐	
• ob sich besondere Risiken aus				
▪ Transferschwierigkeiten,	☐	☐	☐	
▪ politischen Umständen,	☐	☐	☐	
▪ sonstigen Umständen ergeben?	☐	☐	☐	
• Wurden diese Risiken abgesichert durch				
▪ Kreditversicherungen,	☐	☐	☐	
▪ Kurssicherungsklauseln,	☐	☐	☐	
▪ Ausfuhrgarantien,	☐	☐	☐	
▪ Ausfuhrbürgschaften?	☐	☐	☐	
33. Bestehen geeignete Unterlagen zum Nachweis des allgemeinen Ausfallrisikos für steuerliche Zwecke (Dauerarbeitspapier zur Erfassung der tatsächlichen Forderungsverluste der letzten Jahre unter Berücksichtigung der Eingänge auf abgeschriebene Forderungen), des durchschnittlichen Zahlungsziels sowie der Inanspruchnahme von Skonto?	☐	☐	☐	
34. Wurden die Abschreibungen rechnerisch richtig ermittelt?	☐	☐	☐	
35. Haben Sie bei der Prüfung von **Zuschreibungen** überzeugt				
• von der Vertretbarkeit des Grundes?	☐	☐	☐	
• von der rechnerisch zutreffenden Ermittlung der Zuschreibung?	☐	☐	☐	
36. Haben Sie sich durch progressive Prüfung davon überzeugt, dass Kapital- und KapCo-Gesellschaften die nach § 280 Abs. 1 HGB grundsätzlich bestehende Pflicht zur Wertaufholung bei Wegfall der Gründe für eine außerplanmäßige Abschreibung beachtet haben?	☐	☐	☐	
37. Stimmt die handelsrechtliche Bewertung mit der steuerrechtlichen Bewertung überein?	☐	☐	☐	
38. Wurden bei Abweichung zwischen der Bewertung nach Handels- und Steuerrecht beachtet				
• das Wahlrecht zur Aktivierung von latenten Steuern bei Kapital- und KapCo-Gesellschaften nach § 274 Abs. 2 HGB (bei handelsrechtlich höheren Abschreibungen)?	☐	☐	☐	

Mandant:	**Forderungen aus Lieferungen und Leistungen** – Zusätzliche Arbeitshilfe bei Erstellung mit umfassenden Prüfungshandlungen	**G II** – 7 –

Auftrag:

	ja	nein	n.e.	Besonderheiten/Verweise
39. Sind Sie zu dem Ergebnis gekommen, dass die ausgewiesene Position • entsprechend den handelsrechtlichen Vorschriften, • entsprechend den steuerrechtlichen Vorschriften bewertet wurde? Bei Abweichungen:	☐	☐	☐	Vereinzelung der Abweichungen s. unter

IV Prüfung des Ausweises

Bei sämtlichen Unternehmen

40. Wurde der Ausweis mit den Werten der Saldenliste abgestimmt?
41. Ist sichergestellt, dass unzulässige Saldierungen unterblieben sind?
42. Wurden kreditorische Debitoren in die Verbindlichkeiten umgegliedert?
43. Wurden die Gegenbuchungen zutreffend erfasst?

Bei Kapital- und KapCo-Gesellschaften (unabhängig von der Größenordnung)

44. Wurden beim Ausweis im Jahresabschluss (Anhang) beachtet:
    a) Angabe der angewandten Bilanzierungs- und Bewertungsmethoden sowie die Begründung ihrer Änderungen, § 284 Abs. 2 Nr. 1 Satz 3 HGB?
    b) Angabe von Einflüssen eventueller Bilanzierungs- und Bewertungsänderungen auf die Vermögens-, Finanz- und Ertragslage?
    c) Angabe von gewährten Sicherheiten im Anhang, § 268 Abs. 7 i.V.m. §§ 251, 285 Nr. 1 HGB?
    d) Angabe der Grundlagen einer eventuellen Währungsumrechnung, § 284 Abs. 2 Nr. 2 HGB?
    e) die Beachtung des gesonderten Vermerks des Betrages der Forderungen mit einer Restlaufzeit von mehr als einem Jahr, § 268 Abs. 4 HGB?
    f) die Prüfung, ob sich aus den Forderungen Angabepflichten aus dem Lagebericht ergeben und ob diese beachtet wurden?

Mittelgroße und große Kapital- und KapCo-Gesellschaften (zusätzlich)

45. Wurden die Forderungen aus Lieferungen und Leistungen getrennt von den Forderungen gegenüber verbundenen Unternehmen, mit denen ein Beteiligungsverhältnis besteht, den sonstigen Vermögensgegenständen sowie den Wertpapieren und der flüssigen Mittel ausgewiesen?
46. Wurden wesentliche kreditorische Debitoren in die „sonstigen Verbindlichkeiten" umgegliedert?

	Mandant:	**Forderungen aus Lieferungen und Leistungen** – Zusätzliche Arbeitshilfe bei Erstellung mit umfassenden Prüfungshandlungen	**G II** – 8 –

Auftrag:

		ja	nein	n.e.	Besonderheiten/Verweise
	47. Sind Sie zu dem Ergebnis gekommen, dass für die ausgewiesene Position sämtliche handelsrechtlichen Ausweisvorschriften beachtet wurden?	☐	☐	☐	

VI Sonstige Prüfungshandlungen

umfassende Prüfungshandlungen

Mandant:	Forderungen gegen – verbundene Unternehmen – Unternehmen, mit denen ein Beteiligungsverhältnis besteht – Gesellschafter – Zusätzliche Arbeitshilfe bei Erstellung mit umfassenden Prüfungshandlungen	**G III** – 1 –
Auftrag:		

	Mitarbeiter	Berichtskritik	verantwortlicher Berufsangehöriger
Name / Unterschrift Datum			

	ja	nein	n.e.	Besonderheiten/Verweise

I Beurteilung des internen Kontrollsystems

1. Ist die gesonderte Erfassung der Forderungen
   - gegen verbundene Unternehmen,
   - gegen Unternehmen, mit denen ein Beteiligungsverhältnis besteht,
   - gegen Gesellschafter

   sichergestellt?

2. Wurden die erfassten nahe stehenden Unternehmen auf Vollständigkeit überprüft durch
   - Auswertung der Arbeitspapiere vorhergehender Jahre, Aufnahme bekannter nahe stehender Unternehmen?
   - Befragungen zu Verbindungen der Mitglieder von Aufsichtsgremien, der gesetzlichen Vertreter und der leitenden Angestellten zu anderen Unternehmen?
   - Auswertung von Listen der Anteilseigner zur Feststellung der wesentlichen Anteilseigner (bei Aktiengesellschaften: z.B. Aufstellung der Hauptaktionäre anhand des Aktienbuchs)?
   - Auswertung der Protokolle von Sitzungen der Anteilseigner (Gesellschafter oder Hauptversammlung) und der Aufsichtsgremien oder anderer geeigneter Unterlagen?
   - Befragung von anderen externen Prüfern, deren Arbeit verwandt oder übernommen werden soll sowie von Vorjahresprüfern über deren Kenntnisse über weitere nahe stehende Unternehmen?
   - Auswertung von Steuererklärungen und Betriebsprüfungsberichten des Unternehmens und anderen von und für Behörden erstellten Informationen?
   - Berücksichtigung von Prüfungsergebnissen zu den Berichten der Vorstände von abhängigen Aktiengesellschaften über die Beziehung zu verbundenen Unternehmen?

umfassende Prüfungshandlungen

Mandant:	Forderungen gegen – verbundene Unternehmen – Unternehmen, mit denen ein Beteiligungsverhältnis besteht – Gesellschafter – Zusätzliche Arbeitshilfe bei Erstellung mit umfassenden Prüfungshandlungen	G III – 2 –
Auftrag:		

umfassende Prüfungshandlungen

	ja	nein	n.e.	Besonderheiten/Verweise
3. Bei Verkäufen an nahestehende Unternehmen: Wurde das Verfahren der Abwicklung der Verkäufe und ihrer Verbuchung (einschließlich der Behandlung der Umsatzsteuer, der Erlösschmälerungen und der Retouren) in Form eines Dauerarbeitspapieres dokumentiert?	☐	☐	☐	
4. Stimmt das praktizierte Verfahren mit den Rechnungslegungsvorschriften überein?	☐	☐	☐	
5. Ist sichergestellt, dass				
• Kredite, die eigenkapitalersetzenden Charakter haben, nach Schuldner und Höhe gesondert ausgewiesen werden?	☐	☐	☐	
• die gesellschaftsvertraglich vorgesehenen Organe einer Kreditgewährung zugestimmt haben?	☐	☐	☐	
• Kreditgewährungen an Unternehmen, für die Zustimmungen nicht vorliegen, unterbleiben und die Abteilung „Verkauf" sowie der Außendienst hierüber informiert sind?	☐	☐	☐	
• bei nicht genehmigten Krediten aus dem Finanzverkehr (z. B. im Rahmen eines Cash-Managements) die weitere Kreditgewährung unterlassen wird?	☐	☐	☐	
• säumige Unternehmen angemahnt und die Mahnungen auf den Kontokorrentkarten vermerkt werden?	☐	☐	☐	
• das Mahnwesen von der übrigen Kontokorrentbuchhaltung getrennt ist?	☐	☐	☐	
• Zinsen und Kosten bei Zielüberschreitungen und Mahnungen berechnet werden?	☐	☐	☐	
• die Ausbuchung oder Abschreibung von Forderungen von der vorgesetzten Stelle genehmigt werden muss, ggf. unter Einräumung bestimmter Wertgrenzen?	☐	☐	☐	
• ausgebuchte und / oder abgeschriebene Forderungen periodisch durchgesehen und eventuelle Zahlungseingänge überwacht werden?	☐	☐	☐	
6. Wurde die Angemessenheit der Preisgestaltung sowohl anhand des zugrunde liegenden Vertrages als auch des Beleges überprüft, der der Abrechnung zugrunde liegt?	☐	☐	☐	
7. Besteht die Gefahr von verdeckten Gewinnausschüttungen oder Einlagen?	☐	☐	☐	
8. Wurde auf sonstige ungewöhnliche Geschäftsvorfälle geachtet, die auf zuvor nicht festgestellte Beziehungen zu nahe stehenden Unternehmen hinweisen könnten oder Beziehungen zu nahe stehenden Unternehmen betreffen?	☐	☐	☐	

Mandant:	Forderungen gegen – verbundene Unternehmen – Unternehmen, mit denen ein Beteiligungsverhältnis besteht – Gesellschafter – Zusätzliche Arbeitshilfe bei Erstellung mit umfassenden Prüfungshandlungen	**G III** – 3 –
Auftrag:		

	ja	nein	n.e.	Besonderheiten/Verweise
Beispiele hierfür sind:				
• Geschäftsvorfälle zu ungewöhnlichen Konditionen, z.B. mit unüblichen Preisen, Zinssätzen, Garantievereinbarungen oder Rückzahlungskonditionen;	☐	☐	☐	
• Geschäftsvorfälle, für deren Abschluss es keinen schlüssigen wirtschaftlichen Grund gibt;	☐	☐	☐	
• Geschäftsvorfälle, deren wirtschaftlicher Gehalt von der rechtlichen Gestaltung abweicht;	☐	☐	☐	
• Geschäftsvorfälle, die in ungewöhnlicher Weise abgewickelt wurden;	☐	☐	☐	
• vergleichsweise hohes Geschäftsvolumen über bedeutende Geschäftsvorfälle mit bestimmten Kunden oder Zulieferern;	☐	☐	☐	
• nicht gebuchte Geschäftsvorfälle, wie z.B. die unentgeltliche Nutzung oder Bereitstellung von Managementdienstleistungen.	☐	☐	☐	
9. Wurden Prüfungshandlungen durchgeführt, die Hinweise auf Geschäftsvorfälle mit nahe stehenden Unternehmen geben könnten, z.B.				
• Einzelfallprüfung bei ausgewählten Geschäftsvorfällen und Beständen?	☐	☐	☐	
• Auswertung der Protokolle von Sitzungen der Anteilseigner und der Aufsichtsgremien?	☐	☐	☐	
• Einsichtnahme in die buchhalterischen Aufzeichnungen über große oder ungewöhnliche Geschäftsvorfälle oder Bestände unter besonderer Beachtung von Geschäftsvorfällen, die am oder kurz vor Ende des Geschäftsjahrs erfasst wurden?	☐	☐	☐	
• Würdigung eingeholter Bankbestätigungen und von Bestätigungen Dritter über gewährte oder aufgenommene Darlehen?	☐	☐	☐	
• Feststellung von Bürgschafts- oder anderen Haftungsverhältnissen?	☐	☐	☐	
• Feststellung zu Beteiligungsgeschäften, z.B. Kauf oder Verkauf von Beteiligungen an Gemeinschafts- oder anderen Unternehmen?	☐	☐	☐	
10. Wurde zum Nachweis der Inhalte von Geschäftsbeziehungen mit nahe stehenden Unternehmen erforderlichenfalls				
• Bestätigungen zu den Bedingungen und zum Betrag des Geschäftsvorfalls mit nahe stehenden Unternehmen eingeholt?	☐	☐	☐	
• Nachweise, die im Besitz von nahe stehenden Personen sind, ausgewertet?	☐	☐	☐	

umfassende Prüfungshandlungen

Mandant:	Forderungen gegen – verbundene Unternehmen – Unternehmen, mit denen ein Beteiligungsverhältnis besteht – Gesellschafter – Zusätzliche Arbeitshilfe bei Erstellung mit umfassenden Prüfungshandlungen	**G III** – 4 –
Auftrag:		

	ja	nein	n.e.	Besonderheiten/Verweise
• Bestätigungen oder Informationen von Personen eingeholt, die in die Geschäftsvorfälle mit nahe stehenden Unternehmen involviert sind (z.B. Banken, Rechtsanwälte, Versicherer, Vermittler)?	☐	☐	☐	
11. Werden bei der Bearbeitung eingehender Aufträge Unterschlagungen oder Irrtümer vermieden, z.B. durch				
• vornummerierte Auftragsbestätigungen, Versandanzeigen und Rechnungen?	☐	☐	☐	
• Erstellung eines Verzeichnisses der ausgegebenen Auftragsnummern?	☐	☐	☐	
• periodische Durchsicht der nicht aufgeführten Aufträge?	☐	☐	☐	
12. Ist die Trennung der Funktionen „Konditionengewährung" und der „Auftragsbearbeitung" gewährleistet?	☐	☐	☐	
13. Müssen Abweichungen von den allgemeinen Geschäftsbedingungen gesondert genehmigt werden?	☐	☐	☐	
14. Funktioniert das interne Kontrollsystem des Warenausgangs?	☐	☐	☐	s. Arbeitspapier ...
15. Ist bei der Rechnungserteilung sichergestellt, dass				
• jede Rechnung aufgrund nachprüfbarer Unterlagen erstellt wird?	☐	☐	☐	
• eine unabhängige Prüfung der Rechnung vorgenommen wird?	☐	☐	☐	
• die ausgegebenen Nummern für Auftragsbestätigungen und Rechnungen kontrolliert werden?	☐	☐	☐	
• Rechnungen vor dem Versand nicht unterdrückt werden können?	☐	☐	☐	
16. Erfolgt die Gutschriftenerteilung unabhängig von der Rechnungserteilung?	☐	☐	☐	
17. Muss eine Gutschriftenerteilung durch handschriftliches Abzeichnen genehmigt werden (erforderlichenfalls unter Einhaltung bestimmter Wertgrenzen)?	☐	☐	☐	
18. Wurde die Übereinstimmung des Istzustandes des internen Kontrollsystems mit dem Sollzustand progressiv, ausgehend von Bestellungen, Auftragskopien, Warenausgangsscheinen, Versandkopien, Lagerkarteien, etc. überprüft?	☐	☐	☐	
19. Wurden die wesentlichen Verträge zu den Dauerakten genommen?	☐	☐	☐	
20. Wurden die Ausgangsrechnungen in Stichproben überprüft auf				
• die vollständige Erfassung der Umsätze?	☐	☐	☐	

umfassende Prüfungshandlungen

Mandant:	**Forderungen gegen** – verbundene Unternehmen – Unternehmen, mit denen ein Beteiligungsverhältnis besteht – Gesellschafter – Zusätzliche Arbeitshilfe bei Erstellung mit umfassenden Prüfungshandlungen	**G III** – 5 –

Auftrag:

	ja	nein	n.e.	Besonderheiten/Verweise
• die Richtigkeit der eingesetzten Preise anhand der Preislisten?	☐	☐	☐	
• die Einhaltung von Kreditgrenzen?	☐	☐	☐	
• die rechnerische Richtigkeit?	☐	☐	☐	
• die richtige Übernahme in die Sach- und Personenkonten?	☐	☐	☐	
• Erlösminderungen, insbesondere deren				
▪ materielle Richtigkeit (durch Abstimmung mit Genehmigung, Korrespondenz, Anweisung, etc.)?	☐	☐	☐	
▪ richtige Übernahme in die Debitorenbuchhaltung?	☐	☐	☐	
21. Ist sichergestellt, dass				
• regelmäßig Saldenlisten mit Angabe des Altersaufbaus der Forderungen angefertigt, mit der Hauptbuchhaltung abgestimmt und der vorgesetzten Stelle zur Bereinigung eventueller Abstimmungsdifferenzen vorgelegt werden?	☐	☐	☐	
• die Kontenstände regelmäßig mit den Geschäftskonten abgestimmt und eventuelle Abstimmungsdifferenzen zur Bereinigung der vorgesetzten Stelle vorgelegt werden?	☐	☐	☐	
• Genehmigungen für die Ausbuchung oder Abschreibung eingehender Forderungen oder Teile von Forderungen durch schriftliches Handzeichen erfolgen?	☐	☐	☐	
22. Welche Ausbuchungen werden vorgenommen?				s. unter ...
23. Werden verpfändete und sicherungsabgetretene Forderungen vollständig erfasst?	☐	☐	☐	
24. Beurteilung des internen Kontrollsystems **gut / mittel / schlecht*** * (nicht zutreffendes bitte streichen)				
25. Wurde das vorstehende Urteil berücksichtigt				
a) in der Risikoanalyse?	☐	☐	☐	
b) bei Prüfungsumfang und -intensität der ausgewählten Prüfungshandlung?	☐	☐	☐	
26. Ergeben sich durch das vorstehende Urteil Änderungen der Risikoanalyse? Wenn ja: Beurteilung der geänderten Prüfungssicherheit **gut / mittel / schlecht*** * (nicht zutreffendes bitte streichen)	☐	☐	☐	

umfassende Prüfungshandlungen

Mandant:	Forderungen gegen – verbundene Unternehmen – Unternehmen, mit denen ein Beteiligungsverhältnis besteht – Gesellschafter – Zusätzliche Arbeitshilfe bei Erstellung mit umfassenden Prüfungshandlungen	**G III** – 6 –
Auftrag:		

	ja	nein	n.e.	Besonderheiten/Verweise
II Prüfung des Nachweises				
27. Wurden die in der Bilanz ausgewiesenen Forderungen mit				
• der Saldenliste zum Stichtag,	☐	☐	☐	
• den Sachkonten,	☐	☐	☐	
• den Personenkonten sowie	☐	☐	☐	
• den verbundenen Unternehmen/ Beteiligungsunternehmen abgestimmt?	☐	☐	☐	
28. Ist die rechnerische Richtigkeit der Saldenliste zum Stichtag gewährleistet?	☐	☐	☐	
29. Sind die Posten mit einer Laufzeit von mehr als einem Jahr in der Saldenliste gesondert vermerkt?	☐	☐	☐	
Wurde die vermerkte Laufzeit in Stichproben anhand der zugrunde liegenden Vereinbarung überprüft?	☐	☐	☐	
30. Falls keine Abstimmung mit den verbundenen Unternehmen / Beteiligungsunternehmen und die Höhe der Forderungen absolut oder relativ von Bedeutung:				
• Notwendigkeit der Einholung von Saldenbestätigungen?	☐	☐	☐	
31. Soweit keine Abstimmung / Saldenbestätigungen: alternative Prüfungshandlungen:				
• Sind die ausgewählten Posten in neuer Rechnung beglichen?	☐	☐	☐	
• Wurden sämtliche Zahlungsbelege, die eine Zahlung belegen, überprüft?	☐	☐	☐	
• Lassen sich die ausgewählten Posten				
▪ mit den zugrunde liegenden Rechnungen und sonstigen Belegen,	☐	☐	☐	
▪ mit den Lieferscheinen oder sonstigen Unterlagen, die dem Nachweis der Leistungserbringung dienen,	☐	☐	☐	
▪ mit dem Auftrag oder eventuellen Lieferbestätigungen des Kunden,	☐	☐	☐	
▪ anhand der Korrespondenz mit dem Unternehmen nachweisen?	☐	☐	☐	
32. Sind evtl. vorgenommene Aufrechnungen von Forderungen und Verbindlichkeiten zulässig?	☐	☐	☐	
33. Erfolgt eine ordnungsgemäße Abgrenzung zwischen Vorräten und Umsätzen?	☐	☐	☐	
Wurden folgende Fehlermöglichkeiten für die ausgewählten Stichproben ausgeschlossen:				
• Forderungen, aber noch Bestand?	☐	☐	☐	
• Nicht Bestand, aber auch nicht Umsatz?	☐	☐	☐	

umfassende Prüfungshandlungen

Mandant:	**Forderungen gegen** – verbundene Unternehmen – Unternehmen, mit denen ein Beteiligungsverhältnis besteht – Gesellschafter – Zusätzliche Arbeitshilfe bei Erstellung mit umfassenden Prüfungshandlungen	**G III** – 7 –

Auftrag:

	ja	nein	n.e.	Besonderheiten/Verweise
Ist sichergestellt, dass zur Konsignation versandte Ware nicht als Forderung oder Umsatz erfasst wurden?	☐	☐	☐	
34. Werden die Bedingungen von Kreditverträgen hinsichtlich Höhe, Tilgung, Verzinsung, Besicherung beachtet?	☐	☐	☐	
35. Entspricht es der ursprünglichen Vereinbarung, wenn Darlehen im Berichtsjahr getilgt und im neuen Jahr wieder gewährt werden?	☐	☐	☐	
36. Wurden bei Forderungen an Gesellschafter Tilgungen nur aufgrund eingegangener Zahlungen vorgenommen?	☐	☐	☐	
anderenfalls genaue Beschreibung				s. unter …
37. Wurde der Nachweis eventuell vorhandener Besitzwechsel überprüft durch				
• Teilnahme an der Bestandsaufnahme?	☐	☐	☐	
• Anforderung von Bankbestätigungen?	☐	☐	☐	
• falls Verwahrung bei einer Bank: Abstimmung der Bestandsaufnahme oder Bankbestätigung mit dem ausgewiesenen Wechselbestand?	☐	☐	☐	
• Nachvollziehung etwaiger Abweichungen?	☐	☐	☐	
• Abstimmung des Wechselbestandes mit dem Wechselkopierbuch?	☐	☐	☐	
• Erfassung der Besitzwechsel (Wechselbestand oder Obligo) im Rahmen der Debitorensaldenbestätigungsaktion, soweit für den betreffenden Wechselschuldner eine Debitorensaldenbestätigung angefordert wird?	☐	☐	☐	
38. Wurden die kreditorischen Debitoren in Stichproben auf ihre Ursache untersucht?	☐	☐	☐	
39. Wurde darauf geachtet, dass Gewinnansprüche (Beteiligungserträge) bei Mehrheitsbeteiligungen handelsrechtlich schon dann als Forderung bilanziert werden, wenn der Jahresabschluss des im Mehrheitsbesitz stehenden Unternehmens festgestellt ist und ein Gewinnverwendungsvorschlag vorliegt, während steuerrechtlich eine phasengleiche Bilanzierung grundsätzlich nicht mehr möglich ist?	☐	☐	☐	
40. Sind Sie zu dem Ergebnis gekommen, dass die ausgewiesene Position vollständig ausgewiesen wird, die ihr zugrunde liegenden Vermögensgegenstände vorhanden und dem bilanzierenden Unternehmen zuzurechnen sind?	☐	☐	☐	

umfassende Prüfungshandlungen

Mandant:	Forderungen gegen – verbundene Unternehmen – Unternehmen, mit denen ein Beteiligungsverhältnis besteht – Gesellschafter – Zusätzliche Arbeitshilfe bei Erstellung mit umfassenden Prüfungshandlungen	**G III** – 8 –
Auftrag:		

umfassende Prüfungshandlungen

	ja	nein	n.e.	Besonderheiten/Verweise
III Prüfung der Bewertung				
41. Wurde der Ansatz der Forderungen zum Nennwert in Stichproben überprüft				
• durch Abstimmung mit den jeweiligen Rechtsgrundlagen und Nachweisen?	☐	☐	☐	
• durch Überprüfung der sachlichen und rechnerischen Richtigkeit des zugrunde liegenden Beleges?	☐	☐	☐	
• ggf. durch Nachvollziehung der Umrechnung von Fremdwährungsposten?	☐	☐	☐	
42. Wurde bei den überprüften Stichproben die richtige Verbuchung überprüft (Abstimmung von Beleg mit verbuchtem Betrag)?	☐	☐	☐	
43. Haben Sie sich bei **Abschreibungen** von dem hierfür gegebenen Grund				
• durch Bildung eines eigenen Urteils,	☐	☐	☐	
• durch Befragung der zuständigen Personen,	☐	☐	☐	
• erforderlichenfalls durch Hinzuziehung der Beteiligungsakten				
überzeugt?	☐	☐	☐	
44. Haben Sie progressiv anhand einer vom Mandanten zu erstellenden Altersaufgliederung der Forderungen, die auch Informationen über eventuelle Wechselhereinnahmen, Gutschriften, Ausbuchungen oder Informationen über Rangrücktrittserklärungen enthalten sollte, überprüft, ob Wertberichtigungsbedarf bei zweifelhaften Forderungen besteht?	☐	☐	☐	
Wurde bei dieser Prüfung auf folgende Anhaltspunkte geachtet:				
• wirtschaftliche Lage der Gruppe,	☐	☐	☐	
• eigenkapitalersetzender Charakter der Forderung,	☐	☐	☐	
• Art der Zahlung (z.B. Wechsel),	☐	☐	☐	
• regelmäßige Verlängerung von Akzepten,	☐	☐	☐	
• Nichteinlösung von Wechseln,	☐	☐	☐	
• regelmäßige Überschreitung des Zahlungsziels,	☐	☐	☐	
• Mahnungen und Reaktionen auf diese Mahnungen,	☐	☐	☐	
• Bürgschaften und erhaltene Sicherheiten,	☐	☐	☐	
• Eröffnung von Vergleichs- oder Konkursverfahren?	☐	☐	☐	
45. Wurde der Verrechnungsverkehr zu Marktbedingungen abgewickelt?	☐	☐	☐	
46. Wurden marktübliche Zinsen abgewickelt?	☐	☐	☐	
47. Haben Sie festgestellt, dass keine außergewöhnlichen Gründe für den Verzicht auf Forderungen gegenüber nahe stehenden Personen vorliegen?	☐	☐	☐	

Mandant:	Forderungen gegen – verbundene Unternehmen – Unternehmen, mit denen ein Beteiligungsverhältnis besteht – Gesellschafter – Zusätzliche Arbeitshilfe bei Erstellung mit umfassenden Prüfungshandlungen	**G III** – 9 –
Auftrag:		

	ja	nein	n.e.	Besonderheiten/Verweise
48. Haben Sie festgestellt, dass keine verdeckten Gewinnausschüttungen verursacht werden?	☐	☐	☐	
49. Falls verdeckte Gewinnausschüttungen: Wurden sie bei der Steuerrückstellung berücksichtigt?	☐	☐	☐	
50. Wurden die im Prüfungszeitraum vorgenommenen Ausbuchungen von Forderungen auf ihre Belegung und Genehmigung überprüft?	☐	☐	☐	
51. Wurde bei Währungsforderungen überprüft,				
• ob ihnen aufgrund einer Kursveränderung zwischen dem Geldkurs am Entstehungstag und dem Geldkurs am Bilanzstichtag bzw. dem durch Termingeschäft oder langfristige Valuta Verbindlichkeiten abgedeckten Kurs ein niedrigerer Wert beizulegen ist?	☐	☐	☐	
Wurden daraus sich ergebende Kursverluste in den Arbeitspapieren festgehalten	☐	☐	☐	
• ob sich besondere Risiken aus ▪ Transferschwierigkeiten, ▪ politischen Umständen, ▪ sonstigen Umständen ergeben?	☐	☐	☐	
Wurden diese Risiken abgesichert durch Kurssicherungsklauseln?	☐	☐	☐	
52. Bestehen geeignete Unterlagen zum Nachweis des allgemeinen Ausfallrisikos für steuerliche Zwecke (Dauerarbeitspapier zur Erfassung der tatsächlichen Forderungsverluste der letzten Jahre unter Berücksichtigung der Eingänge auf abgeschriebene Forderungen), des durchschnittlichen Zahlungsziels sowie der Inanspruchnahme von Skonto?	☐	☐	☐	
53. Wurden die **Abschreibungen** rechnerisch richtig ermittelt?	☐	☐	☐	
54. Wird durch Abschreibungen die Erhaltung des Stammkapitals / Grundkapitals nicht gefährdet?	☐	☐	☐	
55. Haben Sie bei der Prüfung von **Zuschreibungen** überzeugt				
• von der Vertretbarkeit des Grundes?	☐	☐	☐	
• von der rechnerisch zutreffenden Ermittlung der Zuschreibung?	☐	☐	☐	
56. Haben Sie sich durch progressive Prüfung davon überzeugt, dass Kapital- und KapCo-Gesellschaften die nach § 280 Abs. 1 HGB grundsätzlich bestehende Pflicht zur Wertaufholung bei Wegfall der Gründe für eine außerplanmäßige Abschreibung beachtet haben?	☐	☐	☐	
57. Stimmt die handelsrechtliche Bewertung mit der steuerrechtlichen Bewertung überein?	☐	☐	☐	

umfassende Prüfungshandlungen

Mandant:	Forderungen gegen – verbundene Unternehmen – Unternehmen, mit denen ein Beteiligungsverhältnis besteht – Gesellschafter – Zusätzliche Arbeitshilfe bei Erstellung mit umfassenden Prüfungshandlungen	**G III** – 10 –

Auftrag:

	ja	nein	n.e.	Besonderheiten/Verweise
58. Wurden bei Abweichung zwischen der Bewertung nach Handels- und Steuerrecht beachtet • das Wahlrecht zur Aktivierung von latenten Steuern bei Kapital- und KapCo-Gesellschaften nach § 274 Abs. 2 HGB (bei handelsrechtlich höheren Abschreibungen)?	☐	☐	☐	
59. Sind Sie zu dem Ergebnis gekommen, dass die ausgewiesene Position • entsprechend den handelsrechtlichen Vorschriften, • entsprechend den steuerrechtlichen Vorschriften bewertet wurde? Bei Abweichungen:	☐ ☐	☐ ☐	☐ ☐	Vereinzelung der Abweichungen: s. unter

umfassende Prüfungshandlungen

IV Prüfung des Ausweises

Bei sämtlichen Unternehmen

60. Wurde der Ausweis mit den Werten der Saldenliste abgestimmt? ☐ ☐ ☐
61. Ist sichergestellt, dass unzulässige Saldierungen unterblieben sind? ☐ ☐ ☐
62. Wurden die Gegenbuchungen zutreffend erfasst? ☐ ☐ ☐

Bei Kapital- und KapCo-Gesellschaften (unabhängig von der Größenordnung)

63. Wurden Forderungen an Gesellschafter gesondert ausgewiesen, bei den jeweiligen Posten vermerkt oder im Anhang angegeben? ☐ ☐ ☐
64. Wurden beim Ausweis im Jahresabschluss (Anhang) beachtet:
   a) Angabe der angewandten Bilanzierungs- und Bewertungsmethoden sowie die Begründung ihrer Änderungen, § 284 Abs. 2 Nr. 1 Satz 3 HGB? ☐ ☐ ☐
   b) Angabe von Einflüssen eventueller Bilanzierungs- und Bewertungsänderungen auf die Vermögens-, Finanz- und Ertragslage? ☐ ☐ ☐
   c) Angabe von gewährten Sicherheiten im Anhang, § 268 Abs. 7 i.V.m. §§ 251, 285 Nr. 1 HGB? ☐ ☐ ☐
   d) Angabe der Grundlagen einer eventuellen Währungsumrechnung, § 284 Abs. 2 Nr. 2 HGB? ☐ ☐ ☐
   e) die Beachtung des gesonderten Vermerks des Betrages der Forderungen mit einer Restlaufzeit von mehr als einem Jahr, § 268 Abs. 4 HGB? ☐ ☐ ☐
   f) die Prüfung, ob sich nach den Forderungen Angabepflichten aus dem Lagebericht ergeben und ob diese beachtet wurden? ☐ ☐ ☐

Mandant:	Forderungen gegen – verbundene Unternehmen – Unternehmen, mit denen ein Beteiligungsverhältnis besteht – Gesellschafter – Zusätzliche Arbeitshilfe bei Erstellung mit umfassenden Prüfungshandlungen	G III – 11 –
Auftrag:		

	ja	nein	n.e.	Besonderheiten/Verweise
Mittelgroße und große Kapital- und KapCo-Gesellschaften (zusätzlich)				
65. Wurden die Forderungen gegenüber verbundenen Unternehmen bzw. gegenüber Unternehmen, mit denen ein Beteiligungsverhältnis besteht, gesondert von den Forderungen aus Lieferungen und Leistungen den sonstigen Vermögensgegenständen sowie den Wertpapieren und der flüssigen Mittel ausgewiesen?	☐	☐	☐	
66. Wurden wesentliche kreditorische Posten in die „Verbindlichkeiten gegenüber verbundenen Unternehmen" bzw. in die „Verbindlichkeiten gegenüber Unternehmen, mit denen ein Beteiligungsverhältnis besteht", umgegliedert?	☐	☐	☐	
67. Wurde im Zusammenhang mit der Prüfung des zutreffenden Ausweises der Gegenbuchung auf die Beachtung des Vermerks „davon aus verbundenen Unternehmen" bei folgenden GuV-Positionen geachtet: • Erträge aus Beteiligungen, • Erträge aus Wertpapieren, Ausleihungen und sonstigen Finanzanlagen, • sonstige Zinsen und ähnliche Erträge, • Zinsen und ähnliche Aufwendungen.	☐ ☐ ☐ ☐	☐ ☐ ☐ ☐	☐ ☐ ☐ ☐	
68. Sind Sie zu dem Ergebnis gekommen, dass für die ausgewiesene Position sämtliche handelsrechtlichen Ausweisvorschriften beachtet wurden?	☐	☐	☐	

V Sonstige Prüfungshandlungen

Mandant:	Sonstige Vermögensgegenstände – Zusätzliche Arbeitshilfe bei Erstellung mit umfassenden Prüfungshandlungen	G IV – 1 –
Auftrag:		

	Mitarbeiter	Berichtskritik	verantwortlicher Berufsangehöriger
Name / Unterschrift Datum			

	ja	nein	n.e.	Besonderheiten/Verweise

I Beurteilung des internen Kontrollsystems

1. Sind die sonstigen Vermögensgegenstände in sachlicher Hinsicht kontenmäßig gegliedert und sind die Kontokorrente ordnungsgemäß geführt worden?
2. Ist zur Vermeidung bzw. zur Überwachung größerer Außenstände sichergestellt, dass
   - Darlehen durch die hierfür vorgesehenen Personen genehmigt werden?
   - vor Einräumung größerer Darlehen Auskünfte eingeholt werden?
   - säumige Schuldner systematisch angemahnt werden?
   - eine Mahnkartei geführt wird und die Mahnungen auf den Kontokorrentkarten vermerkt werden?
   - das Mahnwesen von der übrigen Kontokorrentbuchhaltung getrennt ist?
   - Zinsen und Kosten bei Zielüberschreitungen und Mahnungen berechnet werden?
   - Eintreibungsmaßnahmen bei erfolglosen Mahnungen in die Wege geleitet werden?
   - die Ausbuchung oder Abschreibung von Forderungen von der vorgesetzten Stelle genehmigt werden muss, ggf. unter Einräumung bestimmter Wertgrenzen?
   - ausgebuchte und/oder abgeschriebene Forderungen periodisch durchgesehen und eventuelle Zahlungseingänge überwacht werden?
3. Ist bei Darlehensgewährung sichergestellt,
   - dass vorgesehene Sicherheiten geleistet werden?
   - dass die übrigen Vertragsbedingungen eingehalten werden?
   - dass Darlehen nicht im Berichtsjahr getilgt und im neuen Jahr wieder gewährt werden?
4. Sind Funktionenkollisionen zwischen der Buchhaltung und denjenigen Personen, die Zugang zu Geld haben, ausgeschlossen?
5. Wurde die Übereinstimmung des Istzustandes des internen Kontrollsystems mit dem Sollzustand progressiv, ausgehend von Darlehensabrechnungen, der Lohn- und Gehaltsbuchhaltung überprüft?

umfassende Prüfungshandlungen

Mandant:	**Sonstige Vermögensgegenstände** – Zusätzliche Arbeitshilfe bei Erstellung mit umfassenden Prüfungshandlungen	**G IV** – 2 –

Auftrag:

	ja	nein	n.e.	Besonderheiten/Verweise

6. Ist sichergestellt, dass
   - regelmäßig Saldenlisten mit Angabe des Altersaufbaus der Forderungen angefertigt, mit der Hauptbuchhaltung abgestimmt und der vorgesetzten Stelle zur Bereinigung eventueller Abstimmungsdifferenzen vorgelegt werden? ☐ ☐ ☐
   - die Kontenstände regelmäßig mit den zugehörigen Rechtsgrundlagen abgestimmt und eventuelle Abstimmungsdifferenzen zur Bereinigung der vorgesetzten Stelle vorgelegt werden? ☐ ☐ ☐
   - Genehmigungen für die Ausbuchung oder Abschreibung eingehender Forderungen oder Teile von Forderungen durch schriftliches Handzeichen erfolgen? ☐ ☐ ☐
7. Werden verpfändete und sicherungsabgetretene Forderungen vollständig erfasst? ☐ ☐ ☐
8. Beurteilung des internen Kontrollsystems **gut / mittel / schlecht***
   * (nicht zutreffendes bitte streichen)
9. Wurde das vorstehende Urteil berücksichtigt
   a) in der Risikoanalyse? ☐ ☐ ☐
   b) bei Prüfungsumfang und -intensität der ausgewählten Prüfungshandlung? ☐ ☐ ☐
10. Ergeben sich durch das vorstehende Urteil Änderungen der Risikoanalyse? ☐ ☐ ☐
    Wenn ja: Beurteilung der geänderten Prüfungssicherheit
    gut / mittel / schlecht*
    * (nicht zutreffendes bitte streichen)

II Prüfung des Nachweises

11. Wurden die in der Bilanz ausgewiesenen sonstigen Vermögensgegenstände mit
    - der Saldenliste zum Stichtag,
    - den Sachkonten sowie
    - den Personenkonten

    abgestimmt? ☐☐ ☐☐ ☐☐
12. Ist die rechnerische Richtigkeit der Saldenliste zum Stichtag gewährleistet? ☐ ☐ ☐
13. Liegen für die in der Saldenliste aufgeführten Posten Einzelnachweise vor, die
    - den Entstehungsgrund,
    - die Konditionen,
    - die Besicherungen

    im einzelnen angeben (z. B. vertragliche Vereinbarungen bei Versicherungsleistungen, Sparbücher, Kautionen, Gutachten für Rückkaufswert aus Lebensversicherung, Steuerschätzungen oder -berechnungen, Steuererklärungen, Steuerbescheide, etc.)? ☐☐ ☐☐ ☐☐

Mandant:	Sonstige Vermögensgegenstände – Zusätzliche Arbeitshilfe bei Erstellung mit umfassenden Prüfungshandlungen	**G IV** – 3 –

Auftrag:

	ja	nein	n.e.	Besonderheiten/Verweise

umfassende Prüfungshandlungen

14. Wurden die Einzelnachweise – soweit für die Prüfung in Folgejahren von Bedeutung – zu der Dauerakte genommen?
15. Sind die Posten mit einer Laufzeit von mehr als einem Jahr in der Saldenliste gesondert vermerkt?
    Wurde die vermerkte Laufzeit in Stichproben anhand der zugrunde liegenden Vereinbarung überprüft?
16. Ist die Höhe der sonstigen Vermögensgegenstände und Leistungen absolut oder relativ bedeutend?
    - Falls ja und keine Möglichkeit eines einfacheren oder zumindest gleich zuverlässigen Nachweises der Salden: Notwendigkeit der Einholung von Saldenbestätigungen (Muster s. Z 51)?
17. Soweit bei den ausgewählten Posten keine Bestätigung eingeholt oder eingegangen ist: alternative Prüfungshandlungen:
    - Sind die ausgewählten Posten in neuer Rechnung beglichen?
    - Wurden sämtliche Zahlungsbelege, die eine Zahlung belegen, überprüft?
    - Lassen sich die ausgewählten Posten
      - mit den zugrunde liegenden Rechnungen und sonstigen Belegen,
      - mit Unterlagen, die dem Nachweis der Leistungserbringung dienen,
      - anhand der Korrespondenz
    nachweisen?
    - Wurde für die ausgewählten Posten geprüft, ob der Schuldner tatsächlich existiert (Einblick ins Telefonbuch, Einholung einer Auskunft o. ä.)?
18. Wurde der Nachweis eventuell vorhandener Besitzwechsel überprüft durch
    - Teilnahme an der Bestandsaufnahme?
    - Anforderung von Bankbestätigungen?
    - (falls Verwahrung bei einer Bank) Abstimmung der Bestandsaufnahme oder Bankbestätigung mit dem ausgewiesenen Wechselbestand?
    - Nachvollziehung etwaiger Abweichungen?
    - Abstimmung des Wechselbestandes mit dem Wechselkopierbuch?
    - Erfassung der Besitzwechsel (Wechselbestand oder Obligo) im Rahmen der Debitorensaldenbestätigungsaktion, soweit für den betreffenden Wechselschuldner eine Debitorensaldenbestätigung angefordert wird?
19. Wurden die debitorischen Kreditoren in Stichproben auf ihre Ursache untersucht?

Mandant:	Sonstige Vermögensgegenstände – Zusätzliche Arbeitshilfe bei Erstellung mit umfassenden Prüfungshandlungen	G IV – 4 –

Auftrag:

	ja	nein	n.e.	Besonderheiten/Verweise
20. Werden unter den sonstigen Vermögensgegenständen Forderungen größeren Umfangs ausgewiesen, die rechtlich erst nach dem Bilanzstichtag entstanden sind und sind diese gesondert erfasst (Berichtspflicht für mittelgroße und große Kapital- und KapCo-Gesellschaften im Anhang nach § 268 Abs. 4 Satz 2 HGB)?	☐	☐	☐	
21. Sind Sie zu dem Ergebnis gekommen, dass die ausgewiesene Position vollständig ausgewiesen wird, die ihr zugrunde liegenden Vermögensgegenstände vorhanden und dem bilanzierenden Unternehmen zuzurechnen sind?	☐	☐	☐	

III Prüfung der Bewertung

22. Wurde der Ansatz der Forderungen zum Nennwert in Stichproben überprüft
    - durch Abstimmung mit den jeweiligen Rechtsgrundlagen?
    - durch Überprüfung der sachlichen und rechnerischen Richtigkeit des Beleges?
    - ggf. durch Nachvollziehung der Umrechnung von Fremdwährungsposten?
23. Wurde bei den überprüften Stichproben die richtige Verbuchung überprüft (Abstimmung von Beleg mit verbuchtem Betrag)?
24. Haben Sie sich bei **Abschreibungen** von dem hierfür gegebenen Grund
    - durch Bildung eines eigenen Urteils,
    - durch Befragung der zuständigen Personen,
    - erforderlichenfalls durch Hinzuziehung der Auftragsakten

    überzeugt?
25. Haben Sie progressiv anhand einer vom Mandanten zu erstellenden Altersaufgliederung der Forderungen, die auch Informationen über eventuelle Wechselhereinnahmen, Gutschriften oder Ausbuchungen enthalten sollte, überprüft, ob Wertberichtigungsbedarf bei zweifelhaften Forderungen besteht?
    Wurde bei dieser Prüfung auf folgende Anhaltspunkte geachtet:
    - die Höhe der Salden (bei wenigen großen Salden ist das Ausfallrisiko größer als bei vielen kleinen und mittleren Salden),
    - Art der Zahlung (z.B. Wechsel),
    - regelmäßige Verlängerung von Akzepten,
    - Nichteinlösung von Wechseln,
    - regelmäßige Überschreitung des Zahlungsziels,
    - Anzahl der notwendigen Mahnungen und Reaktionen auf diese Mahnungen,
    - Art der Auskünfte und Sicherheiten,

Mandant:	**Sonstige Vermögensgegenstände** — Zusätzliche Arbeitshilfe bei Erstellung mit umfassenden Prüfungshandlungen	**G IV** – 5 –

Auftrag:

	ja	nein	n.e.	Besonderheiten/Verweise
• Rechtsstreite und sonstige Meinungsverschiedenheiten über Forderungen, • Eröffnung von Vergleichs- oder Konkursverfahren?	☐	☐	☐	
26. Wurden die im Prüfungszeitraum vorgenommenen Ausbuchungen von Forderungen auf ihre Belegung und Genehmigung überprüft?	☐	☐	☐	
27. Wurde bei Währungsforderungen überprüft, • ob ihnen aufgrund einer Kursveränderung zwischen dem Geldkurs am Entstehungstag und dem Geldkurs am Bilanzstichtag bzw. dem durch Termingeschäft oder langfristige Valuta Verbindlichkeiten abgedeckten Kurs ein niedrigerer Wert beizulegen ist?	☐	☐	☐	
Wurden daraus sich ergebende Kursverluste in den Arbeitspapieren festgehalten, ob sich besondere Risiken aus • Transferschwierigkeiten, • politischen Umständen, • sonstigen Umständen ergeben?	☐☐☐	☐☐☐	☐☐☐	
Wurden diese Risiken abgesichert durch • Kreditversicherungen, • Kurssicherungsklauseln, • Ausfuhrgarantien, • Ausfuhrbürgschaften?	☐☐☐☐	☐☐☐☐	☐☐☐☐	
28. Bestehen geeignete Unterlagen zum Nachweis des allgemeinen Ausfallrisikos für steuerliche Zwecke (Dauerarbeitspapier zur Erfassung der tatsächlichen Forderungsverluste der letzten Jahre unter Berücksichtigung der Eingänge auf abgeschriebene Forderungen), des durchschnittlichen Zahlungsziels sowie der Inanspruchnahme von Skonto?	☐	☐	☐	
29. Wurden die Abschreibungen rechnerisch richtig ermittelt?	☐	☐	☐	
30. Haben Sie sich bei der Prüfung von **Zuschreibungen** überzeugt • von der Vertretbarkeit des Grundes? • von der rechnerisch zutreffenden Ermittlung der Zuschreibung?	☐☐	☐☐	☐☐	
31. Haben Sie sich durch progressive Prüfung davon überzeugt, dass Kapital- und KapCo-Gesellschaften die nach § 280 Abs. 1 HGB grundsätzlich bestehende Pflicht zur Wertaufholung bei Wegfall der Gründe für eine außerplanmäßige Abschreibung beachtet haben?	☐	☐	☐	
32. Stimmt die handelsrechtliche Bewertung mit der steuerrechtlichen Bewertung überein?	☐	☐	☐	

umfassende Prüfungshandlungen

Mandant:	Sonstige Vermögensgegenstände – Zusätzliche Arbeitshilfe bei Erstellung mit umfassenden Prüfungshandlungen	**G IV** – 6 –

Auftrag:

	ja	nein	n.e.	Besonderheiten/Verweise
33. Wurden bei Abweichung zwischen der Bewertung nach Handels- und Steuerrecht beachtet • das Wahlrecht zur Aktivierung von latenten Steuern bei Kapital- und KapCo-Gesellschaften nach § 274 Abs. 2 HGB (bei handelsrechtlich höheren Abschreibungen)?	☐	☐	☐	
34. Sind Sie zu dem Ergebnis gekommen, dass die ausgewiesene Position • *entsprechend den handelsrechtlichen Vorschriften,* • *entsprechend den steuerrechtlichen Vorschriften bewertet wurde?* Bei Abweichungen:	☐ ☐	☐ ☐	☐ ☐	Vereinzelung der Abweichungen: s. unter

IV Prüfung des Ausweises

Bei sämtlichen Unternehmen

35. Wurde der Ausweis mit den Werten der Saldenliste abgestimmt? ☐ ☐ ☐
36. Ist sichergestellt, dass unzulässige Saldierungen unterblieben sind? ☐ ☐ ☐
37. Wurden die Gegenbuchungen zutreffend erfasst? ☐ ☐ ☐

Bei Kapital- und KapCo-Gesellschaften (unabhängig von der Größenordnung)

38. Wurden beim Ausweis im Jahresabschluss (Anhang) beachtet:
   a) Angabe der angewandten Bilanzierungs- und Bewertungsmethoden sowie die Begründung ihrer Änderungen, § 284 Abs. 2 Nr. 1 Satz 3 HGB? ☐ ☐ ☐
   b) Angabe von Einflüssen eventueller Bilanzierungs- und Bewertungsänderungen auf die Vermögens-, Finanz- und Ertragslage? ☐ ☐ ☐
   c) Angabe von gewährten Sicherheiten im Anhang, § 268 Abs. 7 i.V.m. §§ 251, 285 Nr. 1 HGB? ☐ ☐ ☐
   d) Angabe der Grundlagen einer eventuellen Währungsumrechnung, § 284 Abs. 2 Nr. 2 HGB? ☐ ☐ ☐
   e) die Beachtung des gesonderten Vermerks des Betrages der Forderungen mit einer Restlaufzeit von mehr als einem Jahr, § 268 Abs. 4 HGB? ☐ ☐ ☐
   f) die Prüfung, ob sich nach den Forderungen Angabepflichten aus dem Lagebericht ergeben und ob diese beachtet wurden? ☐ ☐ ☐

	Mandant:	Sonstige Vermögensgegenstände – Zusätzliche Arbeitshilfe bei Erstellung mit umfassenden Prüfungshandlungen	G IV – 7 –

Auftrag:

	ja	nein	n.e.	Besonderheiten/Verweise
Mittelgroße und große Kapital- und KapCo-Gesellschaften (zusätzlich)				
39. Wurden die sonstigen Vermögensgegenstände getrennt von den Forderungen aus Lieferungen und Leistungen, den Forderungen gegenüber verbundenen Unternehmen und den Forderungen gegenüber Unternehmen, mit denen ein Beteiligungsverhältnis besteht, sowie den Wertpapieren und der flüssigen Mittel ausgewiesen?	☐	☐	☐	
40. Wurde die Pflicht zur Berichterstattung im Anhang über größere Posten beachtet, die erst nach dem Abschlussstichtag rechtlich entstehen, § 268 Abs. 4 Satz 2 HGB?	☐	☐	☐	
41. *Sind Sie zu dem Ergebnis gekommen, dass für die ausgewiesene Position sämtliche handelsrechtlichen Ausweisvorschriften beachtet wurden?*	☐	☐	☐	

V Sonstige Prüfungshandlungen

Mandant:	**Wertpapiere des Umlaufvermögens** – Erstellung ohne Prüfungshandlungen – mit Plausibilitätsbeurteilungen – mit umfassenden Prüfungshandlungen	**H** – 1 –
Auftrag:		

	Mitarbeiter	Berichtskritik	verantwortlicher Berufsangehöriger
Name / Unterschrift Datum			

	ja	nein	n.e.	Besonderheiten/Verweise
I Benötigte Unterlagen erhalten?				
• Konten	☐	☐	☐	
• Bestandsverzeichnis	☐	☐	☐	
• Bestandsnachweise (Depotauszüge, Aufnahmeprotokolle, Registerauszüge)	☐	☐	☐	
• Bewertungsunterlagen (Jahresabschlüsse, Börsenkurse)	☐	☐	☐	
• Gesellschafterliste	☐	☐	☐	
• Gesamtengagement im jeweiligen Einzelfall (Forderungen, Verbindlichkeiten, Haftungsverhältnisse, Sicherheiten, etc.)	☐	☐	☐	
• Belege über Zu- und Abgänge sowie Gewinn- und Zinszahlungen	☐	☐	☐	
II Erstellungsmaßnahmen				
1. Sind die Salden durch ein Wertpapieraufnahmeprotokoll, Depotbestätigung, etc. nachgewiesen?	☐	☐	☐	
2. Wurden die in der Bilanz ausgewiesenen Forderungen mit dem Nachweis abgestimmt?	☐	☐	☐	
3. Genügen evtl. vorgenommene Teilwertabschreibungen den steuerlichen Anforderungen?	☐	☐	☐	
4. Erfolgt im Falle einer außerplanmäßigen Abschreibung eine dementsprechende Bilanzierung im Bereich anderer Bilanzpositionen und zwar				
• bei der gesonderten Aktivierung von Dividendenansprüchen?	☐	☐	☐	
• bei der Passivierung der noch nicht geleisteten Einlage als Resteinzahlungsverpflichtung?	☐	☐	☐	
• bei der Passivierung einer Verbindlichkeit oder Rückstellung für evtl. mögliche ungewisse Ausgleichs- oder Haftungsverbindlichkeiten bei voll abgeschriebenen Anteilswerten?	☐	☐	☐	
5. Sind Zeitwert bzw. Anschaffungswert bei der Zuschreibung nicht überschritten worden?	☐	☐	☐	
6. Wurde das Saldierungsverbot von Zuschreibungsertrag und Abschreibungsaufwand beachtet?	☐	☐	☐	
7. Sind die Zuschreibungen rechnerisch richtig ermittelt worden?	☐	☐	☐	

Mandant:	**Wertpapiere des Umlaufvermögens** – Erstellung ohne Prüfungshandlungen – mit Plausibilitätsbeurteilungen – mit umfassenden Prüfungshandlungen	**H** – 2 –
Auftrag:		

		ja	nein	n.e.	Besonderheiten/Verweise
	8. Wurden die Abschreibungen und Zuschreibungen des Geschäftsjahres mit dem in der GuV verbuchten Betrag abgestimmt?	☐	☐	☐	
	9. Wurden die Erträge aus den Wertpapieren vollständig verbucht?	☐	☐	☐	
	10. Wurden die Zinserträge zutreffend abgegrenzt?	☐	☐	☐	
	11. Ist der ausgewiesene Bilanzwert durch die Sachkonten nachgewiesen?	☐	☐	☐	
	12. Wurden die Grundsätze der Bilanzierungs- und Bewertungsstetigkeit beachtet?	☐	☐	☐	
	13. *Sind Sie zu dem Ergebnis gekommen, dass der Ausweis der Wertpapiere des Umlaufvermögens aus den vorliegenden Unterlagen und Informationen normgerecht abgeleitet wurde?*	☐	☐	☐	
	III Vorbereitende Maßnahmen bei Plausibilitätsbeurteilungen und umfassenden Prüfungsmaßnahmen				
Pb	14. (Bei Plausibilitätsbeurteilungen:) Wurden nach Maßgabe des Arbeitspapiers Z 30 die vorbereitenden Maßnahmen für Plausibilitätsbeurteilungen veranlasst?	☐	☐	☐	
uP	15. (Bei umfassenden Prüfungshandlungen:) Wurde in dem Arbeitspapier Z 40 ff. für die Wertpapiere des Umlaufvermögens die erforderliche Prüfungssicherheit sowie unter Berücksichtigung der Wahrscheinlichkeit von Fehlerrisiken und -hypothesen der Prüfungsumfang und die Prüfungsintensität abschließend bestimmt? Beurteilung der erforderlichen Prüfungssicherheit **gut / mittel / schlecht*** * (nicht zutreffendes bitte streichen)	☐	☐	☐	
	IV Maßnahmen zur Beurteilung der Plausibilität				
Plausibilitätsbeurteilungen	16. Haben Sie durch Befragung festgestellt, ob der Ausweis im Umlaufvermögen sowie die Bewertung sachgemäß sind?	☐	☐	☐	
	17. Haben Sie durch Befragung festgestellt, • welche signifikanten Gewinne und Verluste aus der Veräußerung von Wertpapieren, • welche Abschreibungen auf Wertpapiere des Umlaufvermögens und • welche Zinserträge angefallen sind?	☐ ☐ ☐	☐ ☐ ☐	☐ ☐ ☐	
	18. Haben Sie sich deren buchmäßige Erfassung nachweisen lassen?	☐	☐	☐	

Mandant:	**Wertpapiere des Umlaufvermögens** – Erstellung ohne Prüfungshandlungen – mit Plausibilitätsbeurteilungen – mit umfassenden Prüfungshandlungen	**H** – 3 –
Auftrag:		

	ja	nein	n.e.	Besonderheiten/Verweise	
19. Haben Sie Buchgewinne und -verluste aus der Veräußerung von Wertpapieren des Umlaufvermögens, Abschreibungen auf Wertpapiere des Umlaufvermögens, Zinserträge aus Wertpapieren des Umlaufvermögens mit den jeweiligen Beträgen der Vorjahreszeiträume verglichen und sich durch Befragung signifikante Abweichungen erläutern lassen?	☐	☐	☐		**Plausibilitätsbeurteilungen**
20. Sind die daraus sich ergebenden Differenzen hinreichend geklärt?	☐	☐	☐		
21. Haben Sie sich bei der Buchung von wesentlichen Erträgen aus den Wertpapieren des Umlaufvermögens davon überzeugt, dass steuerliche Besonderheiten (anrechenbare Kapitalertragsteuer, etc.) beachtet wurden?	☐	☐	☐		
22. Sonstige Maßnahmen?	☐	☐	☐		
23. *Bestehen nach Ihren Plausibilitätsbeurteilungen an der Ordnungsmäßigkeit der zugrunde liegenden Bücher und Nachweise keine Zweifel?*	☐	☐	☐		

Mandant:	**Wertpapiere des Umlaufvermögens** – Anteile an verbundenen Unternehmen – sonstige Wertpapiere – Zusätzliche Arbeitshilfe bei Erstellung mit umfassenden Prüfungshandlungen	**H I** – 1 –
Auftrag:		

	Mitarbeiter	Berichtskritik	verantwortlicher Berufsangehöriger
Name / Unterschrift Datum			

	ja	nein	n.e.	Besonderheiten/Verweise
I Beurteilung des internen Kontrollsystems				
1. Wird für die Wertpapiere ein Wertpapierbuch geführt oder in regelmäßigen Abständen ein Wertpapierinventar aufgestellt, das				
• Firma und Rechtsform,	☐	☐	☐	
• Grund- bzw. Stamm- oder Gesellschaftskapital,	☐	☐	☐	
• Nennwert der Anteile,	☐	☐	☐	
• prozentuale Anteile am Kapital,	☐	☐	☐	
• Resteinzahlungsverpflichtungen (einschl. der passivierten Einforderungen),	☐	☐	☐	
• Rechtsverhältnisse wie Gewinnabführungsverträge, Organschaftsverhältnis, Beherrschungsverträge enthält?	☐	☐	☐	
2. Werden bei verbrieften Anteilen, die selbst verwahrt werden, Aufnahmeprotokolle über die körperliche Bestandsaufnahmen erstellt?	☐	☐	☐	
3. Werden bei verbrieften Anteilen, die bei Dritten verwahrt werden, Depotbestätigungen eingeholt?	☐	☐	☐	
4. Werden für die einzelnen Gesellschaften, die ausgewiesen werden, systematische und übersichtliche Beteiligungsakten (mit Gründungsprotokollen und -berichten, Gesellschaftsvertrag, Kaufvertrag, Protokollen über Gesellschaftsversammlungen, Listen der Gesellschafter gem. § 40 GmbHG, Handelsregisterauszüge, Treuhandverträge, Verträge mit den Beteiligungsgesellschaften, Zwischenabschlüsse, Jahresabschlüsse, Prüfungsberichte, Schriftwechsel u.ä.) oder Depotakten geführt?	☐	☐	☐	
• Gelangen die daraus resultierenden Geschäftsvorfälle zu Kenntnis der Buchhaltung?	☐	☐	☐	
5. Werden das Wertpapierinventar oder das Wertpapierbuch regelmäßig mit den Konten der Finanzbuchhaltung abgestimmt?	☐	☐	☐	
6. Bestehen Regeln über die Berechtigung und rechtliche Legitimation zum Erwerb und Veräußerung von Wertpapieren?	☐	☐	☐	
• Werden diese Regeln eingehalten?	☐	☐	☐	

Mandant:	**Wertpapiere des Umlaufvermögens** – Anteile an verbundenen Unternehmen – sonstige Wertpapiere – Zusätzliche Arbeitshilfe bei Erstellung mit umfassenden Prüfungshandlungen	H I – 2 –

Auftrag:

	ja	nein	n.e.	Besonderheiten/Verweise
7. Werden die aufgrund der jeweiligen Beschlussfassung geschuldeten Beträge aus Beteiligungen mit den tatsächlichen Zahlungseingängen abgestimmt?	☐	☐	☐	
8. Ist Funktionentrennung gewährleistet durch Trennung von buchhalterischen, verwaltenden und bearbeitenden Funktionen?	☐	☐	☐	
9. Beurteilung des internen Kontrollsystems **gut / mittel / schlecht*** * (nicht zutreffendes bitte streichen)				
10. Wurde das vorstehende Urteil berücksichtigt a) in der Risikoanalyse?	☐	☐	☐	
b) bei Prüfungsumfang und -intensität der ausgewählten Prüfungshandlung?	☐	☐	☐	
11. Ergeben sich durch das vorstehende Urteil Änderungen der Risikoanalyse? Wenn ja: Beurteilung der geänderten Prüfungssicherheit **gut / mittel / schlecht*** * (nicht zutreffendes bitte streichen)	☐	☐	☐	

II Prüfung des Nachweises

12. Ist der ausgewiesene Bilanzwert durch
    - die Sachkonten, ☐ ☐ ☐
    - das Wertpapierbuch bzw. das Wertpapierverzeichnis ☐ ☐ ☐
    nachgewiesen?
13. Wurden die Nachweise (Wertpapierbuch / Wertpapierverzeichnis) rechnerisch überprüft? ☐ ☐ ☐
14. Wurde die Vollständigkeit eines Wertpapierbuchs / Wertpapierverzeichnisses
    - bei verbrieften Anteilen mit Selbstverwahrung: Durch ein Aufnahmeprotokoll über die körperliche Bestandsaufnahme, in das auch die Dividenden und Erneuerungsscheine aufzunehmen sind? ☐ ☐ ☐
    - bei verbrieften Anteilen mit Fremdverwahrung: Durch Depotauszüge, Verwahrbestätigungen, etc.? ☐ ☐ ☐
    - bei nicht verbrieften Anteilen: Durch Gründungsprotokolle und -berichte, Gesellschaftsverträge, Kaufverträge, Handelsregisterauszüge, Treuhandverträge, etc. ☐ ☐ ☐
    bestätigt?
15. Sofern der Bestandsnachweis nicht zum Bilanzstichtag erfolgte: Ist sichergestellt, dass sich zwischen dem Datum des Bestandsnachweises und dem Bilanzstichtag keine Veränderungen ergeben haben? ☐ ☐ ☐

umfassende Prüfungshandlungen

Mandant:	**Wertpapiere des Umlaufvermögens** – Anteile an verbundenen Unternehmen – sonstige Wertpapiere – Zusätzliche Arbeitshilfe bei Erstellung mit umfassenden Prüfungshandlungen	H I – 3 –
Auftrag:		

		ja	nein	n.e.	Besonderheiten/Verweise
umfassende Prüfungshandlungen	16. Wurde die vollständige und richtige Erfassung der Anteile und der daraus resultierenden Erträge progressiv überprüft anhand der Gesellschaftsverträge, Kaufverträge, Handelsregisterauszüge, Treuhandverträge, Gesellschafterbeschlüsse, Gesellschafterversammlungsprotokolle, etc.?	☐	☐	☐	
	17. Wurde überprüft, ob die Voraussetzungen für die buchhalterische Erfassung bereits gegeben sind durch				
	• Feststellung, dass das wirtschaftliche Eigentum an den Gesellschaftsanteilen, d. h. dass der Anteil an Substanz und Ertrag, die Chance einer eventuellen Wertsteigerung und die Gefahrtragung dem Unternehmen zusteht?	☐	☐	☐	
	• Feststellung, dass die für einen Erwerb erforderlichen Genehmigungen (z. B. durch den Aufsichtsrat, die Gesellschafterversammlung, etc.) vorliegen?	☐	☐	☐	
	18. Sind bei Verkäufen an Gesellschafter, diesen nahe stehenden Personen, verbundene Unternehmen und Mitarbeiter sowie bei außergewöhnlichen Buchverlusten die Verkaufserlöse angemessen?	☐	☐	☐	
	19. Wurden Verkäufe an Gesellschafter geprüft auf				
	• Verstoß gegen das Verbot der Stammkapitalrückzahlung (§ 30 GmbHG)	☐	☐	☐	
	• verdeckte Gewinnausschüttungen?	☐	☐	☐	
	20. Sind Sie zu dem Ergebnis gekommen, dass die ausgewiesene Position vollständig ausgewiesen wird, die ihr zugrunde liegenden Vermögensgegenstände vorhanden und dem bilanzierenden Unternehmen zuzurechnen sind?	☐	☐	☐	
	Prüfung der Bewertung				
	21. Erfolgte die Bewertung zu den in den Vertragsunterlagen und Abrechnungen ausgewiesenen Anschaffungskosten?	☐	☐	☐	
	22. Ist bei der Prüfung der Anschaffungskosten darauf geachtet,				
	• dass die anteiligen Gegenleistungen für erworbene Gewinnansprüche keine Anschaffungskosten darstellen, sondern als Forderungen auszuweisen sind?	☐	☐	☐	
	• dass der Kaufpreis im Falle einer längeren Stundung abzuzinsen ist?	☐	☐	☐	

Mandant:	**Wertpapiere des Umlaufvermögens**	H I
	– Anteile an verbundenen Unternehmen – sonstige Wertpapiere – Zusätzliche Arbeitshilfe bei Erstellung mit umfassenden Prüfungshandlungen	– 4 –

Auftrag:

	ja	nein	n.e.	Besonderheiten/Verweise
• dass im Falle der Vereinbarung einer Kaufpreis-Leibrente oder bei einem Kaufpreis in Abhängigkeit von der zukünftigen Ertragslage der Barwert der (wahrscheinlichen) zukünftigen Zahlungen als Anschaffungskosten der Beteiligung anzusetzen ist?	☐	☐	☐	
• dass im Falle einer verdeckten Gewinnausschüttung oder einer verdeckten Einlage der Anschaffungspreis angemessen ist?	☐	☐	☐	
• dass beim Erwerb gegen Zahlung in Fremdwährung die Umrechnung zutreffend erfolgte?	☐	☐	☐	
• dass im Falle einer Sacheinlage der Zeitwert der eingebrachten Vermögensgegenstände zutreffend ermittelt wurde?	☐	☐	☐	
• dass ein Merkposten anzusetzen ist, sofern für die Beteiligung keine Einlage zu leisten ist (z.B. bei einem Komplementär)?				
• dass Zu- und Nachschüsse erfasst werden?	☐	☐	☐	
23. Wurden Anschaffungskostenminderungen bei der Bewertung berücksichtigt?	☐	☐	☐	
24. Wurden die Prüfungsunterlagen auf eventuelle Anschaffungsnebenkosten überprüft?	☐	☐	☐	
25. Ergeben sich Anhaltspunkte für die Notwendigkeit von **Abschreibungen** auf den niedrigeren Börsen- oder Marktpreis, den niedrigeren beizulegenden Wert oder den niedrigeren Wert aufgrund vernünftiger kaufmännischer Beurteilung aus				
• niedrigeren Börsenkursen (ggf. zzgl. eines Paketzuschlages), sofern eine Kursbeeinflussung oder Zufallsentwicklungen ausgeschlossen sind	☐	☐	☐	
• den Geschäfts- und Prüfungsberichten,	☐	☐	☐	
• den geprüften und bescheinigten Jahresabschlüssen,	☐	☐	☐	
• kurzfristigen Erfolgsrechnungen,	☐	☐	☐	
• den Finanzplänen, Umsatz- und Ertragsschätzungen, den Unterlagen für eine Kaufpreisermittlung, sonstigen Nachweisen für die künftige Entwicklung,	☐	☐	☐	
• politischen Risiken (z.B. Krieg, Enteignung), Transferbeschränkungen oder steuerlichen Beschränkungen bei Beteiligungen im Ausland?	☐	☐	☐	
• der Ermittlung des anteiligen abschreibungsfähigen Verlustes, sofern der Anteil an einer Personengesellschaft gehalten wird?	☐	☐	☐	
26. Haben Sie sich bei Abschreibungen von dem hierfür gegebenen Grund durch				
• Bildung eines eigenen Urteils anhand geeigneter Unterlagen,	☐	☐	☐	
• Befragung der zuständigen Personen,				

Mandant:	**Wertpapiere des Umlaufvermögens** – Anteile an verbundenen Unternehmen – sonstige Wertpapiere – Zusätzliche Arbeitshilfe bei Erstellung mit umfassenden Prüfungshandlungen	H I – 5 –

Auftrag:

<table>
<tr><td></td><td>ja</td><td>nein</td><td>n.e.</td><td>Besonderheiten/Verweise</td></tr>
<tr><td>• erforderlichenfalls Hinzuziehung von Sachverständigen überzeugt?</td><td>☐</td><td>☐</td><td>☐</td><td></td></tr>
<tr><td>27. Entspricht bei einer Abschreibung der beizulegende Wert dem geschätzten Ertragswert bzw. dem Liquidationswert als Wertuntergrenze?</td><td>☐</td><td>☐</td><td>☐</td><td></td></tr>
<tr><td>28. Stimmt die handelsrechtliche Bewertung mit der steuerrechtlichen Bewertung überein?</td><td>☐</td><td>☐</td><td>☐</td><td></td></tr>
<tr><td>29. Haben Sie sich bei der Prüfung der **Zuschreibungen** überzeugt von der Vertretbarkeit des Grundes der Zuschreibung (z.B. Wegfall des Grundes für außerplanmäßige Abschreibungen, Angleichung an die Werte der Steuerbilanz, Fusionen, Umwandlung, Ausscheiden eines Gesellschafters aus einer Personenunternehmung, Verwendung von Gewinnanteilen aus Personengesellschaften zur Erfüllung von Einlageverpflichtungen, zur Wiederauffüllung von durch Verlusten geminderten Einlagen oder zur Rücklagenbildung, etc.)?</td><td>☐</td><td>☐</td><td>☐</td><td></td></tr>
<tr><td>30. Wurden die Abschreibungen rechnerisch richtig ermittelt?</td><td>☐</td><td>☐</td><td>☐</td><td></td></tr>
<tr><td>31. Sind die Zuschreibungen rechnerisch richtig ermittelt worden?</td><td>☐</td><td>☐</td><td>☐</td><td></td></tr>
<tr><td>32. Wurden die Zuschreibungen des Geschäftsjahres mit dem in der GuV-Rechnung verbuchten Betrag abgestimmt?</td><td>☐</td><td>☐</td><td>☐</td><td></td></tr>
<tr><td>33. Wurden bei Abweichungen zwischen der Bewertung nach Handels- und Steuerrecht beachtet,
 • das Wahlrecht zur Aktivierung von latenten Steuern bei Kapital- und KapCo-Gesellschaften gem. § 274 Abs. 2 HGB (z. B. bei handelsrechtlich höherer Abschreibung oder unterlassener Zuschreibung)?</td><td>☐</td><td>☐</td><td>☐</td><td></td></tr>
<tr><td>• die Pflicht zur Passivierung latenter Steuern gem. § 274 Abs. 1 HGB (z. B. bei fehlender oder nicht vollständiger Bilanzierung von steuerlichen Verlustanteilen an Personengesellschaften in der Handelsbilanz von Kapital- und KapCo-Gesellschaften)?</td><td>☐</td><td>☐</td><td>☐</td><td></td></tr>
<tr><td>34. Sind Sie zu dem Ergebnis gekommen, dass die ausgewiesene Position
 • *entsprechend den handelsrechtlichen Vorschriften,*
 • *entsprechend den steuerrechtlichen Vorschriften bewertet wurde?*
 Bei Abweichungen:</td><td>☐ ☐</td><td>☐ ☐</td><td>☐ ☐</td><td>*Vereinzelung der Abweichungen s. unter*</td></tr>
</table>

(umfassende Prüfungshandlungen)

Mandant:	**Wertpapiere des Umlaufvermögens** – Anteile an verbundenen Unternehmen – sonstige Wertpapiere – Zusätzliche Arbeitshilfe bei Erstellung mit umfassenden Prüfungshandlungen	**H I** – 6 –

Auftrag:

	ja	nein	n.e.	Besonderheiten/Verweise

V Prüfung des Ausweises

Bei sämtlichen Unternehmen

35. Liegen die Voraussetzungen des Umlaufvermögens vor? ☐ ☐ ☐

Bei Kapital- und KapCo-Gesellschaften (unabhängig von der Größenordnung)

36. Wurden
- die Bruttoerträge aus den Wertpapieren unter dem Posten „sonstige Zinsen und ähnliche Erträge" unter Beachtung des Vermerks „davon aus verbundenen Unternehmen" und
- evtl. anfallende anrechnungsfähige Körperschaftsteuer oder Kapitalertragsteuer in der GuV-Rechnung separat unter dem Posten „Steuern vom Einkommen und vom Ertrag" ausgewiesen? ☐ ☐ ☐

37. Wurde beim Ausweis zutreffend zwischen der Bilanzierung von
- Anteilen an verbundenen Unternehmen,
- eigenen Anteilen,
- sonstigen Wertpapieren des Anlagevermögens
abgegrenzt? ☐ ☐ ☐

38. Wurden beim Ausweis im Jahresabschluss (Anhang) beachtet
   a) Angabe der angewandten Bilanzierungs- und Bewertungsmethoden sowie Begründung ihrer Änderungen, § 284 Abs. 2 Nr. 1, 3 HGB? ☐ ☐ ☐
   b) Angabe von Einflüssen evtl. Bilanzierungs- und Bewertungsänderungen auf die Vermögens-, Finanz- und Ertragslage? ☐ ☐ ☐
   c) die Angabe von gewährten Sicherheiten im Anhang (§ 268 Abs. 7 i.V.m. §§ 251, 285 Nr. 1 HGB) ☐ ☐ ☐
   d) Grundlagen der Währungsumrechnung, § 284 Abs. 2 Nr. 2 HGB,
   e) die Prüfung, ob sich aus den Wertpapieren des Umlaufvermögens Angabepflichten im Lagebericht ergeben und ob diese beachtet wurden? ☐ ☐ ☐

39. Sind Sie zu dem Ergebnis gekommen, dass für die ausgewiesene Position sämtliche handelsrechtlichen Ausweisvorschriften beachtet wurden? ☐ ☐ ☐

VI Sonstige Prüfungshandlungen

umfassende Prüfungshandlungen

Mandant:	**Kassenbestand, Bundesbankguthaben, Guthaben bei Kreditinstituten und Schecks** – Arbeitshilfen zur Abschlusserstellung ohne Prüfungshandlungen – mit Plausibilitätsbeurteilungen – mit umfassenden Prüfungshandlungen	**J** – 1 –
Auftrag:		

	Mitarbeiter	Berichtskritik	verantwortlicher Berufsangehöriger
Name / Unterschrift Datum			

	ja	nein	n.e.	Besonderheiten/Verweise

I Benötigte Unterlagen erhalten?

- Konten
- Aufstellung über die vorhandenen Haupt- und Nebenkassen nebst Namensangabe der Kassierer
- Kassenaufnahmeprotokolle
- Aufnahmeprotokoll der am Jahresabschlussstichtag vorhandenen
  - Briefmarken
  - Wechselsteuermarken
  - sonstige Wertmarken (z. B. Freistempler, etc.)

II Erstellungsmaßnahmen

1. Wurden die in der Bilanz ausgewiesenen Posten mit
   - den Bankkonten
   - ggf. Bankbestätigungen

   abgestimmt?
2. Wurden die vereinbarten Zinsen und Gebühren erfasst?
3. Wurde der Geldtransit erfasst?
4. Wurden Schecks erfasst?
5. Wurden die Grundsätze der Bilanzierungs- und Bewertungsstetigkeit beachtet?
6. *Sind Sie zu dem Ergebnis gekommen, dass der Ausweis der liquiden Mittel aus den vorliegenden Unterlagen und Informationen normgerecht abgeleitet wurde?*

III Vorbereitende Maßnahmen bei Plausibilitätsbeurteilungen und umfassenden Prüfungsmaßnahmen

Pb

7. (Bei Plausibilitätsbeurteilungen:) Wurden nach Maßgabe des Arbeitspapiers Z 30 die vorbereitenden Maßnahmen für Plausibilitätsbeurteilungen veranlasst?

Mandant:	**Kassenbestand, Bundesbankguthaben, Guthaben bei Kreditinstituten und Schecks**	**J**
	– Arbeitshilfen zur Abschlusserstellung ohne Prüfungshandlungen – mit Plausibilitätsbeurteilungen – mit umfassenden Prüfungshandlungen	– 2 –

Auftrag:

	ja	nein	n.e.	Besonderheiten/Verweise

8. (Bei umfassenden Prüfungshandlungen:)
Wurde in dem Arbeitspapier Z 40 ff. die erforderliche Prüfungssicherheit sowie unter Berücksichtigung der Wahrscheinlichkeit von Fehlerrisiken und -hypothesen der Prüfungsumfang und die Prüfungsintensität abschließend bestimmt?
Beurteilung der erforderlichen Prüfungssicherheit
gut / mittel / schlecht*
* (nicht zutreffendes bitte streichen)

IV Maßnahmen zur Beurteilung der Plausibilität

9. Haben Sie sich anhand der Kreditverträge und Bankauszüge im neuen Berichtszeitraum davon überzeugt, dass die Zinsabgrenzungen vorgenommen wurden?
10. Haben Sie durch Befragung festgestellt, welche Verfügungsbeschränkungen für liquide Mittel bestehen?
11. Haben Sie durch Befragung festgestellt, ob das Unternehmen Verträge, die derivative Finanzinstrumente betreffen (z.B. Termin- und Optionsgeschäfte) und Swap-Geschäfte mit Banken abgeschlossen hat?
12. Haben Sie geklärt, wie aus diesen Finanzinstrumenten resultierende Ergebniseinflüsse in der Buchhaltung erfasst wurden?
13. Haben Sie durch Befragung festgestellt, welche Kreditsicherheiten Banken gegeben wurden?
14. Haben Sie durch Befragung festgestellt, ob das Unternehmen im Berichtszeitraum bei bestehenden Darlehensverträgen gegen Vertragspflichten verstoßen hat?
15. Bei Verstößen: Haben Sie durch Befragung festgestellt, welche Maßnahmen diesbezüglich ergriffen wurden?
16. Sonstige Maßnahmen?
17. Bestehen nach Ihren Plausibilitätsbeurteilungen an der Ordnungsmäßigkeit der zugrunde liegenden Bücher und Nachweise keine Zweifel?

Mandant:	**Kassenbestand** – Zusätzliche Arbeitshilfe bei Erstellung mit umfassenden Prüfungshandlungen	J I – 1 –

Auftrag:

	Mitarbeiter	Berichtskritik	verantwortlicher Berufsangehöriger
Name / Unterschrift Datum			

		ja	nein	n.e.	Besonderheiten/Verweise
I	**Beurteilung des internen Kontrollsystems**				
	1. Liegt ein Verzeichnis der Kassen und Nebenkassen sowie ihrer Höchstbestände vor?	☐	☐	☐	
	2. Enthält das Kassenbuch sämtliche erforderlichen Angaben (Belegnummer, Buchungsdatum, Buchungstext, Gegenkonto, Buchungsbetrag)?	☐	☐	☐	
	3. Sind die Belege vollständig ausgefüllt?	☐	☐	☐	
	4. Wird im Kassenbuch und auf Belegen nur mit Tinte, Tintenstift oder Kugelschreiber geschrieben und werden Änderungen entsprechend gekennzeichnet?	☐	☐	☐	
	5. Ist im Kassenbuch das Durchstreichen leerer Zwischenräume vorgeschrieben?	☐	☐	☐	
	6. Werden vorgedruckte und nummerierte Formulare für Einzahlungen verwandt, auf denen die Unterschrift des Einzahlenden vorgesehen ist?	☐	☐	☐	
	7. Bestehen ausreichende Kontrollmaßnahmen hinsichtlich der ausgegebenen Block-Serien, der abgezeichneten Quittungen sowie der Entwertung von nicht benötigten oder verschriebenen Quittungen?	☐	☐	☐	
	8. Erfolgen regelmäßig Kassenbestandsaufnahmen und werden hierüber Protokolle gefertigt?	☐	☐	☐	
	9. Werden die Kassenbestände mit den Kassenbüchern regelmäßig abgestimmt?	☐	☐	☐	
	10. Sind die Kassenbücher durch die vorgesetzten Mitarbeiter oder durch den Unternehmer / Geschäftsführer abgezeichnet?	☐	☐	☐	
	11. Werden Differenzen nur mit Zustimmung des vorgesetzten Mitarbeiters oder des Unternehmers / Geschäftsführers bereinigt?	☐	☐	☐	
	12. Werden die Kassenumsätze regelmäßig in der Hauptbuchhaltung verbucht?	☐	☐	☐	
	13. Besteht eine ausreichende Kontrolle von Barverkäufen durch Kassenstreifen, die sich in einer abschließbaren Vorrichtung befinden, die nur von dem vorgesetzten Mitarbeiter bzw. dem Unternehmer / Geschäftsführer geöffnet werden kann?	☐	☐	☐	
	14. Werden die vorgenannten Kassenstreifen mit den Einnahmen aus Barverkäufen täglich abgestimmt?	☐	☐	☐	
	15. Wird das erhaltene Bargeld regelmäßig auf dem Bankkonto eingezahlt?	☐	☐	☐	
	16. Haben Sie sich von der Zuverlässigkeit der Kassenführer überzeugt?	☐	☐	☐	
	17. Besteht eine Unterschlagungsversicherung?	☐	☐	☐	

umfassende Prüfungshandlungen

Mandant:	**Kassenbestand** – Zusätzliche Arbeitshilfe bei Erstellung mit umfassenden Prüfungshandlungen	J I – 2 –

Auftrag:

	ja	nein	n.e.	Besonderheiten/Verweise

18. Haben Sie sich im Rahmen einer Kassenverkehrsprüfung von dem funktionierenden Istzustand des internen Kontrollsystems für einen bestimmten Zeitraum überzeugt?
    a) Zahlungseingänge: Wurde progressiv (ausgehend von unabhängig erstellten Unterlagen, wie Verkaufsaufstellungen, Auslieferungsscheinen, Inventurkarten, Verwertungs- und Verschrottungsberichten, die jeweils nicht vom Kassenführer erstellt sein sollten) und nicht von den Konten der Finanzbuchhaltung oder den Aufzeichnungen im Kassenbuch die Ordnungsmäßigkeit der Zahlungseingänge überprüft durch
    - Abstimmung der ausgewählten Unterlagen mit den zugehörigen Belegen, den Aufzeichnungen im Kassenbuch sowie den zugehörigen Buchungen in der Hauptbuchhaltung?
    - Kontrolle der formellen Ordnungsmäßigkeit der Belege, insbesondere
        - fortlaufende Nummerierung der Eingangsbelege,
        - Angabe der Belegnummer im Kassenbuch,
        - Beleg- und Buchungsdatum in zeitlichem Zusammenhang,
        - Unterschrift des Einzahlenden auf dem Einzahlungsbeleg,
        - Übereinstimmung von Buchungs- und Belegtext,
        - keine Radierungen,
        - rechnerische Richtigkeit von Unterlagen und Belegen?
    - Wurden Belege, die kurz vor oder nach dem letzten Bilanzstichtag bzw. vor oder nach der Kassenprüfung gebucht wurden, kritisch auf einen eventuellen künstlichen Kassenausgleich überprüft?
    - Wurden Abzüge festgestellt und auf ihre Angemessenheit und richtige Verbuchung (entsprechende Berichtigung der Umsatzsteuer) überprüft?
    b) Zahlungsausgänge: Wurden die Zahlungsausgänge retrograd anhand der Aufzeichnungen des Kassenbuchs und der zugehörigen Belege auf ihre Ordnungsmäßigkeit überprüft, insbesondere durch
    - Abstimmung der Aufzeichnungen im Kassenbuch mit den zugehörigen Belegen und den entsprechenden Buchungen in der Hauptbuchhaltung?
    - Kontrolle der formellen Ordnungsmäßigkeit der Belege, insbesondere durch
        - zeitliche Kongruenz von Beleg- und Buchungsdatum,

umfassende Prüfungshandlungen

Mandant:	**Kassenbestand** – Zusätzliche Arbeitshilfe bei Erstellung mit umfassenden Prüfungshandlungen	J I – 3 –

Auftrag:

umfassende Prüfungshandlungen

	ja	nein	n.e.	Besonderheiten/Verweise
▪ Unterschrift der Empfänger auf den Auszahlungsbelegen,	☐	☐	☐	
▪ Anweisung der Kassenauszahlungen durch Anweisungsberechtigte,	☐	☐	☐	
▪ Entwertung der Belege durch „Bezahlt"-Stempel,	☐	☐	☐	
▪ Übereinstimmung von Buchungs- und Belegtext,	☐	☐	☐	
▪ Vermeidung von Radieren oder Überschreiben von Zahlen,	☐	☐	☐	
▪ rechnerische Überprüfung der untersuchten Belege?	☐	☐	☐	
• Wurden die kurz vor oder nach dem letzten Bilanzstichtag bzw. der Kassenprüfung gebuchten Zahlungsausgänge besonders kritisch untersucht?	☐	☐	☐	
• Wurden die untersuchten Zahlungsausgänge auf die Angemessenheit und Richtigkeit des Zahlungsvorgangs durch Heranziehung von Gegenkonten und Korrespondenz überprüft?	☐	☐	☐	
• Wurden Skontofristen gewahrt und Skonti richtig abgezogen?	☐	☐	☐	
• Wurde darauf geachtet, dass die Umsatzsteuer bei Skontoinanspruchnahme entsprechend berichtigt wurde?	☐	☐	☐	
• Wurde stichprobenweise das Kassenbuch auf eventuelle Unregelmäßigkeiten, insbesondere auf zeitweise „negative" Kassenbestände geprüft?	☐	☐	☐	
19. Ist sichergestellt, dass Funktionenkollisionen vermieden werden und insbesondere folgende Funktionen getrennt werden:				
• Kassenführung und Buchhaltung?	☐	☐	☐	
• Buchhaltung und Ausstellung von Rechnungen?	☐	☐	☐	
• Ausstellung und Anweisung von Zahlungsbelegen?	☐	☐	☐	
• Kassenführung und Bankvollmacht, Zugang zu Wertpapieren, Zugang zu Vorräten?	☐	☐	☐	
20. Beurteilung des internen Kontrollsystems **gut / mittel / schlecht*** * (nicht zutreffendes bitte streichen)				
21. Wurde das vorstehende Urteil berücksichtigt a) in der Risikoanalyse?	☐	☐	☐	
b) bei Prüfungsumfang und -intensität der ausgewählten Prüfungshandlungen?	☐	☐	☐	
22. Ergeben sich durch das vorstehende Urteil Änderungen der Risikoanalyse? Wenn ja: Beurteilung der geänderten Prüfungssicherheit **gut / mittel / schlecht*** * (nicht zutreffendes bitte streichen)	☐	☐	☐	

	Mandant:	**Kassenbestand** – Zusätzliche Arbeitshilfe bei Erstellung mit umfassenden Prüfungshandlungen	J I – 4 –

Auftrag:

		ja	nein	n.e.	Besonderheiten/Verweise
II	**Prüfung des Nachweises**				
	23. Ist der Kassenbestand zum Stichtag durch ein Kassenprotokoll nachgewiesen?	☐	☐	☐	
	24. Bei Fehlen eines Kassenprotokolls: Ist der Kassenbestand zum Prüfungsstichtag retrograd ermittelt und auf den Bilanzstichtag wie folgt zurückgerechnet: Kassenbestand am Prüfungsstichtag + Ausgaben zwischen Bilanz und Prüfungsstichtag – Einnahmen zwischen Bilanz und Prüfungsstichtag = Kassenbestand am Bilanzstichtag	☐	☐	☐	
	25. Ist darauf geachtet, dass für alle Nebenkassen einschließlich der Markenbestände des Freistemplers entsprechend der Aufnahmeprotokolle zum Stichtag vorliegen?	☐	☐	☐	
	26. Stimmt der Bestand laut Aufnahmeprotokoll mit dem Saldo des Kassenbuchs und dem Hauptbuchkonto am Bilanzstichtag überein?	☐	☐	☐	
	27. *Sind Sie zu dem Ergebnis gekommen, dass die ausgewiesene Position vollständig ausgewiesen wird, die ihr zugrunde liegenden Vermögensgegenstände vorhanden und dem bilanzierenden Unternehmen zuzurechnen sind?*	☐	☐	☐	
III	**Prüfung der Bewertung**				
	28. Wurde auf die richtige Umrechnung von Sortenbeständen mit dem Kurs zum Bilanzstichtag geachtet?	☐	☐	☐	
	29. *Sind Sie zu dem Ergebnis gekommen, dass die ausgewiesene Position* • *entsprechend den handelsrechtlichen Vorschriften,* • *entsprechend den steuerrechtlichen Vorschriften bewertet wurde?* *Bei Abweichungen:*	☐	☐	☐	Vereinzelung der Abweichungen s. unter
IV	**Prüfung des Ausweises**				
	30. Wurde darauf geachtet, dass außer dem Kassenbestand auch ausländische Sorten sowie die Bestände an Brief- und Gerichtskosten, Wechselsteuern und anderen Marken sowie nicht verbrauchte Frankotypwerte als Kassenbestand ausgewiesen werden?	☐	☐	☐	
	31. *Sind Sie zu dem Ergebnis gekommen, dass für die ausgewiesene Position sämtliche handelsrechtlichen Ausweisvorschriften beachtet wurden?*	☐	☐	☐	
V	**Sonstige Prüfungshandlungen**				

Mandant:	**Bundesbankguthaben** **Guthaben bei Kreditinstituten** – Zusätzliche Arbeitshilfe bei Erstellung mit umfassenden Prüfungshandlungen	**J II** – 1 –
Auftrag:		

	Mitarbeiter	Berichtskritik	verantwortlicher Berufsangehöriger
Name / Unterschrift Datum			

umfassende Prüfungshandlungen

	ja	nein	n.e.	Besonderheiten/Verweise
I Beurteilung des internen Kontrollsystems				
1. Ist der Sollzustand des internen Kontrollsystems in einem Dauerarbeitspapier (verbale Beschreibung, Ablaufschaubilder) festgehalten?	☐	☐	☐	
2. Berücksichtigt der Sollzustand des internen Kontrollsystems ausreichend				
• die Sicherung des Posteingangs von Bankauszügen?	☐	☐	☐	
• die Abstimmung der eingelösten Schecks mit dem Scheckkopierbuch durch eine Person, die unabhängig vom Scheckaussteller ist?	☐	☐	☐	
• die regelmäßige Abstimmung der Bankkonten mit den Auszügen der Institute?	☐	☐	☐	
• die Einhaltung evtl. Kreditlinien?	☐	☐	☐	
• die Gültigkeit von Bankvollmachten nur in Verbindung mit weiteren Unterschriften?	☐	☐	☐	
• die regelmäßige Verbuchung der Bankumsätze in der Hauptbuchhaltung?	☐	☐	☐	
• die regelmäßige Abstimmung des Verkehrs zwischen den Bankkonten und der Kasse?	☐	☐	☐	
• die Kontrolle der erforderlichen Abstimmungen durch die hierzu vorgesehene Stelle?	☐	☐	☐	
3. Existiert eine Liste aller bestehenden Bankkonten unter Angabe der Zeichnungsbefugnis, evtl. Kreditlinien sowie gegebene Sicherheiten?	☐	☐	☐	
Wurde das Verzeichnis als Dauerarbeitspapier zu den eigenen Akten genommen und bei Änderungen jeweils fortgeschrieben?	☐	☐	☐	
4. Haben Sie sich im Rahmen einer Bankverkehrsprüfung von dem funktionierenden Istzustand des internen Kontrollsystems für einen bestimmten Zeitraum überzeugt?	☐	☐	☐	

Mandant:	Bundesbankguthaben Guthaben bei Kreditinstituten – Zusätzliche Arbeitshilfe bei Erstellung mit umfassenden Prüfungshandlungen	J II – 2 –

Auftrag:

	ja	nein	n.e.	Besonderheiten/Verweise
a) Zahlungseingänge:				
• Wurde die Ordnungsmäßigkeit der Zahlungseingänge progressiv (ausgehend von unabhängig erstellten Unterlagen, wie Verkaufsaufstellungen, Auslieferungsscheinen, Inventurkarten, Verwertungs- und Verschrottungsberichten, dem Inventar der Beteiligungen, Dividendenbekanntmachungen, Protokollen von Organen der Gesellschaft, Mietverträgen, Lizenzabkommen, etc., die nicht vom Buchhalter für die Bankkonten erstellt sein sollten) und nicht ausgehend von den Konten der Finanzbuchhaltung und den Kontoauszügen der Kreditinstitute überprüft durch	☐	☐	☐	
▪ Abstimmung der ausgewählten Unterlagen mit den zugehörigen Belegen, den Auszügen der Kreditinstitute sowie der zugehörigen Buchung in der Hauptbuchhaltung?	☐	☐	☐	
▪ Kontrolle der formellen Ordnungsmäßigkeit der Belege, insbesondere				
♦ Beleg- und Buchungsdatum im zeitlichen Zusammenhang	☐	☐	☐	
♦ Übereinstimmung von Buchungs- und Belegtext	☐	☐	☐	
♦ rechnerische Richtigkeit von Unterlagen und Belegen	☐	☐	☐	
• Wurden Belege, die kurz vor oder nach dem letzten Bilanzstichtag oder kurz vor oder nach dem Prüfungsstichtag gebucht wurden, kritisch auf einen evtl. künstlichen Ausgleich der Bankbestände überprüft?	☐	☐	☐	
• Wurden Abzüge festgestellt und auf ihre Angemessenheit und richtige Verbuchung (entsprechende Berichtigung der Umsatzsteuer) überprüft?	☐	☐	☐	
b) Zahlungsausgänge:				
Wurden die Zahlungsausgänge retrograd anhand der Aufzeichnungen der Bankauszüge und der zugehörigen Belege auf ihre Ordnungsmäßigkeit überprüft, insbesondere durch	☐	☐	☐	
Abstimmung der Bankauszüge mit den zugehörigen Belegen und den entsprechenden Buchungen in der Hauptbuchhaltung	☐	☐	☐	
Wurden dabei folgende Abstimmungen vorgenommen:				
• Bei Bezahlung durch Überweisungsträger: Vergleich der Kopien des Überweisungsauftrages mit der Belastungsanzeige der Bank hinsichtlich aller interessierenden Einzelheiten	☐	☐	☐	
• Bei Bezahlung durch Scheck: Überprüfung der Scheckkopie auf alle notwendigen Eintragungen	☐	☐	☐	

umfassende Prüfungshandlungen

Mandant:

**Bundesbankguthaben
Guthaben bei Kreditinstituten**
– Zusätzliche Arbeitshilfe bei
Erstellung mit umfassenden
Prüfungshandlungen

J II
– 3 –

Auftrag:

	ja	nein	n.e.	Besonderheiten/Verweise
• Bei Bezahlung durch Wechsel: Vergleich der Eintragungen in das Wechselkopierbuch	☐	☐	☐	
• Bei Bezahlung durch Lastschriften und Bankeinzugsverfahren: Vergleich der Buchung auf dem Bankauszug mit den Lastschriften (vgl. Lastschriften mit der Erfassung auf den Gegenkonten)	☐	☐	☐	
• Kontrolle der formellen Ordnungsmäßigkeit der Belege, insbesondere durch	☐	☐	☐	
▪ zeitliche Kongruenz von Beleg- und Buchungsdatum	☐	☐	☐	
▪ Anweisung der Auszahlungen durch Anweisungsberechtigte	☐	☐	☐	
▪ Entwertung der Belege durch „Bezahlt"-Stempel	☐	☐	☐	
▪ Übereinstimmung von Buchungs- und Belegtext	☐	☐	☐	
▪ rechnerische Überprüfung der untersuchten Belege?	☐	☐	☐	
• Wurden die kurz vor oder nach dem letzten Bilanzstichtag bzw. dem Prüfungstag gebuchten Zahlungsausgänge besonders kritisch untersucht?	☐	☐	☐	
• Wurden die untersuchten Zahlungsausgänge auf die Angemessenheit und Richtigkeit des Zahlungsvorgangs durch Heranziehung von Gegenkonten und Korrespondenz überprüft?	☐	☐	☐	
• Wurden Skontofristen gewahrt und Skonti richtig abgezogen?	☐	☐	☐	
• Wurde darauf geachtet, dass die Umsatzsteuer bei Skontoinanspruchnahme entsprechend berichtigt wurde?	☐	☐	☐	
5. Ist sichergestellt, dass Funktionenkollisionen vermieden werden und insbesondere folgende Funktionen getrennt werden:	☐	☐	☐	
• Bankvollmacht und Buchhaltung	☐	☐	☐	
• Buchhaltung und Ausstellung von Rechnungen	☐	☐	☐	
• Ausstellung und Anweisung von Zahlungsbelegen	☐	☐	☐	
• Ausstellung und Unterzeichnung von Zahlungsbelegen	☐	☐	☐	
• Bankvollmacht und Kassenführung, Zugang zu Wertpapieren, Zugang zu Vorräten	☐	☐	☐	
6. Beurteilung des internen Kontrollsystems **gut / mittel / schlecht*** *(nicht zutreffendes bitte streichen)				
7. Wurde das vorstehende Urteil berücksichtigt				
a) in der Risikoanalyse	☐	☐	☐	
b) bei Prüfungsumfang und -intensität der ausgewählten Prüfungshandlungen	☐	☐	☐	

umfassende Prüfungshandlungen

Mandant:	**Bundesbankguthaben** **Guthaben bei Kreditinstituten** – Zusätzliche Arbeitshilfe bei Erstellung mit umfassenden Prüfungshandlungen	J II – 4 –

Auftrag:

	ja	nein	n.e.	Besonderheiten/Verweise
8. Ergeben sich durch das vorstehende Urteil Änderungen der Risikoanalyse? Wenn ja: Beurteilung der geänderten Prüfungssicherheit **gut / mittel / schlecht*** * (nicht zutreffendes bitte streichen)	☐	☐	☐	

II Prüfung des Nachweises

9. Sind die Bankbestände nachgewiesen durch
   - Bankkontoauszüge,
   - Saldenbestätigungen der Banken? ☐ ☐ ☐ s. unter …
10. Existieren Übergangsrechnungen für zeitliche Buchungsunterschiede und noch nicht eingelöste Schecks? ☐ ☐ ☐
    Falls nein: Haben Sie die Differenz zwischen Kontoauszug / Bankbestätigung und Hauptbuchkonto am Bilanzstichtag hinreichend klären können? ☐ ☐ ☐
    Abweichungsmöglichkeiten:
    - Posten, die als Gutschrift für die Bank bereits in den Büchern des Unternehmens, noch nicht aber bei der Bank gebucht sind (z. B. unterwegs befindliche Schecks) ☐ ☐ ☐
    - Posten, die als Lastschrift für die Bank bereits in den Büchern des Unternehmens, noch nicht aber bei der Bank gebucht sind (z. B. bei der Bank noch nicht eingebuchte, eingegangene eigene Überweisungen) ☐ ☐ ☐
    - Posten, die als Gutschrift des Unternehmens noch nicht in dessen Büchern, wohl aber bei der Bank gebucht sind (z. B. Zinsen und Dividenden) ☐ ☐ ☐
    - Posten, die als Lastschrift für das Unternehmen noch nicht in dessen Büchern, wohl aber bei der Bank gebucht sind (z. B. Spesen und Gebühren) ☐ ☐ ☐
11. Wurden die Bankauszüge der ersten 10 Tage nach dem Bilanzstichtag mit den Überweisungs- und Belastungsträgern stichprobenweise abgestimmt? ☐ ☐ ☐
12. Wurde dabei auf Posten geachtet, die bereits am Bilanzstichtag hätten erfasst werden müssen? ☐ ☐ ☐
13. Sind die Zinsen und Gebühren ordnungsgemäß abgegrenzt worden? ☐ ☐ ☐
14. *Sind Sie zu dem Ergebnis gekommen, dass die ausgewiesene Position vollständig ausgewiesen wird, die ihr zugrunde liegenden Vermögensgegenstände vorhanden und dem bilanzierenden Unternehmen zuzurechnen sind?* ☐ ☐ ☐

umfassende Prüfungshandlungen

Mandant:	**Bundesbankguthaben** **Guthaben bei Kreditinstituten** – Zusätzliche Arbeitshilfe bei Erstellung mit umfassenden Prüfungshandlungen	**J II** – 5 –
Auftrag:		

	ja	nein	n.e.	Besonderheiten/Verweise
III Prüfung der Bewertung				
15. Wurde der Ansatz der Bankguthaben zum Nennwert in Stichproben überprüft				
• durch Abstimmung mit den jeweiligen Nachweisen?	☐	☐	☐	
• ggf. durch Nachvollziehung der Umrechnung von Fremdwährungsposten?	☐	☐	☐	
16. Haben Sie sich bei **Abschreibungen** von dem hierfür gegebenen Grund				
• durch Bildung eines eigenen Urteils,	☐	☐	☐	
• durch Befragung der zuständigen Personen,	☐	☐	☐	
• erforderlichenfalls durch Hinzuziehung der Akten überzeugt?	☐	☐	☐	
17. Wurden mittel- und langfristig unverzinsliche oder nur gering verzinsliche Forderungen aufgrund eines normalisierten Zinssatzes auf den Barwert abgezinst?	☐	☐	☐	
18. Wurde bei Währungsforderungen überprüft,				
• ob Ihnen aufgrund einer Kursveränderung zwischen dem Geldkurs am Entstehungstag und dem Geldkurs am Bilanzstichtag bzw. dem durch Termingeschäfte oder langfristige Valuta-Verbindlichkeiten abgedeckten Kurs ein niedrigerer Wert beizulegen ist?	☐	☐	☐	
Wurden daraus sich ergebende Kursverluste in den Arbeitspapieren festgehalten?	☐	☐	☐	
• ob sich besondere Risiken aus				
▪ Transferschwierigkeiten,	☐	☐	☐	
▪ politischen Umständen,	☐	☐	☐	
▪ sonstigen Umständen ergeben?	☐	☐	☐	
• Wurden diese Risiken abgesichert durch				
▪ Kreditversicherung,	☐	☐	☐	
▪ Kurssicherungsklausel,	☐	☐	☐	
▪ Ausfuhrgarantie	☐	☐	☐	
▪ Ausfuhrbürgschaft?	☐	☐	☐	
19. Stimmen evtl. Abschreibungen und Wertberichtigungen mit den GuV-Konten überein?	☐	☐	☐	
Wurden die Abschreibungen rechnerisch richtig ermittelt?	☐	☐	☐	
20. Haben Sie sich bei der Prüfung von **Zuschreibungen** überzeugt				
• von der Vertretbarkeit des Grundes,	☐	☐	☐	
• von der rechnerisch zutreffenden Ermittlung der Zuschreibung?	☐	☐	☐	
21. Stimmt die handelsrechtliche Bewertung mit der steuerrechtlichen Bewertung überein?	☐	☐	☐	
22. Wurde bei Abweichung zwischen der Bewertung nach Handels- und Steuerrecht beachtet				
• das Wahlrecht zur Aktivierung von latenten Steuern bei Kapital- und KapCo-Gesellschaften nach § 274 Abs. 2 HGB (bei handelsrechtlich höheren Abschreibungen)?	☐	☐	☐	

umfassende Prüfungshandlungen

Mandant:	**Bundesbankguthaben** **Guthaben bei Kreditinstituten** – Zusätzliche Arbeitshilfe bei Erstellung mit umfassenden Prüfungshandlungen	**J II** – 6 –

Auftrag:

	ja	nein	n.e.	Besonderheiten/Verweise
23. Sind Sie zu dem Ergebnis gekommen, dass die ausgewiesene Position • entsprechend den handelsrechtlichen Vorschriften • entsprechend den steuerrechtlichen Vorschriften bewertet wurde. Bei Abweichungen:	☐ ☐	☐ ☐	☐ ☐	Vereinzelung der Abweichungen: s. unter

IV Prüfung des Ausweises

Bei sämtlichen Unternehmen

24. Wurde der Ausweis mit den Werten der Kontoauszüge / Bankbestätigungen abgestimmt?
25. Ist sichergestellt, dass unzulässige Saldierungen unterblieben sind?
26. Wurden die Gegenbuchungen zutreffend unter Zinsaufwendungen bzw. Zinserträgen erfasst?

Bei Kapital- und KapCo-Gesellschaften (unabhängig von der Größenordnung)

27. Wurden beim Ausweis im Jahresabschluss (Anhang) beachtet:
    a) Angabe der angewandten Bilanzierungs- und Bewertungsmethoden sowie die Begründung ihrer Änderungen (§ 284 Abs. 2 Nr. 1 Satz 3 HGB)?
    b) Angabe von Einflüssen evtl. Bilanzierungs- und Bewertungsänderungen auf die Vermögens-, Finanz- und Ertragslage?
    c) Angabe von gewährten Sicherheiten im Anhang (§ 268 Abs. 7 i.V.m. §§ 251, 285 Nr. 1 HGB)?
    d) Angabe der Grundlagen einer evtl. Währungsumrechnung (§ 284 Abs. 2 Nr. 2 HGB)?
    e) die Beachtung eines gesonderten Vermerks des Betrages der Forderungen mit einer Restlaufzeit von mehr als einem Jahr (§ 268 Abs. 4 HGB)?
    f) die Prüfung, ob sich aus den Bankguthaben Angabepflichten im Lagebericht ergeben und ob diese beachtet wurden?
28. Sind Sie zu dem Ergebnis gekommen, dass für die ausgewiesene Position sämtliche handelsrechtlichen Ausweisvorschriften beachtet wurden?

V Sonstige Prüfungshandlungen

Mandant:	Schecks – Zusätzliche Arbeitshilfe bei Erstellung mit umfassenden Prüfungshandlungen	J III – 1 –
Auftrag:		

	Mitarbeiter	Berichtskritik	verantwortlicher Berufsangehöriger
Name / Unterschrift Datum			

	ja	nein	n.e.	Besonderheiten/Verweise

umfassende Prüfungshandlungen

I Beurteilung des internen Kontrollsystems

1. Ist der Sollzustand des internen Kontrollsystems in einem Dauerarbeitspapier anhand einer verbalen Beschreibung oder eines Ablaufschaubildes festgehalten? ☐ ☐ ☐

2. Stellt der Sollzustand sicher, dass
   - die Schecks nicht frei zugänglich sind, sondern unter Verschluss gehalten werden? ☐ ☐
   - zum Nachweis der Scheckbestände Inventare oder die Versandunterlagen nachgewiesen werden können oder Scheckkopierbücher geführt werden? ☐ ☐

3. Haben Sie sich im Rahmen einer Scheckverkehrsprüfung von dem funktionierenden Istzustand des internen Kontrollsystems für einen bestimmten Zeitraum überzeugt? ☐ ☐ ☐

   a) Scheckeingänge
   Sind die Scheckeingänge vor Unterschlagung geschützt?
   Ist insoweit geprüft worden, ob
   - die Post von 2 Personen geöffnet wird? ☐ ☐ ☐
   Falls nein:
   - ob die Post vom Unternehmer/ Geschäftsführer oder von einer anderen Person geöffnet wird, die zum Rechnungswesen keine Verbindung hat (z.B. die Sekretärin des Unternehmers / Geschäftsführers) und
   - ob die Post vor ihrer Verteilung an die entsprechenden Mitarbeiter dem Unternehmer / Geschäftsführer vorgelegt wird und die Schecks von ihm geprüft werden? ☐ ☐
   - für eingehende Schecks in der Poststelle besondere Listen geführt werden, deren Summen täglich mit dem Kontenführer abgestimmt werden? ☐ ☐ ☐
   - eingehende Barschecks von der Poststelle in Verrechnungsschecks umgestempelt werden? ☐ ☐ ☐
   - eingehende Schecks unverzüglich zum Diskont oder Einzug an die Bank weitergeleitet werden? ☐ ☐ ☐

   b) Scheckausgänge
   Ist geprüft worden, ob
   - Zahlungsanweisungen nur aufgrund genehmigter Belege erstellt werden? ☐ ☐ ☐

Mandant:	Schecks – Zusätzliche Arbeitshilfe bei Erstellung mit umfassenden Prüfungshandlungen	J III – 2 –

Auftrag:

	ja	nein	n.e.	Besonderheiten/Verweise
• die Zahlungsanweisungen und die genehmigten Belege dem Unterschriftsberechtigten mit dem Scheck gleichzeitig vorgelegt werden?	☐	☐	☐	
• mindestens 2 Unterschriften auf dem Scheck vorgesehen sind, wobei eine der Person gehören muss, die für den Zahlungsausgang verantwortlich ist, erforderlichenfalls dem Geschäftsführer / Unternehmer?	☐	☐	☐	
• die gleichen Unterlagen nicht 2 Mal für die Unterschrift vorgelegt werden („Bezahlt"-Stempel)?	☐	☐	☐	
• versandfertige Schecks vor dem Versand nicht an die Aussteller zurücklaufen?	☐	☐	☐	
• grundsätzlich nur Verrechnungsschecks ausgestellt werden mit Ausnahme der Schecks zur Auffüllung des Kassenbestandes?	☐	☐	☐	
• Blankoschecks in der Regel nicht ausgeschrieben werden?	☐	☐	☐	
• entwertete Schecks als solche gekennzeichnet werden?	☐	☐	☐	
• sämtliche Schecknummern erfasst werden (Scheckkopierbuch)?	☐	☐	☐	
4. Ist sichergestellt, dass Funktionenkollisionen vermieden werden, insbesondere die Schecks getrennt von Kasse und Debitorenbuchführung verwaltet werden?	☐	☐	☐	
5. Beurteilung des internen Kontrollsystems **gut / mittel / schlecht*** * (nicht zutreffendes bitte streichen)				
6. Wurde das vorstehende Urteil berücksichtigt: a) in der Risikoanalyse	☐	☐	☐	
b) bei Prüfungsumfang und -intensität der ausgewählten Prüfungshandlungen	☐	☐	☐	
7. Ergeben sich durch das vorstehende Urteil Änderungen der Risikoanalyse? Wenn ja: Beurteilung der geänderten Prüfungssicherheit **gut / mittel / schlecht*** * (nicht zutreffendes bitte streichen)	☐	☐	☐	

II Prüfung des Nachweises

	ja	nein	n.e.	Besonderheiten/Verweise
8. Wurde der in der Bilanz ausgewiesene Betrag abgestimmt mit • dem Sachkonto,	☐	☐	☐	
• dem Scheckkopierbuch,	☐	☐	☐	
• Bestandsbescheinigungen Dritter oder	☐	☐	☐	
• Versandunterlagen?	☐	☐	☐	
9. Wurde – insbesondere bei Transfers zu Banken – die richtige Periodenabgrenzung mit Hilfe einer Schecktransferliste überprüft?	☐	☐	☐	

umfassende Prüfungshandlungen

Mandant:	Schecks – Zusätzliche Arbeitshilfe bei Erstellung mit umfassenden Prüfungshandlungen	J III – 3 –

Auftrag:

	ja	nein	n.e.	Besonderheiten/Verweise
10. Sind Sie zu dem Ergebnis gekommen, dass die ausgewiesene Position vollständig ausgewiesen wird, die ihr zugrunde liegenden Vermögensgegenstände vorhanden und dem bilanzierenden Unternehmen zuzurechnen sind?	☐	☐	☐	

III Prüfung der Bewertung

umfassende Prüfungshandlungen

	ja	nein	n.e.	Besonderheiten/Verweise
11. Wurde der Ansatz der Schecks zum Nennwert in Stichproben überprüft				
• durch Abstimmung mit dem auf dem Bankkonto gutgeschriebenen Betrag?	☐	☐	☐	
• ggf. durch Nachvollziehung der Umrechnung von Fremdwährungsposten?	☐	☐	☐	
12. Wurde bei Währungsschecks überprüft, ob ihnen aufgrund einer Kursveränderung zwischen dem Geldkurs am Entstehungstag und dem Geldkurs am Bilanzstichtag bzw. einem evtl. abgedeckten Kurs ein niedrigerer Wert beizulegen ist?	☐	☐	☐	
13. Wurde bei den überprüften Stichproben die richtige Verbuchung überprüft (Abstimmung von Scheckbetrag mit verbuchten Betrag)?	☐	☐	☐	
14. Ist sichergestellt, dass am Bilanzstichtag aktivierte Schecks nicht zurückbelastet wurden?	☐	☐	☐	
15. Haben Sie sich bei **Abschreibungen** von dem hierfür gegebenen Grund				
• durch Bildung eines eigenen Urteils,	☐	☐	☐	
• durch Befragung der zuständigen Personen,	☐	☐	☐	
• erforderlichenfalls durch Hinzuziehung der Auftragsakten überzeugt?	☐	☐	☐	
16. Wurde bei der Bewertung der Schecks jeweils das Gesamtengagement des betreffenden Schuldners (Warenforderungen, Darlehensforderungen, Bürgschaften und erhaltene Sicherheiten) berücksichtigt?	☐	☐	☐	
17. Stimmen evtl. Abschreibungen und Wertberichtigungen mit den GuV-Konten überein?	☐	☐	☐	
18. Wurden evtl. Abschreibungen rechnerisch ermittelt?	☐	☐	☐	
19. Stimmt die handelsrechtliche Bewertung mit der steuerrechtlichen Bewertung überein?	☐	☐	☐	
20. Wurden bei Abweichungen zwischen der Bewertung nach Handels- und Steuerrecht beachtet:				
• das Wahlrecht zur Aktivierung von latenten Steuern bei Kapital- und KapCo-Gesellschaften nach § 274 Abs. 2 HGB (bei handelsrechtlich höheren Abschreibungen)?	☐	☐	☐	
21. Sind Sie zu dem Ergebnis gekommen, dass die ausgewiesenen Posten				
• entsprechend den handelsrechtlichen Vorschriften	☐	☐	☐	
• entsprechend den steuerrechtlichen Vorschriften bewertet wurden.	☐	☐	☐	
Bei Abweichungen:				*Vereinzelung der Abweichungen: s. unter*

Mandant:	Schecks – Zusätzliche Arbeitshilfe bei Erstellung mit umfassenden Prüfungshandlungen	J III – 4 –
Auftrag:		

	ja	nein	n.e.	Besonderheiten/Verweise
IV Prüfung des Ausweises				
Bei sämtlichen Unternehmen				
22. Wurden die Gegenbuchungen zutreffend erfasst?	☐	☐	☐	
Bei Kapital- und KapCo-Gesellschaften (unabhängig von der Größenordnung)				
23. Wurden beim Ausweis im Jahresabschluss (Anhang) beachtet:				
a) Angabe der angewandten Bilanzierungs- und Bewertungsmethoden sowie die Begründung ihrer Änderungen (§ 284 Abs. 2 Nr. 1 Satz 3 HGB)?	☐	☐	☐	
b) Angabe von Einflüssen evtl. Bilanzierungs- und Bewertungsänderungen auf die Vermögens-, Finanz- und Ertragslage?	☐	☐	☐	
c) Angabe von gewährten Sicherheiten im Anhang (§ 268 Abs. 7 i.V.m. §§ 251, 285 Nr. 1 HGB)?	☐	☐	☐	
d) Angabe der Grundlagen einer evtl. Währungsumrechnung (§ 284 Abs. 2 Nr. 2 HGB)?	☐	☐	☐	
e) die Prüfung, ob sich Angabepflichten im Lagebericht ergeben und ob diese beachtet wurden?	☐	☐	☐	
24. *Sind Sie zu dem Ergebnis gekommen, dass für die ausgewiesene Position sämtliche handelsrechtlichen Ausweisvorschriften beachtet wurden?*	☐	☐	☐	
V Sonstige Prüfungshandlungen				

Mandant:	aktive **Rechnungsabgrenzungsposten** – Disagio – sonstige Rechnungsabgrenzungsposten **passive Rechnungsabgrenzungsposten** – Erstellung ohne Prüfungshandlungen – mit Plausibilitätsbeurteilungen – mit umfassenden Prüfungshandlungen	**K** – 1 –
Auftrag:		

	Mitarbeiter	Berichtskritik	verantwortlicher Berufsangehöriger
Name / Unterschrift Datum			

	ja	nein	n.e.	Besonderheiten/Verweise
I Benötigte Unterlagen erhalten?				
• Konten	☐	☐	☐	
• Aufstellung über die Abgrenzungsposten mit Angabe der Gesamtbeträge und der Zeiträume, für die Zahlungen geleistet wurden	☐	☐	☐	
• (ggf.) Verträge				
II Erstellungsmaßnahmen				
1. Sind die aktiven Rechnungsabgrenzungsposten, getrennt nach				
• Disagio,	☐	☐	☐	
• sonstige Rechnungsabgrenzungsposten	☐	☐	☐	
• und die passiven Rechnungsabgrenzungsposten durch Einzelaufstellungen nachgewiesen?	☐	☐	☐	
2. Ist die Auflösungsmethode für die Rechnungsabgrenzungsposten (sofern mehrjährig) festgelegt?	☐	☐	☐	
3. Liegen Einzelaufstellungen für die abzugrenzenden Posten vor, die die Berechnungsmethode sowie mehrere Angaben über die abzugrenzenden Zeiträume enthalten?	☐	☐	☐	
4. Wurden ausschließlich erfasst:				
• Aktive Abgrenzungsposten:				
▪ Ausgaben vor dem Abschlussstichtag, soweit sie Aufwand für eine bestimmte Zeit nach diesem Tag darstellen oder	☐	☐	☐	
▪ als Aufwand berücksichtigte Zölle und Verbrauchsteuern, soweit sie auf am Abschlussstichtag auszuweisende Wirtschaftsgüter des Vorratsvermögens entfallen oder	☐	☐	☐	
▪ als Aufwand berücksichtigte Umsatzsteuer auf am Abschlussstichtag auszuweisende oder von den Vorräten offen abgesetzte Anzahlungen	☐	☐	☐	
• Passive Abgrenzungsposten:				
▪ Einnahmen vor dem Abschlussstichtag, soweit sie Ertrag für eine bestimmte Zeit nach diesem Tag darstellen?	☐	☐	☐	

Mandant:	aktive **Rechnungsabgrenzungsposten** – Disagio – sonstige Rechnungsabgrenzungsposten **passive Rechnungsabgrenzungsposten** – Erstellung ohne Prüfungshandlungen – mit Plausibilitätsbeurteilungen – mit umfassenden Prüfungshandlungen	K – 2 –

Auftrag:

	ja	nein	n.e.	Besonderheiten/Verweise
5. Wurden die Grundsätze der Bilanzierungs- und Bewertungsstetigkeit beachtet?	☐	☐	☐	
6. *Sind Sie zu dem Ergebnis gekommen, dass der Ausweis der Rechnungsabgrenzungsposten aus den vorliegenden Unterlagen und Informationen normgerecht abgeleitet wurde?*	☐	☐	☐	

III Vorbereitende Maßnahmen bei Plausibilitätsbeurteilungen und umfassenden Prüfungsmaßnahmen

7. (Bei Plausibilitätsbeurteilungen:) Wurden nach Maßgabe des Arbeitspapiers Z 30 die vorbereitenden Maßnahmen für Plausibilitätsbeurteilungen veranlasst? ☐ ☐ ☐   **Pb**

8. (Bei umfassenden Prüfungshandlungen:) Wurde in dem Arbeitspapier Z 40 ff. für die Rechnungsabgrenzungsposten die erforderliche Prüfungssicherheit sowie unter Berücksichtigung der Wahrscheinlichkeit von Fehlerrisiken und -hypothesen der Prüfungsumfang und die Prüfungsintensität abschließend bestimmt?
Beurteilung der erforderlichen Prüfungssicherheit
gut / mittel / schlecht*
* (nicht zutreffendes bitte streichen) ☐ ☐ ☐   **uP**

IV Maßnahmen zur Beurteilung der Plausibilität

9. Haben Sie sich durch Befragung nach dem Rechtsgrund und der Abwicklung der wesentlichen Rechnungsabgrenzungsposten überzeugt? ☐ ☐ ☐
10. Haben Sie sich anhand der wesentlichen Aufwands- und Ertragsposten von der Plausibilität der ausgewiesenen Posten überzeugt? ☐ ☐ ☐
11. Sonstige Maßnahmen? ☐ ☐ ☐   **Pb**
12. *Bestehen nach Ihren Plausibilitätsbeurteilungen an der Ordnungsmäßigkeit der zugrunde liegenden Bücher und Nachweise keine Zweifel?* ☐ ☐ ☐

V Zusätzliche Arbeitshilfe bei Erstellung mit umfassenden Prüfungshandlungen

V.1 Beurteilung des internen Kontrollsystems

13. Ist sichergestellt, dass Einzelaufstellungen, für die abzugrenzende Posten geführt werden, die nähere Angaben über die abzugrenzenden Zeiträume enthalten? ☐ ☐ ☐   **uP**

Mandant:	aktive **Rechnungsabgrenzungsposten** – Disagio – sonstige Rechnungsabgrenzungsposten **passive Rechnungsabgrenzungsposten** – Erstellung ohne Prüfungshandlungen – mit Plausibilitätsbeurteilungen – mit umfassenden Prüfungshandlungen	**K** – 3 –
Auftrag:		

		ja	nein	n.e.	Besonderheiten/Verweise
umfassende Prüfungshandlungen	14. Werden die Einzelaufstellungen regelmäßig mit den Konten der Finanzbuchhaltung abgestimmt?	☐	☐	☐	
	15. Beurteilung des internen Kontrollsystems **gut / mittel / schlecht*** * (nicht zutreffendes bitte streichen)				
	16. Wurde das vorstehende Urteil berücksichtigt a) in der Risikoanalyse,	☐	☐	☐	
	b) bei Prüfungsumfang und -intensität der ausgewählten Prüfungshandlungen?	☐	☐	☐	
	17. Ergeben sich durch das vorstehende Urteil Änderungen der Risikoanalyse?	☐	☐	☐	
	Wenn ja: Beurteilung der geänderten Prüfungssicherheit **gut / mittel / schlecht*** * (nicht zutreffendes bitte streichen)				
	V.2 Prüfung des Nachweises				
	18. Ist der ausgewiesene Bestand durch Einzelaufstellungen nachgewiesen?				
	19. Sind die Einzelaufstellungen für sämtliche Rechnungsabgrenzungsposten rechnerisch überprüft?	☐	☐	☐	
	20. Entspricht die Einzelaufstellung den zugehörigen Vertragsunterlagen?	☐	☐	☐	
	21. Wurden die abgegrenzten Posten auf ihre Vollständigkeit überprüft?	☐	☐	☐	
	Wurde hierzu progressiv durch Auswahl der in Frage kommenden Konten der GuV-Rechnung vorgegangen (für die Abgrenzung kommen grundsätzlich alle regelmäßig wiederkehrenden Aufwendungen und Erträge in Betracht)?	☐	☐	☐	
	22. Sind die Vorjahreszahlen vergleichbar?				
	23. Wurden die Abgrenzungen aus dem Vorjahr zutreffend aufgelöst?	☐	☐	☐	
	24. *Sind Sie zu dem Ergebnis gekommen, dass die ausgewiesene Position vollständig ausgewiesen wird, die ihr zugrunde liegenden Vermögensgegenstände vorhanden und dem bilanzierenden Unternehmen zuzurechnen sind?*	☐	☐	☐	
	V.3 Prüfung der Bewertung				
	25. Wurde in Stichproben überprüft, ob die einzelnen Abgrenzungsposten entsprechend dem zu verteilenden planmäßigen oder außerplanmäßigen Aufwand bzw. Ertrag gebildet wurden?	☐	☐	☐	

Mandant:	aktive Rechnungsabgrenzungsposten – Disagio – sonstige Rechnungsabgrenzungsposten **passive Rechnungsabgrenzungsposten** – Erstellung ohne Prüfungshandlungen – mit Plausibilitätsbeurteilungen – mit umfassenden Prüfungshandlungen	**K** – 4 –
Auftrag:		

	ja	nein	n.e.	Besonderheiten/Verweise
26. Bei Disagio: Wurde berücksichtigt, dass aufgrund des Aktivierungswahlrechts nach § 250 Abs. 3 HGB freiwillig außerplanmäßige Abschreibungen vorgenommen werden können?	☐	☐	☐	
27. Erfolgte in den überprüften Stichproben die Abgrenzung sachlich und rechnerisch richtig?	☐	☐	☐	
28. Stimmt die handelsrechtliche Bilanzierung mit der steuerrechtlichen überein? Bei Disagio: Wurde das Aktivierungswahlrecht gem. § 250 Abs. 3 HGB gegenüber der steuerlichen Aktivierungspflicht nach Hinweis 37 EStR beachtet?	☐	☐	☐	
29. Wurde bei Ausweis eines höheren Abschreibungspostens in der Steuerbilanz das Wahlrecht zur Aktivierung latenter Steuern gem. § 274 Abs. 2 HGB beachtet?	☐	☐	☐	
30. Sind Sie zu dem Ergebnis gekommen, dass die ausgewiesene Position • entsprechend den handelsrechtlichen Vorschriften • entsprechend den steuerrechtlichen Vorschriften bewertet wurde. Bei Abweichungen:	☐ ☐	☐ ☐	☐ ☐	*Vereinzelung der Abweichungen: s. unter*
V.4 Prüfung des Ausweises **Bei sämtlichen Unternehmen** 31. Wurde das Saldierungsverbot für aktive und passive Rechnungsabgrenzung beachtet?	☐	☐	☐	
32. Bei Disagio: Wurde beachtet, dass mehrere Unterschiedsbeträge aus verschiedenen Verbindlichkeiten zu einem Posten zusammengefasst werden können?	☐	☐	☐	
33. Wurde sichergestellt, dass antizipative aktive Rechnungsabgrenzungsposten unter den sonstigen Vermögensgegenständen und antizipative passive Abgrenzungsposten unter den sonstigen Verbindlichkeiten oder Rückstellungen ausgewiesen wurden?	☐	☐	☐	
34. Wurde der abgegrenzte Aufwand bzw. Ertrag in der GuV-Rechnung unter der für den jeweiligen Aufwand bzw. Ertrag vorgesehenen Position ausgewiesen?	☐	☐	☐	

umfassende Prüfungshandlungen

Mandant:	aktive Rechnungsabgrenzungsposten – Disagio – sonstige Rechnungsabgrenzungsposten **passive Rechnungsabgrenzungsposten** – Erstellung ohne Prüfungshandlungen – mit Plausibilitätsbeurteilungen – mit umfassenden Prüfungshandlungen	**K** – 5 –
Auftrag:		

		ja	nein	n.e.	Besonderheiten/Verweise
umfassende Prüfungshandlungen	**Bei Kapital- und KapCo-Gesellschaften (unabhängig von der Größenordnung)** 35. Wurden beim Ausweis im Jahresabschluss (Anhang) beachtet: a) Angabe der angewandten Bilanzierungs- und Bewertungsmethoden sowie Begründung ihrer Änderungen, § 284 Abs. 2 Nr. 1, 3 HGB?				
	b) Angabe von Einflüssen eventueller Bilanzierungs- und Bewertungsänderungen auf die Vermögens-, Finanz- und Ertragslage?				
	c) Angabe der Grundlagen einer eventuellen Währungsumrechnung, § 284 Abs. 2 Nr. 2 HGB?				
	d) bei Disagio: Ausweis der planmäßigen Abschreibungen unter „Zinsen und ähnliche Aufwendungen" und außerplanmäßige Abschreibungen unter „außerordentliche Aufwendungen"?				
	Erläuterung der außerplanmäßigen Abschreibungen im Anhang, sofern sie für die Ertragslage nicht von untergeordneter Bedeutung sind (entsprechende Anwendung von § 277 Abs. 4 HGB)?				
	Wahlweise Aktivierung latenter Steuern, sofern das Disagio in die Handelsbilanz ganz oder zum Teil nicht aktiviert wurde?				
	Mittelgroße und große Kapital- und KapCo-Gesellschaften 36. Wurde darauf geachtet, dass ein eventuell abzugrenzendes Disagio gesondert unter den Rechnungsabgrenzungsposten oder im Anhang auszuweisen ist?				
	37. *Sind Sie zu dem Ergebnis gekommen, dass für die ausgewiesene Position sämtliche handelsrechtlichen Ausweisvorschriften beachtet wurden?*				
	V.5 Sonstige Prüfungshandlungen				

Mandant:	(aktive) latente Steuern
	Rückstellungen
	für latente Steuern
	– Erstellung ohne
	  Prüfungshandlungen
	– mit Plausibilitätsbeurteilungen
	– mit umfassenden
	  Prüfungshandlungen
		L
		– 1 –

Auftrag:		

	Mitarbeiter	Berichtskritik	verantwortlicher Berufsangehöriger
Name / Unterschrift Datum			

	ja	nein	n.e.	Besonderheiten/Verweise
I Benötigte Unterlagen erhalten?				
• Konten	☐	☐	☐	
• Handelsbilanz	☐	☐	☐	
• Steuerbilanz / Steuererklärung	☐	☐	☐	
• Differenzenspiegel, für den folgende horizontale Gliederung empfehlenswert ist				
▪ laufende Nummer				
▪ Entstehungsgrund				
▪ restlicher Auflösungszeitraum				
▪ Vorjahres-Ansatz Handelsbilanz				
▪ Vorjahres-Ansatz Steuerbilanz				
▪ Vorjahres-Ansatz Differenz gesamt				
▪ Vorjahres-Ansatz Differenz lt. Handelsbilanz bei Aktivierung latenter Steuern und wahlweisem Nicht-Ansatz einzelner Abgrenzungssachverhalte				
▪ Ansatz Handelsbilanz/Bilanzstichtag				
▪ Ansatz Steuerbilanz/Bilanzstichtag				
▪ Ansatz Differenz Bilanzstichtag insgesamt				
▪ Ansatz Differenz Bilanzstichtag lt. Handelsbilanz bei Aktivierung latenter Steuern und wahlweise Nicht-Ansatz einzelner Abgrenzungssachverhalte	☐	☐	☐	
II Erstellungsmaßnahmen				
1. Ist der Ansatz eines Postens für aktive latente Steuern gewünscht?	☐	☐	☐	
2. Wurde ein Differenzenspiegel erstellt, aus dem sich der Ansatz eines aktiven Postens für latente Steuern ableitet?	☐	☐	☐	
3. Entspricht die Berechnung den Vorschriften von § 274 Abs. 2 HGB?	☐	☐	☐	
4. Stimmt der ausgewiesene aktive Posten mit dem Nachweis durch den Differenzenspiegel überein?	☐	☐	☐	
5. Wurde der Grundsatz der Bewertungsstetigkeit beachtet?	☐	☐	☐	
6. Wurde die zeitgerechte Auflösung von früher gebildeten latenten Steuern kontrolliert?	☐	☐	☐	
7. *Sind Sie zu dem Ergebnis gekommen, dass der Ausweis der aktiven latenten Steuern aus den vorliegenden Unterlagen und Informationen normgerecht abgeleitet wurde?*	☐	☐	☐	

Mandant:	(aktive) latente Steuern Rückstellungen für latente Steuern − Erstellung ohne Prüfungshandlungen − mit Plausibilitätsbeurteilungen − mit umfassenden Prüfungshandlungen	L − 2 −
Auftrag:		

		ja	nein	n.e.	Besonderheiten/Verweise
III	**Vorbereitende Maßnahmen bei Plausibilitätsbeurteilungen und umfassenden Prüfungsmaßnahmen**				
Pb	8. (Bei Plausibilitätsbeurteilungen:) Wurden nach Maßgabe des Arbeitspapiers Z 30 die vorbereitenden Maßnahmen für Plausibilitätsbeurteilungen veranlasst?	☐	☐	☐	
uP	9. (Bei umfassenden Prüfungshandlungen:) Wurde in dem Arbeitspapier Z 40 ff. für Steuersachverhalte die erforderliche Prüfungssicherheit sowie unter Berücksichtigung der Wahrscheinlichkeit von Fehlerrisiken und -hypothesen der Prüfungsumfang und die Prüfungsintensität abschließend bestimmt? Beurteilung der erforderlichen Prüfungssicherheit **gut / mittel / schlecht*** * (nicht zutreffendes bitte streichen)	☐	☐	☐	
IV	**Maßnahmen zur Beurteilung der Plausibilität**				
Pb	10. Haben Sie sich durch Befragung davon überzeugt, dass der Ansatz von aktiven latenten Steuern erwünscht ist?	☐	☐	☐	
	11. Haben Sie sich von der Plausibilität der Berechnung des angesetzten Postens überzeugt?	☐	☐	☐	
	12. Sonstige Maßnahmen?				
	13. Bestehen nach Ihren Plausibilitätsbeurteilungen an der Ordnungsmäßigkeit der zugrunde liegenden Bücher und Nachweise keine Zweifel?	☐	☐	☐	
V	**Zusätzliche Arbeitshilfe bei Erstellung mit umfassenden Prüfungshandlungen**				
Umfassende Prüfungshandlungen	**V.1 Beurteilung des internen Kontrollsystems**				
	14. Ist eine hinreichende Organisation zur Erfassung latenter Steuern vorhanden?	☐	☐	☐	
	15. Werden sämtliche Sachverhalte, bei denen handelsrechtlicher und steuerlicher Ansatz nicht übereinstimmen, regelmäßig erfasst?	☐	☐	☐	
	16. Werden für jeden Abgrenzungssachverhalt die Ergebnisdifferenzen für die Vergangenheit und die Zukunft entwickelt?	☐	☐	☐	
	17. Liegt ein Differenzenspiegel vor, in dem die Entwicklung sämtlicher Ergebnisdifferenzen für die in Betracht kommenden Sachverhalte zusammengefasst wird?	☐	☐	☐	
	18. Existiert eine plausible und nachvollziehbare Prognose des steuerlichen Ergebnisses während des restlichen Auflösungszeitraums?	☐	☐	☐	

Mandant:	(aktive) latente Steuern Rückstellungen für latente Steuern – Erstellung ohne Prüfungshandlungen – mit Plausibilitätsbeurteilungen – mit umfassenden Prüfungshandlungen	L – 3 –
Auftrag:		

	ja	nein	n.e.	Besonderheiten/Verweise
19. Wird der Differenzenspiegel regelmäßig mit den Konten der Finanzbuchhaltung abgestimmt?	☐	☐	☐	
20. Beurteilung des internen Kontrollsystems **gut / mittel / schlecht*** * (nicht zutreffendes bitte streichen)				
21. Wurde das vorstehende Urteil berücksichtigt a) in der Risikoanalyse, b) bei Prüfungsumfang und -intensität der ausgewählten Prüfungshandlungen?	☐ ☐	☐ ☐	☐ ☐	
22. Ergeben sich durch das vorstehende Urteil Änderungen der Risikoanalyse? Wenn ja: Beurteilung der geänderten Prüfungssicherheit **gut / mittel / schlecht*** * (nicht zutreffendes bitte streichen)	☐	☐	☐	
V.2 Prüfung des Nachweises				
23. Ist der ausgewiesene Bilanzwert durch Einzelaufstellungen, möglichst durch einen Differenzenspiegel nachgewiesen?	☐	☐	☐	
24. Wurde der Nachweis rechnerisch überprüft?	☐	☐	☐	
25. Wurden die abgegrenzten Posten auf ihre Vollständigkeit überprüft? Wurden hierzu progressiv die bei den einzelnen Bilanzpositionen ermittelten Abweichungen zwischen Handels- und Steuerbilanz herangezogen?	☐ ☐	☐ ☐	☐ ☐	
26. Sind Sie zu dem Ergebnis gekommen, dass die ausgewiesene Position vollständig ausgewiesen wird, die ihr zugrunde liegenden Einzelposten vorhanden und dem bilanzierenden Unternehmen zuzurechnen sind?	☐	☐	☐	
V.3 Prüfung der Bewertung				
27. Wurde in Stichproben die voraussichtliche zukünftige Steuerentlastung bzw. -belastung in folgenden Einzelschritten überprüft: • zutreffende Ermittlung des gesamten Ergebnisunterschiedes sämtlicher einzelner Abgrenzungssachverhalte, • zutreffende Ermittlung des anzuwendenden Steuersatzes für die Gewerbeertrag- und Körperschaftsteuer, • im Falle der Abzinsung latenter Steuern die richtige Ermittlung des Abzinsungszeitraums und des -satzes, • zutreffende Ermittlung des Auflösungszeitraums für jeden einzelnen Abgrenzungssachverhalt, • Plausibilität evtl. Prognosen während des Auflösungszeitraums,	☐ ☐ ☐ ☐ ☐	☐ ☐ ☐ ☐ ☐	☐ ☐ ☐ ☐ ☐	umfassende Prüfungshandlungen

Mandant:	(aktive) latente Steuern Rückstellungen für latente Steuern – Erstellung ohne Prüfungshandlungen – mit Plausibilitätsbeurteilungen – mit umfassenden Prüfungshandlungen	L – 4 –
Auftrag:		

	ja	nein	n.e.	Besonderheiten/Verweise
• Einhaltung einer ausreichenden Berechnungsgenauigkeit bei Anwendung vereinfachender Berechnungsverfahren?	☐	☐	☐	
28. Erfolgte in den überprüften Stichproben die Abgrenzung rechnerisch richtig?	☐	☐	☐	
29. Sind Sie zu dem Ergebnis gekommen, dass die ausgewiesene Position				
• entsprechend den handelsrechtlichen Vorschriften	☐	☐	☐	
• entsprechend den steuerrechtlichen Vorschriften bewertet wurde.	☐	☐	☐	
Bei Abweichungen:				Vereinzelung der Abweichungen: s. unter
V.4 Prüfung des Ausweises **Bei Kapital- und KapCo-Gesellschaften** **(unabhängig von der Größenordnung)**				
30. Wurde der abgegrenzte Betrag in der GuV-Rechnung unter der Position „Steuern vom Einkommen und vom Ertrag" verbucht?	☐	☐	☐	
31. Wurden beim Ausweis im Jahresabschluss (Anhang) beachtet:				
a) Angabe der angewandten Bilanzierungs- und Bewertungsmethoden sowie Begründung ihrer Änderungen, § 284 Abs. 2 Nr. 1, 3 HGB?	☐	☐	☐	
b) Angabe von Einflüssen eventueller Bilanzierungs- und Bewertungsänderungen (z.B. Steuersätze) auf die Vermögens-, Finanz- und Ertragslage?	☐	☐	☐	
c) Angabe der Grundlagen einer eventuellen Währungsumrechnung, § 284 Abs. 2 Nr. 2 HGB?	☐	☐	☐	
d) die Zurechnung des durch die Steuerabgrenzung korrigierten Steueraufwandes auf die gewöhnliche Geschäftstätigkeit und das außerordentliche Ergebnis?	☐	☐	☐	
32. Wurde darauf geachtet, dass ein Aktiv- oder Passivposten in der Bilanz oder gesondert im Anhang ausgewiesen werden kann?	☐	☐	☐	
33. Sind Sie zu dem Ergebnis gekommen, dass für die ausgewiesene Position sämtliche handelsrechtlichen Ausweisvorschriften beachtet wurden?	☐	☐	☐	
V.5 Sonstige Prüfungshandlungen				

umfassende Prüfungshandlungen

Mandant:	**Eigenkapital** – Erstellung ohne Prüfungshandlungen / – mit Plausibilitätsbeurteilungen / – mit umfassenden Prüfungshandlungen	**AA** – 1 –

Auftrag:

	Mitarbeiter	Berichtskritik	verantwortlicher Berufsangehöriger
Name / Unterschrift Datum			

	ja	nein	n.e.	Besonderheiten/Verweise

I Benötigte Unterlagen erhalten?
- Konten der Buchführung
- (ggf.) Eigenkapitalspiegel
- Gesellschaftsvertrag / Satzung mit sämtlichen späteren Änderungen / Treuhandverträge
- Protokolle über Gesellschafterversammlungen
- Protokolle über Aufsichtsrats- und Beiratssitzungen
- Pflichtveröffentlichungen
- Handelsregisterauszüge und Veränderungsmitteilungen zum Prüfungszeitpunkt
- Einzahlungsunterlagen und Unterlagen über die Übernahme von Gesellschaftsanteilen
- Bei Kapitalgesellschaften:
  - Gesellschafterliste (§ 40 GmbHG) / Aktienbuch (§ 67 AktG)
  - Verzeichnis der eigenen Anteile / Aktien
  - Feststellungsbescheid über das steuerliche Einlagekonto gem. § 27 Abs. 2 KStG sowie das Körperschaftsteuerguthaben nach § 32 Abs. 2 KStG

II Erstellungsmaßnahmen
1. Sind die Bewegungen im Eigenkapital (ggf. Eigenkapitalspiegel, wie z.B. Einlagen / Entnahmen / Ausschüttungen) ordnungsgemäß erfasst und nach möglichen steuerlichen Folgen für die Inhaber aufgeteilt?
2. Ist die Rücklagen-/Jahresergebnisverwendung bekannt und berücksichtigt (§ 268 Abs. 1 HGB)?
3. Wurden Sonderrücklagen gebildet bzw. angepasst (eigene Anteile, vertragliche, gesetzliche)?
4. Wurde bei Kapitalgesellschaften das Nominalkapital
   - mit der Satzung,
   - mit dem Handelsregisterauszug

   abgestimmt?
5. Wurden die Grundsätze der Bilanzierungs- und Bewertungsstetigkeit beachtet?
6. *Sind Sie zu dem Ergebnis gekommen, dass der Ausweis des Eigenkapitals aus den vorliegenden Unterlagen und Informationen normgerecht abgeleitet wurde?*

Mandant:	**Eigenkapital**	AA
	– Erstellung ohne Prüfungshandlungen /	–2–
	– mit Plausibilitätsbeurteilungen /	
	– mit umfassenden Prüfungshandlungen	
Auftrag:		

		ja	nein	n.e.	Besonderheiten/Verweise
III	**Vorbereitende Maßnahmen bei Plausibilitätsbeurteilungen und umfassenden Prüfungsmaßnahmen**				
Pb	7. (Bei Plausibilitätsbeurteilungen:) Wurden nach Maßgabe des Arbeitspapiers Z 30 die vorbereitenden Maßnahmen für Plausibilitätsbeurteilungen veranlasst?	☐	☐	☐	
uP	8. (Bei umfassenden Prüfungshandlungen:) Wurde in dem Arbeitspapier Z 40 ff. die erforderliche Prüfungssicherheit sowie unter Berücksichtigung der Wahrscheinlichkeit von Fehlerrisiken und -hypothesen der Prüfungsumfang und die Prüfungsintensität abschließend bestimmt? Beurteilung der erforderlichen Prüfungssicherheit **gut / mittel / schlecht*** *(nicht zutreffendes bitte streichen)	☐	☐	☐	
IV	**Maßnahmen zur Beurteilung der Plausibilität**				
	9. Haben Sie sich anhand einer Aufstellung oder eines Eigenkapitalspiegels die Bewegungen im Eigenkapital erläutern lassen?	☐	☐	☐	
	10. Haben Sie sich davon Kenntnis verschafft, ob Bestimmungen über die Dotierung von Rücklagen bestehen?	☐	☐	☐	
	11. Haben Sie sich bei Personenhandelsgesellschaften davon informiert, welche Regelungen für die Gewinnverteilung bestehen?	☐	☐	☐	
	12. Haben Sie sich bei Personenhandelsgesellschaften Gewinnverteilungsbeschlüsse vorlegen lassen?	☐	☐	☐	
	13. Haben Sie sich darüber informiert, ob ggf. bestehende Regelungen über Entnahmen von den Gesellschaftern beachtet und die Transaktionen auf den Gesellschafterkonten zutreffend verbucht worden sind?	☐	☐	☐	
	14. Sonstige Maßnahmen?				
	15. Bestehen nach Ihren Plausibilitätsbeurteilungen an der Ordnungsmäßigkeit der zugrunde liegenden Bücher und Nachweise keine Zweifel?	☐	☐	☐	

Plausibilitätsbeurteilungen

Mandant:	**Eigenkapital**	**AA I**
	– ausstehende Einlagen auf das gezeichnete Kapital	– 1 –
	– eingeforderte Nachschüsse	
	– eingeforderte, aber noch ausstehende Einlagen auf das gezeichnete Kapital / Einzahlungsverpflichtungen persönlich haftender Gesellschafter	
	– Zusätzliche Arbeitshilfe bei Erstellung mit umfassenden Prüfungshandlungen	

Auftrag:

	Mitarbeiter	Berichtskritik	verantwortlicher Berufsangehöriger
Name / Unterschrift Datum			

	ja	nein	n.e.	Besonderheiten/Verweise

I Beurteilung des internen Kontrollsystems

1. Sind die ausstehenden Posten in personeller Hinsicht kontenmäßig gegliedert?
2. Ist das Mahnwesen ausreichend?
3. Beurteilung des internen Kontrollsystems
   gut / mittel / schlecht*
   * (nicht zutreffendes bitte streichen)
4. Wurde das vorstehende Urteil berücksichtigt:
   a) in der Risikoanalyse?
   b) bei Prüfungsumfang und -intensität der ausgewählten Prüfungshandlungen?
5. Ergeben sich durch das vorstehende Urteil Änderungen der Risikoanalyse?
   Wenn ja: Beurteilung der geänderten Prüfungssicherheit
   gut / mittel / schlecht*
   * (nicht zutreffendes bitte streichen)

II Prüfung des Nachweises

6. Sind die ausstehenden Posten durch eine Saldenliste nachgewiesen?
7. (Bei absoluter oder relativer Bedeutung der Höhe der ausstehenden Posten:) Erfolgte der Nachweis des Sollbestandes durch Saldenbestätigungen?
8. Liegen hinsichtlich der eingeforderten Beträge entsprechende Nachweise vor?
9. Ist die Saldenliste rechnerisch richtig?
10. Sind die ausstehenden Posten mit dem Gesellschaftsvertrag abgestimmt?
11. Entspricht der ausstehende Betrag dem Saldo aus Stammkapital und der Einzahlung hierauf?
12. *Sind Sie zu dem Ergebnis gekommen, dass die ausgewiesene Position vollständig ausgewiesen wird, die ihr zugrunde liegenden Vermögensgegenstände vorhanden und dem bilanzierenden Unternehmen zuzurechnen sind?*

umfassende Prüfungshandlungen

Mandant:	**Eigenkapital** – ausstehende Einlagen auf das gezeichnete Kapital – eingeforderte Nachschüsse – eingeforderte, aber noch ausstehende Einlagen auf das gezeichnete Kapital / Einzahlungsverpflichtungen persönlich haftender Gesellschafter – Zusätzliche Arbeitshilfe bei Erstellung mit umfassenden Prüfungshandlungen	AA I – 2 –
Auftrag:		

		ja	nein	n.e.	Besonderheiten/Verweise
III	**Prüfung der Bewertung**				
	13. Wurden die ausstehenden Posten mit dem Nennwert angesetzt?	☐	☐	☐	
	14. Sind Abschreibungen nach § 253 Abs. 3 HGB erforderlich?	☐	☐	☐	
	15. Sind bei Kapital- und KapCo-Gesellschaften Zuschreibungen nach § 280 HGB möglich bzw. steuerrechtlich erforderlich?	☐	☐	☐	
	16. Ist der Wertansatz der eingeforderten ausstehenden Posten unter Berücksichtigung der Zahlungsfähigkeit des säumigen Gesellschafters bzw. seines Rechtsvorgängers (§§ 21, 22 GmbHG, §§ 171–173 HGB) erfolgt?	☐	☐	☐	
	17. Sind Sie zu dem Ergebnis gekommen, dass die ausgewiesene Position • entsprechend den handelsrechtlichen Vorschriften, • entsprechend den steuerrechtlichen Vorschriften bewertet wurde? Bei Abweichungen:	☐ ☐	☐ ☐	☐ ☐	Vereinzelung der Abweichungen: s. unter
IV	**Prüfung des Ausweises**				
	18. Ist sichergestellt, dass • ausstehende Einlagen auf das gezeichnete Kapital, • eingeforderte Nachschüsse bei Gesellschaften mit beschränkter Haftung, • eingeforderte, aber noch ausstehende Einlagen auf das gezeichnete Kapital sowie Einzahlungsverpflichtungen persönlich haftender Gesellschafter jeweils gesondert ausgewiesen wurden?	☐ ☐ ☐	☐ ☐ ☐	☐ ☐ ☐	
	19. Wurden die ausstehenden Posten • aktivisch in voller Höhe ausgewiesen? • in Höhe des nicht eingeforderten Teils passivisch offen vom gezeichneten Kapital abgesetzt?	☐ ☐	☐ ☐	☐ ☐	
	20. Sind bestehende Einforderungen gesondert • bei den ausstehenden Einlagen vermerkt? • bei passivischer Absetzung der nicht eingeforderten Einlage unter den Forderungen und sonstigen Vermögensgegenständen ausgewiesen?	☐ ☐	☐ ☐	☐ ☐	

umfassende Prüfungshandlungen

Mandant:	**Eigenkapital**	AA I
	– ausstehende Einlagen auf das gezeichnete Kapital – eingeforderte Nachschüsse – eingeforderte, aber noch ausstehende Einlagen auf das gezeichnete Kapital / Einzahlungsverpflichtungen persönlich haftender Gesellschafter – **Zusätzliche Arbeitshilfe bei Erstellung mit umfassenden Prüfungshandlungen**	– 3 –
Auftrag:		

	ja	nein	n.e.	Besonderheiten/Verweise
21. Sind die besonderen Angaben zur Einforderung auch bei einer Fehlanzeige erfolgt?	☐	☐	☐	
22. *Sind Sie zu dem Ergebnis gekommen, dass für die ausgewiesene Position sämtliche handelsrechtlichen Ausweisvorschriften beachtet wurden?*	☐	☐	☐	

V Sonstige Prüfungshandlungen

umfassende Prüfungshandlungen

Mandant:	eigene Anteile – Zusätzliche Arbeitshilfe bei Erstellung mit umfassenden Prüfungshandlungen	**AA II** – 1 –

Auftrag:

	Mitarbeiter	Berichtskritik	verantwortlicher Berufsangehöriger
Name / Unterschrift Datum			

	ja	nein	n.e.	Besonderheiten/Verweise

umfassende Prüfungshandlungen

I Beurteilung des internen Kontrollsystems

1. Werden die Beschränkungen, die für das Halten eigener Anteile gelten, §§ 71, 71 a – e AktG, § 33 GmbHG beachtet?
2. Werden bei verbrieften Anteilen, die selbst verwahrt werden, Aufnahmeprotokolle über die körperliche Bestandsaufnahme erstellt?
3. Werden bei verbrieften Anteilen, die bei Dritten verwahrt werden, Depotbestätigungen eingeholt?
4. Bestehen Regeln über die Berechtigung und die rechtliche Legitimation zum Erwerb eigener Anteile?
   - Werden diese Regeln eingehalten?
5. Beurteilung des internen Kontrollsystems
   gut / mittel / schlecht*
   * (nicht zutreffendes bitte streichen)
6. Wurde das vorstehende Urteil berücksichtigt:
   a) in der Risikoanalyse?
   b) bei Prüfungsumfang und -intensität der ausgewählten Prüfungshandlungen?
7. Ergeben sich durch das vorstehende Urteil Änderungen der Risikoanalyse?
   Wenn ja: Beurteilung der geänderten Prüfungssicherheit
   gut / mittel / schlecht*
   * (nicht zutreffendes bitte streichen)

II Prüfung des Nachweises

8. Ist der ausgewiesene Bilanzwert durch
   - die Sachkonten,
   - das Bestandsverzeichnis,
   - sonstige Unterlagen (Kaufverträge, Handelsregisterauszüge, Treuhandverträge, etc.)
   nachgewiesen?
9. Wurde der Nachweis
   - rechnerisch überprüft?
   - mit den Sachkonten abgestimmt?
10. Wurde die vollständige und richtige Erfassung der eigenen Anteile progressiv überprüft anhand der Gesellschaftsverträge, Kaufverträge, Handelsregisterauszüge, Treuhandverträge, Gesellschafterbeschlüsse, Gesellschafterversammlungsprotokolle?

Mandant:	eigene Anteile – Zusätzliche Arbeitshilfe bei Erstellung mit umfassenden Prüfungshandlungen	AA II – 2 –

Auftrag:

	ja	nein	n.e.	Besonderheiten/Verweise
11. Wurden die Zugänge daraufhin überprüft, ob die Voraussetzungen für die buchhalterische Erfassung bereits gegeben sind durch				
• Feststellung, dass die Beschränkungen für den Erwerb eigener Anteile in §§ 71, 71a–e AktG, § 33 GmbHG beachtet wurden?	☐	☐	☐	
• Abstimmung des mengenmäßigen Zugangs an Anteilen mit den entsprechenden Rechtsgrundlagen (Kauf, etc.)?	☐	☐	☐	
• Feststellung, dass auch bei wirtschaftlicher Betrachtungsweise ein mengenmäßiger Zugang vorliegt?	☐	☐	☐	
• Feststellung, dass auch das wirtschaftliche Eigentum an den eigenen Anteilen übertragen wurde, d.h. dass der Anteil an Substanz und Ertrag, die Chance einer evtl. Wertsteigerung und die Gefahrentragung auf den Erwerber übergegangen sind?	☐	☐	☐	
• Feststellung, dass die für einen Erwerb erforderlichen Genehmigungen (z. B. den Aufsichtsrat der Gesellschafterversammlung, etc.) vorliegen?	☐	☐	☐	
12. Wurde für die **Abgänge** des Berichtsjahres überprüft, ob die Voraussetzungen für die buchhalterische Ausbuchung gegeben sind durch				
• Abstimmung des mengenmäßigen Abgangs an Anteilsrechten mit den entsprechenden Rechtsgrundlagen (z. B. Verkauf, etc.)?	☐	☐	☐	
• Feststellung, dass auch bei wirtschaftlicher Betrachtungsweise ein mengenmäßiger Abgang vorliegt?	☐	☐	☐	
• Feststellung, dass auch Nutzen und Lasten nicht mehr bei der Gesellschaft liegen?	☐	☐	☐	
13. Sind bei Verkäufen an Gesellschafter, diesen nahe stehenden Personen, verbundene Unternehmen und Mitarbeiter sowie bei außergewöhnlichen Buchverlusten die Verkaufserlöse angemessen?	☐	☐	☐	
14. Wurden Verkäufe an Gesellschafter geprüft auf				
• Verstoß gegen das Verbot der Stammkapitalrückzahlung?	☐	☐	☐	
• verdeckte Gewinnausschüttungen?	☐	☐	☐	
15. *Sind Sie zu dem Ergebnis gekommen, dass die ausgewiesene Position vollständig ausgewiesen wird, die ihr zugrunde liegenden Vermögensgegenstände vorhanden und dem bilanzierenden Unternehmen zuzurechnen sind?*	☐	☐	☐	
III Prüfung der Bewertung				
16. Erfolgte die Bewertung zu den in den Vertragsunterlagen und Abrechnungen ausgewiesenen Anschaffungskosten?	☐	☐	☐	

umfassende Prüfungshandlungen

Mandant:	eigene Anteile – Zusätzliche Arbeitshilfe bei Erstellung mit umfassenden Prüfungshandlungen	AA II – 3 –

Auftrag:

umfassende Prüfungshandlungen

	ja	nein	n.e.	Besonderheiten/Verweise
17. Ist bei der Prüfung der Anschaffungskosten darauf geachtet,				
• dass die anteiligen Gegenleistungen für Gewinnansprüche keine Anschaffungskosten darstellen?	☐	☐	☐	
• dass der Kaufpreis im Falle einer längeren Stundung abzuzinsen ist?	☐	☐	☐	
• dass im Fall der Vereinbarung einer Kaufpreis-Leibrente oder bei einem Kaufpreis in Abhängigkeit von der zukünftigen Ertragslage der Barwert der (wahrscheinlichen) zukünftigen Zahlungen als Anschaffungskosten anzusetzen ist?	☐	☐	☐	
• dass im Falle einer verdeckten Gewinnausschüttung oder einer verdeckten Einlage der Anschaffungspreis angemessen ist?	☐	☐	☐	
• dass beim Erwerb gegen Zahlung in Fremdwährung die Umrechnung zutreffend erfolgte?	☐	☐	☐	
18. Wurden Anschaffungskostenminderungen bei der Bewertung berücksichtigt?	☐	☐	☐	
19. Wurden die Prüfungsunterlagen auf evtl. Anschaffungsnebenkosten überprüft?	☐	☐	☐	
20. Wurde bei der Prüfung evtl. **Abschreibungen** berücksichtigt, dass für eigene Anteile eine entsprechende Rücklage im Eigenkapital vorhanden sein muss, die ein Abwertungserfordernis normalerweise ausschließt?	☐	☐	☐	
21. Bei Ausweis eines Bilanzverlustes trotz Vorhandenseins entsprechender Rücklagen: Ergibt sich ein Abschreibungserfordernis, weil die für die eigenen Anteile vorhandenen Rücklagen sowie die in den eigenen Anteilen enthaltenen stillen Reserven durch den Bilanzverlust aufgezehrt sind?	☐	☐	☐	
22. Haben Sie sich bei Abschreibungen von dem hierfür gegebenen Grund durch				
• Bildung eines eigenen Urteils anhand geeigneter Unterlagen,	☐	☐	☐	
• Befragung der zuständigen Personen,	☐	☐	☐	
• erforderlichenfalls Hinzuziehung von Sachverständigen überzeugt?	☐	☐	☐	
23. Entspricht bei einer außerplanmäßigen Abschreibung der beizulegende Wert dem geschätzten Ertragswert bzw. dem Liquidationswert als Wertuntergrenze?	☐	☐	☐	
24. Stimmt die handelsrechtliche Bewertung mit der steuerrechtlichen Bewertung überein?	☐	☐	☐	
25. Wurde die Abschreibung mit dem in der GuV verbuchten Betrag abgestimmt?	☐	☐	☐	
26. Haben Sie sich bei der Prüfung der **Zuschreibungen** überzeugt von der Vertretbarkeit des Grundes der Zuschreibung?	☐	☐	☐	

Mandant:	eigene Anteile – Zusätzliche Arbeitshilfe bei Erstellung mit umfassenden Prüfungshandlungen	AA II – 4 –

Auftrag:

	ja	nein	n.e.	Besonderheiten/Verweise
27. Sind Zeitwert bzw. Anschaffungskosten bei der Zuschreibung nicht überschritten worden?	☐	☐	☐	
28. Wurden die Abschreibungen rechnerisch richtig ermittelt?	☐	☐	☐	
29. Sind die Zuschreibungen rechnerisch richtig ermittelt worden?	☐	☐	☐	
30. Wurden die Zuschreibungen des Geschäftsjahres mit dem in der GuV-Rechnung verbuchten Betrag abgestimmt?	☐	☐	☐	
31. Wurden bei Abweichungen zwischen der Bewertung nach Handels- und Steuerrecht beachtet • das Wahlrecht zur Aktivierung latenter Steuern bei Kapital- und KapCo-Gesellschaften gem. § 274 Abs. 2 HGB (z. B. bei handelsrechtlich höherer Abschreibung oder unterlassener Zuschreibung)?	☐	☐	☐	
32. *Sind Sie zu dem Ergebnis gekommen, dass die ausgewiesene Position* • *entsprechend den handelsrechtlichen Vorschriften,* • *entsprechend den steuerrechtlichen Vorschriften bewertet wurde?* *Bei Abweichungen:*	☐ ☐	☐ ☐	☐ ☐	Vereinzelung der Abweichungen: s. unter ...

IV Prüfung des Ausweises

	ja	nein	n.e.	Besonderheiten/Verweise
33. Erfolgte der Ausweis unter den Wertpapieren des Umlaufvermögens?	☐	☐	☐	

Bei Kapital- und KapCo-Gesellschaften (unabhängig von der Größenordnung)

	ja	nein	n.e.	Besonderheiten/Verweise
34. Sind Erträge aus Zuschreibungen sowie aus dem Abgang ausgewiesen unter • sonstige betriebliche Erträge, • außerordentliche Erträge?	☐ ☐	☐ ☐	☐ ☐	
35. Sind Aufwendungen aus dem Abgang ausgewiesen unter • sonstige betriebliche Aufwendungen, • außerordentliche Aufwendungen?	☐ ☐	☐ ☐	☐ ☐	
36. Wurden unter dem Kapital Rücklagen in Höhe des erstmals zu aktivierenden Betrages gebildet?	☐	☐	☐	
37. Wurde beachtet, dass eine Saldierung mit der Rücklage für die eigenen Anteile nicht möglich ist, § 246 Abs. 2 HGB?	☐	☐	☐	
38. Bei Aktiengesellschaften: Wurden im Anhang die nach § 160 Abs. 1 Nr. 2 AktG erforderlichen weiteren Angaben (Erläuterungen zu dem Zeitpunkt des Erwerbs, den Gründen des Erwerbs, dem Erwerbs- und Veräußerungspreis unter Verwendung des Veräußerungserlöses) gemacht?	☐	☐	☐	

umfassende Prüfungshandlungen

Mandant:	**eigene Anteile** – Zusätzliche Arbeitshilfe bei Erstellung mit umfassenden Prüfungshandlungen	AA II – 5 –

Auftrag:

	ja	nein	n.e.	Besonderheiten/Verweise
Mittelgroße und große Kapital- und KapCo-Gesellschaften				
39. Erfolgte ein gesonderter Ausweis bei Dauerbesitz unter den Wertpapieren des Umlaufvermögens?	☐	☐	☐	
40. Sind Sie zu dem Ergebnis gekommen, dass für die ausgewiesene Position sämtliche handelsrechtlichen Ausweisvorschriften beachtet wurden?	☐	☐	☐	
V Sonstige Prüfungshandlungen				

Mandant:	Gezeichnetes Kapital / Kapitalanteile – Zusätzliche Arbeitshilfe bei Erstellung mit umfassenden Prüfungshandlungen	AA III – 1 –
Auftrag:		

	Mitarbeiter	Berichtskritik	verantwortlicher Berufsangehöriger
Name / Unterschrift Datum			

	ja	nein	n.e.	Besonderheiten/Verweise

I Beurteilung des internen Kontrollsystems

1. Werden systematisch und übersichtlich Akten über die gesellschaftsrechtlichen Verhältnisse geführt (sie sollten neben den o. a. Prüfungsunterlagen enthalten: Treuhandverträge, Mitteilungen gem. §§ 20, 21 GmbHG, Pflichtveröffentlichungen, Jahresabschlüsse, Prüfungsberichte, Schriftwechsel, etc.)?
2. Werden die vorgenannten Akten gesichert aufbewahrt?
3. Werden Beschlüsse der Organe der Gesellschaft (insbesondere bei Familiengesellschaften und Personenhandelsgesellschaften) schriftlich abgefasst?
4. Gewährleistet die Ablauforganisation, dass sämtlich Informationen über die gesellschaftsrechtlichen Verhältnisse dem Rechnungswesen zu Kenntnis gelangen und ggf. dort ihren Niederschlag finden,
   insbesondere
   - Einzahlungsverpflichtungen der Gesellschafter,
   - Ausschüttungsverpflichtungen der Gesellschaft,
   - Rücklagenbildung,
   - Verträge zwischen der Gesellschaft und den Gesellschaftern, etc.,
   - die Durchführung der Rechtsbeziehung zwischen der Gesellschaft und ihren Gesellschaftern?
5. Beurteilung des internen Kontrollsystems
   gut / mittel / schlecht*
   * (nicht zutreffendes bitte streichen)
6. Wurde das vorstehende Urteil berücksichtigt:
   a) in der Risikoanalyse?
   b) bei Prüfungsumfang und -intensität der ausgewählten Prüfungshandlungen?
7. Ergeben sich durch das vorstehende Urteil Änderungen der Risikoanalyse?
   Wenn ja: Beurteilung der erforderlichen Prüfungssicherheit
   gut / mittel / schlecht*
   * (nicht zutreffendes bitte streichen)

umfassende Prüfungshandlungen

Mandant:	Gezeichnetes Kapital / Kapitalanteile – Zusätzliche Arbeitshilfe bei Erstellung mit umfassenden Prüfungshandlungen	AA III – 2 –
Auftrag:		

		ja	nein	n.e.	Besonderheiten/Verweise
II	**Prüfung des Nachweises**				
	8. Sind das gezeichnete Kapital / die Kapitalanteile				
	• (ggf.) durch einen Kapitalspiegel	☐	☐	☐	
	• durch den Handelsregisterauszug	☐	☐	☐	
	• durch sonstige Unterlagen nachgewiesen?	☐	☐	☐	
	9. Bei einem Kapitalspiegel:				
	• Ist der Kapitalspiegel rechnerisch richtig?	☐	☐	☐	
	• Lässt sich der Kapitalspiegel mit den Konten der Finanzbuchhaltung abstimmen?	☐	☐	☐	
	Bei Kapitalgesellschaften				
	10. Wurde das Nominalkapital				
	• mit der Satzung,	☐	☐	☐	
	• mit dem Handelsregisterauszug abgestimmt?	☐	☐	☐	
	11. Haben Sie sich davon überzeugt, dass die Einlagen vereinbarungsgemäß erbracht wurden?	☐	☐	☐	
	12. GmbH: Wurde das Nominalkapital mit der letzten Gesellschafterliste nach § 40 GmbHG abgestimmt?	☐	☐	☐	
	13. Aktiengesellschaften mit Namensaktien: Wurde das Aktienbuch gem. § 67 AktG ordnungsgemäß geführt?	☐	☐	☐	
	14. Kapitalerhöhungen und -herabsetzungen:				
	• Wurden die gesetzlichen Vorschriften eingehalten?	☐	☐	☐	
	• Wurden die Beschlüsse der Organe der Gesellschaft eingehalten?	☐	☐	☐	
	• Haben Sie sich davon überzeugt, dass die Einlageverpflichtungen tatsächlich erfüllt wurden?	☐	☐	☐	
	15. Wurden Beschlüsse gefasst, die eine zukünftige Änderung des Kapitals vorbereiten (bedingtes Kapital, genehmigtes Kapital)?	☐	☐	☐	
	16. Haben Sie sich davon überzeugt, dass (insbesondere bei Gesellschaften mit enger personeller Verflechtung zwischen den Gesellschaftern und den Organen)				
	• eine offene Rückgewähr von Kapitaleinlagen nicht erfolgte?	☐	☐	☐	
	• eine verdeckte Rückgewähr von Kapitaleinlagen im Rahmen von schuldrechtlichen Leistungsbeziehungen zwischen der Gesellschaft und dem Gesellschafter (z. B. durch zu hohe oder zu niedrige Kaufpreise, Mieten und Pachtzahlungen, Werk-, Dienstleistungs- oder Lizenzentgelte, etc.) nicht erfolgte?	☐	☐	☐	
	• Aufgrund von Unternehmensverträgen (§ 291 f. AktG) keine offene oder verdeckte Rückgewähr von Kapitaleinlagen erfolgte?	☐	☐	☐	

umfassende Prüfungshandlungen

Mandant:	Gezeichnetes Kapital / Kapitalanteile – Zusätzliche Arbeitshilfe bei Erstellung mit umfassenden Prüfungshandlungen	AA III – 3 –

Auftrag:

	ja	nein	n.e.	Besonderheiten/Verweise
17. Haben Sie sich davon überzeugt, dass die Gesellschaft keine eigenen Anteile/Aktien erworben hat?	☐	☐	☐	
• Bei einem Erwerb eigener Anteile / Aktien: Ist der Erwerb zulässig?				
▪ bei GmbH: nach § 33 f. GmbHG	☐	☐	☐	
▪ bei Aktiengesellschaften: nach § 71 f. AktG	☐	☐	☐	
18. Wurden bei einem Verlust von mehr als der Hälfte des buchmäßigen Kapitals				
• bei GmbH die Pflicht zur Einberufung der Gesellschafterversammlung nach § 49 Abs. 3 GmbHG,	☐	☐	☐	
• bei Aktiengesellschaften die Pflicht zur Einberufung der Hauptversammlung nach § 92 Abs. 1 AktG beachtet?	☐	☐	☐	
19. Bei Aufzehrung des buchmäßigen Eigenkapitals: Hat die Gesellschaft sich entsprechend IdW FAA1 / 1996 WPG 1997, S. 22 ff. davon überzeugt, dass keine Überschuldung vorliegt?	☐	☐	☐	s. unter ...
Falls keine Überschuldungsprüfung durch die Gesellschaft: Haben Sie sich in entsprechender Weise davon überzeugt, dass keine Überschuldung vorliegt?	☐	☐	☐	
20. Wurde das gezeichnete Kapital ordnungsgemäß verbucht?	☐	☐	☐	
Bei Personenhandelsgesellschaften				
21. Entsprechen die Gut- und Lastschriften auf den Kapitalkonten den Gesellschafts- und sonstigen vertraglichen Vereinbarungen?	☐	☐	☐	
22. Erfolgten die Gut- und Lastschriften auf den Kapitalkonten mit Zustimmung der übrigen Gesellschafter?	☐	☐	☐	
• Erstreckte sich die Zustimmung auch darauf, dass die Gut- oder Lastschrift auf dem jeweiligen Konto verrechnet wird und den entsprechenden Charakter, z. B. einer Entnahme hat?	☐	☐	☐	
• Liegen den Gut- und Lastschriften auf den Kapitalkonten auch tatsächliche Leistungen zugrunde (z. B. bei Sacheinlagen die dingliche Übertragung der Gegenstände)?	☐	☐	☐	
23. Bei Kommanditgesellschaften:				
• Betreffen die Gutschriften auf den (variablen) Kapitalkonten nur solche Leistungen, zu denen sich der Gesellschafter durch den Gesellschaftsvertrag zur Förderung des Gesellschaftszwecks verpflichtet hat (insbesondere Kapitaleinlagen des Gesellschafters)?	☐	☐	☐	

umfassende Prüfungshandlungen

Mandant:	Gezeichnetes Kapital / Kapitalanteile – Zusätzliche Arbeitshilfe bei Erstellung mit umfassenden Prüfungshandlungen	AA III – 4 –

Auftrag:

	ja	nein	n.e.	Besonderheiten/Verweise
• Wurden auf den (variablen) Kapitalkonten nur solche Vorgänge als Lastschriften gebucht, die tatsächlich als Kapitalentnahmen, d. h. als Minderung des Kapitalanteils des Gesellschafters anzusehen sind?	☐	☐	☐	
• Stimmt die Eintragung der Haftsumme im Handelsregister mit den vertraglichen Vereinbarungen überein?	☐	☐	☐	
• Wurde die Hafteinlage voll geleistet?				
• Haben Sie sich davon überzeugt, dass die Hafteinlage nicht durch Kapitalrückzahlungen gemindert ist?	☐	☐	☐	
24. Bei Erbfällen:				
• Haben Sie sich davon überzeugt, dass der Erbfall nicht die Auflösung der Gesellschaft zur Folge hat?	☐	☐	☐	
• Ist sichergestellt, dass die Kapitalguthaben weiterhin Eigenkapital in bilanziellem Sinn darstellen (insbesondere wenn einzelne Erben aufgrund der gesellschaftsvertraglichen Regelung nicht Gesellschafter werden)?	☐	☐	☐	
25. KapCo-Gesellschaften:				
• Hat die Gesellschaft bei Aufzehrung des nominellen Kapitals entsprechend IdW FAA1 / 1996, WPG 1997, S. 22 f. nachgewiesen, dass die Gesellschaft nicht überschuldet ist?	☐	☐	☐	
• Falls nein: Haben Sie sich in entsprechender Weise davon überzeugt, dass die Gesellschaft nicht überschuldet ist?	☐	☐	☐	
26. Entspricht die Gewinnverteilung den vertraglichen Vorschriften?	☐	☐	☐	
Bei Personenhandelsgesellschaften und Einzelunternehmen				
27. Sind dem Eigenkapital nur solche Konten zugeordnet, die nicht den Forderungen bzw. Verbindlichkeiten zuzurechnen sind?	☐	☐	☐	
28. Sind Sie zu dem Ergebnis gekommen, dass die ausgewiesene Position vollständig ausgewiesen wird, die ihr zugrunde liegenden Vermögensgegenstände vorhanden und dem bilanzierenden Unternehmen zuzurechnen sind?	☐	☐	☐	
III Prüfung der Bewertung				
29. Wurden das gezeichnete Kapital, die Kapitalanteile mit dem Nominalbetrag angesetzt?	☐	☐	☐	
30. Bei Kapitalerhöhungen:				
• Haben Sie sich bei Barkapitalerhöhungen davon überzeugt, dass keine verdeckten Sacheinlagen geleistet wurden?	☐	☐	☐	

umfassende Prüfungshandlungen

Mandant:	Gezeichnetes Kapital / Kapitalanteile – Zusätzliche Arbeitshilfe bei Erstellung mit umfassenden Prüfungshandlungen	AA III – 5 –

Auftrag:

	ja	nein	n.e.	Besonderheiten/Verweise
• Erfolgten Sacheinlagen nach den hierfür vorgesehenen Vorschriften (§ 19 Abs. 5 i.V.m. § 5 Abs. 4 GmbHG / §§ 183, 194, 205 i.V.m. § 33–35 AktG)?	☐	☐	☐	
31. Sind Sie zu dem Ergebnis gekommen, dass die ausgewiesene Position • entsprechend den handelsrechtlichen Vorschriften, • entsprechend den steuerrechtlichen Vorschriften bewertet wurde? Bei Abweichungen:	☐	☐	☐	Vereinzelung der Abweichungen s. unter ...

IV Prüfung des Ausweises

Bei Kapitalgesellschaften

32. Wurde der ungeschmälerte Nennbetrag laut Eintragung im Handelsregister als gezeichnetes Kapital ausgewiesen (ohne kapitalersetzende Gesellschafterdarlehen und ohne angeforderte Nachschüsse)? ☐ ☐ ☐

33. Wurden bei Aktiengesellschaften die Angaben nach § 152 Abs. 1 AktG vorgenommen? ☐ ☐ ☐

Bei Personenhandelsgesellschaften in der Form der KapCo-Gesellschaften:

34. Wurden die Kapitalanteile der persönlich haftenden Gesellschafter (ggf. zusammengefasst) und die Kapitalanteile der Kommanditisten (ebenso ggf. zusammengefasst) gesondert ausgewiesen? ☐ ☐ ☐

35. Wurde der auf den Kapitalanteil eines persönlich haftenden Gesellschafters für das Geschäftsjahr entfallende Verlust von dem Kapitalanteil abgeschrieben? ☐ ☐ ☐

36. Falls der Verlust den Kapitalanteil übersteigt, ist er auf der Aktivseite ausgewiesen als
   • „Einzahlungsverpflichtungen persönlich haftender Gesellschafter" unter den Forderungen, soweit eine Zahlungsverpflichtung besteht oder
   • „nicht durch Vermögenseinlagen gedeckter Verlustanteil persönlich haftender Gesellschafter" am Schluss der Aktivseite? ☐ ☐ ☐

37. Wurden auf Kommanditisten entfallende Verlustanteile entsprechend und gesondert von den Posten der persönlich haftenden Gesellschafter ausgewiesen? ☐ ☐ ☐

38. Wurde bei Kommanditisten entsprechend verfahren, wenn ein Kommanditist Gewinnanteile entnommen hat, während sein Kapitalanteil durch Verlust oder durch Entnahmen unter den Betrag der geleisteten Einlage herabgemindert wurde? ☐ ☐ ☐

Mandant:	Gezeichnetes Kapital / Kapitalanteile – Zusätzliche Arbeitshilfe bei Erstellung mit umfassenden Prüfungshandlungen	AA III – 6 –
Auftrag:		

umfassende Prüfungshandlungen

	ja	nein	n.e.	Besonderheiten/Verweise
39. Wurde im Anhang der Betrag der im Handelsregister nach § 172 Abs. 1 HGB eingetragenen, aber noch nicht geleisteten Einlagen angegeben?	☐	☐	☐	
Übrige Personenhandelsgesellschaften und Einzelunternehmen:				
40. Wurden die Kapitalkonten entsprechend den gesellschaftsvertraglichen Regelungen getrennt nach Festkapitalkonten und sonstigen Kapitalkonten ausgewiesen?	☐	☐	☐	
41. Wurde statt dessen unter Zusammenfassung des Ausweises sämtlicher Kapitalanteile Einlagen oder Entnahmen des Kapitals unter der Bezeichnung „Einlagen und gezeichnetes Kapital" ausgewiesen?	☐	☐	☐	
42. Wurden die Kapitalkonten der persönlich haftenden Gesellschafter und der beschränkt haftenden Gesellschafter getrennt ausgewiesen?	☐	☐	☐	
43. Wurde der nominelle Betrag der Pflichteinlage eines Kommanditisten (vorbehaltlich einer abweichenden Regelung im Gesellschaftsvertrag) ausgewiesen?	☐	☐	☐	
44. *Sind Sie zu dem Ergebnis gekommen, dass für die ausgewiesene Position sämtliche handelsrechtlichen Ausweisvorschriften beachtet wurden?*	☐	☐	☐	

V   Sonstige Prüfungshandlungen

Mandant:	(Kapitalgesellschaften:) **Kapitalrücklage** (KapCo-Gesellschaften:) **Rücklagen** – Zusätzliche Arbeitshilfe bei Erstellung mit umfassenden Prüfungshandlungen	**AA IV** – 1 –

Auftrag:

	Mitarbeiter	Berichtskritik	verantwortlicher Berufsangehöriger
Name / Unterschrift Datum			

	ja	nein	n.e.	Besonderheiten/Verweise
I Prüfung des internen Kontrollsystems				
1. Existieren Einzelaufstellungen über die Rücklagen, die regelmäßig fortgeschrieben werden?	☐	☐	☐	
2. Werden die Einzelaufstellungen regelmäßig mit den Konten der Finanzbuchhaltung abgestimmt?	☐	☐	☐	
3. Beurteilung des internen Kontrollsystems **gut / mittel / schlecht*** * (nicht zutreffendes bitte streichen)				
4. Wurde das vorstehende Urteil berücksichtigt: a) in der Risikoanalyse?	☐	☐	☐	
b) bei Prüfungsumfang und -intensität der ausgewählten Prüfungshandlungen?	☐	☐	☐	
5. Ergeben sich durch das vorstehende Urteil Änderungen der Risikoanalyse?	☐	☐	☐	
Wenn ja: Beurteilung der geänderten Prüfungssicherheit **gut / mittel / schlecht*** * (nicht zutreffendes bitte streichen)				
II Prüfung des Nachweises				
6. Sind die Rücklagen durch geeignete Unterlagen ggf. einen Kapitalspiegel nachgewiesen?	☐	☐	☐	
7. Bei einem Kapitalspiegel: • Ist der Kapitalspiegel rechnerisch richtig?	☐	☐	☐	
• Lässt sich der Kapitalspiegel mit den Konten der Finanzbuchhaltung abstimmen?	☐	☐	☐	
8. *Sind Sie zu dem Ergebnis gekommen, dass die ausgewiesene Position vollständig ausgewiesen wird und dem bilanzierenden Unternehmen zuzurechnen ist?*	☐	☐	☐	
III Prüfung der Bewertung				
9. Entspricht die gebildete Rücklage dem vereinbarten Betrag?	☐	☐	☐	
10. Stehen die Zuführungen zu den Rücklagen mit den Feststellungen bei anderen Bilanzpositionen in Einklang, und zwar: Bei Zuzahlungen von Gesellschaftern für die Gewährung von Vorzügen und andere Zuzahlungen von Gesellschaftern in das Eigenkapital: • mit den Forderungen gegen verbundene Unternehmen?	☐	☐	☐	

umfassende Prüfungshandlungen

Mandant:	(Kapitalgesellschaften:) **Kapitalrücklage** (KapCo-Gesellschaften:) **Rücklagen** – Zusätzliche Arbeitshilfe bei Erstellung mit umfassenden Prüfungshandlungen	**AA IV** – 2 –

Auftrag:

	ja	nein	n.e.	Besonderheiten/Verweise
• mit den Forderungen gegen Unternehmen, mit denen ein Beteiligungsverhältnis besteht?	☐	☐	☐	
• mit den Forderungen gegenüber Gesellschaftern?	☐	☐	☐	
• mit den Feststellungen zum Zahlungsverkehr?	☐	☐	☐	
• mit den Feststellungen zum gezeichneten Kapital?	☐	☐	☐	
11. Bei Zuzahlungen gegen Gewährung von Vorzügen:				
• Wurden tatsächlich Vorzüge gewährt?	☐	☐	☐	
• Wenn nein: Wurde die Zuzahlung gewollt in das Eigenkapital geleistet?	☐	☐	☐	
12. Bei Sacheinlagen: Wurde der Rücklage derjenige Betrag zugeführt, mit dem der eingebrachte Gegenstand bewertet wurde?	☐	☐	☐	
13. Bei einer Rücklage für ein Agio: Wurde berücksichtigt, dass die Rücklage zugunsten des Bilanzgewinns zum Ausgleich eines durch die Kosten der Ausgabe von Gesellschaftsanteilen geminderten Jahresüberschusses (bzw. eines Jahresfehlbetrages) aufgelöst werden kann und zwar durch Gesellschafterbeschluss im Rahmen der Feststellung des Jahresabschlusses?	☐	☐	☐	
14. *Sind Sie zu dem Ergebnis gekommen, dass die ausgewiesene Position* • *entsprechend den handelsrechtlichen Vorschriften,* • *entsprechend den steuerrechtlichen Vorschriften bewertet wurde?* *Bei Abweichungen:*	☐	☐	☐	*Vereinzelung der Abweichungen s. unter ...*
IV Prüfung des Ausweises				
Bei allen Gesellschaften				
15. Bei Zuführungen und Auflösungen: Wurde die Gegenbuchung zutreffend vorgenommen?	☐	☐	☐	
Bei Kapitalgesellschaften				
16. Erfolgte der Ausweis gesondert unter dem Posten „Kapitalrücklage"?	☐	☐	☐	
17. Erfolgte ein getrennter Ausweis der einzelnen Verwendungszwecke des § 272 Abs. 2 HGB?	☐	☐	☐	
18. Wurde bei Aktiengesellschaften darauf geachtet, dass der Betrag, der während des Geschäftsjahres eingestellt wurde und der Betrag, der für das Geschäftsjahr entnommen wurde, gesondert anzugeben ist (§ 152 Abs. 2 AktG)?	☐	☐	☐	
19. Wurde die Auflösung der Rücklage im Rahmen der Ergebnisverwendung ausgewiesen?	☐	☐	☐	

umfassende Prüfungshandlungen

Mandant:	(Kapitalgesellschaften:) **Kapitalrücklage** (KapCo-Gesellschaften:) **Rücklagen** – Zusätzliche Arbeitshilfe bei Erstellung mit umfassenden Prüfungshandlungen	**AA IV**

Auftrag:

	ja	nein	n.e.	Besonderheiten/Verweise
Bei Personenhandelsgesellschaften in der Form der KapCo-Gesellschaften:				
20. Wurden nur solche Beträge ausgewiesen, die aufgrund einer gesellschaftsrechtlichen Vereinbarung gebildet worden sind, § 264c Abs. 2 HGB?	☐	☐	☐	
Übrige Personenhandelsgesellschaften / Einzelunternehmen:				
21. Wurde beachtet, dass der Ausweis von gesellschaftsvertraglich geschuldeten Zuzahlungen zum Eigenkapital vorbehaltlich abweichender vertraglicher Regelungen auf den Kapitalkonten der Gesellschafter bzw. als gesamthänderisch gebundene Rücklage ausgewiesen werden?	☐	☐	☐	
22. *Sind Sie zu dem Ergebnis gekommen, dass für die ausgewiesene Position sämtliche handelsrechtlichen Ausweisvorschriften beachtet wurden?*	☐	☐	☐	

V Sonstige Prüfungshandlungen

Mandant:	(Kapitalgesellschaften:) **Gewinnrücklagen** – gesetzliche Rücklagen – Rücklagen für eigene Anteile – satzungsmäßige Rücklagen – andere Gewinnrücklagen – Zusätzliche Arbeitshilfe bei Erstellung mit umfassenden Prüfungshandlungen	**AA V** – 1 –
Auftrag:		

	Mitarbeiter	Berichtskritik	verantwortlicher Berufsangehöriger
Name / Unterschrift Datum			

	ja	nein	n.e.	Besonderheiten/Verweise
I Beurteilung des internen Kontrollsystems				
1. Existieren Einzelaufstellungen über die Rücklagen, die regelmäßig fortgeschrieben werden?	☐	☐	☐	
2. Werden die Einzelaufstellungen regelmäßig mit den Konten der Finanzbuchhaltung abgestimmt?	☐	☐	☐	
3. Beurteilung des internen Kontrollsystems **gut / mittel / schlecht*** * (nicht zutreffendes bitte streichen)				
4. Wurde das vorstehende Urteil berücksichtigt: a) in der Risikoanalyse? b) bei Prüfungsumfang und -intensität der ausgewählten Prüfungshandlungen?	☐ ☐	☐ ☐	☐ ☐	
5. Ergeben sich durch das vorstehende Urteil Änderungen der Risikoanalyse? Wenn ja: Beurteilung der geänderten Prüfungssicherheit **gut / mittel / schlecht*** * (nicht zutreffendes bitte streichen)	☐	☐	☐	
II Prüfung des Nachweises				
6. Sind die Rücklagen durch geeignete Unterlagen, ggf. einen Kapitalspiegel nachgewiesen?	☐	☐	☐	
7. Bei einem Kapitalspiegel: • Ist der Kapitalspiegel rechnerisch richtig? • Lässt sich der Kapitalspiegel mit den Konten der Finanzbuchhaltung abstimmen?	☐ ☐	☐ ☐	☐ ☐	
8. *Sind Sie zu dem Ergebnis gekommen, dass die ausgewiesene Position vollständig ausgewiesen wird und dem bilanzierenden Unternehmen zuzurechnen ist?*	☐	☐	☐	
III Prüfung der Bewertung **Bei gesetzlichen Rücklagen:**				
9. Sind die gesetzlichen Vorschriften zur Bildung und Verwendung der gesetzlichen Rücklage eingehalten?	☐	☐	☐	
10. Ist sichergestellt, dass die Rücklage nicht überdotiert wurde (Bei Überdotierung: Nichtigkeit des Jahresabschlusses, § 256 Abs. 1 Nr. 4 AktG)?	☐	☐	☐	

umfassende Prüfungshandlungen

Mandant:	(Kapitalgesellschaften:) **Gewinnrücklagen** – gesetzliche Rücklagen – Rücklagen für eigene Anteile – satzungsmäßige Rücklagen – andere Gewinnrücklagen – Zusätzliche Arbeitshilfe bei Erstellung mit umfassenden Prüfungshandlungen	**AA V** – 2 –

Auftrag:

	ja	nein	n.e.	Besonderheiten/Verweise
Bei Rücklagen für eigene Anteile:				
11. Entspricht die Rücklage nach § 272 Abs. 4 HGB der Höhe der aktivierten eigenen Anteile und der aktivierten Anteile eines herrschenden oder eines mit Mehrheit beteiligten Unternehmens?	☐	☐	☐	
12. Wurden Auflösungen nur in Höhe der nach § 272 Abs. 4 HGB zugelassenen Fälle vorgenommen?	☐	☐	☐	
Bei satzungsmäßigen Rücklagen:				
13. Wurden die satzungsmäßigen Bestimmungen bei der Bildung und Auflösung der Rücklage eingehalten?	☐	☐	☐	
14. Wurde eine evtl. Zweckbestimmung für die Rücklage beachtet?	☐	☐	☐	
Bei sonstigen Gewinnrücklagen:				
15. Wurde untersucht, ob				
• die Rechtsgrundlagen für die Rücklagenbildung und die Auflösung der Rücklagen beachtet wurden?	☐	☐	☐	
• die Rücklage rechnerisch richtig ermittelt wurde?	☐	☐	☐	
16. Sind Sie zu dem Ergebnis gekommen, dass die ausgewiesene Position entsprechend den handelsrechtlichen Vorschriften bewertet wurde?	☐	☐	☐	
IV Prüfung des Ausweises				
Bei Kapitalgesellschaften (unabhängig von der Größenordnung)				
17. Erfolgte der Ausweis gesondert unter dem Posten „Gewinnrücklage"?	☐	☐	☐	
18. Erfolge eine Zuführung zur Rücklage bzw. eine Auflösung im Rahmen der Ergebnisverwendung?	☐	☐	☐	
19. Wurden bei Aktiengesellschaften in der Bilanz oder im Anhang gesondert angegeben (§ 152 Abs. 3 AktG):				
• die Beträge, die die Hauptversammlung aus dem Bilanzgewinn des Vorjahres eingestellt hat?	☐	☐	☐	
• die Beträge, die aus dem Jahresüberschuss des Geschäftsjahres eingestellt wurden?	☐	☐	☐	
• die Beträge, die für das Geschäftsjahr entnommen wurden?	☐	☐	☐	
Bei mittelgroßen und großen Kapitalgesellschaften				
20. Wurde der gesonderte Ausweis der				
• gesetzlichen Rücklagen,				
• Rücklagen für eigene Anteile / Aktien,	☐	☐	☐	

umfassende Prüfungshandlungen

Mandant:	(Kapitalgesellschaften:) Gewinnrücklagen – gesetzliche Rücklagen – Rücklagen für eigene Anteile – satzungsmäßige Rücklagen – andere Gewinnrücklagen – Zusätzliche Arbeitshilfe bei Erstellung mit umfassenden Prüfungshandlungen	AA V – 3 –
Auftrag:		

umfassende Prüfungshandlungen

	ja	nein	n.e.	Besonderheiten/Verweise
• satzungsmäßigen Rücklagen, • sonstigen Gewinnrücklagen beachtet?	☐	☐	☐	

Bei KapCo-Gesellschaften und wahlweise sonstigen Unternehmen

21. Wurde die Möglichkeit beachtet, Gewinnrücklagen unter der Position „II Rücklagen" wahlweise als gesonderte Unterposition auszuweisen, sofern gesellschaftsvertraglich die Einstellung von Gewinnen in die Rücklage vorgesehen ist? ☐ ☐ ☐

22. *Sind Sie zu dem Ergebnis gekommen, dass für die ausgewiesene Position sämtliche handelsrechtlichen Ausweisvorschriften beachtet wurden?* ☐ ☐ ☐

V Sonstige Prüfungshandlungen

Mandant:	– **Nicht durch Eigenkapital gedeckter Fehlbetrag / nicht durch Vermögenseinlagen gedeckter Verlustanteil** – **Gewinnvortrag / Verlustvortrag** – **Bilanzgewinn / Bilanzverlust** – Zusätzliche Arbeitshilfe bei Erstellung mit umfassenden Prüfungshandlungen	**AA VI** – 1 –
Auftrag:		

	Mitarbeiter	Berichtskritik	verantwortlicher Berufsangehöriger
Name / Unterschrift Datum			

	ja	nein	n.e.	Besonderheiten/Verweise

I Prüfung des Ausweises

Bei Kapitalgesellschaften:

1. Wurde danach differenziert, ob
   - die Bilanz vor Verwendung des Jahresergebnisses,
   - nach der Berücksichtigung der vollständigen Verwendung des Jahresergebnisses oder
   - unter teilweiser Berücksichtigung der Ergebnisverwendung

   aufgestellt wurde?

2. Bei Aufstellung vor Verwendung des Jahresergebnisses:
   Wurde darauf geachtet, dass der Gewinn- oder Verlustvortrag gesondert im Eigenkapital ausgewiesen wird?

3. Bei Aufstellung der Bilanzen nach der vollständigen Verwendung des Jahresergebnisses:
   Wurde darauf geachtet, dass der Posten Gewinnvortrag/Verlustvortrag in der Bilanz nicht ausgewiesen wird?

4. Bei Aufstellung der Bilanz unter teilweiser Berücksichtigung der Ergebnisverwendung:
   Wurde darauf geachtet, dass der Posten Gewinnvortrag/Verlustvortrag in der Bilanz nicht ausgewiesen wird, sondern dass statt dessen der Bilanzgewinn oder der Bilanzverlust ausgewiesen wird?

Bei GmbH:

5. Wurde darauf geachtet, dass Dividendenverbindlichkeiten gegenüber Gesellschaftern gesondert ausgewiesen, bei einem Ausweis unter anderen Posten vermerkt oder im Anhang gesondert angegeben wurden (§ 42 Abs. 3 GmbHG)?

umfassende Prüfungshandlungen

Mandant:	– **Nicht durch Eigenkapital gedeckter Fehlbetrag / nicht durch Vermögenseinlagen gedeckter Verlustanteil** – **Gewinnvortrag / Verlustvortrag** – **Bilanzgewinn / Bilanzverlust** – Zusätzliche Arbeitshilfe bei Erstellung mit umfassenden Prüfungshandlungen	**AA VI** – 2 –
Auftrag:		

<table>
<tr><th></th><th>ja</th><th>nein</th><th>n.e.</th><th>Besonderheiten/Verweise</th></tr>
<tr><td>6. Bei Verbrauch des gesamten bilanziellen Eigenkapitals durch Verluste:
Wurde bei Kapitalgesellschaften darauf geachtet, dass das Eigenkapital entweder auf der Passivseite in einer Vorspalte ausgewiesen, nicht aber in die Addition einbezogen wird oder dass der Negativsaldo auf der Aktivseite als letzter Posten unter der Position „nicht durch Eigenkapital gedeckter Fehlbetrag" ausgewiesen wird?</td><td>☐</td><td>☐</td><td>☐</td><td></td></tr>
<tr><td colspan="5">Bei Personengesellschaften in der Form von KapCo-Gesellschaften:</td></tr>
<tr><td>7. Wurde bei Verbrauch des gesamten bilanziellen Eigenkapitals
• ein nicht durch Vermögenseinlagen gedeckter Verlustanteil persönlich haftender Gesellschafter,
• ein nicht durch Vermögenseinlagen gedeckter Verlustanteil beschränkt haftender Gesellschafter gesondert und getrennt voneinander ausgewiesen? Wurde entsprechendes beachtet, wenn Kommanditisten bei durch Verlusten oder Entnahmen geminderten Kapitalanteilen Gewinne entnehmen?</td><td>☐

☐</td><td>☐

☐</td><td>☐

☐</td><td></td></tr>
<tr><td>8. Bestehen bei Verlusten Einzahlungsverpflichtungen? Wenn ja: Sind Forderungen eingestellt?</td><td>☐</td><td>☐</td><td>☐</td><td></td></tr>
<tr><td colspan="5">Bei übrigen Personenhandelsgesellschaften und Einzelunternehmen:</td></tr>
<tr><td>9. Erfolgte der Ausweis eines negativen Kapitals entsprechend der für KapCo-Gesellschaften vorgeschriebenen Form?</td><td>☐</td><td>☐</td><td>☐</td><td></td></tr>
<tr><td>10. Wurde die Zusammenfassung von Kapitalanteilen der Komplementäre und der Kommanditisten wegen der unterschiedlichen haftungsrechtlichen Bedeutung (zumindest in einer Vorspalte) getrennt voneinander ausgewiesen?</td><td>☐</td><td>☐</td><td>☐</td><td></td></tr>
<tr><td>11. Sind Sie zu dem Ergebnis gekommen, dass für die ausgewiesenen Positionen sämtliche handelsrechtlichen Ausweisvorschriften beachtet wurden?</td><td>☐</td><td>☐</td><td>X</td><td></td></tr>
<tr><td colspan="5">II Sonstige Prüfungshandlungen</td></tr>
</table>

umfassende Prüfungshandlungen

Mandant:	**Sonderposten mit Rücklageanteil** – Erstellung ohne Prüfungshandlungen – mit Plausibilitätsbeurteilungen – mit umfassenden Prüfungshandlungen	**BB** – 1 –
Auftrag:		

	Mitarbeiter	Berichtskritik	verantwortlicher Berufsangehöriger
Name / Unterschrift Datum			

	ja	nein	n.e.	Besonderheiten/Verweise

I Benötigte Unterlagen erhalten?
- Konten
- Steuerbilanz
- Liste der passivierten unversteuerten Rücklagen mit den jeweiligen Beträgen und unter Angabe der Gesetzestexte und Vorschriften, die zugrunde lagen
- Liste der steuerlichen Sonderabschreibungen und erhöhten Absetzungen mit den jeweiligen Beträgen und unter Angabe der Gesetzesvorschriften, die zugrunde lagen
- Sonderpostenspiegel (Entwicklung aller Sonderposten im Geschäftsjahr, getrennt nach Anlage- und Umlaufvermögen)
- Berechnungsunterlagen
    - für die Bildung und Auflösung der Sonderposten
    - für die Entwicklung der Wertberichtigung
    - für die Entwicklung unterlassener Zuschreibungen

II Erstellungsmaßnahmen

1. Liegen Sachverhalte vor, die die Bildung von Rücklagen
    - für Veräußerungsgewinne, § 6 b EStG
    - für Zuschüsse, R34 EStR
    - für Ersatzbeschaffungen, R35 EStR
    - für Ansparabschreibungen, § 7 g EStG
    - für erhöhte Absetzungen nach § 7 h EStG
    - für erhöhte Absetzungen nach § 7 e EStG
    - für die Euro-Umrechnung nach § 6 d EStG

    ermöglichen?
2. Wurden die in Betracht kommenden gesetzlichen Vorschriften auf das Vorliegen der rechtlichen Voraussetzungen überprüft?
3. Wurden, soweit in Vorjahren Sonderposten mit Rücklageanteil gebildet wurden, die zugrunde liegenden rechtlichen Vorschriften daraufhin überprüft, ob Sonderposten aufgelöst werden müssen?
4. Sind die gebotenen Auflösungen erfolgt?
5. Ist der ausgewiesene Bilanzwert durch die Sachkonten nachgewiesen?

Mandant:	**Sonderposten mit Rücklageanteil** – Erstellung ohne Prüfungshandlungen – mit Plausibilitätsbeurteilungen – mit umfassenden Prüfungshandlungen	**BB** – 2 –

Auftrag:

		ja	nein	n.e.	Besonderheiten/Verweise
	6. Wurden die Sonderposten unbeschadet steuerlicher Vorschriften insoweit aufgelöst, als die Wirtschaftsgüter, für die sie gebildet wurden, aus dem Vermögen ausgeschieden sind oder die Sonderabschreibungen durch handelsrechtliche Abschreibungen ersetzt wurden?	☐	☐	☐	
	7. Wurden die Grundsätze der Bilanzierungs- und Bewertungsstetigkeit beachtet?	☐	☐	☐	
	8. *Sind Sie zu dem Ergebnis gekommen, dass der Ausweis der Sonderposten aus den vorliegenden Unterlagen und Informationen normgerecht abgeleitet wurde?*	☐	☐	☐	
III	**Vorbereitende Maßnahmen bei Plausibilitätsbeurteilungen und umfassenden Prüfungsmaßnahmen**				
Pb	9. (Bei Plausibilitätsbeurteilungen:) Wurden nach Maßgabe des Arbeitspapiers Z 30 die vorbereitenden Maßnahmen für Plausibilitätsbeurteilungen veranlasst?	☐	☐	☐	
uP	10. (Bei umfassenden Prüfungshandlungen:) Wurde in dem Arbeitspapier Z 40 ff. die erforderliche Prüfungssicherheit sowie unter Berücksichtigung der Wahrscheinlichkeit von Fehlerrisiken und -hypothesen der Prüfungsumfang und die Prüfungsintensität abschließend bestimmt? Wenn ja: Beurteilung der erforderlichen Prüfungssicherheit **gut / mittel / schlecht*** * (nicht zutreffendes bitte streichen)	☐	☐	☐	
IV	**Maßnahmen zur Beurteilung der Plausibilität**				
Pb	11. Haben Sie sich durch Befragung davon überzeugt, dass die Bildung und Auflösung von Sonderposten nach den jeweiligen gesetzlichen Regelungen vollständig und zutreffend erfolgt?	☐	☐	☐	
	12. Sonstige Maßnahmen?				
	13. *Bestehen nach Ihren Plausibilitätsbeurteilungen an der Ordnungsmäßigkeit der zugrunde liegenden Bücher und Nachweise keine Zweifel?*	☐	☐	☐	
V	**Zusätzliche Arbeitshilfe bei Erstellung mit umfassenden Prüfungshandlungen**				
uP	**V.1 Beurteilung des internen Kontrollsystems**				
	14. Existieren Einzelaufstellungen über die Rücklagen, die regelmäßig fortgeschrieben werden?	☐	☐	☐	

Mandant:	**Sonderposten mit Rücklageanteil** – Erstellung ohne Prüfungshandlungen – mit Plausibilitätsbeurteilungen – mit umfassenden Prüfungshandlungen	**BB** – 3 –

Auftrag:

	ja	nein	n.e.	Besonderheiten/Verweise
15. Wird eine Nebenbuchhaltung (für die Güter des Anlagevermögens zweckmäßigerweise korrespondierend mit der Anlagenkartei) geführt, aus der sich für jedes einzelne Wirtschaftsgut ergeben	☐	☐	☐	
• horizontal gegliedert:				
▪ der Betrag des Sonderpostens am Beginn des Wirtschaftsjahres,	☐	☐	☐	
▪ die Zuführung zum Sonderposten im Wirtschaftsjahr,	☐	☐	☐	
▪ die Auflösung des Sonderpostens im Wirtschaftsjahr,	☐	☐	☐	
▪ der Stand des Sonderpostens am Ende des Wirtschaftsjahres,	☐	☐	☐	
▪ die Vorschrift, nach dem der Sonderposten gebildet wurde sowie	☐	☐	☐	
• vertikal gegliedert				
▪ nach noch nicht versteuerten Rücklagen,	☐	☐	☐	
▪ nach steuerlichen Sonderabschreibungen?	☐	☐	☐	
16. Wird die Nebenbuchhaltung regelmäßig mit der Finanzbuchhaltung abgestimmt?	☐	☐	☐	
17. Werden alle für die Bilanzierung von Sonderposten mit Rücklageanteil erforderlichen Informationen, insbesondere				
• die steuerlichen Sonderabschreibungen und erhöhten Absetzungen unter der Angabe der jeweiligen gesetzlichen Vorschriften, aus denen sie abgeleitet werden,	☐	☐	☐	
• der korrespondierende Betrag der handelsrechtlichen Abschreibung,	☐	☐	☐	
• die Entwicklung der Wertberichtigungen,	☐	☐	☐	
• die Entwicklung der unterlassenen Zuschreibungen,	☐	☐	☐	
• die Daten des Zu- und Abgangs des Wirtschaftsgutes	☐	☐	☐	
vollständig erfasst?				
18. Wird der Buchbestand der Wirtschaftsgüter, für die Sonderposten mit Rücklageanteil gebildet wurden, mit dem Inventar für die Wirtschaftsgüter zum Bilanzstichtag abgestimmt?	☐	☐	☐	
19. Wird die Nebenbuchhaltung für die Sonderposten unterjährig fortgeschrieben?	☐	☐	☐	
20. Beurteilung des internen Kontrollsystems **gut / mittel / schlecht*** * (nicht zutreffendes bitte streichen)				
21. Wurde das vorstehende Urteil berücksichtigt:				
a) in der Risikoanalyse?	☐	☐	☐	
b) bei Prüfungsumfang und -intensität der ausgewählten Prüfungshandlungen?	☐	☐	☐	
22. Ergeben sich durch das vorstehende Urteil Änderungen der Risikoanalyse?	☐	☐	☐	

umfassende Prüfungshandlungen

Mandant:	**Sonderposten mit Rücklageanteil** – Erstellung ohne Prüfungshandlungen – mit Plausibilitätsbeurteilungen – mit umfassenden Prüfungshandlungen	**BB** – 4 –
Auftrag:		

	ja	nein	n.e.	Besonderheiten/Verweise
Wenn ja: Beurteilung der geänderten Prüfungssicherheit **gut / mittel / schlecht*** * (nicht zutreffendes bitte streichen)				
V.2 Prüfung des Nachweises				
23. Liegt zum Stichtag ein Bestandsnachweis in Form eines Sonderpostenspiegels vor, der die Vertikalgliederung der zu Ziff. 5 beschriebenen Nebenbuchhaltung aufweist?	☐	☐	☐	
24. Wurde der Sonderpostenspiegel rechnerisch horizontal und vertikal überprüft?	☐	☐	☐	
25. Wurden die Werte des Sonderpostenspiegels wie folgt abgestimmt:				
• der Stand am Beginn des Geschäftsjahres mit den Konten der Eröffnungsbilanz?	☐	☐	☐	
• die Zuführungen und Auflösungen in der Rechnungsperiode mit der Nebenbuchhaltung und der Finanzbuchhaltung?	☐	☐	☐	
• Zuführungs- und Auflösungsbeträge mit dem in der Gewinn- und Verlustrechnung ausgewiesenen Betrag?	☐	☐	☐	
• die Übereinstimmung der Einzelposten, insbesondere der Zuführung und der Auflösung mit den steuerlichen Vorschriften?	☐	☐	☐	
• der Stand am Ende des Geschäftsjahres mit dem zum Stichtag verbuchten Betrag?	☐	☐	☐	
26. Wurden die Ansatzmöglichkeiten in der Handelsbilanz aufgrund der umgekehrten Maßgeblichkeit überprüft?	☐	☐	☐	
27. Wurde die Sonderpostenbildung progressiv geprüft anhand der in Betracht kommenden gesetzlichen Vorschriften, und zwar sowohl für geltende Anwendungsfälle als auch für auslaufende Anwendungsfälle?	☐	☐	☐	
28. *Sind Sie zu dem Ergebnis gekommen, dass die ausgewiesene Position vollständig ausgewiesen wird, die ihr zugrunde liegenden Vermögensgegenstände vorhanden und dem bilanzierenden Unternehmen zuzurechnen sind?*	☐	☐	☐	
V.3 Prüfung der Bewertung				
29. Wurde der steuerlich zulässige Wertansatz für die Sonderposten beachtet?	☐	☐	☐	
30. Wurde der gebildete Wertansatz • lückenlos, • stichprobenweise, (Angabe der Stichproben) rechnerisch überprüft?	☐ ☐	☐ ☐	☐ ☐	

umfassende Prüfungshandlungen

Mandant:	**Sonderposten mit Rücklageanteil** – Erstellung ohne Prüfungshandlungen – mit Plausibilitätsbeurteilungen – mit umfassenden Prüfungshandlungen	**BB** – 5 –
Auftrag:		

	ja	nein	n.e.	Besonderheiten/Verweise
31. Stimmt der handelsrechtliche Ansatz mit dem steuerrechtlichen Ansatz überein?	☐	☐	☐	
32. Wurden bei Abweichungen zwischen dem Ansatz nach Handels- und Steuerrecht der Differenzbetrag ermittelt und bei Kapital- und KapCo-Gesellschaften eine Rückstellung für latente Steuern gem. § 274 Abs. 1 HGB gebildet?	☐	☐	☐	
33. Sind Sie zu dem Ergebnis gekommen, dass die ausgewiesene Position • entsprechend den handelsrechtlichen Vorschriften, • entsprechend den steuerrechtlichen Vorschriften bewertet wurde? Bei Abweichungen:	☐ ☐	☐ ☐	☐ ☐	Vereinzelung der Abweichungen s. unter ...
V.4 Prüfung des Ausweises **Bei sämtlichen Unternehmen**				
34. Wurden die Gegenbuchungen zu der Zuführung und Auflösung zu den Sonderposten zutreffend in der GuV ausgewiesen?	☐	☐	☐	
35. Wurde das Saldierungsverbot von Zuführungen und Auflösungen zu den Sonderposten beachtet?	☐	☐	☐	
36. Wurden Umgliederungen zutreffend verbucht (Umgliederungen erfolgen i. d. R. brutto über die GuV, nicht aber durch unmittelbare Umbuchungen zwischen unversteuerten Rücklagen und steuerrechtlichen Wertberichtigungen in der Bilanz)?	☐	☐	☐	
37. Bei Nichtübereinstimmung zwischen handels- und steuerbilanziellem Ansatz: Wurde die Passivierungspflicht von latenten Steuern beachtet?	☐	☐	☐	
Bei Kapital- und KapCo-Gesellschaften (unabhängig von der Größenordnung)				
38. Wurden die Gegenbuchungen zutreffend erfasst und zwar • die Zuführung zu den Sonderposten unter den sonstigen betrieblichen Aufwendungen und • die Auflösung von Sonderposten unter der Position „sonstige betriebliche Erträge"?	☐ ☐	☐ ☐	☐ ☐	
39. Wurden beim Ausweis im Jahresabschluss (Anhang) beachtet: a) Angabe der angewandten Bilanzierungs- und Bewertungsmethoden sowie die Begründung ihrer Änderungen, b) Angabe von Einflüssen evtl. Bilanzierungs- und Bewertungsänderungen auf die Vermögens-, Finanz- und Ertragslage,	☐ ☐	☐ ☐	☐ ☐	

umfassende Prüfungshandlungen

Mandant:	**Sonderposten mit Rücklageanteil** – Erstellung ohne Prüfungshandlungen – mit Plausibilitätsbeurteilungen – mit umfassenden Prüfungshandlungen	BB – 6 –
Auftrag:		

		ja	nein	n.e.	Besonderheiten/Verweise
umfassende Prüfungshandlungen	c) Angabe der Vorschrift, nach der die Sonderposten gebildet wurden in der Bilanz und im Anhang?	☐	☐	☐	
	40. Wurde der Betrag der allein nach steuerrechtlichen Vorschriften vorgenommenen Abschreibungen (oder Wertberichtigungen), soweit er sich nicht aus der Bilanz oder der GuV ergibt, im Anhang, getrennt nach Anlage- und Umlaufvermögen angegeben und begründet?	☐	☐	☐	
	41. Wurde der Einfluss steuerrechtlicher Abschreibungen und deren Beibehaltung bzw. der Einfluss der Bildung von Sonderposten auf das Jahresergebnis sowie das Ausmaß erheblicher künftiger (Steuer-) Belastungen hieraus im Anhang angegeben?	☐	☐	☐	
	Mittelgroße und große Kapital- und KapCo-Gesellschaften (zusätzlich):				
	42. Wurden evtl. bestehende Berichtspflichten im Lagebericht beachtet?	☐	☐	☐	
	43. Sind Sie zu dem Ergebnis gekommen, dass für die ausgewiesene Position sämtliche handelsrechtlichen Ausweisvorschriften beachtet wurden?	☐	☐	☐	
	V.5 Sonstige Prüfungshandlungen				

Mandant:	**Rückstellungen** – Erstellung ohne Prüfungshandlungen – mit Plausibilitätsbeurteilungen – mit umfassenden Prüfungshandlungen	**CC** – 1 –
Auftrag:		

	Mitarbeiter	Berichtskritik	verantwortlicher Berufsangehöriger
Name / Unterschrift Datum			

	ja	nein	n.e.	Besonderheiten/Verweise

I Benötigte Unterlagen erhalten?

- Konten
- Rückstellungsspiegel
- Berechnungsunterlagen für die einzelnen Rückstellungen
- für Pensionsrückstellungen:
  - Vereinbarungen über Pensionszusagen (Einzelzusagen, Betriebsvereinbarungen, tarifliche Versorgungsregelungen)
  - Gehaltsunterlagen
  - versicherungsmathematische Gutachten
- für Steuerrückstellungen:
  - Berechnungsbogen für Körperschaft- und Gewerbesteuern
  - Steuererklärungen
  - Steuerbilanzen
  - Steuerbescheide einschließlich Vorauszahlungsbescheide
  - Berichte über steuerliche Außenprüfungen
  - Nachweise über gezahlte Steuern
  - Ergebnisabführungsverträge
  - Zusammenstellung über Dauerschuldzinsen

II Erstellungsmaßnahmen

1. Wurden Rückstellungen für Pensionen und ähnliche Verpflichtungen korrekt gebildet und berechnet?
2. Wurden insbesondere Pensionsverpflichtungen für Neuzusagen ab 1987 vollständig passiviert?
3. Wurde das steuerliche Nachholverbot bei Pensionsrückstellungen bei Alt- und Neuzusagen berücksichtigt?
4. Wurden Steuerrückstellungen für
   - Körperschaftsteuer
   - Gewerbesteuer
   - Umsatzsteuer
   - sonstige Steuern
   korrekt berechnet und gebildet?
5. Wurde das Nachzahlungsrisiko aus laufenden Betriebsprüfungen bei der Berechnung von Steuerrückstellungen beachtet?

Mandant:	**Rückstellungen** – Erstellung ohne Prüfungshandlungen – mit Plausibilitätsbeurteilungen – mit umfassenden Prüfungshandlungen	CC – 2 –
Auftrag:		

	ja	nein	n.e.	Besonderheiten/Verweise
6. Wurden Rückstellungen für ungewisse Verbindlichkeiten in dem erforderlichen Umfang gebildet?	☐	☐	☐	
7. Wurden insbesondere passivierungspflichtige Rückstellungen gebildet für				
• Abbruchverpflichtungen,	☐	☐	☐	
• Abfindungen an langjährige Mitarbeiter,	☐	☐	☐	
• Abraumbeseitigung, die innerhalb eines Jahres nachgeholt wird,	☐	☐	☐	
• Altlastensanierung,	☐	☐	☐	
• Archivierung des Datenbestandes,	☐	☐	☐	
• Ausbildungskosten,	☐	☐	☐	
• Ausgleichsansprüche der Handelsvertreter,	☐	☐	☐	
• ausstehende Essensmarken,	☐	☐	☐	
• ausstehende Rechnungen,	☐	☐	☐	
• Berufsgenossenschaftsbeiträge,	☐	☐	☐	
• Betriebsprüfungsrisiko,	☐	☐	☐	
• Bonus- und Rabattverpflichtungen,	☐	☐	☐	
• Buchführungsarbeiten,	☐	☐	☐	
• Bürgschaftsübernahmeverpflichtungen, soweit Rückgriffsrechte nicht werthaltig,	☐	☐	☐	
• Deputate,	☐	☐	☐	
• Drohverlustrückstellungen aus schwebenden Geschäften (in Steuerbilanz nicht zulässig)				
▪ Risiken aus Lieferungs- und Leistungsverpflichtungen	☐	☐	☐	
▪ Termingeschäfte (Waren, Devisen)	☐	☐	☐	
▪ Risiken aus Dauerschuldverhältnissen	☐	☐	☐	
• Entsorgung von Verpackungen, Geräten, Materialien,	☐	☐	☐	
• Garantieverpflichtungen (Gewährleistungen),	☐	☐	☐	
• Geschäftsverlegungsrisiken,	☐	☐	☐	
• Gewinnbeteiligungszusagen, Gratifikationen, Tantiemen,	☐	☐	☐	
• Haftpflichtverbindlichkeiten, insbesondere Produkthaftpflichtrisiken,	☐	☐	☐	
• Heimfallverpflichtungen,	☐	☐	☐	
• Instandhaltung, unterlassene, die innerhalb von 3 Monaten nachgeholt wird,	☐	☐	☐	
• Jahresabschlusskosten				
▪ Interne (Personalkosten, Sachkosten, AfA)	☐	☐	☐	
▪ Externe (Berater)	☐	☐	☐	
▪ Prüfungskosten	☐	☐	☐	
• Jubiläumsaufwendungen (Neubildung/Auflösung),	☐	☐	☐	
• Konzernhaftung,	☐	☐	☐	
• Kündigungsschutz,	☐	☐	☐	
• Kulanzleistungen,	☐	☐	☐	
• latente Steuern nach § 274 HGB (in Steuerbilanz nicht zulässig),	☐	☐	☐	
• Lizenzgebühren,	☐	☐	☐	

Mandant:	**Rückstellungen** – Erstellung ohne Prüfungshandlungen – mit Plausibilitätsbeurteilungen – mit umfassenden Prüfungshandlungen	**CC** – 3 –

Auftrag:

	ja	nein	n.e.	Besonderheiten/Verweise
• Lohnfortzahlung, • Mutterschutz, • Nachbetreuungsleistungen, • noch zu erbringende Leistungen, • Pachterneuerungsverpflichtungen, • Pensionssicherungsverein, Beiträge, • Provisions- und Ausgleichsansprüche Handelsvertreter, • Prozess- und Strafverteidigungskosten, • Rekultivierungskosten, • Rücknahmeverpflichtungen w. Ausübung eines Rückgabe- oder Kündigungsrechts, • Schadensersatzverpflichtungen, • Schwerbehindertenabgabe, • Sicherheitsinspektion, • Sozialpläne, • Substanzerhaltung, • Tantiemen, Gratifikationen, Erfolgsbeteiligungen, • Überstundenabgeltung, • Umwelthaftung, • Urlaubsverpflichtungen, • Vorruhestandsleistungen • Verdienstsicherung, Wechseloblige, • Weihnachtsgeld (Besonderheiten bei abweichendem Wirtschaftsjahr), • Wiederherstellungsverpflichtungen bei Mietverhältnissen?	☐	☐	☐	
8. Wurden nicht passivierungspflichtige Rückstellungen gebildet für • unterlassene Instandhaltungen, sofern zwischen 4 und 12 Monaten nachgeholt (steuerlich nicht zulässig)? • Aufwandsrückstellungen, sofern exakt abzugrenzen, zuzuordnen und wahrscheinlich oder sicher (z.B. Großreparaturen, steuerlich nicht zulässig)?	☐	☐	☐	
9. Wurde das Abzinsungsgebot (5,5 %) beachtet (ggf. abweichende Handelsbilanz)?	☐	☐	☐	
10. Wurden die zu bildenden Rückstellungen in einem Rückstellungsspiegel in ihrer Entwicklung dargestellt?	☐	☐	☐	
11. Wurde der Rückstellungsspiegel rechnerisch horizontal und vertikal überprüft?	☐	☐	☐	
12. Wurde der Rückstellungsspiegel mit dem verbuchten Rückstellungsbetrag abgestimmt?	☐	☐	☐	
13. Wurden die Grundsätze der Bilanzierungs- und Bewertungsstetigkeit beachtet?	☐	☐	☐	
14. Wurden die Zuführungs- und Inanspruchnahmebeträge mit dem in der Gewinn- und Verlustrechnung ausgewiesenen Aufwand und die Auflösungsbeträge mit dem in der Gewinn- und Verlustrechnung ausgewiesenen Ertrag abgestimmt?	☐	☐	☐	

Mandant:	Rückstellungen – Erstellung ohne Prüfungshandlungen – mit Plausibilitätsbeurteilungen – mit umfassenden Prüfungshandlungen	CC – 4 –

Auftrag:

	ja	nein	n.e.	Besonderheiten/Verweise
15. Sind Sie zu dem Ergebnis gekommen, dass der Ausweis der Rückstellungen aus den vorliegenden Unterlagen und Informationen normgerecht abgeleitet wurde?	☐	☐	☐	
III Vorbereitende Maßnahmen bei Plausibilitätsbeurteilungen und umfassenden Prüfungsmaßnahmen				
16. (Bei Plausibilitätsbeurteilungen:) Wurden nach Maßgabe des Arbeitspapiers Z 30 die vorbereitenden Maßnahmen für Plausibilitätsbeurteilungen veranlasst?	☐	☐	☐	
17. (Bei umfassenden Prüfungshandlungen:) Wurde in dem Arbeitspapier Z 40 ff. für die Rückstellungen die erforderliche Prüfungssicherheit sowie unter Berücksichtigung der Wahrscheinlichkeit von Fehlerrisiken und -hypothesen der Prüfungsumfang und die Prüfungsintensität abschließend bestimmt? Beurteilung der erforderlichen Prüfungssicherheit: **gut / mittel / schlecht*** * (nicht zutreffendes bitte streichen)	☐	☐	☐	
IV Maßnahmen zur Beurteilung der Plausibilität				
18. Haben Sie durch Befragung festgestellt, ob das Mengengerüst für die Errechnung der Pensionsrückstellungen durch den Versicherungsmathematiker entsprechend den Regelungen der erteilten Einzelzusagen / der betrieblichen Pensionsverordnung ermittelt worden ist?	☐	☐	☐	
19. Haben Sie aufgrund der vorliegenden Steuerbescheide die Entwicklung der Steuerrückstellungen analysiert?	☐	☐	☐	
20. Haben Sie durch Befragung festgestellt, ob im Berichtszeitraum steuerliche Außenprüfungen durchgeführt worden sind und die Bildung erforderlicher Rückstellungen für evtl. Steuernachzahlungen erfolgte?	☐	☐	☐	
21. Haben Sie anhand der Bilanzierungen übrige Anhaltspunkte dafür gefunden, ob die Bildung einer Rückstellung für latente Steuern oder deren Veränderung zu veranlassen ist?	☐	☐	☐	
22. Haben Sie sich durch Befragung oder in sonstiger Weise davon vergewissert, dass die Rückstellungen für ungewisse Verpflichtungen plausibel sind?	☐	☐	☐	
23. Haben Sie durch Befragung festgestellt, ob Rechtsstreitigkeiten bestehen oder drohen?	☐	☐	☐	
24. Haben Sie durch Befragung festgestellt, ob Verluste aus abgeschlossenen Geschäften oder Inanspruchnahmen aus Bürgschaften drohen und Abfindungsverpflichtungen gegenüber Belegschaftsmitgliedern bestehen?	☐	☐	☐	

Mandant:	**Rückstellungen**	CC
	– Erstellung ohne Prüfungshandlungen – mit Plausibilitätsbeurteilungen – mit umfassenden Prüfungshandlungen	– 5 –

Auftrag:

	ja	nein	n.e.	Besonderheiten/Verweise
25. Haben Sie die Salden wesentlicher korrespondierender Aufwandskonten mit den Salden der zurückliegenden vergleichbaren Perioden verglichen?	☐	☐	☐	
26. Haben Sie durch Befragung festgestellt, ob wesentliche angabepflichtige Haftungsverhältnisse (§251 HGB) aus Bürgschaften, Kreditaufträgen, Wechselindossierungen, Gewährleistungen und Sicherheitsbestellungen für fremde Verbindlichkeiten bestehen?	☐	☐	☐	
27. Sonstige Maßnahmen?	☐	☐	☐	
28. *Bestehen nach Ihren Plausibilitätsbeurteilungen an der Ordnungsmäßigkeit der zugrunde liegenden Bücher und Nachweise keine Zweifel?*	☐	☐	☐	

Plausibilitätsbeurteilungen

Mandant:	Rückstellungen für Pensionen und ähnliche Verpflichtungen – Zusätzliche Arbeitshilfe bei Erstellung mit umfassenden Prüfungshandlungen	CC I

Auftrag:

	Mitarbeiter	Berichtskritik	verantwortlicher Berufsangehöriger
Name / Unterschrift Datum			

umfassende Prüfungshandlungen

	ja	nein	n.e.	Besonderheiten/Verweise
I Beurteilung des internen Kontrollsystems				
1. Existiert eine Ablauforganisation, die gewährleistet, dass sämtliche Informationen über eine eventuell erforderliche Rückstellungsbildung dem Rechnungswesen zur Kenntnis gelangen?	☐	☐	☐	
2. Liegt der Rückstellung ein vollständiges und laufend fortgeschriebenes Mengengerüst zugrunde?	☐	☐	☐	
3. Wird aus dem Mengengerüst ein Rückstellungsspiegel abgeleitet?	☐	☐	☐	
4. Wird der Rückstellungsspiegel unterjährig fortgeschrieben?	☐	☐	☐	
5. Beurteilung des internen Kontrollsystems **gut / mittel / schlecht*** * (nicht zutreffendes bitte streichen)				
6. Wurde das vorstehende Urteil berücksichtigt a) in der Risikoanalyse?	☐	☐	☐	
b) bei Prüfungsumfang und -intensität der ausgewählten Prüfungshandlungen?	☐	☐	☐	
7. Ergeben sich durch das vorstehende Urteil Änderungen der Risikoanalyse? Wenn ja: Beurteilung der geänderten Prüfungssicherheit: **gut / mittel / schlecht*** * (nicht zutreffendes bitte streichen)	☐	☐	☐	
II Prüfung des Nachweises				
8. Liegt zum Stichtag ein Bestandsnachweis oder eine Aufgliederung auf alle unmittelbaren Einzelzusagen und ungedeckten mittelbaren Zusagen (über eine Unterstützungskasse) in Form eines Rückstellungsspiegels vor?	☐	☐	☐	
9. Wurden die Werte des Rückstellungsspiegels wie folgt abgestimmt: • Der Stand am Beginn des Geschäftsjahres mit den Konten der Eröffnungsbilanz?	☐	☐	☐	
• Die in der Rechnungsperiode erfolgten Abbuchungen aus dem Verbrauch bzw. der Inanspruchnahme der einzelnen Rückstellungen durch Abstimmung von Buchung und Beleg? Wurden zusätzlich die zugehörigen Konten der Gewinn- und Verlustrechnung auf möglicherweise unterlassene Verbuchungen von Inanspruchnahmen der Rückstellungen überprüft?	☐	☐	☐	

Mandant:	Rückstellungen für Pensionen und ähnliche Verpflichtungen – Zusätzliche Arbeitshilfe bei Erstellung mit umfassenden Prüfungshandlungen	CC I – 2 –

Auftrag:

	ja	nein	n.e.	Besonderheiten/Verweise
• Die Abbuchungen aufgrund von Auflösungen von Restbeständen der Rückstellungen mit dem in der Gewinn- und Verlustrechnung ausgewiesenen Ertrag?	☐	☐	☐	
• Die Zuführungsbeträge mit dem in der Gewinn- und Verlustrechnung ausgewiesenen Aufwand?	☐	☐	☐	
• Der Stand in der zu prüfenden Bilanz durch Abstimmung des nachgewiesenen Rückstellungsbetrages mit dem als Rückstellung verbuchten Betrag?	☐	☐	☐	
10. Wurde die Rückstellungsbildung progressiv anhand von Pensionszusagen (Einzelzusagen, Betriebsvereinbarungen, tarifliche Versorgungsregelungen) sowie der Gehaltsunterlagen überprüft?	☐	☐	☐	
11. Wurden die Daten des Mengengerüstes, die in die Berechnung Eingang gefunden haben • lückenlos, • in Stichproben, • unter Hinzuziehung der zivilrechtlich und steuerrechtlich wirksamen Unterlagen (Pensionszusagen, Tarifvertrag, Betriebsvereinbarung nach Maßgabe von R 41 EStR) auf ihre Vollständigkeit und Richtigkeit überprüft,	☐ ☐ ☐	☐ ☐ ☐	☐ ☐ ☐	
Wurde zur Kontrolle der vollständigen Erfassung überprüft, • ob alle Pensionsansprüche (laufende Pensionen und Pensionsanwartschaften) erfasst sind und • ob keine Rückstellungen zu Unrecht im Bestandsnachweis aufgenommen wurden? • Wurde hierbei beachtet, dass ausgeschiedene Mitarbeiter unverfallbare Anwartschaften haben können, für die bei fortbestehenden Pensionsansprüchen weiter Rückstellungen zu bilden sind?	☐ ☐ ☐	☐ ☐ ☐	☐ ☐ ☐	
Wurden zur Kontrolle der richtigen Erfassung der für die Rechnung relevanten Daten die der Berechnung zugrunde gelegten Daten mit den Personalakten abgestimmt?	☐	☐	☐	
12. Soweit die Rückstellungshöhe durch ein weiteres Gutachten kontrolliert werden muss, wurden die folgenden Daten für jeden Einzelfall zusammengestellt: • Name oder Personalnummer, • Geschlecht, • Geburtsdatum, • Eintrittsdaten (Eintrittsdatum aufgrund der Zusage, Eintrittsdatum zur Berechnung des steuerlichen Teilwerts nach H 41 Abs. 13 EStR und Eintrittsdatum für die Ermittlung des Zeitpunkts der Unverfallbarkeit, • Datum der Zusage,	☐ ☐ ☐ ☐ ☐	☐ ☐ ☐ ☐ ☐	☐ ☐ ☐ ☐ ☐	

umfassende Prüfungshandlungen

	Mandant:	**Rückstellungen für Pensionen und ähnliche Verpflichtungen** – Zusätzliche Arbeitshilfe bei Erstellung mit umfassenden Prüfungshandlungen	**CC I** – 3 –
	Auftrag:		

		ja	nein	n.e.	Besonderheiten/Verweise
	• Status (tätige Anwärter mit unverfallbarem Anspruch, ausgeschiedene Anwärter, Altersrentner, Invalidenrentner, Witwen, Waisen),	☐	☐	☐	
	• Zeitpunkt der Statusänderung,				
	• pensionsberechtigte Bezüge,				
	• Höhe des Anspruchs,				
	• Höhe einer Witwenrente,				
	• Höhe einer Waisenrente,				
	• Pensionierungsalter,				
	• Tod eines pensionsberechtigten Familienangehörigen,	☐	☐	☐	
	• Ausscheiden eines Berechtigten mit unverfallbarem Anspruch,	☐	☐	☐	
	• Aufhebung des Pensionsvertrages?	☐	☐	☐	
	13. Sind Sie zu dem Ergebnis gekommen, dass die ausgewiesene Position vollständig ausgewiesen wird, die ihr zugrunde liegenden Posten vorhanden und dem bilanzierenden Unternehmen zuzurechnen sind?	☐	☐	☐	

III Prüfung der Bewertung

		ja	nein	n.e.	Besonderheiten/Verweise
	14. Bei Berechnung der Rückstellung durch versicherungsmathematische Sachverständige: • Hat der Sachverständige ▪ die Bewertungsmethode und ▪ den Rechnungszinsfuß entsprechend den handelsrechtlichen Anforderungen zutreffend angesetzt?	☐	☐	☐	
	• Ist die Berechnung im Vergleich zum Vorjahresgutachten plausibel?	☐	☐	☐	
	15. Bei Berechnung der Rückstellung durch das Unternehmen: • Haben Sie sich davon überzeugt, ob der Berechnung ein anerkanntes mathematisches Verfahren zugrunde liegt, und ob die Berechnung fachgerecht erfolgte? Falls nein: Wurde ein Sachverständiger zugezogen?	☐	☐	☐	
	16. Wurde bei allen unmittelbaren Zusagen und bei allen mittelbaren Zusagen (über eine Unterstützungskasse) ein eventueller Fehlbetrag nach den gleichen Bewertungsgrundsätzen wie die Rückstellungen ermittelt?	☐	☐	☐	
	17. Wurde bei Kapitalgesellschaften darauf geachtet, ob verdeckte Gewinnausschüttungen vorliegen und ob eventuelle Steuerbelastungen hieraus zutreffend bilanziert wurden?	☐	☐	☐	
	18. Stimmt der handelsrechtliche Ansatz mit dem steuerrechtlichen Ansatz überein?	☐	☐	☐	

Mandant:	Rückstellungen für Pensionen und ähnliche Verpflichtungen – Zusätzliche Arbeitshilfe bei Erstellung mit umfassenden Prüfungshandlungen	CC I – 4 –

Auftrag:

	ja	nein	n.e.	Besonderheiten/Verweise
19. Wurden bei Abweichungen zwischen dem Ansatz nach Handels- und Steuerrecht (z. B. durch Verwendung eines niedrigeren Rechnungszinsfußes) der Differenzbetrag ermittelt und bei Kapital- und KapCo-Gesellschaften das Wahlrecht zur Aktivierung latenter Steuern gem. § 274 Abs. 2 HGB beachtet?	☐	☐	☐	
20. Sind Sie zu dem Ergebnis gekommen, dass die ausgewiesene Position				
• entsprechend den handelsrechtlichen Vorschriften,				
• entsprechend den steuerrechtlichen Vorschriften bewertet wurde?	☐	☐	☐	
Bei Abweichungen:				Vereinzelung der Abweichungen s. unter ...

IV Prüfung des Ausweises

Bei sämtlichen Unternehmen

21. Wurden die Gegenbuchungen zu der Auflösung, dem Verbrauch und der Zuführung zutreffend in der GuV ausgewiesen? ☐ ☐ ☐

22. Wurde das Saldierungsverbot mit dem Aktivwert einer eventuellen Rückdeckungsversicherung beachtet? ☐ ☐ ☐

Bei Kapital- und KapCo-Gesellschaften (unabhängig von der Größenordnung)

23. Wurden die Gegenbuchungen zutreffend erfasst und zwar
    - die Inanspruchnahme der Rückstellungen unter den „sonstigen betrieblichen Erträgen", soweit diese nicht als Gegenposten zu den Mehraufwendungen zu buchen sind? ☐ ☐ ☐
    - die Erträge aus der Auflösung von Rückstellungen unter der Position „sonstige betriebliche Erträge"? ☐ ☐ ☐
    - die Zuführung zu den Rückstellungen unter den „Aufwendungen für Altersversorgung"? ☐ ☐ ☐

24. Wurden beim Ausweis im Jahresabschluss (Anhang) beachtet:
    a) Angabe der angewandten Bilanzierungs- und Bewertungsmethoden sowie die Begründung ihrer Änderungen, § 284 Abs. 2 Nr. 1, 3 HGB? ☐ ☐ ☐
    b) Angabe von Einflüssen evtl. Bilanzierungs- und Bewertungsänderungen auf die Vermögens-, Finanz- und Ertragslage? ☐ ☐ ☐
    c) Angabe der Grundlage einer eventuellen Währungsumrechnung, § 284 Abs. 2 Nr. 2 HGB? ☐ ☐ ☐

Mandant:	Rückstellungen für Pensionen und ähnliche Verpflichtungen – Zusätzliche Arbeitshilfe bei Erstellung mit umfassenden Prüfungshandlungen	CC I – 5 –
Auftrag:		

umfassende Prüfungshandlungen

	ja	nein	n.e.	Besonderheiten/Verweise
d) Erläuterung der Rückstellungen im Anhang, soweit sie nicht gesondert ausgewiesen werden und einen nicht unerheblichen Umfang haben?	☐	☐	☐	
e) Angabe der unterlassenen Rückstellungen für unmittelbare und mittelbare Pensionsverpflichtungen sowie ähnlichen Verpflichtungen in einem Betrag?	☐	☐	☐	

Mittelgroße und große Kapital- und KapCo-Gesellschaften (zusätzlich)

25. Werden die „Rückstellungen für Pensionen" und „sonstige Verpflichtungen" getrennt von den Steuerrückstellungen und den sonstigen Rückstellungen ausgewiesen? ☐ ☐ ☐

26. Wurden die Berichtspflichten zur Altersversorgung der früheren Mitglieder des Geschäftsführungsorgans erfüllt? ☐ ☐ ☐

27. Wurden eventuell bestehende Berichtspflichten im Lagebericht beachtet? ☐ ☐ ☐

28. *Sind Sie zu dem Ergebnis gekommen, dass für die ausgewiesene Position sämtliche handelsrechtlichen Ausweisvorschriften beachtet wurden?* ☐ ☐ ☐

V   Sonstige Prüfungshandlungen

Mandant:	**Steuerrückstellungen** – Zusätzliche Arbeitshilfe bei Erstellung mit umfassenden Prüfungshandlungen	**CC II** – 1 –

Auftrag:

	Mitarbeiter	Berichtskritik	verantwortlicher Berufsangehöriger
Name / Unterschrift Datum			

	ja	nein	n.e.	Besonderheiten/Verweise

I Beurteilung des internen Kontrollsystems

1. Existiert eine Ablauforganisation, die gewährleistet, dass sämtliche Informationen über eine eventuell erforderliche Rückstellungsbildung dem Rechnungswesen zur Kenntnis gelangen? ☐ ☐ ☐
2. Wird der Rückstellungsspiegel unterjährig fortgeschrieben? ☐ ☐ ☐
3. Beurteilung des internen Kontrollsystems **gut / mittel / schlecht***
   * (nicht zutreffendes bitte streichen)
4. Wurde das vorstehende Urteil berücksichtigt
   a) in der Risikoanalyse? ☐ ☐ ☐
   b) bei Prüfungsumfang und -intensität der ausgewählten Prüfungshandlungen? ☐ ☐ ☐
5. Ergeben sich durch das vorstehende Urteil Änderungen der Risikoanalyse? ☐ ☐ ☐
   Wenn ja: Beurteilung der geänderten Prüfungssicherheit:
   gut / mittel / schlecht*
   * (nicht zutreffendes bitte streichen)

II Prüfung des Nachweises

6. Liegt zum Stichtag ein Bestandsnachweis in Form eines Rückstellungsspiegels vor? ☐ ☐ ☐
7. Wurde von der Gesellschaft, hilfsweise von Ihnen zur weiteren Überprüfung des Rückstellungsspiegels vorbereitet:
   - Eine Aufgliederung des Steuerausweises in der Gewinn- und Verlustrechnung unter Kennzeichnung des etwaigen Steueraufwandes für Vorjahre in einer Vorspalte? ☐ ☐ ☐
   - Eine Übersicht über den Stand des Veranlagungsverfahrens zum Prüfungszeitpunkt unter Angabe des Datums für die in Betracht kommenden Steuerarten? ☐ ☐ ☐
   - Eine Abstimmung der Steuerzahlungen mit den lt. Steuerbescheiden / Vorauszahlungsbescheiden angeforderten Beträgen? ☐ ☐ ☐
   - Eine Abstimmung mit den Auszügen der Finanzkassen? ☐ ☐ ☐
   - Eine Aufgliederung für jede Steuerart nach
     ▪ Zahlungen für das Berichtsjahr? ☐ ☐ ☐
     ▪ Zahlungen für Vorjahre (nach Jahren)? ☐ ☐ ☐
     ▪ Erstattungen, vereinnahmt (nach Jahren)? ☐ ☐ ☐

umfassende Prüfungshandlungen

Mandant:	Steuerrückstellungen – Zusätzliche Arbeitshilfe bei Erstellung mit umfassenden Prüfungshandlungen	**CC II** – 2 –

Auftrag:

umfassende Prüfungshandlungen

	ja	nein	n.e.	Besonderheiten/Verweise
▪ passivierter Nachzahlungsaufwand?	☐	☐	☐	
▪ aktivierter Erstattungsbetrag?	☐	☐	☐	
8. Wurden die Werte des Rückstellungsspiegels für jede einzelne Steuerrückstellung wie folgt abgestimmt:				
• Der Stand am Beginn des Geschäftsjahres mit den Konten der Eröffnungsbilanz?	☐	☐	☐	
• Die in der Rechnungsperiode erfolgten Abbuchungen aus dem Verbrauch bzw. der Inanspruchnahme der einzelnen Rückstellungen durch Abstimmung von Buchung und Beleg?	☐	☐	☐	
Wurden zusätzlich die Konten des Steueraufwands auf möglicherweise unterlassene Verbuchungen von Inanspruchnahmen der Rückstellungen überprüft?	☐	☐	☐	
• Die Abbuchungen aufgrund von Auflösungen von Restbeständen der Rückstellungen mit dem in der Gewinn- und Verlustrechnung ausgewiesenen Ertrag?	☐	☐	☐	
• Die Zuführungsbeträge mit dem in der Gewinn- und Verlustrechnung ausgewiesenen Aufwand?	☐	☐	☐	
• Der Stand in der zu prüfenden Bilanz durch Abstimmung des nachgewiesenen Rückstellungsbetrages mit dem als Rückstellung verbuchten Betrag?	☐	☐	☐	
9. Wurde die Rückstellungsbildung progressiv anhand folgender Unterlagen überprüft:				
• Steuerschätzungen oder -berechnungen	☐	☐	☐	
• Steuererklärungen	☐	☐	☐	
• Steuerbescheide	☐	☐	☐	
• Buchhaltung (für Steuerzahlungen)	☐	☐	☐	
• Warenforderungen für Umsatzsteuer bei Istversteuerung	☐	☐	☐	
• Ertragsteuerrisiken				
▪ verdeckte Gewinnausschüttungen	☐	☐	☐	
▪ verdeckte Einlagen	☐	☐	☐	
▪ Einhaltung angemessener Konditionen zu nahe stehenden Personen (arm's length-Preise)	☐	☐	☐	
▪ Beachtung von Formvorschriften				
♦ gesonderte Konten für Aufwendungen i.S.v. § 4 Abs. 5 EStG	☐	☐	☐	
♦ erforderliche Spendenbescheinigungen, ggf. Fehlliste anlegen	☐	☐	☐	
♦ erforderliche Steuerfreistellungs- oder Anrechnungsbescheinigungen, ggf. Fehlliste anlegen	☐	☐	☐	
• Umsatzsteuerrisiken				
▪ erforderliche Aufzeichnungen und buchmäßige Nachweise für Steuerfreiheit von Ausfuhrlieferungen und -leistungen	☐	☐	☐	
▪ Versteuerung des Entnahme-Eigenverbrauchs	☐	☐	☐	

Mandant:	**Steuerrückstellungen** – Zusätzliche Arbeitshilfe bei Erstellung mit umfassenden Prüfungshandlungen	CC II – 3 –

Auftrag:

	ja	nein	n.e.	Besonderheiten/Verweise
▪ Versteuerung bei Vorteilsgewährung am Arbeitnehmer	☐	☐	☐	
▪ Anforderungen für Vorsteuerabzug	☐	☐	☐	
● Lohnsteuerrisiken				
▪ richtige Erfassung der Reisekosten	☐	☐	☐	
▪ unangemessene Fahrtkostenerstattungen bei Fahrten zwischen Wohnung und Arbeitsstätte	☐	☐	☐	
▪ zutreffende Behandlung der an Arbeitnehmer geleistete Auslösung	☐	☐	☐	
▪ richtige Erfassung von geldwerten Vorteilen an Arbeitnehmer (z.B. private Pkw-Nutzung)	☐	☐	☐	
▪ sachliche und formelle Anforderungen an Lohnsteuerpauschalierungen	☐	☐	☐	
10. Erfolgte im Fall von Gewinnausschüttungen				
● die Anmeldung und Abführung von Kapitalertragsteuer sowie die Beachtung der dabei geltenden Fristvorschriften?	☐	☐	☐	
● die Beantragung von (Teil-)Erstattungen der Kapitalertragsteuer nach den maßgebenden DBA, sofern die Ausschüttung an ausländische Gesellschafter erfolgt ist?	☐	☐	☐	
11. Erstreckte sich die Prüfung auf die Anmeldung und Abführung von Abzugsteuern, insbesondere bei				
● Vergütungen an beschränkt steuerpflichtige Aufsichtsratsmitglieder?	☐	☐	☐	
● Vergütungen nach § 50 a Abs. 4 EStG (Lizenzgebühren, Know-how, etc.) an beschränkt Steuerpflichtige, sofern für diese Fälle nicht eine vom Bundesamt für Finanzen ausgestellte Freistellungsbescheinigung vorliegt?	☐	☐	☐	
● Bauleistungen nach dem Gesetz zur Abzugsbesteuerung bei Bauleistungen?	☐	☐	☐	
● Vergütungen auf typisch stille Beteiligungen und partiarische Darlehen?	☐	☐	☐	
12. Wurden für erkennbare Steuerrisiken aus abgeschlossenen und laufenden steuerlichen Außenprüfungen, schwebenden Verfahren sowie Änderungen der Rechtsprechung ausreichend Rückstellungen gebildet?	☐	☐	☐	
13. Sind Sie zu dem Ergebnis gekommen, dass die ausgewiesene Position vollständig ausgewiesen wird, die ihr zugrunde liegenden Posten vorhanden und dem bilanzierenden Unternehmen zuzurechnen sind?	☐	☐	☐	
III Prüfung der Bewertung				
14. Sind die der Bemessung der Rückstellungen zugrunde liegenden Steuerberechnungen ● rechnerisch, ● inhaltlich zutreffend?	☐	☐	☐	

umfassende Prüfungshandlungen

Mandant:	**Steuerrückstellungen**
	– Zusätzliche Arbeitshilfe bei Erstellung mit umfassenden Prüfungshandlungen

CC II – 4 –

Auftrag:

	ja	nein	n.e.	Besonderheiten/Verweise

15. Sind die zugrunde gelegten Daten vollständig und richtig?

16. Wurden bei Risiken aus laufenden steuerlichen Außenprüfungen oder schwebenden Verfahren Wahrscheinlichkeiten im Hinblick auf die Höhe der Rückstellungen zutreffend berücksichtigt?
    Wurden insoweit wertaufhellende Erkenntnisse zur Zeit der Bilanzierung auf die Rückstellungs-bewertung zutreffend berücksichtigt?

17. *Sind Sie zu dem Ergebnis gekommen, dass die ausgewiesene Position*
    - *entsprechend den handelsrechtlichen Vorschriften,*
    - *entsprechend den steuerrechtlichen Vorschriften bewertet wurde?*
    Bei Abweichungen:

    Vereinzelung der Abweichungen s. unter ...

IV Prüfung des Ausweises

Bei sämtlichen Unternehmen

18. Wurden die Gegenbuchungen zutreffend in der GuV erfasst?

Bei Kapital- und KapCo-Gesellschaften (unabhängig von der Größenordnung)

19. Wurden die Gegenbuchungen zutreffend erfasst und zwar
    - die Inanspruchnahme der Rückstellungen und
    - die Erträge aus der Auflösung von Rückstellungen unter der Position „Steuern von Einkommen und Ertrag" oder „sonstige Steuern" ausgewiesen?

20. Wurden im Anhang oder in der GuV die Belastung des ordentlichen und außerordentlichen Ergebnisses durch die Steuern vom Einkommen und vom Ertrag angegeben (§ 285 Nr. 6 HGB)?

21. Soweit Saldierungen von Steuererträgen mit Steueraufwendungen in größerem Umfang zulässigerweise vorgenommen wurden, ist die periodengerechte Darstellung in der GuV oder im Anhang sichergestellt?

22. Wurden bei Organschaftsverhältnissen die weiterbelasteten Steuern bei der Untergesellschaft als Steueraufwand offen ausgewiesen?

23. Wurden beim Ausweis im Jahresabschluss (Anhang) beachtet:
    a) Angabe der angewandten Bilanzierungs- und Bewertungsmethoden sowie die Begründung ihrer Änderungen, § 284 Abs. 2 Nr. 1, 3 HGB?
    b) Angabe von Einflüssen evtl. Bilanzierungs- und Bewertungsänderungen auf die Vermögens-, Finanz- und Ertragslage?

umfassende Prüfungshandlungen

	Mandant:	Steuerrückstellungen – Zusätzliche Arbeitshilfe bei Erstellung mit umfassenden Prüfungshandlungen	CC II – 5 –

Auftrag:

	ja	nein	n.e.	Besonderheiten/Verweise
c) Erläuterung der Rückstellungen im Anhang, soweit sie nicht gesondert ausgewiesen werden und einen nicht unerheblichen Umfang haben?	☐	☐	☐	
Mittelgroße und große Kapital- und KapCo-Gesellschaften (zusätzlich)				
24. Werden die „Steuerrückstellungen" getrennt von den Pensionsrückstellungen und sonstigen Rückstellungen ausgewiesen?	☐	☐	☐	
25. Wurden eventuell bestehende Berichtspflichten im Lagebericht beachtet?	☐	☐	☐	
26. *Sind Sie zu dem Ergebnis gekommen, dass für die ausgewiesenen Positionen sämtliche handelsrechtlichen Ausweisvorschriften beachtet wurden?*	☐	☐	☐	

V Sonstige Prüfungshandlungen

Mandant:	**Sonstige Rückstellungen** – Zusätzliche Arbeitshilfe bei Erstellung mit umfassenden Prüfungshandlungen	**CC III** – 1 –

Auftrag:

	Mitarbeiter	Berichtskritik	verantwortlicher Berufsangehöriger
Name / Unterschrift Datum			

umfassende Prüfungshandlungen

	ja	nein	n.e.	Besonderheiten/Verweise
I Beurteilung des internen Kontrollsystems				
1. Existiert eine Ablauforganisation, die gewährleistet, dass sämtliche Informationen über eine eventuell erforderliche Rückstellungsbildung dem Rechnungswesen zur Kenntnis gelangen und zwar getrennt nach den einzelnen Fachbereichen, insbesondere den Fachbereichen Einkauf, Verkauf, Personal und Recht?	☐	☐	☐	
2. Existieren Aufstellungen über Verträge, die zum Bilanzstichtag von keiner Seite erfüllt sind?	☐	☐	☐	
3. Wird mindestens einmal jährlich eine Bestandsaufnahme der rückstellungspflichtigen Sachverhalte vorgenommen und in einem Rückstellungsspiegel erfasst?	☐	☐	☐	
4. Wird der Rückstellungsspiegel unterjährig fortgeschrieben?	☐	☐	☐	
5. Beurteilung des internen Kontrollsystems **gut / mittel / schlecht*** * (nicht zutreffendes bitte streichen)				
6. Wurde das vorstehende Urteil berücksichtigt a) in der Risikoanalyse?	☐	☐	☐	
b) bei Prüfungsumfang und -intensität der ausgewählten Prüfungshandlungen?	☐	☐	☐	
7. Ergeben sich durch das vorstehende Urteil Änderungen der Risikoanalyse? Wenn ja: Beurteilung der geänderten Prüfungssicherheit: **gut / mittel / schlecht*** * (nicht zutreffendes bitte streichen)	☐	☐	☐	
II Prüfung des Nachweises				
8. Liegt zum Stichtag ein Bestandsnachweis in Form eines Rückstellungsspiegels vor?	☐	☐	☐	
9. Wurden die Werte des Rückstellungsspiegels wie folgt abgestimmt:	☐	☐	☐	
• Der Stand am Beginn des Geschäftsjahres mit den Konten der Eröffnungsbilanz?	☐	☐	☐	
• Die in der Rechnungsperiode erfolgten Abbuchungen aus dem Verbrauch bzw. der Inanspruchnahme der einzelnen Rückstellungen durch Abstimmung von Buchung und Beleg?	☐	☐	☐	

Mandant:	Sonstige Rückstellungen – Zusätzliche Arbeitshilfe bei Erstellung mit umfassenden Prüfungshandlungen	CC III – 2 –

Auftrag:

	ja	nein	n.e.	Besonderheiten/Verweise
Wurden zusätzlich die zugehörigen Konten der Gewinn- und Verlustrechnung auf möglicherweise unterlassene Verbuchungen von Inanspruchnahmen der Rückstellungen überprüft?	☐	☐	☐	
• Die Abbuchungen aufgrund von Auflösungen von Restbeständen der Rückstellungen mit dem in der Gewinn- und Verlustrechnung ausgewiesenen Ertrag?	☐	☐	☐	
Wurde darauf geachtet, dass Restbestände nicht für die Bildung neuer Rückstellungen verwandt werden, da ansonsten ordentliche Aufwendungen mit außerordentlichen Erträgen saldiert werden (Ausnahme: Der Rückstellungsbedarf bezieht sich auf frühere Geschäftsjahre und betrifft dieselbe Aufwandsart?)	☐	☐	☐	
• Die Zuführungsbeträge mit dem in der Gewinn- und Verlustrechnung ausgewiesenen Aufwand?	☐	☐	☐	
• Der Stand in der zu prüfenden Bilanz durch Abstimmung des nachgewiesenen Rückstellungsbetrages mit dem als Rückstellung verbuchten Betrag?	☐	☐	☐	
10. Wurde die Rückstellungsbildung progressiv anhand folgender Unterlagen überprüft: a) Rückstellungen für ungewisse Verbindlichkeiten				
• Durchsicht der Buchhaltung in neuer Rechnung auf Geschäftsvorfälle des alten Jahres,	☐	☐	☐	
• Einzelverträge, wie Miet- und Pachtverträge, Anstellungsverträge mit Mitarbeitern, Ausbildungsverträge, Handelsvertreterverträge, Abnahme- und Lieferverträge, Bürgschaftsverträge, Erbpachtverträge,	☐	☐	☐	
• Betriebsvereinbarungen, Tarifverträge,	☐	☐	☐	
• Prozessakten,	☐	☐	☐	
• vor Beginn der Prüfung erbetene Anwaltsbestätigung (Muster s. Z 55),	☐	☐	☐	
• Protokolle der Organe des zu prüfenden Unternehmens,	☐	☐	☐	
• Bescheide der Berufsgenossenschaft,	☐	☐	☐	
• Beitragsbescheide des Pensionssicherungsvereins,	☐	☐	☐	
• Wechselkopierbuch,	☐	☐	☐	
• Statistiken über Kulanzleistungen, Urlaubsinanspruchnahme, durchzuführende Inspektionen,	☐	☐	☐	
• Kalkulationen über die Kosten der Jahresabschlusserstellung,	☐	☐	☐	
• Unterlagen über Devisentermingeschäfte,	☐	☐	☐	
• Protokolle, Berichte über noch nicht abgeschlossene Betriebsprüfungen	☐	☐	☐	
• etc.				

Mandant:	Sonstige Rückstellungen – Zusätzliche Arbeitshilfe bei Erstellung mit umfassenden Prüfungshandlungen	CC III – 3 –

Auftrag:

	ja	nein	n.e.	Besonderheiten/Verweise
b) Gewährleistungsrückstellungen				
• Gewährleistungsverträge,	☐	☐	☐	
• erteilte Gutschriften,	☐	☐	☐	
• langfristige Abnahme- und Lieferverträge,	☐	☐	☐	
• Protokolle der Organe der Gesellschaft,	☐	☐	☐	
• Buchhaltung und Belege in neuer Rechnung,	☐	☐	☐	
• Garantiebedingungen,	☐	☐	☐	
• Gewährleistungsbedingungen,	☐	☐	☐	
• Aufzeichnungen der in der Vergangenheit tatsächlich gegebenen Inanspruchnahmen,	☐	☐	☐	
• Dauerarbeitspapiere über Berechnungsgrundlagen in der Vergangenheit	☐	☐	☐	
c) Drohverlustrückstellungen				
• Verträge (s. oben), insbesondere Vertragsunterlagen für Devisentermingeschäfte,	☐	☐	☐	
• Nebenbücher für Devisentermingeschäfte,	☐	☐	☐	
• Saldenbestätigung,	☐	☐	☐	
• Prozessakten,	☐	☐	☐	
• Bestätigungsschreiben der Rechtsanwälte (Muster s. Z 55).	☐	☐	☐	
• Kalkulationsunterlagen des zu prüfenden Unternehmens	☐	☐	☐	
• etc.				
d) Aufwandsrückstellungen				
• Instandhaltungspläne,	☐	☐	☐	
• Inspektionspläne, -hefte,	☐	☐	☐	
• statistische Daten über Instandhaltungsbedarf in der Vergangenheit,	☐	☐	☐	
• Inventur des Instandhaltungsbedarfs, sofern vorhanden,	☐	☐	☐	
• Protokolle der Organe über beabsichtigte Großreparaturen, Entsorgungsmaßnahmen, Umstrukturierungsmaßnahmen oder über die Verschiebung von Forschungs- und Entwicklungsmaßnahmen,	☐	☐	☐	
• Planungen der Gesellschaft für Forschungs- und Entwicklungsmaßnahmen?	☐	☐	☐	
11. Sind Sie zu dem Ergebnis gekommen, dass die ausgewiesene Position vollständig ausgewiesen wird, die ihr zugrunde liegenden Vermögensgegenstände vorhanden und dem bilanzierenden Unternehmen zuzurechnen sind?	☐	☐	☐	
III Prüfung der Bewertung				
12. Sind bei Bewertungsprognosen die zugrunde gelegten Daten vollständig und richtig?	☐	☐	☐	
13. Wurden Wahrscheinlichkeiten im Hinblick auf die Höhe der Rückstellungen zutreffend berücksichtigt?	☐	☐	☐	

umfassende Prüfungshandlungen

Mandant:	**Sonstige Rückstellungen** – Zusätzliche Arbeitshilfe bei Erstellung mit umfassenden Prüfungshandlungen	**CC III** – 4 –

Auftrag:

	ja	nein	n.e.	Besonderheiten/Verweise
14. Wurden wertaufhellende Erkenntnisse zur Zeit der Bilanzierung sowie deren Einfluss auf die Rückstellungsbewertung berücksichtigt?	☐	☐	☐	
15. Wurden die Besonderheiten der einzelnen Rückstellungsarten bei der Bewertung hinreichend beachtet?	☐	☐	☐	
a) Rückstellungen für ungewisse Verbindlichkeiten • Erfolgte eine ▪ lückenlose ▪ stichprobenweise (Angabe der Stichproben) Prüfung der Berechnungsunterlagen anhand der in Betracht kommenden Verträge bzw. Rechtsgrundlagen?	☐	☐	☐	
• Erfolgte bei einer Pauschalbewertung die Prüfung in Form einer Plausibilitätsprüfung anhand von Vergangenheitswerten ▪ lückenlos oder ▪ in Stichproben? (Hinweis auf die Stichprobe)	☐	☐	☐	
b) Gewährleistungsrückstellung • Wurden die voraussichtlich anfallenden Aufwendungen ▪ lückenlos, ▪ in Stichproben (Angabe der Stichproben) nachvollzogen?	☐	☐	☐	
c) Drohverlustrückstellungen • Absatzgeschäfte ▪ Wurde die Bewertung auf die Einhaltung der Formel: Veräußerungserlös (abzüglich Erlösschmälerungen) abzüglich aktivierter Anschaffungs- oder Herstellungskosten abzüglich noch anfallender Aufwendungen (verlustfreie Bewertung) geprüft?	☐	☐	☐	
▪ Wurden die angesetzten Veräußerungserlöse durch Einsichtnahme in unabhängige Aufzeichnungen (Auftragsverzeichnisse, Vertragssammlungen, etc.) geprüft?	☐	☐	☐	
▪ Wurden die angesetzten aktivierten Anschaffungs- und Herstellungskosten mit den gebuchten Werten abgestimmt?	☐	☐	☐	
▪ Wurden die noch anfallenden Aufwendungen mit den Nachkalkulationen abgestimmt?	☐	☐	☐	
▪ Falls Nachkalkulationen vorliegen: Kann die Abstimmung mit auftragsbegleitenden Zwischenkalkulationen oder – falls auch diese nicht vorhanden – mit Vorkalkulationen vorgenommen werden?	☐	☐	☐	
▪ Falls Kalkulationen generell nicht vorliegen: Wurde die Angemessenheit der Schätzung überprüft?	☐	☐	☐	

umfassende Prüfungshandlungen

Mandant:	Sonstige Rückstellungen – Zusätzliche Arbeitshilfe bei Erstellung mit umfassenden Prüfungshandlungen	CC III – 5 –

Auftrag:

umfassende Prüfungshandlungen

	ja	nein	n.e.	Besonderheiten/Verweise
▪ Wurde die angesetzte Fertigungsstundenzahl und der angesetzte Materialverbrauch durch Einsicht in Leistungsverzeichnisse, Stücklisten oder Unterlagenvergleiche oder vergleichbare Aufträge überprüft?	☐	☐	☐	
• Wurden bei der Bemessung von Verlustrückstellungen				
▪ Vollkosten (ohne die kalkulatorischen Kosten und den Unternehmergewinn) oder	☐	☐	☐	
▪ nur variable Kosten einbezogen?	☐	☐	☐	
Falls nur variable Kosten einbezogen wurden:				
▪ Hat das zu überprüfende Unternehmen das Vorsichtsprinzip beachtet?	☐	☐	☐	
▪ Wurde durch die Verlustaufträge die Hereinnahme preisgünstigerer Aufträge blockiert?	☐	☐	☐	
Wenn preisgünstigere Aufträge blockiert wurden: Wurden bei der Rückstellungsbewertung die vollen Auftragsselbstkosten (variable zzgl. fixe Kosten) angesetzt?	☐	☐	☐	
Wurden außerdem die durch die Kapazitätsblockierung entgehenden Deckungsbeiträge (Opportunitätskosten) bei der Bewertung angesetzt?	☐	☐	☐	
• Haben Sie sich ein Urteil über die Wahrscheinlichkeit möglicher künftiger Aufwendungen anhand statistischer Angaben der Vergangenheit bilden können?	☐	☐	☐	
• Wurden eventuelle Kompensationssachverhalte (z. B. Verrechnung von Konventionalstrafen von Unterlieferanten, soweit nicht gesondert bilanziert; Lieferung auf Ziel in Fremdwährung und Abschluss eines entsprechenden Devisentermingeschäfts zur Deckung, etc.) überprüft auf				
▪ zutreffende wertmäßige Ermittlung?	☐	☐	☐	
▪ Übereinstimmung mit dem Grundsatz der Einzelbewertung (die Durchbrechung des Grundsatzes der Einzelbewertung kann nur in Ausnahmefällen, z. B. Einkaufs- und Verkaufsgeschäfte, die einander eindeutig zugeordnet werden können; verschiedene Einzelaufträge, die technisch und wirtschaftlich eine Einheit bilden; etc.) hingenommen werden?	☐	☐	☐	
• schwebende Beschaffungsgeschäfte				
▪ Wurden für die einzelnen zu beschaffenden Gegenstände die in Betracht kommenden Bewertungsgrundsätze, die für den Fall einer Lieferung vor dem Bilanzstichtag anzuwenden wären				

Mandant:	**Sonstige Rückstellungen** – Zusätzliche Arbeitshilfe bei Erstellung mit umfassenden Prüfungshandlungen	**CC III** – 6 –

Auftrag:

	ja	nein	n.e.	Besonderheiten/Verweise
Anlagevermögen: § 253 Abs. 2 Satz 3 HGB; Umlaufvermögen: § 253 Abs. 3 Satz 1 und 2 HGB, jedoch ohne Anwendung der Bewertungswahlrechte gem. § 253 Abs. 3 Satz 3 und Abs. 4 HGB), eingehalten?	☐	☐	☐	
• Dauerschuldverhältnisse				
▪ Wurden die in Betracht kommenden Verlustkomponenten nachvollzogen, z. B.	☐	☐	☐	
♦ durch Berechnung der noch ausstehenden Gegenleistung, sofern die Leistung nicht mehr in Anspruch genommen wird (i. w. bei Leasingverträgen, Miet- und Pachtverträgen)?	☐	☐	☐	
♦ durch Ermittlung der noch anfallenden Aufwendungen, falls der Umsatz bereits realisiert, sämtliche Leistungen aber noch nicht erbracht sind?	☐	☐	☐	
♦ durch Vergleich der vertraglich geschuldeten Leistung mit den am Bilanzstichtag gültigen Marktkonditionen (i.w. bei Darlehensverträgen)?	☐	☐	☐	
♦ durch wertmäßigen Vergleich von Leistung und Gegenleistung?	☐	☐	☐	
• Wurden eventuelle Kompensationsverhalte (z. B. Anspruch aus Untermietverhältnissen, sofern der gemietete oder geleaste Gegenstand durch das Unternehmen nicht mehr genutzt wird) überprüft auf				
▪ rechnerische Richtigkeit?	☐	☐	☐	
▪ Übereinstimmung mit dem Grundsatz der Einzelbewertung?	☐	☐	☐	
d) Aufwandsrückstellungen				
• Entspricht der zurückgestellte Betrag bei den Rückstellungen für unterlassene Instandhaltung den effektiven Aufwendungen innerhalb der Nachholfrist des Folgejahres?	☐	☐	☐	
• Wurde bei den übrigen Aufwandsrückstellungen die Schätzung der voraussichtlich anfallenden Aufwendungen einer Prüfung unterzogen?	☐	☐	☐	
16. Stimmt der handelsrechtliche Ansatz mit dem steuerrechtlichen Ansatz überein?	☐	☐	☐	
17. Wurden bei Abweichungen zwischen dem Ansatz nach Handels- und Steuerrecht der Differenzbetrag ermittelt und bei Kapital- und KapCo-Gesellschaften das Wahlrecht zur Aktivierung latenter Steuern gem. § 274 Abs. 2 HGB beachtet?	☐	☐	☐	
18. Sind Sie zu dem Ergebnis gekommen, dass die ausgewiesene Position				
• entsprechend den handelsrechtlichen Vorschriften,	☐	☐	☐	
• entsprechend den steuerrechtlichen Vorschriften bewertet wurde?	☐	☐	☐	

umfassende Prüfungshandlungen

Mandant:	Sonstige Rückstellungen – Zusätzliche Arbeitshilfe bei Erstellung mit umfassenden Prüfungshandlungen	CC III – 7 –

Auftrag:

	ja	nein	n.e.	Besonderheiten/Verweise
Bei Abweichungen:				*Vereinzelung der Abweichungen: s. unter ...*

IV Prüfung des Ausweises

Bei sämtlichen Unternehmen

19. Wurden die Gegenbuchungen zu der Auflösung, dem Verbrauch und der Zuführung zutreffend in der GuV ausgewiesen?
20. Wurde das Saldierungsverbot von Auflösung und Zuführung beachtet?

Bei Kapital- und KapCo-Gesellschaften (unabhängig von der Größenordnung)

21. Wurden die Gegenbuchungen zutreffend erfasst und zwar
    - die Inanspruchnahme der Rückstellungen unter den „sonstigen betrieblichen Erträgen", soweit diese nicht als Gegenposten zu den Mehraufwendungen zu buchen sind?
    - die Erträge aus der Auflösung von Rückstellungen unter der Position „sonstige betriebliche Erträge"?
    - die Zuführung zu den Rückstellungen unter der jeweils in Betracht kommenden Aufwandsart?
22. Wurden beim Ausweis im Jahresabschluss (Anhang) beachtet:
    a) Angabe der angewandten Bilanzierungs- und Bewertungsmethoden sowie die Begründung ihrer Änderungen, § 284 Abs. 2 Nr. 1, 3 HGB?
    b) Angabe von Einflüssen evtl. Bilanzierungs- und Bewertungsänderungen auf die Vermögens-, Finanz- und Ertragslage?
    c) Angabe der Grundlage einer eventuellen Währungsumrechnung, § 284 Abs. 2 Nr. 2 HGB?
    d) Erläuterung der Rückstellungen im Anhang, soweit sie nicht gesondert ausgewiesen werden und einen nicht unerheblichen Umfang haben?

Mittelgroße und große Kapital- und KapCo-Gesellschaften (zusätzlich)

23. Werden die „sonstigen Rückstellungen" getrennt von den Pensions- und Steuerrückstellungen ausgewiesen?
24. Wurden eventuell bestehende Berichtspflichten im Lagebericht beachtet?
25. *Sind Sie zu dem Ergebnis gekommen, dass für die ausgewiesene Position sämtliche handelsrechtlichen Ausweisvorschriften beachtet wurden?*

VI Sonstige Prüfungshandlungen

Mandant:	Verbindlichkeiten – Erstellung ohne Prüfungshandlungen – mit Plausibilitätsbeurteilungen – mit umfassenden Prüfungshandlungen	**DD** – 1 –

Auftrag:

	Mitarbeiter	Berichtskritik	verantwortlicher Berufsangehöriger
Name / Unterschrift Datum			

	ja	nein	n.e.	Besonderheiten/Verweise

I Benötigte Unterlagen erhalten?

- Sachkonto und Kontokorrent
- Saldenliste
- Aufgliederung der Verbindlichkeiten nach
  - Alter (Entstehung)
  - Fälligkeit
  - Größenordnung
  - In- und Ausland (mit Angabe der Beträge in ausländischer Währung)
- Zusammenfassung von Einzelsalden zu Gesamtengagements jedes Gläubigers
- Liste der
  - Gesellschafter
  - verbundenen Unternehmen
  - Unternehmen, mit denen ein Beteiligungsverhältnis besteht
- Liste der zum Erstellungszeitpunkt noch offenen Verbindlichkeiten unter Angabe der Fälligkeit
- Übersicht über die Entwicklung von evtl. Darlehensverbindlichkeiten (Stand am Anfang des Jahres, Zugänge, Tilgungen, Stand am Abschlussstichtag, Zinssätze und -beträge, Kündigungsfristen und -termine; Sicherheiten)
- Unterlagen über Sicherheiten, z. B. Grundbuchauszüge, Versicherungsübereignungen, Bürgschaften)
- bei Anleihen
  - Bestandsverzeichnis
  - Belege über Zu- und Abgänge sowie Zinszahlungen
- bei Wechselverbindlichkeiten
  - Wechselkopierbuch und / oder Aufstellung der Wechsel nach Empfänger, Ausstellung, Ausstellungsdatum und Fälligkeitsdatum
  - Aufstellung der Berichtsjahre der bis zum Prüfungszeitpunkt fällig gewordenen entwerteten Abschnitte
- bei sonstigen Verbindlichkeiten
  - Unterlagen der Personalabteilung (z.B. Lohn- und Gehaltsabrechnungen)
  - Steueranmeldungen und -veranlagungen

Mandant:	**Verbindlichkeiten** – Erstellung ohne Prüfungshandlungen – mit Plausibilitätsbeurteilungen – mit umfassenden Prüfungshandlungen	**DD** – 2 –

Auftrag:

	ja	nein	n.e.	Besonderheiten/Verweise

II Erstellungsmaßnahmen

1. Sind die Salden durch eine Saldenliste nachgewiesen? ☐ ☐ ☐
2. Wurden die in der Bilanz ausgewiesenen Verbindlichkeiten mit
   - der Saldenliste zum Stichtag ☐ ☐ ☐
   - den Sachkonten ☐ ☐ ☐
   - den Personenkonten ☐
   abgestimmt?
3. Sind bei einer offenen Postenbuchhaltung gewährleistet (Richtlinie 29 Abs. 1 Satz 6 EStR i.V.m. Erlass FMNW v. 10.6.1963, BStBl II, 63)
   - die zeitliche Ablage einer Rechnungskopie? ☐ ☐ ☐
   - die sachliche Ablage (nach Lieferanten) einer weiteren Rechnungskopie bis zur Regulierung? ☐ ☐ ☐
   - die zeitnahe Addition und Buchung der Eingangsrechnungen und Zahlungen? ☐ ☐ ☐
   - die jederzeitige monatliche Abstimmung?
4. Wurden die in der Bilanz ausgewiesenen Verbindlichkeiten aus Lieferungen und Leistungen mit
   - der Saldenliste zum Stichtag, ☐ ☐ ☐
   - den Sachkonten sowie ☐ ☐ ☐
   - den Personenkonten ☐
   abgestimmt?
5. Bei einer offenen Postenbuchhaltung:
   - Wurden die Belege der „offene-Posten-Datei" und der „ausgeglichene-Posten-Datei" mit dem ausgewiesenen Wert abgestimmt (zweckmäßigerweise nach Fertigung einer Zusammenstellung der einzelnen Posten durch das geprüfte Unternehmen)? ☐ ☐ ☐
6. Wurde darauf geachtet, dass eine Abzinsung unverzinslicher oder niedrig verzinslicher Verbindlichkeiten nach § 253 Abs. 1 Satz 2 HGB nicht zulässig ist (ggf. Abweichung von Handels- und Steuerbilanz)? ☐ ☐ ☐
7. Wurde eine Verzinsung der Verbindlichkeiten vorgenommen? ☐ ☐ ☐
8. Wurde der Zinsaufwand in der GuV zutreffend ausgewiesen? ☐ ☐ ☐
9. Wurde bei Währungsverbindlichkeiten darauf geachtet,
   - dass sie mit dem am Bilanzstichtag geltenden Briefkurs oder, soweit eine währungs- und fristenkongruente Sicherung der Währungsverbindlichkeiten besteht und die an der Sicherung beteiligten Geschäftspartner in ihrer Bonität außer Zweifel stehen, mit dem Kurswert am Zeitpunkt ihrer Entstehung angesetzt wurden? ☐ ☐ ☐

Mandant:	Verbindlichkeiten – Erstellung ohne Prüfungshandlungen – mit Plausibilitätsbeurteilungen – mit umfassenden Prüfungshandlungen	**DD** – 3 –

Auftrag:

	ja	nein	n.e.	Besonderheiten/Verweise
• Wurden daraus sich ergebende Kursverluste zutreffend bilanziert und ausgewiesen?	☐	☐	☐	
10. Wurden Verjährungen und Schulderlasse berücksichtigt?	☐	☐	☐	
11. Wurden der Geldtransit / Schecks erfasst?				
12. Wurden unter den sonstigen Verbindlichkeiten evtl. bestehende Umsatzsteuerverbindlichkeiten verprobt?	☐	☐	☐	
13. Wurden die Verbindlichkeiten gegenüber Gesellschaftern (§ 42 Abs. 3 GmbHG) verbundenen Unternehmen und Unternehmen, mit denen ein Beteiligungsverhältnis besteht, separiert ausgewiesen?	☐	☐	☐	
14. Sind unter den sonstigen Verbindlichkeiten die Davon-Vermerke für Verbindlichkeiten aus Steuern / im Rahmen der sozialen Sicherheit beachtet?	☐	☐	☐	
15. Wurden die Fristigkeiten und Sicherheiten genannt (§ 268 Abs. 5 HGB)?	☐	☐	☐	
16. Wurden die Grundsätze der Bilanzierungs- und Bewertungsstetigkeit beachtet?	☐	☐	☐	
17. *Sind Sie zu dem Ergebnis gekommen, dass der Ausweis der Verbindlichkeiten aus den vorliegenden Unterlagen und Informationen normgerecht abgeleitet wurde?*	☐	☐	☐	

III Vorbereitende Maßnahmen bei Plausibilitätsbeurteilungen und umfassenden Prüfungsmaßnahmen

18. (Bei Plausibilitätsbeurteilungen:) Wurden nach Maßgabe des Arbeitspapiers Z 30 die vorbereitenden Maßnahmen für Plausibilitätsbeurteilungen veranlasst? ☐ ☐ ☐ *Pb*

19. (Bei umfassenden Prüfungshandlungen:) Wurde in dem Arbeitspapier Z 40 ff. die erforderliche Prüfungssicherheit sowie unter Berücksichtigung der Wahrscheinlichkeit von Fehlerrisiken und -hypothesen der Prüfungsumfang und die Prüfungsintensität abschließend bestimmt? ☐ ☐ ☐ *uP*
    Beurteilung der erforderlichen Prüfungssicherheit
    gut / mittel / schlecht*
    * (nicht zutreffendes bitte streichen)

IV Maßnahmen zur Beurteilung der Plausibilität

20. Haben Sie sich durch Befragung davon überzeugt, dass eine ordnungsgemäße Abgrenzung zwischen Vorräten und Aufwendungen erfolgt? ☐ ☐ ☐ *Pb*
21. Lässt sich anhand der Relation von Wareneinsatz zu Umsatzerlösen im laufenden Berichtszeitraum und im Vorjahreszeitraum ausschließen, dass Anhaltspunkte für wesentliche ungebuchte Verbindlichkeiten vorliegen? ☐ ☐ ☐

Mandant:	**Verbindlichkeiten**	**DD**
	– Erstellung ohne Prüfungshandlungen	– 4 –
	– mit Plausibilitätsbeurteilungen	
	– mit umfassenden Prüfungshandlungen	

Auftrag:

		ja	nein	n.e.	Besonderheiten/Verweise
Plausibilitätsbeurteilungen	22. Haben Sie sich bei größeren Abweichungen vom Vorjahresstand der Liefer- und Leistungsverbindlichkeiten darüber informiert, welche Gründe hierfür vorliegen?	☐	☐	☐	
	23. Haben Sie Erkundigungen einbezogen, ob Saldenabgleiche mit wichtigen Kreditoren im Berichtszeitraum oder zum Bilanzstichtag vorgenommen worden sind?	☐	☐	☐	
	24. Haben Sie sich anhand der Bilanz oder ggf. des Anhangs vergewissert, ob die Verbindlichkeiten gegenüber Gesellschaftern, Mitgliedern der Unternehmensleitung und verbundene bzw. Unternehmen, mit denen ein Beteiligungsverhältnis besteht, separat ausgewiesen werden?	☐	☐	☐	
	25. Haben Sie sich anhand einer Liste der wesentlichen Posten der sonstigen Verbindlichkeiten über den Rechtsgrund und die Berechnung informieren lassen?	☐	☐	☐	
	26. Haben Sie durch Befragung festgestellt, wie die Verbindlichkeiten im Rahmen der sozialen Sicherheit errechnet wurden?	☐	☐	☐	
	27. Haben Sie deren Plausibilität anhand der Zahlungen im neuen Berichtszeitraum beurteilt?	☐	☐	☐	
	28. Haben Sie sich den Ansatz von wesentlichen Steuerverbindlichkeiten erläutern lassen?	☐	☐	☐	
	29. Sonstige Maßnahmen?	☐	☐	☐	
	30. Bestehen nach Ihren Plausibilitätsbeurteilungen an der Ordnungsmäßigkeit der zugrunde liegenden Bücher und Nachweise keine Zweifel?	☐	☐	☐	

Mandant:	**Anleihen** – Zusätzliche Arbeitshilfe bei Erstellung mit umfassenden Prüfungshandlungen	**DD I** – 1 –

Auftrag:

	Mitarbeiter	Berichtskritik	verantwortlicher Berufsangehöriger
Name / Unterschrift Datum			

	ja	nein	n.e.	Besonderheiten/Verweise

I Beurteilung des internen Kontrollsystems

1. Wird für die Anleihen ein Verzeichnis geführt, das
   - Gläubiger,
   - Ursprungsbetrag,
   - Zinssatz,
   - Zinstermine,
   - rückständige Zinszahlungen,
   - Rückzahlungsraten
   - Rückzahlungstermine,
   - rückständige Tilgungsraten,
   - Jahresendsaldo,
   - gegebene Sicherheiten, davon Grundpfandrechte,
   - Kennzeichnung der Posten mit einer Laufzeit von weniger als einem Jahr und mehr als 5 Jahren

   enthält?
2. Werden für die Anleihen übersichtliche Akten (mit Grundbuch, notariellen Urkunden, Verträgen, Beschlüssen der Organe, Börsenprospekte, Abrechnungen der Emissionsbanken, Tilgungspläne, Auslosungsprotokolle, etc.) geführt?
3. Gelangen die daraus resultierenden Geschäftsvorfälle zur Kenntnis der Buchhaltung?
4. Wird das Verzeichnis regelmäßig mit den Akten und den Konten abgestimmt?
5. Bestehen Regeln über die Berechtigung und rechtliche Legitimation zur Auflage von Anleihen?
6. Erfolgt eine regelmäßige Kontrolle
   - der vertraglich vereinbarten Verzinsung und Tilgung mit der tatsächlichen Verzinsung und Tilgung?
   - der eingeräumten Kreditsicherungen?
7. Werden rechtzeitig Mittel für Tilgungen (insbesondere außerordentliche Tilgungen) und Zinszahlungen bereitgestellt?
8. Beurteilung des internen Kontrollsystems **gut / mittel / schlecht***
   * (nicht zutreffendes bitte streichen)
9. Wurde das vorstehende Urteil berücksichtigt
   a) in der Risikoanalyse?
   b) bei Prüfungsumfang und -intensität der ausgewählten Prüfungshandlungen?

umfassende Prüfungshandlungen

Mandant:	**Anleihen** – Zusätzliche Arbeitshilfe bei Erstellung mit umfassenden Prüfungshandlungen	**DD I** – 2 –

Auftrag:

	ja	nein	n.e.	Besonderheiten/Verweise

umfassende Prüfungshandlungen

10. Ergeben sich durch das vorstehende Urteil Änderungen der Risikoanalyse?
    Wenn ja: Beurteilung der geänderten Prüfungssicherheit:
    gut / mittel / schlecht*
    * (nicht zutreffendes bitte streichen)

II Prüfung des Nachweises

11. Ist der ausgewiesene Bilanzwert durch
    - die Sachkonten,
    - das Verzeichnis
    nachgewiesen?
12. Wurde das Bestandsverzeichnis
    a) rechnerisch überprüft,
    b) mit den Sachkonten abgestimmt?
13. Wurde die Vollständigkeit des Bestandsverzeichnisses durch die jeweiligen Verträge bestätigt?
14. Wurde die vollständige und richtige Erfassung der Anleihen und der daraus resultierenden Aufwendungen progressiv überprüft anhand der Akten für die Anleihen?
15. Wurde bei der Prüfung der Akten für die Anleihen überprüft, ob
    - sich die vertraglichen Grundlagen während der letzten Prüfung geändert haben?
    - die Bedingungen für die Sicherheiten (z. B. Barreserven, Forderungsmindestbestände, Zustand der Gebäude, etc.) eingehalten wurden?
    - die Laufzeiten im Verzeichnis richtig angegeben wurden?
16. Bei Zugängen im Berichtsjahr:
    Wurde überprüft
    - die Vereinnahmung des Anleihebetrages,
    - die Genehmigung der Anleihevergabe durch die zuständigen Organe?
17. Wurden Rückzahlungen mit den Bankauszügen abgestimmt?
18. Wurde bei Rückzahlungen darauf geachtet, ob Sicherheiten freigegeben wurden oder nicht?
19. *Sind Sie zu dem Ergebnis gekommen, dass die ausgewiesene Position vollständig ausgewiesen wird, die ihr zugrunde liegenden Anleihen vorhanden und dem bilanzierenden Unternehmen zuzurechnen sind?*

III Prüfung der Bewertung

20. Wurde der Ansatz der Anleihen zum Rückzahlungsbetrag in Stichproben überprüft
    - durch Abstimmung mit den Akten für die Anleihen?

Mandant:	**Anleihen** – Zusätzliche Arbeitshilfe bei Erstellung mit umfassenden Prüfungshandlungen	**DD I** – 3 –

Auftrag:

	ja	nein	n.e.	Besonderheiten/Verweise
• ggf. durch Nachvollziehung der Umrechnung von Fremdwährungsposten?	☐	☐	☐	
21. Falls der Rückzahlungsbetrag der Anleihen höher ist als der Ausgabebetrag: Wurde das Aktivierungswahlrecht nach § 250 Abs. 3 HGB für den Unterschiedsbetrag beachtet?	☐	☐	☐	
22. Falls der Rückzahlungsbetrag der Anleihen ausnahmsweise niedriger als der Ausgabebetrag ist: Wurde der Unterschiedsbetrag zunächst zurückgestellt und anteilsmäßig während der Laufzeit der Verbindlichkeiten vereinnahmt?	☐	☐	☐	
23. Stimmt die handelsrechtliche Bewertung mit der steuerrechtlichen Bewertung überein?	☐	☐	☐	
24. Wurde bei Abweichung zwischen der Bewertung nach Handels- und Steuerrecht das Wahlrecht zur Aktivierung von latenten Steuern bei Kapital- und KapCo-Gesellschaften gem. § 274 Abs. 2 HGB beachtet	☐	☐	☐	
25. Sind Sie zu dem Ergebnis gekommen, dass die ausgewiesene Position • entsprechend den handelsrechtlichen Vorschriften, • entsprechend den steuerrechtlichen Vorschriften bewertet wurde? Bei Abweichungen:	☐	☐	☐	Vereinzelung der Abweichungen s. unter ...

IV Prüfung des Ausweises

Bei sämtlichen Unternehmen

	ja	nein	n.e.	Besonderheiten/Verweise
26. Wurde der Ausweis mit den Werten der Kontoauszüge/Bankbestätigungen abgestimmt?	☐	☐	☐	
27. Wurden die Gegenbuchungen zutreffend unter Zinsaufwendungen erfasst?	☐	☐	☐	
28. Wurden nicht realisierte Kursgewinne entweder als Verbindlichkeiten oder Rückstellungen ausgewiesen?	☐	☐	☐	

Bei Kapital- und KapCo-Gesellschaften (unabhängig von der Größenordnung)

	ja	nein	n.e.	Besonderheiten/Verweise
29. Wurden beim Ausweis im Jahresabschluss (Anhang) beachtet: a) Angabe der angewandten Bilanzierungs- und Bewertungsmethoden sowie die Begründung ihrer Änderungen (§ 284 Abs. 2 Nr. 1 Satz 3 HGB)?	☐	☐	☐	
b) Angabe von Einflüssen evtl. Bilanzierungs- und Bewertungsänderungen auf die Vermögens-, Finanz- und Ertragslage?	☐	☐	☐	
c) Angabe der Grundlagen einer evtl. Währungsumrechnung (§ 284 Abs. 2 Nr. 2 HGB)?	☐	☐	☐	

Mandant:	Anleihen – Zusätzliche Arbeitshilfe bei Erstellung mit umfassenden Prüfungshandlungen	**DD I** – 4 –

Auftrag:

	ja	nein	n.e.	Besonderheiten/Verweise
d) der gesonderte Vermerk des Betrages der Verbindlichkeiten mit einer Laufzeit bis zu einem Jahr und der Verbindlichkeiten mit einer Restlaufzeit von mehr als 5 Jahren?	☐	☐	☐	
e) Angabe des Gesamtbetrages der Verbindlichkeiten, die durch Pfandrechte oder ähnliche Rechte gesichert sind, aufgeteilt nach Art und Form der Sicherheiten im Anhang (§ 285 Nr. 1 b HGB)?	☐	☐	☐	
f) Prüfung, ob sich Angabepflichten im Lagebericht ergeben und ob diese beachtet wurden?	☐	☐	☐	
Mittelgroße und große Kapital- und KapCo-Gesellschaften (zusätzlich)				
30. Wurden die Anleihen getrennt von den anderen Verbindlichkeiten, insbesondere				
• Verbindlichkeiten gegenüber Kreditinstituten	☐	☐	☐	
• den erhaltenen Anzahlungen auf Bestellungen,	☐	☐	☐	
• den Verbindlichkeiten aus Lieferungen und Leistungen,	☐	☐	☐	
• den Verbindlichkeiten aus der Annahme gezogener Wechsel und der Ausstellung eigener Wechsel,	☐	☐	☐	
• den Verbindlichkeiten gegenüber verbundenen Unternehmen,	☐	☐	☐	
• den Verbindlichkeiten gegenüber Unternehmen, mit denen ein Beteiligungsverhältnis besteht,	☐	☐	☐	
• den Verbindlichkeiten gegenüber Gesellschaftern und	☐	☐	☐	
• den sonstigen Verbindlichkeiten ausgewiesen?	☐	☐	☐	
31. Wurden betragsmäßig ins Gewicht fallende Posten, die rechtlich erst nach dem Abschlussstichtag entstehen, im Anhang erläutert, § 268 Abs. 5 Satz 3 HGB?	☐	☐	☐	
32. Wurden die Vermerkpflichten für die Verbindlichkeiten im Anhang nach den in der Bilanz ausgewiesenen Verbindlichkeitsposten aufgegliedert, sofern die auf die einzelnen Posten entfallenden Teilbeträge nicht bereits aus der Bilanz ersichtlich sind?	☐	☐	☐	
33. *Sind Sie zu dem Ergebnis gekommen, dass für die ausgewiesene Position sämtliche handelsrechtlichen Ausweisvorschriften beachtet wurden?*	☐	☐	☐	
V Sonstige Prüfungshandlungen				

Mandant:	Verbindlichkeiten gegenüber Kreditinstituten – Zusätzliche Arbeitshilfe bei Erstellung mit umfassenden Prüfungshandlungen	**DD II** – 1 –

Auftrag:

	Mitarbeiter	Berichtskritik	verantwortlicher Berufsangehöriger
Name / Unterschrift Datum			

	ja	nein	n.e.	Besonderheiten/Verweise

I Beurteilung des internen Kontrollsystems

1. Ist der Sollzustand des internen Kontrollsystems in einem Dauerarbeitspapier (verbale Beschreibung, Ablaufschaubilder) festgehalten?
2. Berücksichtigt der Sollzustand des internen Kontrollsystems ausreichend
   - die Sicherung des Posteingangs von Bankauszügen?
   - die Abstimmung der eingelösten Schecks mit dem Scheckkopierbuch durch eine Person, die unabhängig vom Scheckaussteller ist?
   - die regelmäßige Abstimmung der Bankkonten mit den Auszügen der Institute?
   - die Einhaltung evtl. Kreditlinien?
   - die Gültigkeit von Bankvollmachten nur in Verbindung mit weiteren Unterschriften?
   - die regelmäßige Verbuchung der Bankumsätze in der Hauptbuchhaltung?
   - die regelmäßige Abstimmung des Verkehrs zwischen den Bankkonten und der Kasse?
   - die Kontrolle der erforderlichen Abstimmungen durch die hierzu vorgesehene Stelle?
3. Existiert eine Liste aller bestehenden Bankkonten unter Angabe der Zeichnungsbefugnis, evtl. Kreditlinien sowie ergebende Sicherheiten? Wurde das Verzeichnis als Dauerarbeitspapier zu den eigenen Akten genommen und bei Änderungen jeweils fortgeschrieben?
4. Haben Sie sich im Rahmen einer Bankverkehrsprüfung von dem funktionierenden Istzustand des internen Kontrollsystems für einen bestimmten Zeitraum überzeugt?
   a) Zahlungseingänge:
   - Wurde die Ordnungsmäßigkeit der Zahlungseingänge progressiv (ausgehend von unabhängig erstellten Unterlagen, wie Verkaufsaufstellungen, Auslieferungsscheinen, Inventurkarten, Verwertungs- und Verschrottungsberichten, dem Inventar der Beteiligungen, Dividendenbekanntmachungen, Protokollen von Organen der Gesellschaft, Mietverträgen, Lizenzabkommen, etc.,

umfassende Prüfungshandlungen

Mandant:	**Verbindlichkeiten gegenüber Kreditinstituten** – Zusätzliche Arbeitshilfe bei Erstellung mit umfassenden Prüfungshandlungen	**DD II** – 2 –

Auftrag:

	ja	nein	n.e.	Besonderheiten/Verweise

umfassende Prüfungshandlungen

die nicht vom Buchhalter für die Bankkonten erstellt sein sollten) und nicht ausgehend von den Konten der Finanzbuchhaltung und den Kontoauszügen der Kreditinstitute überprüft durch
- Abstimmung der ausgewählten Unterlagen mit den zugehörigen Belegen, den Auszügen der Kreditinstitute sowie der zugehörigen Buchung in der Hauptbuchhaltung? ☐ ☐ ☐
- Kontrolle der formellen Ordnungsmäßigkeit der Belege, insbesondere ☐ ☐ ☐
    - Beleg- und Buchungsdatum im zeitlichen Zusammenhang ☐ ☐ ☐
    - Übereinstimmung von Buchungs- und Belegtext ☐ ☐ ☐
    - rechnerische Richtigkeit von Unterlagen und Belegen ☐ ☐ ☐
- Wurden Belege, die kurz vor oder nach dem letzten Bilanzstichtag oder kurz vor oder nach dem Prüfungsstichtag gebucht wurden, kritisch auf einen evtl. künstlichen Ausgleich der Bankbestände überprüft? ☐ ☐ ☐
- Wurden Abzüge festgestellt und auf ihre Angemessenheit und richtige Verbuchung (entsprechende Berichtigung der Umsatzsteuer) überprüft? ☐ ☐ ☐

b) Zahlungsausgänge:
- Wurden die Zahlungsausgänge retrograd anhand der Aufzeichnungen der Bankauszüge und der zugehörigen Belege auf ihre Ordnungsmäßigkeit überprüft, insbesondere durch ☐ ☐ ☐
    - Abstimmung der Bankauszüge mit den zugehörigen Belegen und den entsprechenden Buchungen in der Hauptbuchhaltung ☐ ☐ ☐
- Wurden dabei folgende Abstimmungen vorgenommen:
    - Bei Bezahlung durch Überweisungsträger: Vergleich der Kopien des Überweisungsauftrages mit der Belastungsanzeige der Bank hinsichtlich aller interessierenden Einzelheiten ☐ ☐ ☐
    - Bei Bezahlung durch Scheck: Überprüfung der Scheckkopie auf alle notwendigen Eintragungen ☐ ☐ ☐
    - Bei Bezahlung durch Wechsel: Vergleich der Eintragungen in das Wechselkopierbuch ☐ ☐ ☐

Mandant:	Verbindlichkeiten gegenüber Kreditinstituten – Zusätzliche Arbeitshilfe bei Erstellung mit umfassenden Prüfungshandlungen	DD II – 3 –

Auftrag:

	ja	nein	n.e.	Besonderheiten/Verweise
■ Bei Bezahlung durch Lastschriften und Bankeinzugsverfahren: Vergleich der Buchung auf dem Bankauszug mit den Lastschriften (vgl. Lastschriften mit der Erfassung auf den Gegenkonten)	☐	☐	☐	
● Kontrolle der formellen Ordnungsmäßigkeit der Belege, insbesondere durch	☐	☐	☐	
■ zeitliche Kongruenz von Beleg- und Buchungsdatum	☐	☐	☐	
■ Anweisung der Auszahlungen durch Anweisungsberechtigte	☐	☐	☐	
■ Übereinstimmung von Buchungs- und Belegtext	☐	☐	☐	
■ rechnerische Überprüfung der untersuchten Belege?	☐	☐	☐	
● Entwertung der Belege durch „Bezahlt"-Stempel	☐	☐	☐	
● Wurden die kurz vor oder nach dem letzten Bilanzstichtag bzw. dem Prüfungstag gebuchten Zahlungsausgänge besonders kritisch untersucht?	☐	☐	☐	
● Wurden die untersuchten Zahlungsausgänge auf die Angemessenheit und Richtigkeit des Zahlungsvorgangs durch Heranziehung von Gegenkonten und Korrespondenz überprüft?	☐	☐	☐	
● Wurden Skontofristen gewahrt und Skonti richtig abgezogen?	☐	☐	☐	
● Wurde darauf geachtet, dass die Umsatzsteuer bei Skontoinanspruchnahme entsprechend berichtigt wurde?	☐	☐	☐	
5. Werden Verbindlichkeiten mit Restlaufzeiten von mehr als einem Jahr und mehr als 5 Jahren sowie durch Pfandrechte oder ähnliche Rechte abgesicherte Verbindlichkeiten in einem gesonderten Verzeichnis erfasst?	☐	☐	☐	
6. Ist sichergestellt, dass Funktionenkollisionen vermieden werden und insbesondere folgende Funktionen getrennt werden:				
● Bankvollmacht und Buchhaltung	☐	☐	☐	
● Buchhaltung und Ausstellung von Rechnungen	☐	☐	☐	
● Ausstellung und Anweisung von Zahlungsbelegen	☐	☐	☐	
● Ausstellung und Unterzeichnung von Zahlungsbelegen	☐	☐	☐	
● Bankvollmacht und Kassenführung, Zugang zu Wertpapieren, Zugang zu Vorräten	☐	☐	☐	
7. Beurteilung des internen Kontrollsystems **gut / mittel / schlecht*** *(nicht zutreffendes bitte streichen)				
8. Wurde das vorstehende Urteil berücksichtigt a) in der Risikoanalyse	☐	☐	☐	

Mandant:	**Verbindlichkeiten gegenüber Kreditinstituten** – Zusätzliche Arbeitshilfe bei Erstellung mit umfassenden Prüfungshandlungen	**DD II** – 4 –

Auftrag:

umfassende Prüfungshandlungen

	ja	nein	n.e.	Besonderheiten/Verweise
b) bei Prüfungsumfang und -intensität der ausgewählten Prüfungshandlungen	☐	☐	☐	
9. Ergeben sich durch das vorstehende Urteil Änderungen der Risikoanalyse? Wenn ja: Beurteilung der geänderten Prüfungssicherheit **gut / mittel / schlecht*** * (nicht zutreffendes bitte streichen)	☐	☐	☐	

II Prüfung des Nachweises

	ja	nein	n.e.	Besonderheiten/Verweise
10. Sind die Banksalden nachgewiesen durch • Bankkontoauszüge,	☐	☐	☐	
• Saldenbestätigungen der Banken (Muster S. Z 54)	☐	☐	☐	s. unter ...
11. Stimmt der Bestand lt. Kontoauszug oder lt. Bankbestätigung mit dem Hauptbuchkonto am Bilanzstichtag überein?	☐	☐	☐	
12. Existieren Übergangsrechnungen für zeitliche Buchungsunterschiede und noch nicht eingelöste Schecks?	☐	☐	☐	
Falls nein: Haben Sie die Differenz zwischen Kontoauszug / Bankbestätigung und Hauptbuchkonto am Bilanzstichtag hinreichend klären können? Abweichungsmöglichkeiten:	☐	☐	☐	
• Posten, die als Gutschrift für die Bank bereits in den Büchern des Unternehmens, noch nicht aber bei der Bank gebucht sind (z. B. unterwegs befindliche Schecks)	☐	☐	☐	
• Posten, die als Lastschrift für die Bank bereits in den Büchern des Unternehmens, noch nicht aber bei der Bank gebucht sind (z. B. bei der Bank noch nicht eingebuchte, eingegangene eigene Überweisungen)	☐	☐	☐	
• Posten, die als Gutschrift des Unternehmens noch nicht in dessen Büchern, wohl aber bei der Bank gebucht sind (z. B. Zinsen und Dividenden)	☐	☐	☐	
• Posten, die als Lastschrift für das Unternehmen noch nicht in dessen Büchern, wohl aber bei der Bank gebucht sind (z. B. Spesen und Gebühren)	☐	☐	☐	
13. Wurden die Bankauszüge der ersten 10 Tage nach dem Bilanzstichtag mit den Überweisungs- und Belastungsträgern stichprobenweise abgestimmt?	☐	☐	☐	
14. Wurde dabei auf Posten geachtet, die bereits am Bilanzstichtag hätten erfasst werden müssen?	☐	☐	☐	
15. Sind die Zinsen und Gebühren ordnungsgemäß abgegrenzt worden?	☐	☐	☐	
16. Sind Sie zu dem Ergebnis gekommen, dass die ausgewiesene Position vollständig ausgewiesen wird, die zugrunde liegenden Verbindlichkeiten vorhanden und dem bilanzierenden Unternehmen zuzurechnen sind?	☐	☐	☐	

Mandant:	Verbindlichkeiten gegenüber Kreditinstituten – Zusätzliche Arbeitshilfe bei Erstellung mit umfassenden Prüfungshandlungen	**DD II** – 5 –

Auftrag:

	ja	nein	n.e.	Besonderheiten/Verweise
III Prüfung der Bewertung				
17. Wurde der Ansatz der Bankverbindlichkeiten zum Rückzahlungsbetrag in Stichproben überprüft				
• durch Abstimmung mit den jeweiligen Nachweisen?	☐	☐	☐	
• ggf. durch Nachvollziehung der Umrechnung von Fremdwährungsposten?	☐	☐	☐	
18. Wurden die im Prüfungszeitraum vorgenommenen Ausbuchungen von Verbindlichkeiten auf ihre Belegung und Genehmigung sowie auf den Ausschluss von Inanspruchnahmen überprüft?	☐	☐	☐	
19. Stimmen evtl. Abschreibungen und Wertberichtigungen mit den GuV-Konten überein?	☐	☐	☐	
20. Wurden die Abschreibungen rechnerisch richtig ermittelt?	☐	☐	☐	
21. Stimmt die handelsrechtliche Bewertung mit der steuerrechtlichen Bewertung überein?	☐	☐	☐	
22. Wurde bei Abweichung zwischen der Bewertung nach Handels- und Steuerrecht beachtet				
• das Wahlrecht zur Aktivierung von latenten Steuern bei Kapital- und KapCo-Gesellschaften nach § 274 Abs. 2 HGB?	☐	☐	☐	
23. Sind Sie zu dem Ergebnis gekommen, dass die ausgewiesene Position				
• entsprechend den handelsrechtlichen Vorschriften				
• entsprechend den steuerrechtlichen Vorschriften bewertet wurde.	☐	☐	☐	
Bei Abweichungen:				*Vereinzelung der Abweichungen: s. unter ...*
IV Prüfung des Ausweises				
Bei sämtlichen Unternehmen				
24. Wurde der Ausweis mit den Werten der Kontoauszüge / Bankbestätigungen abgestimmt?	☐	☐	☐	
25. Ist sichergestellt, dass unzulässige Saldierungen unterblieben sind?	☐	☐	☐	
26. Wurden die Gegenbuchungen zutreffend unter Zinsaufwendungen erfasst?	☐	☐	☐	
27. Wurden nicht realisierte Kursgewinne entweder als Verbindlichkeiten oder Rückstellungen ausgewiesen?	☐	☐	☐	
Bei Kapital- und KapCo-Gesellschaften (unabhängig von der Größenordnung)				
28. Wurden beim Ausweis im Jahresabschluss (Anhang) beachtet:				
a) Angabe der angewandten Bilanzierungs- und Bewertungsmethoden sowie die Begründung ihrer Änderungen (§ 284 Abs. 2 Nr. 1 Satz 3 HGB)?	☐	☐	☐	

umfassende Prüfungshandlungen

Mandant:	**Verbindlichkeiten gegenüber Kreditinstituten** – Zusätzliche Arbeitshilfe bei Erstellung mit umfassenden Prüfungshandlungen	**DD II** – 6 –

Auftrag:

	ja	nein	n.e.	Besonderheiten/Verweise
b) Angabe von Einflüssen evtl. Bilanzierungs- und Bewertungsänderungen auf die Vermögens-, Finanz- und Ertragslage?	☐	☐	☐	
c) Angabe der Grundlagen einer evtl. Währungsumrechnung (§ 284 Abs. 2 Nr. 2 HGB)?	☐	☐	☐	
d) der gesonderte Vermerk des Betrages der Verbindlichkeiten mit einer Laufzeit bis zu einem Jahr und der Verbindlichkeiten mit einer Restlaufzeit von mehr als 5 Jahren?	☐	☐	☐	
e) Angabe des Gesamtbetrages der Verbindlichkeiten, die durch Pfandrechte oder ähnliche Rechte gesichert sind, aufgeteilt nach Art und Form der Sicherheiten im Anhang (§ 285 Nr. 1 b HGB)?	☐	☐	☐	
f) Prüfung, ob sich Angabepflichten im Lagebericht ergeben und ob diese beachtet wurden?	☐	☐	☐	

Mittelgroße und große Kapital- und KapCo-Gesellschaften (zusätzlich)

29. Wurden die Verbindlichkeiten gegenüber Kreditinstituten getrennt von den anderen Verbindlichkeiten, insbesondere
- den erhaltenen Anzahlungen auf Bestellungen, ☐ ☐ ☐
- den Verbindlichkeiten aus Lieferungen und Leistungen, ☐ ☐ ☐
- den Verbindlichkeiten aus der Annahme gezogener Wechsel und der Ausstellung eigener Wechsel, ☐ ☐ ☐
- den Verbindlichkeiten gegenüber verbundenen Unternehmen, ☐ ☐ ☐
- den Verbindlichkeiten gegenüber Unternehmen, mit denen ein Beteiligungsverhältnis besteht, ☐ ☐ ☐
- den Verbindlichkeiten gegenüber Gesellschaftern und ☐ ☐ ☐
- den sonstigen Verbindlichkeiten
ausgewiesen? ☐ ☐ ☐

30. Wurden betragsmäßig ins Gewicht fallende Verbindlichkeiten, die rechtlich erst nach dem Abschlussstichtag entstehen, im Anhang erläutert, § 268 Abs. 5 Satz 3 HGB? ☐ ☐ ☐

31. Wurden die Vermerkpflichten für die Verbindlichkeiten im Anhang nach den in der Bilanz ausgewiesenen Verbindlichkeitsposten aufgegliedert, sofern die auf die einzelnen Posten entfallenden Teilbeträge nicht bereits aus der Bilanz ersichtlich sind? ☐ ☐ ☐

32. Wurde ein Mitzugehörigkeitsvermerk in der Bilanz oder im Anhang gegeben, sofern eine Verbindlichkeit unter mehrere Posten der Bilanz fällt? ☐ ☐ ☐

Mandant:	Verbindlichkeiten gegenüber Kreditinstituten – Zusätzliche Arbeitshilfe bei Erstellung mit umfassenden Prüfungshandlungen	DD II – 7 –

Auftrag:

	ja	nein	n.e.	Besonderheiten/Verweise
33. Sind Sie zu dem Ergebnis gekommen, dass für die ausgewiesene Position sämtliche handelsrechtlichen Ausweisvorschriften beachtet wurden?	☐	☐	☐	

V Sonstige Prüfungshandlungen

umfassende Prüfungshandlungen

Mandant:	erhaltene Anzahlungen – Zusätzliche Arbeitshilfe bei Erstellung mit umfassenden Prüfungshandlungen	**DD III** – 1 –

Auftrag:

	Mitarbeiter	Berichtskritik	verantwortlicher Berufsangehöriger
Name / Unterschrift Datum			

umfassende Prüfungshandlungen

	ja	nein	n.e.	Besonderheiten/Verweise

I Beurteilung des internen Kontrollsystems

1. Werden für die erhaltenen Anzahlungen regelmäßig Saldenlisten erstellt und kontrolliert?
2. Werden die erhaltenen Anzahlungen regelmäßig überwacht, so dass Ausbuchungen oder nicht vertragsgemäße Verwendungen (insbesondere Rückzahlungen) ausgeschlossen sind?
3. Wird der zu zahlende Restbetrag regelmäßig nachvollzogen (z. B. durch Vermerk der erhaltenen Anzahlungen in den Auftragsakten?
4. Werden erforderlichenfalls Saldenbestätigungen durch das Unternehmen eingeholt und kontrolliert?
5. Werden die erhaltenen Anzahlungen von verbundenen Unternehmen gesondert erfasst?
6. Werden die Auswirkungen auf folgende Konten regelmäßig kontrolliert
   - Erfolgskonten (z. B. Materialaufwand),
   - Vorrats-Bestandskonten?
7. Ist die Trennung der Funktionen Buchhaltung einerseits und Auftragsabwicklung / Bezahlung andererseits gewährleistet?
8. Beurteilung des internen Kontrollsystems
   gut / mittel / schlecht*
   * (nicht zutreffendes bitte streichen)
9. Wurde das vorstehende Urteil berücksichtigt
   a) in der Risikoanalyse?
   b) bei Prüfungsumfang und -intensität der ausgewählten Prüfungshandlungen?
10. Ergeben sich durch das vorstehende Urteil Änderungen der Risikoanalyse?
    Wenn ja: Beurteilung der geänderten Prüfungssicherheit:
    gut / mittel / schlecht*
    * (nicht zutreffendes bitte streichen)

II Prüfung des Nachweises

11. Wurden die in der Bilanz ausgewiesenen erhaltenen Anzahlungen mit
    - der Saldenliste zum Stichtag,
    - den Sachkonten sowie
    - den Personenkonten
    abgestimmt?
12. Ist die rechnerische Richtigkeit der Saldenliste zum Stichtag gewährleistet?

Mandant:	erhaltene Anzahlungen – Zusätzliche Arbeitshilfe bei Erstellung mit umfassenden Prüfungshandlungen	DD III – 2 –

Auftrag:

	ja	nein	n.e.	Besonderheiten/Verweise
13. Sind die Posten mit einer voraussichtlichen Restlaufzeit von mehr als einem Jahr und (ggf.) mehr als 5 Jahren in der Saldenliste gesondert vermerkt?	☐	☐	☐	
• Ist die vermerkte Laufzeit in Stichproben plausibel?	☐	☐	☐	
14. Ist die Höhe der erhaltenen Anzahlungen relativ bedeutend?	☐	☐	☐	
• Falls ja und keine Möglichkeit eines einfacheren oder zumindest gleich zuverlässigen Nachweises: Notwendigkeit der Einholung von Saldenbestätigungen (Muster s. Z 52)	☐	☐	☐	
15. Soweit bei den ausgewählten Posten keine Bestätigung eingeholt oder eingegangen ist: • Alternative Prüfungshandlungen anhand der Auftragsakten, Zahlungseingänge und der tatsächlichen Auftragsabwicklung?	☐	☐	☐	
16. Haben Sie anhand • der Auftragsakten, • der Zahlungseingänge in Stichproben, • (bei langfristiger Fertigung) des Inventars der halbfertigen Arbeiten progressiv überprüft, dass erhaltene Anzahlungen nicht als Umsatzerlöse ausgewiesen werden?	☐ ☐ ☐	☐ ☐ ☐	☐ ☐ ☐	
17. Lassen sich die Bewegungen auf den Anzahlungskonten plausibel erklären?	☐	☐	☐	
• Können alle Anzahlungen schwebenden Geschäften eindeutig zugeordnet werden?	☐	☐	☐	
18. Wurden die erhaltenen Anzahlungen darauf überprüft, ob bereits Lieferungen und Leistungen erfolgt sind, die einen Ausweis als Umsatzerlöse erfordern?	☐	☐	☐	
19. Werden ggf. bei den Vorräten gekürzte Anzahlungen auf Bestellungen • nur offen abgesetzt, • nur abgesetzt, soweit sie zurechenbar waren, • ohne anteilige Umsatzsteuer abgesetzt?	☐ ☐ ☐	☐ ☐ ☐	☐ ☐ ☐	
20. Sind Sie zu dem Ergebnis gekommen, dass die ausgewiesene Position vollständig ausgewiesen wird, die ihr zugrunde liegenden erhaltenen Anzahlungen existieren und dem bilanzierenden Unternehmen zuzurechnen sind?	☐	☐	☐	

III Prüfung der Bewertung

	ja	nein	n.e.	Besonderheiten/Verweise
21. Wurde der Ansatz der erhaltenen Anzahlungen in Stichproben überprüft				
• durch Abstimmung mit den jeweiligen Aufträgen und Zahlungseingängen?	☐	☐	☐	
• durch Überprüfung der sachlichen und rechnerischen Richtigkeit der erhaltenen Anzahlungen?	☐	☐	☐	
• ggf. durch Nachvollziehung von Fremdwährungsposten?	☐	☐	☐	

umfassende Prüfungshandlungen

Mandant:	erhaltene Anzahlungen – Zusätzliche Arbeitshilfe bei Erstellung mit umfassenden Prüfungshandlungen	**DD III** – 3 –

Auftrag:

umfassende Prüfungshandlungen

	ja	nein	n.e.	Besonderheiten/Verweise
22. Wurden die erhaltenen Anzahlungen netto, d. h. ohne Umsatzsteueranteil ausgewiesen?	☐	☐	☐	
• Wenn ja: Wurde die Umsatzsteuer bis zu ihrer Abführung unter den sonstigen Verbindlichkeiten passiviert?	☐	☐	☐	
• Wenn nein (Bruttoausweis): Wurde die abgeführte Umsatzsteuer unter den Rechnungsabgrenzungsposten bilanziert?	☐	☐	☐	
23. Wurden die vom Unternehmen zu tragenden Zinsen auf Anzahlungen (Wechseldiskonte, etc.) vom umsatzsteuerpflichtigen Entgelt gekürzt?	☐	☐	☐	
24. Wurden die Zinsen auf Anzahlungen (Wechseldiskonte, etc.) zum Bilanzstichtag richtig abgegrenzt?	☐	☐	☐	
25. Stimmen eventuelle Abschreibungen und Wertberichtigungen mit den GuV-Konten überein?	☐	☐	☐	
26. Wurden die Abschreibungen rechnerisch richtig ermittelt?	☐	☐	☐	
27. Stimmt die handelsrechtliche Bewertung mit der steuerrechtlichen Bewertung überein?	☐	☐	☐	
28. Wurde bei Abweichung zwischen der Bewertung nach Handels- und Steuerrecht beachtet: • das Wahlrecht zur Aktivierung von latenten Steuern bei Kapital- und KapCo-Gesellschaften nach § 274 Abs. 2 HGB?	☐	☐	☐	
29. Sind Sie zu dem Ergebnis gekommen, dass die ausgewiesene Position • entsprechend den handelsrechtlichen Vorschriften, • entsprechend den steuerrechtlichen Vorschriften bewertet wurde? Bei Abweichungen:	☐	☐	☐	Vereinzelung der Abweichungen s. unter ...

IV Prüfung des Ausweises

Bei sämtlichen Unternehmen

	ja	nein	n.e.	Besonderheiten/Verweise
30. Wurde der Ausweis mit den Werten der Saldenliste abgestimmt?	☐	☐	☐	
31. Ist sichergestellt, dass unzulässige Saldierungen unterblieben sind?	☐	☐	☐	
32. Wurden evtl. ausgewiesene realisierte Kursgewinne entweder als Verbindlichkeit oder als Rückstellung bilanziert?	☐	☐	☐	

Bei Kapital- und KapCo-Gesellschaften (unabhängig von der Größenordnung)

	ja	nein	n.e.	Besonderheiten/Verweise
33. Wurden beim Ausweis im Jahresabschluss (Anhang) beachtet: a) Angabe der angewandten Bilanzierungs- und Bewertungsmethoden sowie die Begründung ihrer Änderungen, § 284 Abs. 2 Nr. 1 Satz 3 HGB?	☐	☐	☐	

Mandant:	erhaltene Anzahlungen – Zusätzliche Arbeitshilfe bei Erstellung mit umfassenden Prüfungshandlungen	DD III – 4 –

Auftrag:

	ja	nein	n.e.	Besonderheiten/Verweise
b) Angabe von Einflüssen evtl. Bilanzierungs- und Bewertungsänderungen auf die Vermögens-, Finanz- und Ertragslage?	☐	☐	☐	
c) Angabe der Grundlagen einer eventuellen Währungsumrechnung, § 284 Abs. 2 Nr. 2 HGB?	☐	☐	☐	
d) der gesonderte Vermerk des Betrages der erhaltenen Anzahlungen mit einer Restlaufzeit bis zu einem Jahr und der Verbindlichkeiten mit einer Restlaufzeit von mehr als 5 Jahren?	☐	☐	☐	
e) (ggf.) Angabe des Gesamtbetrages der Verbindlichkeiten, die durch Pfandrechte oder ähnliche Rechte gesichert sind, aufgeteilt nach Art und Form der Sicherheiten im Anhang, § 285 Nr. 1 b HGB?	☐	☐	☐	
f) die Prüfung, ob sich Angabepflichten im Lagebericht ergeben und ob diese beachtet wurden?	☐	☐	☐	

Mittelgroße und große Kapital- und KapCo-Gesellschaften (zusätzlich)

	ja	nein	n.e.	Besonderheiten/Verweise
34. Wurden die erhaltenen Anzahlungen getrennt von den anderen Verbindlichkeiten, insbesondere den Verbindlichkeiten gegenüber Kreditinstituten, den Verbindlichkeiten aus Lieferungen und Leistungen, den Verbindlichkeiten aus der Annahme gezogener Wechsel und der Ausstellung eigener Wechsel, den Verbindlichkeiten gegenüber verbundenen Unternehmen, den Verbindlichkeiten gegenüber Unternehmen, mit denen ein Beteiligungsverhältnis besteht, den Verbindlichkeiten gegenüber Gesellschaftern und den sonstigen Verbindlichkeiten ausgewiesen?	☐	☐	☐	
35. Wurden betragsmäßig ins Gewicht fallende Posten, die rechtlich erst nach dem Abschlussstichtag entstehen, im Anhang erläutert, § 268 Abs. 5 Satz 3 HGB?	☐	☐	☐	
36. Wurden die Vermerkpflichten im Anhang nach den in der Bilanz ausgewiesenen Verbindlichkeitsposten aufgegliedert, sofern die auf die einzelnen Posten entfallenden Teilbeträge nicht bereits aus der Bilanz ersichtlich sind?	☐	☐	☐	
37. *Sind Sie zu dem Ergebnis gekommen, dass für die ausgewiesene Position sämtliche handelsrechtlichen Ausweisvorschriften beachtet wurden?*	☐	☐	☐	

V Sonstige Prüfungshandlungen

Mandant:	Verbindlichkeiten aus Lieferungen und Leistungen – Zusätzliche Arbeitshilfe bei Erstellung mit umfassenden Prüfungshandlungen	**DD IV** – 1 –
Auftrag:		

	Mitarbeiter	Berichtskritik	verantwortlicher Berufsangehöriger
Name / Unterschrift Datum			

	ja	nein	n.e.	Besonderheiten/Verweise
I Beurteilung des internen Kontrollsystems				
1. Wurde das Verfahren der Abwicklung der Einkäufe und ihrer Verbuchung (einschließlich der Behandlung der Umsatzsteuer) in Form eines Dauerarbeitspapieres dokumentiert?	☐	☐	☐	
2. Stimmt das praktizierte Verfahren mit den Rechnungslegungsvorschriften überein?	☐	☐	☐	
3. Ist sichergestellt, dass Einkäufe nur nach entsprechender Bewilligung gemacht werden können?	☐	☐	☐	
4. Werden alle wesentlichen Einkäufe aufgrund fortlaufend nummerierter einheitlicher Bestellformulare mit Durchschlag vorgenommen?	☐	☐	☐	
5. Werden bei allen wesentlichen Einkäufen Angebote von verschiedenen Lieferanten eingeholt?	☐	☐	☐	
6. Wird der Durchlauf ordnungsgemäß kontrolliert, insbesondere durch				
• Abstimmung von Bestellkopie bzw. Auftragsbestätigung mit Wareneingangsschein und Lieferantenrechnung?	☐	☐	☐	
• rechnerische Überprüfung der Lieferantenrechnung und das Abzeichnen durch die Rechnungsprüfung?	☐	☐	☐	
• Wahrung von Skontofristen?	☐	☐	☐	
• ordnungsgemäße Zahlungsanweisung?	☐	☐	☐	
• Ablage der vorgenannten Unterlagen zusammen mit den Zahlungsträgern?	☐	☐	☐	
7. Ist sichergestellt, dass				
• Rechnungen nicht doppelt bezahlt werden?	☐	☐	☐	
• Rechnungen nicht trotz geleisteter Anzahlung bezahlt werden oder dass sie mit Forderungen aufgerechnet werden?	☐	☐	☐	
• berechnete Verpackungen und andere Retouren ordnungsgemäß zurückgeschickt und entsprechende Gutschriften erteilt werden?	☐	☐	☐	
• Rechnungen zeitnah verbucht werden?	☐	☐	☐	
• Fracht- und andere Nebenrechnungen mit den Hauptrechnungen abgestimmt werden?	☐	☐	☐	
8. Ist die Trennung der Funktionen Kreditorenbuchhaltung einerseits und Bestellung / Wareneingang/Bezahlung/Vorräte andererseits gewährleistet?	☐	☐	☐	

Mandant:	Verbindlichkeiten aus Lieferungen und Leistungen – Zusätzliche Arbeitshilfe bei Erstellung mit umfassenden Prüfungshandlungen	DD IV – 2 –

Auftrag:

	ja	nein	n.e.	Besonderheiten/Verweise
9. Wurde die Übereinstimmung des Istzustandes des internen Kontrollsystems mit dem Sollzustand progressiv, ausgehend von den Eingangsrechnungen und den Bankauszügen überprüft?	☐	☐	☐	
10. Wurden die Eingangsrechnungen in Stichproben überprüft auf				
• ihre materielle Richtigkeit (Wareneingang, Empfang der Dienstleistung, rechnerische Richtigkeit, Bewilligung, etc.)?	☐	☐	☐	
• die richtige Erfassung und Verbuchung der Vorsteuer?	☐	☐	☐	
• die richtige Übernahme der Daten in die Sach- und Personenkonten?	☐	☐	☐	
• die zeitnahe Erfassung?	☐	☐	☐	
11. Wurden diejenigen Beträge kritisch überprüft, die die in den Eingangsrechnungen erfassten Kaufpreise erhöhen?	☐	☐	☐	
12. Wurden ausgehend von dem Hauptbuchkonto auch diejenigen Buchungen kritisch untersucht, die nicht aus Einkäufen oder Zahlungseingängen herrühren?	☐	☐	☐	
13. Existiert für die Warenverbindlichkeit ein eigenes Kontokorrent, das von anderen Kontokorrenten klar getrennt ist?	☐	☐	☐	
14. Ist sichergestellt, dass				
• ein vollständiges Verzeichnis aller Kreditoren geführt wird?	☐	☐	☐	
• das Verzeichnis die nötigen Angaben über Zahlungsziel, Kreditgrenzen, evtl. Sicherheiten und sonstige Vereinbarungen enthält?	☐	☐	☐	
• die Abwicklung der einzelnen Posten gekennzeichnet ist?	☐	☐	☐	
• Konten „pro diverse" oder „sonstige" nur in untergeordnetem Umfang geführt werden?	☐	☐	☐	
• bei umfangreicheren Kontokorrenten die Kontenführer gelegentlich untereinander ausgetauscht werden?	☐	☐	☐	
• regelmäßig Saldenlisten mit Angaben des Altersaufbaus der Verbindlichkeiten angefertigt, mit der Hauptbuchhaltung abgestimmt und der vorgesehenen Stelle zur Bereinigung evtl. Abstimmungsdifferenzen vorgelegt werden?	☐	☐	☐	
• die Kontenstände regelmäßig mit den Geschäftskonten abgestimmt und evtl. Abstimmungsdifferenzen zur Bereinigung der vorgesetzten Stelle vorgelegt werden?	☐	☐	☐	
• Genehmigungen für die Ausbuchung von Verbindlichkeiten oder Teilen von Verbindlichkeiten durch schriftliches Handzeichen erfolgen?	☐	☐	☐	

umfassende Prüfungshandlungen

| Mandant: | Verbindlichkeiten aus Lieferungen und Leistungen – Zusätzliche Arbeitshilfe bei Erstellung mit umfassenden Prüfungshandlungen | **DD IV** – 3 – |

Auftrag:

	ja	nein	n.e.	Besonderheiten/Verweise
15. Werden Nachlässe oder Gutschriften für Retouren unmittelbar beim Rücksenden der Retouren oder beim Geltendmachen der Minderung periodengerecht verbucht?	☐	☐	☐	
16. Werden vereinbarte Rückvergütungen und Treue-/Umsatzprämien usw. in geeigneter Weise überwacht und ggf. angemahnt?	☐	☐	☐	
17. Wurde das Verfahren zur Wahrung von Skontofristen auf seine tatsächliche Einhaltung überprüft, insbesondere				
• ob Skontorechnungen bevorzugt abgefertigt werden, um die Inanspruchnahme des Skontos jederzeit zu ermöglichen?	☐	☐	☐	
• ob auf die Ausnutzung der eingeräumten Zahlungsziele geachtet wird?	☐	☐	☐	
• ob die vorzeitige Bezahlung ebenso vermieden wird wie Mahnungen von Lieferanten oder der Eingang von Zahlungsbefehlen?	☐	☐	☐	
18. Ist sichergestellt, dass nach der Bezahlung der Lieferantenrechnungen eine ordnungsgemäße Entwertung der Belege erfolgt („Bezahlt"-Stempel, etc.)?	☐	☐	☐	
19. Beurteilung des internen Kontrollsystems **gut / mittel / schlecht*** * (nicht zutreffende bitte streichen)				
20. Wurde das vorstehende Urteil berücksichtigt				
a) in der Risikoanalyse?	☐	☐	☐	
b) bei Prüfungsumfang und -intensität der ausgewählten Prüfungshandlungen?	☐	☐	☐	
21. Ergeben sich durch das vorstehende Urteil Änderungen der Risikoanalyse? Wenn ja: Beurteilung der geänderten Prüfungssicherheit: **gut / mittel / schlecht*** * (nicht zutreffendes bitte streichen)	☐	☐	☐	

II Prüfung des Nachweises

	ja	nein	n.e.	Besonderheiten/Verweise
22. Wurden die in der Bilanz ausgewiesenen Verbindlichkeiten aus Lieferungen und Leistungen mit				
• der Saldenliste zum Stichtag,	☐	☐	☐	
• den Sachkonten sowie	☐	☐	☐	
• den Personenkonten	☐	☐	☐	
abgestimmt?				
23. Ist die rechnerische Richtigkeit der Saldenliste zum Stichtag gewährleistet?	☐	☐	☐	
24. Sind die Posten mit einer Restlaufzeit von mehr als einem Jahr (und ggf. mehr als 5 Jahren) in der Saldenliste gesondert vermerkt?	☐	☐	☐	
• Wurde die vermerkte Laufzeit in Stichproben anhand der zugrunde liegenden Vereinbarungen überprüft?	☐	☐	☐	

umfassende Prüfungshandlungen

Mandant:	Verbindlichkeiten aus Lieferungen und Leistungen – Zusätzliche Arbeitshilfe bei Erstellung mit umfassenden Prüfungshandlungen	**DD IV** – 4 –

Auftrag:

	ja	nein	n.e.	Besonderheiten/Verweise

25. Ist die Höhe der Verbindlichkeiten aus Lieferungen und Leistungen relativ bedeutend?
    - Falls ja und keine Möglichkeit eines einfacheren oder zumindest gleich zuverlässigen Nachweises der Salden: Notwendigkeit der Einholung von Saldenbestätigungen (Muster s. Z 52)?
26. Soweit bei den ausgewählten Posten keine Bestätigung eingeholt oder eingegangen ist:
    - Alternative Prüfungshandlungen, insbesondere bei den in der Zeit zwischen Bilanzstichtag und Abschlussprüfung eingehenden Lieferantenrechnungen, den bestehenden Bestellaufträgen, den zugehörigen Wareneingangsmeldungen und den nach dem Bilanzstichtag geleisteten Zahlungen an Lieferanten:
        - Sind die ausgewählten Posten in neuer Rechnung beglichen?
        - Lassen sich die ausgewählten Posten
        - mit den zugrunde liegenden Rechnungen und sonstigen Belegen,
        - mit den Wareneingangsmeldungen oder sonstigen Unterlagen, die dem Nachweis des Eingangs dienen,
        - mit der Bestellung oder eventuellen Lieferscheinen des Lieferanten,
        - anhand der Korrespondenz mit dem Lieferanten
        nachweisen?
    - Wurde für die ausgewählten Posten geprüft, ob der Lieferant tatsächlich existiert (Einblick in das Telefonbuch, Einholung einer Auskunft o. ä.)?
27. Erfolgt eine ordnungsgemäße Abgrenzung zwischen Vorräten und Aufwendungen? Wurden folgende Fehlermöglichkeiten für die ausgewählten Stichproben ausgeschlossen:
    - Verbindlichkeit, aber noch nicht bzw. nicht mehr Bestand,
    - Bestand aber noch nicht bzw. nicht mehr Verbindlichkeit?
    - Wurden die im Rahmen der Inventurbeobachtung vorgesehenen Prüfungsmaßnahmen für eine ausreichende Anzahl von Stichproben vorgenommen?
28. Wurden die debitorischen Kreditoren auf ihre Ursache untersucht?
29. *Sind Sie zu dem Ergebnis gekommen, dass die ausgewiesene Position vollständig ausgewiesen wird, die ihr zugrunde liegenden Verbindlichkeiten existieren und dem bilanzierenden Unternehmen zuzurechnen sind?*

umfassende Prüfungshandlungen

Mandant:	Verbindlichkeiten aus Lieferungen und Leistungen – Zusätzliche Arbeitshilfe bei Erstellung mit umfassenden Prüfungshandlungen	**DD IV** – 5 –

Auftrag:

	ja	nein	n.e.	Besonderheiten/Verweise
III Prüfung der Bewertung				
30. Wurde der Ansatz der Verbindlichkeiten zum Rückzahlungsbetrag in Stichproben überprüft				
• durch Abstimmung mit den jeweiligen Aufträgen und Eingangsrechnungen?	☐	☐	☐	
• durch Überprüfung der sachlichen und rechnerischen Richtigkeit des Beleges und des Auftrages?	☐	☐	☐	
• ggf. durch Nachvollziehung der Umrechnung von Fremdwährungsposten?	☐	☐	☐	
31. Wurde bei den überprüften Stichproben die richtige Verbuchung überprüft (Abstimmung von Belegwert mit verbuchten Betrag)?	☐	☐	☐	
32. Sofern fremd bezogenes Material bereits eingebucht ist, die Rechnung aber noch aussteht: Wurde der Wert der geschuldeten Leistungen zutreffend geschätzt?	☐	☐	☐	
• Wurde beachtet, dass hierdurch Abweichungen von den steuerrechtlichen Vorschriften möglich sind und der Differenzbetrag ermittelt?	☐	☐	☐	
33. Wurden die im Prüfungszeitraum vorgenommenen Ausbuchungen von Verbindlichkeiten auf ihre Belegung und Genehmigung sowie auf den Ausschluss von Inanspruchnahmen überprüft?	☐	☐	☐	
34. Stimmen evtl. Abschreibungen und Wertberichtigungen mit den GuV-Konten überein?	☐	☐	☐	
35. Wurden die Abschreibungen rechnerisch richtig ermittelt?	☐	☐	☐	
36. Haben Sie sich bei der Prüfung von Zuschreibungen überzeugt				
• von der Vertretbarkeit des Grundes,	☐	☐	☐	
• von der rechnerisch zutreffenden Ermittlung der Zuschreibung?	☐	☐	☐	
37. Haben Sie sich durch progressive Prüfung davon überzeugt, dass Kapital- und KapCo-Gesellschaften die nach § 280 Abs. 1 HGB grundsätzlich bestehende Pflicht zur Wertaufholung bei Wegfall der Gründe für eine außerplanmäßige Abschreibung beachtet haben?	☐	☐	☐	
38. Stimmt die handelsrechtliche Bewertung mit der steuerrechtlichen Bewertung überein?	☐	☐	☐	
39. Wurden bei Abweichung zwischen der Bewertung nach Handels- und Steuerrecht beachtet:				
• das Wahlrecht zur Aktivierung von latenten Steuern bei Kapital- und KapCo-Gesellschaften nach § 274 Abs. 2 HGB?	☐	☐	☐	

umfassende Prüfungshandlungen

Mandant:	Verbindlichkeiten aus Lieferungen und Leistungen – Zusätzliche Arbeitshilfe bei Erstellung mit umfassenden Prüfungshandlungen	**DD IV** – 6 –

Auftrag:

	ja	nein	n.e.	Besonderheiten/Verweise
40. Sind Sie zu dem Ergebnis gekommen, dass die ausgewiesene Position • entsprechend den handelsrechtlichen Vorschriften, • entsprechend den steuerrechtlichen Vorschriften bewertet wurde? Bei Abweichungen:	☐	☐	☐	Vereinzelung der Abweichungen s. unter ...

IV Prüfung des Ausweises

Bei sämtlichen Unternehmen

41. Wurde der Ausweis mit den Werten der Saldenliste abgestimmt? ☐ ☐ ☐
42. Ist sichergestellt, dass unzulässige Saldierungen unterblieben sind? ☐ ☐ ☐
43. Wurden die debitorischen Kreditoren in die sonstigen Vermögensgegenstände umgegliedert? ☐ ☐ ☐
44. Wurden die Gegenbuchungen zutreffend erfasst? ☐ ☐ ☐
45. Wurden evtl. ausgewiesene realisierte Kursgewinne entweder als Verbindlichkeit oder als Rückstellung bilanziert? ☐ ☐ ☐

Bei Kapital- und KapCo-Gesellschaften (unabhängig von der Größenordnung)

46. Wurden beim Ausweis im Jahresabschluss (Anhang) beachtet:
    a) Angabe der angewandten Bilanzierungs- und Bewertungsmethoden sowie die Begründung ihrer Änderungen, § 284 Abs. 2 Nr. 1 Satz 3 HGB? ☐ ☐ ☐
    b) Angabe von Einflüssen evtl. Bilanzierungs- und Bewertungsänderungen auf die Vermögens-, Finanz- und Ertragslage? ☐ ☐ ☐
    c) Angabe der Grundlagen einer eventuellen Währungsumrechnung, § 284 Abs. 2 Nr. 2 HGB? ☐ ☐ ☐
    d) der gesonderte Vermerk des Betrages der Verbindlichkeiten mit einer Restlaufzeit bis zu einem Jahr und der Verbindlichkeiten mit einer Restlaufzeit von mehr als 5 Jahren? ☐ ☐ ☐
    e) Angabe des Gesamtbetrages der Verbindlichkeiten, die durch Pfandrechte oder ähnliche Rechte gesichert sind, aufgeteilt nach Art und Form der Sicherheiten im Anhang, § 285 Nr. 1 b HGB? ☐ ☐ ☐
    f) die Prüfung, ob sich Angabepflichten im Lagebericht ergeben und ob diese beachtet wurden? ☐ ☐ ☐

umfassende Prüfungshandlungen

Mandant:	Verbindlichkeiten aus Lieferungen und Leistungen – Zusätzliche Arbeitshilfe bei Erstellung mit umfassenden Prüfungshandlungen	DD IV – 7 –

Auftrag:

umfassende Prüfungshandlungen

	ja	nein	n.e.	Besonderheiten/Verweise
Mittelgroße und große Kapital- und KapCo-Gesellschaften (zusätzlich)				
47. Wurden die Verbindlichkeiten aus Lieferungen und Leistungen getrennt von den anderen Verbindlichkeiten, insbesondere den Verbindlichkeiten gegenüber Kreditinstituten, den erhaltenen Anzahlungen auf Bestellungen, den Verbindlichkeiten aus der Annahme gezogener Wechsel und der Ausstellung eigener Wechsel, den Verbindlichkeiten gegenüber verbundenen Unternehmen, den Verbindlichkeiten gegenüber Unternehmen, mit denen ein Beteiligungsverhältnis besteht, den Verbindlichkeiten gegenüber Gesellschaftern und den sonstigen Verbindlichkeiten ausgewiesen?	☐	☐	☐	
48. Wurden wesentliche debitorische Kreditoren in die „sonstigen Vermögensgegenstände" umgegliedert?	☐	☐	☐	
49. Wurden betragsmäßig ins Gewicht fallende Verbindlichkeiten, die rechtlich erst nach dem Abschlussstichtag entstehen, im Anhang erläutert, § 268 Abs. 5 Satz 3 HGB?	☐	☐	☐	
50. Wurden die Vermerkpflichten für die Verbindlichkeiten im Anhang nach den in der Bilanz ausgewiesenen Verbindlichkeitsposten im Anhang aufgegliedert, sofern die auf die einzelnen Posten entfallenden Teilbeträge nicht bereits aus der Bilanz ersichtlich sind?	☐	☐	☐	
51. Wurde ein Mitzugehörigkeitsvermerk in der Bilanz oder im Anhang gegeben, sofern eine Verbindlichkeit unter mehrere Posten der Bilanz fällt?	☐	☐	☐	
52. *Sind Sie zu dem Ergebnis gekommen, dass für die ausgewiesene Position sämtliche handelsrechtlichen Ausweisvorschriften beachtet wurden?*	☐	☐	☐	

V Sonstige Prüfungshandlungen

Mandant:	Verbindlichkeiten aus der Annahme gezogener Wechsel und der Ausstellung eigener Wechsel – Zusätzliche Arbeitshilfe bei Erstellung mit umfassenden Prüfungshandlungen	**DD V** – 1 –
Auftrag:		

	Mitarbeiter	Berichtskritik	verantwortlicher Berufsangehöriger
Name / Unterschrift Datum			

	ja	nein	n.e.	Besonderheiten/Verweise

I Beurteilung des internen Kontrollsystems

1. Wird der Wechselverkehr lückenlos in einem Wechselkopierbuch oder in einem entsprechenden Verzeichnis erfasst?
2. Haben Sie das Wechselkopierbuch
   - lückenlos,
   - in Stichproben

   auf rechnerische Richtigkeit und zutreffende Seitenüberträge geprüft?   *Angabe der Stichprobe:*
3. Wurden Waren- und Finanzwechsel getrennt erfasst?
4. Sind Wechsel prolongiert oder zu Protest gegangen?   *Wenn ja: s. unter …*

   Gründe für die Prolongation: s. unter …
   Umfang der Prolongation: s. unter …
5. Ist die Trennung der Funktionen
   - Ausstellung von Wechsel einerseits und
   - Unterzeichnung der Wechsel andererseits

   gewährleistet?
6. Ist sichergestellt, dass der Aussteller von Wechseln weder Zugang zu Geld, Vorräten oder zur Rechnungserteilung hat?
7. Sind die bis zum Prüfungstag fälligen Wechsel eingelöst worden?
8. Haben die eingelösten Abschnitte entwertet vorgelegen?
9. Ist für größere noch nicht eingelöste Wechsel eine ordnungsgemäße Einlösung zu erwarten?
10. Ist sichergestellt, dass eigene Wechsel nicht zu Protest gegangen sind?
11. Beurteilung des internen Kontrollsystems **gut / mittel / schlecht***
    * (nicht zutreffendes bitte streichen)
12. Wurde das vorstehende Urteil berücksichtigt
    a) in der Risikoanalyse?
    b) bei Prüfungsumfang und -intensität der ausgewählten Prüfungshandlungen?

umfassende Prüfungshandlungen

Mandant:	Verbindlichkeiten aus der Annahme gezogener Wechsel und der Ausstellung eigener Wechsel – Zusätzliche Arbeitshilfe bei Erstellung mit umfassenden Prüfungshandlungen	**DD V** –2–
Auftrag:		

umfassende Prüfungshandlungen

	ja	nein	n.e.	Besonderheiten/Verweise
13. Ergeben sich durch das vorstehende Urteil Änderungen der Risikoanalyse? Wenn ja: Beurteilung der geänderten Prüfungssicherheit: **gut / mittel / schlecht*** * (nicht zutreffendes bitte streichen)	☐	☐	☐	

II Prüfung des Nachweises

	ja	nein	n.e.	Besonderheiten/Verweise
14. Wurden die in der Bilanz ausgewiesenen Wechselverbindlichkeiten mit • dem Wechselkopierbuch bzw. einer entsprechenden Aufstellung, • den Sachkonten sowie • den Personenkonten abgestimmt?	☐ ☐ ☐	☐ ☐ ☐	☐ ☐ ☐	
15. Ist die rechnerische Richtigkeit des Wechselkopierbuchs bzw. einer entsprechenden Aufstellung zum Stichtag gewährleistet?	☐	☐	☐	
16. Sind die Posten mit einer Restlaufzeit von mehr als einem Jahr und mehr als 5 Jahren in der Saldenliste gesondert vermerkt? • Wurde die vermerkte Laufzeit in Stichproben anhand der zugrunde liegenden Vereinbarungen überprüft?	☐ ☐	☐ ☐	☐ ☐	
17. Sind sämtliche im Wechselkopierbuch als noch nicht fällig gekennzeichneten Wechsel unter den Schuldwechseln erfasst?	☐	☐	☐	

18. Erfolgt bei Warenwechseln eine ordnungsgemäße Abgrenzung zwischen Vorräten und Aufwendungen?
• Wurden folgende Fehlermöglichkeiten für die ausgewählten Stichproben ausgeschlossen:
  ▪ Verbindlichkeit, aber noch nicht bzw. nicht mehr Bestand,
  ▪ Bestand aber noch nicht bzw. nicht mehr Verbindlichkeit?
• Wurden die im Rahmen der Inventurbeobachtung vorgesehenen Prüfungsmaßnahmen für eine ausreichende Anzahl von Stichproben vorgenommen?
	☐ ☐ ☐ ☐	☐ ☐ ☐ ☐	☐ ☐ ☐ ☐	

19. Ist sichergestellt, dass Kautionswechsel nicht unter den Schuldwechseln erfasst wurden, solange der Sicherungsfall noch nicht eingetreten ist? • Wenn ja: Sind sie unter den Eventualverbindlichkeiten ausgewiesen?	☐ ☐	☐ ☐	☐ ☐	
20. Sind Schuldwechsel, die bei verbundenen Unternehmen, bei Unternehmen, mit denen ein Beteiligungsverhältnis besteht oder bei Gesellschaftern im Bestand sind, von diesen bestätigt worden?	☐	☐	☐	

Mandant:	Verbindlichkeiten aus der Annahme gezogener Wechsel und der Ausstellung eigener Wechsel — Zusätzliche Arbeitshilfe bei Erstellung mit umfassenden Prüfungshandlungen	DD V – 3 –

Auftrag:

	ja	nein	n.e.	Besonderheiten/Verweise
21. Sind Sie zu dem Ergebnis gekommen, dass die ausgewiesene Position vollständig ausgewiesen wird, die ihr zugrunde liegenden Verbindlichkeiten existieren und dem bilanzierenden Unternehmen zuzurechnen sind?	☐	☐	☐	

III Prüfung der Bewertung

22. Wurde der Ansatz der Schuldwechsel zum Rückzahlungsbetrag in Stichproben überprüft
- durch Abstimmung mit dem Wechselkopierbuch? ☐ ☐ ☐
- ggf. durch Nachvollziehung der Umrechnung von Fremdwährungsposten? ☐ ☐ ☐
23. Wurde bei den überprüften Stichproben die richtige Verbuchung überprüft? ☐ ☐ ☐
24. Stimmen evtl. Abschreibungen und Wertberichtigungen mit den GuV-Konten überein? ☐ ☐ ☐
25. Wurden die Abschreibungen rechnerisch richtig ermittelt? ☐ ☐ ☐
26. Wurden die Zinsen und Gebühren ordnungsgemäß abgegrenzt? ☐ ☐ ☐
27. Stimmt die handelsrechtliche Bewertung mit der steuerrechtlichen Bewertung überein? ☐ ☐ ☐
28. Wurden bei Abweichung zwischen der Bewertung nach Handels- und Steuerrecht beachtet:
- das Wahlrecht zur Aktivierung von latenten Steuern bei Kapital- und KapCo-Gesellschaften nach § 274 Abs. 2 HGB?
29. Sind Sie zu dem Ergebnis gekommen, dass die ausgewiesene Position
- entsprechend den handelsrechtlichen Vorschriften,
- entsprechend den steuerrechtlichen Vorschriften bewertet wurde?
Bei Abweichungen: Vereinzelung der Abweichungen s. unter ...

IV Prüfung des Ausweises

Bei sämtlichen Unternehmen

30. Wurde der Ausweis mit den Werten des Wechselkopierbuchs oder einer entsprechenden Aufstellung abgestimmt? ☐ ☐ ☐
31. Ist sichergestellt, dass Umkehr-Wechsel (bei denen die Gesellschaft anstelle des Lieferanten den Wechsel bei ihrer Hausbank zum Diskont gibt) als Schuldwechsel ausgewiesen werden? ☐ ☐ ☐
32. Wurde der Ausgleichsanspruch gegen den Auftraggeber unter den sonstigen Vermögensgegenständen aktiviert? ☐ ☐ ☐

umfassende Prüfungshandlungen

Mandant:	**Verbindlichkeiten aus der Annahme gezogener Wechsel und der Ausstellung eigener Wechsel** – Zusätzliche Arbeitshilfe bei Erstellung mit umfassenden Prüfungshandlungen	**DD V** – 4 –
Auftrag:		

	ja	nein	n.e.	Besonderheiten/Verweise
33. Ist sichergestellt, dass für die eingebuchten Wechselverbindlichkeiten die ursprünglichen Verbindlichkeiten entsprechend ausgebucht wurden?	☐	☐	☐	
34. Wurde der Wechseldiskont abgegrenzt?	☐	☐	☐	
35. Sind die fälligen Diskontbeträge auf Wechsel in der GuV unter Position „Zinsen und ähnliche Aufwendungen" erfasst?	☐	☐	☐	
36. Ist das Verbot der Saldierung von Diskonterträgen mit Diskontaufwendungen beachtet worden?	☐	☐	☐	
37. Wurden evtl. ausgewiesene realisierte Kursgewinne entweder als Verbindlichkeit oder als Rückstellung bilanziert?	☐	☐	☐	
Bei Kapital- und KapCo-Gesellschaften (unabhängig von der Größenordnung)				
38. Wurden beim Ausweis im Jahresabschluss (Anhang) beachtet:				
a) Angabe der angewandten Bilanzierungs- und Bewertungsmethoden sowie die Begründung ihrer Änderungen, § 284 Abs. 2 Nr. 1 Satz 3 HGB?	☐	☐	☐	
b) Angabe von Einflüssen evtl. Bilanzierungs- und Bewertungsänderungen auf die Vermögens-, Finanz- und Ertragslage?	☐	☐	☐	
c) Angabe der Grundlagen einer eventuellen Währungsumrechnung, § 284 Abs. 2 Nr. 2 HGB?	☐	☐	☐	
d) der gesonderte Vermerk des Betrages der Wechsel mit einer Restlaufzeit bis zu einem Jahr und der Verbindlichkeiten mit einer Restlaufzeit von mehr als 5 Jahren?	☐	☐	☐	
e) Angabe des Gesamtbetrages der Wechsel, die durch Pfandrechte oder ähnliche Rechte gesichert sind, aufgeteilt nach Art und Form der Sicherheiten im Anhang, § 285 Nr. 1 b HGB?	☐	☐	☐	
f) die Prüfung, ob sich Angabepflichten im Lagebericht ergeben und ob diese beachtet wurden?	☐	☐	☐	
Mittelgroße und große Kapital- und KapCo-Gesellschaften (zusätzlich)				
39. Wurden die Wechselverbindlichkeiten getrennt von den anderen Verbindlichkeiten, insbesondere den Verbindlichkeiten gegenüber Kreditinstituten, den erhaltenen Anzahlungen auf Bestellungen, den Verbindlichkeiten aus Lieferungen und Leistungen, den Verbindlichkeiten gegenüber verbundenen Unternehmen, den Verbindlichkeiten gegenüber Unternehmen, mit denen ein Beteiligungsverhältnis besteht, den Verbindlichkeiten gegenüber Gesellschaftern und den sonstigen Verbindlichkeiten ausgewiesen?	☐	☐	☐	

Mandant:	Verbindlichkeiten aus der Annahme gezogener Wechsel und der Ausstellung eigener Wechsel – Zusätzliche Arbeitshilfe bei Erstellung mit umfassenden Prüfungshandlungen	DD V – 5 –
Auftrag:		

	ja	nein	n.e.	Besonderheiten/Verweise
40. Wurden betragsmäßig ins Gewicht fallende Posten, die rechtlich erst nach dem Abschlussstichtag entstehen, im Anhang erläutert, § 268 Abs. 5 Satz 3 HGB?	☐	☐	☐	
41. Wurden die Vermerkpflichten im Anhang nach den in der Bilanz ausgewiesenen Verbindlichkeitsposten aufgegliedert, sofern die auf die einzelnen Posten entfallenden Teilbeträge nicht bereits aus der Bilanz ersichtlich sind?	☐	☐	☐	
42. Wurde ein Mitzugehörigkeitsvermerk in der Bilanz oder im Anhang gegeben, sofern eine Verbindlichkeit unter mehrere Posten der Bilanz fällt?	☐	☐	☐	
43. *Sind Sie zu dem Ergebnis gekommen, dass für die ausgewiesene Position sämtliche handelsrechtlichen Ausweisvorschriften beachtet wurden?*	☐	☐	☐	

V   Sonstige Prüfungshandlungen

umfassende Prüfungshandlungen

Mandant:	Verbindlichkeiten gegenüber – verbundenen Unternehmen – Unternehmen, mit denen ein Beteiligungsverhältnis besteht – Gesellschaftern – Zusätzliche Arbeitshilfe bei Erstellung mit umfassenden Prüfungshandlungen	**DD VI** – 1 –
Auftrag:		

	Mitarbeiter	Berichtskritik	verantwortlicher Berufsangehöriger
Name / Unterschrift Datum			

umfassende Prüfungshandlungen

	ja	nein	n.e.	Besonderheiten/Verweise
I Beurteilung des internen Kontrollsystems				
1. Ist die gesonderte Erfassung der Verbindlichkeiten				
• gegen verbundene Unternehmen,	☐	☐	☐	
• gegen Unternehmen, mit denen ein Beteiligungsverhältnis besteht,	☐	☐	☐	
• gegen Gesellschafter sichergestellt?	☐	☐	☐	
2. Wurden die erfassten nahe stehenden Unternehmen auf Vollständigkeit überprüft durch				
• Auswertung der Arbeitspapiere vorhergehender Jahre, Aufnahme bekannter nahe stehender Unternehmen?	☐	☐	☐	
• Befragungen zu Verbindungen der Mitglieder von Aufsichtsgremien, der gesetzlichen Vertreter und der leitenden Angestellten zu anderen Unternehmen?	☐	☐	☐	
• Auswertung von Listen der Anteilseigner zur Feststellung der wesentlichen Anteilseigner (bei Aktiengesellschaften: z.B. Aufstellung der Hauptaktionäre anhand des Aktienbuchs)?	☐	☐	☐	
• Auswertung der Protokolle von Sitzungen der Anteilseigner (Gesellschafter oder Hauptversammlung) und der Aufsichtsgremien oder anderer geeigneter Unterlagen?	☐	☐	☐	
• Befragung von anderen externen Prüfern, deren Arbeit verwandt oder übernommen werden soll sowie von Vorjahresprüfern über deren Kenntnisse über weitere nahe stehende Unternehmen?	☐	☐	☐	
• Auswertung von Steuererklärungen und Betriebsprüfungsberichten des Unternehmens und anderen von und für Behörden erstellten Informationen?	☐	☐	☐	
• Berücksichtigung von Prüfungsergebnissen zu den Berichten der Vorstände von abhängigen Aktiengesellschaften über die Beziehung zu verbundenen Unternehmen?	☐	☐	☐	

Mandant:	Verbindlichkeiten gegenüber – verbundenen Unternehmen – Unternehmen, mit denen ein Beteiligungsverhältnis besteht – Gesellschaftern – Zusätzliche Arbeitshilfe bei Erstellung mit umfassenden Prüfungshandlungen	DD VI – 2 –
Auftrag:		

	ja	nein	n.e.	Besonderheiten/Verweise
3. Bei Wareneinkäufen von nahestehenden Unternehmen:				
a) Wurde das Verfahren der Abwicklung der Einkäufe und ihrer Verbuchung (einschließlich der Behandlung der Umsatzsteuer) in Form eines Dauerarbeitspapieres dokumentiert?	☐	☐	☐	
b) Stimmt das praktizierte Verfahren mit den Rechnungslegungsvorschriften überein?	☐	☐	☐	
c) Funktioniert das interne Kontrollsystem des Wareneingangs?	☐	☐	☐	s. unter ...
d) Wurden die Eingangsrechnungen von den nahestehenden Unternehmen / Personen in Stichproben überprüft auf				
• ihre materielle Richtigkeit (Wareneingang, Empfang der Dienstleistung, rechnerische Richtigkeit, Bewilligung, etc.)?	☐	☐	☐	
• die richtige Erfassung und Verbuchung der Vorsteuer?	☐	☐	☐	
• die richtige Übernahme der Daten in die Sach- und Personenkonten?	☐	☐	☐	
• die zeitnahe Erfassung?	☐	☐	☐	
e) Wurden ausgehend von dem Hauptbuchkonto auch diejenigen Buchungen kritisch untersucht, die nicht aus Einkäufen oder Zahlungseingängen herrühren?	☐	☐	☐	
f) Werden Nachlässe oder Gutschriften für Retouren unmittelbar beim Rücksenden der Retouren oder beim Geltendmachen der Minderung periodengerecht verbucht?	☐	☐	☐	
g) Werden vereinbarte Rückvergütungen und Treue-/Umsatzprämien usw. in geeigneter Weise überwacht und ggf. angemahnt?	☐	☐	☐	
h) Wurde das Verfahren zur Wahrung von Skontofristen auf seine tatsächliche Einhaltung überprüft, insbesondere				
• ob Skontorechnungen bevorzugt abgefertigt werden, um die Inanspruchnahme des Skontos jederzeit zu ermöglichen?	☐	☐	☐	
• ob auf die Ausnutzung der eingeräumten Zahlungsziele geachtet wird?	☐	☐	☐	
• ob die vorzeitige Bezahlung ebenso vermieden wird wie Mahnungen von Lieferanten oder der Eingang von Zahlungsbefehlen?	☐	☐	☐	
i) Ist sichergestellt, dass nach der Bezahlung der Eingangsrechnungen eine ordnungsgemäße Entwertung der Belege erfolgt („Bezahlt"-Stempel, etc.)?	☐	☐	☐	

umfassende Prüfungshandlungen

Mandant:	Verbindlichkeiten gegenüber − verbundenen Unternehmen − Unternehmen, mit denen ein Beteiligungsverhältnis besteht − Gesellschaftern − Zusätzliche Arbeitshilfe bei Erstellung mit umfassenden Prüfungshandlungen	DD VI − 3 −
Auftrag:		

	ja	nein	n.e.	Besonderheiten/Verweise
j) Müssen Abweichungen von den allgemeinen Geschäftsbedingungen gesondert genehmigt werden?	☐	☐	☐	
4. Ist sichergestellt, dass				
• Verbindlichkeiten, die eigenkapitalersetzenden Charakter haben, nach Schuldner und Höhe gesondert ausgewiesen werden?	☐	☐	☐	
• die gesellschaftsvertraglich vorgesehenen Organe einer Kreditaufnahme zugestimmt haben?	☐	☐	☐	
• Kreditaufnahmen von Unternehmen, für die Zustimmungen nicht vorliegen, unterbleiben und die Abteilung „Verkauf" sowie der Außendienst hierüber informiert sind?	☐	☐	☐	
5. Wurde die Angemessenheit der Preisgestaltung sowohl anhand des zugrunde liegenden Vertrages als auch des Beleges überprüft, der der Abrechnung zugrunde liegt?	☐	☐	☐	
6. Besteht die Gefahr von verdeckten Gewinnausschüttungen oder Einlagen?	☐	☐	☐	
7. Wurde auf sonstige ungewöhnliche Geschäftsvorfälle geachtet, die auf zuvor nicht festgestellte Beziehungen zu nahe stehenden Unternehmen hinweisen könnten oder Beziehungen zu nahe stehenden Unternehmen betreffen? Beispiele hierfür sind:				
• Geschäftsvorfälle zu ungewöhnlichen Konditionen, z.B. mit unüblichen Preisen, Zinssätzen, Garantievereinbarungen oder Rückzahlungskonditionen;	☐	☐	☐	
• Geschäftsvorfälle, für deren Abschluss es keinen schlüssigen wirtschaftlichen Grund gibt;	☐	☐	☐	
• Geschäftsvorfälle, deren wirtschaftlicher Gehalt von der rechtlichen Gestaltung abweicht;	☐	☐	☐	
• Geschäftsvorfälle, die in ungewöhnlicher Weise abgewickelt wurden;	☐	☐	☐	
• vergleichsweise hohes Geschäftsvolumen über bedeutende Geschäftsvorfälle mit bestimmten Kunden oder Zulieferern;	☐	☐	☐	
• nicht gebuchte Geschäftsvorfälle, wie z.B. die unentgeltliche Nutzung oder Bereitstellung von Managementdienstleistungen.	☐	☐	☐	
8. Wurden Prüfungshandlungen durchgeführt, die Hinweise auf Geschäftsvorfälle mit nahe stehenden Unternehmen geben könnten, z.B.				
• Einzelfallprüfung bei ausgewählten Geschäftsvorfällen und Beständen?	☐	☐	☐	
• Auswertung der Protokolle von Sitzungen der Anteilseigner und der Aufsichtsgremien?	☐	☐	☐	

(umfassende Prüfungshandlungen)

Mandant:	Verbindlichkeiten gegenüber − verbundenen Unternehmen − Unternehmen, mit denen ein Beteiligungsverhältnis besteht − Gesellschaftern − Zusätzliche Arbeitshilfe bei Erstellung mit umfassenden Prüfungshandlungen	**DD VI** − 4 −

Auftrag:

	ja	nein	n.e.	Besonderheiten/Verweise
• Einsichtnahme in die buchhalterischen Aufzeichnungen über große oder ungewöhnliche Geschäftsvorfälle oder Bestände unter besonderer Beachtung von Geschäftsvorfällen, die am oder kurz vor Ende des Geschäftsjahres erfasst wurden?	☐	☐	☐	
• Würdigung eingeholter Bankbestätigungen und von Bestätigungen Dritter über gewährte oder aufgenommene Darlehen?	☐	☐	☐	
• Feststellung von Bürgschafts- oder anderen Haftungsverhältnissen?	☐	☐	☐	
• Feststellung zu Beteiligungsgeschäften, z.B. Kauf oder Verkauf von Beteiligungen an Gemeinschafts- oder anderen Unternehmen?	☐	☐	☐	
9. Wurde zum Nachweis der Inhalte von Geschäftsbeziehungen mit nahe stehenden Unternehmen erforderlichenfalls				
• Bestätigungen zu den Bedingungen und zum Betrag des Geschäftsvorfalls mit nahe stehenden Unternehmen eingeholt?	☐	☐	☐	
• Nachweise, die im Besitz von nahe stehenden Personen sind, ausgewertet?	☐	☐	☐	
• Bestätigungen oder Informationen von Personen eingeholt, die in die Geschäftsvorfälle mit nahe stehenden Unternehmen involviert sind (z.B. Banken, Rechtsanwälte, Versicherer, Vermittler)?	☐	☐	☐	
10. Wurden die wesentlichen Verträge zu den Dauerakten genommen?	☐	☐	☐	
11. Ist sichergestellt, dass				
• regelmäßig Saldenlisten mit Angabe des Altersaufbaus der Verbindlichkeiten angefertigt, mit der Hauptbuchhaltung abgestimmt und der vorgesetzten Stelle zur Bereinigung eventueller Abstimmungsdifferenzen vorgelegt werden?	☐	☐	☐	
• die Kontenstände regelmäßig mit den Geschäftskonten abgestimmt und eventuelle Abstimmungsdifferenzen zur Bereinigung der vorgesetzten Stelle vorgelegt werden?	☐	☐	☐	
• Genehmigungen für die Ausbuchung von Verbindlichkeiten oder Teilen von Verbindlichkeiten durch schriftliches Handzeichen erfolgen?	☐	☐	☐	
12. Wurden Ausbuchungen vorgenommen?	☐	☐		s. unter …
13. Beurteilung des internen Kontrollsystems **gut / mittel / schlecht*** * (nicht zutreffendes bitte streichen)				
14. Wurde das vorstehende Urteil berücksichtigt a) in der Risikoanalyse?	☐	☐	☐	
b) bei Prüfungsumfang und -intensität der ausgewählten Prüfungshandlung?	☐	☐	☐	

umfassende Prüfungshandlungen

Mandant:	**Verbindlichkeiten gegenüber**	**DD VI**
	– verbundenen Unternehmen – Unternehmen, mit denen ein Beteiligungsverhältnis besteht – Gesellschaftern – Zusätzliche Arbeitshilfe bei Erstellung mit umfassenden Prüfungshandlungen	– 5 –

Auftrag:

	ja	nein	n.e.	Besonderheiten/Verweise
15. Ergeben sich durch das vorstehende Urteil Änderungen der Risikoanalyse? Wenn ja: Beurteilung der geänderten Prüfungssicherheit: **gut / mittel / schlecht*** * (nicht zutreffendes bitte streichen)	☐	☐	☐	

II Prüfung des Nachweises *(umfassende Prüfungshandlungen)*

	ja	nein	n.e.	
16. Wurden die in der Bilanz ausgewiesenen Verbindlichkeiten mit				
• der Saldenliste zum Stichtag,	☐	☐	☐	
• den Sachkonten,	☐	☐	☐	
• den Personenkonten sowie	☐	☐	☐	
• den verbundenen Unternehmen / Beteiligungsunternehmen	☐	☐	☐	
abgestimmt?				
17. Ist die rechnerische Richtigkeit der Saldenliste zum Stichtag gewährleistet?	☐	☐	☐	
18. Sind die Posten mit einer Laufzeit von mehr als einem Jahr und mehr als 5 Jahren in der Saldenliste gesondert vermerkt?	☐	☐	☐	
• Wurde die vermerkte Laufzeit in Stichproben anhand der zugrunde liegenden Vereinbarung überprüft?	☐	☐	☐	
19. Falls keine Abstimmung mit den verbundenen Unternehmen / Beteiligungsunternehmen und die Höhe der Verbindlichkeiten absolut oder relativ von Bedeutung: Notwendigkeit der Einholung von Saldenbestätigungen (Muster s. Z 52)?	☐	☐	☐	
20. Soweit keine Abstimmung/Saldenbestätigungen: • Alternative Prüfungshandlungen, insbesondere zu den in der Zeit zwischen Bilanzstichtag und Abschlussprüfung eingehenden Rechnungen, den bestehenden Aufträgen und den nach dem Bilanzstichtag geleisteten Zahlungen:				
▪ Sind die ausgewählten Posten in neuer Rechnung beglichen?	☐	☐	☐	
▪ Lassen sich die ausgewählten Posten				
▪ mit den zugrunde liegenden Rechnungen und sonstigen Belegen,	☐	☐	☐	
▪ mit den Wareneingangsmeldungen oder sonstigen Unterlagen, die dem Nachweis des Eingangs dienen,	☐	☐	☐	
▪ mit der Bestellung oder eventuellen Lieferscheinen des Kunden,	☐	☐	☐	
▪ anhand der Korrespondenz mit dem Unternehmen	☐	☐	☐	
nachweisen?				

Mandant:	Verbindlichkeiten gegenüber
	– verbundenen Unternehmen
	– Unternehmen, mit denen ein
	  Beteiligungsverhältnis besteht
	– Gesellschaftern
	– Zusätzliche Arbeitshilfe bei
	  Erstellung mit umfassenden
	  Prüfungshandlungen
		DD VI
		– 6 –

Auftrag:		

	ja	nein	n.e.	Besonderheiten/Verweise
21. Sind evtl. vorgenommene Aufrechnungen von Forderungen und Verbindlichkeiten zulässig?	☐	☐	☐	
22. Erfolgte eine ordnungsgemäße Abgrenzung zwischen Vorräten und Aufwendungen?	☐	☐	☐	
• Wurden folgende Fehlermöglichkeiten für die ausgewählten Stichproben ausgeschlossen:				
▪ Verbindlichkeit, aber noch nicht bzw. nicht mehr Bestand,	☐	☐	☐	
▪ Bestand, aber noch nicht bzw. nicht mehr Verbindlichkeit?	☐	☐	☐	
• Wurden die im Rahmen der Inventurbeobachtung vorgesehenen Prüfungsmaßnahmen für eine ausreichende Anzahl von Stichproben vorgenommen?	☐	☐	☐	
23. Werden die Bedingungen von Kreditverträgen beachtet?	☐	☐	☐	
24. Entspricht es der ursprünglichen Vereinbarung, wenn Darlehen im Berichtsjahr getilgt und im neuen Jahr wieder gewährt werden?	☐	☐	☐	
25. Wurde darauf geachtet, dass Gewinnansprüche (Beteiligungserträge) bei Mehrheitsbeteiligungen handelsrechtlich schon dann als Forderung bilanziert werden, wenn der Jahresabschluss des im Mehrheitsbesitz stehenden Unternehmens festgestellt ist und ein Gewinnverwendungsvorschlag vorliegt, während steuerrechtlich eine phasengleiche Bilanzierung grundsätzlich nicht mehr möglich ist?	☐	☐	☐	
26. *Sind Sie zu dem Ergebnis gekommen, dass die ausgewiesene Position vollständig ausgewiesen wird, die ihr zugrunde liegenden Vermögensgegenstände vorhanden und dem bilanzierenden Unternehmen zuzurechnen sind?*	☐	☐	☐	
III Prüfung der Bewertung				
27. Wurde der Ansatz der Verbindlichkeiten zum Rückzahlungsbetrag in Stichproben überprüft				
• durch Abstimmung mit den jeweiligen Aufträgen und Eingangsrechnungen?	☐	☐	☐	
• durch Überprüfung der sachlichen und rechnerischen Richtigkeit des Beleges und des Auftrages?	☐	☐	☐	
• ggf. durch Nachvollziehung der Umrechnung von Fremdwährungsposten?	☐	☐	☐	
28. Wurde bei den überprüften Stichproben die richtige Verbuchung überprüft (Abstimmung von Beleg mit verbuchtem Betrag)?	☐	☐	☐	

umfassende Prüfungshandlungen

Mandant:	Verbindlichkeiten gegenüber	**DD VI**
	− verbundenen Unternehmen − Unternehmen, mit denen ein Beteiligungsverhältnis besteht − Gesellschaftern − Zusätzliche Arbeitshilfe bei Erstellung mit umfassenden Prüfungshandlungen	− 7 −
Auftrag:		

	ja	nein	n.e.	Besonderheiten/Verweise
29. Wurde der Wert von geschuldeten Leistungen, sofern fremd bezogenes Material bereits eingebucht ist, die Rechnung aber noch aussteht, zutreffend geschätzt?	☐	☐	☐	
30. Wurden die im Prüfungszeitraum vorgenommenen Ausbuchungen von Verbindlichkeiten auf ihre Belegung und Genehmigung sowie auf den Ausschluss von Inanspruchnahmen überprüft?	☐	☐	☐	
31. Stimmen evtl. Abschreibungen und Wertberichtigungen mit den GuV-Konten überein?	☐	☐	☐	
32. Wurden die Abschreibungen rechnerisch richtig ermittelt?	☐	☐	☐	
33. Stimmt die handelsrechtliche Bewertung mit der steuerrechtlichen Bewertung überein?	☐	☐	☐	
34. Wurden bei Abweichung zwischen der Bewertung nach Handels- und Steuerrecht beachtet: • das Wahlrecht zur Aktivierung von latenten Steuern bei Kapital- und KapCo-Gesellschaften nach § 274 Abs. 2 HGB?	☐	☐	☐	
35. Sind Sie zu dem Ergebnis gekommen, dass die ausgewiesene Position • *entsprechend den handelsrechtlichen Vorschriften,* • *entsprechend den steuerrechtlichen Vorschriften bewertet wurde?* *Bei Abweichungen:*	☐ ☐	☐ ☐	☐ ☐	Vereinzelung der Abweichungen: s. unter ...
IV Prüfung des Ausweises				
Bei sämtlichen Unternehmen				
36. Wurde der Ausweis mit den Werten der Saldenliste abgestimmt?	☐	☐	☐	
37. Ist sichergestellt, dass unzulässige Saldierungen unterblieben sind?	☐	☐	☐	
38. Wurden die Gegenbuchungen zutreffend erfasst?	☐	☐	☐	
39. Wurden evtl. ausgewiesene realisierte Kursgewinne entweder als Verbindlichkeit oder als Rückstellung bilanziert?	☐	☐	☐	
Bei Kapital- und KapCo-Gesellschaften (unabhängig von der Größenordnung)				
40. Wurden beim Ausweis im Jahresabschluss (Anhang) beachtet: a) Angabe der angewandten Bilanzierungs- und Bewertungsmethoden sowie die Begründung ihrer Änderungen, § 284 Abs. 2 Nr. 1 Satz 3 HGB?	☐	☐	☐	

umfassende Prüfungshandlungen

Mandant:	Verbindlichkeiten gegenüber
	– verbundenen Unternehmen
	– Unternehmen, mit denen ein
	  Beteiligungsverhältnis besteht
	– Gesellschaftern
	– Zusätzliche Arbeitshilfe bei
	  Erstellung mit umfassenden
	  Prüfungshandlungen
		DD VI
		– 8 –

Auftrag:

	ja	nein	n.e.	Besonderheiten/Verweise
b) Angabe von Einflüssen eventueller Bilanzierungs- und Bewertungsänderungen auf die Vermögens-, Finanz- und Ertragslage?	☐	☐	☐	
c) Angabe der Grundlagen einer eventuellen Währungsumrechnung, § 284 Abs. 2 Nr. 2 HGB?	☐	☐	☐	
d) der gesonderte Vermerk des Betrages der Verbindlichkeiten mit einer Restlaufzeit bis zu einem Jahr und der Verbindlichkeiten mit einer Restlaufzeit von mehr als 5 Jahren?	☐	☐	☐	
e) Angabe des Gesamtbetrages der Verbindlichkeiten, die durch Pfandrechte oder ähnliche Rechte gesichert sind, aufgeteilt nach Art und Form der Sicherheiten im Anhang, § 285 Nr. 1 b HGB?	☐	☐	☐	
f) die Prüfung, ob sich aus den Verbindlichkeiten Angabepflichten im Lagebericht ergeben und ob diese beachtet wurden?	☐	☐	☐	

Mittelgroße und große Kapital- und KapCo-Gesellschaften (zusätzlich)

41. Wurden die Verbindlichkeiten gegenüber verbundenen Unternehmen, die Verbindlichkeiten gegenüber Unternehmen, die Verbindlichkeiten gegenüber Unternehmen, mit denen ein Beteiligungsverhältnis besteht und die Verbindlichkeiten gegenüber Gesellschaftern getrennt von den anderen Verbindlichkeiten, insbesondere
    - den Verbindlichkeiten gegenüber Kreditinstituten,
    - den erhaltenen Anzahlungen auf Bestellungen,
    - den Verbindlichkeiten aus Lieferungen und Leistungen
    und
    - den sonstigen Verbindlichkeiten
    ausgewiesen?
42. Wurden betragsmäßig ins Gewicht fallende Verbindlichkeiten, die rechtlich erst nach dem Abschlussstichtag entstehen, im Anhang erläutert, § 268 Abs. 5 Satz HGB?
43. Wurden die Vermerkpflichten für die Verbindlichkeiten im Anhang nach den in der Bilanz ausgewiesenen Verbindlichkeitsposten im Anhang aufgegliedert, sofern die auf die einzelnen Posten entfallenden Teilbeträge nicht bereits aus der Bilanz ersichtlich sind?

umfassende Prüfungshandlungen

Mandant:	Verbindlichkeiten gegenüber	DD VI
	– verbundenen Unternehmen – Unternehmen, mit denen ein Beteiligungsverhältnis besteht – Gesellschaftern – Zusätzliche Arbeitshilfe bei Erstellung mit umfassenden Prüfungshandlungen	– 9 –

Auftrag:

	ja	nein	n.e.	Besonderheiten/Verweise
44. Wurde ein Mitzugehörigkeitsvermerk in der Bilanz oder im Anhang gegeben, sofern eine Verbindlichkeit unter mehrere Posten der Bilanz fällt?	☐	☐	☐	
45. Sind Sie zu dem Ergebnis gekommen, dass für die ausgewiesene Position sämtliche handelsrechtlichen Ausweisvorschriften beachtet wurden?	☐	☐	☐	

V   Sonstige Prüfungshandlungen

Mandant:

Sonstige Verbindlichkeiten
– Zusätzliche Arbeitshilfe bei Erstellung mit umfassenden Prüfungshandlungen

DD VII

Auftrag:

	Mitarbeiter	Berichtskritik	verantwortlicher Berufsangehöriger
Name / Unterschrift Datum			

	ja	nein	n.e.	Besonderheiten/Verweise

I Beurteilung des internen Kontrollsystems

1. Sind die sonstigen Verbindlichkeiten in sachlicher Hinsicht kontenmäßig gegliedert und sind die Kontokorrente ordnungsgemäß geführt worden?
2. Ist sichergestellt, dass
   - Verbindlichkeiten mit Restlaufzeiten von mehr als einem Jahr und mehr als 5 Jahren sowie durch Pfandrechte oder ähnliche Rechte abgesicherte Verbindlichkeiten in einem gesonderten Verzeichnis erfasst werden?
   - alle Eingangsrechnungen unmittelbar nach ihrem Eingang im Rechnungswesen erfasst werden?
   - Gutschriften unmittelbar nach Geltendmachung der Minderung periodengerecht verbucht werden?
   - die eingeräumten Zahlungsziele beachtet werden (die vorzeitige Bezahlung ist ebenso zu vermeiden wie die Anmahnung von Rechnungen bzw. der Eingang von Zahlungsbefehlen)?
   - Konten „Pro diverse" oder „Sonstige" nur in untergeordnetem Umfang geführt werden?
   - regelmäßig Saldenlisten mit Angaben des Altersaufbaus der Verbindlichkeiten angefertigt, mit der Hauptbuchhaltung abgestimmt und der vorgesehenen Stelle zur Bereinigung evtl. Abstimmungsdifferenzen vorgelegt werden?
   - Genehmigungen für die Ausbuchung von Verbindlichkeiten oder Teilen von Verbindlichkeiten durch schriftliches Handzeichen erfolgen?
   - ausreichende Kontrollen bestehen (Verbindlichkeiten dürfen nicht bezahlt werden, solange Aufrechnungsmöglichkeiten bestehen)?
3. Ist sichergestellt, dass nach der Bezahlung von Verbindlichkeiten eine ordnungsgemäße Entwertung der Belege erfolgt („Bezahlt"-Stempel, etc.)?
4. Ist bei Darlehensaufnahmen sichergestellt, dass
   - die im Gesellschaftsvertrag oder in Anstellungsverträgen vorgesehenen Zustimmungsvorschriften eingehalten wurden?
   - die Darlehen nicht im Berichtsjahr getilgt und im neuen Jahr wieder gewährt werden?

umfassende Prüfungshandlungen

Mandant:	Sonstige Verbindlichkeiten	**DD VII**
	– Zusätzliche Arbeitshilfe bei Erstellung mit umfassenden Prüfungshandlungen	– 2 –

Auftrag:

		ja	nein	n.e.	Besonderheiten/Verweise
	5. Sind Funktionenkollisionen zwischen der Buchhaltung und denjenigen Personen, die Zugang zu Geld haben, ausgeschlossen?	☐	☐	☐	
	6. Wurde die Übereinstimmung des Istzustandes des internen Kontrollsystems mit dem Sollzustand progressiv, ausgehend von Darlehensabrechnungen, der Lohn- und Gehaltsbuchhaltung überprüft?	☐	☐	☐	
	7. Beurteilung des internen Kontrollsystems **gut / mittel / schlecht*** * (nicht zutreffendes bitte streichen)				
	8. Wurde das vorstehende Urteil berücksichtigt a) in der Risikoanalyse?	☐	☐	☐	
	b) bei Prüfungsumfang und -intensität der ausgewählten Prüfungshandlung?	☐	☐	☐	
	9. Ergeben sich durch das vorstehende Urteil Änderungen der Risikoanalyse?	☐	☐	☐	
	Wenn ja: Beurteilung der geänderten Prüfungssicherheit **gut / mittel / schlecht*** * (nicht zutreffendes bitte streichen)				
II	**Prüfung des Nachweises**				
	10. Wurden die in der Bilanz ausgewiesenen sonstigen Verbindlichkeiten mit				
	• der Saldenliste zum Stichtag,	☐	☐	☐	
	• den Sachkonten sowie	☐	☐	☐	
	• den Personenkonten abgestimmt?	☐	☐	☐	
	11. Ist die rechnerische Richtigkeit der Saldenliste zum Stichtag gewährleistet?	☐	☐	☐	
	12. Liegen für die in der Saldenliste aufgeführten Posten Einzelnachweise vor, die				
	• den Entstehungsgrund,	☐	☐	☐	
	• die Konditionen,	☐	☐	☐	
	• die Besicherungen	☐	☐	☐	
	• im einzelnen angeben (z.B. Kautionen, Steuerschätzungen oder -berechnungen, Steuererklärungen, Steuerbescheide, etc.)?	☐	☐	☐	
	13. Wurden die Einzelnachweise – soweit für die Prüfung in Folgejahren von Bedeutung – zu der Dauerakte genommen?	☐	☐	☐	
	14. Sind die Posten mit einer Laufzeit von mehr als einem Jahr und mehr als 5 Jahren in der Saldenliste gesondert vermerkt?	☐	☐	☐	
	• Wurde die vermerkte Laufzeit in Stichproben anhand der zugrunde liegenden Vereinbarung überprüft?	☐	☐	☐	

umfassende Prüfungshandlungen

Mandant:	**Sonstige Verbindlichkeiten** – Zusätzliche Arbeitshilfe bei Erstellung mit umfassenden Prüfungshandlungen	**DD VII** – 3 –

Auftrag:

	ja	nein	n.e.	Besonderheiten/Verweise
15. Ist die Höhe der sonstigen Verbindlichkeiten und Leistungen absolut oder relativ bedeutend?	☐	☐	☐	
• Falls ja und keine Möglichkeit eines einfacheren oder zumindest gleich zuverlässigen Nachweises der Salden: Notwendigkeit der Einholung von Saldenbestätigungen (Muster S. Z 52)?	☐	☐	☐	
16. Soweit bei den ausgewählten Posten keine Bestätigung eingeholt oder eingegangen ist: alternative Prüfungshandlungen:				
• Sind die ausgewählten Posten in neuer Rechnung beglichen?	☐	☐	☐	
• Lassen sich die ausgewählten Posten				
• mit den zugrunde liegenden Rechnungen und sonstigen Belegen,	☐	☐	☐	
• mit Unterlagen, die dem Nachweis der Leistungserbringung dienen,	☐	☐	☐	
• anhand der Korrespondenz nachweisen?	☐	☐	☐	
• Wurde für die ausgewählten Posten geprüft, ob der Gläubiger tatsächlich existiert (Einblick ins Telefonbuch, Einholung einer Auskunft o.ä.)?	☐	☐	☐	
17. Wurden die kreditorischen Debitoren in Stichproben auf ihre Ursache untersucht?	☐	☐	☐	
18. Werden unter den sonstigen Verbindlichkeiten solche größeren Umfangs ausgewiesen, die rechtlich erst nach dem Bilanzstichtag entstanden sind und sind diese gesondert erfasst (Berichtspflicht für mittelgroße und große Kapital- und KapCo-Gesellschaften im Anhang nach § 268 Abs. 5 Satz 3 HGB)?	☐	☐	☐	
19. *Sind Sie zu dem Ergebnis gekommen, dass die ausgewiesene Position vollständig ausgewiesen wird, die Verbindlichkeiten existieren und dem bilanzierenden Unternehmen zuzurechnen sind?*	☐	☐	☐	

III Prüfung der Bewertung

	ja	nein	n.e.	Besonderheiten/Verweise
20. Wurde der Ansatz der Verbindlichkeiten zum Rückzahlungsbetrag in Stichproben überprüft				
• durch Abstimmung mit den jeweiligen Nachweisen?	☐	☐	☐	
• durch Überprüfung der sachlichen und rechnerischen Richtigkeit des Beleges?	☐	☐	☐	
• ggf. durch Nachvollziehung der Umrechnung von Fremdwährungsposten?	☐	☐	☐	
21. Wurde bei den überprüften Stichproben die richtige Verbuchung überprüft (Abstimmung von Beleg mit verbuchtem Betrag)?	☐	☐	☐	
22. Wurden die im Prüfungszeitraum vorgenommenen Ausbuchungen von Verbindlichkeiten auf ihre Belegung und Genehmigung sowie auf den Ausschluss von Inanspruchnahmen überprüft?	☐	☐	☐	

Mandant:	Sonstige Verbindlichkeiten – Zusätzliche Arbeitshilfe bei Erstellung mit umfassenden Prüfungshandlungen	**DD VII** – 4 –

Auftrag:

	ja	nein	n.e.	Besonderheiten/Verweise
23. Stimmen die Abschreibungen und Wertberichtigungen mit den GuV-Konten überein?	☐	☐	☐	
24. Wurden die Abschreibungen rechnerisch richtig ermittelt?	☐	☐	☐	
25. Stimmt die handelsrechtliche Bewertung mit der steuerrechtlichen Bewertung überein?	☐	☐	☐	
26. Wurden bei Abweichung zwischen der Bewertung nach Handels- und Steuerrecht beachtet	☐	☐	☐	
• das Wahlrecht zur Aktivierung von latenten Steuern bei Kapital- und KapCo-Gesellschaften nach § 274 Abs. 2 HGB?	☐	☐	☐	
27. Sind Sie zu dem Ergebnis gekommen, dass die ausgewiesene Position				
• entsprechend den handelsrechtlichen Vorschriften,	☐	☐	☐	
• entsprechend den steuerrechtlichen Vorschriften bewertet wurde? Bei Abweichungen:	☐	☐	☐	*Vereinzelung der Abweichungen: s. unter ...*

IV Prüfung des Ausweises

Bei sämtlichen Unternehmen

	ja	nein	n.e.	Besonderheiten/Verweise
28. Wurde der Ausweis mit den Werten der Saldenliste abgestimmt?	☐	☐	☐	
29. Ist sichergestellt, dass unzulässige Saldierungen unterblieben sind?	☐	☐	☐	
30. Wurden die Gegenbuchungen zutreffend erfasst?	☐	☐	☐	
31. Wurden evtl. ausgewiesene realisierte Kursgewinne entweder als Verbindlichkeiten oder als Rückstellungen bilanziert?	☐	☐	☐	

**Bei Kapital- und KapCo-Gesellschaften
(unabhängig von der Größenordnung)**

	ja	nein	n.e.	Besonderheiten/Verweise
32. Wurden beim Ausweis im Jahresabschluss (Anhang) beachtet:				
a) Angabe der angewandten Bilanzierungs- und Bewertungsmethoden sowie die Begründung ihrer Änderungen, § 284 Abs. 2 Nr. 1 Satz 3 HGB?	☐	☐	☐	
b) Angabe von Einflüssen eventueller Bilanzierungs- und Bewertungsänderungen auf die Vermögens-, Finanz- und Ertragslage?	☐	☐	☐	
c) Angabe der Grundlagen einer eventuellen Währungsumrechnung, § 284 Abs. 2 Nr. 2 HGB?	☐	☐	☐	
d) der gesonderte Vermerk des Betrages der Verbindlichkeiten mit einer Restlaufzeit bis zu einem Jahr und der Verbindlichkeiten mit einer Restlaufzeit von mehr als 5 Jahren?	☐	☐	☐	

umfassende Prüfungshandlungen

Mandant:	Sonstige Verbindlichkeiten – Zusätzliche Arbeitshilfe bei Erstellung mit umfassenden Prüfungshandlungen	DD VII – 5 –

Auftrag:

	ja	nein	n.e.	Besonderheiten/Verweise
e) Angabe des Gesamtbetrages der Verbindlichkeiten, die durch Pfandrechte oder ähnliche Rechte gesichert sind, aufgeteilt nach Art und Form der Sicherheiten im Anhang, § 285 Nr. 1 b HGB?	☐	☐	☐	
f) die Prüfung, ob sich aus den Verbindlichkeiten Angabepflichten im Lagebericht ergeben und ob diese beachtet wurden?	☐	☐	☐	
Mittelgroße und große Kapital- und KapCo-Gesellschaften (zusätzlich)				
33. Wurden die sonstigen Verbindlichkeiten getrennt von den anderen Verbindlichkeiten, insbesondere				
• den Verbindlichkeiten gegenüber Kreditinstituten,	☐	☐	☐	
• den erhaltenen Anzahlungen auf Bestellungen,	☐	☐	☐	
• den Verbindlichkeiten aus Lieferung und Leistungen,	☐	☐	☐	
• den Verbindlichkeiten aus der Annahme gezogener Wechsel und der Ausstellung eigener Wechsel,	☐	☐	☐	
• den Verbindlichkeiten gegenüber verbundenen Unternehmen,	☐	☐	☐	
• den Verbindlichkeiten gegenüber Unternehmen, mit denen ein Beteiligungsverhältnis besteht und	☐	☐	☐	
• den Verbindlichkeiten gegenüber Gesellschaftern ausgewiesen?				
34. Wurden betragsmäßig ins Gewicht fallende Verbindlichkeiten, die rechtlich erst nach dem Abschlussstichtag entstehen, im Anhang erläutert, § 268 Abs. 5 Satz 3 HGB?	☐	☐	☐	
35. Wurden die Vermerkpflichten für die Verbindlichkeiten im Anhang nach den in der Bilanz ausgewiesenen Verbindlichkeitsposten im Anhang aufgegliedert, sofern die auf die einzelnen Posten entfallenden Teilbeträge nicht bereits aus der Bilanz ersichtlich sind?	☐	☐	☐	
36. Wurde ein Mitzugehörigkeitsvermerk in der Bilanz oder im Anhang gegeben, sofern eine Verbindlichkeit unter mehreren Posten der Bilanz fällt?	☐	☐	☐	
37. *Sind Sie zu dem Ergebnis gekommen, dass für die ausgewiesene Position sämtliche handelsrechtlichen Ausweisvorschriften beachtet wurden?*	☐	☐	☐	

V Sonstige Prüfungshandlungen

Mandant:	**Eventualverbindlichkeiten**	**EE**
	– Erstellung ohne Prüfungshandlungen	
	– mit Plausibilitätsbeurteilungen	– 1 –
	– mit umfassenden Prüfungshandlungen	

Auftrag:

	Mitarbeiter	Berichtskritik	verantwortlicher Berufsangehöriger
Name / Unterschrift Datum			

	ja	nein	n.e.	Besonderheiten/Verweise

I Benötigte Unterlagen erhalten?
- Zusammenstellung über Art und Höhe der Eventualverbindlichkeiten, gegliedert nach:
  - Verbindlichkeiten aus der Begebung und Übertragung von Wechseln ☐ ☐ ☐
  - Verbindlichkeiten aus Bürgschaften, Wechseln und Scheckbürgschaften ☐ ☐ ☐
  - Verbindlichkeiten aus Gewährleistungsverträgen ☐ ☐ ☐
  - Haftungsverhältnis aus der Bestellung von Sicherheiten für fremde Verbindlichkeiten ☐ ☐ ☐
- Liste der den Eventualverbindlichkeiten gegenüberstehenden Rückgriffsforderungen ☐ ☐ ☐
- vertragliche Unterlagen (Bürgschaftsurkunden, besondere Lieferkontrakte, Gewährleistungsverträge, Sicherungsübereignungen, Sicherungsabtretungen, Patronatserklärungen) sowie zugehörige Korrespondenz ☐ ☐ ☐
- Grundbuchauszüge ☐ ☐ ☐
- Wechselkopierbuch ☐ ☐ ☐
- Liste der
  - Gesellschafter ☐ ☐ ☐
  - verbundenen Unternehmen ☐ ☐ ☐
  - Unternehmen, mit denen ein Beteiligungsverhältnis besteht ☐ ☐ ☐

II Erstellungsmaßnahmen
1. Sind die Salden durch eine Saldenliste nachgewiesen? ☐ ☐ ☐
2. Wurden die Grundsätze der Bilanzierungs- und Bewertungsstetigkeit beachtet? ☐ ☐ ☐
3. *Sind Sie zu dem Ergebnis gekommen, dass der Ausweis der Eventualverbindlichkeiten aus den vorliegenden Unterlagen und Informationen vollständig und normgerecht abgeleitet wurde?* ☐ ☐ ☐

III Vorbereitende Maßnahmen bei Plausibilitätsbeurteilungen und umfassenden Prüfungsmaßnahmen
4. (Bei Plausibilitätsbeurteilungen:) Wurden nach Maßgabe des Arbeitspapiers Z 30 die vorbereitenden Maßnahmen für Plausibilitätsbeurteilungen veranlasst? ☐ ☐ ☐

Pb

Mandant:	Eventualverbindlichkeiten – Erstellung ohne Prüfungshandlungen – mit Plausibilitätsbeurteilungen – mit umfassenden Prüfungshandlungen	EE – 2 –

Auftrag:

	ja	nein	n.e.	Besonderheiten/Verweise

5. (Bei umfassenden Prüfungshandlungen:) Wurde in dem Arbeitspapier Z 40 ff. für die Verbindlichkeiten die erforderliche Prüfungssicherheit sowie unter Berücksichtigung der Wahrscheinlichkeit von Fehlerrisiken und -hypothesen der Prüfungsumfang und die Prüfungsintensität abschließend bestimmt?
Beurteilung der erforderlichen Prüfungssicherheit
gut / mittel / schlecht*
* (nicht zutreffendes bitte streichen)

IV Maßnahmen zur Beurteilung der Plausibilität

6. Haben Sie sich durch Befragung davon überzeugt, ob wesentliche angabepflichtigen Haftungsverhältnisse aus Bürgschaften, Kreditaufträgen, Wechselindossierungen, Gewährleistungen und Sicherheitsbestellungen für fremde Verbindlichkeiten bestehen?
7. Sonstige Maßnahmen?
8. *Bestehen nach Ihren Plausibilitätsbeurteilungen an der Ordnungsmäßigkeit der zugrunde liegenden Bücher und Nachweise keine Zweifel?*

V Zusätzliche Arbeitshilfe bei Erstellung mit umfassenden Prüfungshandlungen

V.1 Beurteilung des internen Kontrollsystems

9. Wird eine Vertragskartei geführt, die sämtliche wichtigen Daten der Verträge, insbesondere auch die daraus resultierenden Eventualverbindlichkeiten vollständig dokumentiert?
10. Erfolgt eine Verbuchung der Eventualverbindlichkeiten auf Nebenkonten oder Nebenbüchern?
11. Sind die vorstehenden Kontrollen ausreichend?
12. Besteht geschäftszweigtypisch eine erhöhte Wahrscheinlichkeit für Eventualverbindlichkeiten, z. B.
    - bei Unternehmensverbindungen,
    - bei Unternehmen, die Beteiligungsgesellschaften haben (hier sind häufig Bürgschaften, Schuldmitübernahmen, Garantien und Patronatserklärungen anzutreffen),
    - im Großanlagenbau (hier sind häufig Garantiezusagen und selbständige Garantieverträge anzutreffen),
    - in Unternehmen mit engen wirtschaftlichen Bindungen zwischen Lieferanten und Abnehmern wie bei Brauereien, Gastwirtschaften, Automobilzulieferern und -vertragshändlern, Baubetreuern und Bauherren (hier sind häufig Garantiezusagen, Garantieverträge und Bürgschaften anzutreffen)?

Mandant:	Eventualverbindlichkeiten – Erstellung ohne Prüfungshandlungen – mit Plausibilitätsbeurteilungen – mit umfassenden Prüfungshandlungen	EE – 3 –

Auftrag:

	ja	nein	n.e.	Besonderheiten/Verweise
13. Haben Sie die Funktionsfähigkeit des internen Kontrollsystems progressiv				
• durch Kontrolle der Geschäftsbedingungen auf haftungsbegründende Tatbestände,	☐	☐	☐	
• durch Kontrolle der Kreditakten auf andere Sicherheiten als Grundpfandrechte,	☐	☐	☐	
• durch Einblick in Grundbuchauszüge neueren Datums	☐	☐	☐	
überprüft?				
14. Beurteilung des internen Kontrollsystems **gut / mittel / schlecht*** * (nicht zutreffendes bitte streichen)				
15. Wurde das vorstehende Urteil berücksichtigt				
a) in der Risikoanalyse?	☐	☐	☐	
b) bei Prüfungsumfang und -intensität der ausgewählten Prüfungshandlung?	☐	☐	☐	
16. Ergeben sich durch das vorstehende Urteil Änderungen der Risikoanalyse?	☐	☐	☐	
Wenn ja: Beurteilung der geänderten Prüfungssicherheit **gut / mittel / schlecht*** * (nicht zutreffendes bitte streichen)				
V.2 Prüfung des Nachweises				
17. Wurden die in der Bilanz ausgewiesenen Eventualverbindlichkeiten mit				
• der Aufstellung der Gesellschaft,	☐	☐	☐	
• einer Nebenbuchhaltung				
abgestimmt?				
18. Ist die rechnerische Richtigkeit der Saldenliste zum Stichtag gewährleistet?	☐	☐	☐	
19. Liegen für die in der Saldenliste aufgeführten Posten Einzelnachweise vor, die den Entstehungsgrund im einzelnen angeben?	☐	☐	☐	
20. Wurden die Einzelnachweise – soweit für die Prüfung in Folgejahren von Bedeutung – zu der Dauerakte genommen?	☐	☐	☐	
21. Ist die Höhe der Eventualverbindlichkeiten absolut oder relativ bedeutend?	☐	☐	☐	
• Falls ja und keine Möglichkeit eines einfacheren oder zumindest gleich zuverlässigen Nachweises der Salden: Notwendigkeit der Einholung von Saldenbestätigungen (Muster s. Z 52)?	☐	☐	☐	
22. Wurde zur Prüfung der Vollständigkeit und Richtigkeit des Ausweises des Wechselobligos eine Abstimmung mit dem Wechselkopierbuch vorgenommen?	☐	☐	☐	
23. Hat die Prüfung der Debitoren und des dabei zu prüfenden Wechselbestandes den ausgewiesenen Betrag des Wechselobligos bestätigt?	☐	☐	☐	

umfassende Prüfungshandlungen

Mandant:	**Eventualverbindlichkeiten** – Erstellung ohne Prüfungshandlungen – mit Plausibilitätsbeurteilungen – mit umfassenden Prüfungshandlungen	**EE** – 4 –
Auftrag:		

	ja	nein	n.e.	Besonderheiten/Verweise

24. Haben Sie die Vollständigkeit und Richtigkeit der ausgewiesenen Bürgschaften progressiv überprüft anhand
    - der in Betracht kommenden Verträge,
    - des Wechselkopierbuchs (Wechselbürgschaften),
    - der in der GuV-Rechnung ausgewiesenen Erträge aus Bürgschaftsprovisionen?
25. Wurde die Vollständigkeit und Richtigkeit des Nachweises der Verbindlichkeiten aus Gewährleistungsverträgen anhand der in Betracht kommenden Verträge überprüft?
26. Konnten (z.B. anhand der Korrespondenz, durch Hinzuziehung von Juristen, etc.) sämtliche Zweifel ausgeräumt werden, ob Garantieversprechen oder Gewährleistungszusagen vorliegen?
27. Wurde die Vollständigkeit und Richtigkeit der Haftungsverhältnisse aus der Bestellung von Sicherheiten für fremde Verbindlichkeiten im Zusammenhang mit der Prüfung der Aktiva progressiv überprüft durch Hinzuziehung von
    - Grundbuchauszügen und Grundstücksakten sowie Auskünften der Rechtsabteilung zur Ermittlung der Belastungen des Grundbesitzes,
    - Depotauszügen, Bankbestätigungen zur Ermittlung eventueller Abtretungen oder Verpfändungen von Wertpapieren?
28. Wurde die Vollständigkeit und Richtigkeit des Nachweises der sonstigen Haftungsverhältnisse anhand von
    - Bankbestätigungen,
    - der in Betracht kommenden vertraglichen Unterlagen sowie der zugehörigen Materialien überprüft?
29. *Sind Sie zu dem Ergebnis gekommen, dass die ausgewiesene Position vollständig ausgewiesen wird, die Eventualverbindlichkeiten existieren und dem bilanzierenden Unternehmen zuzurechnen sind?*

V.3 Prüfung der Bewertung

30. Wurde überprüft, ob die Eventualverbindlichkeiten mit dem jeweiligen Haftungsbetrag angesetzt wurden?
31. Wurde darauf geachtet, dass die Saldierung mit Regressansprüchen nicht möglich ist?

umfassende Prüfungshandlungen

Mandant:	Eventualverbindlichkeiten – Erstellung ohne Prüfungshandlungen – mit Plausibilitätsbeurteilungen – mit umfassenden Prüfungshandlungen	EE – 5 –

Auftrag:

		ja	nein	n.e.	Besonderheiten/Verweise
umfassende Prüfungshandlungen	32. Wurde bei Eventualverbindlichkeiten aus Bürgschaften und Gewährleistungsverträgen zusätzlich überprüft, ob der zum Bilanzstichtag valutierende Betrag angesetzt wurde (der Ansatz des maximalen Haftungsbetrages ist nur zulässig, sofern der Stand der Hauptschuld am Bilanzstichtag nicht oder nur mit unverhältnismäßig hohem Aufwand ermittelt werden kann; bei betragsmäßig wesentlichen Fällen ist hierauf im Vermerk durch einen geeigneten Zusatz hinzuweisen)?	☐	☐	☐	
	33. Wurden bei der Bewertung Nebenkosten und rückständige Zinsen in den auszuweisenden Betrag einbezogen, soweit sich die Haftung auch auf diese erstreckt (bei nicht eindeutig bestimmbaren Nebenkosten reicht der Vermerk der Hauptschuld aus)?	☐	☐	☐	
	34. Wurde der ausgewiesene Betrag rechnerisch überprüft?	☐	☐	☐	
	35. Wurde bei Währungsverbindlichkeiten überprüft, • ob sie mit dem am Bilanzstichtag geltenden Briefkurs oder – soweit eine währungs- und fristkongruente Sicherung der Währungsverbindlichkeiten besteht und die an der Sicherung beteiligten Geschäftspartner in ihrer Bonität außer Zweifel stehen – mit dem Kurswert am Zeitpunkt ihrer Entstehung angesetzt wurden?	☐	☐	☐	
	36. Sind Sie zu dem Ergebnis gekommen, dass die ausgewiesene Position entsprechend den handelsrechtlichen Vorschriften bewertet wurde?	☐	☐	☐	
	V.4 Prüfung des Ausweises **Bei sämtlichen Unternehmen** 37. Wurde der Ausweis mit den Werten der zugehörigen Liste bzw. der Nebenbuchhaltung abgestimmt?	☐	☐	☐	
	38. Ist sichergestellt, dass unzulässige Saldierungen unterblieben sind?	☐	☐	☐	
	39. Wurden sämtliche Haftungsverhältnisse in einem Betrag unter der Bilanz angegeben?	☐	☐	☐	
	40. Wurde darauf geachtet, dass zwei nebeneinander bestehende Haftungsverhältnisse nicht doppelt in den vermerkpflichtigen Betrag einbezogen wurden?	☐	☐	☐	
	Bei Kapital- und KapCo-Gesellschaften (unabhängig von der Größenordnung) 41. Wurden • die Verbindlichkeiten aus der Begebung und Übertragung von Wechseln • die Verbindlichkeiten aus Bürgschaften, • die Wechsel und Scheckbürgschaften, • die Verbindlichkeiten aus Gewährleistungsverträgen	☐ ☐ ☐ ☐	☐ ☐ ☐ ☐	☐ ☐ ☐ ☐	

| | | Mandant: | | | **Eventualverbindlichkeiten**
– Erstellung ohne
  Prüfungshandlungen
– mit Plausibilitätsbeurteilungen
– mit umfassenden
  Prüfungshandlungen | **EE**
– 6 – |

Auftrag:

	ja	nein	n.e.	Besonderheiten/Verweise
• die sonstigen Haftungsverhältnisse aus der Bestellung von Sicherheiten für fremde Verbindlichkeiten jeweils gesondert in der Bilanz oder im Anhang ausgewiesen?	☐	☐	☐	
42. Wurden die auf verbundene Unternehmen entfallenden Eventualverbindlichkeiten gesondert angegeben?	☐	☐	☐	
43. Wurden beim Ausweis im Jahresabschluss (Anhang) beachtet:				
a) Angabe der angewandten Bilanzierungs- und Bewertungsmethoden sowie die Begründung ihrer Änderungen, § 284 Abs. 2 Nr. 1 Satz 3 HGB?	☐	☐	☐	
b) Angabe von Einflüssen eventueller Bilanzierungs- und Bewertungsänderungen auf die Vermögens-, Finanz- und Ertragslage?	☐	☐	☐	
c) Angabe der Grundlagen einer eventuellen Währungsumrechnung, § 284 Abs. 2 Nr. 2 HGB?	☐	☐	☐	
d) die Prüfung, ob sich aus den Verbindlichkeiten Angabepflichten im Lagebericht ergeben und ob diese beachtet wurden?	☐	☐	☐	
44. Sind Sie zu dem Ergebnis gekommen, dass für die ausgewiesene Position sämtliche handelsrechtlichen Ausweisvorschriften beachtet wurden?	☐	☐	☐	

V.5 Sonstige Prüfungshandlungen

Mandant:	**Gewinn- und Verlustrechnung** – Erstellung ohne Prüfungshandlung – mit Plausibilitätsbeurteilungen – mit umfassenden Prüfungshandlungen	**1** – 1 –
Auftrag:		

	Mitarbeiter	Berichtskritik	verantwortlicher Berufsangehöriger
Name / Unterschrift Datum			

	ja	nein	n.e.	Besonderheiten/Verweise
I Erstellungsmaßnahmen				
1. Wurde das				
• Gesamtkostenverfahren	☐	☐	☐	
• Umsatzkostenverfahren	☐	☐	☐	
der Gewinn- und Verlustrechnung zugrunde gelegt?				
2. Ist das gewählte Verfahren erwünscht?	☐	☐	☐	
3. Ist bei kleinen und mittelgroßen Kapital- und KapCo-Gesellschaften ein zusammenfassender Ausweis der GuV-Positionen gem. § 275 Abs. 2 Nr. 1–5 HGB (Gesamtkostenverfahren) bzw. § 275 Abs. 3 Nr. 1–3 und 6 HGB (Umsatzkostenverfahren) unter der Bezeichnung „Rohergebnis" erwünscht (§ 276 HGB)?	☐	☐	☐	
4. Wurden die Ertragskonten umsatzsteuerlich verprobt?	☐	☐	☐	
5. Ist die Abgrenzung zu den unfertigen Erzeugnissen / Waren und Leistungen durch Abstimmung des GuV-Ausweises mit den buchmäßigen Veränderungen der Bestände erfolgt?	☐	☐	☐	
6. Ist die Abgrenzung zu den erhaltenen Anzahlungen erfolgt?	☐	☐	☐	
7. Ist der Eigenverbrauch erfasst und umsatzsteuerlich verprobt?	☐	☐	☐	
8. Wurden interne Leistungsverrechnungen gesondert erfasst?	☐	☐	☐	
9. Wurden bei den Umsatzerlösen, den sonstigen betrieblichen Erträgen und den außerordentlichen Erträgen die umsatzsteuerpflichtigen Umsätze von den steuerbefreiten und den nicht steuerbaren Umsätzen getrennt erfasst?	☐	☐	☐	
10. Wurden im Bereich der sonstigen betrieblichen Erträge				
• die Erträge aus dem Abgang von Gegenständen des Anlagevermögens mit der Anlagenbuchhaltung abgestimmt?	☐	☐	☐	
• die Erträge aus Zuschreibungen mit dem Anlagenspiegel abgestimmt?	☐	☐	☐	
• die Erträge aus dem Verkauf von Wertpapieren des Umlaufvermögens gesondert erfasst?	☐	☐	☐	
• die Erträge aus Wertaufholungen gesondert erfasst?	☐	☐	☐	

Mandant:	**Gewinn- und Verlustrechnung** – Erstellung ohne Prüfungshandlung – mit Plausibilitätsbeurteilungen – mit umfassenden Prüfungshandlungen	**1** – 2 –

Auftrag:

	ja	nein	n.e.	Besonderheiten/Verweise
• die Eingänge abgeschriebener Forderungen mit der Debitorenbuchhaltung abgestimmt?	☐	☐	☐	
• die Erträge aus der Auflösung von Rückstellungen mit dem Rückstellungsspiegel abgestimmt?	☐	☐	☐	
• die Erträge aus der Auflösung von Sonderposten mit Rücklageanteil mit der Entwicklung des Sonderpostens abgestimmt?	☐	☐	☐	
11. Wurden im Bereich der sonstigen betrieblichen Erträge die Erlöse aus Nebenumsätzen gesondert erfasst?	☐	☐	☐	
12. Wurden im Bereich der sonstigen betrieblichen Erträge Schadensersatzleistungen gesondert erfasst?	☐	☐	☐	
13. Wurden aperiodische Kostenerstattungen im Bereich der sonstigen betrieblichen Erträge gesondert erfasst?	☐	☐	☐	
14. Wurden im Bereich der sonstigen betrieblichen Erträge • Schuldnachlässe • Erträge aus Kostenumlagen • Mieterträge / Pachterträge • Patentgebühren / Lizenzgebühren • Erträge aus Ausgleichsansprüchen und Abfindungen • Erträge aus Zuschüssen anhand der zugrunde liegenden rechtlichen Vorschriften auf ihre Vollständigkeit hin überprüft?	☐	☐	☐	
15. Wurden im Bereich der sonstigen betrieblichen Erträge die Kursgewinne aus Währungen zutreffend berechnet?	☐	☐	☐	
16. Wurden die Erträge außerhalb der gewöhnlichen Geschäftstätigkeit als außerordentliche Erträge gesondert ausgewiesen?	☐	☐	☐	
17. Wurden die Aufwendungen mit den geltend gemachten Vorsteuern verprobt?	☐	☐	☐	
18. Wurde der Personalaufwand gem. Finanzbuchhaltung • mit dem Lohnverrechnungskonto, • mit der Lohnbuchhaltung abgestimmt?	☐	☐	☐	
19. Wurde die pauschale Lohnversteuerung bei Aushilfs- und Zukunftssicherungsleistungen verprobt?	☐	☐	☐	
20. Wurden die nicht abzugsfähigen Betriebsausgaben, insbesondere • Geschenke über Euro 40,– • 20 % Bewirtungsaufwendungen • Geldbußen • nicht abziehbare Schuldzinsen nach § 4 Abs. 4 a EStG • 50 % Aufsichtsratsvergütung	☐	☐	☐	

Mandant:	Gewinn- und Verlustrechnung – Erstellung ohne Prüfungshandlung – mit Plausibilitätsbeurteilungen – mit umfassenden Prüfungshandlungen	1 – 3 –

Auftrag:

	ja	nein	n.e.	Besonderheiten/Verweise
• Zinsen nach § 233 AO auf evtl. Körperschaftsteuer • Säumniszuschläge auf die Körperschaftsteuer vollständig erfasst und bei der Steuerberechnung berücksichtigt?	☐	☐	☐	
21. Entsprechen die Formalanforderungen bei den Belegen, insbesondere bei Bewirtungen, Reisekosten, Geschenken den steuerlichen Anforderungen?	☐	☐	☐	
22. Wurde insbesondere bei Kapitalgesellschaften die Angemessenheit der Vergütungen an Gesellschafter / nahe Angehörige beachtet: • Gehälter? • Mieten? • Zinsen? • sonstige Nutzungsüberlassungen?	☐ ☐ ☐ ☐	☐ ☐ ☐ ☐	☐ ☐ ☐ ☐	
23. Wurden bei Kapital- und KapCo-Gesellschaften unübliche Abschreibungen auf das Umlaufvermögen separat ausgewiesen (§ 275 Nr. 7 b HGB)?	☐	☐	☐	
24. Wurde darauf geachtet, dass der Betrag der außerplanmäßigen Abschreibungen auf das Anlagevermögen und das Umlaufvermögen in der GuV-Rechnung von Kapital- und KapCo-Gesellschaften gesondert auszuweisen oder im Anhang anzugeben ist (§ 277 Abs. 3 HGB)?	☐	☐	☐	
25. Wurden die sonstigen betrieblichen Aufwendungen sinnvoll gegliedert: • Betriebskosten • Verwaltungskosten • Vertriebskosten	☐ ☐ ☐	☐ ☐ ☐	☐ ☐ ☐	
26. Wurden vom Unternehmen gewünschte gesonderte Ausweise beachtet: • Raumkosten • Fahrzeugkosten • Versicherungen und Beiträge • Rechts- und Steuerberatungskosten / Prüfungskosten • aperiodische Aufwendungen • Verlust aus GWG-Abgang (Sofortabschreibung)? • Gründungskosten • Spenden • Kosten des Aufsichtsrates • Zuschüsse zu Kantinen, Erholungs- und Sportanlagen • Verluste aus Schadensfällen • Zuführung zu Rückstellungen • Einstellung in Sonderposten mit Rücklageanteilen	☐ ☐ ☐ ☐ ☐ ☐ ☐ ☐ ☐ ☐ ☐ ☐ ☐	☐ ☐ ☐ ☐ ☐ ☐ ☐ ☐ ☐ ☐ ☐ ☐ ☐	☐ ☐ ☐ ☐ ☐ ☐ ☐ ☐ ☐ ☐ ☐ ☐ ☐	
27. Wurden Aufwendungen außerhalb der gewöhnlichen Geschäftstätigkeit gesondert ausgewiesen?	☐	☐	☐	

Mandant:	**Gewinn- und Verlustrechnung**	1
	– Erstellung ohne Prüfungshandlung – mit Plausibilitätsbeurteilungen – mit umfassenden Prüfungshandlungen	– 4 –

Auftrag:

		ja	nein	n.e.	Besonderheiten/Verweise
	28. Ist der Steueraufwand mit den Steuerbescheiden und Steuerberechnungen abgestimmt?	☐	☐	☐	
	29. Wurden Ergebnisabführungsverträge beachtet?				
	30. Wurden die Erträge und Aufwendungen sinnvoll, bei Kapital- und KapCo-Gesellschaften nach § 275 HGB gegliedert?	☐	☐	☐	
	31. Wurden Davon-Vermerke bei verbundenen Unternehmen und Beteiligungen beachtet?	☐	☐	☐	
	32. Wurden die Grundsätze für Bilanzierungsstetigkeit beachtet?	☐	☐	☐	
	33. *Sind Sie zu dem Ergebnis gekommen, dass der Ausweis der Erträge und Aufwendungen aus den vorliegenden Unterlagen und Informationen normgerecht abgeleitet wurde?*	☐	☐	☐	

II Vorbereitende Maßnahmen bei Plausibilitätsbeurteilungen und umfassenden Prüfungsmaßnahmen

Pb
34. (Bei Plausibilitätsbeurteilungen:) Wurden nach Maßgabe des Arbeitspapiers Z 30 die vorbereitenden Maßnahmen für Plausibilitätsbeurteilungen veranlasst? ☐ ☐ ☐

uP
35. (Bei umfassenden Prüfungshandlungen:) Wurde in dem Arbeitspapier Z 40 ff. die erforderliche Prüfungssicherheit sowie unter Berücksichtigung der Wahrscheinlichkeit von Fehlerrisiken und -hypothesen der Prüfungsumfang und die Prüfungsintensität auch im Hinblick auf den Personalaufwand abschließend bestimmt? ☐ ☐ ☐
Beurteilung der erforderlichen Prüfungssicherheit
gut / mittel / schlecht*
* (nicht zutreffendes bitte streichen)

Plausibilitätsbeurteilungen

III Maßnahmen zur Beurteilung der Plausibilität

36. Haben Sie durch Befragung oder in sonstiger Weise festgestellt, ob bei den Umsatzerlösen und dem Wareneinsatz untypisch große sowie außerordentliche Geschäfte gebucht worden sind? ☐ ☐ ☐
37. Haben Sie die wesentlichen Relationen von
   • Umsatzerlösen / Gesamtleistungen zum Wareneinsatz ☐ ☐ ☐
   • Lohn- und Gehaltsaufwand mit dem des vergleichbaren Vorjahreszeitraums ☐ ☐ ☐
   • sonstiger Aufwand mit dem des vergleichbaren Vorjahreszeitraums
   verglichen? ☐ ☐ ☐
38. Haben Sie sich von der Plausibilität wesentlicher Veränderungen anhand von Gesprächen mit dem Auftraggeber überzeugt? ☐ ☐ ☐

Mandant:	Gewinn- und Verlustrechnung – Erstellung ohne Prüfungshandlung – mit Plausibilitätsbeurteilungen – mit umfassenden Prüfungshandlungen	**1** – 5 –

Auftrag:

	ja	nein	n.e.	Besonderheiten/Verweise
39. Haben Sie das ermittelte Ergebnis in den wesentlichen Posten mit ggf. vorhandenen Budget- und Planzahlen abgestimmt und auffällige Abweichungen mit dem Auftraggeber auf Plausibilität hin erörtert? 40. Sonstige Maßnahmen? 41. Besteht nach Ihren Plausibilitätsbeurteilungen an der Vollständigkeit der Aufwendungen und Erträge keine Zweifel?	☐ ☐	☐ ☐	☐ ☐	

Plausibilitätsbeurteilungen

Mandant:	Gesamtkostenverfahren/ Umsatzkostenverfahren – **Umsatzerlöse** – Zusätzliche Arbeitshilfe bei Erstellung mit umfassenden Prüfungshandlungen	**10** – 1 –
Auftrag:		

	Mitarbeiter	Berichtskritik	verantwortlicher Berufsangehöriger
Name / Unterschrift Datum			

umfassende Prüfungshandlungen

	ja	nein	n.e.	Besonderheiten/Verweise

Prüfungshandlungen

I Prüfung der vollständigen und periodengerechten Erfassung

1. Wurden unter den Umsatzerlösen nur die betriebstypischen Erlöse des betreffenden Geschäftszweigs erfasst?
   Wurden Erträge aus Nebengeschäften, die mit den betriebstypischen Erlösen keinen engeren Zusammenhang aufweisen, bei den sonstigen betrieblichen Erträgen oder bei den außerordentlichen Erträgen erfasst?
2. Erfolgte eine Abstimmung der Umsätze lt. Hauptbuchkonto mit den Umsätzen lt. Umsatzsteuererklärung?
   Wurden die Prüfungsunterlagen hierzu von dem geprüften Unternehmen gefertigt?
3. Ist sichergestellt, dass sich bei der Prüfung der Bilanzpositionen, die mit den Umsatzerlösen im Zusammenhang stehen, insbesondere
   - fertige Erzeugnisse und Waren im Zusammenhang mit der Prüfung des Warenausgangs,
   - Forderungen aus Lieferungen und Leistungen,
   - Forderungen gegen verbundene Unternehmen und Forderungen gegen Unternehmen, mit denen ein Beteiligungsverhältnis besteht, im Zusammenhang mit der Überprüfung des Verfahrens der Erfassung und der Verbuchung der Forderungen
   keine Beanstandungen ergeben haben?
   Bei Beanstandungen:
   Wurden diese auch zutreffend in den Erlösen erfasst?
4. Haben Sie eine analytische Durchsicht der angesprochenen Konten vorgenommen?
5. *Haben Sie sich davon überzeugt, dass die Erlöse vollständig und periodengerecht erfasst wurden?*

Mandant:	Gesamtkostenverfahren/ Umsatzkostenverfahren – **Umsatzerlöse** – Zusätzliche Arbeitshilfe bei Erstellung mit umfassenden Prüfungshandlungen	**10** – 2 –

Auftrag:

	ja	nein	n.e.	Besonderheiten/Verweise
II Prüfung des Ausweises				
6. Stimmt der ausgewiesene Betrag mit dem Gesamtbetrag der entsprechenden Erfolgskonten überein?	☐	☐	☐	
7. Sind die Vorjahreszahlen vergleichbar?				
8. Wurden die Erlöse brutto nach Abzug von Erlösschmälerungen und zurückgewährten Entgelten ausgewiesen?	☐	☐	☐	
9. *Sind Sie zu dem Ergebnis gekommen, dass für die ausgewiesene Position sämtliche handelsrechtlichen Ausweisvorschriften beachtet wurden?*	☐	☐	☐	

umfassende Prüfungshandlungen

Mandant:	Gesamtkostenverfahren/ Umsatzkostenverfahren	20
	– **Erhöhung oder Verminderung des Bestandes an fertigen und unfertigen Erzeugnissen**	
	– Zusätzliche Arbeitshilfe bei Erstellung mit umfassenden Prüfungshandlungen	

Auftrag:

	Mitarbeiter	Berichtskritik	verantwortlicher Berufsangehöriger
Name / Unterschrift Datum			

	ja	nein	n.e.	Besonderheiten/Verweise

Prüfungshandlungen

umfassende Prüfungshandlungen

I **Prüfung der vollständigen und periodengerechten Erfassung**

1. Ist sichergestellt, dass sich bei der Prüfung der Bilanzpositionen, die mit den Bestandsveränderungen im Zusammenhang stehen, insbesondere den fertigen und unfertigen Erzeugnissen sowie in diesem Zusammenhang der Kostenrechnung keine Beanstandungen ergeben haben?
Bei Beanstandungen:
Wurden diese auch zutreffend in den Bestandsveränderungen erfasst?
2. Haben Sie eine analytische Durchsicht der angesprochenen Konten vorgenommen?
3. *Haben Sie sich davon überzeugt, dass die Bestandsveränderungen vollständig und periodengerecht erfasst wurden?*

II **Prüfung des Ausweises**

4. Stimmt der ausgewiesene Betrag mit dem Gesamtbetrag der entsprechenden Erfolgskonten überein?
5. Sind die Vorjahreszahlen vergleichbar?
6. *Sind Sie zu dem Ergebnis gekommen, dass für die ausgewiesenen Positionen sämtliche handelsrechtlichen Ausweisvorschriften beachtet wurden?*

Mandant:	Gesamtkostenverfahren
	– **Andere**
	   aktivierte Eigenleistungen
	– Zusätzliche Arbeitshilfe bei
	   Erstellung mit umfassenden
	   Prüfungshandlungen
		30

Auftrag:		

	Mitarbeiter	Berichtskritik	verantwortlicher Berufsangehöriger
Name / Unterschrift Datum			

	ja	nein	n.e.	Besonderheiten/Verweise

Prüfungshandlungen

I Prüfung der vollständigen und periodengerechten Erfassung

1. Ist sichergestellt, dass sich bei der Prüfung der Bilanzpositionen, die mit den anderen aktivierten Eigenleistungen im Zusammenhang stehen, nämlich den Sachanlagen keine Beanstandungen ergeben haben?
   Bei Beanstandungen:
   Wurden diese auch zutreffend bei den anderen aktivierten Eigenleistungen erfasst?
2. Haben Sie eine analytische Durchsicht der angesprochenen Konten vorgenommen?
3. *Haben Sie sich davon überzeugt, dass die anderen aktivierten Eigenleistungen vollständig und periodengerecht erfasst wurden?*

II Prüfung des Ausweises

4. Stimmt der ausgewiesene Betrag mit dem Gesamtbetrag der entsprechenden Erfolgskonten überein?
5. Sind die Vorjahreszahlen vergleichbar?
6. *Sind Sie zu dem Ergebnis gekommen, dass für die ausgewiesene Position sämtliche handelsrechtlichen Ausweisvorschriften beachtet wurden?*

umfassende Prüfungshandlungen

Mandant:	Gesamtkostenverfahren/ Umsatzkostenverfahren – **Sonstige betriebliche Erträge** – Zusätzliche Arbeitshilfe bei Erstellung mit umfassenden Prüfungshandlungen	**40** – 1 –
Auftrag:		

	Mitarbeiter	Berichtskritik	verantwortlicher Berufsangehöriger
Name / Unterschrift Datum			

	ja	nein	n.e.	Besonderheiten/Verweise

Prüfungshandlungen

I Prüfung der vollständigen und periodengerechten Erfassung

1. Wurde unter den sonstigen betrieblichen Erträgen nur die Erträge aus Nebengeschäften, die mit den betriebstypischen Erlösen keinen engeren Zusammenhang aufweisen, erfasst? ☐ ☐ ☐
2. Erfolgte eine Abstimmung der Erträge laut Hauptbuchkonto mit den Umsätzen laut Umsatzsteuererklärung? ☐ ☐ ☐
3. Wurden die Prüfungsunterlagen hierzu von dem geprüften Unternehmen gefertigt? ☐ ☐ ☐
4. Ist sichergestellt, dass sich bei der Prüfung der Bilanzpositionen, die mit den sonstigen betrieblichen Erträgen im Zusammenhang stehen, insbesondere
   - Sach- und Finanzanlagen (Erträge aus dem Abgang von Wirtschaftsgütern des Anlagevermögens und aus Zuschreibungen zu Wirtschaftsgütern des Anlagevermögens)? ☐ ☐ ☐
   - Forderungen aus Lieferungen und Leistungen, sonstige Forderungen (Erträge aus Zuschreibungen zu Forderungen und aus der Herabsetzung der Pauschalwertberichtigung)? ☐ ☐ ☐
   - Rückstellungen (Erträge aus der Auflösung von Rückstellungen)? ☐ ☐ ☐
   - Sonderposten mit Rücklageanteil (Erträge aus der Auflösung von Sonderposten und Rücklageanteil)?

   keine Beanstandungen ergeben haben?
   Bei Beanstandungen: Wurden diese auch zutreffend in dem Ertragsposten erfasst? ☐ ☐ ☐
5. Wurde darauf geachtet, dass nur die Differenz zwischen dem Buchwert der Anlagegegenstände und dem erzielten Erlöse als Ertrag ausgewiesen wird? ☐ ☐ ☐

umfassende Prüfungshandlungen

Mandant:	Gesamtkostenverfahren/ Umsatzkostenverfahren – **Sonstige betriebliche Erträge** – Zusätzliche Arbeitshilfe bei Erstellung mit umfassenden Prüfungshandlungen	40 –2–

Auftrag:

	ja	nein	n.e.	Besonderheiten/Verweise
6. Wurden sämtliche Buchwerte (historische Anschaffungskosten abzüglich aufgelaufener Abschreibungen zuzüglich aufgelaufener Zuschreibungen) der abgegangenen Anlagegegenstände mit den ausgewiesenen Erträgen sowie den unter den sonstigen betrieblichen Aufwendungen auszuweisenden Verlusten aus dem Abgang von Gegenständen des Anlagevermögens abgestimmt?	☐	☐	☐	
7. Sind bei regelmäßig wiederkehrenden Erträgen, insbesondere Mieterträgen die gebuchten Erträge mit dem Sollertrag abgestimmt worden, wie er nach dem zugrunde liegenden Vertrag zu erwarten ist?	☐	☐	☐	
8. Wurden alle übrigen betrieblichen Erträge anhand von Aufstellungen, die von dem Unternehmen zu fertigen sind, auf ihre Vollständigkeit überprüft?	☐	☐	☐	
9. Haben Sie eine analytische Durchsicht der angesprochenen Konten vorgenommen?	☐	☐	☐	
10. *Haben Sie sich davon überzeugt, dass die Erträge vollständig und periodengerecht erfasst wurden?*	☐	☐	☐	

II Prüfung des Ausweises

	ja	nein	n.e.	Besonderheiten/Verweise
11. Stimmt der ausgewiesene Betrag mit dem Gesamtbetrag der entsprechenden Erfolgskonten überein?	☐	☐	☐	
12. Sind die Vorjahreszahlen vergleichbar?	☐	☐	☐	
13. Wurde bei Kapital- und KapCo-Gesellschaften darauf geachtet,				
• ob der Ausweis an anderer Stelle in Frage kommt?	☐	☐	☐	
• ob außerordentliche Erträge unter der hierfür vorgesehenen gesonderten Position ausgewiesen wurden?	☐	☐	☐	
14. *Sind Sie zu dem Ergebnis gekommen, dass für die ausgewiesene Position sämtliche handelsrechtlichen Ausweisvorschriften beachtet wurden?*	☐	☐	☐	

umfassende Prüfungshandlungen

Mandant:	Gesamtkostenverfahren/ Umsatzkostenverfahren – **Materialaufwand** – Zusätzliche Arbeitshilfe bei Erstellung mit umfassenden Prüfungshandlungen	50
Auftrag:		

	Mitarbeiter	Berichtskritik	verantwortlicher Berufsangehöriger
Name / Unterschrift Datum			

umfassende Prüfungshandlungen

	ja	nein	n.e.	Besonderheiten/Verweise

Prüfungshandlungen

I Prüfung der vollständigen und periodengerechten Erfassung

1. Werden unter Materialaufwand nur erfasst:
   - die Aufwendungen für den betrieblichen Stoffverbrauch und für die veräußerten Waren?
   - gleichzusetzende Fremdleistungen?
2. Ist sichergestellt, dass sich bei der Prüfung der Bilanzpositionen, die mit dem Materialaufwand im Zusammenhang stehen, insbesondere
   - Roh-, Hilfs- und Betriebsstoffe,
   - Waren,
   - Verbindlichkeiten aus Lieferungen und Leistungen,
   - Verbindlichkeiten aus der Annahme gezogener Wechsel und der Ausstellung eigener Wechsel,
   - Verbindlichkeiten gegenüber Unternehmen, mit denen ein Beteiligungsverhältnis besteht,
   - Verbindlichkeiten gegenüber Gesellschaftern

   keine Beanstandungen ergeben haben?
   Bei Beanstandungen:
   Wurden diese auch zutreffend in dem Aufwandsposten erfasst?
3. Haben Sie eine analytische Durchsicht der angesprochenen Konten vorgenommen?
4. *Haben Sie sich davon überzeugt, dass die Aufwendungen vollständig und periodengerecht erfasst wurden?*

II Prüfung des Ausweises

5. Stimmt der ausgewiesene Betrag mit dem Gesamtbetrag der entsprechenden Erfolgskonten überein?
6. Sind die Vorjahreszahlen vergleichbar?
7. *Sind Sie zu dem Ergebnis gekommen, dass für die ausgewiesene Position sämtliche handelsrechtlichen Ausweisvorschriften beachtet wurden?*

Mandant:	Gesamtkostenverfahren – Personalaufwand – Zusätzliche Arbeitshilfe bei Erstellung mit umfassenden Prüfungshandlungen	60 – 1 –

Auftrag:

	Mitarbeiter	Berichtskritik	verantwortlicher Berufsangehöriger
Name / Unterschrift Datum			

	ja	nein	n.e.	Besonderheiten/Verweise

I   Benötigte Unterlagen erhalten?
- Aufwandskonten
- Lohn- und Gehaltskonten
- Lohn- und Gehaltslisten
- Personalakten
- (ggf.) Betriebsvereinbarungen
- (ggf.) Tarifvertrag
- Lohnsteuerkarten
- Versicherungskarten
- Anwesenheitsnachweise (Stechkarten) bzw. Leistungsnachweise
- Resturlaubsübersichten
- (ggf.) Unterlagen über persönliche Einbehalte
- Auszahlungslisten bzw. sonstige Abstimmunterlagen zwischen Lohn- und Gehaltsbuchhaltung und Finanzbuchhaltung

II   Beurteilung des internen Kontrollsystems
1. Wurde der Sollzustand in Form eines Dauerarbeitspapieres dokumentiert, in dem das Verfahren der Erfassung, der Verbuchung und der Auszahlung von Löhnen und Gehältern, sozialen Abgaben, Pensionen und sonstigen von der Lohn- und Gehaltsbuchhaltung wahrgenommenen Aufgaben beschrieben wird?
2. Sieht der Sollzustand des internen Kontrollsystems vor:
   - schriftliche Genehmigung aller Einstellungen?
   - schriftliche Autorisation sämtlicher Lohn- und Gehaltsveränderungen?
   - ordnungsgemäße Führung von Personalakten, die außer den Arbeitsverträgen auch sämtliche schriftlichen Autorisationen von Lohn- und Gehaltsveränderungen enthalten?
   - organisatorische Maßnahmen, die sicherstellen, dass der Lohnbuchhaltung sämtliche Neueinstellungen, Entlassungen, Entgeltabzüge, etc. zur Kenntnis gelangen?
   - Durchführung von Anwesenheitskontrollen zur Lohnermittlung?
   - Ermittlung der tatsächlichen Arbeitszeiten?

umfassende Prüfungshandlungen

Mandant:	Gesamtkostenverfahren – **Personalaufwand** – Zusätzliche Arbeitshilfe bei Erstellung mit umfassenden Prüfungshandlungen	**60** – 2 –

Auftrag:

	ja	nein	n.e.	Besonderheiten/Verweise

umfassende Prüfungshandlungen

- Führung von Lohnnachweisen entsprechend den steuerlichen Vorschriften? ☐ ☐ ☐
- regelmäßige Kontrolle der Lohn- und Gehaltslisten durch Überprüfung mit den Steuer- und Versicherungskarten, den Arbeitsverträgen, den betrieblichen Vereinbarungen, den Mitteilungen über Lohn- und Gehaltsveränderungen, über Zusatzvergütungen, über Entgeltskürzungen? ☐ ☐ ☐
- regelmäßige Überprüfung der sachlichen und rechnerischen Richtigkeit der Lohn- und Gehaltslisten? ☐ ☐ ☐
- gesicherte Aufbewahrung der Steuer- und Versicherungskarten sowie deren Aushändigung nur gegen Quittung? ☐ ☐ ☐

3. Ist Funktionentrennung gewährleistet, insbesondere durch Trennung der Funktionen
   - Gehalts- / Lohnrechnung und Ermittlung der Arbeitszeiten und Erstellung der hierzu erforderlichen Belege? ☐ ☐ ☐
   - Autorisierung von Lohn- und Gehaltsveränderungen und Lohnbuchhaltung? ☐ ☐ ☐
   - Auszahlungsstelle und sonstiges Personalwesen? ☐ ☐ ☐

4. Beurteilung des internen Kontrollsystems
   gut / mittel / schlecht*
   * (nicht zutreffendes bitte streichen)

5. Wurde das vorstehende Urteil berücksichtigt
   a) in der Risikoanalyse ☐ ☐ ☐
   b) bei Prüfungsumfang und -intensität der ausgewählten Prüfungshandlungen? ☐ ☐ ☐

6. Ergeben sich durch das vorstehende Urteil Änderungen der Risikoanalyse? ☐ ☐ ☐
   Wenn ja: Beurteilung der geänderten Prüfungssicherheit
   gut / mittel / schlecht*
   * (nicht zutreffendes bitte streichen)

III **Prüfung der vollständigen und periodengerechten Erfassung**

7. Wurde die tatsächliche Existenz der Beschäftigungsverhältnisse überprüft durch Abstimmung der Arbeitnehmer in der Lohn- bzw. Gehaltsliste mit den zugehörigen Lohnsteuerkarten bzw. den Sozialversicherungsnachweisen oder den Aufzeichnungen der Personalabteilung bei Einstellungen und Entlassungen? ☐ ☐ ☐

8. Wurde der Zeit- und Leistungsnachweis für die Löhne in Stichproben wie folgt überprüft:
   a) mengenmäßige Erfassung der Lohnstunden
      - Wurden die Anwesenheitsstunden nachgewiesen durch ggf.
        - Stechkarten, ☐ ☐ ☐
        - Kontrolluhren, ☐ ☐ ☐
        - Aufschreibung der Tourkontrolle, etc.? ☐ ☐ ☐

Mandant:	Gesamtkostenverfahren – **Personalaufwand** – Zusätzliche Arbeitshilfe bei Erstellung mit umfassenden Prüfungshandlungen	60 – 3 –
Auftrag:		

	ja	nein	n.e.	Besonderheiten/Verweise
• Wurden handschriftliche Eintragungen auf den Stempelkarten und die Genehmigung dieser Eintragungen durch hierzu ausdrücklich Bevollmächtigte überprüft?	☐	☐	☐	
• Wurden manuelle Rechenvorgänge nachvollzogen?	☐	☐	☐	
• Wurden eventuell bestehende innerbetriebliche Anweisungen (z. B. zum Abzug von Zeiteinheiten für verspätetes Eintreffen oder vorzeitiges Verlassen) beachtet?	☐	☐	☐	
• Wurden zum mengenmäßigen Nachweis der Lohnstunden die Arbeitsstunden nachgewiesen durch				
▪ Originalunterlagen, z. B. Zeitlohnscheine, Akkordlohnscheine	☐	☐	☐	
▪ Lohnbücher, die eine Zusammenstellung täglicher oder wöchentlicher Arbeitszeiten enthalten?	☐	☐	☐	
• Wurde die rechnerische Richtigkeit der Arbeitsnachweise überprüft?	☐	☐	☐	
• Wurde der Arbeitsnachweis mit hiervon ggf. abweichenden Originalunterlagen abgestimmt?	☐	☐	☐	
• Wurden die nachgewiesenen Lohnstunden in Tarifstunden, Akkordstunden, Mehrstunden, Prämienstunden, Mehrarbeitsstunden, Nachtarbeitsstunden (im Hinblick auf die erforderliche Bewertung) getrennt?	☐	☐	☐	
• Wurden Anwesenheits- und Arbeitsstunden abgestimmt und Abweichungen kritisch analysiert?	☐	☐	☐	
b) Bewertung des Mengengerüstes der Lohnstunden:				
• Wurde in Stichproben überprüft, ob die angesetzten Löhne sowie die Zulagen für Mehrarbeit, Feiertagsarbeit, Nachtarbeit oder für besonders schwierige, schmutzige, gefährliche oder gesundheitsschädigende Arbeit den tariflichen oder betrieblichen Vereinbarungen entsprechen?	☐	☐	☐	
• Wurden hierzu hinzugezogen:				
▪ die Lohnkonten,	☐	☐	☐	
▪ die tariflichen Vereinbarungen,	☐	☐	☐	
▪ die betrieblichen Vereinbarungen,	☐	☐	☐	
▪ ggf. Mitteilungen über Änderungen von Löhnen oder Zulagen,	☐	☐	☐	
▪ die Genehmigung der Geschäftsführung oder der hierzu Bevollmächtigten?	☐	☐	☐	
• Wurde die Bewertung des Mengengerüstes der Lohnstunden in ausgewählten Stichproben rechnerisch überprüft?	☐	☐	☐	

umfassende Prüfungshandlungen

Mandant:	Gesamtkostenverfahren – **Personalaufwand** – Zusätzliche Arbeitshilfe bei Erstellung mit umfassenden Prüfungshandlungen	**60** – 4 –
Auftrag:		

	ja	nein	n.e.	Besonderheiten/Verweise
9. Wurden zur Überprüfung des Gehaltsaufwandes die ausgezahlten Vergütungen einschließlich Zusatzvergütungen, wie Weihnachtsgratifikationen, Urlaubsgelder, Tantiemen, Sondervergütungen abgestimmt mit den zugehörigen Verträgen?	☐	☐	☐	
a) Wurden zur Prüfung hinzugezogen:				
• die Gehaltskonten,	☐	☐	☐	
• die Dienstverträge,				
• Mitteilungen über die Gewährung von Sondervergütungen oder über die Veränderung von Gehältern,	☐	☐	☐	
• die Genehmigung der Geschäftsführung oder hierzu Bevollmächtigter für Änderungen von Gehältern oder Zusatzvergütungen,				
• innerbetriebliche Anweisungen?	☐	☐	☐	
b) Wurden eventuell vereinbarte Sondervergütungen zusätzlich daraufhin überprüft, ob sie rechnerisch richtig ermittelt wurden?	☐	☐	☐	
10. Wurden eventuelle Entgeltabzüge nach den gesetzlichen oder vertraglichen Vorschriften in zutreffender Höhe vorgenommen?				
Wurden hierzu hinzugezogen:				
• Lohnlisten,				
• Lohnsteuerkarten,				
• die in Betracht kommenden einkommensteuerrechtlichen Vorschriften sowie die Tabellen für den Lohn- und Kirchensteuerabzug,	☐	☐	☐	
• die besonderen Vorschriften bei dem sozialversicherungspflichtigen Lohn bzw. das sozialversicherungspflichtige Gehalt und die Tabellen für die Errechnung der Sozialversicherungsabzüge,	☐	☐	☐	
• Vereinbarungen und Vorschriften über persönliche Einbehalte, die bestehen können aus Abschlagszahlungen und Vorschüssen, Belastungen für Belegschaftsverkäufe, Telefonate oder Inanspruchnahme anderer Einrichtungen des Unternehmens, Darlehenstilgung, Pfändungen, etc.	☐	☐	☐	
11. Wurde überprüft, ob der monatlich zur Auszahlung kommende Betrag durch die hierfür vorgesehenen Personen kontrolliert wird?	☐	☐	☐	
12. Wurde zur Prüfung der tatsächlichen Auszahlung der Nettolöhne und -gehälter kontrolliert, ob die Nettoauszahlungsbeträge sowie die Einbehalte und die Abzüge den berechtigten Mitarbeitern bzw. Gläubigern bei Fälligkeit gezahlt worden sind?				
13. Wurde zur Prüfung der vollständigen Erfassung der in der Buchhaltung ausgewiesenen Löhne und Gehälter die Gesamtsumme der Löhne und Gehälter laut Lohn- und Gehaltsliste mit den entsprechenden Aufwandskonten in der Finanzbuchhaltung abgestimmt?	☐	☐	☐	

Mandant:	Gesamtkostenverfahren – **Personalaufwand** – Zusätzliche Arbeitshilfe bei Erstellung mit umfassenden Prüfungshandlungen	60 – 5 –

Auftrag:

	ja	nein	n.e.	Besonderheiten/Verweise
14. Erfolgte im Berichtszeitraum eine Lohnsteuerprüfung? Wenn ja:	☐	☐	☐	
• Wurde der Bericht der Lohnsteuerprüfung ausgewertet?	☐	☐	☐	
• Wurden eventuelle Beanstandungen beseitigt?	☐	☐	☐	
15. Bestehen Streitigkeiten mit Arbeitnehmern? Wenn ja:	☐	☐	☐	
• Wurden hieraus erkennbare Risiken mittels Rückstellungen abgedeckt?	☐	☐	☐	
16. Ist sichergestellt, dass sich bei der Prüfung der Bilanzpositionen, die mit dem Personalaufwand im Zusammenhang stehen, insbesondere den • liquiden Mitteln, • Rückstellungen, • sonstigen Verbindlichkeiten keine Beanstandungen ergeben haben?	☐ ☐ ☐	☐ ☐ ☐	☐ ☐ ☐	
Bei Beanstandungen: Wurden diese auch zutreffend in den Aufwandsposten erfasst?	☐	☐	☐	
17. *Haben Sie sich davon überzeugt, dass der Aufwand vollständig und periodengerecht erfasst wurde?*	☐	☐	☐	

IV Prüfung des Ausweises

	ja	nein	n.e.	Besonderheiten/Verweise
18. Stimmt der ausgewiesene Betrag mit dem Gesamtbetrag der entsprechenden Erfolgskonten überein?	☐	☐	☐	
19. Sind die Vorjahreszahlen vergleichbar?	☐	☐	☐	
20. Wurden bei Kapital- und KapCo-Gesellschaften die Gliederungsvorschriften beachtet?	☐	☐	☐	
21. Ist sichergestellt, dass unter den Löhnen und Gehältern nicht solche Aufwendungen ausgewiesen werden, die unter anderen Positionen auszuweisen sind, z.B. • Aufsichtsratsvergütungen, • Ausbildungs- und Fortbildungskosten, • Erstattung von Spesen, • Nettoprämien für eine Rückdeckungsversicherung, • Lohn- und Gehaltserstattungen, etc?	☐ ☐ ☐ ☐ ☐	☐ ☐ ☐ ☐ ☐	☐ ☐ ☐ ☐ ☐	
22. *Sind Sie zu dem Ergebnis gekommen, dass für die ausgewiesene Position sämtliche handelsrechtlichen Ausweisvorschriften beachtet wurden?*	☐	☐	☐	

V Sonstige Prüfungshandlungen

Mandant:	**Gesamtkostenverfahren**	**70**
	– **Abschreibungen auf immaterielle Vermögensgegenstände des Anlagevermögens und Sachanlagen sowie auf aktivierte Aufwendungen für die Ingangsetzung und Erweiterung des Geschäftsbetriebes** – **Abschreibungen auf Finanzanlagen und auf Wertpapiere des Umlaufvermögens** – **Abschreibungen auf Vermögensgegenstände des Umlaufvermögens, soweit diese die in der Kapitalgesellschaft üblichen Abschreibungen überschreiten** – Zusätzliche Arbeitshilfe bei Erstellung mit umfassenden Prüfungshandlungen	
Auftrag:		

	Mitarbeiter	Berichtskritik	verantwortlicher Berufsangehöriger
Name / Unterschrift Datum			

	ja	nein	n.e.	Besonderheiten/Verweise

Prüfungshandlungen

I Prüfung der vollständigen und periodengerechten Erfassung

1. Ist sichergestellt, dass sich bei der Prüfung der Bilanzpositionen, die mit den Abschreibungen im Zusammenhang stehen, insbesondere
   - im Anlagevermögen,
   - im Umlaufvermögen
   keine Beanstandungen ergeben haben?
   Bei Beanstandungen:
   Wurden diese zutreffend in den Aufwandsposten erfasst?
2. Wurden die ausgewiesenen Abschreibungen auf das Anlagevermögen mit dem Anlagespiegel abgestimmt?
3. Haben Sie eine analytische Durchsicht der angesprochenen Konten vorgenommen?
4. *Haben Sie sich davon überzeugt, dass die Erlöse vollständig und periodengerecht erfasst wurden?*

II Prüfung des Ausweises

5. Stimmt der ausgewiesene Betrag mit dem Gesamtbetrag der entsprechenden Erfolgskonten überein?
6. Sind die Vorjahreszahlen vergleichbar?
7. *Sind Sie zu dem Ergebnis gekommen, dass für die ausgewiesenen Positionen sämtliche handelsrechtlichen Ausweisvorschriften beachtet wurden?*

Mandant:	Gesamtkostenverfahren – **Sonstige betriebliche Aufwendungen** – Zusätzliche Arbeitshilfe bei Erstellung mit umfassenden Prüfungshandlungen	80 – 1 –

Auftrag:

	Mitarbeiter	Berichtskritik	verantwortlicher Berufsangehöriger
Name / Unterschrift Datum			

	ja	nein	n.e.	Besonderheiten/Verweise

Prüfungshandlungen

I Prüfung der vollständigen und periodengerechten Erfassung

1. Wurden unter den sonstigen betrieblichen Aufwendungen nur solche Aufwendungen ausgewiesen, die unter keinem anderen Aufwandsposten auszuweisen sind? ☐ ☐ ☐
2. Wurde darauf geachtet, dass die Aufwendungen brutto ausgewiesen und Saldierungen unterblieben sind? ☐ ☐ ☐
3. Ist sichergestellt, dass sich bei der Prüfung der Bilanzpositionen, die mit den sonstigen betrieblichen Aufwendungen im Zusammenhang stehen, insbesondere
    - Sach- und Finanzanlagen (Verluste aus dem Abgang von Wirtschaftsgütern des Anlagevermögens), ☐ ☐ ☐
    - Umlaufvermögen (Abschreibungen auf Vermögensgegenstände des Umlaufvermögens, soweit diese den üblichen Rahmen nicht überschreiten), ☐ ☐ ☐
    - Sonderposten mit Rücklageanteil (Aufwendungen aus den Einstellungen in Sonderposten mit Rücklageanteil), ☐ ☐ ☐
    - Rückstellungen (Zuführungen zu den Rückstellungen) ☐ ☐ ☐

    keine Beanstandungen ergeben haben?
    Bei Beanstandungen: Wurden diese auch zutreffend in den Aufwandsposten erfasst? ☐ ☐ ☐
4. Wurde bei den Verlusten aus dem Abgang von Wirtschaftsgütern des Anlagevermögens nur die Differenz zwischen dem Buchwert der Anlagegegenstände und dem erzielten Erlös als Verlust ausgewiesen? ☐ ☐ ☐
5. Wurden sämtliche Buchwerte (historische Anschaffungskosten abzüglich aufgelaufener Abschreibungen zuzüglich aufgelaufener Zuschreibungen) der abgegangenen Anlagegegenstände mit den hier auszuweisenden Verlusten sowie den unter den sonstigen betrieblichen Erträgen auszuweisenden Erträgen aus dem Abgang von Gegenständen des Anlagevermögens abgestimmt? ☐ ☐ ☐

umfassende Prüfungshandlungen

Mandant:	Gesamtkostenverfahren – **Sonstige betriebliche Aufwendungen** – Zusätzliche Arbeitshilfe bei Erstellung mit umfassenden Prüfungshandlungen	80 – 2 –
Auftrag:		

		ja	nein	n.e.	Besonderheiten/Verweise
umfassende Prüfungshandlungen	6. Wurden bei regelmäßig wiederkehrenden Aufwendungen, insbesondere Miet- und Versicherungsaufwendungen die gebuchten Aufwendungen überschlägig mit dem Sollaufwand abgestimmt, wie er nach dem zugrunde liegenden Vertrag zu erwarten ist?	☐	☐	☐	
	7. Wurden die Reise- und Bewirtungskosten in angemessenen Stichproben überprüft?	☐	☐	☐	
	8. Wurde bei der Prüfung der Reise- und Bewirtungskosten auf ordnungsgemäße Belege, entsprechende Genehmigungen und auf die Art und Höhe der aufgeführten Beträge in Beziehung zur Stellung und zum Tätigkeitsbereich des Betreffenden geachtet?	☐	☐	☐	
	9. Erstreckte sich die Prüfung der Reise- und Bewirtungskosten auch auf die steuerlichen Höchstsätze und Dokumentationsvorschriften (getrennte Verbuchung der Bewirtungskosten, etc.)?	☐	☐	☐	
	10. Wurde bei der Prüfung des Aufwands für Reparaturen und Instandhaltungen die richtige Abgrenzung von (aktivierungspflichtigem) Herstellungsaufwand und (erfolgswirksamem) Erhaltungsaufwand kontrolliert?	☐	☐	☐	
	11. Wurde bei der Prüfung des Aufwands für Reparaturen und Instandhaltungen darauf geachtet, ob Rückstellungen für noch nicht abgerechnete Arbeiten oder für rückständige Reparaturen, die im folgenden Geschäftsjahr nachgeholt werden, gebildet werden können?	☐	☐	☐	
	12. Wurden alle übrigen sonstigen betrieblichen Aufwendungen anhand von Aufstellungen, die von der Gesellschaft zu fertigen sind, auf ihre Vollständigkeit überprüft?	☐	☐	☐	
	13. Haben Sie eine analytische Durchsicht der angesprochenen Konten vorgenommen?	☐	☐	☐	
	14. Haben Sie sich davon überzeugt, dass die Aufwendungen vollständig und periodengerecht erfasst wurden?	☐	☐	☐	
	II Prüfung des Ausweises				
	15. Stimmt der ausgewiesene Betrag mit dem Gesamtbetrag der entsprechenden Erfolgskonten überein?	☐	☐	☐	
	16. Sind die Vorjahreszahlen vergleichbar?	☐	☐	☐	
	17. Wurde bei Kapital- und KapCo-Gesellschaften darauf geachtet, ob ein Ausweis an einer anderen Stelle in Frage kommt?	☐	☐	☐	
	18. Sind Sie zu dem Ergebnis gekommen, dass für die ausgewiesene Position sämtliche handelsrechtlichen Ausweisvorschriften beachtet wurden?	☐	☐	☐	

Mandant:	Gesamtkostenverfahren – Erträge aus Beteiligungen – aufgrund einer Gewinngemeinschaft, eines Gewinnabführungs- oder Teilgewinnabführungsvertrages erhaltene Gewinne – Erträge aus anderen Wertpapieren und Ausleihungen des Finanzanlagevermögens – Erträge aus Verlustübernahme – Aufwendungen aus Verlustübernahmen aufgrund einer Gewinngemeinschaft, eines Gewinnabführungsvertrages oder Teilgewinnabführungsvertrages abgeführte Gewinne – Zusätzliche Arbeitshilfe bei Erstellung mit umfassenden Prüfungshandlungen	90 – 1 –
Auftrag:		

	Mitarbeiter	Berichtskritik	verantwortlicher Berufsangehöriger
Name / Unterschrift Datum			

	ja	nein	n.e.	Besonderheiten/Verweise

Prüfungshandlungen

I Prüfung der vollständigen und periodengerechten Erfassung

1. Ist sichergestellt, dass sich bei der Prüfung der Bilanzpositionen, die mit den GuV-Positionen im Zusammenhang stehen, insbesondere
   - Beteiligungen,
   - Anteile an verbundenen Unternehmen
   keine Beanstandungen ergeben haben?
   Bei Beanstandungen:
   Wurden diese auch zutreffend erfasst?
2. Wurden die Sollerträge bzw. die Sollaufwendungen, die sich aus den Jahresabschlüssen ergeben, mit den ausgewiesenen Posten abgestimmt?
3. Haben Sie eine analytische Durchsicht der angesprochenen Konten vorgenommen?
4. *Haben Sie sich davon überzeugt, dass die Erträge bzw. Aufwendungen vollständig und periodengerecht erfasst wurden?*

II Prüfung des Ausweises

5. Stimmt der ausgewiesene Betrag mit dem Gesamtbetrag der entsprechenden Erfolgskonten überein?
6. Sind die Vorjahreszahlen vergleichbar?
7. Beteiligungserträge:
   Wurde darauf geachtet, dass Erträge und Aufwendung brutto ausgewiesen werden?

umfassende Prüfungshandlungen

Mandant:	Gesamtkostenverfahren	90
	– Erträge aus Beteiligungen – aufgrund einer Gewinngemeinschaft, eines Gewinnabführungs- oder Teilgewinnabführungsvertrages erhaltene Gewinne – Erträge aus anderen Wertpapieren und Ausleihungen des Finanzanlagevermögens – Erträge aus Verlustübernahme – Aufwendungen aus Verlustübernahmen aufgrund einer Gewinngemeinschaft, eines Gewinnabführungsvertrages oder Teilgewinnabführungsvertrages abgeführte Gewinne – Zusätzliche Arbeitshilfe bei Erstellung mit umfassenden Prüfungshandlungen	– 2 –
Auftrag:		

umfassende Prüfungshandlungen

	ja	nein	n.e.	Besonderheiten/Verweise
8. Bei Kapital- und KapCo-Gesellschaften: Wurde darauf geachtet, dass				
• bei Beteiligungserträgen und bei Erträgen aus anderen Wertpapieren und Ausleihungen des Finanzanlagevermögens				
▪ eventuell einbehaltene Kapitalertragsteuer im Posten „Steuern vom Einkommen und vom Ertrag" gesondert gezeigt werden?	☐	☐	☐	
▪ die Erträge aus verbundenen Unternehmen gesondert aufgeführt werden und zwar in Form eines Davon-Vermerks?	☐	☐	☐	
▪ die Buchgewinne aus der Veräußerung als Erträge aus dem Abgang von Gegenständen des Anlagevermögens unter den sonstigen betrieblichen Erträgen zu zeigen sind?	☐	☐	☐	
• bei Gewinnen, die aufgrund einer Gewinngemeinschaft, eines Gewinnabführungs- oder eines Teilgewinnabführungsvertrages erhalten bzw. abgeführt wurden				
▪ Erträge aus Beherrschungsverträgen unter der Position „Erträge aus Beteiligungen" auszuweisen sind?	☐	☐	☐	
▪ jedes Vertragsverhältnis im Hinblick auf den Ausweis gesondert zu beurteilen ist, so dass Saldierungen unterbleiben und ein gesonderter Ausweis der Aufwendungen aus Verlustübernahme, der Erträge aus Verlustübernahme und der aufgrund einer Gewinngemeinschaft, eines Gewinnabführungs- oder eines Teilgewinnabführungsvertrages erhaltenen oder abgeführten Gewinne gewährleistet ist?	☐	☐	☐	

Mandant:	**Gesamtkostenverfahren** – **Erträge aus Beteiligungen** – **aufgrund einer Gewinngemeinschaft, eines Gewinnabführungs- oder Teilgewinnabführungsvertrages erhaltene Gewinne** – **Erträge aus anderen Wertpapieren und Ausleihungen des Finanzanlagevermögens** – **Erträge aus Verlustübernahme** – **Aufwendungen aus Verlustübernahmen aufgrund einer Gewinngemeinschaft, eines Gewinnabführungsvertrages oder Teilgewinnabführungsvertrages abgeführte Gewinne** – Zusätzliche Arbeitshilfe bei Erstellung mit umfassenden Prüfungshandlungen	**90** – 3 –

Auftrag:

	ja	nein	n.e.	Besonderheiten/Verweise
• bei Aufwendungen aus Verlustübernahmen 　▪ Zuweisungen zu Rückstellungen für die Übernahme von zwar erkennbaren, aber noch nicht feststehenden Verlusten unter den sonstigen betrieblichen Aufwendungen zu zeigen sind und dass die endgültigen Verluste in solchen Fällen in voller Höhe unter den Aufwendungen aus Verlustübernahme ausgewiesen werden, ohne dass eine Saldierung mit der Inanspruchnahme der Rückstellungen erfolgt?	☐	☐	☐	
▪ jedes Vertragsverhältnis im Hinblick auf den Ausweis gesondert zu beurteilen ist, so dass Saldierungen unterbleiben und ein jeweils gesonderter Ausweis, der aufgrund einer Gewinngemeinschaft, eines Gewinnabführungs- oder eines Teilgewinnabführungsvertrages erhaltenen Gewinne sowie der Erträge und Aufwendungen aus Verlustübernahme gewährleistet ist?	☐	☐	☐	
9. Sind Sie zu dem Ergebnis gekommen, dass für die ausgewiesene Position sämtliche handelsrechtlichen Ausweisvorschriften beachtet wurden?	☐	☐	☐	

umfassende Prüfungshandlungen

Mandant:	Gesamtkostenverfahren/ Umsatzkostenverfahren: – sonstige Zinsen und ähnliche Erträge – Zinsen und ähnliche Aufwendungen – Zusätzliche Arbeitshilfe bei Erstellung mit umfassenden Prüfungshandlungen	**100** – 1 –
Auftrag:		

	Mitarbeiter	Berichtskritik	verantwortlicher Berufsangehöriger
Name / Unterschrift Datum			

umfassende Prüfungshandlungen

	ja	nein	n.e.	Besonderheiten/Verweise

Prüfungshandlungen

I Prüfung der vollständigen und periodengerechten Erfassung

1. Ist sichergestellt, dass sich bei der Prüfung der Bilanzpositionen, die mit dem Zinsergebnis im Zusammenhang stehen, insbesondere
   - Wertpapiere des Umlaufvermögens,
   - Forderungen und sonstige Vermögensgegenstände,
   - liquide Mittel,
   - Verbindlichkeiten,
   - aktive und passive Rechnungsabgrenzungen

   keine Beanstandungen ergeben haben?
   - Bei Beanstandungen: Wurden diese auch zutreffend erfasst?
2. Wurden die Zinserträge bzw. die Zinsaufwendungen von dem Unternehmen auf die einzelnen Vertragspartner aufgeteilt?
3. Wurde der ausgewiesene Ertrag bzw. Aufwand mit dem Sollertrag bzw. Sollaufwand nach den zugrunde liegenden Vereinbarungen abgestimmt?
4. Haben Sie eine analytische Durchsicht der angesprochenen Konten vorgenommen?
5. *Haben Sie sich davon überzeugt, dass die Erträge bzw. Aufwendungen vollständig und periodengerecht erfasst wurden?*

II Prüfung des Ausweises

6. Stimmt der ausgewiesene Betrag mit dem Gesamtbetrag der entsprechenden Erfolgskonten überein?
7. Sind die Vorjahreszahlen vergleichbar?
8. Wurden die Erträge bzw. Aufwendungen brutto ausgewiesen?
9. Wurden die Zinserträge und Zinsaufwendungen zum Jahresende richtig abgegrenzt?

Mandant:	Gesamtkostenverfahren/ Umsatzkostenverfahren: – **sonstige Zinsen und ähnliche Erträge** – **Zinsen und ähnliche Aufwendungen** – Zusätzliche Arbeitshilfe bei Erstellung mit umfassenden Prüfungshandlungen	100 – 2 –

Auftrag:

	ja	nein	n.e.	Besonderheiten/Verweise
10. Bei Kapital- und KapCo-Gesellschaften: • Wurde bei Zinserträgen eventuell einbehaltene Kapitalertragsteuer im Posten „Steuern vom Einkommen und vom Ertrag" gesondert ausgewiesen?	☐	☐	☐	
• Wurden Bankspesen unter den sonstigen Aufwendungen ausgewiesen?	☐	☐	☐	
• Wurde bei Posten gegenüber verbundenen Unternehmen der „Davon"-Vermerk beachtet?	☐	☐	☐	
11. Sind Sie zu dem Ergebnis gekommen, dass für die ausgewiesenen Positionen sämtliche handelsrechtlichen Ausweisvorschriften beachtet wurden?	☐	☐	☐	

umfassende Prüfungshandlungen

Mandant:	Gesamtkostenverfahren/ Umsatzkostenverfahren: – außerordentliche Erträge – außerordentliche Aufwendungen – Zusätzliche Arbeitshilfe bei Erstellung mit umfassenden Prüfungshandlungen	110

Auftrag:

	Mitarbeiter	Berichtskritik	verantwortlicher Berufsangehöriger
Name / Unterschrift Datum			

	ja	nein	n.e.	Besonderheiten/Verweise

Prüfungshandlungen

I Prüfung der vollständigen und periodengerechten Erfassung

1. Werden nur außerordentliche Erträge oder Aufwendungen erfasst?
2. Erfolgte eine Abstimmung der Erträge laut Hauptbuchkonto mit den Umsätzen laut Umsatzsteuererklärung?
   Wurden die Prüfungsunterlagen hierzu von dem geprüften Unternehmen gefertigt?
3. Haben Sie eine analytische Durchsicht der angesprochenen Konten vorgenommen?
4. *Haben Sie sich davon überzeugt, dass die Erträge und Aufwendungen vollständig erfasst wurden?*

II Prüfung des Ausweises

5. Stimmen die ausgewiesenen Beträge mit dem Gesamtbetrag der entsprechenden Erfolgskonten überein?
6. Sind die Vorjahreszahlen vergleichbar?
7. Ist sichergestellt, dass unzulässige Saldierungen unterblieben sind?
8. Sind die Erläuterungspflichten im Anhang beachtet?
9. *Sind Sie zu dem Ergebnis gekommen, dass für die ausgewiesenen Positionen sämtliche handelsrechtlichen Ausweisvorschriften beachtet wurden?*

umfassende Prüfungshandlungen

Mandant:	Gesamtkostenverfahren/ Umsatzkostenverfahren: – **Steuern vom Einkommen und vom Ertrag** – **Sonstige Steuern** – Zusätzliche Arbeitshilfe bei Erstellung mit umfassenden Prüfungshandlungen	**120**
Auftrag:		

	Mitarbeiter	Berichtskritik	verantwortlicher Berufsangehöriger
Name / Unterschrift Datum			

	ja	nein	n.e.	Besonderheiten/Verweise

Prüfungshandlungen

I Prüfung der vollständigen und periodengerechten Erfassung

1. Ist sichergestellt, dass sich bei der Prüfung der Bilanzpositionen, die mit den Steuern im Zusammenhang stehen, insbesondere
   - sonstige Vermögensgegenstände,
   - Steuerrückstellungen,
   - sonstige Verbindlichkeiten

   keine Beanstandungen ergeben haben?
   Bei Beanstandungen:
   Wurden diese auch zutreffend in der GuV erfasst? ☐ ☐ ☐
2. Haben Sie eine analytische Durchsicht der angesprochenen Konten vorgenommen? ☐ ☐ ☐
3. Werden nur solche Steuern ausgewiesen, für die das Unternehmen als Steuerschuldner aufzukommen hat (d.h. keine Steuern, die für Dritte zu entrichten sind, keine Bußgelder, Säumnis- und Verspätungszuschläge, etc.)? ☐ ☐ ☐
4. *Haben Sie sich davon überzeugt, dass der Aufwand vollständig und periodengerecht erfasst wurde?* ☐ ☐ ☐

II Prüfung des Ausweises

5. Stimmt der ausgewiesene Betrag mit dem Gesamtbetrag der entsprechenden Erfolgskonten überein? ☐ ☐ ☐
6. die Vorjahreszahlen vergleichbar? ☐ ☐ ☐
7. Wurden unter den Steuern nicht nur Aufwands- sondern Ertragsposten ausgewiesen? ☐ ☐ ☐
8. Falls Erträge ausgewiesen werden:
   Wurde die Postenbezeichnung geändert (erstattete Steuern vom Einkommen und vom Ertrag)? ☐ ☐ ☐
9. *Sind Sie zu dem Ergebnis gekommen, dass für die ausgewiesenen Positionen sämtliche handelsrechtlichen Ausweisvorschriften beachtet wurden?* ☐ ☐ ☐

umfassende Prüfungshandlungen

Mandant:	Umsatzkostenverfahren – Herstellungskosten der zur Erzielung der Umsatzerlöse erbrachten Leistungen – Zusätzliche Arbeitshilfe bei Erstellung mit umfassenden Prüfungshandlungen	**200** – 1 –
Auftrag:		

	Mitarbeiter	Berichtskritik	verantwortlicher Berufsangehöriger
Name / Unterschrift Datum			

umfassende Prüfungshandlungen

	ja	nein	n.e.	Besonderheiten/Verweise

Prüfungshandlungen

I Prüfung der vollständigen und periodengerechten Erfassung

1. Bei Produktionsunternehmen:
   a) Ist die Erfassung der Zu- und Abgänge bei den unfertigen und fertigen Erzeugnissen auch während des Geschäftsjahres sowie die Zuordnung ihrer Herstellungskosten gewährleistet? ☐ ☐ ☐
   b) Werden unter den Herstellungskosten nur erfasst:
   - soweit Verkäufe aus der Vorjahresproduktion erfolgten: deren in der Eröffnungsbilanz ausgewiesene Herstellungskosten? ☐ ☐ ☐
   - soweit im Berichtsjahr auf Lager produziert wurde: alle nicht aktivierten Aufwendungen des Herstellungsbereichs (auch bei den sonstigen betrieblichen Aufwendungen zulässig)? ☐ ☐ ☐
   - soweit im Berichtsjahr produzierte Erzeugnisse verkauft wurden: alle Aufwendungen des Herstellungsbereichs? ☐ ☐ ☐
2. Bei Handelsunternehmen: Werden unter den Herstellungskosten nur erfasst:
   - Anschaffungskosten der verkauften Waren, ☐ ☐ ☐
   - zzgl. Anschaffungsnebenkosten der verkauften Waren, ☐ ☐ ☐
   - abzgl. Anschaffungskostenminderungen der verkauften Waren, ☐ ☐ ☐
   - zzgl. anteilige Gemeinkosten der Materialwirtschaft (Lagerhaltung, innerbetrieblicher Transport, Warenprüfung)? ☐ ☐ ☐
3. Ist sichergestellt, dass sich bei der Prüfung der Bilanzpositionen, die mit den Herstellungskosten im Zusammenhang stehen, insbesondere
   - Vorräte,
   - liquide Mittel (Zahlungsverkehr),
   - aktivierte Ingangsetzungs- und Erweiterungskosten, immaterielle Vermögensgegenstände des Anlagevermögens und Sachanlagen,
   - Rückstellungen,
   - Verbindlichkeiten,

Mandant:	Umsatzkostenverfahren – **Herstellungskosten der zur Erzielung der Umsatzerlöse erbrachten Leistungen** – Zusätzliche Arbeitshilfe bei Erstellung mit umfassenden Prüfungshandlungen	**200** – 2 –

Auftrag:

	ja	nein	n.e.	Besonderheiten/Verweise
• Löhne und Gehälter, • sonstige betriebliche Aufwendungen keine Beanstandungen ergeben haben? Bei Beanstandungen: Wurden diese auch zutreffend in den Aufwandsposten erfasst?	☐ ☐	☐ ☐	☐ ☐	
4. Wurde die Verrechnung der innerbetrieblichen Leistungen auf die in Betracht kommenden Kostenstellen überprüft?	☐	☐	☐	
5. Bei Verrechnung mit Hilfe eines Betriebsabrechnungsbogens: Wurde dieser kontrolliert • durch Überprüfung des Verfahrens der Betriebsabrechnung einschließlich der Beurteilung der Angemessenheit von Umlagen und deren Schlüsselung?	☐	☐	☐	
• durch Kontrolle der Einhaltung des Verursachungsprinzips bei der Kostenzurechnung?	☐	☐	☐	
• durch Feststellung, ob alle nicht aktivierbaren Kosten (z.B. kalkulatorische Kosten) eliminiert wurden?	☐	☐	☐	
6. Wurden die Löhne und Gehälter vor ihrer innerbetrieblichen Verrechnung wie beim Gesamtkostenverfahren überprüft?	☐	☐	☐	s. **60** ff.
7. Wurden die Kostenarten der sonstigen betrieblichen Aufwendungen, die in die Herstellungskosten der zur Umsatzerzielung erbrachten Leistungen eingegangen sind, wie die sonstigen betrieblichen Aufwendungen des Gesamtkostenverfahrens auf ihre vollständige und periodengerechte Erfassung überprüft?	☐	☐	☐	s. **80** ff.
8. Haben Sie sich davon überzeugt, dass die Verrechnung der innerbetrieblichen Leistungen zu einem vernünftigen betriebswirtschaftlichen Ergebnis führt?	☐	☐	☐	
9. Haben Sie eine analytische Durchsicht der angesprochenen Konten vorgenommen?	☐	☐	☐	
10. *Haben Sie sich davon überzeugt, dass die Aufwendungen vollständig und periodengerecht erfasst wurden?*	☐	☐	☐	

Mandant:	Umsatzkostenverfahren – **Herstellungskosten der zur Erzielung der Umsatzerlöse erbrachten Leistungen** – Zusätzliche Arbeitshilfe bei Erstellung mit umfassenden Prüfungshandlungen	200 – 3 –

Auftrag:

	ja	nein	n.e.	Besonderheiten/Verweise
II Prüfung des Ausweises				
11. Stimmt der ausgewiesene Betrag mit dem Gesamtbetrag der entsprechenden Erfolgskonten überein?	☐	☐	☐	
12. Wurde der Stetigkeitsgrundsatz beachtet?	☐	☐	☐	
13. Sind die Vorjahreszahlen vergleichbar?	☐	☐	☐	
14. Wurden im Anhang die Aufwendungen des Geschäftsjahres jeweils untergliedert nach den Vorschriften zum Gesamtkostenverfahren angegeben, und zwar				
• für den Materialaufwand,	☐	☐	☐	
• für den Personalaufwand?	☐	☐	☐	
15. Wurden bei den Angaben zu den Bilanzierungs- und Bewertungsmethoden Ausführungen gemacht zur				
• Erfassung von Voll- oder Teilkosten im Herstellungsbereich?	☐	☐	☐	
• Einbeziehung von Verwaltungskosten, Zinsen und Steuern in dem Herstellungsbereich?	☐	☐	☐	
16. Sind Sie zu dem Ergebnis gekommen, dass für die ausgewiesene Position sämtliche handelsrechtlichen Ausweisvorschriften beachtet wurden?	☐	☐	☐	

umfassende Prüfungshandlungen

Mandant:	Umsatzkostenverfahren – **Vertriebskosten** – Zusätzliche Arbeitshilfe bei Erstellung mit umfassenden Prüfungshandlungen	**210** – 1 –

Auftrag:

	Mitarbeiter	Berichtskritik	verantwortlicher Berufsangehöriger
Name / Unterschrift Datum			

	ja	nein	n.e.	Besonderheiten/Verweise

Prüfungshandlungen

I Prüfung der vollständigen und periodengerechten Erfassung

1. Werden alle Vertriebskosten des Berichtsjahres ausgewiesen? ☐ ☐ ☐
2. Ist sichergestellt, dass sich bei der Prüfung der Posten, die mit den Vertriebskosten im Zusammenhang stehen, insbesondere
   - den liquiden Mitteln (Zahlungsverkehr), ☐ ☐ ☐
   - den aktivierten Ingangsetzungs- und Erweiterungskosten, den immateriellen Vermögensgegenständen des Anlagevermögens und der Sachanlagen, ☐ ☐ ☐
   - den Rückstellungen, ☐ ☐ ☐
   - den Verbindlichkeiten, ☐ ☐ ☐
   - den Löhnen und Gehältern, ☐ ☐ ☐
   - den sonstigen betrieblichen Aufwendungen ☐ ☐ ☐

   keine Beanstandungen ergeben haben?
   Bei Beanstandungen:
   Wurden diese auch zutreffend in den Vertriebskosten erfasst? ☐ ☐ ☐
3. Wurden die Löhne und Gehälter vor ihrer innerbetrieblichen Verrechnung wie beim Gesamtkostenverfahren überprüft? ☐ ☐ ☐ s. **60** ff.
4. Wurden die Kostenarten der sonstigen betrieblichen Aufwendungen, die in die Herstellungskosten der zur Umsatzerzielung erbrachten Leistungen eingegangen sind, wie die sonstigen betrieblichen Aufwendungen des Gesamtkostenverfahrens auf ihre vollständige und periodengerechte Erfassung überprüft? ☐ ☐ ☐ s. **80** ff.
5. Haben Sie sich davon überzeugt, dass die Verrechnung der innerbetrieblichen Leistungen zu einem vernünftigen betriebswirtschaftlichen Ergebnis führt? ☐ ☐ ☐
6. Haben Sie eine analytische Durchsicht der angesprochenen Konten vorgenommen? ☐ ☐ ☐
7. *Haben Sie sich davon überzeugt, dass die Aufwendungen vollständig und periodengerecht erfasst wurden?* ☐ ☐ ☐

umfassende Prüfungshandlungen

Mandant:	Umsatzkostenverfahren – Vertriebskosten – Zusätzliche Arbeitshilfe bei Erstellung mit umfassenden Prüfungshandlungen	**210** – 2 –
Auftrag:		

	ja	nein	n.e.	Besonderheiten/Verweise

II Prüfung des Ausweises

8. Stimmt der ausgewiesene Betrag mit dem Gesamtbetrag der entsprechenden Erfolgskonten überein? ☐ ☐ ☐
9. Wurde der Stetigkeitsgrundsatz beachtet?
10. Sind die Vorjahreszahlen vergleichbar?
11. Wurden im Anhang die Aufwendungen des Geschäftsjahres jeweils untergliedert nach den Vorschriften zum Gesamtkostenverfahren angegeben, und zwar
    - für den Materialaufwand,
    - für den Personalaufwand? ☐ ☐ ☐
12. Wurden bei den Angaben zu den Bilanzierungs- und Bewertungsmethoden Ausführungen gemacht zur
    - Erfassung von Voll- oder Teilkosten im Herstellungsbereich? ☐ ☐ ☐
    - Einbeziehung von Verwaltungskosten, Zinsen und Steuern in dem Herstellungsbereich? ☐ ☐ ☐
13. *Sind Sie zu dem Ergebnis gekommen, dass für die ausgewiesene Position sämtliche handelsrechtlichen Ausweisvorschriften beachtet wurden?* ☐ ☐ ☐

umfassende Prüfungshandlungen

Mandant:	Umsatzkostenverfahren – allgemeine Verwaltungskosten – Zusätzliche Arbeitshilfe bei Erstellung mit umfassenden Prüfungshandlungen	**220** – 1 –

Auftrag:

	Mitarbeiter	Berichtskritik	verantwortlicher Berufsangehöriger
Name / Unterschrift Datum			

	ja	nein	n.e.	Besonderheiten/Verweise

Prüfungshandlungen

I Prüfung der vollständigen und periodengerechten Erfassung

1. Sind als allgemeine Verwaltungskosten nur diejenigen Aufwendungen ausgewiesen,
   - die nicht aktiviert wurden?
   - die nicht dem Herstellungsbereich zuzuordnen sind?
   - die nicht dem Vertriebsbereich zuzuordnen sind?
2. Ist sichergestellt, dass sich bei der Prüfung der Positionen, die mit den allgemeinen Verwaltungskosten im Zusammenhang stehen, insbesondere
   - den liquiden Mitteln (Zahlungsverkehr),
   - den aktivierten Ingangsetzungs- und Erweiterungskosten, den immateriellen Vermögensgegenständen des Anlagevermögens und der Sachanlagen,
   - den Rückstellungen,
   - den Verbindlichkeiten,
   - den Löhnen und Gehältern,
   - den sonstigen betrieblichen Aufwendungen

   keine Beanstandungen ergeben haben?
   Bei Beanstandungen:
   Wurden diese auch zutreffend bei den allgemeinen Verwaltungskosten erfasst?
3. Wurden die Löhne und Gehälter vor ihrer innerbetrieblichen Verrechnung wie beim Gesamtkostenverfahren überprüft? — s. 60 ff.
4. Wurden die Kostenarten der sonstigen betrieblichen Aufwendungen, die in die Herstellungskosten der zur Umsatzerzielung erbrachten Leistungen eingegangen sind, wie die sonstigen betrieblichen Aufwendungen des Gesamtkostenverfahrens auf ihre vollständige und periodengerechte Erfassung überprüft? — s. 80 ff.
5. Haben Sie sich davon überzeugt, dass die Verrechnung der innerbetrieblichen Leistungen zu einem vernünftigen betriebswirtschaftlichen Ergebnis führt?
6. Haben Sie eine analytische Durchsicht der angesprochenen Konten vorgenommen?

Mandant:	Umsatzkostenverfahren
	– **allgemeine**
	  Verwaltungskosten
	– Zusätzliche Arbeitshilfe bei
	  Erstellung mit umfassenden
	  Prüfungshandlungen
		220
		– 2 –

Auftrag:

umfassende Prüfungshandlungen

	ja	nein	n.e.	Besonderheiten/Verweise
7. Haben Sie sich davon überzeugt, dass die Aufwendungen vollständig und periodengerecht erfasst wurden?	☐ ☐	☐ ☐	☐ ☐	
II Prüfung des Ausweises				
8. Stimmt der ausgewiesene Betrag mit dem Gesamtbetrag der entsprechenden Erfolgskonten überein?	☐	☐	☐	
9. Wurde der Stetigkeitsgrundsatz beachtet?	☐	☐	☐	
10. Sind die Vorjahreszahlen vergleichbar?	☐	☐	☐	
11. Wurden im Anhang die Aufwendungen des Geschäftsjahres jeweils untergliedert nach den Vorschriften zum Gesamtkostenverfahren angegeben, und zwar				
• für den Materialaufwand,	☐	☐	☐	
• für den Personalaufwand?	☐	☐	☐	
12. Wurden bei den Angaben zu den Bilanzierungs- und Bewertungsmethoden Ausführungen gemacht zur				
• Erfassung von Voll- oder Teilkosten im Herstellungsbereich?	☐	☐	☐	
• Einbeziehung von Verwaltungskosten, Zinsen und Steuern in dem Herstellungsbereich?	☐	☐	☐	
13. Sind Sie zu dem Ergebnis gekommen, dass für die ausgewiesene Position sämtliche handelsrechtlichen Ausweisvorschriften beachtet wurden?	☐	☐	☐	

Mandant:	Umsatzkostenverfahren – sonstige betriebliche Aufwendungen – Zusätzliche Arbeitshilfe bei Erstellung mit umfassenden Prüfungshandlungen	**230** – 1 –

Auftrag:

	Mitarbeiter	Berichtskritik	verantwortlicher Berufsangehöriger
Name / Unterschrift Datum			

	ja	nein	n.e.	Besonderheiten/Verweise

Prüfungshandlungen

I Prüfung der vollständigen und periodengerechten Erfassung

1. Werden unter den sonstigen betrieblichen Aufwendungen nur solche Aufwendungen erfasst, die nicht den Funktionsbereichen
   - Herstellung,
   - Vertrieb,
   - allgemeine Verwaltung
   zuzuordnen sind?

2. Wurden alle planmäßigen Abschreibungen auf immaterielle und materielle Anlagegüter und Ingangsetzungs- und Erweiterungsaufwendungen den Funktionsbereichen Herstellung, Vertrieb und Verwaltung zugeordnet?
   Wenn nein: Um welche handelt es sich?   s. unter ...
   Wurden sie bei den sonstigen betrieblichen Aufwendungen erfasst?

3. Ist sichergestellt, dass sich bei der Prüfung der Positionen, die mit den sonstigen betrieblichen Aufwendungen im Zusammenhang stehen, keine Beanstandungen ergeben haben?
   insbesondere bei
   - den liquiden Mitteln (Zahlungsverkehr),
   - den aktivierten Ingangsetzungs- und Erweiterungskosten, den immateriellen Vermögensgegenständen des Anlagevermögens und der Sachanlagen,
   - den Rückstellungen,
   - den Verbindlichkeiten,
   - den Löhnen und Gehältern,
   - den sonstigen betrieblichen Aufwendungen
   keine Beanstandungen ergeben haben?
   Bei Beanstandungen:
   Wurden diese auch zutreffend in den Aufwandsposten erfasst?   s. **60** ff.

4. Wurden die Löhne und Gehälter vor ihrer innerbetrieblichen Verrechnung wie beim Gesamtkostenverfahren überprüft?

umfassende Prüfungshandlungen

Mandant:	Umsatzkostenverfahren – sonstige betriebliche Aufwendungen – Zusätzliche Arbeitshilfe bei Erstellung mit umfassenden Prüfungshandlungen	230 – 2 –
Auftrag:		

umfassende Prüfungshandlungen

	ja	nein	n.e.	Besonderheiten/Verweise
5. Wurden die Kostenarten der sonstigen betrieblichen Aufwendungen, die in die Herstellungskosten der zur Umsatzerzielung erbrachten Leistungen eingegangen sind, wie die sonstigen betrieblichen Aufwendungen des Gesamtkostenverfahrens auf ihre vollständige und periodengerechte Erfassung überprüft?	☐	☐	☐	s. **80** ff.
6. Haben Sie sich davon überzeugt, dass die Verrechnung der innerbetrieblichen Leistungen zu einem vernünftigen betriebswirtschaftlichen Ergebnis führt?	☐	☐	☐	
7. Haben Sie eine analytische Durchsicht der angesprochenen Konten vorgenommen?	☐	☐	☐	
8. *Haben Sie sich davon überzeugt, dass die Erlöse vollständig und periodengerecht erfasst wurden?*	☐	☐	☐	

II Prüfung des Ausweises

	ja	nein	n.e.	
9. Stimmt der ausgewiesene Betrag mit dem Gesamtbetrag der entsprechenden Erfolgskonten überein?	☐	☐	☐	
10. Sind die Vorjahreszahlen vergleichbar?	☐	☐	☐	
11. Wurden im Anhang die Aufwendungen des Geschäftsjahres jeweils untergliedert nach den Vorschriften zum Gesamtkostenverfahren angegeben, und zwar				
• für den Materialaufwand,	☐	☐	☐	
• für den Personalaufwand?	☐	☐	☐	
12. Wurden bei den Angaben zu den Bilanzierungs- und Bewertungsmethoden Ausführungen gemacht zur				
• Erfassung von Voll- oder Teilkosten im Herstellungsbereich?	☐	☐	☐	
• Einbeziehung von Verwaltungskosten, Zinsen und Steuern in dem Herstellungsbereich?	☐	☐	☐	
13. *Sind Sie zu dem Ergebnis gekommen, dass für die ausgewiesene Position sämtliche handelsrechtlichen Ausweisvorschriften beachtet wurden?*	☐	☐	☐	

Mandant:	**Anhang**	**1000**
	Alle Gesellschaften	− 1 −
	− Allgemeine Angaben	
	− Erstellung ohne Prüfungshandlungen	
	− mit Plausibilitätsbeurteilung	
	− mit umfassenden Prüfungshandlungen	

Auftrag:

	Mitarbeiter	Berichtskritik	verantwortlicher Berufsangehöriger
Name / Unterschrift Datum			

	ja	nein	n.e.	Bemerkungen
I Erstellungsmaßnahmen				
1. Checkliste zur vollständigen Ermittlung der berichtspflichtigen Sachverhalte mit Formulierungsvorschlägen?	☐	☐	☐	
II Maßnahmen zur Beurteilung der Plausibilität				
2. Haben Sie sich durch Befragung des Auftraggebers davon überzeugt, ob weitere berichtspflichtige Sachverhalte vorliegen, die Sie bei der Erstellung nicht festgestellt haben?				
3. Sonstige Maßnahmen?	☐	☐	☐	
4. Bestehen nach Ihren Plausibilitätsbeurteilungen an der Vollständigkeit und Ordnungsmäßigkeit des Anhangs keine Zweifel?	☐	☐	☐	

Plausibilitätsbeurteilungen

Mandant:	**Anhang** **Alle Gesellschaften** – **Allgemeine Angaben** – Erstellung ohne Prüfungshandlungen – mit Plausibilitätsbeurteilung – mit umfassenden Prüfungshandlungen	**1000** – 2 –
Auftrag:		

	Mitarbeiter	Berichtskritik	verantwortlicher Berufsangehöriger
Name / Unterschrift Datum			

Fragen zur vollständigen Ermittlung der berichtspflichtigen Sachverhalte:	ja	nein	Berichtspflicht gemäß HGB Formulierungsvorschlag:
Handelt es sich bei der Gesellschaft um eine KapCo-Gesellschaft, die nach § 264 a HGB verpflichtet ist?	☐	☐	**§§ 285 Nr. 11 a und 285 Nr. 15 HGB** *wenn nein:* keine weiteren Angaben *wenn ja:* „Die ... (Name, Sitz, Rechtsform der Gesellschaft) ... hat als unbeschränkt haftende Gesellschafterin die ... Kapitalgesellschaft(en) ... mit einem gezeichneten Kapital von Euro ... Sie ist nach § 264 a HGB zur Erstellung eines Anhangs verpflichtet."
Vermittelt der Jahresabschluss ein den tatsächlichen Verhältnissen entsprechendes Bild der Vermögens-, Finanz- und Ertragslage? – Nicht für PublG –	☐	☐	**§ 264 Abs. 2 S. 2 HGB** *wenn ja:* „Der Jahresabschluss wurde auf der Grundlage der gesetzlichen Vorschriften erstellt." *wenn nein:* „Der Jahresabschluss wurde auf der Grundlage der gesetzlichen Vorschriften erstellt. Aus Gründen eines verbesserten Einblicks in die Vermögen-, Finanz- und Ertragslage werden zusätzlich die folgenden Angaben gegeben: ... (z.B.: Aufgrund der durchweg langfristigen Auftragsfertigung bei der Gesellschaft können Erträge erst bei der Fertigstellung des Auftrags realisiert werden. Da im (oder) Berichtsjahr Aufträge nicht fertiggestellt werden konnten, weist die Gesellschaft ein ausgeglichenes Ergebnis aus; *(oder)* Die Gesellschaft hatte im Berichtsjahr Aufwendungen für selbst geschaffene immaterielle Wirtschaftsgüter in der Größenordnung von ca. TEuro ..., die aufgrund der Grundsätze ordnungsmäßiger Buchführung nicht aktiviert werden konnten und die Ertragslage zusätzlich belasten.)"
Erfolgt eine Ergänzung der Gliederung der Bilanz oder GuV, weil mehrere Geschäftszweige vorhanden sind?	☐	☐	**§ 265 Abs. 4 S. 2 HGB** *wenn nein:* keine weiteren Angaben *wenn ja:* „Die vorliegende Gliederung des Jahresabschlusses enthält gegenüber der Gliederung nach HGB die folgenden Besonderheiten: ... (z.B.) Die Gliederung basiert auf geschäftszweigtypischen Formblättern nach § 330 HGB. Für die Auswahl des Gliederungsschemas wurde das umfassendste Formblatt für den Geschäftszweig ... herangezogen und um die Besonderheiten der übrigen Geschäftszweige / um den (die) Posten ... ergänzt."

Mandant:	**Anhang**	**1000**
	Alle Gesellschaften	– 3 –
	– Allgemeine Angaben	
	– Erstellung ohne Prüfungshandlungen	
	– mit Plausibilitätsbeurteilung	
	– mit umfassenden Prüfungshandlungen	

Auftrag:

Fragen zur vollständigen Ermittlung der berichtspflichtigen Sachverhalte:			Berichtspflicht gemäß HGB Formulierungsvorschlag:
	ja	nein	
Wird ausnahmsweise wegen besonderer Umstände von der Gliederung der Bilanz oder GuV des Vorjahres abgewichen?	☐	☐	**§ 265 Abs. 1 S. 2 HGB** *wenn nein:* – keine weiteren Angaben – *wenn ja:* „Die Form der Darstellung des Jahresabschlusses wurde gegenüber dem Vorjahr geändert. Die Änderung betrifft folgende Sachverhalte: ... *(z.B.* – Ausweis des Anlagespiegels in der Bilanz: Im Vorjahr wurde der Anlagespiegel im Anhang dargestellt. – Gesonderter Ausweis der nicht eingeforderten ausstehenden Einlagen auf der Aktivseite vor dem Anlagevermögen: Im Vorjahr wurden diese Beträge offen auf der Passivseite abgesetzt. – *usw.)* Für den Wechsel in der Form der Darstellung waren folgende Gründe maßgebend: ... *(z.B.* – der Wunsch der Mehrheit der Gesellschafter – das Erfordernis einer klaren und übersichtlichen Darstellung – *usw.)"*
Sind Posten der Bilanz oder GuV mit den entsprechenden Vorjahresbeträgen vergleichbar?	☐	☐	**§ 265 Abs. 2 S. 2 HGB** *wenn ja:* – keine weiteren Angaben – *wenn nein:* „Die nachfolgend aufgeführten Posten beinhalten Werte, die nicht mit den entsprechenden Vorjahreszahlen vergleichbar sind: ... *(z.B.* – Vorräte – Forderungen aus Lieferungen und Leistungen – *usw.)* Folgende Gründe waren dafür maßgebend: ... *(z.B.* – der Bilanzierungszeitraum wurde geändert – die neuen Formvorschriften sind bedingt durch einen neu aufgenommenen Geschäftszweig *etc.)"*
Sind die Vorjahreszahlen in EURO angegeben?	☐	☐	**Art. 42 Abs. 2 Satz 1 EGHGB**
Wurden Vorjahresbeträge zur besseren Vergleichbarkeit angepasst?	☐	☐	**§ 265 Abs. 2 S. 3 HGB** *wenn nein:* – keine weiteren Angaben – *wenn ja:* „Die Vorjahreswerte wurden angepasst, um einen zutreffenden Zeitvergleich zu ermöglichen. (ggf.: Die angepassten Werte wurden in Klammern genannt.)"

Mandant:	**Anhang**	**1000**
	Alle Gesellschaften	
	– Allgemeine Angaben	– 4 –
	– Erstellung ohne	
	Prüfungshandlungen	
	– mit Plausibilitätsbeurteilung	
	– mit umfassenden	
	Prüfungshandlungen	

Auftrag:

Fragen zur vollständigen Ermittlung der berichtspflichtigen Sachverhalte:			Berichtspflicht gemäß HGB Formulierungsvorschlag:
	ja	nein	
Sind die angewandten Bilanzierungs- und Bewertungsmethoden genannt?	☐	☐	**§ 284 Abs. 2 Nr. 1 HGB** „Die Bilanzierungs- und Bewertungsmethoden wurden im wesentlichen (ggf. durchweg) an den ertragsteuerlichen Vorschriften ausgerichtet." oder/und: „Es waren / darüber hinaus waren die nachfolgenden Bilanzierungs- und Bewertungsmethoden maßgebend (soweit zutreffend): Die Aktiva enthalten einen derivativen Geschäfts- oder Firmenwert in Höhe von . . . Euro. Die Zugänge zum Sachanlagevermögen sind zu Anschaffungs- bzw. Herstellungskosten bilanziert. Die Herstellungskosten der aktivierten Eigenleistungen wurden unter Berücksichtigung der Einzelkosten gem. § 255 Abs. 2 Satz 2 HGB/der gem. R 33 EStR einzubeziehenden Aufwendungen unter Einbeziehung notwendiger Gemeinkosten und anderer Kostenbestandteile gem. § 255 Abs. 2 Satz 3 und 4 HGB ermittelt Die Möglichkeiten der degressiven Abschreibung wurden, soweit steuerlich zulässig, genutzt Das Anlagevermögen wurde linear entsprechend der nach steuerlichen Grundsätzen ermittelten Nutzungsdauer abgeschrieben. Von der Bewertungsfreiheit nach § 6 Abs. 2 EStG wurde Gebrauch gemacht. Die Bewertung der Roh-, Hilfs- und Betriebsstoffe/der Waren erfolgte zu Anschaffungskosten nach dem Durchschnittsverfahren/. . . – Verfahren, soweit steuerlich zulässig, und zwar unter Beachtung des Niederstwertprinzips. Die Bewertung der unfertigen und fertigen Erzeugnisse/unfertigen Leistungen erfolgte zu Herstellungskosten gem. § 255 Abs. 2 Satz 2 HGB/mit den gem. R 33 EStR einzubeziehenden Aufwendungen unter Einbeziehung der notwendigen Gemeinkosten und anderer Kostenbestandteile nach § 255 Abs. 2 Satz 3 und 4 HGB. Mögliche Ausfallrisiken bei den Forderungen aus Lieferungen und Leistungen wurden durch angemessene Einzelwertberichtigungen berücksichtigt. Zölle, Verbrauchsteuern und Umsatzsteuern wurden in den aktiven Rechnungsabgrenzungsposten einbezogen. Pensionsrückstellungen wurden in vollem Umfang zum Teilwert nach § 6 a EStG angesetzt. Für unterlassene Aufwendungen für Instandhaltung, die zwischen 4 und 12 Monaten nach Ablauf des Geschäftsjahres nachgeholt werden, wurde eine Rückstellung gebildet. Aufwandsrückstellungen wurden nach § 249 Abs. 2 HGB in Höhe von . . . TEuro wegen . . . gebildet. Sonstiges: . . ."
Sind die auf den Vorjahres-abschluss angewandten Bilanzierungs- und Bewertungs-methoden geändert worden?	☐	☐	**§ 284 Abs. 2 Nr. 3 HGB** wenn nein: – keine weiteren Angaben – wenn ja: „Von den bisherigen Bilanzierungs- und Bewertungsmethoden wurde in folgenden Fällen abgewichen: . . . (z.B. – Änderung des Umfangs der Herstellungskosten für selbst erstellte Anlagen – Änderung des Umfangs der Herstellungskosten für Erzeugnisse)

Mandant:	Anhang Alle Gesellschaften – **Allgemeine Angaben** – Erstellung ohne Prüfungshandlungen – mit Plausibilitätsbeurteilung – mit umfassenden Prüfungshandlungen	**1000** – 5 –
Auftrag:		

Fragen zur vollständigen Ermittlung der berichtspflichtigen Sachverhalte:	ja	nein	Berichtspflicht gemäß HGB Formulierungsvorschlag:
			Folgende Gründe waren für den Methodenwechsel maßgebend: … (z.B. – Änderung des Systems der Kostenrechnung) Die vorgenommenen Änderungen beeinflussten wie folgt das Jahresergebnis und die Bilanzstruktur:

	Wert ohne Änderung	Wert mit Änderung
Jahresergebnis	Euro …	Euro …
Betriebsergebnis	Euro …	Euro …
Eigenkapitalanteile in %	Euro …	Euro …
Langfristige Deckung in %	Euro …	Euro …

| Sind Angaben zur Fremdwährungsumrechnung erforderlich? | ☐ | ☐ | **§ 284 Abs. 2 Nr. 2 HGB**
wenn nein:
– keine weiteren Angaben –
wenn ja:
zu Valuta-Forderungen und -Verbindlichkeiten einschließlich Rückstellungen für Fremdwährungsschulden:
„Die Bewertung der Valuta-Forderungen/-Verbindlichkeiten/der Rückstellungen für Fremdwährungsschulden sowie die darauf entfallenden Erträge/Aufwendungen erfolgte zu dem am Entstehungstag maßgeblichen Wechselkurs, soweit nicht am Bilanzstichtag ein gesunkener/gestiegener Kurs eine Abwertung der Forderung/eine Höherbewertung der Verpflichtung erforderlich machte."
wenn ja:
zu auf Valuta-Basis erworbenen Vermögenswerten:
„Die Bewertung der auf Valuta-Basis erworbenen Vermögenswerte und der darauf entfallenden Aufwendungen erfolgte zu dem am Anschaffungstag maßgebenden Wechselkurs unter Berücksichtigung / ohne Berücksichtigung der bis zum Bilanzstichtag eingetretenen Kursänderungen."
wenn ja:
zu anderen GuV-Posten aus Fremdwährungsgeschäften:
„Soweit GuV-Posten auf Valuta-Forderungen oder -Verbindlichkeiten einschließlich Rückstellungen für Fremdwährungsschulden beruhen, erfolgte ihre Bewertung zu dem am Entstehungstag maßgeblichen Wechselkurs." |

Mandant:	Anhang
	Alle Gesellschaften
	– Erläuterungen zur Bilanz
	– Erstellung ohne
	  Prüfungshandlungen
	– mit Plausibilitätsbeurteilung
	– mit umfassenden
	  Prüfungshandlungen
		1000
		– 6 –

Auftrag:		

	Mitarbeiter	Berichtskritik	verantwortlicher Berufsangehöriger
Name / Unterschrift Datum			

Fragen zur vollständigen Ermittlung der berichtspflichtigen Sachverhalte:	ja	nein	Berichtspflicht gemäß HGB Formulierungsvorschlag:
Fällt ein Vermögensgegenstand oder eine Schuld unter mehrere Posten der Bilanz, und ist ein Mitzugehörigkeitsvermerk im Interesse der Klarheit und Übersichtlichkeit erforderlich?	☐	☐	§ 265 Abs. 3 S. 1 HGB Alternativ: Bilanz *wenn nein*: – *keine weiteren Angaben* – *wenn ja*: (*Soweit nicht in der Bilanz ausgewiesen*) „Einzelne Sachverhalte können im vorliegenden Gliederungsschema mehreren Bilanzposten zugeordnet werden. Aus Gründen der Klarheit und Übersichtlichkeit wird darauf hingewiesen, dass von den unter dem Posten … ausgewiesenen Beträgen Euro … ferner den Posten … betreffen."
Werden Abschlussposten der Bilanz oder der GuV aus Gründen der Klarheit zusammengefasst?	☐	☐	§ 265 Abs. 7 Nr. 2 HGB, gesonderter Ausweis im Anhang *wenn nein*: – *keine weiteren Angaben* – *wenn ja*: „Aus Gründen der Klarheit der Darstellung wurden einzelne Posten des vorgeschriebenen Gliederungsschemas zusammengefasst. Die Zusammenfassung betrifft nur die mit arabischen Zahlen versehenen Posten des Gliederungsschemas. Die nachfolgende Aufstellung entspricht in ihrer Reihenfolge dem Postenaufbau des gesetzlich vorgeschriebenen Gliederungsschemas"
Wurden Aufwendungen für Währungsumstellung auf den EURO aktiviert?	☐	☐	Art. 44 Abs. 1 Satz 4 EGHGB *wenn nein*: – *keine weiteren Angaben* – *wenn ja*: „Die aktivierten Aufwendungen für Währungsumstellung auf den Euro resultieren … (z. B.) aus der Entwicklung von EDV-Programmen, aus funktionalen Erweiterungen von EDV-Programmen. Sie werden über … Jahre durch Abschreibungen getilgt."
(Nur bei GmbH) Bestehen Ausleihungen, Forderungen oder Verbindlichkeiten gegenüber Gesellschaftern, die in der Bilanz nicht bzw. unter einem anderen Posten angegeben wurden?	☐	☐	§ 42 Abs. 3 GmbHG Alternativ: Bilanz *wenn nein*: – *keine weiteren Angaben* – *wenn ja*: (*Soweit nicht in der Bilanz ausgewiesen*) „Gegenüber den Gesellschaftern bestanden die nachfolgenden Ausleihungen Euro … Forderungen Euro … Verbindlichkeiten Euro … Die Angaben beinhalten nicht diejenigen Beträge, die den Gesellschaftergeschäftsführern zuzurechnen sind. Über sie wurde bereits anderweitig berichtet."

Mandant:	Anhang
	Alle Gesellschaften
	– Erläuterungen zur Bilanz
	– Erstellung ohne
	  Prüfungshandlungen
	– mit Plausibilitätsbeurteilung
	– mit umfassenden
	  Prüfungshandlungen
		1000
		– 7 –

Auftrag:		

Fragen zur vollständigen Ermittlung der berichtspflichtigen Sachverhalte:	ja	nein	Berichtspflicht gemäß HGB Formulierungsvorschlag:
Sind in die Herstellungskosten Fremdkapitalzinsen einbezogen?	☐	☐	**§ 284 Abs. 2 Nr. 5 HGB** *wenn nein*: – keine weiteren Angaben – *wenn ja*: „In die Herstellungskosten der … wurden auch Zinsen für Fremdkapital einbezogen. Das betreffende Fremdkapital dient ausschließlich der Finanzierung des längerfristigen Herstellungsvorgangs. Eingerechnet wurde nur der auf den Zeitraum der Herstellung entfallende Zinsaufwand."
Erfolgten im Geschäftsjahr Abschreibungen auf Anlagevermögen und/oder Ingangsetzungs- und Erweiterungsaufwendungen?	☐	☐	**§ 268 Abs. 2 S. 3 HGB** *wenn nein*: – keine weiteren Angaben – *wenn ja*: „Die Abschreibungen belaufen sich auf Euro ….. bei Immateriellen Vermögensgegenständen Euro ….. bei Sachanlagen Euro ….. bei Finanzanlagen Euro ….. bei Ingangsetzungs-/Erweiterungsaufwendungen"
Werden aus steuerrechtlichen Gründen Zuschreibungen nach § 280 Abs. 2 HGB unterlassen? – Nicht für PublG –	☐	☐	**§ 280 Abs. 3 HGB** *wenn nein*: – keine weiteren Angaben – *wenn ja*: „Grundsätzlich wird der niedrigere Wert bei Vermögensgegenständen auch dann beibehalten, wenn die Gründe für vorgenommene außerplanmäßige Abschreibungen weggefallen sind. Der Betrag der im Geschäftsjahr unterlassenen Zuschreibungen beläuft sich auf Euro … Die Zuschreibung unterbleibt zur Vermeidung steuerlicher Nachteile und aus Gründen einer vorsichtigen Bewertung."
Besitzt das Unternehmen Beteiligungen mit einer Beteiligungsquote von mindestens 20%?	☐	☐	**§ 285 Nr. 11, § 287 S. 3, § 286 Abs. 3 S. 1 Nr. 2 HGB** *wenn nein*: – keine weiteren Angaben – *wenn ja*: „Die Beteiligungsliste wird im Anhang/in Form einer gesonderten Aufstellung zum Anhang, die bei … hinterlegt ist, publiziert. Die Berichterstattung über den Anteilsbesitz wurde vollständig vorgenommen/insoweit eingeschränkt, als die Angaben für die Darstellung der Vermögens-, Finanz- und Ertragslage unter Beachtung der GoB von untergeordneter Bedeutung sind/insoweit eingeschränkt, als die Angaben nach vernünftiger kaufmännischer Beurteilung geeignet sind, der Kapitalgesellschaft oder dem anderen Unternehmen einen erheblichen Nachteil zuzufügen. Die unter Berücksichtigung der vorgenannten Einschränkungen verbleibenden Pflichtangaben wurden in der Anlage … zum Anhang vorgenommen." Beispiel einer Beteiligungsliste:

Name und Sitz des Unternehmens	Eigenkapital – TEuro –	Ergebnis des letzten Geschäftsjahres – TEuro –	Beteiligungsquote %
…………	……	……	……

Mandant:	Anhang **Alle Gesellschaften** – **Erläuterungen zur Bilanz** – Erstellung ohne Prüfungshandlungen – mit Plausibilitätsbeurteilung – mit umfassenden Prüfungshandlungen	**1000** – 8 –
Auftrag:		

Fragen zur vollständigen Ermittlung der berichtspflichtigen Sachverhalte:	ja	nein	Berichtspflicht gemäß HGB Formulierungsvorschlag:
Werden latente Steuern aktiviert?	☐	☐	**§ 274 Abs. 2 S. 2 HGB** *wenn nein*: – *keine weiteren Angaben* – *wenn ja*: „Der sich nach der Steuerbilanz ergebende Steueraufwand entspricht nicht dem Ergebnis der Handelsbilanz. Die Steuerbilanz zeigt einen höheren Gewinn. Von der Möglichkeit, einen Aktivposten für latente Steuererträge zu bilden, wurde ganz / hinsichtlich folgender Sachverhalte … Gebrauch gemacht: Als Steuersatz wurde ein pauschalierter Steuersatz von …% / für die Körperschaftsteuer ein Satz von …% / für die Gewerbesteuer ein Satz von …% angenommen. (Ggfs.: Der Aktivposten wurde über den Zeitraum der voraussichtlichen Auflösung mit einem Zinssatz von …% abgezinst.) Die Ausschüttungssperre gem. § 274 Abs. 2 S. 3 HGB wurde beachtet."
(Nur bei GmbH) Wird der Eigenkapitalanteil von Wertaufholungen oder von bei der steuerrechtlichen Gewinnermittlung gebildeten Passivposten, die nicht im Sonderposten als Rücklageanteil ausgewiesen werden dürfen, in die Gewinnrücklagen eingestellt?	☐	☐	**§ 29 Abs. 4 GmbHG** Alternativ: Bilanz *wenn nein*: – *keine weiteren Angaben* – *wenn ja*: (soweit nicht bereits in der Bilanz gesondert ausgewiesen:) „Nach § 29 Abs. 4 GmbHG wurden Euro … in die anderen Gewinnrücklagen eingestellt."
Wird die Bilanz unter Berücksichtigung der teilweisen Verwendung des Jahresergebnisses aufgestellt und ein vorhandener Gewinn- oder Verlustvortrag in der Bilanz nicht gesondert angegeben?	☐	☐	**§ 268 Abs. 1 S. 2 Halbsatz 2 HGB** Alternativ: Bilanz *wenn nein*: – *keine weiteren Angaben* – *wenn ja*: „Im Bilanzgewinn (Bilanzverlust) ist ein Gewinnvortrag (Verlustvortrag) in Höhe von … Euro enthalten."
Wird ein Sonderposten mit Rücklageanteil (ggfs. für steuerliche Wertberichtigungen) passiviert und sind die für seine Bildung maßgeblichen steuerrechtlichen Vorschriften in der Bilanz angegeben?	☐	☐	**§ 273 HGB** Alternativ: Bilanz *wenn ja*: – *keine weiteren Angaben* – *wenn nein*: „Der Sonderposten mit Rücklageanteil wurde gem. *(Angabe der steuerlichen Vorschriften)* … gebildet."
Werden steuerrechtliche Abschreibungen nach § 254 HGB gebildet?	☐	☐	**§ 281 Abs. 1 HGB** Alternativ: Bilanz *wenn nein*: – *keine weiteren Angaben* – *wenn ja*: (soweit diese in der Weise gebildet wurden, dass der Unterschiedsbetrag zwischen der nach § 253 Abs. 2 HGB vorgesehenen Abschreibung und der nach § 254 HGB zulässigen steuerrechtlichen Abschreibung in den Sonderposten mit Rücklageanteil eingestellt wurde und soweit nicht in der Bilanz ausgewiesen:) „Der Sonderposten mit Rücklageanteil wurde gem. … *(Angabe der steuerlichen Vorschriften)* gebildet."

Mandant:	Anhang
	Alle Gesellschaften
	– **Erläuterungen zur Bilanz**
	– Erstellung ohne
	  Prüfungshandlungen
	– mit Plausibilitätsbeurteilung
	– mit umfassenden
	  Prüfungshandlungen
		1000
		– 9 –

Auftrag:		

Fragen zur vollständigen Ermittlung der berichtspflichtigen Sachverhalte:	ja	nein	Berichtspflicht gemäß HGB Formulierungsvorschlag:
Werden unmittelbare Altersversorgungszusagen vollständig bilanziert?	☐	☐	**§ 28 Abs. 2 EGHGB** *wenn ja*: – *keine weiteren Angaben* – *wenn nein*: (*soweit nicht in der Bilanz ausgewiesen*:) „Der Gesamtbetrag der nicht bilanzierten Pensionsverpflichtungen beträgt Euro …"
Wird eine Rückstellung für latente Steuern gebildet, die in der Bilanz nicht gesondert, sondern unter den Steuerrückstellungen ausgewiesen sind?	☐	☐	**§ 274 Abs. 1 S. 1 HGB** Alternativ: Bilanz *wenn nein*: – *keine weiteren Angaben* – *wenn ja*: (*soweit nicht in der Bilanz ausgewiesen*:) „Der sich nach der Steuerbilanz ergebende Steueraufwand entspricht nicht dem Ergebnis der Handelsbilanz. Die Steuerbilanz zeigt einen niedrigeren Gewinn. Da in den Folgejahren die Steuerbilanz dementsprechend einen höheren Gewinn ausweisen wird, wurden latente Steuerrückstellungen gebildet. Von der Position „Steuerrückstellungen" entfallen Euro … auf Rückstellungen für latente Steuern. Als Steuersatz wurde ein pauschalierter Steuersatz von …% / für die Körperschaftsteuer ein Satz von …% / für die Gewerbesteuer ein Satz von …% angenommen."
Ist ein Verbindlichkeitenspiegel (Fristigkeiten/Besicherungen) ohne Aufgliederung auf jeden Posten erstellt?	☐	☐	**§ 285 Nr. 1, § 268 Abs. 5 S. 1 HGB** Alternativ: Bilanz *wenn nein*: Die Erstellung muss veranlasst werden. *wenn ja*: (*soweit nicht in der Bilanz ausgewiesen*:) „Die Verbindlichkeiten sind wie folgt strukturiert:"

	Gesamt Betrag	Davon Restlaufzeit			Davon gesicherte Beträge	Art der Sicherheit
		bis zu 1 Jahr	1 bis 5 Jahre	über 5 Jahre		
	Euro	Euro	Euro	Euro	Euro	
C. Verbindlichkeiten						
1.						
2.				Angabe freiwillig		
3.						
4.						
5.						
6.						
7.						
8.						
Summe						

Mandant:	Anhang **Alle Gesellschaften** – **Erläuterungen zur Bilanz** – Erstellung ohne Prüfungshandlungen – mit Plausibilitätsbeurteilung – mit umfassenden Prüfungshandlungen	**1000** – 10 –
Auftrag:		

Fragen zur vollständigen Ermittlung der berichtspflichtigen Sachverhalte:	ja	nein	Berichtspflicht gemäß HGB Formulierungsvorschlag:
Bestehen am Bilanzstichtag die in § 251 HGB genannten Haftungsverhältnisse?	☐	☐	**§ 268 Abs. 7 HGB** Alternativ: Bilanz *wenn ja: (soweit nicht bereits unter der Bilanz unter Angabe der gewährten Pfandrechte und sonstigen Sicherheiten sowie ggfs. unter Angabe der Verpflichtungen gegenüber verbundenen Unternehmen aufgegliedert.)* „Am Bilanzstichtag bestanden folgende Haftungsverhältnisse: Verbindlichkeiten aus der Begebung und Übertragung v. Wechseln Euro … (davon gegenüber verbundenen Unternehmen) Euro … Verbindlichkeiten aus Bürgschaften, Wechseln und Scheckbürgschaften Euro … (davon gegenüber verbundenen Unternehmen) Euro … Verbindlichkeiten aus Gewährleistungsverträgen Euro … (davon gegenüber verbundenen Unternehmen) Euro … Haftung aus der Bestellung sonstiger Sicherheiten für fremde Verbindlichkeiten Euro … (davon gegenüber verbundenen Unternehmen) Euro …"

Mandant:	Anhang **Alle Gesellschaften** – **Erläuterungen zur Gewinn- und Verlustrechnung** – Erstellung ohne Prüfungshandlungen – mit Plausibilitätsbeurteilung – mit umfassenden Prüfungshandlungen	**1000** – 11 –
Auftrag:		

	Mitarbeiter	Berichtskritik	verantwortlicher Berufsangehöriger
Name / Unterschrift Datum			

Fragen zur vollständigen Ermittlung der berichtspflichtigen Sachverhalte:	ja	nein	Berichtspflicht gemäß HGB Formulierungsvorschlag:
Werden Abschlussposten der Gewinn- und Verlustrechnung aus Gründen der Klarheit zusammengefasst?	☐	☐	**§ 265 Abs. 7 Nr. 2 HGB** *wenn nein*: – *keine weiteren Angaben* – *wenn ja*: „Zur Vergrößerung der Klarheit der Darstellung wurden einzelne Posten im vorgeschriebenen Gliederungsschemas zusammengefasst. Die Zusammenfassung betrifft nur die mit arabischen Zahlen versehenen Posten des Gliederungsschemas. Die nachfolgende Aufstellung entspricht in ihrer Reihenfolge dem Postenaufbau des gesetzlich vorgeschriebenen Gliederungsschemas. ..."
Wird ein Geschäfts- oder Firmenwert nach § 255 Abs. 4 Satz 3 HGB nicht über vier Jahre, sondern planmäßig über die voraussichtliche Nutzungsdauer abgeschrieben?	☐	☐	**§ 285 Nr. 13 HGB** *wenn nein*: – *keine weiteren Angaben* – *wenn ja*: „Der entgeltlich erworbene Geschäfts- oder Firmenwert wurde aktiviert. Die planmäßige Verteilung des aktivierten Wertes wurde auf ... Jahre festgelegt. Bei der Verteilung auf ... Jahre wird von voraussichtlichen Nutzen des Geschäfts- oder Firmenwertes ausgegangen (*oder*: die planmäßige Verteilung auf 15 Jahre entspricht der steuerlich anzunehmenden betriebsgewöhnlichen Nutzungsdauer)."
Wurden außerplanmäßige Abschreibungen auf den niedrigeren beizulegenden Wert im Anlagevermögen vorgenommen, die als Abschlussposten nicht gesondert ausgewiesen sind?	☐	☐	**§ 277 Abs. 3 S. 1 HGB** Alternativ: GuV *wenn nein*: – *keine weiteren Angaben* – *wenn ja*: (*soweit nicht gesondert in der GuV ausgewiesen*:) „In den Abschreibungen des Sachanlagevermögens sind außerplanmäßige Abschreibungen nach § 253 Abs. 2 S. 3 HGB in Höhe von ... Euro enthalten."
Werden im Umlaufvermögen Abschreibungen auf den sog. Nahen Zukunftswert vorgenommen, die als Abschlussposten nicht gesondert ausgewiesen werden?	☐	☐	**§ 277 Abs. 3 S. 1 HGB** Alternativ: GuV *wenn nein*: – *keine weiteren Angaben* – *wenn ja*: (*soweit nicht gesondert in der GuV ausgewiesen*:) „Abschreibungen nach § 253 Abs. 3 S. 3 HGB wurden in Höhe von ... Euro vorgenommen."

Mandant:	Anhang **Alle Gesellschaften** – **Erläuterungen zur Gewinn- und Verlustrechnung** – Erstellung ohne Prüfungshandlungen – mit Plausibilitätsbeurteilung – mit umfassenden Prüfungshandlungen	**1000** – 12 –
Auftrag:		

Fragen zur vollständigen Ermittlung der berichtspflichtigen Sachverhalte:	ja	nein	Berichtspflicht gemäß HGB Formulierungsvorschlag:
Werden bei Vermögensgegenständen steuerrechtliche Abschreibungen vorgenommen (§ 254 HGB)?	☐	☐	§ 281 Abs. 2 Satz 1 HGB Alternativ: Bilanz, GuV *wenn nein*: – *keine weiteren Angaben* – *wenn ja*: (*soweit nicht in der Bilanz oder der GuV nach Anlage- und Umlaufvermögen sowie unter Angabe der steuerlichen Vorschriften ausgewiesen*) „Abschreibungen allein nach steuerrechtlichen Vorschriften (§ 254 HGB) wurden im Anlagevermögen gem. (*Angabe der steuerlichen Vorschrift*) … in Höhe von … Euro vorgenommen/wurden im Umlaufvermögen gem. (*Angabe der steuerlichen Vorschrift*) … in Höhe von … Euro vorgenommen."
Wird ein Sonderposten mit Rücklageanteil gebildet?	☐	☐	§ 281 Abs. 2 Satz 2 HGB Alternativ: GuV *wenn nein*: – *keine weiteren Abgaben* – *wenn ja*: (*soweit nicht ein gesonderter Posten ausgewiesen wird*) „Die unter der Position „Sonstige betriebliche Erträge" ausgewiesenen Erträge aus der Auflösung von Sonderposten mit Rücklageanteil betragen … Euro. Die unter der Position „Sonstige betriebliche Aufwendungen" ausgewiesenen Aufwendungen aus der Einstellung in Sonderposten mit Rücklageanteil betragen … Euro."
Wird die GuV nach dem Umsatzkostenverfahren aufgestellt?	☐	☐	§ 285 Nr. 8, § 288 HGB *wenn nein*: – *keine weiteren Abgaben* – *wenn ja*: „Das Bruttoergebnis enthält als Personalaufwendungen a) Löhne und Gehälter von … Euro b) soziale Abgaben und Aufwendungen für Altersversorgung und Unterstützung von … Euro (davon für Altersversorgung … Euro)"

Mandant:	Anhang
	Alle Gesellschaften
	– **Sonstige Angaben**
	– Erstellung ohne
	   Prüfungshandlungen
	– mit Plausibilitätsbeurteilung
	– mit umfassenden
	   Prüfungshandlungen
		1000
		– 13 –

Auftrag:		

	Mitarbeiter	Berichtskritik	verantwortlicher Berufsangehöriger
Name / Unterschrift Datum			

Fragen zur vollständigen Ermittlung der berichtspflichtigen Sachverhalte:			Berichtspflicht gemäß HGB Formulierungsvorschlag:
	ja	nein	
Von welchen Personen wurde im abgelaufenen Jahr die Geschäftsführung wahrgenommen?	☐	☐	**§ 285 Nr. 10 HGB** „Während des abgelaufenen Geschäftsjahrs wurde die alleinige Geschäftsführung durch … wahrgenommen." „Während des abgelaufenen Geschäftsjahrs wurde die Geschäftsführung durch die folgenden Personen wahrgenommen: … (ein etwaiger Vorsitzender ist als solcher zu bezeichnen)."
Besaß das Unternehmen im abgelaufenen Jahr einen Aufsichts- oder Beirat?	☐	☐	**§ 285 Nr. 10 HGB** *wenn nein*: – keine weiteren Angaben – *wenn ja*: „Dem Aufsichtsrat/dem aufsichtsführenden Beirat/etc. gehörten folgende Personen an: … (der Vorsitzende und seine Stellvertreter sind als solche zu bezeichnen, außerdem ist die ausgeübte hauptberufliche Tätigkeit, nicht aber der erlernte Beruf, anzugeben)."
Werden der Geschäftsführung, dem Aufsichtsrat, dem Beirat oder einer ähnlichen Einrichtung Vorschüsse oder Kredite gewährt, oder ist das Unternehmen zugunsten von Mitgliedern dieser Gruppen ein Haftungsverhältnis eingegangen?	☐	☐	**§ 285 Nr. 9 HGB** *wenn nein*: – keine weiteren Angaben – *wenn ja*: „Forderungen aus Vorschüssen/Krediten bestanden am Bilanzstichtag gegenüber Mitgliedern folgender Organe:

	Summe	davon im Geschäftsjahr zurückgezahlt	durchschnittlich	
			Zinssatz	Restlaufzeit
	– Euro –	– Euro –	– % –	– Jahre –
Geschäftsführung	…..	…..	…..	…..
Aufsichtrat	…..	…..	…..	…..
Beirat	…..	…..	…..	…..
…..				

(ggf. Angabe weiterer wesentlicher Bedingungen …)
Haftungsverhältnisse wurden eingegangen zugunsten von Mitgliedern der (des) …. in Höhe von …. Euro (sowie des …. in Höhe von … Euro)

| Wird das Unternehmen in einen Konzernabschluss einbezogen (Angabe von Namen und Sitz des Mutterunternehmens)? | ☐ | ☐ | **§ 285 Nr. 14 HGB**
wenn nein:
– keine weiteren Angaben –
wenn ja:
„Der Name und Sitz des Mutterunternehmens mit dem kleinsten Konsolidierungskreis lauten: … / *ggfs.* Der Name und Sitz des Mutterunternehmens mit dem größten Konsolidierungskreis lauten: …" |

Mandant:	Anhang
	Alle Gesellschaften
	– **Sonstige Angaben**
	– Erstellung ohne
	  Prüfungshandlungen
	– mit Plausibilitätsbeurteilung
	– mit umfassenden
	  Prüfungshandlungen
		1000
		– 14 –

Auftrag:		

Fragen zur vollständigen Ermittlung der berichtspflichtigen Sachverhalte:	ja	nein	Berichtspflicht gemäß HGB Formulierungsvorschlag:
Wird der Konzernabschluss von dem Mutterunternehmen offengelegt und wenn ja wo?	☐	☐	**§ 285 Nr. 14 HGB** *wenn nein*: – keine weiteren Angaben – *wenn ja*: „Der Konzernabschluss/die Konzernabschlüsse sind wie folgt offengelegt: …"
Wird Wert darauf gelegt, dass das Unternehmen, das zugleich Mutter- und Tochtergesellschaft ist, keinen Konzernabschluss zu erstellen hat?	☐	☐	**§ 291 Abs. 2 Nr. 3 HGB** *wenn nein*: – keine weiteren Angaben – *wenn ja*: „Ein Konzernabschluss und Konzernlagebericht wurde von … (Name und Sitz des Mutterunternehmens, das den Konzernabschluss und -lagebericht erstellt hat) aufgestellt. Die Gesellschaft ist damit von der Pflicht zur Erstellung eines Konzernabschlusses/Konzernlageberichts befreit."
Wurden in dem befreienden Konzernabschluss vom deutschen Recht abweichende Bilanzierungs-, Bewertungs- und Konsolidierungsmethoden angewandt?	☐	☐	**§ 291 Abs. 2 Nr. 3 HGB** *wenn nein*: – keine weiteren Angaben – *wenn ja*: „In dem befreienden Konzernabschluss wurden folgende Bilanzierungs-, Bewertungs- und Konsolidierungsmethoden abweichend vom deutschen Recht angewandt: …"
Ist die Schutzklausel gem. § 286 Abs. 1 HGB anzuwenden?	☐	☐	**§ 286 Abs. 1 HGB** *Keine Berichterstattung im Anhang über die Anwendung der Schutzklausel*

Mandant:	Anhang
	Ergänzungen für mittelgroße
	und große Kapital- und
	KapCo-Gesellschaften
	– Zusätzliche Angaben
	– Erläuterungen zur Bilanz
	– Erstellung ohne
	  Prüfungshandlungen
	– mit Plausibilitätsbeurteilungen
	– mit umfassenden
	  Prüfungshandlungen
		1000
		– 15 –

Auftrag:		

	Mitarbeiter	Berichtskritik	verantwortlicher Berufsangehöriger
Name / Unterschrift Datum			

Fragen zur vollständigen Ermittlung der berichtspflichtigen Sachverhalte:	ja	nein	Berichtspflicht gemäß HGB Formulierungsvorschlag:
Erfolgt die Bewertung des Vorratsvermögens ganz oder teilweise auf der Grundlage des Durchschnittsverfahrens oder eines anderen Verbrauchsfolgeverfahrens, und liegen die Wertansätze dieser Vorratsgruppe erheblich unter den Beträgen, die sich bei einer Bewertung zum jeweils letzten vor dem Abschlussstichtag bekannten Einstandspreis ergeben würden?	☐	☐	**§ 284 Abs. 2 Nr. 4 HGB** *wenn nein:* – keine weiteren Angaben – *wenn ja*: „Bei der Bewertung des Vorratsvermögens ergaben sich durch die Anwendung des Durchschnittsverfahrens/des (*im einzelnen zu bezeichnenden*) Verbrauchsfolgeverfahrens folgende wesentlichen Bewertungsunterschiede: Vorratsgruppe TEuro …….. ….
Werden Aufwendungen für die Ingangsetzung oder Erweiterung des Geschäftsbetriebs aktiviert?	☐	☐	**§ 269 HGB** *wenn nein*: – keine weiteren Angaben – *wenn ja*: „Von der Möglichkeit, Aufwendungen für die Ingangsetzung des Geschäftsbetriebs/die Erweiterung des Geschäftsbetriebs zu aktivieren, wurde Gebrauch gemacht. (*Bei Ingangsetzungsaufwendungen:*) Die aktivierten Aufwendungen waren – außer als Bilanzierungshilfe – grundsätzlich nicht aktivierungsfähig. Die Erträge der nachfolgenden Geschäftstätigkeit werden voraussichtlich die aus den aktivierten Beträgen resultierenden Abschreibungen decken. (*Bei Aufwendungen für die Erweiterung des Geschäftsbetriebs*:) Die aktivierten Aufwendungen betreffen nicht die Aufwendungen des laufenden Geschäftsbetriebs. Sie können in Folgejahren Erträgen zugeordnet werden. Die Ausschüttungssperre gemäß § 269 Satz 2 HGB wurde bei den aktivierten Aufwendungen für die Ingangsetzung des Geschäftsbetriebs/die Erweiterung des Geschäftsbetriebs beachtet. Im einzelnen handelt es sich um folgende aktivierte Aufwendungen: … Die entsprechenden Erträge wurden in der Gewinn- und Verlustrechnung im Posten … ausgewiesen. Der Abschreibungszeitraum beginnt mit … und endet planmäßig am …"

Mandant:	**Anhang** **Ergänzungen für mittelgroße und große Kapital- und KapCo-Gesellschaften** – **Zusätzliche Angaben** – **Erläuterungen zur Bilanz** – Erstellung ohne Prüfungshandlungen – mit Plausibilitätsbeurteilungen – mit umfassenden Prüfungshandlungen	**1000** – 16 –
Auftrag:		

Fragen zur vollständigen Ermittlung der berichtspflichtigen Sachverhalte:	ja	nein	Berichtspflicht gemäß HGB Formulierungsvorschlag:
Ist der Anlagespiegel mit allen erforderlichen Angaben erstellt?	☐	☐	**§ 268 Abs. 2 HGB** Alternativ: Bilanz *wenn nein*: die Erstellung muss veranlasst werden. *wenn ja*: (soweit nicht in der Bilanz ausgewiesen) „Die horizontale Entwicklung des Anlagevermögens (*und ggfs. des Postens „Aufwendungen für die Ingangsetzung und Erweiterung des Geschäftsbetriebs"*) wurde – einschließlich der Angabe der im Geschäftsjahr vorgenommenen Abschreibungen – in der Bilanz dargestellt/wurde – ohne Angabe der im Geschäftsjahr vorgenommenen Abschreibungen – in der Bilanz dargestellt. Die Abschreibung des Geschäftsjahrs werden in der Anlage ... zum Anhang gesondert dargestellt/betragen: Bilanzposten des Anlagevermögens Euro ...." oder: „Das Anlagevermögen (*und ggfs. des Postens „Aufwendungen für die Ingangsetzung und Erweiterung des Geschäftsbetriebs"*) hat sich wie folgt entwickelt ...
Wurde von der Übergangsregelung gem. Art. 24 EGHGB Gebrauch gemacht?	☐	☐	**Art. 24 EGHGB** *wenn nein*: – keine weiteren Angaben – *wenn ja*: „Von der Übergangsregelung gem. Art. 24 EGHGB wurde Gebrauch gemacht" (*Angabepflicht auch in den Jahren nach dem Übergang, soweit sich noch Auswirkungen ergeben*).
Besitzt das Unternehmen Beteiligungen mit einer Beteiligungsquote von mindestens 20 %?	☐	☐	**§ 285 Nr. 11 HGB** *wenn nein*: – keine weiteren Angaben – *wenn ja*: (*ergänzend zu dem o.a. Formulierungsvorschlag ist aufzunehmen:*) „Von den vorgenannten Unternehmen ist die ... börsennotiert. Sie hält an großen Kapitalgesellschaften folgende Beteiligungen mit mehr als 5 % der Stimmrechte: ..."
Werden unter den sonstigen Vermögensgegenständen Forderungen größeren Umfangs ausgewiesen, die rechtlich erst nach dem Bilanzstichtag entstanden sind?	☐	☐	**§ 268 Abs. 4 HGB** *wenn nein*: – keine weiteren Angaben – *wenn ja*: „Im Posten „Sonstige Vermögensgegenstände" sind größere Beträge enthalten, die erst nach dem Bilanzstichtag rechtlich entstehen. Im einzelnen waren folgende antizipative Sachverhalte zu berücksichtigen:"

Mandant:	Anhang **Ergänzungen für mittelgroße und große Kapital- und KapCo-Gesellschaften** – Zusätzliche Angaben – Erläuterungen zur Bilanz – Erstellung ohne Prüfungshandlungen – mit Plausibilitätsbeurteilungen – mit umfassenden Prüfungshandlungen	**1000** – 17 –
Auftrag:		

Fragen zur vollständigen Ermittlung der berichtspflichtigen Sachverhalte:			Berichtspflicht gemäß HGB Formulierungsvorschlag:
	ja	nein	
Wird ein aktiviertes Disagio in der Bilanz nicht gesondert ausgewiesen?	☐	☐	**§ 268 Abs. 6 HGB** Alternativ: Bilanz *wenn nein*: – keine weiteren Angaben – *wenn ja*: „Der aktive Rechnungsabgrenzungsposten enthält ein Disagio in Höhe von … Euro"
Werden unter den sonstigen Rückstellungen Beträge, die einen erheblichen Umfang haben, nicht gesondert ausgewiesen?	☐	☐	**§ 285 Nr. 12 HGB** *wenn nein*: – keine weiteren Angaben – *wenn ja*: „Die sonstigen Rückstellungen betreffen im wesentlichen … (z. B. drohende Verluste aus schwebenden Beschaffungsgeschäften) mit TEuro … sowie … (z. B. Prozesskosten) mit TEuro …"
Ist ein Verbindlichkeitenspiegel (Fristen, Zusicherungen), aufgegliedert auf jeden Posten, erstellt?	☐	☐	**§ 285 Nr. 2 HGB** Alternativ: Bilanz *wenn nein*: Die Erstellung muss veranlasst werden *wenn ja*: (soweit nicht in der Bilanz ausgewiesen) „Die Verbindlichkeiten sind wie folgt strukturiert:"

	Gesamt Betrag	Davon Restlaufzeit			Davon gesicherte Beträge	Art der Sicherheit
		bis zu 1 Jahr	1 bis 5 Jahre	über 5 Jahre		
	Euro	Euro	Euro	Euro	Euro	
C. Verbindlichkeiten						
1.						
2.						
3.				Angabe freiwillig		
4.						
5.						
6.						
7.						
8.						
Summe						

Werden unter den Verbindlichkeiten Beträge größeren Umfangs ausgewiesen, die rechtlich erst nach dem Bilanzstichtag entstanden sind?	☐	☐	**§ 268 Abs. 5 S. 3 HGB** *wenn nein*: – keine weiteren Angaben – *wenn ja*: „In den Verbindlichkeiten sind größere Beträge enthalten, die erst nach dem Bilanzstichtag rechtlich entstehen. Im einzelnen waren folgende antizipative Sachverhalte zu berücksichtigen:"

Mandant:	Anhang **Ergänzungen für mittelgroße und große Kapital- und KapCo-Gesellschaften** – Zusätzliche Angaben – Erläuterungen zur Bilanz – Erstellung ohne Prüfungshandlungen – mit Plausibilitätsbeurteilungen – mit umfassenden Prüfungshandlungen	**1000** – 18 –
Auftrag:		

Fragen zur vollständigen Ermittlung der berichtspflichtigen Sachverhalte:			Berichtspflicht gemäß HGB Formulierungsvorschlag:
	ja	nein	
Bestehen für die Beurteilung der Finanzlage bedeutsame sonstige finanzielle Verpflichtungen außer Pensionsverpflichtungen, die weder bilanziert noch als Haftungsverhältnisse gem. § 251 HGB angegeben wurden?	☐	☐	**§ 285 Nr. 3 HGB** *wenn nein*: – *keine weiteren Angaben* – *wenn ja*: „Neben den in der Bilanz ausgewiesenen Verbindlichkeiten bestehen in Höhe von TEuro … sonstige finanzielle Verpflichtungen, davon gegenüber verbundenen Unternehmen TEuro … Im einzelnen resultieren diese Verpflichtungen aus folgenden Sachverhalten: …"

Mandant:	Anhang Ergänzungen für mittelgroße und große Kapital- und KapCo-Gesellschaften – **Zusätzliche Angaben** – **Erläuterungen zur Gewinn- und Verlustrechnung** – Erstellung ohne Prüfungshandlungen – mit Plausibilitätsbeurteilung – mit umfassenden Prüfungshandlungen	**1000** – 19 –

Auftrag:

	Mitarbeiter	Berichtskritik	verantwortlicher Berufsangehöriger
Name / Unterschrift			
Datum			

Fragen zur vollständigen Ermittlung berichtspflichtigen Sachverhalte:	ja	nein	Berichtspflicht gemäß HGB Formulierungsvorschlag:
Enthalten Posten der GuV periodenfremde Erträge oder periodenfremde Aufwendungen, die für die Beurteilung der Ertragslage von nicht unerheblicher Bedeutung sind?	☐	☐	**§ 277 Abs. 4 S. 3 HGB** *wenn nein:* – keine weiteren Angaben – *wenn ja*: „In der Erfolgsrechnung sind die nachstehenden periodenfremden Erträge und Aufwendungen enthalten: GuV-Positionen Euro"
Werden in der GuV außerordentliche Erträge oder Aufwendungen aus-gewiesen, die für die Beurteilung der Ertragslage von Bedeutung sind?	☐	☐	**§ 277 Abs. 4 S. 1 u. 2 HGB** *wenn nein:* – keine weiteren Angaben – *wenn ja*: Das außerordentliche Ergebnis resultiert aus folgenden Sachverhalten:

Erträge	– Euro –	Aufwendungen	– Euro –
….	….	….	….
….	….	….	….
….	….	….	….
….	….	….	….
Sonstige	….	Sonstige	….
Summe	…. lt.	….	GuV-Rechnung
SALDO			

Unter den sonstigen außerordentlichen Erträgen bzw. Aufwendungen sind verschieden Einzelbeträge unter jeweils …. TEuro zusammengefasst."

| Entfällt auf das außerordentliche Ergebnis ein Teil der Steuern vom Einkommen und vom Ertrag? – nicht für PublG – | ☐ | ☐ | **§ 285 Nr. 6 HGB**
wenn nein:
– keine weiteren Angaben –
wenn ja:
„Von den Steuern vom Einkommen und vom Ertrag (ggfs. unter Einbeziehung der latenten Steuern) entfallen
auf das Ergebnis der gewöhnlichen Geschäftstätigkeit TEuro …
auf das außerordentliche Ergebnis TEuro …" |

Mandant:	Anhang Ergänzungen für mittelgroße und große Kapital- und KapCo-Gesellschaften – Zusätzliche Angaben – Erläuterungen zur Gewinn- und Verlustrechnung – Erstellung ohne Prüfungshandlungen – mit Plausibilitätsbeurteilung – mit umfassenden Prüfungshandlungen	**1000** – 20 –
Auftrag:		

Fragen zur vollständigen Ermittlung berichtspflichtigen Sachverhalte:			Berichtspflicht gemäß HGB Formulierungsvorschlag:
	ja	nein	
Wird die GuV nach dem Umsatzkostenverfahren aufgestellt (Angaben Materialaufwand, Personalaufwand jeweils gegliedert)?	☐	☐	**§ 285 Nr. 6 HGB** *wenn nein:* – keine weiteren Angaben – *wenn ja:* „Das Bruttoergebnis (§ 275 Abs. 3 Nr. 3 HGB) enthält als Materialaufwand a) Aufwendungen für Roh-, Hilfs- und Betriebsstoffe und für bezogene Waren von … Euro b) Aufwendungen für bezogene Leistungen von … Euro Es enthält als Personalaufwendungen a) Löhne und Gehälter von … Euro b) soziale Abgaben und Aufwendungen für Altersversorgung und Unterstützung von … Euro (davon für Altersversorgung … Euro)"
(Nur große Kapital- und KapCo-Gesellschaften) Bestehen im Rahmen der gewöhnlichen Geschäftstätigkeit des Unternehmens erhebliche Unterschiede bezüglich der Tätigkeitsbereiche oder der geographisch bestimmten Absatzmärkte?	☐	☐	**§ 285 Nr. 4 und § 286 Abs. 2 HGB** *wenn nein:* – keine weiteren Angaben – *wenn ja:* „Von den Umsatzerlösen entfallen auf: …… Euro …… Euro Die Erlöse teilen sich nach folgenden Absatzmärkten auf: …… Euro …… Euro Die vorstehenden Angaben sind vollständig/insoweit eingeschränkt, als eine Aufgliederung der Erlöse nach vernünftiger kaufmännischer Beurteilung geeignet ist, der Kapitalgesellschaft oder einem Unternehmen, von dem sie mindestens 20% der Anteile besitzt, einen erheblichen Nachteil zuzufügen."
Werden bei Vermögensgegenständen steuerrechtlich Abschreibungen gem. § 254 HGB vorgenommen oder nach § 280 Abs. 2 HGB beibehalten?	☐	☐	**§ 285 Nr. 5 HGB** *wenn nein:* – keine weiteren Angaben – *wenn ja:* „Die steuerrechtlichen Bewertungen führten zu einem Jahresergebnis, das rund …% unter / über dem Betrag liegt, der sonst auszuweisen gewesen wäre. Die aus steuerrechtlichen Bewertungen resultierenden zukünftigen finanziellen Belastungen sind unerheblich/erheblich und belaufen sich bis zum Geschäftsjahr auf rund …% des ausgewiesenen Steueraufwands."

Mandant:	Anhang
	**Ergänzungen für mittelgroße
	und große Kapital- und
	KapCo-Gesellschaften**
	– **Zusätzliche Angaben**
	– **Sonstige Angaben**
	– Erstellung ohne
	   Prüfungshandlungen
	– mit Plausibilitätsbeurteilung
	– mit umfassenden
	   Prüfungshandlungen
		1000
		– 21 –

Auftrag:		

	Mitarbeiter	Berichtskritik	verantwortlicher Berufsangehöriger
Name / Unterschrift Datum			

Fragen zur vollständigen Ermittlung der berichtspflichtigen Sachverhalte:	ja	nein	Berichtspflicht gemäß HGB Formulierungsvorschlag:
Welche Gesamtbezüge (inkl. Bezugsrechte) wurden im abgelaufenen Jahr an Mitglieder oder frühere Mitglieder der Leitungsorgane gezahlt?	☐	☐	**§ 285 Nr. 9, § 286 Abs. 4 HGB** *Sofern sich anhand der Gesamtbezüge die Bezüge eines Mitglieds des Leitungsorgans – nicht – auch nicht im Wege der Schätzung – feststellen lassen:* „Die der Geschäftsführung für die Tätigkeit im Berichtsjahr gewährten Gesamtbezüge beliefen sich auf ... Euro. Für die Tätigkeit im Geschäftsjahr ... wurden ... Euro aufgewendet. Der Aufsichtsrat/Beirat/etc. erhielt für seine Tätigkeit im Berichtsjahr Bezüge von insgesamt ... Euro. Für die Tätigkeit im Geschäftsjahr ... wurden ... Euro aufgewendet. Frühere Mitglieder *(der bezeichneten Organe)* und ggfs. ihre Hinterbliebenen bezogen im Geschäftsjahr insgesamt ... Euro. Der Betrag der für frühere Mitglieder gebildeten Pensionsrückstellungen umfasst ... Euro. Nicht bilanzierte Verpflichtungen bestehen darüber hinaus nicht/in Höhe von ... Euro."
Wie hoch war die durchschnittliche Anzahl der Beschäftigten im abgelaufenen Geschäftsjahr (ohne Auszubildende)?	☐	☐	**§ 285 Nr. 7 HGB** „Im Durchschnitt waren während des Geschäftsjahrs ... gewerbliche Arbeitnehmer und ... Angestellte beschäftigt. Die Berechnung erfolgte methodisch nach *§ 267 Abs. 5 HGB (1/4 der Summe aus den Zahlen der jeweils am 31. 3., 30. 6., 30. 9. und 31. 12. im In- und Ausland Beschäftigten)/§ 1 Abs. 2 S. 5 Publizitätsgesetz (1/12 der Summe der jeweils am Monatsende im In- und Ausland Beschäftigten) / folgendem Verfahren: ..."*
Wurde nur eine verkürzte Bilanz aufgestellt?	☐	☐	**§ 327 Nr. 1 S. 2 HGB** Alternativ: Bilanz *wenn nein:* – keine weiteren Angaben – *wenn ja:* „Die Gesellschaft hat nur eine verkürzte Bilanz aufgestellt. Sie enthält nicht die folgenden Bilanzpositionen:"

Mandant:	**Anhang**	**1000**
	Ergänzungen nur für Aktiengesellschaften	– 22 –
	– Zusätzliche Angaben	
	– Erläuterungen zur Bilanz	
	– Erstellung ohne Prüfungshandlungen	
	– mit Plausibilitätsbeurteilung	
	– mit umfassenden Prüfungshandlungen	

Auftrag:

	Mitarbeiter	Berichtskritik	verantwortlicher Berufsangehöriger
Name / Unterschrift Datum			

Fragen zur vollständigen Ermittlung der berichtspflichtigen Sachverhalte:			Berichtspflicht gemäß HGB Formulierungsvorschlag:
	ja	nein	
Besteht mit einer anderen Kapitalgesellschaft eine wechselseitige Beteiligung i. S. v. § 19 AktG?	☐	☐	§ 160 Abs. 1 Nr. 7 AktG *wenn nein:* – keine weiteren Angaben – *wenn ja:* „Eine wechselseitige Beteiligung besteht mit …"
Hat ein Aktionär für Rechnung der Gesellschaft oder eines Tochterunternehmens Vorratsaktien nach § 160 Abs. 1 Nr. 1 AktG übernommen oder sind solche Aktien im Geschäftsjahr verwertet worden?	☐	☐	§ 160 Abs. 1 Nr. 1 AktG *wenn nein:* – keine weiteren Angaben – *wenn ja:* Angaben über Bestand und Zugang an Vorratsaktien nach § 160 Abs. 1 Nr. 1 AktG und im Fall der Verwertung über den Erlös und die Verwendung des Erlöses
Besitzt das Unternehmen eigene Aktien der Gesellschaft nach § 160 Abs. 1 Nr. 2 AktG oder sind solche Aktien im Geschäftsjahr veräußert worden?	☐	☐	§ 160 Abs. 1 Nr. 2 AktG *wenn nein:* – keine weiteren Angaben – *wenn ja:* Angabe von Anzahl und Nennbetrag der Aktien, gegliedert nach Bestand, Zu- und Abgängen, sowie deren Anteil am gezeichneten Kapital; im Falle des Erwerbs eigener Aktien: Angabe des Erwerbszeitpunkts und der Gründe für den Erwerb. Bei Zu- und Abgängen sind außerdem die Erwerbs- und Veräußerungspreise anzugeben. Ggfs. ist außerdem über die Verwendung des Erlöses zu berichten.
Sind Zahl, Nennbetrag und Gattung der ausgegebenen Aktien genannt (davon gesondert bedingtes und genehmigtes Kapital)?	☐	☐	§ 160 Abs. 1 Nr. 3 AktG Alternativ: Bilanz *wenn nein:* Die Angabe muss veranlasst werden. *wenn ja:* (soweit nicht in der Bilanz ausgewiesen) „Zu den ausgegebenen Aktien werden folgende zusätzliche Erläuterungen gegeben:

Zahl	Gattung	Nennwert
		– Euro –
		……
		……
		……
		……

Davon wurden bei einer bedingten Kapitalerhöhung oder einem genehmigten Kapital im Geschäftsjahr gezeichnet:

Mandant:	Anhang **Ergänzungen nur für** **Aktiengesellschaften** – **Zusätzliche Angaben** – **Erläuterungen zur Bilanz** – Erstellung ohne Prüfungshandlungen – mit Plausibilitätsbeurteilung – mit umfassenden Prüfungshandlungen	**1000** – 23 –
Auftrag:		

Fragen zur vollständigen Ermittlung der berichtspflichtigen Sachverhalte:			Berichtspflicht gemäß HGB Formulierungsvorschlag:
	ja	nein	
Hat sich die Kapitalrücklage durch Einstellung während des Geschäftsjahres oder Entnahmen für das Geschäftsjahr verändert?	☐	☐	**§ 152 Abs. 2 AktG** Alternativ: Bilanz *wenn nein:* *– keine weiteren Angaben –* *wenn ja:* (*soweit die Veränderungen nicht bereits in der Bilanz angegeben wurden:*) „Die Kapitalrücklage hat sich wie folgt entwickelt: Stand am Anfang des Geschäftsjahres . . . . Euro Einstellungen während des Geschäftsjahres . . . . Euro Entnahmen für das Geschäftsjahr . . . . Euro Stand am Ende des Geschäftsjahres . . . . Euro
Haben sich die Posten der Gewinnrücklagen durch Einstellungen der Hauptversammlung aus dem Bilanzgewinn des Vorjahres, aus dem Jahresüberschuss des Geschäftsjahres oder durch Entnahmen für das Geschäftsjahr verändert?	☐	☐	**§ 152 Abs. 3 AktG** Alternativ: Bilanz *wenn nein:* *– keine weiteren Angaben –* *wenn ja:* (*Soweit die Veränderungen nicht bereits in der Bilanz angegeben wurden:*) „Aus dem Bilanzgewinn des Vorjahres hat die Hauptversammlung Euro … in die … Rücklage gestellt. Euro … wurden aus dem Jahresüberschuss der/den … Rücklage/n zugeführt. Für das Geschäftsjahr wurde/n der/den … Rücklage/n Euro … entnommen."
Wurde der Eigenkapitalanteil von Wertaufholungen oder von bei der steuerrechtlichen Gewinnermittlung gebildeten Passivposten, die nicht im Sonderposten mit Rücklageanteil aus-gewiesen werden dürfen, in die Gewinnrücklagen eingestellt?	☐	☐	**§ 58 Abs. 2a AktG** Alternativ: Bilanz *wenn nein:* *– keine weiteren Angaben –* *wenn ja:* (*soweit nicht bereits in der Bilanz gesondert ausgewiesen:*) „Nach § 58 Abs. 2a AktG wurden Euro … in die anderen Gewinnrücklagen eingestellt."
Hat das Unternehmen Wandelschuldverschreibungen oder vergleichbare Wertpapiere sowie Bezugsrechte nach § 192 Abs. 2 Nr. 3 AktG ausgegeben?	☐	☐	**§ 160 Abs. 1 Nr. 5 AktG** *wenn nein:* *– keine weiteren Angaben –* *wenn ja:* Angabe der ausgegebenen Beträge, Stückelung, Umtauschrechte und -zeiten sowie der übrigen verbrieften Rechte.
Hat das Unternehmen aufgrund von Genussrechten, Rechten aus Besserungsscheinen oder ähnlichen Rechten aus dem Bilanzgewinn zu tilgende Verbindlichkeiten?	☐	☐	**§ 160 Abs. 1 Nr. 6 AktG** *wenn nein:* *– keine weiteren Angaben –* *wenn ja:* Einzelangabe über Inhalt, Ausgestaltung, Nennbetrag, Tilgung und Änderung der Bedingungen solcher Rechte einschließlich der im Geschäftsjahr eingetretenen Veränderungen; bei Tilgungen, Auslosungen oder Abfindungen einschließlich der Angabe der gewährten Gegenleistungen

Mandant:	Anhang Ergänzungen nur für Aktiengesellschaften – Zusätzliche Angaben – Erläuterungen zur Gewinn- und Verlustrechnung – Erstellung ohne Prüfungshandlungen – mit Plausibilitätsbeurteilung – mit umfassenden Prüfungshandlungen	**1000** – 24 –
Auftrag:		

	Mitarbeiter	Berichtskritik	verantwortlicher Berufsangehöriger
Name / Unterschrift			
Datum			

Fragen zur vollständigen Ermittlung der berichtspflichtigen Sachverhalte:	ja	nein	Berichtspflicht gemäß HGB Formulierungsvorschlag:
Hat die Gesellschaft Beträge, die aus einer Kapitalherabsetzung oder aus einer Auflösung von Gewinnrücklagen gewonnen wurden, verwendet?	☐	☐	**§ 240 S. 3 AktG** *wenn nein*: – *keine weiteren Angaben* – *wenn ja*: „Die Gesellschaft hat Beträge in Höhe von … Euro, die aus einer Kapitalherabsetzung gewonnen wurden/Beträge in Höhe von … Euro, die aus einer Auflösung von Gewinnrücklagen gewonnen wurden, verwendet zum Ausgleich von Wertminderungen/zur Deckung von sonstigen Verlusten/zur Einstellung in die Kapitalrücklage"
Wurde die in § 158 Abs. 1 AktG vorgesehene Überleitung vom Jahresabschluss/Jahresfehlbetrag zum Bilanzgewinn/Bilanzverlust gezeigt?	☐	☐	**§ 240 S. 3 AktG** Alternativ: GuV *wenn ja*: – *keine weiteren Angaben* – *wenn nein*: Angaben gem. § 158 Abs. 1 AktG im Anhang

Mandant:	Anhang Ergänzungen nur für Aktiengesellschaften – **Zusätzliche Angaben** – **Sonstige Angaben** – Erstellung ohne Prüfungshandlungen – mit Plausibilitätsbeurteilung – mit umfassenden Prüfungshandlungen	**1000** – 25 –

Auftrag:

	Mitarbeiter	Berichtskritik	verantwortlicher Berufsangehöriger
Name / Unterschrift Datum			

Fragen zur vollständigen Ermittlung der berichtspflichtigen Sachverhalte:			Berichtspflicht gemäß HGB Formulierungsvorschlag:
	ja	nein	
Ist der Vorstand nach der Satzung befugt, ohne Befragung der Hauptversammlung eine begrenzte Kapitalerhöhung durchzuführen (genehmigtes Kapital)?	☐	☐	**§ 160 Abs. 1 Nr. 4 AktG** *wenn nein:* *– keine weiteren Angaben –* *wenn ja:* „Aufgrund der Ermächtigung in § … der Satzung beträgt das genehmigte Kapital … Euro. Von dieser Ermächtigung wurde im Geschäftsjahr kein Gebrauch gemacht/in Höhe von … Euro/in vollem Umfang Gebrauch gemacht. Die Einlagen wurden verwendet für …"
Besteht an der Gesellschaft eine Beteiligung, die ihr nach § 20 Abs. 1 oder § 20 Abs. 4 AktG mitgeteilt worden ist?	☐	☐	**§ 160 Abs. 1 Nr. 8 AktG** *wenn nein:* *– keine weiteren Angaben –* *wenn ja:* „An der Gesellschaft ist … mit Mehrheit / mit mehr als 25%, aber weniger als 50% / mit bis zu 25% beteiligt."
Wurden nach einer Sonderprüfung wegen Unterbewertung Abschlussposten nicht mit den von den Sonderprüfern festgestellten Werten oder Beträgen angesetzt?	☐	☐	**§ 261 Abs. 1 AktG** *wenn nein:* *– keine weiteren Angaben –* *wenn ja:* *Angabe der Gründe für die abweichende Festsetzung; Darstellung der Entwicklung des von den Sonderprüfern festgestellten Wertes oder Betrages auf den angesetzten Wert oder Betrag in einer Sonderrechnung.* *Sind die Gegenstände nicht mehr vorhanden: Berichterstattung über den Abgang der Gegenstände und über die Verwendung des Ertrags aus dem Abgang der Gegenstände.*
Ist die Schutzklausel gem. § 160 Abs. 2 AktG anzuwenden?	☐	☐	*Keine Berichterstattung im Anhang über die Anwendung der Schutzklausel gemäß § 160 Abs. 2 AktG*

Mandant:	Lagebericht – Erstellung ohne Prüfungshandlungen – mit Plausibilitätsbeurteilung – mit umfassenden Prüfungshandlungen	**2000** – 1 –
Auftrag:		

	Mitarbeiter	Berichtskritik	verantwortlicher Berufsangehöriger
Name / Unterschrift Datum			

	ja	nein	n.e.	Bemerkungen
I Checkliste zur Beachtung der Vorschriften über den Inhalt des Lageberichts				
A. Geschäftsverlauf und Lage, Risiken der künftigen Entwicklung				
Wie kann die Geschäftstätigkeit beschrieben werden	☐	☐	☐	....
Welche Schwerpunkte sind dabei hervorzuheben?	☐	☐	☐	....
Welche Veränderungen hat es bei den Schwerpunkten gegeben?	☐	☐	☐	....
Wie hat sich das Jahresergebnis entwickelt?	☐	☐	☐	....
Wie und aus welchen Gründen haben sich die Umsatzerlöse verändert?	☐	☐	☐	....
Wie und aus welchen Gründen hat sich der Materialaufwand geändert?	☐	☐	☐	....
Ist der Rohertrag zufriedenstellend?	☐	☐	☐	....
Wie sind Produktivität und Auslastungsgrad zu beurteilen?	☐	☐	☐	....
Wie umfangreich ist die Investitionstätigkeit?	☐	☐	☐	....
Wie haben sich Betriebs-, Verwaltungs-, Vertriebs- und sonstige Kosten entwickelt?	☐	☐	☐	....
Sind auffällige Veränderungen der Vermögens- und Kapitalstruktur eingetreten?	☐	☐	☐	....
Wie ist die Liquidität zu beurteilen?	☐	☐	☐	....
Gibt es Rentabilitäts- oder cash-flow-Analysen?	☐	☐	☐	....
Gibt es andere Besonderheiten?	☐	☐	☐	....
Gibt es wirtschaftliche Bestandsgefährdungspotentiale?	☐	☐	☐	....

Mandant:	Lagebericht	2000
	– Erstellung ohne Prüfungshandlungen – mit Plausibilitätsbeurteilung – mit umfassenden Prüfungshandlungen	– 2 –

Auftrag:

	ja	nein	n.e.	Bemerkungen
Gibt es rechtliche Bestandsgefährdungspotentiale?	☐	☐	☐	....
Welche sonstigen Risiken mit besonderem Einfluss auf die Vermögens-, Finanz- und Ertragslage gibt es?	☐	☐	☐	....
B. Vorgänge von besonderer Bedeutung nach dem Geschäftsjahresende				
Haben sich Marktverhältnisse zwischenzeitlich grundlegend verändert?	☐	☐	☐	....
Sind zwischenzeitlich einschneidende rechtliche oder politische Ereignisse eingetreten, die das Unternehmen treffen?	☐	☐	☐	....
Hat es Kostenexplosionen gegeben?	☐	☐	☐	....
Ist aufgrund rechtlicher und wirtschaftlicher Entscheidungen eine bedeutende Änderung der Unternehmensstruktur eingetreten?	☐	☐	☐	....
Hat es Unglücksfälle mit mittelbarer oder unmittelbarer Bedeutung für das Unternehmen gegeben?	☐	☐	☐	....
Sind erhebliche wertbeeinflussende Ereignisse bei Debitoren/Schuldnern eingetreten?	☐	☐	☐	....
Sind besondere Ereignisse im Verhältnis zu Gläubigern eingetreten (z. B. Darlehenskündigungen)?	☐	☐	☐	....
Sind andere Besonderheiten eingetreten?	☐	☐	☐	....
C. Voraussichtliche Entwicklung				
Wie hat sich der Markt entwickelt, und wie kann die weitere Entwicklung prognostiziert werden (Mengenentwicklung, Preisentwicklung, Auftragsbestand u. a.)?	☐	☐	☐	....
Wie werden sich im Folgejahr die einzelnen Kostenarten entwickeln?	☐	☐	☐	....
Ist eine Steigerung/Senkung der Produktivität erkennbar?	☐	☐	☐	....
Welche Folgejahresergebnisse können geschätzt werden?	☐	☐	☐	....

Mandant:	Lagebericht – Erstellung ohne Prüfungshandlungen – mit Plausibilitätsbeurteilung – mit umfassenden Prüfungshandlungen	**2000** – 3 –

Auftrag:

	ja	nein	n.e.	Bemerkungen
D. Forschung und Entwicklung				
In welchen Bereichen wird Forschungs- und Entwicklungsarbeit verrichtet?	☐	☐	☐	....
Wie haben und wie werden sich diese Bereiche entwickeln?	☐	☐	☐	....
Sind Besonderheiten festzustellen?	☐	☐	☐	....
E. Sozialbericht				
Wie haben sich die Beschäftigtenzahl und Fluktuation entwickelt?	☐	☐	☐	....
Gibt es Besonderheiten beim Entlohnungssystem?	☐	☐	☐	....
Gibt es eine betriebliche Altersversorgung?	☐	☐	☐	....
Gibt es Ausbildungseinrichtungen und/oder -programme?	☐	☐	☐	....
Welche Umweltschutzmaßnahmen werden gesetzlich und freiwillig durchgeführt?	☐	☐	☐	....
Gibt es Beteiligungsmöglichkeiten für Mitarbeiter?	☐	☐	☐	....
Gibt es Mitbestimmungsregelungen gesetzlich/freiwillig?	☐	☐	☐	....
F. Zweigniederlassungen				
Wurden die Niederlassungen im Inland aufgeführt?	☐	☐	☐	....
Wurden die Niederlassungen im Ausland aufgeführt?	☐	☐	☐	....
Wurde über die Aufzählung der Niederlassungen hinaus auch auf die wesentlichen Kriterien gemäß lit. A. bis E. eingegangen?	☐	☐	☐	....
Entspricht die Berichterstattung über die Zweigniederlassungen ihrer Bedeutung für die wirtschaftliche Gesamtbeurteilung für die Gesellschaft?	☐	☐	☐	....

Mandant:	Lagebericht – Erstellung ohne Prüfungshandlungen – mit Plausibilitätsbeurteilung – mit umfassenden Prüfungshandlungen	2000 – 4 –
Auftrag:		

		ja	nein	n.e.	Bemerkungen
Plausibilitätsbeurteilungen	**II Plausibilitätsbeurteilungen**				
	1. Haben Sie sich davon überzeugt, dass die Ausführungen im Lagebericht in Einklang mit dem Abschluss stehen?	☐	☐	☐	
	2. Haben Sie sich davon überzeugt, dass die Ausführungen im Lagebericht in Einklang mit den bei der Erstellung des Jahresabschlusses gewonnenen Erkenntnissen bezüglich der Geschäftsentwicklung stehen?	☐	☐	☐	
	3. Stehen die Ausführungen im Lagebericht mit den Erkenntnissen aus der Unternehmensanalyse in Einklang?	☐	☐	☐	
	4. Sind die Ausführungen • zum Geschäftsverlauf, • zur Lage des Unternehmens zutreffend?	☐ ☐	☐ ☐	☐ ☐	
	5. Werden hinreichend Hinweise auf Risiken der künftigen Entwicklung gegeben?	☐	☐	☐	
	6. Sind die Angaben zu Bestandsgefährdungspotentialen ausreichend?	☐	☐	☐	
	7. Sind die Prognosen und Wertungen im Lagebericht als solche gekennzeichnet?	☐	☐	☐	
	8. Ist sichergestellt, dass durch die Darstellungsform und die Wortwahl kein irreführendes Bild der tatsächlich erwarteten Verhältnisse vermittelt wird?	☐	☐	☐	
	9. Wird ggf. auf wesentliche Vorgänge von besonderer Bedeutung, die nach dem Abschlussstichtag eingetreten sind, eingegangen (§ 289 Abs. 2 HGB)?	☐	☐	☐	
	10. Enthält der Lagebericht erforderlichenfalls ergänzende Angaben zur voraussichtlichen Entwicklung?	☐	☐	☐	
	11. Werden branchenübliche und für eigene Zwecke durchgeführte Forschungs- und Entwicklungstätigkeiten beschrieben (§ 289 Abs. 2 Nr. 3 HGB)?	☐	☐	☐	
	12. Haben Sie mit der Unternehmensleitung die Vollständigkeit des Lageberichts erörtert?	☐	☐	☐	
	13. Haben Sie den Lagebericht mit den Protokollen der nach dem Abschlussstichtag stattgefundenen Gesellschafterversammlungen und Beirats- oder Aufsichtsratssitzungen abgestimmt und ggf. Ereignisse, die Auswirkungen auf die Buchführung, den zugrunde liegenden Abschluss und / oder Lagebericht sowie auf die Berichterstattung und die Bescheinigung haben können, bei der Jahresabschlusserstellung berücksichtigt?	☐	☐	☐	
	14. Bestehen nach Ihren Plausibilitätsbeurteilungen an der Ordnungsmäßigkeit des Lageberichts keine Zweifel?	☐	☐	☐	

Mandant:	Erstellungsbericht	3000
		– 1 –

Auftrag:

Inhaltsverzeichnis

Seite

I.	**Auftrag und Auftragsdurchführung**	
I.1.	Auftrag	
I.2.	Gegenstand, Art und Umfang der Erstellungstätigkeit, Durchführungsgrundsätze	
I.3.	Zugrundeliegende Unterlagen	
II.	**Feststellungen und Erläuterungen zur Rechnungslegung**	
II.1	(Ggf.:) Grundsätzliche Feststellungen zu Unregelmäßigkeiten *(bei Plausibilitätsbeurteilungen und umfassenden Prüfungshandlungen)*	
II.2	Feststellungen zur Buchführung und weitere geprüfte Unterlagen	
II.3	Feststellungen zum Jahresabschluss	
II.3.1	Aufgliederung und Erläuterung der Posten des Jahresabschlusses	
II.3.1.1	Vermögens- und Kapitalstruktur	
II.3.1.1.1	Vermögen	
II.3.1.1.2	Finanzierungsstruktur	
II.3.1.2	Finanzlage	
II.3.1.3	Ertragslage	
II.3.2	*(bei umfassenden Prüfungshandlungen:)* Gesamtaussage des Jahresabschlusses	
II.4	*(bei umfassenden Prüfungshandlungen für mittelgroße / große Kapital- / KapCo-Gesellschaften)* Lagebericht	
III.	**Feststellungen zu Erweiterungen oder zu Einschränkungen des Auftrages** *(bei umfassenden Prüfungshandlungen oder Plausibilitätsbeurteilungen)*	
IV.	**Wiedergabe der Bescheinigung**	
V.	**Anlagen zum Erstellungsbericht**	
Anlage 1 –	Jahresabschluss	
Anlage 2 –	Allgemeine Auftragsbedingungen	

Mandant:	Erstellungsbericht	**3000**
		– 2 –
Auftrag:		

I. Auftrag und Auftragsdurchführung

1. Auftrag

Die ... (Firma und Sitz der Gesellschaft) ...
erteilte mir/uns den Auftrag

- den Jahresabschluss auf der Grundlage der von mir / uns geführten Bücher, der vorgelegten Bestandsnachweise sowie der erteilten Auskünfte zu erstellen. Der Auftrag ist darauf gerichtet, dass wir den Jahresabschluss aus den zur Verfügung gestellten Unterlagen – soweit diese nicht von uns erstellt wurden – nach gesetzlichen Vorlagen und nach den innerhalb dieses Rahmens liegenden Anweisungen des Auftraggebers zur Ausübung bestehender Wahlrechte ungeprüft ableiten (*A1**).

- die Einnahmen-/Überschussrechnung für die Zeit von ... bis ... als Überschuss der Betriebseinnahmen über die Betriebsausgaben (§ 4 Abs. 3 EStG) unter Beachtung der steuerrechtlichen Vorschriften aus den zur Verfügung gestellten Unterlagen – soweit diese nicht von uns erstellt wurden –, sowie nach den innerhalb dieses Rahmens liegenden Anweisungen des Auftraggebers zur Ausübung bestehender Wahlrechte ungeprüft ableiten (*A2**).

- den Jahresabschluss zum ... auf der Grundlage der mir / uns vorgelegten Bücher und Bestandsnachweise zu erstellen. Der Auftrag ist darauf gerichtet, dass wir den Jahresabschluss aus den zur Verfügung gestellten Unterlagen – soweit diese nicht von uns erstellt wurden – nach gesetzlichen Vorgaben und nach den innerhalb dieses Rahmens liegenden Anweisungen des Auftraggebers zur Ausübung bestehender Wahlrechte ungeprüft ableiten (*A3**).

- die Einnahmen-/Überschussrechnung für die Zeit von ... bis ... als Überschuss der Betriebseinnahmen über die Betriebsausgaben (§ 4 Abs. 3 EStG) unter Beachtung der steuerrechtlichen Vorschriften auf der Grundlage der mir / uns vorgelegten Aufzeichnungen und Unterlagen – soweit diese nicht von uns erstellt wurden –, der erteilten Auskünfte sowie nach den innerhalb dieses Rahmens liegenden Anweisungen des Auftraggebers zur Ausübung bestehender Wahlrechte ungeprüft ableiten (*A4**).

- den Jahresabschluss zum ... auf der Grundlage der von mir / uns geführten Bücher, der vorgelegten Bestandsnachweise sowie der erteilten Auskünfte zu erstellen. Der Auftrag ist darauf gerichtet, dass wir neben der eigentlichen Erstellungstätigkeit die dem Jahresabschluss zugrunde liegenden Bücher und Bestandsnachweise – soweit diese nicht von uns erstellt wurden – durch Befragung und analytische Prüfungshandlungen auf ihre Plausibilität hin beurteilen (*B1**).

- die Einnahmen-/Überschussrechnung für die Zeit von ... bis ... als Überschuss der Betriebseinnahmen über die Betriebsausgaben (§ 4 Abs. 3 EStG) unter Beachtung der steuerrechtlichen Vorschriften auf der Grundlage der von mir / uns geführten Aufzeichnungen, der vorgelegten Unterlagen – soweit diese nicht von uns erstellt wurden –, der erteilten Auskünfte sowie nach den innerhalb dieses Rahmens liegenden Anweisungen des Auftraggebers zur Ausübung bestehender Wahlrechte ableiten. Der Auftrag ist darauf gerichtet, dass wir neben der eigentlichen Erstellungstätigkeit die der Einnahmen-/Überschussrechnung zugrunde liegenden Bücher, Unterlagen und Bestandsnachweise – soweit diese nicht von uns erstellt wurden – durch Befragung und analytische Prüfungshandlungen auf ihre Plausibilität hin beurteilen (*B2**).

- den Jahresabschluss zum ... auf der Grundlage der mir / uns vorgelegten Bücher und Bestandsnachweise sowie der erteilten Auskünfte zu erstellen. Der Auftrag ist darauf gerichtet, dass wir neben der eigentlichen Erstellungstätigkeit die dem Jahresabschluss zugrunde liegenden Bücher und Bestandsnachweise – soweit diese nicht von uns erstellt wurden – durch Befragung und analytische Prüfungshandlungen auf ihre Plausibilität hin beurteilen (*B3**).

- die Einnahmen-/Überschussrechnung für die Zeit von ... bis ... als Überschuss der Betriebseinnahmen über die Betriesausgaben (§ 4 Abs. 3 EStG) unter Beachtung der steuerrechtlichen Vorschriften auf der Grundlage der vorgelegten Aufzeichnungen und Unterlagen – soweit diese nicht von uns erstellt wurden – der erteilten Auskünfte sowie nach den innerhalb dieses Rahmens liegenden Anweisungen des Auftraggebers zur Ausübung bestehender Wahlrechte zu erstellen. Der Auftrag ist darauf gerichtet, dass wir

Mandant:	Erstellungsbericht	3000
		– 3 –

Auftrag:

neben der eigentlichen Erstellungstätigkeit die der Einnahmen-/Überschussrechnung zugrunde liegenden Bücher und Bestandsnachweise – soweit diese nicht von uns erstellt wurden – durch Befragung und analytische Prüfungshandlungen auf ihre Plausibilität hin beurteilen (*B4**).

– den Jahresabschluss zum ... auf der Grundlage der von mir / uns geführten Bücher sowie des Inventars der ... (Firma) ... unter Beachtung der handelsrechtlichen Vorschriften und des Gesellschaftsvertrages zu erstellen. Der Auftrag ist darauf gerichtet, dass uns durch geeignete Prüfungshandlungen von der Ordnungsmäßigkeit der dem Jahresabschluss zugrunde liegenden Buchführung und Bestandsnachweise – soweit diese nicht von uns erstellt wurden – unterrichten und der erstellte Jahresabschluss voll inhaltlich den gesetzlichen Vorschriften sowie der Satzung entsprechen muss (*C1**).

– den Jahresabschluss zum ... auf der Grundlage der von mir / uns geführten Bücher der ... (Firma) ... sowie unter Mitwirkung bei der Anfertigung des Inventars unter Beachtung der handelsrechtlichen Vorschriften und des Gesellschaftsvertrages zu erstellen. Der Auftrag ist darauf gerichtet, dass der Jahresabschluss voll inhaltlich den gesetzlichen Vorschriften sowie der Satzung entsprechen muss (*C2**).

– den Jahresabschluss zum ... auf der Grundlage der von mir / uns geführten Bücher, der vorgelegten Bestandsnachweise sowie der erteilten Auskünfte der ... (Firma) ... zu erstellen. Der Auftrag ist darauf gerichtet, dass wir die Ordnungsmäßigkeit dieser Unterlagen und der Angaben des Unternehmens im Bereich der ... nur eingeschränkt beurteilen. I.ü. ist der Auftrag darauf gerichtet, dass wir uns durch geeignete Prüfungshandlungen von der Ordnungsmäßigkeit der vorgelegten Bestandsnachweise – soweit diese nicht von uns erstellt wurden – sowie der erteilten Auskünfte unterrichten und dass der erstellte Jahresabschluss im Rahmen dieses Auftrages voll inhaltlich den gesetzlichen Vorschriften sowie der Satzung entsprechen muss (*C3**).

– den Jahresabschluss zum ... auf der Grundlage der von mir / uns geführten Bücher, der vorgelegten Bestandsnachweise sowie der erteilten Auskünfte der ... (Firma) ... zu erstellen. Der Auftrag ist darauf gerichtet, die dem Jahresabschluss zugrunde liegenden Bestandsnachweise und Unterlagen – soweit diese nicht von uns erstellt wurden – im Bereich ... durch Befragung und analytische Prüfungshandlungen auf ihre Plausibilität hin zu beurteilen und dass wir uns i.ü. durch geeignete Prüfungshandlungen von der Ordnungsmäßigkeit der Bestandsnachweise und Unterlagen unterrichten. Der erstellte Jahresabschluss soll im Rahmen dieses Auftrages voll inhaltlich den gesetzlichen Vorschriften sowie der Satzung entsprechen (*C4**).

– die Einnahmen-/Überschussrechnung für die Zeit von ... bis ... als Überschuss der Betriebseinnahmen über die Betriebsausgaben (§ 4 Abs. 3 EStG) unter Beachtung der steuerrechtlichen Vorschriften auf der Grundlage der vorgelegten Aufzeichnungen und Unterlagen – soweit diese nicht von uns erstellt wurden – der erteilten Auskünfte sowie nach den innerhalb dieses Rahmens liegenden Anweisungen des Auftraggebers zur Ausübung bestehender Wahlrechte zu erstellen. Der Auftrag ist darauf gerichtet, dass wir uns durch geeignete Prüfungshandlungen von der Ordnungsmäßigkeit der vorgelegten Unterlagen sowie der erteilten Auskünfte überzeugen und dass die erstellte Einnahmen-/Überschussrechnung voll inhaltlich den gesetzlichen Vorschriften sowie der Satzung entsprechen muss (*C5**).

– den Jahresabschluss zum ... auf der Grundlage der mir / uns vorgelegten Buchführung und des Inventars der ... (Firma) ... unter Beachtung der handelsrechtlichen Vorschriften und des Gesellschaftsvertrages zu erstellen. Der Auftrag ist darauf gerichtet, dass wir uns durch geeignete Prüfungshandlungen von der Ordnungsmäßigkeit der dem Jahresabschluss zugrunde liegenden Buchführung und Bestandsnachweise unterrichten und der erstellte Jahresabschluss voll inhaltlich den gesetzlichen Vorschriften sowie der Satzung entsprechen muss (*C6**).

– den Jahresabschluss zum ... auf der Grundlage der mir / uns vorgelegten Buchführung und des Inventars der ... (Firma) ... unter Beachtung der handelsrechtlichen Vorschriften und des Gesellschaftsvertrages zu erstellen. Der Auftrag ist darauf gerichtet, dass wir uns durch geeignete Prüfungshandlungen von der Ordnungsmäßigkeit der dem Jahresabschluss zugrunde liegenden Buchführung und Bestandsnachweise unterrichten. Eine Beurteilung der Ordnungsmäßigkeit dieser Unterlagen und Angaben des Unternehmens im Bereich ... hat auftragsgemäß nur in eingeschränktem Umfang zu erfolgen. Der erstellte Jahresabschluss soll im Rahmen dieses Auftrages voll inhaltlich den gesetzlichen Vorschriften sowie der Satzung entsprechen (*C7**).

Mandant:	Erstellungsbericht	3000
		– 4 –
Auftrag:		

umfassende Prüfungshandlungen

- den Jahresabschluss zum ... auf der Grundlage der mir / uns vorgelegten Buchführung und des Inventars sowie der erteilten Auskünfte der ... (Firma) ... zu erstellen. Der Auftrag ist darauf gerichtet, dass wir im Bereich ... die Ordnungsmäßigkeit dieser Unterlagen und Angaben – soweit diese nicht von uns erstellt wurden – durch Befragung und analytische Prüfungshandlungen auf ihre Plausibilität hin beurteilen und dass wir uns darüber hinaus von der Ordnungsmäßigkeit dieser Unterlagen und Angaben durch geeignete Prüfungsunterlagen unterrichten. Im Rahmen dieses Auftrages soll der erstellte Jahresabschluss voll inhaltlich den gesetzlichen Vorschriften sowie der Satzung entsprechen *(C8*)*.

- die Einnahmen-/Überschussrechnung für die Zeit von ... bis ... als Überschuss der Betriebseinnahmen über die Betriebsausgaben (§ 4 Abs. 3 EStG) unter Beachtung der steuerrechtlichen Vorschriften auf der Grundlage der vorgelegten Aufzeichnungen und Unterlagen sowie der erteilten Auskünfte der ... (Firma) ... zu erstellen. Der Auftrag ist darauf gerichtet, dass wir uns durch geeignete Prüfungshandlungen von der Ordnungsmäßigkeit der vorgelegten Aufzeichnungen und Unterlagen – soweit diese nicht von uns erstellt wurden – unterrichten. Die erstellte Einnahmen-/Überschussrechnung soll voll inhaltlich den gesetzlichen Vorschriften entsprechen *(C9*)*.

* *im Einklang mit entsprechendem Auftragsbestätigungsschreiben bzw. entsprechender Bescheinigung*

Für die Durchführung des Auftrages und unsere Verantwortlichkeit sind – auch im Verhältnis zu Dritten – die Allgemeinen Auftragsbedingungen für Wirtschaftsprüfer und Wirtschaftsprüfungsgesellschaften in der Fassung vom 1. 1. 2001 maßgebend, die als Anlage 3 beigefügt sind.

2. Gegenstand, Art und Umfang der Tätigkeit, Durchführungsgrundsätze

Bei unserer Tätigkeit haben wir die handelsrechtlichen Bestimmungen sowie die Grundsätze für die Erstellung von Jahresabschlüssen durch Wirtschaftsprüfer (Stellungnahme HFA 4/1996 des Instituts der Wirtschaftsprüfer) und die Verlautbarung der Bundessteuerberaterkammer zu den Grundsätzen für die Erstellung von Jahresabschlüssen durch Steuerberater vom 22./23.10.2001 beachtet.

Pb

(Bei Plausibilitätsbeurteilungen:) Im Zuge der Erstellung eines Jahresabschlusses haben wir auf die Plausibilität der Jahresabschlussunterlagen, die Bewertung der Aktiva und Passiva der Bilanz sowie auf die periodengerechte Abgrenzung der Posten der Erfolgsrechnung geachtet. *(Ergänzend bei Führung der Bücher durch den Mandanten:)* Im Rahmen unserer stichprobenweisen durchgeführten formellen Prüfung haben wir uns von der Plausibilität der Buchführung überzeugt. Auf die richtige Übernahme der Zahlen aus dem gleichfalls von uns erstellten Vorjahresabschluss in der Eröffnungsbilanz wurde besonders geachtet.

Umfassende Prüfungshandlungen

(Bei umfassenden Prüfungshandlungen:) Soweit die Erstellung mit umfassenden Prüfungshandlungen erfolgte, haben wir auch die vom Institut der Wirtschaftprüfer (IdW) festgestellten Grundsätze ordnungsmäßiger Durchführung von Abschlussprüfungen, soweit geboten, beachtet. Danach ist die Prüfung so zu planen und durchzuführen, dass mit hinreichender Sicherheit beurteilt werden kann, ob die Buchführung, der Jahresabschluss und der Lagebericht frei von wesentlichen Mängeln sind. Bei der Beurteilung der angewandten Bilanzierungs-/Bewertungs- und Gliederungsgrundsätze sind wir in diesem Rahmen – soweit geboten – auf der Basis von Stichproben ausgegangen, die nicht nach mathematisch-statistischen Grundsätzen, sondern nach der entsprechenden Bedeutung der Kontrollsysteme und Geschäftsvorfälle ausgewählt wurden. Die Einhaltung anderer gesetzlicher Vorschriften haben wir dabei nur insoweit geprüft, als sich aus diesen anderen Vorschriften üblicherweise Rückwirkungen auf den Jahresabschluss oder Lagebericht ergeben. Die Prüfungshandlungen hatten in diesem Rahmen zum Ziel, uns ein Urteil über die Gesetz- und Ordnungsmäßigkeit der Rechnungslegung, insbesondere des Jahresabschlusses und des Lageberichts zu ermöglichen.

Wir sind der Auffassung, dass unsere Prüfung im Rahmen der Erstellung des Jahresabschlusses eine hinreichend sichere Grundlage für unser Urteil bildet.

Mandant:	Erstellungsbericht	**3000** – 5 –

Auftrag:

Darstellung der Grundzüge des jeweiligen Prüfungsvorgehens:
- *die für die Prüfung festgelegten Prüfungsschwerpunkte*
- *die Prüfung des rechnungslegungsbezogenen internen Kontrollsystems und deren Auswirkung auf den Umfang der Einzelprüfung*
- *Auswirkungen aus dem Vorjahresabschluss auf die Prüfungsdurchführung (z. B. bei Versagen des Bestätigungsvermerks oder bei mangelnder Prüfung des Vorjahresabschlusses)*
- *Vorgehensweise und Kriterien nach denen Bestätigungen Dritter eingeholt wurden*
- *Verwendung und Einschätzung von wesentlichen Prüfungsergebnissen oder Untersuchungen Dritter (z. B. Wertgutachten, Ergebnisse der Innenrevision etc.)*
- *Besonderheiten der Prüfung des Inventars (z. B. im Fall fehlender Inventurbeobachtung)*
- *die Prüfung organisatorischer Umstellungen*
- *Auswirkungen eines erweiterten oder eingeschränkten Prüfungsauftrages*

z. B. wie folgt:

Im Rahmen der Erstellung des Jahresabschlusses haben wir auf der Grundlage eines risiko- und systemorientierten Prüfungsansatzes eine Prüfungsstrategie erarbeitet. Diese basiert auf einer Einschätzung des Unternehmensumfeldes, auf Auskünften der gesetzlichen Vertreter über die wesentlichen Zielstrategien und Geschäftsrisiken, auf analytischen Prüfungshandlungen zur Einschätzung von Prüfungsrisiken und zur vorläufigen Beurteilung der Lage der Gesellschaft, sowie auf einer grundsätzlichen Beurteilung des internen Kontrollsystems der Gesellschaft. Wir haben Bereiche, die von wesentlichen organisatorischen Umstellungen betroffen sind oder bei denen eine hohe Prüfungssicherheit erforderlich ist, ausgiebiger geprüft. Dabei wurden auch unsere Feststellungen aus der vorangegangenen Jahresabschlussprüfung berücksichtigt. Zur Festlegung von Prüfungsschwerpunkten wurden kritische Prüfungsziele identifiziert und ein Prüfungsprogramm entwickelt, in dem der Ansatz und die Schwerpunkte der Prüfung sowie Art und Umfang der Prüfungshandlungen festgelegt wurden. Dabei wurde auch die zeitliche Abfolge der Prüfung und der Mitarbeitereinsatz geplant.

Wir haben an der Inventur teilgenommen/nicht teilgenommen sowie zu Forderungen und Verbindlichkeiten und zu ausgewählten Posten von Bedeutung Saldenbestätigungen eingeholt/nicht eingeholt.

Die in unserer Prüfungsstrategie identifizierten kritischen Prüfungsziele führten zu folgenden Schwerpunkten der Prüfung:

...

Zur Prüfung des rechnungslegungsbezogenen internen Kontrollsystems im Rahmen der Erstellung des Jahresabschlusses haben wir die Geschäftsprozesse analysiert und beurteilt, inwieweit die wesentlichen Geschäftsrisiken, die einen Einfluss auf unser Prüfungsrisiko haben, durch die Gestaltung der Betriebsabhilfe und der Kontroll- und Überwachungsmaßnahmen vermindert wurden. Wir haben die Erkenntnisse, die wir aus der Prüfung des internen Kontrollsystems gewonnen haben, bei der Beurteilung der erforderlichen Prüfungssicherheit und bei der Auswahl der analytischen Prüfungshandlungen und der Einzelfallprüfung berücksichtigt.

Bei Mängeln des rechnungslegungsbezogenen internen Kontrollsystems, die sich nicht auf den Jahresabschluss oder den Lagebericht beziehen: Schilderung der Mängel und Hinweis, welche Auswirkungen auf die Rechnungslegung und deren Einfluss auf das Prüfungsergebnis z. B. wie folgt:

Nach unserer Überprüfung kann das rechnungslegungsbezogene interne Kontrollsystem ein Fehlerrisiko nicht ausschließen, da es aufgrund der Größe des Unternehmens nicht in gleicher Weise angelegt sein kann wie bei größeren Unternehmen. Auf unsere Beurteilung von Jahresabschluss und Lagebericht haben diese Schwächen jedoch keinen Einfluss, da sie sich nicht auf den Jahresabschluss oder Lagebericht beziehen.

Die erbetenen Auskünfte wurden uns von der Geschäftsführung und den uns benannten Mitarbeitern der Gesellschaft erteilt.

Von der Geschäftsführung erhielten wir eine von uns vorformulierte Vollständigkeitserklärung.

Umfassende Prüfungshandlungen

Mandant:	Erstellungsbericht	3000
		– 6 –
Auftrag:		

3. Zugrundeliegende Unterlagen

Zum ... lagen uns folgende von uns / von dem Auftraggeber erstellte Buchhaltungsunterlagen vor:

1. Journale
2. Sachkonten
3. Personenkonten

II. Feststellungen und Erläuterungen zur Rechnungslegung

1. (Ggf.:) Grundsätzliche Feststellungen zu Unregelmäßigkeiten
(bei Plausibilitätsbeurteilungen und umfassenden Prüfungshandlungen)

Ggf.:

Wir haben bei der Erstellung des Jahresabschlusses folgende Unrichtigkeiten/Verstöße gegen gesetzliche Vorschriften/Tatsachen festgestellt, die schwerwiegende Verstöße von gesetzlichen Vertretern oder von Arbeitnehmern gegen Gesetz, Gesellschaftsvertrag oder Satzung erkennen lassen:

- *Unrichtigkeiten:*
  - unbewusste Fehler
- *Verstöße:*
  - bewusste Abweichungen
- *in Betracht kommende gesetzliche Vorschriften, bei denen Unregelmäßigkeiten in der Regel festgestellt werden:*
  - Vorschriften zur Rechnungslegung
  - GoB
  - Ansatz, Ausweis, Bewertungsvorschrift
  - Angabe-/Erläuterungspflichten, Anhang
  - Vorschriften für die Erstellung des Lageberichts
  - ggf. Satzung/Gesellschaftsvertrag
- *sonstige Vorschriften (soweit Verstoß schwerwiegend)*
  - Täuschung
  - Vermögensschädigung
  - Verletzung von Aufstellungs- und Publizitätspflichten
  - (Kriterien für schwerwiegende Verstöße sind u. a.: das Risiko für die Gesellschaft, die Bedeutung der verletzten Rechtsnormen, der Grad des Vertrauensbruchs, Bedenken gegen Eignung der gesetzlichen Vertreter und Arbeitnehmer)
- *Darstellung der berichtspflichtigen Unrichtigkeiten und Verstöße getrennt nach Vorschriften zur Rechnungslegung und sonstigen Vorschriften*

keine Berichtspflicht über die im Verlauf der Prüfung behobenen Unrichtigkeiten oder Verstöße

2. Feststellungen zur Buchführung

Die Bücher der Gesellschaft werden unter Verwendung eines EDV-Systems ... geführt. Der Kontenplan ist ausreichend tief gegliedert, so dass eine klare Trennung der Geschäftsvorfälle gegeben ist.

Für die folgenden Posten wurden folgende Bestandsnachweise geführt:

Das Anlagevermögen wird in einer Anlagenbuchhaltung geführt. Der Bestand ist durch ein Bestandsverzeichnis nachgewiesen.

Mandant:	Erstellungsbericht	3000
		– 7 –

Auftrag:

Die Vorräte werden aus den vorgelegten Inventurunterlagen übernommen, die auf einer körperlichen Bestandsaufnahme zum Bilanzstichtag basieren.

Die Leistungsforderungen und -verbindlichkeiten sind durch Saldenlisten zum Bilanzstichtag bestätigt.

Die sonstigen Vermögensgegenstände und sonstigen Verbindlichkeiten sind einzeln erfasst.

Die Bestände an flüssigen Mitteln sind durch ein Kassenbuch / ggf. ... ein Kassenprotokoll bzw. durch Rechnungsabschlüsse der kontoführenden Bankinstitute zum Bilanzstichtag belegt.

Bezüglich der Rückstellungen liegen Einzelberechnungen vor.

Die Verbindlichkeiten gegenüber Kreditinstituten sind durch Rechnungsabschlüsse der Kreditinstitute nachgewiesen.

(ggf.) Die erhaltenen Anzahlungen sind durch Saldenbestätigungen belegt.

Wir sind bei der Erstellung des Jahresabschlusses von der Bilanz zum 31. 12. 20 . . ausgegangen. Die Zahlen dieser Bilanz wurden zutreffend vorgetragen.

Buchführung und Belegwesen entsprechen den gesetzlichen Vorschriften:
- *Die Aussage zur Ordnungsmäßigkeit muss das gesamte Geschäftsjahr umfassen.*

(bei Plausibilitätsbeurteilungen und umfassenden Prüfungshandlungen:)
Hinweise auf
- bestehende wesentliche Mängel in den geprüften Unterlagen;
- Es muss auch auf wesentliche zwischenzeitig behobene Mängel in der Buchführung eingegangen werden, wobei für den Bestätigungsvermerk nur Mängel relevant sind, die zum Abschluss der Prüfung noch bestehen.

3. Feststellungen zum Jahresabschluss

Die Anlagen 1–4 enthalten den Jahresabschluss sowie den Lagebericht. Der Jahresabschluss ist unmittelbar aus der Buchführung abgeleitet.

Er ist nach den handelsrechtlichen Vorschriften und den Vorschriften des Gesellschaftsvertrages aufgestellt.

Die Vermögens- und Schuldposten sind ordnungsgemäß nachgewiesen.

Die Gliederungsvorschriften des Handelsgesetzbuches wurden beachtet.

Zur Bewertung ist zusammenfassend festzustellen, dass die Wertansätze der Vermögens- und Schuldposten ordnungsgemäß ermittelt wurden. Den am Bilanzstichtag bestehenden Risiken, die bis zur Aufstellung des Jahresabschlusses erkennbar waren, ist durch Bildung ausreichender Rückstellungen und Wertberichtigungen Rechnung getragen

Der Stetigkeitsgrundsatz wurde beachtet.

Der Anhang enthält alle Angaben und Erläuterungen, die nach den gesetzlichen Vorschriften gefordert werden.
Es wurde von dem Wahlrecht Gebrauch gemacht, über die Entwicklung des Anlagevermögens und die Restlaufzeiten von Forderungen und Verbindlichkeiten im Anhang zu berichten. Zusätzliche Angaben zur Vermittlung eines den tatsächlichen Verhältnissen entsprechenden Bildes der Vermögens-, Finanz- und Ertragslage waren im Anhang nicht erforderlich.

Bei den Angaben zum Anhang wurde von den größenabhängigen Erleichterungen weitestgehend Gebrauch gemacht. I.ü. enthält der Anhang die gesetzlich geforderten Angaben.

(Bei kleiner Kapital- oder KapCo-Gesellschaft:) Auf die Erstellung eines Lageberichts wurde als kleine Kapitalgesellschaft nach § 264 Abs. 1 Satz 3 HGB verzichtet.

Mandant:	Erstellungsbericht	**3000**
		– 8 –
Auftrag:		

3.1 Aufgliederung und Erläuterung der Posten des Jahresabschlusses

3.1.1 Vermögens- und Kapitalstruktur

Die Vermögens- und Kapitalstruktur der Gesellschaft und ihre Entwicklung ergeben sich aus der folgenden zusammengefassten Mehrjahresübersicht. Dabei sind innerhalb von 12 Monaten nach dem Bilanzstichtag fällige Teilbeträge der Forderungen und Verbindlichkeiten als kurzfristig behandelt worden.

- *Mehrjahresübersicht) über das Vermögen und die Finanzierungsmittel, z. B. wie folgt:*

	31. 12.		31. 12.		31. 12.		31. 12.		31. 12.	
	TEuro	%	TEuro	%	TEuro	%	TEuro	%	TEuro	%
Vermögen										
Langfristiges gebundenes Vermögen										
Immaterielle Vermögensgegenstände und Sachanlagen										
Finanzanlagen										
Forderungen und sonstige Vermögensgegenstände										
Kurzfristig gebundenes Vermögen										
Vorräte										
Forderungen, sonstige Vermögensgegenstände, Wertpapiere und Rechnungsabgrenzung										
Kasse, Banken										
Vermögen gesamt										
Finanzierungsmittel										
Eigenmittel										
Langfristige Fremdmittel										
Kurzfristige Fremdmittel										
Finanzmittel gesamt										

Die Posten des Jahresabschlusses wurden in der Anlage zu diesem Bericht weiter aufgegliedert. Nachstehend erläutern und analysieren wir die wesentlichen Aufgliederungen, soweit diese für die zutreffende Einschätzung der Vermögens- und Finanzlage erforderlich sind.

- *Angabe des Inhalts der Posten des Jahresabschlusses insoweit, als dies für die Beurteilung durch den Berichtsadressaten von Bedeutung ist;*
- *erforderlichenfalls: Aufgliederung der wesentlichen Posten in der analysierenden Darstellung der Vermögens-, Finanz- und Ertragslage,*

Mandant:	Erstellungsbericht	3000
		-9-

Auftrag:

- *Eingehen auf*
  - Besonderheiten beim Ausweis,
  - wesentliche Bewertungsgrundlagen, insbesondere
    - ➤ angewandte Bilanzierungs- und Bewertungswahlrechte
    - ➤ Ausnutzung von Ermessensspielräumen, z.B.
      - ❖ Nutzungsdauer (bei Anlagevermögen)
      - ❖ Ertragsaussichten (bei Finanzanlagen)
      - ❖ Fertigstellungsgrade (bei Vorräten)
      - ❖ Schätzung von Wahrscheinlichkeiten (bei Rückstellungen)
      - ❖ Wahl des Zinssatzes (bei der Abzinsung von langfristigen Forderungen oder Drohverlustrückstellungen)
    - ➤ Ausnutzung sachverhaltsgestaltender Maßnahmen, z.B.
      - ❖ Forderungsverkäufe im Rahmen von Pensionsgeschäften
      - ❖ Sale-and-lease-back-Transaktionen
      - ❖ Übergang von Kauf zu Leasing im Rahmen der Anschaffung von Vermögensgegenständen
      - ❖ Tauschumsätze
      - ❖ Gestaltung mit dem Ziel der Aktivierung von Forschungs- und Entwicklungskosten
      - ❖ Ausgestaltung von Aktienoptionsplänen
      - ❖ konzerninterne Transaktionen oder Transaktionen mit nahe stehenden Personen
  - wesentliche Veränderungen gegenüber dem Vorjahr und ggf. deren Ursachen
  - Rechte Dritter an ausgewiesenem Vermögensgegenstand
  - Einzelerläuterungen nur, soweit Angaben im Anhang nicht ausreichen z. B. wie folgt:

3.1.1.1 Vermögen

Das Vermögen hat sich im Berichtsjahr deutlich gegenüber dem Vorjahr um Euro... Mio. auf Euro ... Mio. erhöht. Dabei entfällt der wesentliche Teil der Erhöhung (Euro ... Mio.) auf das langfristig gebundene Vermögen, während das kurzfristig gebundene Vermögen lediglich um Euro ... Mio. anstieg.

Im langfristigen Bereich gliedert sich der Anstieg wie folgt auf die einzelnen Posten:

	31. 12. .... TEuro	31. 12. .... TEuro	Veränderung TEuro
Immaterielle Vermögensgegenstände			
Sachanlagen			
Finanzanlagen			
Forderungen und sonstige Vermögensgegenstände			
langfristig gebundenes Vermögen (gesamt)			

Der Anstieg der immateriellen Vermögensgegenstände entfällt i. w. auf den Zugang beim Geschäfts- oder Firmenwert resultierend aus ... .

Die immateriellen Vermögensgegenstände werden zu Anschaffungskosten, vermindert um Abschreibungen angesetzt. Dabei wird der Geschäftswert über 15 Jahre abgeschrieben. Das Niederstwertprinzip wurde beachtet.

Bei den Sachanlagen wirken sich die dort getätigten Investitionen in Grundstücke, grundstücksgleiche Rechte und Bauten einschließlich der Bauten auf fremden Grundstücken in Höhe von Euro ... Mio. sowie die Investitionen in andere Anlagen und Betriebs- und Geschäftsausstattungen in Höhe von Euro ... Mio., saldiert mit Abschreibungen und Abgängen als Nettozuwachs in Höhe von Euro ... Mio. aus.
Dabei betreffen die Investitionen in Immobilien vor allem ... . Die Investitionen in die anderen Anlagen sowie die Betriebs- und Geschäftsausstattung betreffen i. w. ...

Mandant:	Erstellungsbericht	3000
		– 10 –

Auftrag:

Die Sachanlagen wurden zu Anschaffungs-/Herstellungskosten, vermindert um Normalabschreibungen angesetzt. Dabei werden folgende Nutzungsdauern zugrundegelegt:

- Bauten einschließlich Bauten auf fremden Grundstücken ... Jahre
- technische Anlagen und Maschinen ... Jahre
- andere Anlagen, Betriebs- und Geschäftsausstattung ... Jahre

Sonderabschreibungen nach dem Fördergebietsgesetz sowie aufgrund der Übertragung der Rücklage nach § 6 b) werden passivisch als Sonderposten mit Rücklageanteil ausgewiesen. Das Niederstwertprinzip wurde beachtet.

Das Anlagevermögen ist durch das Eigenkapital gedeckt.

Bei einer um TEuro   erhöhten / verminderten Bilanzsumme erhöhte sich der Anteil des Anlagevermögens am Gesamtvermögen (Anlagequote) von   % auf   %. Dabei ist zu berücksichtigen, dass ...

Die Sachanlagenquote hat sich im Vergleich zum Vorjahr von   auf   leicht verändert.

Die ausgeweitete Investitionstätigkeit zeigt sich auch am Abnutzungsgrad der Sachanlagen, der im Geschäftsjahr von   auf   gesunken/gestiegen ist.

Die Finanzanlagen betreffen nach der im Berichtsjahr erfolgten Veräußerung / Akquisition   . Aus der Veräußerung entstand bei einem Erlös von   ein Buchgewinn von   .

Die durchschnittliche Rendite, die aus den Beteiligungen erzielt wurde, beträgt   . Künftig rechnet die Gesellschaft insoweit mit Ertragsaussichten von ...

usw.

Das kurzfristig gebundene Vermögen ist nicht in dem Umfang gewachsen wie das langfristig gebundene Vermögen. Der Gesamtzuwachs von Euro ... Mio. resultiert aus folgenden Bestandsveränderungen:

	31. 12. ..... TEuro	31. 12. ..... TEuro	Veränderung TEuro
Vorräte			
Forderungen und sonstige Vermögensgegenstände			
./. Langfristig gebundener Anteil			
kurzfristiger Anteil			
Wertpapiere			
Rechnungsabgrenzungsposten			
Kasse, Banken			
kurzfristig gebundenes Vermögen (gesamt)			

Trotz Umsatzausweitung um TEuro   sind die Vorräte geringfügig gesunken. Die Umschlagshäufigkeit der Vorräte veränderte sich von   auf   . Dies ist zurückzuführen auf   .

Die Vorräte wurden zu durchschnittlichen Anschaffungskosten bewertet. Das Niederstwertprinzip wurde beachtet.

Die Erhöhung des kurzfristigen Anteils der Forderungen und sonstigen Vermögensgegenstände beruht vor allem auf einem Anstieg der sonstigen Vermögensgegenstände, da

usw.

Das durchschnittliche Kundenziel beträgt bei Inlandsforderungen   Tage (Vorjahr   Tage) und bei Auslandsforderungen   Tage (Vorjahr   Tage).

Mandant:	Erstellungsbericht	3000
		– 11 –

Auftrag:

Die pauschalen Wertberichtigungen haben sich um   % auf TEuro   erhöht / vermindert. Ebenso sind die berücksichtigten Einzelrisiken angestiegen / rückläufig. Die Wertberichtigung erhöhte / verminderte sich von TEuro   auf TEuro   .

Die Liquiditätsgrade entwickelten sich wie folgt:

	20.. %	20.. %
Liquidität 1. Grades		
Liquidität 2. Grades		
Liquidität 3. Grades		

Die Differenzen zwischen Handels- und Steuerbilanz führten zu folgenden aktiven latenten Steuern:

	31. 12. .... TEuro	31. 12. .... TEuro	Veränderung TEuro
Sachanlagevermögen			
Beteiligungen			
Vorräte			
...			
Steuersatz	%	%	
= latente Steuern			

Der zugrunde gelegte Steuersatz ergibt sich aus   und einem Satz für Gewerbeertragsteuer von   %.

3.1.1.2 Finanzierungsstruktur

Die Finanzierungsstruktur hat sich im Berichtsjahr nicht fristenkongruent zum Vermögenszuwachs entwickelt.
Die Eigenmittel (einschließlich Sonderposten mit Rücklageanteil) sind i. w. konstant geblieben. Wie sich aus der nachstehenden Aufgliederung zeigt, ist dabei das Eigenkapital im TEuro ... gesunken, während der Sonderposten mit Rücklageanteil insbesondere aufgrund ... von TEuro ... auf TEuro ... angestiegen ist.

	31. 12. .... TEuro	31. 12. .... TEuro	Veränderung TEuro
Eigenkapital			
Sonderposten mit Rücklageanteil			
Eigenmittel			

Entsprechend der nachstehenden Aufgliederung wurden die <u>langfristigen Fremdmittel</u> um Euro ... Mio. abgebaut, was nahezu ausschließlich auf die Tilgung von langfristigen Verbindlichkeiten gegenüber Kreditinstituten zurückzuführen ist.

Mandant:	Erstellungsbericht	3000
		– 12 –

Auftrag:

	31. 12. .... TEuro	31. 12. .... TEuro	Veränderung TEuro
Pensionsrückstellungen			
Langfristige Verbindlichkeiten gegenüber Kreditinstituten			
– gesamt			
– abzüglich 1–5 Jahre			
– mehr als 5 Jahre			
sonstige Verbindlichkeiten			
– mehr als 5 Jahre			
langfristige Fremdmittel			

Die Pensionsrückstellungen wurden zum Teilwert unter Verwendung der Richttafel 1998 von *Prof. Dr. Heubeck*, die langfristigen Fremdmittel zum Rückzahlungsbetrag angesetzt.

usw.

Die kurzfristigen Fremdmittel haben sich – entsprechend der nachstehenden Aufgliederung wie folgt entwickelt:

Aufgliederung der kurzfristigen Fremdmittel für das Berichtsjahr, das Vorjahr einschließlich Veränderung.

Die sonstigen Rückstellungen entwickelten sich wie folgt:

- *Rückstellungsspiegel für die wesentlichen Rückstellungen in TEuro*
- *Erläuterungen der Einzelrückstellungen mit Angabe der Schätzung von Wahrscheinlichkeiten*

Die Liefer- und Leistungsverbindlichkeiten erhöhten / verminderten sich um .... %. Diese überproportionale Steigerung / Verminderung ist stichtagsbedingt und zeigt sich in einem überproportionalen Anstieg / Abbau der Rohstoffbestände. Das durchschnittliche Lieferantenziel beträgt .... (Vorjahr: ....) Tage.

usw.

In der Gesellschaft bestehen außerdem Haftungsverhältnisse über TEuro ... sowie sonstige finanzielle Verpflichtungen von TEuro ..., über die im Konzernanhang berichtet wird.

3.1.2 Finanzlage

Über die Finanzlage der Gesellschaft und ihre Entwicklung geben die nachstehende Mehrjahresübersicht des Cash-Flow der netto-verfügbaren flüssigen Mittel sowie die zusammengefassten Kapitalflussrechnungen Aufschluss. Als netto-verfügbare flüssige Mittel wurden die liquiden Mittel i. S. von § 266 Abs. 2 B.IV. HGB verstanden (Schecks, Kassenbestand, Postbankguthaben und Guthaben bei Kreditinstituten).

Mandant:	Erstellungsbericht	**3000**
		– 13 –

Auftrag:

Der Cash-Flow und die netto-verfügbaren flüssigen Mittel haben sich im Mehrjahresvergleich wie folgt entwickelt:

- *Mehrjahresübersicht*

z. B. wie folgt:

	....	....	....	....	....
	TEuro	TEuro	TEuro	TEuro	TEuro
Jahresfehlbetrag/-überschuss vor Dotierung der Rücklagenkonten					
im Jahresüberschuss enthaltene nicht liquiditätswirksame Aufwands- und Ertragsbestandteile					
Jahres-Cash-Flow					
sonstiger Mittelzufluss (+) / Mittelabfluss (–)					
Mittelzufluss aus der laufenden Geschäftstätigkeit					
Mittelabfluss aus der Investitionstätigkeit					
Mittelzufluss/-abfluss aus der Finanzierungstätigkeit					
Erhöhung (+) / Verminderung (–) der netto verfügbaren liquiden Mittel					

Die im Jahresüberschuss enthaltenen <u>nicht liquiditätswirksamen Aufwands- und Ertragsbestandteile</u> beinhalten im wesentlichen ....

Der im Berichtsjahr um Euro ... Mio. auf Euro ... Mio. gestiegene <u>Jahres-Cash-Flow</u> übersteigt die Vorjahreswerte deutlich. Ursächlich hierfür waren ... .

Die <u>netto verfügbaren Mittel</u> setzen sich zum Stichtag wie folgt zusammen:

usw.

3.1.3 Ertragslage

In der nachstehenden Übersicht haben wir die mehrjährige Entwicklung der Ertragslage der Gesellschaft dargestellt.

- *Mehrjahresübersicht über die Ertragsentwicklung*

z. B. wie folgt:

	....		....		....		....		....	
	TEuro	%	TEuro	%	TEuro	%	TEuro	%	TEuro	%
Umsatzerlöse										
Bestandsveränderung										
Sonstige betriebliche Erträge										
Betriebsleistung										

Mandant:	Erstellungsbericht	3000
		– 14 –

Auftrag:

	....		....		....		....		....	
	TEuro	%	TEuro	%	TEuro	%	TEuro	%	TEuro	%
Materialaufwand										
Personalaufwand										
Planmäßige Abschreibungen auf Anlagevermögen										
Sonstige betriebliche Aufwendungen										
Gewinnunabhängige Steuern										
Betriebsergebnis										
Ergebnis aus Beteiligungen und Verlustübernahme										
Zinsergebnis										
Ordentliches Unternehmensergebnis										
Ausserplanmäßige Abschreibungen										
Ergebnis steuerlicher Maßnahmen										
Ausserordentliches Ergebnis										
Ergebnis vor Ertragsteuern										
Steuern										
Jahresüberschuss/Fehlbetrag										

Die Gewinn- und Verlustrechnung nach HGB sowie die Aufgliederung der einzelnen Posten ergibt sich aus Anlage .... Nachstehend erläutern und analysieren wir die wesentlichen Posten, soweit diese für die zutreffende Einschätzung der Ertragslage erforderlich sind.

- Angabe des Inhalts der Posten insoweit als dies für die Beurteilung durch den Berichtsadressaten von Bedeutung ist.
- *Erfolgsquellenanalyse,*
- *bereinigtes Betriebsergebnis,*
- *Herausarbeitung von Gewinnen und Verlusten, die das Jahresergebnis nicht unwesentlich beeinflusst haben,*
- *erhebliche Beeinflussung der Gesamtaussage durch Ausübung von Ansatz-, Ausweis- und Bewertungswahlrechten,*
- *Auswirkungen sachverhaltsgestaltender Maßnahmen, soweit wesentlich und nicht aus dem Jahresabschluss ersichtlich,*
- *ggf. außerbilanzielle Posten.*

z. B. wie folgt:

Die Eigenkapitalrentabilität hat sich von   % auf   % erhöht. Dies ist im wesentlichen auf eine Steigerung / Verminderung des Betriebsergebnisses von TEuro   (%) sowie   zurückzuführen.

Mandant:	Erstellungsbericht	3000
		– 15 –

Auftrag:

Umsatzerlöse:

Die Steigerung der Umsatzerlöse um   % wurde durch   erzielt. Von den Umsatzerlösen entfallen auf

		.... %	.... %
...			
...			
...		100,0	100,0

Die mehrjährige Entwicklung der wesentlichen Umsatzkennzahlen stellt sich wie folgt dar:

	.... %	.... %	.... %	.... %	.... %
Umsatzrentabilität					
Cash-Flow zu Umsatzerlösen					

Erläuterung der Entwicklung (über die Angaben in § 285 Nr. 4 HGB hinaus).

Bestandsveränderungen:

Erläuterung nur bei wesentlichen Veränderungen

Materialaufwand:

Im Mehrjahresvergleich entwickelte sich die Materialaufwandsquote wie folgt:

	.... %	.... %	.... %	.... %	.... %
Materialaufwandsquote					

Der Anstieg des Materialaufwands in Verhältnis zu den Umsatzerlösen zzgl. Bestandsveränderungen im Berichtsjahr ist auf   zurückzuführen.

Personalaufwand:

Im Mehrjahresvergleich entwickelte sich die durchschnittliche Beschäftigtenzahl und die Personalaufwandsquote (Personalaufwand im Verhältnis zum Umsatz) wie folgt:

	.... %	.... %	.... %	.... %	.... %
durchschnittliche Beschäftigtenzahl					
Betrieb					
Verwaltung					
Vertrieb					
gesamt					
Personalaufwandsquote					

Mandant:	Erstellungsbericht	3000
		– 16 –
Auftrag:		

Der Vergleich der durchschnittlich Beschäftigten betrifft ausschließlich Vollzeitkräfte.

Die Personalaufwandsquote ist gegenüber dem Vorjahr um   % gestiegen, was vor allem auf   zurückzuführen ist. Der durchschnittliche Personalaufwand je Vollzeitbeschäftigten stieg von TEuro   auf TEuro   . Dabei machte der Anstieg der Löhne und Gehälter   % aus. Bei der Altersversorgung beruht der Anstieg auf   .

Planmäßige Abschreibungen auf Sachanlagen und immaterielle Anlagewerte:

Die Nettoinvestitionen in Sachanlagen und immaterielle Werte decken die planmäßigen Abschreibungen (Wachstumsquote) zu   %.

Ergebnis steuerlicher Maßnahmen:

Bei wesentlichen Beträgen Gegenüberstellung der in Frage kommenden Aufwendungen (steuerrechtliche Abschreibungen auf Sachanlagen nach § 254 HGB, Einstellung in Sonderposten mit Rücklageanteil nach § 281 Abs. 1 und § 273 HGB) und Erträge (Minderabschreibungen in Folge steuerrechtlicher Mehrabschreibungen in Vorjahren, Auflösung von Sonderposten mit Rücklageanteil nach § 281 Abs. 1 und § 273 HGB) sowie Ableitung des Einflusses der steuerlichen Maßnahmen auf das Jahresergebnis nach Ertragsteuern (Ergebnis steuerlicher Maßnahmen laut vorstehender Berechnung zzgl. Erträge aus den Vorjahren aufgrund steuerrechtlicher Vorschriften, unterlassene Zuschreibungen +/– der daraus resultierenden Steuerwirkungen).

z.B.:

	.... TEuro	.... TEuro	Auswirkung TEuro
Aufwendungen			
Einstellungen in Sonderposten mit Rücklageanteil			
– nach § 273 HGB			
– nach § 281 Abs. 1 HGB			
Steuerrechtliche Abschreibungen auf Sachanlagen nach § 254 HGB			
Erträge			
Erträge aus der Auflösung von Sonderposten mit Rücklageanteil			
– nach § 273 HGB			
– nach § 281 Abs. 1 HGB			
Minderabschreibungen infolge steuerrechtliche Mehrabschreibungen in Vorjahren			
Ergebnis steuerlicher Maßnahmen			

Das Jahresergebnis wurde hierdurch wie folgt beeinflusst:

	.... TEuro	.... TEuro	Auswirkung TEuro
Ergebnis steuerlicher Maßnahmen			
+ / ./. Steuerwirkungen			
Einfluss auf das Jahresergebnis nach Ertragsteuern			

Mandant:	Erstellungsbericht	3000
		– 17 –

Auftrag:

Bei Zugrundelegung eines Steuersatzes von   % ergibt sich daraus eine steuerliche Belastung in Folgejahren von TEuro   .

Außerordentliches Ergebnis:

Bei wesentlichen Beträgen:

Erläuterung des außerordentlichen Ergebnisses

Ertragsteuern:

	.... TEuro	.... TEuro	Veränderung TEuro
Körperschaftsteuer			
Solidaritätszuschlag			
Gewerbeertragsteuer			

Die tatsächliche Steuerquote beträgt damit   % (im Vorjahr   %).

3.2 *(bei umfassenden Prüfungshandlungen:)*
Gesamtaussage des Jahresabschlusses

Nach unseren Feststellungen vermittelt der Jahresabschluss der Gesellschaft insgesamt, d. h. aus dem Zusammenwirken von Bilanz, Gewinn- und Verlustrechnung und Anhang, unter Beachtung der Grundsätze ordnungsmäßiger Buchführung ein den tatsächlichen Verhältnissen entsprechendes Bild der Vermögens-, Finanz- und Ertragslage der Gesellschaft.

4. *(bei umfassenden Prüfungshandlungen für mittelgroße/große Kapital- und KapCo-Gesellschaften)*
Lagebericht

Der Lagebericht entspricht den gesetzlichen Vorschriften und den ergänzenden Bestimmungen des Gesellschaftsvertrages. Er steht im Einklang mit dem Jahresabschluss und den von uns gewonnen Erkenntnissen. Die in ihm enthaltenen Angaben erwecken insgesamt eine zutreffende Vorstellung von der Lage der Gesellschaft. Uns sind keine nach Schluss des Geschäftsjahres eingetretenen Vorgänge von besonderer Bedeutung, außer den im Lagebericht genannten, bekannt geworden, über die zu berichten wäre.

Ggf.:

Nach unseren Feststellungen sind im Lagebericht die wesentlichen Risiken der künftigen Entwicklung zutreffend dargestellt.

III. (Ggf.:) Feststellungen zu Erweiterungen oder Einschränkungen des Auftrages
(bei umfassenden Prüfungshandlungen oder Plausibilitätsbeurteilungen)

Berichterstattung bzw. Erweiterungen in einem gesonderten Abschnitt nur insoweit, als sich die Erweiterungen nicht auf den Jahresabschluss oder den Lagebericht beziehen.

Mandant:	Erstellungsbericht	**3000**
		– 18 –
Auftrag:		

IV. Wiedergabe der Bescheinigung

Auftragsgemäß erteilen wir dem Jahresabschluss zum ... der diesem Bericht als Anlagen ... beigefügten Fassung folgende

Bescheinigung:

(Wortlaut)

Die Veröffentlichung und/oder Weitergabe des Jahresabschlusses in einer von der vorliegenden Fassung abweichenden Form würde zuvor unserer erneuten Stellungnahme bedürfen, sofern hierbei unsere Bescheinigung zitiert oder auf unsere Tätigkeit hingewiesen wird.

........................, den ....

(Siegel)   ....

Mandant:	**Bescheinigungsbericht**	3100
	Kurzbericht	– 1 –

Auftrag:

1. Auftrag und Auftragsbedingungen

Die ... (Firma und Sitz der Gesellschaft) ...

erteilte mir/uns den Auftrag

– den Jahresabschluss auf der Grundlage der von mir / uns geführten Bücher, der vorgelegten Bestandsnachweise sowie der erteilten Auskünfte zu erstellen. Der Auftrag ist darauf gerichtet, dass wir den Jahresabschluss aus den zur Verfügung gestellten Unterlagen – soweit diese nicht von uns erstellt wurden – nach gesetzlichen Vorlagen und nach den innerhalb dieses Rahmens liegenden Anweisungen des Auftraggebers zur Ausübung bestehender Wahlrechte ungeprüft ableiten (A1*).

– die Einnahmen-/Überschussrechnung für die Zeit von ... bis ... als Überschuss der Betriebseinnahmen über die Betriebsausgaben (§ 4 Abs. 3 EStG) unter Beachtung der steuerrechtlichen Vorschriften aus den zur Verfügung gestellten Unterlagen – soweit diese nicht von uns erstellt wurden –, sowie nach den innerhalb dieses Rahmens liegenden Anweisungen des Auftraggebers zur Ausübung bestehender Wahlrechte ungeprüft ableiten (A2*).

– den Jahresabschluss zum ... auf der Grundlage der mir / uns vorgelegten Bücher und Bestandsnachweise zu erstellen. Der Auftrag ist darauf gerichtet, dass wir den Jahresabschluss aus der zur Verfügung gestellten Unterlagen – soweit diese nicht von uns erstellt wurden – nach gesetzlichen Vorgaben und nach den innerhalb dieses Rahmens liegenden Anweisungen des Auftraggebers zur Ausübung bestehender Wahlrechte ungeprüft ableiten (A3*).

– die Einnahmen- / Überschussrechnung für die Zeit von ... bis ... als Überschuss der Betriebseinnahmen über die Betriebsausgaben (§ 4 Abs. 3 EStG) unter Beachtung der steuerrechtlichen Vorschriften auf der Grundlage der mir / uns vorgelegten Aufzeichnungen und Unterlagen – soweit diese nicht von uns erstellt wurden –, der erteilten Auskünfte sowie nach den innerhalb dieses Rahmens liegenden Anweisungen des Auftraggebers zur Ausübung bestehender Wahlrechte ungeprüft ableiten (A4*).

– den Jahresabschluss zum ... auf der Grundlage der von mir / uns geführten Bücher, der vorgelegten Bestandsnachweise sowie der erteilten Auskünfte zu erstellen. Der Auftrag ist darauf gerichtet, dass wir neben der eigentlichen Erstellungstätigkeit die dem Jahresabschluss zugrunde liegenden Bücher und Bestandsnachweise – soweit diese nicht von uns erstellt wurden – durch Befragung und analytische Prüfungshandlungen auf ihre Plausibilität hin beurteilen (B1*).

– die Einnahmen-/Überschussrechnung für die Zeit von ... bis ... als Überschuss der Betriebseinnahmen über die Betriebsausgaben (§ 4 Abs. 3 EStG) unter Beachtung der steuerrechtlichen Vorschriften auf der Grundlage der von mir / uns geführten Aufzeichnungen, der vorgelegten Unterlagen – soweit diese nicht von uns erstellt wurden – der erteilten Auskünfte sowie nach den innerhalb dieses Rahmens liegenden Anweisungen des Auftraggebers zur Ausübung bestehender Wahlrechte ableiten. Der Auftrag ist darauf gerichtet, dass wir neben der eigentlichen Erstellungstätigkeit die der Einnahmen-/Überschussrechnung zugrunde liegenden Bücher, Unterlagen und Bestandsnachweise – soweit diese nicht von uns erstellt wurden – durch Befragung und analytische Prüfungshandlungen auf ihre Plausibilität hin beurteilen (B2*).

– den Jahresabschluss zum ... auf der Grundlage der mir / uns vorgelegten Bücher und Bestandsnachweise sowie der erteilten Auskünfte zu erstellen. Der Auftrag ist darauf gerichtet, dass wir neben der eigentlichen Erstellungstätigkeit die dem Jahresabschluss zugrunde liegenden Bücher und Bestandsnachweise – soweit diese nicht von uns erstellt wurden – durch Befragung und analytische Prüfungshandlungen auf ihre Plausibilität hin beurteilen (B3*).

– die Einnahmen-/Überschussrechnung für die Zeit von ... bis ... als Überschuss der Betriebseinnahmen über die Betriesausgaben (§ 4 Abs. 3 EStG) unter Beachtung der steuerrechtlichen Vorschriften auf der Grundlage der vorgelegten Aufzeichnungen und Unterlagen – soweit diese nicht von uns erstellt wurden – der erteilten Auskünfte sowie nach den innerhalb dieses Rahmens liegenden Anweisungen des Auftraggebers zur Ausübung bestehender Wahlrechte zu erstellen. Der Auftrag ist darauf gerichtet, dass wir

Mandant:	Bescheinigungsbericht	**3100**
	Kurzbericht	– 2 –

Auftrag:

Pb

neben der eigentlichen Erstellungstätigkeit die der Einnahmen-/Überschussrechnung zugrunde liegenden Bücher und Bestandsnachweise – soweit diese nicht von uns erstellt wurden – durch Befragung und analytische Prüfungshandlungen auf ihre Plausibilität hin beurteilen (*B4**).

umfassende Prüfungshandlungen

– den Jahresabschluss zum ... auf der Grundlage der von mir / uns geführten Bücher sowie des Inventars der ... (Firma) ... unter Beachtung der handelsrechtlichen Vorschriften und des Gesellschaftsvertrages zu erstellen. Der Auftrag ist darauf gerichtet, dass wir uns durch geeignete Prüfungshandlungen von der Ordnungsmäßigkeit der dem Jahresabschluss zugrunde liegenden Buchführung und Bestandsnachweise – soweit diese nicht von uns erstellt wurden – unterrichten und der erstellte Jahresabschluss voll inhaltlich den gesetzlichen Vorschriften sowie der Satzung entsprechen muss (*C1**).

– den Jahresabschluss zum ... auf der Grundlage der von mir / uns geführten Bücher der ... (Firma) ... sowie unter Mitwirkung bei der Anfertigung des Inventars unter Beachtung der handelsrechtlichen Vorschriften und des Gesellschaftsvertrages zu erstellen. Der Auftrag ist darauf gerichtet, dass der Jahresabschluss voll inhaltlich den gesetzlichen Vorschriften sowie der Satzung entsprechen muss (*C2**).

– den Jahresabschluss zum ... auf der Grundlage der von mir / uns geführten Bücher, der vorgelegten Bestandsnachweise sowie der erteilten Auskünfte der ... (Firma) ... zu erstellen. Der Auftrag ist darauf gerichtet, dass wir die Ordnungsmäßigkeit dieser Unterlagen und der Angaben des Unternehmens im Bereich der ... nur eingeschränkt beurteilen. I.ü. ist der Auftrag darauf gerichtet, dass wir uns durch geeignete Prüfungshandlungen von der Ordnungsmäßigkeit der vorgelegten Bestandsnachweise – soweit diese nicht von uns erstellt wurden – sowie der erteilten Auskünfte unterrichten und dass der erstellte Jahresabschluss im Rahmen dieses Auftrages voll inhaltlich den gesetzlichen Vorschriften sowie der Satzung entsprechen muss (*C3**).

– den Jahresabschluss zum ... auf der Grundlage der von mir / uns geführten Bücher, der vorgelegten Bestandsnachweise sowie der erteilten Auskünfte der ... (Firma) ... zu erstellen. Der Auftrag ist darauf gerichtet, die dem Jahresabschluss zugrunde liegenden Bestandsnachweise und Unterlagen – soweit diese nicht von uns erstellt wurden – im Bereich ... durch Befragung und analytische Prüfungshandlungen auf ihre Plausibilität hin zu beurteilen und dass wir uns i.ü. durch geeignete Prüfungshandlungen von der Ordnungsmäßigkeit der Bestandsnachweise und Unterlagen unterrichten. Der erstellte Jahresabschluss soll im Rahmen dieses Auftrages voll inhaltlich den gesetzlichen Vorschriften sowie der Satzung entsprechen (*C4**).

– die Einnahmen-/Überschussrechnung für die Zeit von ... bis ... als Überschuss der Betriebseinnahmen über die Betriebsausgaben (§ 4 Abs. 3 EStG) unter Beachtung der steuerrechtlichen Vorschriften auf der Grundlage der vorgelegten Aufzeichnungen und Unterlagen – soweit diese nicht von uns erstellt wurden – der erteilten Auskünfte sowie nach den innerhalb dieses Rahmens liegenden Anweisungen des Auftraggebers zur Ausübung bestehender Wahlrechte zu erstellen. Der Auftrag ist darauf gerichtet, dass wir uns durch geeignete Prüfungshandlungen von der Ordnungsmäßigkeit der vorgelegten Unterlagen sowie der erteilten Auskünfte überzeugen und dass die erstellte Einnahme/Überschussrechnung voll inhaltlich den gesetzlichen Vorschriften sowie der Satzung entsprechen muss (*C5**).

– den Jahresabschluss zum ... auf der Grundlage der mir / uns vorgelegten Buchführung und des Inventars der ... (Firma) ... unter Beachtung der handelsrechtlichen Vorschriften und des Gesellschaftsvertrages zu erstellen. Der Auftrag ist darauf gerichtet, dass wir uns durch geeignete Prüfungshandlungen von der Ordnungsmäßigkeit der dem Jahresabschluss zugrunde liegenden Buchführung und Bestandsnachweise unterrichten und der erstellte Jahresabschluss voll inhaltlich den gesetzlichen Vorschriften sowie der Satzung entsprechen muss (*C6**).

– den Jahresabschluss zum ... auf der Grundlage der mir / uns vorgelegten Buchführung und des Inventars der ... (Firma) ... unter Beachtung der handelsrechtlichen Vorschriften und des Gesellschaftsvertrages zu erstellen. Der Auftrag ist darauf gerichtet, dass wir uns durch geeignete Prüfungshandlungen von der Ordnungsmäßigkeit der dem Jahresabschluss zugrunde liegenden Buchführung und Bestandsnachweise unterrichten. Eine Beurteilung der Ordnungsmäßigkeit dieser Unterlagen und Angaben des Unternehmens im Bereich ... hat auftragsgemäß nur in eingeschränktem Umfang zu erfolgen. Der erstellte Jahresabschluss soll im Rahmen dieses Auftrages voll inhaltlich den gesetzlichen Vorschriften sowie der Satzung entsprechen (*C7**).

Mandant:	Bescheinigungsbericht Kurzbericht	3100 – 3 –

Auftrag:

- den Jahresabschluss zum ... auf der Grundlage der mir / uns vorgelegten Buchführung und des Inventars sowie der erteilten Auskünfte der ... (Firma) ... zu erstellen. Der Auftrag ist darauf gerichtet, dass wir im Bereich ... die Ordnungsmäßigkeit dieser Unterlagen und Angaben – soweit diese nicht von uns erstellt wurden – durch Befragung und analytische Prüfungshandlungen auf ihre Plausibilität hin beurteilen und dass wir uns darüber hinaus von der Ordnungsmäßigkeit dieser Unterlagen und Angaben durch geeignete Prüfungsunterlagen unterrichten. Im Rahmen dieses Auftrages soll der erstellte Jahresabschluss voll inhaltlich den gesetzlichen Vorschriften sowie der Satzung entsprechen *(C8*)*.
- die Einnahmen-/Überschussrechnung für die Zeit von ... bis ... als Überschuss der Betriebseinnahmen über die Betriebsausgaben (§ 4 Abs. 3 EStG) unter Beachtung der steuerrechtlichen Vorschriften auf der Grundlage der vorgelegten Aufzeichnungen und Unterlagen sowie der erteilten Auskünfte der ... (Firma) ... zu erstellen. Der Auftrag ist darauf gerichtet, dass wir uns durch geeignete Prüfungshandlungen von der Ordnungsmäßigkeit der vorgelegten Aufzeichnungen und Unterlagen – soweit diese nicht von uns erstellt wurden – unterrichten. Die erstellte Einnahmen-/Überschussrechnung soll voll inhaltlich den gesetzlichen Vorschriften entsprechen *(C9*)*.

* *im Einklang mit entsprechendem Auftragsbestätigungsschreiben bzw. entsprechender Bescheinigung*

Mit dem Auftaggeber wurde vereinbart, dass über die rechtlichen, steuerlichen und wirtschaftlichen Verhältnisse der Gesellschaft, insbesondere die Vereinzelung der Positionen des Jahresabschlusses und die Steuerberechnungen in den Anlagen zum Jahresabschluss berichtet wird und dass i.ü. ein Bericht über die Erstellung des Jahresabschlusses nicht gefertigt wird.

Für die Durchführung des Auftrages und unsere Verantwortlichkeit sind – auch im Verhältnis zu Dritten – die Allgemeinen Auftragsbedingungen für Wirtschaftsprüfer und Wirtschaftsprüfungsgesellschaften in der Fassung vom 1. 1. 2002 maßgebend, die als Anlage 3 beigefügt sind.

2. Gegenstand, Art und Umfang der Tätigkeit, Durchführungsgrundsätze

Bei unserer Tätigkeit haben wir die handelsrechtlichen Bestimmungen sowie die Grundsätze für die Erstellung von Jahresabschlüssen durch Wirtschaftsprüfer (Stellungnahme HFA 4/1996 des Instituts der Wirtschaftsprüfer) und die Verlautbarung der Bundessteuerberaterkammer zu den Grundsätzen für die Erstellung von Jahresabschlüssen durch Steuerberater vom 22./23.10.2001 beachtet.

3. Zugrundeliegende Unterlagen

Zum ... lagen uns folgende von uns / von dem Auftraggeber erstellte Buchhaltungsunterlagen vor:

1. Journale
2. Sachkonten
3. Personenkonten

4. Feststellungen

Auftragsgemäß stellen wir fest, dass vorstehender Jahresabschluss (Bilanz, Gewinn- und Verlustrechnung, Anhang), vorstehende Einnahmen-/Überschussrechnung ... (Wortlaut der Bescheinigung) ...

Die Veröffentlichung und/oder Weitergabe des Jahresabschlusses / der Einnahmen-/Überschussrechnung in einer von der vorliegenden Fassung abweichenden Form würde zuvor unserer erneuten Stellungnahme bedürfen, sofern hierbei unsere Bescheinigung zitiert oder auf unsere Tätigkeit hingewiesen wird.

..., den ...

Mandant:	Formulierungsvorschläge für Bescheinigungen	**4000** – 1 –

Auftrag:

---

(1) Bescheinigungen bei der Abschlusserstellung ohne Prüfungshandlungen

(a) Führung der Bücher durch den Steuerberater

aa) Erstellung eines handelsrechtlichen Jahresabschlusses:

„Vorstehender Jahresabschluss wurde von mir / uns auf der Grundlage der von mir / uns geführten Bücher, der vorgelegten Bestandsnachweise sowie der erteilten Auskünfte der ... (Firma) ... erstellt. Eine Beurteilung der Ordnungsmäßigkeit dieser Unterlagen und der Angaben des Unternehmens war nicht Gegenstand meines / unseres Auftrages." *(A1*)*

ab) Erstellung einer Einnahmen-Überschussrechnung:

„Vorstehendes Ergebnis wurde von mir / uns auf der Grundlage der von mir / uns geführten Aufzeichnungen, der vorgelegten Unterlagen sowie der erteilten Auskünfte der ... (Firma) ... als Überschuss der Betriebseinnahmen über die Betriebsausgaben (§ 4 Abs. 3 EStG) unter Beachtung der steuerrechtlichen Vorschriften ermittelt. Eine Beurteilung der Ordnungsmäßigkeit der Unterlagen und Angaben des Unternehmens war nicht Gegenstand meines / unseres Auftrages." *(A2*)*

(b) Führung der Bücher durch den Mandanten

ba) Erstellung eines handelsrechtlichen Jahresabschlusses:

„Vorstehender Jahresabschluss wurde von mir / uns auf der Grundlage der mir / uns vorgelegten Bücher und Bestandsnachweise sowie der erteilten Auskünfte der ... (Firma) ... erstellt. Eine Beurteilung der Ordnungsmäßigkeit dieser Unterlagen und der Angaben des Unternehmens war nicht Gegenstand meines / unseres Auftrages." *(A3*)*

bb) Erstellung einer Einnahmen-Überschussrechnung:

„Vorstehendes Ergebnis wurde von mir / uns auf der Grundlage der vorgelegten Aufzeichnungen und Unterlagen sowie der erteilten Auskünfte der ... (Firma) ... als Überschuss der Betriebseinnahmen über die Betriebsausgaben (§ 4 Abs. 3 EStG) unter Beachtung der steuerrechtlichen Vorschriften ermittelt. Eine Beurteilung der Ordnungsmäßigkeit der Unterlagen und Angaben des Unternehmens war nicht Gegenstand des Auftrages." *(A4*)*

---

(2) Bescheinigungen bei der Abschlusserstellung mit Plausibilitätsbeurteilungen

(a) Führung der Bücher durch den Steuerberater

aa) Erstellung eines handelsrechtlichen Jahresabschlusses:

„Vorstehender Jahresabschluss wurde von mir / uns auf der Grundlage der von mir / uns geführten Bücher, der vorgelegten Bestandsnachweise sowie der erteilten Auskünfte der ... (Firma) ... erstellt. Die vorgelegten Bestandsnachweise habe(n) ich / wir auf ihre Plausibilität beurteilt. Dabei sind mir / uns keine Sachverhalte bekannt geworden, die gegen die Ordnungsmäßigkeit des Jahresabschlusses sprechen." *(B1*)*

ab) Erstellung einer Einnahmen-Überschussrechnung:

„Vorstehendes Ergebnis wurde von mir / uns auf der Grundlage der von mir / uns geführten Aufzeichnungen, der vorgelegten Unterlagen sowie der erteilten Auskünfte der ... (Firma) ... als Überschuss der Betriebseinnahmen über die Betriebsausgaben (§ 4 Abs. 3 EStG) unter Beachtung der steuerrechtlichen Vorschriften ermittelt. Die vorgelegten Unterlagen habe(n) ich / wir auf ihre Plausibilität beurteilt. Dabei sind mir / uns keine Sachverhalte bekannt geworden, die gegen die Ordnungsmäßigkeit der Ermittlungen des Ergebnisses sprechen." *(B2*)*

Mandant:	Formulierungsvorschläge für Bescheinigungen	4000
		−2−

Auftrag:

(b) Führung der Bücher durch den Mandanten

ba) Erstellung eines handelsrechtlichen Jahresabschlusses:

„Vorstehender Jahresabschluss wurde von mir / uns auf der Grundlage der mir / uns vorgelegten Bücher und Bestandsnachweise sowie der erteilten Auskünfte der ... (Firma) ... erstellt. Die Buchführung und das Inventar habe(n) ich / wir auf ihre Plausibilität beurteilt. Dabei sind mir / uns keine Sachverhalte bekannt geworden, die gegen die Ordnungsmäßigkeit des Jahresabschlusses sprechen." *(B3*)*

bb) Erstellung einer Einnahmen-Überschussrechnung:

„Vorstehendes Ergebnis wurde von mir / uns auf der Grundlage der vorgelegten Aufzeichnungen und Unterlagen sowie der erteilten Auskünfte der ... (Firma) ... als Überschuss der Betriebseinnahmen über die Betriebsausgaben (§ 4 Abs. 3 EStG) unter Beachtung der steuerrechtlichen Vorschriften ermittelt. Die Buchführung und die vorgelegten Aufzeichnungen und Unterlagen habe(n) ich / wir auf ihre Plausibilität beurteilt. Dabei sind mir / uns keine Sachverhalte bekannt geworden, die gegen die Ordnungsmäßigkeit der Ermittlung des Ergebnisses sprechen." *(B4*)*

Plausibilitätsbeurteilungen

(3) Bescheinigungen bei der Abschlusserstellung mit umfassenden / eingeschränkten Prüfungshandlungen

(a) Führung der Bücher durch den Steuerberater

aa) Erstellung eines handelsrechtlichen Jahresabschlusses mit umfassenden Prüfungshandlungen und Erstellung des Inventars durch den Mandanten:

„Vorstehender Jahresabschluss wurde von mir / uns auf der Grundlage der von mir / uns geführten Bücher sowie des Inventars der ... (Firma) ... unter Beachtung der handelsrechtlichen Vorschriften und des Gesellschaftsvertrages erstellt. Ich / wir habe(n) mich / uns von der Ordnungsmäßigkeit des Inventars überzeugt." *(C1*)*

ab) Erstellung eines handelsrechtlichen Jahresabschlusses mit umfassenden Prüfungshandlungen und Mitwirkung des Steuerberaters bei der Anfertigung des Inventars:

„Vorstehender Jahresabschluss wurde von mir / uns auf der Grundlage der von mir / uns geführten Bücher der ... (Firma) ... sowie unter Mitwirkung bei der Anfertigung des Inventars unter Beachtung der handelsrechtlichen Vorschriften und des Gesellschaftsvertrages erstellt." *(C2*)*

ac) Erstellung eines handelsrechtlichen Jahresabschlusses mit umfassenden Prüfungshandlungen sowie Einschränkungen der Prüfung in bestimmten Bereichen:

„Vorstehender Jahresabschluss wurde von mir / uns auf der Grundlage der von mir / uns geführten Bücher, der vorgelegten Bestandsnachweise sowie der erteilten Auskünfte der ... (Firma) ... erstellt. Eine Beurteilung der Ordnungsmäßigkeit dieser Unterlagen und Angaben des Unternehmens im Bereich der ... erfolgte auftragsgemäß in eingeschränktem Umfang. Über Art, Umfang und Ergebnis der Beurteilung der Ordnungsmäßigkeit unterrichtet der vorliegende / mein / unser Bericht vom ... Im übrigen habe(n) ich / wir mich / uns von der Ordnungsmäßigkeit der Unterlagen und Angaben des Unternehmens überzeugt." *(C3*)*

ad) Erstellung eines handelsrechtlichen Jahresabschlusses mit umfassenden Prüfungshandlungen in bestimmten Bereichen sowie Plausibilitätsbeurteilungen im übrigen:

„Vorstehender Jahresabschluss wurde von mir / uns auf der Grundlage der von mir / uns geführten Bücher, der vorgelegten Bestandsnachweise sowie der erteilten Auskünfte der ... (Firma) ... erstellt. Ich / wir habe(n) mich / uns von der Ordnungsmäßigkeit der zugrunde liegenden Buchführung und Inventare im Bereich der ... überzeugt. Die übrigen Unterlagen und Angaben habe(n) ich / wir auf ihre Plausibilität beurteilt. Dabei sind mir / uns keine Sachverhalte bekannt geworden, die gegen die Ordnungsmäßigkeit des Jahresabschlusses sprechen." *(C4*)*

umfassende Prüfungshandlungen

Mandant:	Formulierungsvorschläge für Bescheinigungen	4000
		– 3 –

Auftrag:

ae) Erstellung einer Einnahmen-Überschussrechnung unter Beachtung der steuerlichen Vorschriften:

„Vorstehendes Ergebnis wurde von mir / uns auf der Grundlage der von mir / uns geführten Aufzeichnungen, der vorgelegten Unterlagen sowie der erteilten Auskünfte der ... (Firma) ... als Überschuss der Betriebseinnahmen über die Betriebsausgaben (§ 4 Abs. 3 EStG) unter Beachtung der steuerrechtlichen Vorschriften ermittelt." *(C5*)*

b) Führung der Bücher durch den Mandanten

ba) Erstellung eines handelsrechtlichen Jahresabschlusses:

„Vorstehender Jahresabschluss wurde von mir / uns auf der Grundlage der Buchführung des Inventars der ... (Firma) ... unter Beachtung der handelsrechtlichen Vorschriften und des Gesellschaftsvertrages erstellt. Ich / wir habe(n) mich / uns von der Ordnungsmäßigkeit der zugrunde liegenden Buchführung und des Inventars überzeugt." *(C6*)*

bb) Erstellung eines handelsrechtlichen Jahresabschlusses mit umfassenden Prüfungshandlungen sowie Einschränkungen der Prüfung in bestimmten Bereichen:

„Vorstehender Jahresabschluss wurde von mir / uns auf der Grundlage der Buchführung und des Inventars der ... (Firma) ... unter Beachtung der handelsrechtlichen Vorschriften und des Gesellschaftsvertrages erstellt. Eine Beurteilung der Ordnungsmäßigkeit dieser Unterlagen und Angaben des Unternehmens im Bereich ... erfolgte auftragsgemäß in eingeschränktem Umfang. Über Art, Umfang und Ergebnis der Beurteilung der Ordnungsmäßigkeit unterrichtet der vorliegende / mein / unser Bericht vom ..." *(C7*)*

bc) Erstellung eines handelsrechtlichen Jahresabschlusses mit umfassenden Prüfungsmaßnahmen in bestimmten Bereichen und Plausibilitätsbeurteilungen im übrigen:

„Vorstehender Jahresabschluss wurde von mir / uns auf der Grundlage der Buchführung und des Inventars sowie der erteilten Auskünfte der ... (Firma) ... erstellt. Ich / wir habe(n) mich / uns auftragsgemäß von der Ordnungsmäßigkeit dieser Unterlagen und Angaben des Unternehmens im Bereich ... überzeugt. Die übrigen Unterlagen und Angaben habe(n) ich / wir auf ihre Plausibilität beurteilt. Dabei sind mir / uns keine Sachverhalte bekannt geworden, die gegen die Ordnungsmäßigkeit des Jahresabschlusses sprechen." *(C8*)*

bd) Erstellung einer Einnahmen-Überschussrechnung:

„Vorstehendes Ergebnis wurde von mir / uns auf der Grundlage der vorgelegten Aufzeichnungen und Unterlagen sowie der erteilten Auskünfte der ... (Firma) ... als Überschuss der Betriebseinnahmen über die Betriebsausgaben (§ 4 Abs. 3 EStG) unter Beachtung der steuerrechtlichen Vorschriften ermittelt." *(C9*)*

* *in Einklang mit entsprechendem Auftragsbestätigungsschreiben bzw. entsprechendem/-r Erstellungsbericht/-bescheinigung*

Firma/Sitz:	Erläuterungen zum Jahresabschluss	**5000** Anlage 1 – 1 –

Teil 3. Erläuterungen zur Bilanz zum ....

(Vorjahreszahlen zu Vergleichszwecken in Klammern)

AKTIVA

A. Anlagevermögen

Die Entwicklung des Anlagevermögens ist im Anhang zum Jahresabschluss zutreffend wiedergegeben. Einzelheiten ergeben sich aus der gesondert mittels automatischer Datenverarbeitung geführten Anlagenbuchführung.

I. Immaterielle Vermögensgegenstände

Konzessionen, gewerbliche Schutzrechte und ähnliche Rechte und Werte   Euro ....

(Euro ....)

Zusammensetzung:

Anschaffungs- kosten 01. 01.	Zugang	kumulierte (laufende) Abschreibungen	Buchwert 31. 12.	Buchwert Vorjahr
Euro	Euro	Euro	Euro	Euro
....	....	.... (..........)	....	....

Erläuterungen:

....

Es handelt sich hierbei um die Anschaffungskosten für das Recht zur ....

Die <u>Abschreibung</u> erfolgte linear gemäß § 7 Abs. 1 EStG.

| Firma/Sitz: | Erläuterungen zum Jahresabschluss | **5000** Anlage 1 – 2 – |

II. Sachanlagen

1. Bauten auf fremden Grundstücken

Euro ....

(Euro ....)

Zusammensetzung:

	Anschaffungs-kosten 01. 01.	Zugang	kumulierte (laufende) Abschreibungen	Buchwert 31. 12.	Buchwert Vorjahr
	Euro	Euro	Euro	Euro	Euro
a)	....	....	.... (............)	....	....
b)	....	....	.... (............)	....	....
	....	....	(............)	....	....

Erläuterungen:

zu a) .... Euro ....

(Euro ....)

Buchwertentwicklung: Euro ....

Stand 01. 01. ....
Zugänge ....
Abschreibungen ./. ....
Stand 31. 12. ....

Der Ausweis betrifft ...

Die <u>Zugänge</u> sind mit den Anschaffungskosten (Fremdrechnungen) aktiviert.

Die <u>Abschreibungen</u> erfolgten degressiv mit 10 % gemäß § 7 Abs. 5 EStG, da der Bauantrag vor dem .... gestellt worden war.

zu b) .... Euro ....

(Euro ....)

Buchwertentwicklung: Euro ....

Stand 01. 01. ....
Zugänge ....
Abschreibungen ./. ....
Stand 31. 12. ....

Die <u>Zugänge</u> betreffen die im .... fertiggestellten .... Es handelt sich um ....
Die <u>Abschreibung</u> erfolgte linear auf der Grundlage von Nutzungsdauern zwischen ... und ... Jahren.

| Firma/Sitz: | Erläuterungen zum Jahresabschluss | 5000 Anlage 1 – 3 – |

2. Andere Anlagen, Betriebs- und Geschäftsausstattung   Euro ....

(Euro ....)

Zusammensetzung:

	Anschaffungs-kosten 01. 01.	Zugänge	Abgänge	kumulierte (laufende) Abschreibungen	Buchwert 31. 12.	Buchwert Vorjahr
	Euro	Euro	Euro	Euro	Euro	Euro
a)	....	....	....	.... (..........)	....	....
b)	....	....	....	.... (..........)	....	....
c)	....	....	....	.... (..........)	....	....
d)	....	....	....	.... (..........)	....	....
e) Geringwertige Wirtschaftsgüter	....	....	....	.... (..........)	....	....
	....	....	....	.... (..........)	....	....

Erläuterungen:

zu a) ....   Euro ....

(Euro ....)

Buchwertentwicklung: Euro ....

Stand 01. 01. ....
Abschreibungen   ./. ....
Stand 31. 12. ....

Die <u>Abschreibungen</u> wurden linear entsprechend den nach steuerlichen Grundsätzen ermittelten Nutzungsdauern vorgenommen.

Erläuterungen:

zu b) ....   Euro ....

(Euro ....)

Buchwertentwicklung: Euro ....

Stand 01. 01. ....
Zugänge   ....
Abschreibungen   ./. ....
Stand 31. 12. ....

| Firma/Sitz: | Erläuterungen zum Jahresabschluss | **5000** Anlage 1 – 4 – |

Die Zugänge betreffen im Berichtsjahr erworbene .... und andere Einrichtungsgegenstände.
Die Bewertung erfolgte zu Anschaffungskosten.

Die Abschreibungen wurden entsprechend den nach steuerlichen Grundsätzen festgelegten Nutzungsdauern ermittelt.

zu c) ....   Euro ....
                                                          (Euro ....)

Buchwertentwicklung: Euro ....
Stand 01. 01. ....
Zugänge   ....
Abgänge   ....
Abschreibungen   ./. ....
Stand 31. 12. ....

Die Zugänge betreffen im Berichtsjahr erworbene ....
Die Bewertung erfolgte zu Anschaffungskosten.

Die Abschreibungen wurden entsprechend den nach steuerlichen Grundsätzen festgelegten Nutzungsdauern ermittelt.

Bei den Abgängen handelt es sich um Anlageverkäufe des Berichtsjahres, die zu folgenden Gewinnen geführt haben:

historische Anschaffungs-/ Herstellungskosten	kumulierte Abschreibungen	Buchwert	Erlöse	Gewinn
Euro	Euro	Euro	Euro	Euro
....	....	....	....	....
....	....	....	....	....
....	....	....	....	....

Die Erträge aus den Anlageabgängen werden in der Gewinn- und Verlustrechnung unter der Position „Sonstige betriebliche Erträge" gezeigt.

zu d) ....   Euro ....
                                                          (Euro ....)

Buchwertentwicklung: Euro ....
Stand 01. 01. ....
Zugänge   ....
Abschreibungen   ./. ....
Stand 31. 12. ....

Die Zugänge betreffen im Berichtsjahr erworbene ....
Die Bewertung erfolgte zu Anschaffungskosten.

Die Abschreibungen wurden entsprechend den nach steuerlichen Grundsätzen festgelegten Nutzungsdauern ermittelt.

Firma/Sitz:	Erläuterungen zum Jahresabschluss	**5000** Anlage 1 – 5 –

zu e) Geringwertige Wirtschaftsgüter   Euro ....

(Euro ....)

Buchwertentwicklung: Euro ....

Stand 01. 01.		1,00
Zugänge	....	
Abschreibungen	./.	
Stand 31. 12.		1,00

Die Bewertungsfreiheit gemäß § 6 Abs. 2 EStG wurde in vollem Umfang geltend gemacht.

Bei der Darstellung der geringwertigen Wirtschaftsgüter im Anlagespiegel wird nach Ablauf von fünf Jahren ein fiktiver Abgang unterstellt.

Firma/Sitz:	Erläuterungen zum Jahresabschluss	**5000** Anlage 1 – 6 –

B. Umlaufvermögen

I. Vorräte

1. Unfertige Leistungen   Euro ....

(Euro ....)

Bei dem zum 31.12.......... ausgewiesenen Bestand der unfertigen Arbeiten handelt es sich um bereits entstandene Aufwendungen für die ....

Die Bewertung erfolgte zu Anschaffungs- und Herstellungskosten.
Das Niederstwertprinzip wurde beachtet.

2. Waren   Euro ....

(Euro ....)

Zusammensetzung: Euro ....

....

....

....

Die Bestände wurden von der Berichtsfirma am .... durch körperliche Aufnahme ermittelt.

Die Bewertung der Waren erfolgte zu Anschaffungskosten. Das Niederstwertprinzip wurde beachtet.

Firma/Sitz:	Erläuterungen zum Jahresabschluss	5000 Anlage 1 – 7 –

II. Forderungen und sonstige Vermögensgegenstände

1. Forderungen aus Lieferungen und Leistungen   Euro ....

    (Euro ....)

- davon mit einer Restlaufzeit von mehr als einem Jahr: Euro ....

Zusammensetzung: Euro ....
Gesamtforderungen lt. Debitoren-Saldenliste
per 31.12......... (lt. Anlage .....)   ....
./. Einzelwertberichtigungen   ./. ....
./. Pauschalwertberichtigung   ./. ....

                                                                                                               ....

zu Pauschalwertberichtigung: Euro ....
Gesamtforderungen lt. Debitoren-Saldenliste
per 31.12.........   ....
                                                                                                               ....

./. einzelwertberichtigte Forderungen (brutto)   ./. ....

./. Auslandsforderungen   ./. ....

./. enthaltene Umsatzsteuer   ./. ....

+ Auslandsforderungen   + ...

                                                                                                               ....

x ..... % (gerundet)   ....

2. Sonstige Vermögensgegenstände   Euro ....

    (Euro ....)

- davon mit einer Restlaufzeit von mehr als einem Jahr: Euro ....

Zusammensetzung: Euro ....
a) ....
b) ....
c) ....
                                                                                                                ....

Erläuterungen:

zu a): ....

zu b): ....

zu c): ....

Firma/Sitz:	Erläuterungen zum Jahresabschluss	**5000** Anlage 1 – 8 –

III. Kassenbestand, Guthaben bei Kreditinstituten   Euro ....

(Euro ....)

Zusammensetzung: Euro ....

a) Kassenbestand   ....
    ....

b) Guthaben bei Kreditinstituten
....
....
....
....
....

zu a): Kassenbestand

Der Ausweis des Kassenbestandes stimmt mit dem Saldo des Kassenbuches zum 31.12............. überein.

zu b): Guthaben bei Kreditinstituten

Die Guthaben bei der .... und bei der .... sind durch Tagesauszüge zum Bilanzstichtag belegt.
Zinsen und Gebühren sind in alter Rechnung erfasst.

| Firma/Sitz: | Erläuterungen zum Jahresabschluss | **5000** Anlage 1 – 9 – |

C. Rechnungsabgrenzungsposten

Euro ....
(Euro ....)

Zusammensetzung: Euro ....
a) ....
b) ....
c) ....
 ....
 ....

Erläuterungen:

zu a): ....

zu b): ....

zu c): ....

D. Nicht durch Eigenkapital gedeckter Fehlbetrag

Euro ....
(Euro ....)

Entwicklung: Euro ....

Stand 01.01. ....
./. Jahresüberschuss ....
Stand 31.12. ....
 ....

| Firma/Sitz: | Erläuterungen zum Jahresabschluss | **5000** Anlage 1 – 10 – |

PASSIVA

A. Eigenkapital

I. Gezeichnetes Kapital   Euro ....

(Euro ....)

Gesellschafter mit ihren Stammeinlagen sind:

Euro ....

....
....
....
                                        ....

Wir verweisen auf unsere Erläuterungen zu den rechtlichen und steuerlichen Verhältnissen (Anlage .....).

II. Bilanzgewinn/Bilanzverlust   Euro ....

./. (Euro ....)

Entwicklung: Euro ....

Stand 01.01..........   ....
Jahresüberschuss ....
Stand 31.12..........   ....
                                        ....

Es ist vorgesehen, den Bilanzgewinn in voller Höhe an die Gesellschafter auszuschütten (vgl. Anlagen .... und ....).

B. Sonderposten mit Rücklageanteil   Euro ....

(Euro ....)

Zusammensetzung und Entwicklung:

	Stand am 01.01. .... Euro	Zuführung Euro	Auflösung Euro	Stand am 31.12. .... Euro
....	....	....	....	....

| Firma/Sitz: | Erläuterungen zum Jahresabschluss | **5000** Anlage 1 – 11 – |

C. Rückstellungen

1. Steuerrückstellungen

Euro ....

(Euro ....)

Zusammensetzung und Entwicklung:

	Stand am 01.01......	Verbrauch	Auflösung	Zuführung	Stand am 31.12......
	Euro	Euro	Euro	Euro	Euro
Gewerbesteuer					
–	....	....	....	....	....
Körperschaftsteuer					
–	....	....	....	....	....
Solidaritätszuschlag					
–	....	....	....	....	....
	....	....	....	....	....

Zur Berechnung der Gewerbesteuerrückstellung .... wird auf Anlage .... verwiesen.

Die Ermittlung der Rückstellungen für Körperschaftsteuer .... und Solidaritätszuschlag .... ergibt sich aus Anlage ....

2. Sonstige Rückstellungen

Euro ....

(Euro ....)

Zusammensetzung und Entwicklung:

	Stand am 01.01......	Verbrauch	Auflösung	Zuführung	Stand am 31.12......
	Euro	Euro	Euro	Euro	Euro
a)					
b)	....	....	....	....	....
c)					
	....	....	....	....	....

Erläuterungen:

zu a) ....

zu b) ....

zu c) ....

| Firma/Sitz: | Erläuterungen zum Jahresabschluss | **5000** Anlage 1 – 12 – |

D. Verbindlichkeiten

Die Fristigkeit und die Besicherung der Verbindlichkeiten sind im Anhang (Anlage ....) zutreffend ausgewiesen.

1. **Verbindlichkeiten gegenüber Kreditinstituten** Euro ....
   (Euro ....)

   - davon mit einer Restlaufzeit bis zu einem Jahr: Euro ....
   - davon mit einer Restlaufzeit von einem bis fünf Jahren: Euro ....
   - davon mit einer Restlaufzeit von mehr als fünf Jahren: Euro ....

   Zusammensetzung: Euro ....
   ....
   ....
   ....

   Die jeweiligen Schuldstände sind durch die Tagesauszüge der Kreditinstitute zum 31.12......... nachgewiesen. Zinsen und Gebühren sind in alter Rechnung erfasst. Die Darlehen haben Laufzeiten bis zu .... Jahren und werden zwischen .... % und .... % verzinst.

2. **Erhaltene Anzahlungen auf Bestellungen** Euro ....
   (Euro ....)

   - davon mit einer Restlaufzeit bis zu einem Jahr: Euro ....

3. **Verbindlichkeiten aus Lieferungen und Leistungen** Euro ....
   (Euro ....)

   - davon mit einer Restlaufzeit bis zu einem Jahr: Euro ....

   Die Zusammensetzung ist aus der Kreditorenliste in Anlage .... zu ersehen. Debitorische Kreditoren in Höhe von Euro .... sind unter der Position "Sonstige Vermögensgegenstände" ausgewiesen.

4. **Verbindlichkeiten gegenüber Gesellschaftern** Euro ....
   (Euro ....)

   - davon mit einer Restlaufzeit bis zu einem Jahr: Euro ....

   Zusammensetzung: Euro ....
   ....
   ....
   ....

   Zwischen der Gesellschaft und den Gesellschaftern bestehen Kontokorrentdarlehensverträge, wonach der jeweilige Darlehensstand bei unbestimmter Laufzeit mit .... % verzinst wird. Die Zinsen sind in alter Rechnung erfasst.

Firma/Sitz:	Erläuterungen zum Jahresabschluss	**5000** Anlage 1 – 13 –

5. <u>Sonstige Verbindlichkeiten</u>   **Euro** ....

                                                                                                      (Euro ....)

- davon mit einer Restlaufzeit bis zu einem Jahr: Euro ....
- davon aus Steuern: Euro ....
                                                               Euro ....

<u>Zusammensetzung:</u>   Euro ....
a) ....
b) ....
c) ....
                                                        ....

Firma/Sitz:	Erläuterungen zum Jahresabschluss	5000 Anlage 2 – 1 –

Teil 4. Erläuterungen zur Gewinn- und Verlustrechnung für die Zeit vom 01. Januar bis 31. Dezember ....

(Vorjahreszahlen zu Vergleichszwecken in Klammern)

Die Gliederung der Gewinn- und Verlustrechnung erfolgt nach dem Gesamtkostenverfahren gemäß § 275 Abs. 2 HGB.

1. Umsatzerlöse

Euro ....
(Euro ....)

Konto.-Nr.		.... Euro	Vorjahr Euro
....	Steuerfreie Umsätze gemäß § .... UStG (nicht EU)	....	....
....	Steuerfreie Umsätze gemäß § .... UStG (EU)	....	....
....	Erlöse 7 % USt	....	....
....	Erlöse 16 %	....	....
....	Gewährte Skonti steuerfrei	....	....
....	Gewährte Skonti 7 %	....	....
....	Gewährte Skonti 16 %	....	....
		....	....

2. Erhöhung des Bestands an unfertigen Leistungen

Euro ....
(Euro ....)

Konto.-Nr.		.... Euro	Vorjahr Euro
....	Bestandserhöhung in Arbeit befindlicher Aufträge	....	....

3. Sonstige betriebliche Erträge

Euro ....
(Euro ....)

Konto.-Nr.		.... Euro	Vorjahr Euro
....	....	....	....
....	....	....	....
		....	....

Firma/Sitz:	Erläuterungen zum Jahresabschluss	5000 Anlage 2 – 2 –

4. Materialaufwand

a) Aufwendungen für Roh-, Hilfs- und Betriebsstoffe und für bezogene Waren

Euro ....
(Euro ....)

Konto.-Nr.   Euro   Vorjahr Euro

....
....
                               ....

b) Aufwendungen für bezogene Leistungen

Euro ....
(Euro ....)

Konto.-Nr.   Euro   Vorjahr Euro

....
....
                               ....

5. Rohergebnis

Euro ....
(Euro ....)

6. Personalaufwand

a) Löhne und Gehälter

Euro ....
(Euro ....)

Konto.-Nr.   Euro   Vorjahr Euro

....
....
                               ....

Firma/Sitz:	Erläuterungen zum Jahresabschluss	**5000** Anlage 2 – 3 –

b) Soziale Abgaben und Aufwendungen für Altersversorgung   Euro ....

(Euro ....)

- davon für Altersversorgung: Euro ....

	....	Vorjahr
Konto.-Nr.	Euro	Euro
....	....	....
....	....	....
....	....	....

7. Abschreibungen auf immaterielle Vermögensgegenstände des Anlagevermögens und Sachanlagen   Euro ....

(Euro ....)

	....	Vorjahr
Konto.-Nr.	Euro	Euro
....	....	....
....	....	....
	....	....

8. Sonstige betriebliche Aufwendungen   Euro ....

(Euro ....)

Zusammensetzung:

		....	Vorjahr
Konto.-Nr.		Euro	Euro
a)	....	....	....
b)	....	....	....
c)	....	....	....
		....	....

Erläuterungen:

	....	Vorjahr
Konto.-Nr.	Euro	Euro
zu a)		
....	....	....
....	....	....
....	....	....

Firma/Sitz:	Erläuterungen zum Jahresabschluss	**5000** Anlage 2 – 4 –

zu b) ....

zu c) ....

9. Sonstige Zinsen und ähnliche Erträge Euro ....

(Euro ....)

		Vorjahr
Konto.-Nr.	Euro	Euro

10. Zinsen und ähnliche Aufwendungen Euro ....

(Euro ....)

		Vorjahr
Konto.-Nr.	Euro	Euro

11. Ergebnis der gewöhnlichen Geschäftstätigkeit Euro ....

(Euro ....)

		Vorjahr
Konto.-Nr.	Euro	Euro

| Firma/Sitz: | Erläuterungen zum Jahresabschluss | 5000 Anlage 2 – 5 – |

12. Steuern vom Einkommen und vom Ertrag   Euro ....

(Euro ....)

		Vorjahr
Konto.-Nr.	Euro	Euro

Vorauszahlungen
Zuführung zur Rückstellung

Vorauszahlungen
Zuführung zur Rückstellung

Vorauszahlungen
Zuführung zur Rückstellung

13. Sonstige Steuern   Euro ....

(Euro ....)

		Vorjahr
Konto.-Nr.	Euro	Euro

14. Jahresüberschuss / Jahresfehlbetrag   Euro ....

. /. (Euro ....)

Firma/Sitz:	Erläuterungen zum Jahresabschluss	**5000** Anlage 2 – 1 –

Teil 5: Forderungen aus Lieferungen und Leistungen zum 31. 12. ....

Konto-Nr.   Euro

....
....
....
                                                                                                            ....

d.s.   .... Debitoren je über Euro 5.000,00   ....
zzgl.   .... Debitoren je unter Euro 5.000,00   ....
                                                                                                            ....

Firma/Sitz:	Erläuterungen zum Jahresabschluss	**5000** Anlage 3 – 1 –

Teil 6: Verbindlichkeiten aus Lieferungen und Leistungen zum 31. 12. ....

Konto-Nr.   Euro

....
....
....
                                                                             ....

d.s.   .... Verbindlichkeiten je über Euro 5.000,00   ....
zzgl.   .... Verbindlichkeiten je unter Euro 5.000,00   ....
                                                                             ================
                                                                             ....

Firma/Sitz:	Erläuterungen zum Jahresabschluss	**5000** Anlage 4 – 1 –

Teil 7: Körperschaftsteuerberechnung ....

                                                    Euro   Euro

Jahresüberschuss
zuzüglich
+ Körperschaftsteuer-Aufwand ....
+ Solidaritätszuschlag ....
+ Nicht abzugsfähige Betriebsausgaben

Verlustvortrag   ./.
zu versteuerndes Einkommen

Tarifbelastung .... % von
Euro .... = Körperschaftsteuer-Aufwand ....

Solidaritätszuschlag 5,5 %

	Körperschaft- steuer	Solidaritäts- zuschlag	Summe
Abrechnung:	Euro	Euro	Euro
Steuerschuld	....	....	....
./. Vorauszahlungen	....	....	....
./. Anrechenbare Kapitalertragsteuer	....	....	....
./. Anrechenbarer Solidaritätszuschlag	....	....	....
Rückstellung zum 31. 12.	....	....	....

| Firma/Sitz: | **Erläuterungen zum Jahresabschluss** | **5000** Anlage 5 – 1 – |

Teil 8: Gewerbesteuerberechnung ....

                                                                                                                              Euro

a) Gewerbeertrag

    Körperschaftsteuerliches Einkommen vor Verlustabzug   ....

    Hinzurechnungen

        Dauerschuldzinsen Euro ...., davon 50 %   ....

    Kürzungen

        1,2 % von 140 % des Einheitswertes des betrieblichen Grundvermögens   ./. ....

                                                                                                                   ....

    Verlustvortrag   ./. ....

    Gewerbeertrag   ....

b) Gewerbesteuermeßbetrag

    5 % von Euro ....

c) Gewerbesteuer

    Gewerbesteueraufwand .... (Hebesatz ...... %)   ....

    ./. Vorauszahlungen ..../. ....

    Zuführung zur Rückstellung zum 31. 12...........   ....

Firma/Sitz:	Erläuterungen zum Jahresabschluss	5000 Anlage 6 – 1 –

Teil 9: Umsatzsteuerberechnung ....

Konto.-Nr.		Erlöse Euro	Umsatzsteuer/ Vorsteuer Euro
	Erlöse steuerfrei		
....	Steuerfreie Umsätze gemäß § .... UStG (nicht EU)	....	
....	Steuerfreie Umsätze gemäß § .... UStG (EU)	....	
....	Gewährte Skonti	./.	
....	Forderungsverluste	./.	
		....	0,00
	Erlöse 7 %		
....	Erlöse	....	
....	Gewährte Skonti	./.	
....	Forderungsverluste	./.	
		....	....
	Erlöse 16 %		
....	Sonstige betriebliche Erträge	....	
....	Kfz-Nutzung	....	
....	Gewährte Skonti	./.	
....	Forderungsverluste	./.	
		....	
....	Erhaltene Anzahlungen 16 % (netto)	....	
		....	....
....	EU-Erwerb 16 %	....	....
			....
	Vorsteuer und Einfuhrumsatzsteuer		
....	Vorsteuer		....
....	Vorsteuer 7 %		....
....	Vorsteuer aus EU-Erwerb 16 %		....
....	Vorsteuer 16 %		....
....	Einfuhrumsatzsteuer		....
			....
....	Umsatzsteuer-Vorauszahlungen		....
	Umsatzsteuererstattung lt. Jahreserklärung		....

Mandant:	Erläuterungen zum Jahresabschluss	**5000** Anlage 7
Auftrag:		

Anlage 7: Rechtliche und steuerliche Verhältnisse

Teil 1: Allgemeines

Firma: ....

Rechtsform: ....

Sitz: ....

Anschrift: ....

Gegenstand des Unternehmens: ....

Gründungsjahr: ....

Handelsregister: Amtsgericht ...., HR... ....

Erste Handelsregistereintragung: ....

Gesellschaftsvertrag: ...., gültig in der Fassung vom

Stammkapital: Euro ....

Das Stammkapital ist gemäß den uns vorgelegten folgenden Bankauszügen der .... Bank des Kontos .... in voller Höhe in bar/unbar eingezahlt:
- Nr. .... vom ....:
- Euro .... von ....
- Nr. .... vom ....:
- Euro .... von ....
- Nr. .... vom ....:
- Euro .... von ....

Gesellschafter: .... Euro ....

Geschäftsführer: .... Euro ....

Geschäftsjahr: .... Euro ....

Finanzamt und Steuernummer: ....

Eine steuerliche Außenprüfung hat noch nicht/ bis zum Veranlagungsjahr stattgefunden.

Mandant:	Protokoll der Gesellschafterversammlung	6000
Auftrag:		

Protokoll der Gesellschafterversammlung

der

... (Firma der Gesellschaft) ...

I. Allgemeine Angaben

1. Anwesende:

   Herr / Frau ..., Gesellschafter mit einer Beteiligung von ... %,
   Herr / Frau ..., Gesellschafter mit einer Beteiligung von ... %.

2. Ort

   ...

3. Zeitpunkt

   ...

II. Beschlussfassungen

Die Anwesenden, die das gesamte Gesellschaftskapital der ... (Firma der Gesellschaft) ... vertreten, verzichten auf sämtliche Form- und Fristvorschriften über die Einberufung einer Gesellschafterversammlung und beschließen folgendes:

1. Der Jahresabschluss zum ..., der mit einem Jahresüberschuss / -fehlbetrag von Euro ... abschließt, wird genehmigt.

   (Bei einer GmbH:) Für das Geschäftsjahr wird am ... eine Dividende von Euro ... ausbezahlt. Der Restbetrag wird auf neue Rechnung vorgetragen.

   Der Jahresüberschuss wird auf neue Rechnung vorgetragen und wird mit bestehenden Verlustvorträgen verrechnet.

   Der Jahresüberschuss wird auf neue Rechnung vorgetragen.

   Der Jahresfehlbetrag wird auf neue Rechnung vorgetragen.

   (Bei einer GmbH & Co. KG:) Der Jahresabschluss zum ..., der mit einem Jahresüberschuss von Euro ... abschließt, wird genehmigt. Die Kapitalkontenentwicklung sowie die Gewinnverteilung lt. Jahresabschluss werden hiermit festgestellt. Sie entsprechen den Bestimmungen des Gesellschaftsvertrages.

2. Der Geschäftsführung wird für ihre Tätigkeit im Geschäftsjahr ... Entlastung erteilt.

(Ort und Datum) ...   (Ort und Datum) ...

....
(Name des Gesellschafters)   (Name des Gesellschafters)

Mandant:	Hinterlegung	7000
Auftrag:		

Firma und Anschrift der Gesellschaft

Bundesanzeiger Verlags-Gesellschaft mbH
Postfach 10 05 34

50445 KÖLN

.... *(Firma und Anschrift der Gesellschaft)* ...

Hinterlegungsbekanntmachung betreffend Jahresabschluss zum ...

Sehr geehrte Damen und Herren,

die ... *(Firma und Anschrift der Gesellschaft)* ... hat nachstehende Unterlagen beim zuständigen Handelsregister eingereicht. Wir dürfen Sie bitten, diese Hinterlegung im Bundesanzeiger wie folgt bekannt zu machen:

- *(Firma und Anschrift der Gesellschaft)*
- Jahresabschluss zum ...

Die Gesellschaft hat

- die Bilanz zum ...,
- die Gewinn- und Verlustrechnung für die Zeit vom ... bis zum ...,
- den Anhang,
- den Lagebericht,
- den Bestätigungsvermerk,
- den Bericht des Aufsichtsrates,
- den Gewinnverwendungsbeschluss

beim Handelsregister des Amtsgerichts ... unter der Nr. HR ... eingereicht.

(Ort / Datum) ...

Die Geschäftsführung

Mit freundlichen Grüßen

(Vorstand der AG)
(persönlich haftender Gesellschafter der GmbH & Co. KG)
(Geschäftsführer der GmbH)

Mandant:	Hinterlegung	**7000**
Auftrag:		

Firma und Anschrift der Gesellschaft

Amtsgericht
....

HR ...

(Firma und Anschrift der Gesellschaft) ...

Sehr geehrte Damen und Herren,

zur Hinterlegung beim Handelsregister überreichen wir folgende Unterlagen:

- Bilanz zum ...,
- Gewinn- und Verlustrechnung für die Zeit vom ... bis zum ...,
- Anhang,
- Lagebericht,
- Bestätigungsvermerk,
- Bericht des Aufsichtsrates,
- Gewinnverwendungsbeschluss.

Mit freundlichen Grüßen

(Vorstand der AG)
(persönlich haftender Gesellschafter der GmbH & Co. KG)
(Geschäftsführer der GmbH)

Anlage: